myBook+

Ein neues Leseerlebnis

Lesen Sie Ihr Buch online im Browser – geräteunabhängig und ohne Download!

Und so einfach geht's:

- Gehen Sie auf **https://mybookplus.de**, registrieren Sie sich und geben Ihren Buchcode ein, um zu Ihrem Buch zu gelangen
- **Ihren individuellen Buchcode finden Sie am Buchende**

Wir wünschen Ihnen viel Spaß mit myBook+!

Der mündliche Kurzvortrag

Otto von Campenhausen / Jana-Maria Liebelt / Dirk Sommerfeld

Der mündliche Kurzvortrag

Prüfung 2023/2024

22. Auflage

Schäffer-Poeschel Verlag Stuttgart

Die Steuerberaterprüfung Band 5

Bibliografische Information der Deutschen Nationalbibliothek
Die Deutsche Nationalbibliothek verzeichnet diese Publikation in der Deutschen Nationalbibliografie; detaillierte bibliografische Daten sind im Internet über http://dnb.dnb.de/ abrufbar.

Print: ISBN 978-3-7910-6022-4   Bestell-Nr. 20088-0011
ePub: ISBN 978-3-7910-6029-3   Bestell-Nr. 20088-0106
ePDF: ISBN 978-3-7910-6031-6   Bestell-Nr. 20088-0160

Otto von Campenhausen / Jana-Maria Liebelt / Dirk Sommerfeld
Der mündliche Kurzvortrag
22. Auflage, August 2023

© 2023 Schäffer-Poeschel Verlag für Wirtschaft · Steuern · Recht GmbH
www.schaeffer-poeschel.de
service@schaeffer-poeschel.de

Produktmanagement: Rudolf Steinleitner
Lektorat: Claudia Lange

Dieses Werk einschließlich aller seiner Teile ist urheberrechtlich geschützt. Alle Rechte, insbesondere die der Vervielfältigung, des auszugsweisen Nachdrucks, der Übersetzung und der Einspeicherung und Verarbeitung in elektronischen Systemen, vorbehalten. Alle Angaben/ Daten nach bestem Wissen, jedoch ohne Gewähr für Vollständigkeit und Richtigkeit.

Schäffer-Poeschel Verlag Stuttgart
Ein Unternehmen der Haufe Group SE

> Sofern diese Publikation ein ergänzendes Online-Angebot beinhaltet, stehen die Inhalte für 12 Monate nach Einstellen bzw. Abverkauf des Buches, mindestens aber für zwei Jahre nach Erscheinen des Buches, online zur Verfügung. Ein Anspruch auf Nutzung darüber hinaus besteht nicht.
>
> Sollte dieses Buch bzw. das Online-Angebot Links auf Webseiten Dritter enthalten, so übernehmen wir für deren Inhalte und die Verfügbarkeit keine Haftung. Wir machen uns diese Inhalte nicht zu eigen und verweisen lediglich auf deren Stand zum Zeitpunkt der Erstveröffentlichung.

Die Autoren

Prof. Dr. Otto von Campenhausen,
Professor für Steuer- und Bilanzrecht an der Hochschule für Wirtschaft und Recht Berlin und Steuerberater.

Jana-Maria Liebelt,
Dipl.-Betriebswirtin und Steuerberaterin, ist in der Steuerabteilung von PwC in Berlin tätig.

Dr. Dirk Sommerfeld,
Rechtsanwalt und Steuerberater, ist in der Steuerabteilung von PwC in Berlin tätig.

Vorwort zur 22. Auflage

Die 22. Auflage basiert auf dem Rechtsstand 01. Juli 2023. Die aktuellen Neuerungen wurden berücksichtigt, so dass die **114 Kurzvorträge** dieses Bandes vollständig aktualisiert sind. Häufig wurde uns gesagt, dass der vorliegende Band **auch zur Vorbereitung auf die schriftlichen Prüfungen** sehr hilfreich sei und hier insbesondere **zur Wiederholung und zum »Einpauken«** verwendet wurde. Für Verbesserungsvorschläge sind wir dankbar.

Berlin, im Juni 2023
Prof. Dr. Otto v. Campenhausen
Jana-Maria Liebelt
Dr. Dirk Sommerfeld

Vorwort zur 1. Auflage

Der mündliche Kurzvortrag ist unausweichlicher Bestandteil einer jeden mündlichen Steuerberaterprüfung. Mancher Prüfungskandidat, der das schriftliche Examen erfolgreich hinter sich gebracht hat, scheitert doch noch in der mündlichen Prüfung. Ursache hierfür ist häufig der Kurzvortrag. Denn obwohl dieser nur mit einem Siebtel in die mündliche Note einfließt, entscheidet er doch nicht selten über die Einschätzung des Kandidaten durch die Prüfer (auch wenn jeder Prüfer dies abstreiten wird). Daher erfordert der Kurzvortrag, der für die meisten Kandidaten wohl der unangenehmste Teil der mündlichen Prüfung ist, eine intensive Vorbereitung. Hierbei soll der vorliegende Band eine Hilfe sein.

Die Verfasser sahen sich bei der Vorbereitung auf ihre eigene mündliche Prüfung angesichts einer nicht sehr umfangreichen Prüfungsliteratur gezwungen, zahlreiche wichtige Vortragsthemen selbst auszuarbeiten. Jedoch ist dies wegen der mehr oder weniger knappen Vorbereitungszeit oft nicht mit der nötigen Ruhe und Gelassenheit möglich. Den nachfolgenden Prüfungskandidaten diese Arbeit möglichst zu ersparen und Zeit für andere Lernfelder zu verschaffen (hingewiesen sei an dieser Stelle nur auf die zahlreichen geplanten Änderungen im Rahmen des »Steuervergünstigungsabbaugesetzes«) soll dieser Band einen Beitrag leisten.

Das Buch soll Prüfungskandidaten helfen, sich mit einem gelungenen Kurzvortrag die »Eintrittskarte« in die mündliche Prüfung zu verschaffen. Hierfür wurden **über 100 Prüfungsthemen als Kurzvorträge darstellt**. Dabei ist nicht nur der jeweilige Prüfungsstoff umfassend dargestellt, sondern auch lernfreundlich aufbereitet. Die Themenauswahl orientiert sich an Prüfungsthemen der letzten drei Jahre in sämtlichen Bundesländern. Die 1. Auflage basiert auf dem Rechtsstand 31. Oktober 2002.

Berlin, im November 2002
Katharina v. Campenhausen
Jana-Maria Liebelt
Dr. Dirk Sommerfeld

Inhaltsverzeichnis

Die Autoren	7
Vorwort zur 22. Auflage	9
Vorwort zur 1. Auflage	11

Teil A: Die mündliche Steuerberaterprüfung ... 29

1	Die Vorbereitung auf die mündliche Prüfung	31
2	Die Vorbereitung des Kurzvortrags	33
3	Der Ablauf der mündlichen Prüfung	35
4	Länderspezifische Unterschiede	37

Teil B: Abgabenordnung und Finanzgerichtsordnung ... 39

KV 1:	Das Steuergeheimnis	41
1	Einleitung	41
2	Gegenstand des Steuergeheimnisses	41
3	Träger des Steuergeheimnisses	42
4	Verletzung des Steuergeheimnisses	42
5	Rechtfertigungsgründe (befugte Offenbarung)	43
KV 2:	Gemeinnützigkeit im Steuerrecht	44
1	Einleitung	44
2	Voraussetzungen der Steuerbegünstigung	44
3	Umfang der Steuerbegünstigung	46
KV 3:	Haftung im Steuerrecht	47
1	Definition	47
2	Haftungsnormen	47
3	Geltendmachung der Haftung	49
KV 4:	Die Nichtabgabe von Steuererklärungen und ihre Folgen	51
1	Erklärungspflicht	51
2	Durchsetzung der Erklärungspflicht bei Nichterfüllung	51
3	Strafrechtliche und steuerrechtliche Folgen	52
KV 5:	Die Berichtigung von Erklärungen	54
1	Zweck und Inhalt	54
2	Voraussetzungen der Anzeige- und Berichtigungspflicht	54
3	Rechtsfolgen und Folgen eines Verstoßes gegen die Anzeige- und Berichtigungspflicht	55
KV 6:	Benennung von Gläubigern und Zahlungsempfängern	56
1	Einleitung	56
2	Tatbestandsvoraussetzungen	56
3	Folgen der Nichtbenennung	57

| 4 | Zahlungen an Domizilgesellschaften | 57 |
| 5 | Zahlungen an Steuerausländer | 58 |

KV 7: Vorbehalt der Nachprüfung und vorläufige Steuerfestsetzung ... 59
| 1 | Vorbehalt der Nachprüfung | 59 |
| 2 | Vorläufigkeit | 60 |

KV 8: Die Korrektur von Steuerbescheiden ... 62
1	Einleitung	62
2	Spezielle Korrekturvorschriften der AO	62
3	Korrekturvorschriften in Einzelsteuergesetzen	65

KV 9: Die Korrektur von Steuerverwaltungsakten, die keine Steuerbescheide sind ... 66
1	Einleitung	66
2	Berichtigung offenbarer Unrichtigkeiten (§ 129 AO)	66
3	Rücknahme und Widerruf (§§ 130, 131 AO)	67

KV 10: Die Außenprüfung ... 69
1	Einleitung	69
2	Zulässigkeit der Außenprüfung	69
3	Umfang der Außenprüfung (§ 194 AO)	70
4	Durchführung der Außenprüfung	71

KV 11: Auskünfte und Zusagen der Finanzbehörden ... 72
| 1 | Grundlagen | 72 |
| 2 | Einzelfälle | 72 |

KV 12: Die Aufrechnung nach BGB und AO ... 75
1	Begriff der Aufrechnung und Voraussetzungen nach BGB	75
2	Die einzelnen Tatbestandsmerkmale in Abgrenzung zur AO	76
3	Zusammenfassung	77

KV 13: Billigkeitsmaßnahmen im Steuerrecht ... 78
1	Einleitung	78
2	Billigkeitsmaßnahmen	78
3	Billigkeitsentscheidungen	80

KV 14: Die Verjährung im Steuerrecht ... 81
1	Einleitung	81
2	Festsetzungsverjährung (§§ 169 bis 171 AO)	81
3	Zahlungsverjährung (§§ 228 bis 232 AO)	84

KV 15: Zinsen in der Abgabenordnung ... 86
1	Einleitung	86
2	Die Zinstatbestände im Einzelnen	86
3	Zinsfestsetzung und Zinsberechnung (§§ 238, 239 AO)	88

KV 16: Zwangsmittel in der Abgabenordnung ... 90
1	Einleitung	90
2	Zwangsmittel	90
3	Zwangsverfahren	91

KV 17: Das außergerichtliche Rechtsbehelfsverfahren ... 93

1	Einleitung	93
2	Zulässigkeit des Einspruchs	93
3	Begründetheit des Einspruchs und Entscheidung	95

KV 18: Vorläufiger Rechtsschutz im Steuerrecht 97

1	Hintergrund	97
2	Aussetzung der Vollziehung (AdV)	97
3	Einstweilige Anordnung	99

KV 19: Aufgaben und Befugnisse der Steuerfahndung 101

1	Einleitung	101
2	Aufgaben der Steuerfahndung	101
3	Befugnisse der Steuerfahndung	102

KV 20: Die Selbstanzeige 104

1	Inhalt und Zweck	104
2	Voraussetzungen einer wirksamen Selbstanzeige	104
3	Folgen einer wirksamen Selbstanzeige	106

KV 21: Die Klagearten der FGO 107

1	Einleitung	107
2	Selbständige Klagearten	107
3	Unselbständige Klagearten	109

KV 22: Die Nichtzulassungsbeschwerde 110

1	Einleitung	110
2	Zulässigkeitsvoraussetzungen	110
3	Entscheidung über die Nichtzulassungsbeschwerde und deren Rechtswirkungen	112

Teil C: Einkommensteuerrecht 113

KV 1: Beschränkte und unbeschränkte Einkommensteuerpflicht 114

1	Einleitung	114
2	Unbeschränkte Steuerpflicht, § 1 Abs. 1 EStG	114
3	Beschränkte Steuerpflicht, § 1 Abs. 4 EStG	114
4	Erweiterte unbeschränkte Steuerpflicht, § 1 Abs. 2 EStG	115
5	Unbeschränkte Steuerpflicht auf Antrag, § 1 Abs. 3 EStG	116
6	Erweiterte beschränkte Steuerpflicht	116

KV 2: Nichtabziehbare Ausgaben 118

1	Einleitung	118
2	Nichtabziehbare Ausgaben im EStG	118
3	Nichtabziehbare Ausgaben in anderen Gesetzen	122

KV 3: Der Schuldzinsenabzug nach § 4 Abs. 4a EStG 123

1	Einleitung	123
2	Betrieblich veranlasste Schulden	123
3	Einschränkungen des Betriebsausgabenabzugs	123

4	Ermittlung des Hinzurechnungsbetrages	124
5	Besonderheiten bei Mitunternehmerschaften	125
KV 4: Die Übertragung stiller Reserven nach § 6b EStG		126
1	Einleitung	126
2	Voraussetzungen	126
3	Rechtsfolgen	128
4	Besonderheiten bei Personengesellschaften	129
KV 5: Übertragung stiller Reserven bei Ersatzbeschaffung nach R 6.6 EStR		130
1	Einleitung	130
2	Tatbestandsvoraussetzungen	130
3	Begriffsbestimmungen	131
4	Rechtsfolgen	132
KV 6: Die steuerliche Behandlung von Ehegatten-Arbeitsverhältnissen		133
1	Zweck	133
2	Voraussetzungen für die steuerliche Anerkennung	133
3	Rechtsfolgen	134
KV 7: Die Abgrenzung von AK/HK und Erhaltungsaufwand bei Gebäuden		136
1	Hintergrund	136
2	Abgrenzung von Anschaffungskosten und Erhaltungsaufwand	136
3	Anschaffungsnahe Herstellungskosten (§ 6 Abs. 1 Nr. 1a EStG)	137
4	Abgrenzung von Herstellungskosten und Erhaltungsaufwand	138
5	Zusammentreffen von Herstellungskosten und Erhaltungsaufwand	139
KV 8: Die Betriebsaufspaltung		141
1	Hintergrund	141
2	Voraussetzungen	141
3	Steuerrechtliche Folgen	142
4	Sonderformen der Betriebsaufspaltung	143
KV 9: § 15a EStG		144
1	Einleitung	144
2	§ 15a Abs. 1 EStG	144
3	Einlagenerhöhungen und Einlagenminderungen	145
4	Ausdehnung § 15a EStG	146
KV 10: Sponsoring im Ertragsteuerrecht		147
1	Begriff des Sponsorings	147
2	Steuerliche Behandlung der Aufwendungen beim Sponsor	147
3	Steuerliche Behandlung beim steuerbegünstigten Empfänger	149
KV 11: Betriebsverpachtung und Betriebsunterbrechung		150
1	Einleitung	150
2	Betriebsverpachtung	150
3	Betriebsunterbrechung	152
4	Entsprechende Anwendung	152
KV 12: Veräußerungsgewinne nach § 16 EStG		153

1	Einleitung	153
2	Veräußerungstatbestände	153
3	Ermittlung des Veräußerungsgewinns	155
4	Freibetrag und Steuerermäßigung	155
5	Gewerbesteuer	156

KV 13: Häusliches Arbeitszimmer und Homeoffice ... 157

1	Einleitung	157
2	Arbeitszimmer, § 4 Abs. 5 Nr. 6b EStG	157
3	Homeoffice-Pauschale, § 4 Abs. 5 Nr. 6c EStG	161

KV 14: Die Entfernungspauschale ... 162

1	Einleitung	162
2	Entfernungspauschale	162
3	Familienheimfahrten bei doppelter Haushaltsführung	164
4	Entsprechende Anwendung bei Gewinneinkunftsarten	164
5	Sonstige beruflich veranlasste Fahrtkosten	165

KV 15: Sonderausgaben ... 166

1	Einleitung	166
2	Abzugsfähige Sonderausgaben	166
3	Erstattung von Sonderausgaben (§ 10 Abs. 4b EStG)	168

KV 16: Der Spendenabzug im Ertragsteuerrecht ... 169

1	Einleitung	169
2	Voraussetzungen für die Abziehbarkeit von Zuwendungen	169
3	Vertrauensschutz und Haftung	171

KV 17: Verluste im Einkommensteuerrecht ... 172

1	Grundlagen	172
2	Verlustausgleich und -abzug	172
3	Spezielle Regelungen zur Verlustbeschränkung	173

KV 18: Das Zu- und Abflussprinzip ... 176

1	Einleitung	176
2	Grundsatz	176
3	Ausnahmen	178

KV 19: Veräußerungsgewinne nach § 17 EStG ... 180

1	Einleitung	180
2	Tatbestandsvoraussetzungen	180
3	Gewinnermittlung	181
4	Veräußerungsverluste	182
5	Wegzugsbesteuerung nach § 6 AStG	182

KV 20: Sonstige Einkünfte ... 184

1	Einleitung	184
2	Die sonstigen Einkünfte im Einzelnen	184

KV 21: Private Veräußerungsgeschäfte i. S. d. § 23 EStG ... 188

1	Einleitung	188

2	Gegenstände des privaten Veräußerungsgeschäfts	188
3	Anschaffung und Veräußerung	189
4	Ermittlung des Veräußerungsgewinns	190
5	Verlustausgleich	191

KV 22: Kinder im Einkommensteuerrecht ... 192
1	Einleitung	192
2	Begriffsbestimmung	192
3	Freibeträge und Steuervergünstigungen	193

KV 23: Außergewöhnliche Belastungen ... 195
1	Einleitung	195
2	Grundtatbestand (§ 33 EStG)	195
3	Behinderungsbedingte Fahrtkostenpauschale (§ 33 Abs. 2a EStG)	196
4	Außergewöhnliche Belastungen in besonderen Fällen (§ 33a EStG)	196
5	Pauschbeträge für Menschen mit Behinderungen, Hinterbliebene und Pflegepersonen (§ 33b EStG)	197

KV 24: Die Pauschalierung der Lohnsteuer ... 198
1	Einleitung	198
2	Möglichkeiten der Pauschalierung	198

KV 25: Die Bauabzugsbesteuerung ... 201
1	Einleitung	201
2	Tatbestandsvoraussetzungen	201
3	Ausnahmen vom Steuerabzug	202
4	Anrechnung des Abzugsbetrages	203

KV 26: Erbauseinandersetzung im Steuerrecht ... 204
1	Steuerrechtliche Behandlung vor Auseinandersetzung	204
2	Erbauseinandersetzung über Betriebsvermögen	205
3	Erbauseinandersetzung über Privatvermögen	206

KV 27: Gewerblicher Grundstückshandel ... 207
1	Abgrenzung von Gewerbebetrieb und Vermögensverwaltung	207
2	Abgrenzung anhand der Drei-Objekt-Grenze	207
3	Beginn, Umfang und Ende des gewerblichen Grundstückshandels	210

KV 28: Übertragung von Vermögen gegen wiederkehrende Leistungen ... 212
1	Einleitung	212
2	Unentgeltliche Vermögensübertragung gegen Versorgungsleistungen	212
3	Unentgeltliche Vermögensübertragung gegen Unterhaltsleistungen	214
4	Entgeltliche Vermögensübertragung gegen wiederkehrende Leistungen	214

KV 29: Besteuerung der privaten Altersvorsorge ... 217
1	Grundlagen	217
2	Basisversorgung, §§ 10 Abs. 1 Nr. 2, 22 Nr. 1 S. 3 Buchst. a Doppelbuchst. aa EStG	217
3	Zusätzliche Altersvorsorge nach §§ 10a, 22 Nr. 5, 79 ff. EStG (Riesterrente)	219
4	Dritte Ebene: Lebensversicherungen	220

KV 30: Methoden zur Vermeidung internationaler Doppelbesteuerung ... 221

1	Grundlagen	221
2	Freistellungsmethode	221
3	Anrechnungsmethode (§ 34c Abs. 1 EStG, § 26 KStG)	222
4	Abzugsmethode (§ 34c Abs. 2, 3 EStG, § 26 Abs. 6 KStG)	223
5	Pauschalierungs- und Erlassmethode (§ 34c Abs. 5 EStG)	224

KV 31: Einkünfte aus Kapitalvermögen und Abgeltungsteuer 225

1	Grundlagen	225
2	Private Kapitaleinkünfte	225
3	Kapitaleinkünfte im betrieblichen Bereich	228
4	§ 17 EStG	228
5	Zukunft der Abgeltungsteuer	228

Teil D: Bilanzsteuerrecht **229**

KV 1: Notwendiges/gewillkürtes Betriebsvermögen und Privatvermögen 230

| 1 | Grundlagen | 230 |
| 2 | Besonderheiten | 231 |

KV 2: Rückstellungen nach Handels- und Steuerrecht 234

1	Begriff	234
2	Rückstellungen in der Handelsbilanz	234
3	Rückstellungen in der Steuerbilanz	235

KV 3: Rechnungsabgrenzungsposten 237

1	Begriff	237
2	Rechnungsabgrenzungsposten in der Handelsbilanz	237
3	Rechnungsabgrenzungsposten in der Steuerbilanz	238

KV 4: Bewertung nach Handels- und Steuerrecht 240

1	Einleitung	240
2	Wertmaßstäbe	240
3	Anwendung der Wertmaßstäbe auf einzelne Bilanzpositionen	243

KV 5: Die Bewertung von Forderungen und Verbindlichkeiten 245

1	Die Bewertung von Forderungen	245
2	Die Bewertung von Verbindlichkeiten	246
3	Währungsumrechnungen	247

KV 6: Geschäfts- und Firmenwert in Handels- und Steuerbilanz 248

1	Bedeutung und Begriff des Geschäfts- oder Firmenwerts	248
2	Handelsrecht	248
3	Steuerrecht	249
4	IFRS	250

KV 7: Teilwertabschreibung und Wertaufholung 251

| 1 | Einleitung | 251 |

2	Begriff des Teilwerts	251
3	Außerplanmäßige Abschreibung nach HGB	252
4	Voraussetzungen der steuerlichen Teilwertabschreibung	252
5	Wertaufholung	254

KV 8: Mietereinbauten und Mieterumbauten ... 256

1	Einleitung	256
2	Mietereinbauten und Mieterumbauten im Einzelnen	256
3	Bilanzierungsfragen	258

KV 9: Latente Steuern ... 259

1	Begriff	259
2	Latente Steuern bei unterschiedlichen Wertansätzen	259
3	Latente Steuern bei Verlustvorträgen	260
4	Steuersatz	261
5	Angaben im Anhang	261

KV 10: Die Bilanzierung eigener Anteile ... 262

1	Wirtschaftlicher Hintergrund	262
2	Gesellschaftsrechtliche Behandlung	262
3	Bilanzielle Behandlung	263

KV 11: § 5 Abs. 1 EStG – Maßgeblichkeit ... 265

1	Einleitung	265
2	Materielle Maßgeblichkeit (§ 5 Abs. 1 S. 1 HS 1 EStG)	265
3	Steuerliche Wahlrechte (§ 5 Abs. 1 S. 1 2. HS EStG)	268
4	Durchbrechung der Maßgeblichkeit	270

KV 12: Die Konzernbilanz ... 271

1	Grundlagen	271
2	Konsolidierung	272
3	Konsolidierungsmethoden	273

Teil E: Körperschaft- und Gewerbesteuerrecht ... 275

KV 1: Die Besteuerung der Betriebe gewerblicher Art 1 Einleitung ... 276

2	Merkmale des Betriebs gewerblicher Art	276
3	Ertragsbesteuerung des Betriebs gewerblicher Art	277
4	Umsatzsteuerliche Behandlung des BgA	279

KV 2: Die Besteuerung von Vereinen ... 280

1	Einleitung	280
2	Besteuerung gemeinnütziger Vereine	280
3	Besteuerung steuerpflichtiger Vereine	282

KV 3: Die verdeckte Gewinnausschüttung ... 283

1	Einleitung	283
2	Tatbestandsmerkmale	283

3	Steuerliche Konsequenzen der vGA	284
4	Rückgewähr einer vGA	285

KV 4: Verlustabzug bei Körperschaften (§ 8c KStG) 286

1	Einleitung	286
2	Tatbestandsvoraussetzungen im Einzelnen	286
3	Rechtsfolgen des § 8c KStG	288
4	Ausnahmen	288

KV 5: Die Zinsschranke 290

1	Einleitung	290
2	Anwendungsbereich	290
3	Zinsvortrag	291
4	Ausnahmen von der Zinsschranke	292
5	Schädliche Gesellschafterfremdfinanzierung	293

KV 6: § 8b KStG – Beteiligungen an anderen Körperschaften 294

1	Einleitung	294
2	Steuerliche Behandlung von Dividenden	294
3	Steuerliche Behandlung von Veräußerungsgewinnen	295

KV 7: § 8d KStG – Fortführungsgebundener Verlustvortrag 297

1	Einleitung	297
2	Tatbestandsvoraussetzungen	297
3	Rechtsfolgen	298
4	Untergang des fortführungsgebundenen Verlusts bei Eintritt eines schädlichen Ereignisses	299
5	Umfang der Regelung	299
6	Anwendungsregelung	299

KV 8: Die körperschaftsteuerliche Organschaft 300

1	Einleitung	300
2	Tatbestandsvoraussetzungen	300
3	Rechtsfolgen	302

KV 9: Hinzurechnungen und Kürzungen bei der Gewerbesteuer 305

1	Einleitung	305
2	Hinzurechnungen	305
3	Kürzungen	307

KV 10: Der Verlustvortrag nach § 10a GewStG 309

1	Einleitung	309
2	Auf die Fehlbeträge sind § 8c KStG und § 8d KStG entsprechend anzuwenden, wenn ein fortführungsgebundener Verlustvortrag nach § 8d KStG gesondert festgestellt worden ist.	309

KV 11: Die Zerlegung der Gewerbesteuer 312

1	Einleitung	312
2	Zerlegungsmaßstab	312
3	Zerlegung in besonderen Fällen	314

KV 12: Gesetz zur Modernisierung des Körperschaftsteuerrechts 315
1 Einleitung 315
2 Option zur Körperschaftsteuer 315
3 Einlagelösung als Ersatz für organschaftliche Ausgleichsposten 316
4 Fremdwährungsverluste 317
5 Erweiterung des Umwandlungssteuerrechts 317

Teil F: Umsatzsteuerrecht **319**

KV 1: Unternehmer und Unternehmen im Umsatzsteuerrecht 320
1 Einleitung 320
2 Voraussetzungen der Unternehmereigenschaft im Einzelnen 320
3 Beginn und Ende der Unternehmereigenschaft 322
KV 2: Unternehmereigenschaft von juristischen Personen des öffentlichen Rechts 324
1 Einleitung 324
2 Allgemeine Voraussetzungen der Unternehmereigenschaft 324
3 Konkretisierung der Unternehmereigenschaft nach § 2b UStG 324
KV 3: Die Geschäftsveräußerung im Umsatzsteuerrecht 327
1 Einleitung 327
2 Voraussetzungen einer Geschäftsveräußerung (§ 1 Abs. 1a UStG) 327
3 Rechtsfolgen der Geschäftsveräußerung 329
4 Vorsteuerabzug für Kosten der Geschäftsveräußerung 329
KV 4: Der Ort der sonstigen Leistung im Umsatzsteuerrecht 330
1 Einleitung 330
2 Leistung an Nicht-Unternehmer (B2C) 330
3 Leistung an Unternehmer (B2B) 330
4 Vorrangige Spezialregelungen 331
KV 5: Reihengeschäfte im Umsatzsteuerrecht 335
1 Begriff und Grundsätze 335
2 Ort der Lieferungen (§ 3 Abs. 6a und Abs. 7 UStG) 335
3 Zuordnung der Beförderung/Versendung (§ 3 Abs. 6a und Abs. 7 UStG) 336
4 Innergemeinschaftliches Dreiecksgeschäft 336
KV 6: Umsatzsteuer im Binnenmarkt 338
1 Einleitung 338
2 Innergemeinschaftliche Lieferung bzw. Erwerb 338
3 Innergemeinschaftliche Reihen- und Dreiecksgeschäfte 341
4 Nachweispflichten und Kontrollverfahren 341
KV 7: Unentgeltliche Wertabgaben 343
1 Einleitung 343
2 Abgrenzung unentgeltliche Wertabgabe/entgeltliche Lieferung 343
3 Die Tatbestände der unentgeltlichen Wertabgabe 343
4 Sonstiges 345

KV 8:	Tausch und tauschähnlicher Umsatz	346
1	Begriffsbestimmung und Abgrenzung	346
2	Bemessungsgrundlage	346
3	Verdeckter Preisnachlass bei Tauschumsätzen	347
KV 9:	Optionen im Umsatzsteuerrecht	348
1	Einleitung	348
2	Verzicht auf Steuerbefreiungen (§ 9 UStG)	348
3	Option zur Regelbesteuerung	349
4	Option zur Besteuerung nach vereinnahmten Entgelten (§ 20 UStG)	350
5	Option zur Erwerbsbesteuerung	350
6	Optionen im Rahmen der Differenzbesteuerung (§ 25a UStG)	351
KV 10:	Bemessungsgrundlagen im Umsatzsteuerrecht	352
1	Einleitung	352
2	Entgelt als Bemessungsgrundlage	352
3	Unentgeltliche Wertabgaben (§ 10 Abs. 4 UStG)	353
4	Mindestbemessungsgrundlage (§ 10 Abs. 5 UStG)	354
5	Sonstige Bemessungsgrundlagen	354
KV 11:	Steuerschuldnerschaft des Leistungsempfängers	355
1	Einleitung	355
2	Voraussetzungen für den Übergang der Steuerschuldnerschaft	355
3	Entstehung der Steuer und Bemessungsgrundlage	357
4	Rechnungserteilung, Vorsteuerabzug und Aufzeichnungspflichten	358
KV 12:	Die Rechnungsausstellung im UStG	359
1	Einleitung	359
2	Verpflichtung zur Rechnungsausstellung	359
3	Der Rechnungsinhalt	359
4	Rechnungsaussteller	361
5	Rechnungsform	361
KV 13:	Der Vorsteuerabzug nach § 15 UStG	362
1	Einleitung	362
2	Voraussetzungen	362
3	Ausschluss vom Vorsteuerabzug	364
4	Versagung des Vorsteuerabzugs	364
5	Aufteilung der Vorsteuerbeträge	365
6	Verfahren	365
KV 14:	Die Vorsteuerberichtigung nach § 15a UStG	366
1	Einleitung	366
2	Tatbestandsvoraussetzungen im Einzelnen	366
3	Berichtigungsverfahren und Vereinfachungsvorschriften	368
KV 15:	Das Besteuerungsverfahren bei der Umsatzsteuer	369
1	Einleitung	369
2	Umsatzsteuer-Voranmeldung (§ 18 Abs. 1 UStG)	369

3	Umsatzsteuer-Jahreserklärung (§ 18 Abs. 3 UStG)	370
KV 16: Das Vorsteuer-Vergütungsverfahren		371
1	Einleitung	371
2	Vergütungsberechtigte Unternehmer (§ 59 UStDV)	371
3	Vergütungszeitraum	372
4	Vergütungsverfahren	372
KV 17: Die Umsatzbesteuerung der Kleinunternehmer		375
1	Einleitung	375
2	Voraussetzungen	375
3	Rechtsfolgen der Kleinunternehmerbesteuerung	376
4	Option zur Regelbesteuerung nach § 19 Abs. 2 UStG	376
KV 18: Die Differenzbesteuerung nach § 25a UStG		378
1	Einleitung	378
2	Voraussetzungen der Differenzbesteuerung	378
3	Bemessungsgrundlage	379
4	Steuersatz und Steuerbefreiungen	380
5	Vorsteuerabzug, Rechnungserteilung, Aufzeichnungspflichten, Verzicht	380
KV 19: Gutscheine im Umsatzsteuerrecht		381
1	Einleitung	381
2	Begriff und Arten von Gutscheinen	381
3	Steuerentstehung	382
4	Bemessungsgrundlage	382
5	Übertragung von Einzweck-Gutscheinen	382

Teil G: Zivilrecht ... 383

KV 1: Die Vertretung im bürgerlichen Recht und Handelsrecht		384
1	Einleitung	384
2	Die Vertretung im bürgerlichen Recht	384
3	Die Vertretung im Handelsrecht	385
KV 2: Die gesetzliche Erbfolge		387
1	Begriff	387
2	Erbrecht der Verwandten	387
3	Erbrecht der Ehegatten	388
4	Erbrecht des Lebenspartners	389
5	Erbrecht des Staates	389
KV 3: Gründung einer GmbH		390
1	Gründungsphasen	390
2	Gründungsformen	391
3	Ablauf des Gründungsverfahrens	392
KV 4: Der Kaufmannsbegriff im Handelsrecht		394
1	Einleitung	394

2	Kaufmannsbegriff nach dem Handelsrechtsreformgesetz	394
3	Ist-Kaufmann nach § 1 HGB	395
4	Kann-Kaufleute nach §§ 2 und 3 HGB	395
5	Fiktiv-Kaufmann nach § 5 HGB	396
6	Handelsgesellschaften und Form-Kaufleute nach § 6 HGB	396
7	Schein-Kaufmann	397
KV 5:	Die Firma des Kaufmanns	398
1	Begriff und Bedeutung der Firma	398
2	Grundsätze der Firmenbildung	398
3	Wechsel des Inhabers und Firmenfortführung	399
4	Schutz der Firma	400
KV 6:	Das Handelsregister	402
1	Begriff und Zweck des Handelsregisters	402
2	Einzutragende Tatsachen und Wirkung der Eintragung	402
3	Publizitätswirkungen des Handelsregisters	403
KV 7:	Die Insolvenzantragspflicht	405
1	Antragsverfahren und Adressaten der Antragspflicht	405
2	Insolvenzgründe	406
3	Rechtsfolgen bei Verletzung von Insolvenzantragspflichten	407
KV 8:	Das Insolvenzverfahren	408
4	Begriff und Zweck des Insolvenzverfahrens	408
5	Voraussetzungen für die Eröffnung des Insolvenzverfahrens	408
6	Durchführung des Insolvenzverfahrens	409
7	Verbraucherinsolvenzverfahren (§§ 304 bis 314 InsO)	412

Teil H: Berufsrecht **413**

KV 1:	Berufspflichten	414
1	Einleitung	414
2	Die Berufspflichten nach § 57 Abs. 1 StBerG	414
3	Weitere Berufspflichten	417
4	Verbot gewerblicher Tätigkeit	417
5	Folgen der Berufspflichtverletzung	417
KV 2:	Berufsgerichtsbarkeit	418
1	Berufsgerichtliches Verfahren	418
2	Verhältnis zu anderen Verfahren	419
KV 3:	Die Haftung des Steuerberaters	421
1	Einleitung	421
2	Anspruchsvoraussetzungen	421
3	Haftungsbeschränkung	422
4	Verjährung	422
5	Dritthaftung	423

KV 4: Steuerberatungsgesellschaften 424
1 Einleitung 424
2 Voraussetzungen der Anerkennung 424
3 Rechtsformbesonderheiten 425
KV 5: Lohnsteuerhilfevereine 427
1 Einleitung 427
2 Voraussetzungen der Anerkennung 427
3 Befugnisse nach § 4 Nr. 11 StBerG 427
4 Pflichten des Lohnsteuerhilfevereins 428

Teil I: Sonstige Themen **429**

KV 1: Erwerbsvorgänge im Grunderwerbsteuerrecht 430
1 Charakter und Gegenstand der Grunderwerbsteuer 430
2 Erwerbsvorgänge im Überblick 430
3 Erwerbstatbestände nach § 1 Abs. 1 GrEStG 431
4 Ersatztatbestände
  (§ 1 Abs. 2, 2a, 2b und 3 GrEStG) 432
KV 2: Steuervergünstigungen im Grunderwerbsteuerrecht 435
1 Einleitung 435
2 Allgemeine Ausnahmen von der Besteuerung (§ 3 GrEStG) 435
3 Besondere Ausnahmen von der Besteuerung (§ 4 GrEStG) 436
4 Übergang auf eine und von einer Gesamthand 437
5 Umstrukturierungen im Konzern (§ 6a GrEStG) 438
KV 3: Verschmelzung auf eine Personengesellschaft oder natürliche Person 439
1 Einleitung 439
2 Ertragsteuerliche Behandlung bei der übertragenden Körperschaft 439
3 Ertragsteuerliche Behandlung bei dem übernehmenden Rechtsträger 440
4 Ertragsteuerliche Behandlung bei den Anteilseignern der übertragenden Körperschaft 440
5 Gewerbesteuer 441
KV 4: Einbringung in eine Kapitalgesellschaft 443
1 Einleitung 443
2 Sacheinlage (§ 20 UmwStG) 443
3 Anteilstausch (§ 21 UmwStG) 445
KV 5: Steuerhoheit 446
1 Einleitung 446
2 Gesetzgebungshoheit 446
3 Steuerertragshoheit 447
4 Steuerverwaltungshoheit 448
KV 6: Die Bewertung von Grundstücken des Grundvermögens für die ErbSt 449
1 Einleitung 449

2	Unbebaute Grundstücke (§ 178 BewG)	449
3	Bebaute Grundstücke (§ 180 BewG)	450
4	Bewertung in Erbbaurechtsfällen (§§ 192 bis 194 BewG)	451
5	Gebäude auf fremdem Grund und Boden (§ 195 BewG)	453
6	Grundstücke im Zustand der Bebauung (§ 196 BewG)	454

Stichwortverzeichnis 455

Teil A:
Die mündliche Steuerberaterprüfung

1 Die Vorbereitung auf die mündliche Prüfung

Die mündliche Prüfung geht mit 50 % in die Gesamtbewertung ein. Sie besteht nach § 26 Abs. 3 und 6 DVStB einerseits aus einem fünf- bis zehnminütigen Kurzvortrag, auf den Sie sich eine halbe Stunde vorbereiten dürfen, anderseits aus sechs Einzelprüfungen zu den in § 37 Abs. 3 StBerG genannten Fächern. Diese Fächer sind: Steuerliches Verfahrensrecht; Steuern vom Einkommen und Ertrag; Bewertungsrecht, Erbschaftsteuer und Grundsteuer; Verbrauch- und Verkehrsteuern, Grundzüge des Zollrechts; Handelsrecht sowie Grundzüge des BGB, des Gesellschaftsrechts, des Insolvenzrechts und des Rechts der Europäischen Gemeinschaft; Betriebswirtschaft und Rechnungswesen; Volkswirtschaft; Berufsrecht.

In der mündlichen Prüfung sollen Sie zeigen, dass Sie sich für den Beruf des Steuerberaters eignen. Daher dürfen Sie sich nicht nur auf Ihre Fachkenntnisse verlassen; vielmehr müssen Sie auch in der Lage sein, Ihren späteren Mandanten steuerrechtliche Probleme und deren Lösungen verständlich darzustellen. Es ist also Ihre ganze Persönlichkeit gefordert: Sie müssen sicher und engagiert auftreten und den Prüfern das Gefühl vermitteln, dass Sie die Materie entweder beherrschen oder jederzeit in den Griff bekommen können. Daher sollten Sie Ihre Vorbereitung nicht nur auf die Wiederholung von Fachwissen beschränken, sondern auch die »Präsentation« dieses Wissens üben; dies gilt insbesondere für den Kurzvortrag.

Beginnen Sie Ihre Vorbereitung unmittelbar nach Abschluss der schriftlichen Klausuren (dies steht zwar in jeder »Anleitung« zur mündlichen Prüfung, wird aber nur selten beherzigt – trotzdem ist es dringend zu empfehlen). Wenn Sie erst Ihre schriftlichen Ergebnisse abwarten, die in der Regel frühestens mit der Weihnachtspost kommen, kann es für eine gründliche Vorbereitung schon zu spät sein. Denn im ungünstigsten Fall bleiben Ihnen dann nur noch zwei Wochen von der Ladung bis zum Prüfungstag.

Erstellen Sie einen Zeitplan bis zu dem in ihrem Bundesland frühestmöglichen Prüfungstermin (oft schon Anfang Januar). Bis zu diesem Termin sollte Ihre Vorbereitung abgeschlossen sein. Liegt Ihr tatsächlicher Prüfungstermin dann etwas später, können Sie Ihren – in der Regel nicht eingehaltenen – Zeitplan noch abarbeiten.

Im Rahmen Ihrer Vorbereitung sollten Sie einerseits Fachwissen wiederholen; als Einstieg hierzu kann Ihnen die vorliegende Sammlung von Kurzvorträgen dienen. Daneben sollten Sie versuchen, »gesetzesfest« zu werden. Auch wenn Sie Gesetze und/oder Richtlinien als Hilfsmittel in der Prüfung verwenden dürfen, machen Sie einen besseren Eindruck, wenn Sie nicht »blättern« müssen. Auch wird Sie das (ggf. erfolglose) Blättern unter Prüfungsbedingungen im Zweifel nur nervös machen. Außerdem dürfen in manchen Ländern die Kandidaten entweder gar keine Hilfsmittel verwenden oder nur auf Aufforderung des Prüfers. Lernen Sie daher Ihr Gesetz (und die Richtlinien) kennen.

Neben der Wiederholung von Fachwissen müssen Sie immer wieder den »Ernstfall« des Kurzvortrags üben. Das bedeutet, dass Sie sich ein Thema wählen, den Vortrag eine halbe Stunde vorbereiten und ihn anschließend vor – möglichst fachkundigen – Zuhörern halten; hierfür eignen sich natürlich am besten Arbeitsgemeinschaften.

Sobald Ihnen Ihre Prüfungskommission oder die Namen Ihrer Prüfer bekannt sind, sollten Sie sich Protokolle früherer Prüfungen besorgen; diese werden häufig von Repetitorien verkauft. Die Protokolle vermitteln Ihnen einen Eindruck vom Ablauf einer mündlichen Prüfung. Sie können anhand der Fragen selbst versuchen, Ihre Antworten zu formulieren oder – wieder im Rahmen einer Arbeitsgemeinschaft – eine Prüfung simulieren. Je öfter sie die Prüfungssituation üben, desto sicherer werden Sie am Tag Ihrer Prüfung sein. Vielleicht haben Sie auch Glück, und einer Ihrer Prüfer ist »protokollfest«.

Enthalten die Protokolle auch eine persönliche Beurteilung der Prüfer, z. B. »unfairer Fragestil«, »will einen reinlegen«, »macht die Kandidaten fertig« oder ähnlich Negatives, dürfen Sie sich davon überhaupt nicht beeindrucken lassen. Sollte der Prüfer tatsächlich etwas schwierig sein oder auch nur einen schlechten Tag haben, merken Sie das noch früh genug. Im Übrigen gehen Sie aber davon aus, dass jeder Prüfer Ihnen grundsätzlich wohl gesonnen ist und Sie gerne bestehen lässt (auch ein Prüfer fühlt sich besser, wenn seine Kandidaten bestehen). Wichtig ist, dass Sie mit einer positiven Grundeinstellung in die Prüfung gehen.

2 Die Vorbereitung des Kurzvortrags

Inhaltlich können die Themen von Kurzvorträgen so gestellt sein, dass es unmöglich ist, ein Thema innerhalb von zehn Minuten umfassend darzustellen. Dies ist auch nicht erforderlich, wenn Sie in der Lage sind, wesentliche Aspekte des Themas herauszuarbeiten. Denn Sie sollen nicht Ihr Wissen abladen, sondern innerhalb der vorgegebenen Zeit Schwerpunkte setzen. Dagegen müssen Ihre Ausführungen detaillierter sein, wenn das Thema selbst nur wenige Schwerpunkte bietet.

Auch wenn Sie den vorliegenden Band auswendig gelernt haben, kann Ihnen in der Prüfung ein anderes Thema gestellt werden. Daher sollten Sie üben, in der vorgegebenen Zeit von einer halben Stunde Themen klar zu gliedern und dabei einen Anfang und einen Abschluss erkennen zu lassen. Es gibt keine Standardgliederung, mit der jedes Thema zu bewältigen wäre. Denken Sie aber immer daran, dass die Zuhörer sich nur eine überschaubare Zahl von Gliederungspunkten merken können; eine Gliederung in drei Punkte ist zuhörerfreundlich (eignet sich aber nicht für alle Themen).

Gliedern Sie nur in Stichworten; ausformulierte Sätze kosten zu viel Zeit und verleiten zum Ablesen. Eine Ausnahme dürfen Sie für den Einleitungs- und den Schlusssatz machen: Mit einem guten Einleitungssatz gewinnen Sie Sicherheit, ein guter Schlusssatz hinterlässt bei Ihren Zuhörern einen positiven letzten Eindruck. Der vorliegende Band lässt Ihnen insbesondere hinsichtlich des Schlusssatzes Gestaltungsspielraum. Diesen sollten Sie nutzen, um Ihren Vortrag abzurunden, z. B. indem Sie eine eingangs aufgeworfene Frage beantworten, Alternativgestaltungen vorschlagen oder auf aktuelle Entwicklungen hinweisen; Letzteres zeigt auch, dass Sie sich auf dem Laufenden halten.

Im Rahmen Ihrer Vorbereitung sollten Sie unbedingt auch den Vortrag selbst üben. Denn Sie müssen nicht nur ein Zeitgefühl entwickeln, Ihre Sprechgeschwindigkeit wohl dosieren und sich an Ihre Vortragsstimme gewöhnen, sondern auch Ihre übrigen Körperteile im Griff behalten. Die Kritik von Kollegen im Rahmen einer Arbeitsgemeinschaft kann hier sehr hilfreich sein. Sollten Sie die Möglichkeit dazu haben, zeichnen Sie einige Ihrer Vorträge auf, um sich selbst einen unmittelbaren Eindruck von Ihrem Auftreten zu verschaffen. Vergessen Sie nicht: In der mündlichen Prüfung – und insbesondere mit dem Kurzvortrag – sollen Sie zeigen, dass Sie sich zum Steuerberater eignen, indem Sie fachlich kompetent und persönlich souverän auftreten. Daher sollten Sie auch im Rahmen Ihrer halbstündigen Vorbereitungszeit dem Redevortrag mindestens fünf (besser zehn) Minuten widmen, indem sie diesen einmal vor Ihrem »geistigen Auge« ablaufen lassen.

Formulieren Sie Ihre Gedanken in kurzen und leicht verständlichen Sätzen. Dies ist nicht nur für den Sprechenden einfacher, sondern auch für die Zuhörer angenehmer. Entwickeln Sie Ihre Gedanken der Reihe nach, indem Sie immer nur einen Gedanken pro Satz formulieren. Sprechen Sie ruhig und langsam und halten Sie zu allen Ihren Zuhörern abwechselnd Blickkontakt. Denken Sie auch an Ihre Mimik und Gestik: Ein freundlicher Gesichtsausdruck und moderate Gesten unterstreichen Ihren positiven Gesamteindruck.

Zu Beginn Ihres Vortrags sollten Sie die Prüfungskommission anreden. Ein schlichtes »Sehr geehrte (Damen und) Herren« ist dafür völlig ausreichend. Anschließend nennen Sie Ihr Thema (z. B. »Mein Thema ist/lautet ...« oder »Ich berichte über ...«). Dann stellen Sie in kurzen Worten Ihre Gliederung vor (z. B. »Ich gliedere das Thema wie folgt: ...«); die Zuhörer können Ihnen dann leichter folgen, als wenn Sie die Struktur Ihres Vortrages selbst ermitteln müssen. Anschließend tragen Sie Ihr Thema entsprechend der genannten Gliederung vor. Gegen Ende sollten Sie deutlich machen, dass Sie zum Schluss kommen (z. B. »Abschließend ist zu erwähnen ...«, »Als letzten Aspekt möchte ich ... anführen ...«, »Zusammenfassend ist festzustellen ...«). Sofern sich eine Zusammenfassung anbietet, sollten Sie diese als eigenen Gliederungspunkt bringen. Ansonsten runden Sie Ihren Vortrag wie oben erwähnt ab. Ein plumpes »Das war's« sollten Sie unbedingt vermeiden; Sie zerstören hierdurch nur den guten Eindruck, den Sie vorher gemacht haben. Als höfliche Verabschiedung können Sie sich bei Ihren Zuhörern für deren Aufmerksamkeit bedanken.

3 Der Ablauf der mündlichen Prüfung

Die mündliche Prüfung beginnt mit der Vorbereitung auf den Kurzvortrag. Sie erhalten drei Prüfungsthemen zur Auswahl und sollten Ihre Wahl so schnell, aber auch so gründlich wie möglich treffen. Sobald Sie sich für ein Thema entschieden und mit der Bearbeitung begonnen haben, müssen Sie dabeibleiben: Sie werden das andere Thema im Zweifel nicht besser bewältigen können, verlieren durch einen Themenwechsel aber kostbare Zeit. Richten Sie sich auf den »worst case« ein, dass Ihnen keines der drei Themen zusagt. Dann erinnern Sie sich kurz daran, dass Sie Ihre schriftlichen Klausuren bestanden haben und daher ausreichende Kenntnisse haben, um zu jedem der drei Themen etwas sagen zu können. Für die weitere Themenauswahl gilt: Je allgemeiner ein Thema gehalten ist, desto besser werden Sie es bewältigen können. Auch fühlen sich bei allgemeineren Themen alle Prüfer angesprochen, wohingegen Sie mit Spezialthemen in der Regel nur das kritische Ohr des Spezialisten erreichen. Auch wird bei Spezialthemen erwartet, dass Sie mit Ihrem Vortrag in die Tiefe gehen und ggf. detaillierte Gesetzes- und Richtlinienkenntnisse zeigen. Sobald Sie sich für ein Thema entschieden haben, verfahren Sie weiter wie unter Punkt 2 beschrieben.

Nach dem Kurzvortrag und einer kurzen Pause folgen die weiteren sechs Prüfungsabschnitte, wiederum jeweils durch Pausen getrennt. Dabei zählt jeder Prüfungsabschnitt neu, d. h. auch wenn Sie z. B. mit Ihrem Vortrag nicht zufrieden waren, müssen Sie jede weitere Prüfung als neue Chance verstehen und hoch motiviert mitarbeiten. Niemals dürfen Sie sich aufgeben! Wer aufgibt, fällt auch durch (Denn warum sollten die Prüfer an Ihre Fähigkeiten glauben, wenn nicht einmal Sie daran glauben?).

Da jede Frage weitergegeben werden kann, ist es wichtig, permanent zuzuhören und mitzudenken, auch wenn Sie gerade nicht befragt werden. Wird eine Frage an Sie weitergeben, beantworten Sie nur die Frage und enthalten Sie sich jeder Wertung der Leistung Ihres Vorredners. Denn jede negative Äußerung ist unkollegial und lässt nur Sie in einem schlechten Licht erscheinen. Wird eine nicht beantwortete Frage an die übrigen Kandidaten freigegeben, versuchen Sie durch Blickkontakt und einen positiven Gesichtsausdruck zum Fragesteller zu signalisieren, dass Sie die Antwort wissen (auf keinen Fall dürfen Sie sich wie ein Schüler melden).

Sollten Sie zu einer Frage nichts sagen können oder unsicher sein, dürfen Sie niemals schweigen. Schweigen bedeutet nicht nur, dass Ihre Antwort auf die Frage als »ungenügend« bewertet werden muss; zusätzlich verunsichern Sie auch noch den Prüfer. Daher versuchen Sie, sich an die Frage heranzutasten und zeigen Sie, dass Sie mitdenken: Erkundigen Sie sich z. B., ob Sie die Frage so oder so zu verstehen haben oder ob der Prüfer auf dies oder jenes hinauswolle. Noch besser ist, wenn Sie ein Stichwort nennen können, das Ihnen im Zusammenhang mit der Frage einfällt; häufig wird der Prüfer Sie dann hierzu weiter befragen und über diesen Umweg zu seiner Frage zurückkommen. Oft gelingt es auch, die Antwort im Gespräch mit dem Prüfer zu erarbeiten. Denken Sie immer daran, dass der Prüfer Ihnen gerne weiterhelfen möchte, wenn

Sie nicht weiterwissen; diese Chance müssen Sie ihm geben. Denn ein Prüfer, der mit seinen Fragen auf Unverständnis stößt, wird sich auch überlegen, ob an seinen Fragen oder der Art seiner Fragestellung etwas verbesserungsfähig ist.

Oberstes Gebot bleibt, dass Sie bis zuletzt »kämpfen«. Wenn Sie sich intensiv auf den mündlichen Teil vorbereitet haben und sich darüber hinaus immer vergegenwärtigen, dass Sie die schwere Hürde der schriftlichen Klausuren bereits genommen haben, und dass die Prüfer Ihnen grundsätzlich wohl gesonnen sind, dann sollten Sie genug positives Rüstzeug haben, auch die mündliche Prüfung zu bestehen.

4 Länderspezifische Unterschiede

Die Durchführung der mündlichen Steuerberaterprüfung wird in den einzelnen Bundesländern unterschiedlich gehandhabt. Einheitlich in allen Bundesländern wird das Ergebnis der schriftlichen Prüfung vor oder mit der Ladung zur mündlichen Prüfung bekannt gegeben; auch dürfen in allen Ländern die Notizen, die der Kandidat sich bei der Vorbereitung seines Kurzvortrages macht, während des Vortrags verwendet werden. Jedoch variieren insbesondere die Dauer des Kurzvortrages und die Zulassung von Hilfsmitteln. Die nachfolgende Tabelle gibt einen Überblick über die Prüfungspraxis aller Bundesländer; dabei wurden hinsichtlich der erwarteten Dauer des Kurzvortrages die Angaben der einzelnen Finanzministerien wörtlich übernommen.

Bundesland	Erwartete Dauer	Hilfsmittel
Baden-Württemberg	ca. 10 Minuten	Gesetze
Bayern	max. 10 Minuten	Gesetze
Berlin	5 bis 7 Minuten	Keine
Brandenburg	5 bis 10 Minuten	Gesetze
Bremen	ca. 10 Minuten	Gesetze, Richtlinien, Erlasse
Hamburg	10 Minuten	Gesetze, Richtlinien, Erlasse
Hessen	5 bis 10 Minuten	Gesetze
Mecklenburg-Vorpommern	max. 10 Minuten	Gesetze, Richtlinien, Erlasse
Niedersachsen	max. 10 Minuten	Gesetze, Richtlinien, Erlasse
Nordrhein-Westfalen	max. 10 Minuten	Gesetze
Rheinland-Pfalz	10 Minuten	Gesetze, Richtlinien
Saarland	etwa 10 Minuten	Gesetze, Richtlinien
Sachsen	max. 10 Minuten	Gesetze
Sachsen-Anhalt	max. 10 Minuten	Gesetze, Richtlinien, Erlasse
Schleswig-Holstein	max. 10 Minuten	Gesetze
Thüringen	ca. 10 Minuten	Gesetze

Teil B:
Abgabenordnung und Finanzgerichtsordnung

KV 1: Das Steuergeheimnis

1 Einleitung

Das Steuergeheimnis (§ 30 AO) verpflichtet Amtsträger (§ 7 AO) und ihnen Gleichgestellte (§ 30 Abs. 3 AO) zur Geheimhaltung von steuerlich relevanten Informationen. Es leitet sich aus dem **allgemeinen Persönlichkeitsrecht** ab (Art. 2 Abs. 1 i. V. m. Art. 1 Abs. 1 GG), insbesondere aus dem sich hieraus ergebenden Recht auf informationelle Selbstbestimmung. Das Steuergeheimnis will den Persönlichkeitsbereich des Steuerpflichtigen schützen und stellt damit das **Gegenstück zu dessen weitgehenden Offenbarungs- und Mitwirkungspflichten** dar (§ 90 AO). Denn einerseits soll die Bereitschaft des Steuerpflichtigen zu wahrheitsgemäßen Auskünften gefördert und damit das Steueraufkommen gesichert werden; andererseits soll der Steuerpflichtige vor einer Weiterverwendung seiner Daten durch die Finanzbehörden geschützt werden.

2 Gegenstand des Steuergeheimnisses

2.1 Sachlich

Sachlich geschützt werden durch das Steuergeheimnis:
- **Personenbezogene Daten eines anderen,** die im Zusammenhang mit einem der in § 30 Abs. 2 Nr. 1 a, b und c AO genannten Verfahren (z. B. Verwaltungs-, Gerichts-, Straf- oder Bußgeldverfahren in Steuersachen) dienstlich bekannt geworden sind; dies können z. B. Einkommen, Umsatz, Anzahl der Kinder, private Wohnverhältnisse sein;
- **Fremde Betriebs- und Geschäftsgeheimnisse,** die im Zusammenhang mit den o. g. Verfahren bekannt geworden sind (z. B. Kundenkarteien, Fabrikationsverfahren, geplante Werbekampagnen);
- Daten, die im Zusammenhang mit den o. g. Verfahren in einem automationsgestützten Dateisystem gespeichert wurden.

2.2 Personell

Personell schützt § 30 AO »andere«; hierunter fallen
- der Steuerpflichtige,
- Dritte, d. h. Personen, die in irgendeiner Form betroffen sein können (z. B. Auskunftspersonen oder steuerliche Berater).

3 Träger des Steuergeheimnisses

Träger des Steuergeheimnisses sind nach § 30 Abs. 1 AO **Amtsträger** i. S. d. § 7 AO sowie die nach § 30 Abs. 3 AO den Amtsträgern **Gleichgestellte**. Diese Personen haben das Steuergeheimnis zeitlich unbeschränkt zu wahren, d. h. auch nach ihrem Ausscheiden aus dem Dienst.

- **Amtsträger** sind
  - Beamte und Richter,
  - Personen, die in einem sonstigen öffentlich-rechtlichen Amtsverhältnis stehen (z. B. Minister),
  - Personen, die sonst dazu bestellt sind, bei einer Behörde oder bei einer sonstigen Stelle oder in deren Auftrag Aufgaben der öffentlichen Verwaltung wahrzunehmen (z. B. Angestellte im öffentlichen Dienst).
- **Gleichgestellte** sind
  - Personen, die i. S. d. § 11 Abs. 1 Nr. 4 StGB für den öffentlichen Dienst besonders verpflichtet sind; das sind Personen, die Aufgaben der öffentlichen Verwaltung wahrnehmen und zur Verschwiegenheit verpflichtet wurden (z. B. auch Sekretärin, Hausmeister oder Fahrer);
  - ausländische Juristen und Referendare (§ 193 Abs. 2 GVG);
  - amtlich zugezogene Sachverständige;
  - Amtsträger von Kirchen und anderen Religionsgemeinschaften, die Körperschaften des öffentlichen Rechts sind.

4 Verletzung des Steuergeheimnisses

Verletzungshandlungen hinsichtlich der dem Steuergeheimnis unterliegenden Schutzobjekte sind:
- »**Offenbaren**«; dies bedeutet die Weitergabe von bekannt gewordenen Verhältnissen und scheidet aus, soweit die Verhältnisse bereits allgemein bekannt oder jedem Interessenten ohne weiteres zugänglich sind.
- »**Verwerten**«; dies bedeutet die Verwendung geschützter Kenntnisse zu eigenem oder fremdem Vorteil.
- »**Datenabruf**« im automatischen Verfahren.

Das Steuergeheimnis wird verletzt, wenn die Verletzungshandlung »unbefugt« erfolgt. Dies ist stets der Fall, wenn kein Rechtfertigungsgrund aus dem abschließenden Katalog des § 30 Abs. 4 und 5 AO vorliegt.

5 Rechtfertigungsgründe (befugte Offenbarung)

Nach § 30 Abs. 4 AO ist die **Offenbarung oder Verwertung** geschützter Daten **zulässig**
- für die Durchführung eines der in § 30 Abs. 2 Nr. 1a und b AO genannten **Verfahren** (insbesondere Steuerverwaltungs-, Steuerstraf- und Finanzgerichtsverfahren);
- aufgrund **gesetzlicher Bestimmungen** (z. B. § 29c AO: Weiterverarbeitung durch Finanzbehörden; § 31 Abs. 1 AO: Mitteilungen an Religionsgemeinschaften; § 31 Abs. 2 AO: Mitteilungen an Sozialversicherungsträger; § 31a AO: Miteilungen zur Bekämpfung der illegalen Beschäftigung und des Leistungsmissbrauchs; § 31b AO: Mitteilungen zur Bekämpfung der Geldwäsche und der Terrorismusfinanzierung; § 249 Abs. 2 S. 2 AO: Vollstreckungsverfahren);
- mit **Zustimmung** des Betroffenen;
- zur Durchführung bestimmter, **nichtsteuerlicher Strafverfahren** (§ 30 Abs. 4 Nr. 4 AO);
- soweit ein **zwingendes öffentliches Interesse** besteht (§ 30 Abs. 4 Nr. 5 AO), namentlich wenn die Offenbarung zur Abwehr erheblicher Nachteile für das Gemeinwohl oder einer Gefahr für die öffentliche Sicherheit oder zur Verhütung von Verbrechen und schweren Vergehen gegen Leib und Leben oder den Staat und seine Einrichtungen erforderlich ist.

Der **Abruf geschützter Daten** ist nur **zulässig**, soweit er der Durchführung eines der in § 30 Abs. 2 Nr. 1a und b genannten Verfahren dient.

Liegt keiner der genannten Rechtfertigungsgründe vor, so erfolgt die Verletzung des Steuergeheimnisses unbefugt. Dies kann
- eine Straftat nach § 355 StGB darstellen,
- disziplinarrechtliche Folgen haben oder
- zivilrechtlich eine Haftung des Staates wegen Amtspflichtverletzung auslösen; der Betroffene hat in diesem Fall einen Schadensersatzanspruch aus § 839 BGB.

KV 2: Gemeinnützigkeit im Steuerrecht

1 Einleitung

Die wichtigsten Einzelsteuergesetze gewähren Körperschaften i. S. d. KStG, die **steuerbegünstigte Zwecke** verfolgen, Steuervergünstigungen. Die wichtigsten Steuervergünstigungen sind
- die Körperschaftsteuerbefreiung (§ 5 Abs. 1 Nr. 9 KStG);
- die Gewerbesteuerbefreiung (§ 3 Nr. 6 GewStG);
- die Grundsteuerbefreiung (§ 3 Abs. 1 Nr. 3 GrStG);
- der ermäßigte Umsatzsteuersatz in Höhe von 7 % (§ 12 Abs. 2 Nr. 8 UStG);
- die Erbschaft- und Schenkungsteuerbefreiung bei empfangenen Zuwendungen (§ 13 Abs. 1 Nr. 16b ErbStG);
- die Berechtigung zur Ausstellung von Zuwendungsbestätigungen beim Empfang von Spenden für steuerbegünstigte Zwecke (§ 10b EStG).

Steuerbegünstigt ist nach § 51 AO die Verfolgung **gemeinnütziger, mildtätiger und kirchlicher Zwecke**; die Verfolgung gemeinnütziger Zwecke ist daher – entgegen dem landläufigen Sprachgebrauch – nur einer von drei möglichen steuerbegünstigten Zwecken. Die für steuerbegünstigte Körperschaften maßgeblichen Vorschriften sind in den **§§ 51 bis 68 AO** enthalten.

2 Voraussetzungen der Steuerbegünstigung

2.1 Verfolgung steuerbegünstigter Zwecke

Eine Körperschaft verfolgt **gemeinnützige Zwecke (§ 52 AO)**, wenn sie die Allgemeinheit auf materiellem, geistigem oder sittlichem Gebiet selbstlos fördert. Als Förderung der Allgemeinheit gilt nach § 52 Abs. 2 AO insbesondere die Förderung von Wissenschaft und Forschung, Kunst und Kultur, Bildung und Erziehung, Religion, Völkerverständigung, Umweltschutz, Heimatgedanken, Alten- und Jugendhilfe, Sport, Pflanzen und Tierzucht, traditionelles Brauchtum und Karneval. Eine Förderung der Allgemeinheit ist nicht gegeben, wenn der geförderte Personenkreis fest abgeschlossen ist (z. B. eine Familie oder die Belegschaft eines Unternehmens) oder infolge seiner Abgrenzung dauernd nur klein sein kann (z. B. ein Golfclub bei bestimmter Höhe von Aufnahmegebühren/Mitgliedsbeiträgen).

Die Verfolgung **mildtätiger Zwecke (§ 53 AO)** setzt voraus, dass die Körperschaft Personen selbstlos unterstützt, die entweder aufgrund ihres körperlichen, geistigen oder seelischen Zustandes oder aufgrund ihrer niedrigen Bezüge hilfsbedürftig sind (persönliche bzw. wirtschaftliche Hilfsbedürftigkeit).

Eine Körperschaft verfolgt **kirchliche Zwecke (§ 54 AO)**, wenn sie mit ihrer Tätigkeit eine Religionsgemeinschaft, die Körperschaft des öffentlichen Rechts ist, selbstlos fördert.

2.2 Selbstlosigkeit (§ 55 AO)

Die Verfolgung steuerbegünstigter Zwecke muss **selbstlos** erfolgen, d. h. insb.:
- Es dürfen **nicht in erster Linie eigenwirtschaftliche** (insbesondere gewerbliche) Zwecke verfolgt werden;
- die Körperschaft muss ihre Mittel **ausschließlich** für ihre satzungsmäßigen Zwecke verwenden (sog. **Mittelverwendungsgebot**); dies hat grundsätzlich zeitnah, d. h. spätestens in den auf den Zufluss folgenden beiden Kalender- oder Wirtschaftsjahren zu erfolgen;
- die Mitglieder oder Gesellschafter dürfen **keine Gewinnanteile und Zuwendungen** sowie bei ihrem Ausscheiden oder bei Auflösung der Körperschaft nicht mehr als ihre eingezahlten Kapitalanteile und den gemeinen Wert ihrer geleisteten Sacheinlagen zurückerhalten;
- die Körperschaft darf Personen nicht durch zweckfremde Ausgaben oder unverhältnismäßig hohe Vergütungen begünstigen;
- bei Auflösung der Körperschaft darf ihr Vermögen nur für steuerbegünstigte Zwecke verwendet werden (Grundsatz der **Vermögensbindung**).

2.3 Unmittelbarkeit (§ 57 AO)

Die Körperschaft muss ihre steuerbegünstigten Zwecke grundsätzlich **unmittelbar** erfüllen, d. h. sie selbst muss diese Zwecke verwirklichen. Dies kann auch durch Einsatz von Hilfspersonen erfolgen, wenn deren Tätigkeit wie eine eigene Tätigkeit der Körperschaft anzusehen ist. Dies setzt voraus, dass die Hilfsperson gegenüber der Körperschaft **weisungsgebunden** ist (z. B. aufgrund von Auftrags-, Dienst- oder Werkvertragsverhältnissen). Eine unmittelbare Tätigkeit liegt nach § 57 Abs. 3 AO auch vor, wenn die Körperschaft durch planmäßiges Zusammenwirken mit mindestens einer weiteren gemeinnützigen Körperschaft tätig wird (Kooperation) oder ausschließlich Anteile an steuerbegünstigten Kapitalgesellschaften hält und verwaltet (Holding).

2.4 Formelle Satzungsmäßigkeit (§ 60 AO)

Die Satzungszwecke und die Art ihrer Verwirklichung müssen in der Satzung so genau bestimmt sein, dass schon an Amtsstelle geprüft werden kann, ob die Voraussetzungen für die Steuervergünstigungen gegeben sind (sog. formelle Satzungsmäßigkeit). Die Satzung muss den Erfordernissen bei der Körperschaft- und Gewerbesteuer während des gesamten Veranlagungs- oder Bemessungszeitraums, bei den anderen Steuern (z. B. Umsatzsteuer) im Zeitpunkt der Entstehung der Steuer entsprechen.

2.5 Tatsächliche Geschäftsführung (§ 63 AO)

Schließlich muss auch die tatsächliche Geschäftsführung der Körperschaft den Voraussetzungen für die Steuerbegünstigung entsprechen. Die Körperschaft hat dies durch ordnungsgemäße Aufzeichnungen über Einnahmen und Ausgaben nachzuweisen.

3 Umfang der Steuerbegünstigung

Die Steuerbegünstigung der Körperschaft ist insoweit ausgeschlossen, als die Körperschaft einen **steuerpflichtigen wirtschaftlichen Geschäftsbetrieb (§ 64 AO)** unterhält. Ein wirtschaftlicher Geschäftsbetrieb ist nach § 14 AO eine selbständige nachhaltige Tätigkeit, durch die Einnahmen oder andere wirtschaftliche Vorteile erzielt werden und die über den Rahmen einer Vermögensverwaltung hinausgeht; Gewinnerzielungsabsicht ist nicht erforderlich (z. B. Betrieb einer Vereinsgaststätte, Veranstaltung von Festen o. Ä.). Übersteigen die aus allen wirtschaftlichen Geschäftsbetrieben erzielten **Bruttoeinnahmen** nicht 45.000 € im Jahr, unterliegt der Gewinn nicht der Körperschaft- und Gewerbesteuer (Freigrenze).

Ein wirtschaftlicher Geschäftsbetrieb ist unschädlich, wenn er als **steuerbegünstigter Zweckbetrieb (§§ 65 bis 68 AO)** anzusehen ist. Nach der allgemeinen Definition des § 65 AO liegt ein Zweckbetrieb vor, wenn
- der wirtschaftliche Geschäftsbetrieb in seiner Gesamtrichtung dazu dient, die steuerbegünstigten satzungsmäßigen Zwecke der Körperschaft zu verwirklichen,
- die Zwecke nur durch einen solchen Geschäftsbetrieb verwirklicht werden können und
- der wirtschaftliche Geschäftsbetrieb zu nicht steuerbegünstigten Betrieben derselben oder ähnlicher Art nicht mehr als unvermeidbar in Wettbewerb tritt.

Die Vorschrift des § 65 AO wird durch die §§ 66 bis 68 AO ergänzt, die spezielle Regelungen für bestimmte Zweckbetrieb enthalten (§ 66 AO: Einrichtungen der Wohlfahrtspflege; § 67 AO: Krankenhäuser; § 67a AO: bestimmte sportliche Veranstaltungen; § 68 AO: einzelne Zweckbetrieb, z. B. Alten- und Pflegeheime, Kindergärten, Selbstversorgungseinrichtungen, Behindertenwerkstätten, kulturelle Einrichtungen, Volkshochschulen, Wissenschafts- und Forschungseinrichtungen).

KV 3: Haftung im Steuerrecht

1 Definition

Während das Zivilrecht den Begriff der Haftung mit verschiedenen Bedeutungen belegt, ist er im Steuerrecht eindeutig: Die AO unterscheidet zwischen Schuld und Haftung, und meint mit Schuld stets eine **eigene Schuld**, wohingegen Haftung das Einstehenmüssen für eine **fremde Schuld** bedeutet. Daher kann ein Haftungsanspruch nur entstehen, wenn und solange auch eine Steuerschuld besteht (Grundsatz der Akzessorietät). Der Zweck der Haftung besteht in der Sicherung des Steueraufkommens.

2 Haftungsnormen

Die Haftungsnormen lassen sich in steuerrechtliche und außersteuerrechtliche Regelungen einteilen. Denn neben den Steuergesetzen können auch außersteuerliche Haftungsnormen eine Haftung für Steuerschulden begründen (§ 191 Abs. 4 AO).

2.1 Steuerrechtliche Haftungsnormen

Die steuerrechtlichen Haftungsnormen finden sich in der AO (§§ 69–76) und in den Einzelsteuergesetzen; von Letzteren sollen hier jedoch nur einige exemplarisch genannt werden.
- **Haftung des Vertreters (§ 69 AO)**
  § 69 i. V. m. § 34 ff. AO regelt die unbeschränkte persönliche Haftung von Vertretern für Steuern des Vertretenen. Mit Vertreter meint § 69 AO die in den §§ 34 und 35 AO genannten Personen; dies können z. B. Eltern oder Geschäftsführer sein. Voraussetzung für die Haftung ist, dass der Vertreter seine Pflichten **vorsätzlich oder grob fahrlässig** verletzt. Durch dieses pflichtwidrige Verhalten (Kausalität) müssen Steuern nicht oder nicht rechtzeitig festgesetzt oder gezahlt oder Steuererstattungen ohne rechtlichen Grund erlangt worden sein.
  Bei der Frage, ob der Vertreter schuldhaft, d. h. vorsätzlich oder fahrlässig handelt, ist nach der Steuerart zu unterscheiden. Abzugssteuern, insbesondere die Lohnsteuer, sind treuhänderisch einbehaltene Fremdgelder, die mit Vorrang gegenüber anderen Verbindlichkeiten abgeführt werden müssen. Bei anderen Steuern gilt der Grundsatz der Gleichbehandlung aller Gläubiger, d. h. den Vertreter trifft keine Haftung, wenn er den Fiskus nicht vorrangig befriedigt.

- **Haftung des Vertretenen (§ 70 AO)**
 § 70 AO regelt die Haftung des Vertretenen für verkürzte Steuern und zu Unrecht gewährte Steuervorteile, wenn der Vertreter eine Steuerhinterziehung oder leichtfertige Steuerverkürzung begangen hat. Die praktische Relevanz dieser Norm ist gering, da in der Regel der Vertretene auch Steuerschuldner ist; Haftungsschuldner nach § 70 AO kann aber nur sein, wer nicht gleichzeitig Steuerschuldner ist.
- **Haftung des Steuerhinterziehers (§ 71 AO)**
 Nach § 71 AO haften Täter und Teilnehmer einer Steuerhinterziehung oder einer Steuerhehlerei für die verkürzten Steuern und die zu Unrecht gewährten Steuervorteile. Diese Regelung ist auf solche Täter/Teilnehmer anwendbar, die weder Steuerschuldner sind noch nach § 69 AO bereits als Vertreter haften. (Beispiel: Wegen Liquiditätsschwierigkeiten lässt der Buchhalter B bei der Erstellung der Umsatzsteuer-Voranmeldung einen Großauftrag unberücksichtigt; der Geschäftsführer G unterschreibt die Voranmeldung gutgläubig. Hier kommt B als Haftungsschuldner nach § 71 AO in Betracht.)
- **Haftung bei Verletzung der Pflicht zur Kontenwahrheit (§ 72 AO)**
 Wurde gegen die Kontenwahrheit nach § 154 Abs. 1 AO verstoßen, dürfen nach § 154 Abs. 3 AO Guthaben, Wertsachen und Schließfachinhalte nur mit Zustimmung des Finanzamtes herausgegeben werden. Vorsätzliche oder grob fahrlässige Verstöße gegen diese Bestimmung führen zur Haftung, soweit hierdurch die Verwirklichung von Steueransprüchen beeinträchtigt wird.
- **Haftung bei Organschaft (§ 73 AO)**
 Nach § 73 S. 1 AO haftet die Organgesellschaft für Steuern des Organträgers, soweit die Organschaft besteht. Dabei erstreckt sich die Haftung auch auf den Teil der Steuern, der auf das Ergebnis des Organträgers entfällt. Haftet eine Organgesellschaft, die selbst Organträger ist, nach S. 1, haften ihre Organgesellschaften neben ihr ebenfalls nach S. 1.
- **Haftung des Eigentümers bei Gegenständen (§ 74 AO)**
 § 74 AO stellt eine Objekthaftung dar: Wer an einem Unternehmen wesentlich beteiligt ist (> 25%), haftet für betriebliche Steuern mit pfändbaren Gegenständen, die ihm gehören und dem Unternehmen dienen. Die Haftung beschränkt sich jedoch auf Steuern, die während des Bestehens der wesentlichen Beteiligung entstanden sind.
- **Haftung des Betriebsübernehmers (§ 75 AO)**
 Die Haftung des Betriebsübernehmers nach § 75 AO ist sachlich und zeitlich begrenzt: Der Betriebsübernehmer haftet nur für Betriebssteuern und Abzugssteuern, die seit Beginn des letzten vor der Übernahme liegenden Kalenderjahres entstanden sind und bis zu einem Jahr nach Anmeldung der Übernahme festgesetzt oder angemeldet wurden. Voraussetzung für die Haftung ist, dass ein Betrieb im Ganzen, d. h. die wesentlichen Betriebsgrundlagen übernommen wurden; dies kann auch im Wege der Pacht geschehen, wenn der Vorgänger ebenfalls nur Pächter war.
- **Haftung des Arbeitgebers für Lohnsteuer (§ 42d EStG)**
 Der Arbeitgeber haftet für nicht abgeführte Lohnsteuer und für Einkommensteuer, die durch falsche Angaben im Lohnkonto oder in der Lohnsteuerbescheinigung verkürzt wurde.

- **Haftung des Schuldners von Kapitalerträgen (§ 44 Abs. 5 EStG)**
  Die Schuldner von Kapitalerträgen oder die auszahlenden Stellen haften für die Kapitalertragsteuer, die sie einzubehalten und abzuführen haben.

2.2 Außersteuerrechtliche Haftungsnormen

Aus § 191 Abs. 1 (»Wer kraft Gesetzes … haftet«) und § 191 Abs. 4 AO ergibt sich, dass auch außersteuerrechtliche Haftungsnormen die Haftung für eine Steuerschuld begründen können. Exemplarisch seien genannt:

- **§ 11 Abs. 2 GmbHG**
  Wer vor Eintragung einer GmbH ins Handelsregister für diese auftritt, haftet persönlich und unbeschränkt für deren Schulden, wenn die GmbH nicht eingetragen wird.
- **§§ 25, 27 Abs. 1 HGB**
  Nach § 25 HGB haftet der Erwerber eines Handelsgeschäfts für Schulden des früheren Inhabers, wenn er die Firma – d. h. den Kern der Firma mit oder ohne Nachfolgezusatz – fortführt. Das gleiche gilt nach § 27 Abs. 1 HGB für den Erben.
- **§ 28 HGB**
  Die durch Eintritt eines Gesellschafters in das Geschäft eines Einzelkaufmanns entstandene Gesellschaft haftet für Schulden des früheren Einzelkaufmanns.
- **§ 128 HGB**
  Gesellschafter einer OHG haften für deren Schulden unbeschränkt persönlich.
- **§§ 171, 172 Abs. 4, 176 HGB**
  Ein Kommanditist haftet bis zur Höhe seiner Einlage nur, soweit seine Einlage nicht geleistet ist (§ 171 HGB) oder ihm zurückgewährt wurde (§ 172 Abs. 4 HGB) oder unbeschränkt persönlich für die vor Eintragung begründeten Schulden (§ 176 HGB).

3 Geltendmachung der Haftung

Nach § 191 Abs. 1 AO wird die Haftung durch schriftlichen **Haftungsbescheid** geltend gemacht; die Geltendmachung liegt im Ermessen der Verwaltung. Voraussetzungen eines Haftungsbescheides sind
- Bestehen eines Steueranspruchs (Akzessorietät),
- Vorliegen eines Haftungstatbestandes und
- fehlerfreie Ermessensausübung durch das Finanzamt.

Dabei gelten die Vorschriften über die Festsetzungsverjährung für Haftungsbescheide gleichermaßen (§ 191 Abs. 3 AO). Wegen des Grundsatzes der Akzessorietät darf ein Haftungsbescheid nur so lange ergehen, wie die zugrunde liegende Steuerschuld nicht erloschen, festsetzungs- oder zahlungsverjährt ist, es sei denn es handelt sich um eine Haftung für Steuerhinterziehung oder Steuerhehlerei. Aufgrund außersteuerrechtlicher Haftungsnormen darf ein Haftungsbescheid nur ergehen, solange der Haftungsanspruch noch nicht verjährt ist.

Im Erhebungsverfahren ist zusätzlich § 219 AO zu beachten. Danach darf der Haftungsschuldner erst nach erfolgloser (Mobiliar-)Zwangsvollstreckung in das Vermögen des Steuerschuldners in Anspruch genommen werden (unechte Gesamtschuld).

KV 4: Die Nichtabgabe von Steuererklärungen und ihre Folgen

1 Erklärungspflicht

Der Begriff der Steuererklärung ist gesetzlich nicht definiert. Man versteht darunter die Erklärung der für die Steuerfestsetzung erheblichen Sachverhalte; zu den Steuererklärungen zählen auch die Steueranmeldungen.

Die Pflicht zur Abgabe von Steuererklärungen ergibt sich aus der Abgabenordnung in Verbindung mit den **Einzelsteuergesetzen** (z. B. § 149 AO i. V. m. § 25 Abs. 3 EStG, § 18 Abs. 1 und 3 UStG). Daneben ist zur Abgabe einer Steuererklärung auch derjenige verpflichtet, der vom Finanzamt eine **Aufforderung** hierzu erhält. Die Erklärungspflicht bleibt auch nach einer Schätzung durch das Finanzamt bestehen. Steuererklärungen müssen nach § 150 AO
- wahrheitsgemäße Angaben enthalten,
- die notwendigen Unterlagen beigefügt haben,
- eigenhändig unterschrieben sein und
- auf amtlichen oder amtlich akzeptierten Vordrucken eingereicht bzw. auf maschinell verwertbaren Datenträgern oder durch Datenfernübertragung übermittelt werden.

Steuererklärungen, die sich auf das Kalenderjahr oder einen gesetzlich bestimmten Zeitpunkt beziehen, sind **spätestens sieben Monate** nach Ablauf des Kalenderjahrs bzw. nach dem bestimmten Zeitpunkt abzugeben (§ 149 Abs. 2 AO).

2 Durchsetzung der Erklärungspflicht bei Nichterfüllung

Kommt der Steuerpflichtige seiner Erklärungspflicht nicht nach, kann das Finanzamt
- den Steuerpflichtigen zur Abgabe einer Steuererklärung auffordern;
- einen **Schätzungsbescheid** erlassen, in dem die Besteuerungsgrundlagen geschätzt werden (§ 162 AO); hierzu ist das Finanzamt verpflichtet, wenn der Steuerpflichtige seinen Mitwirkungspflichten nicht nachkommt;
- die Abgabe der Erklärung durch Handlungsvollstreckung (§ 328 AO) mit **Zwangsmitteln** (Zwangsgeld, Ersatzvornahme oder unmittelbarer Zwang) vollstrecken; die Vollstreckung erfolgt durch

- Aufforderung zur Abgabe mit Fristsetzung und Androhung des Zwangsmittels (in der Regel Zwangsgeld bis maximal 25.000 € und Ersatzzwanghaft bei Uneinbringlichkeit des Zwangsgeldes; Ersatzvornahme ist nur bei vertretbaren Handlungen möglich und daher bei eigenhändiger Unterschrift nicht anwendbar);
- Festsetzung des Zwangsmittels nach fruchtlosem Fristablauf (§ 333 AO);
- Festsetzung eines **Verspätungszuschlags** (§ 152 AO); dieser ist ein Druckmittel eigener Art, der keine Strafvorschrift darstellt und auch neben Schätzung und Vollstreckung zulässig ist. Die Festsetzung des Verspätungszuschlags liegt grundsätzlich im Ermessen der Finanzbehörde (»Kann«-Regelung), in den in § 152 Abs. 2 AO genannten Fällen ist sie jedoch zwingend (»Muss«-Regelung, z. B. bei Einkommensteuererklärungen 14 Monate nach Ablauf des Besteuerungszeitraums);
- bei Verletzung der erhöhten Mitwirkungspflichten bei Auslandssachverhalten gelten die Sonderregeln des § 162 Abs. 3, 4 und 4a AO. Danach wird zum einen widerleglich vermutet, dass die inländischen Einkünfte höher sind als die tatsächlich erklärten Einkünfte. Zum anderen ist bei verspäteter Vorlage von Aufzeichnungen oder bei unbrauchbaren Aufzeichnungen zwingend ein Zuschlag festzusetzen (§ 162 Abs. 4 S. 1 AO); der Zuschlag kann bis zu 1 Mio. € betragen. (Zum Vergleich: Der maximal zulässige Zuschlag bei § 152 AO beträgt 25.000 €.)

3 Strafrechtliche und steuerrechtliche Folgen

3.1 Strafrechtliche Folgen

Strafrechtliche Folgen der Nichtabgabe von Steuererklärungen können Steuerhinterziehung und leichtfertige Steuerverkürzung sein.

- **Steuerhinterziehung (§ 370 AO)**
  Wer vorsätzlich keine Steuererklärung abgibt, kann sich wegen versuchter oder vollendeter Steuerhinterziehung strafbar machen. Begehungsform ist Steuerverkürzung durch pflichtwidriges In-Unkenntnis-Lassen der Finanzbehörden (§ 370 Abs. 1 Nr. 2 AO); die Steuerverkürzung kann in allen gesetzlichen Varianten eintreten (nicht festsetzen, nicht rechtzeitig festsetzen, nicht in voller Höhe festsetzen).
- **Leichtfertige Steuerverkürzung (§ 378 AO)**
  Gibt der Steuerpflichtige leichtfertig keine Steuererklärung ab, handelt er nach § 378 AO ordnungswidrig wegen leichtfertiger Steuerverkürzung. Mit »leichtfertig« meint der Gesetzgeber grob fahrlässiges (d. h. nicht vorsätzliches) Verhalten.

3.2 Steuerrechtliche Folgen

Die steuerrechtlichen Folgen der Nichtabgabe von Steuererklärungen ergeben sich aus der Abgabenordnung und der Betriebsprüfungsordnung (BpO), die allgemeine Verwaltungsvorschriften über die Betriebsprüfung enthält.

- **Verlängerung der Festsetzungsfrist (§ 169 Abs. 2 S. 2 AO)**
  Die Festsetzungsfrist verlängert sich bei Steuerhinterziehung auf zehn Jahre, bei leichtfertiger Steuerverkürzung auf fünf Jahre.
- **Verlängerung der Festsetzungsverjährung (§ 171 Abs. 7 AO)**
  Bei verlängerter Festsetzungsfrist aufgrund von Steuerhinterziehung oder leichtfertiger Steuerverkürzung endet die Festsetzungsfrist nicht, bevor Verfolgungsverjährung hinsichtlich der Straftat bzw. Ordnungswidrigkeit eingetreten ist.
- **Haftung als Steuerhinterzieher (§ 71 AO)**
  Kommt es aufgrund vorsätzlicher Nichtabgabe der Steuererklärung zu einer Steuerhinterziehung, greift zulasten des Steuerpflichtigen ein zusätzlicher Haftungstatbestand ein.
- **Hinterziehungszinsen (§ 235 AO)**
  Diese sind im Fall der Steuerhinterziehung zu erheben, um den finanziellen Vorteil, den der Steuerpflichtige durch die Hinterziehung erlangt hat, abzuschöpfen.
- **Keine Anwendung der Änderungssperre des § 173 Abs. 2 AO**
  Bescheide, die aufgrund einer Außenprüfung ergangen sind, dürfen nach § 173 Abs. 2 AO nur geändert werden, wenn eine Steuerhinterziehung oder leichtfertige Steuerverkürzung vorliegt.
- **§ 4 Abs. 3 BpO**
  Nach § 4 Abs. 2 BpO sollen grundsätzlich nur die letzten drei Veranlagungszeiträume geprüft werden. Dies gilt nach § 4 Abs. 3 BpO nicht bei Verdacht auf Vorliegen einer Straftat; in diesem Fall darf eine Prüfungsanordnung ergehen, die einen längeren Prüfungszeitraum umfasst bzw. – bei laufender Prüfung – darf die bisherige Prüfungsanordnung erweitert werden.

KV 5: Die Berichtigung von Erklärungen

1 Zweck und Inhalt

Die Anzeige- und Berichtigungspflicht nach § 153 AO dient der **Verwirklichung einer gesetzmäßigen Besteuerung** und ergänzt die Auskunfts- und Steuererklärungspflichten (§§ 90, 149, 150 AO). Die Anzeige- und Berichtigungspflicht nach § 153 Abs. 1 S. 1 AO besteht, wenn entweder
- ein **Steuerpflichtiger** bzw. sein gesetzlicher Vertreter (§ 33 AO),
- der **Gesamtrechtsnachfolger** des Steuerpflichtigen (§ 45 AO) oder
- eine nach §§ 34, 35 AO **für den Steuerpflichtigen oder Gesamtrechtnachfolger handelnde Person** (z. B. der Geschäftsführer einer GmbH)

nachträglich vor Ablauf der Festsetzungsfrist erkennt, dass eine von ihm oder für ihn **abgegebene Erklärung objektiv unrichtig oder unvollständig ist** und dass es dadurch zu einer **Steuerverkürzung** gekommen ist oder kommen kann (§ 153 Abs. 1 Nr. 1 AO). Ferner besteht die Anzeigepflicht dann, wenn die **Voraussetzungen für eine Steuerbefreiung, Steuerermäßigung oder sonstige Steuervergünstigung nachträglich ganz oder teilweise wegfallen** (§ 153 Abs. 2 AO). Die Anzeige- und Berichtigungspflicht erstrecken sich nicht nur auf Steuererklärungen, sondern auf alle Erklärungen des Steuerpflichtigen, die Einfluss auf die Höhe der festgesetzten Steuer oder auf gewährte Steuervergünstigungen gehabt haben (z. B. Anträge auf Herabsetzung von Vorauszahlungen).

2 Voraussetzungen der Anzeige- und Berichtigungspflicht

Das Entstehen der Anzeige- und Berichtigungspflicht setzt im Einzelnen Folgendes voraus:
- **Objektive Unrichtigkeit der Erklärung**
  Die Erklärung muss im Zeitpunkt ihrer Abgabe objektiv unrichtig gewesen sein. Dies ist der Fall, wenn sie nicht alle steuerlich erheblichen Tatsachen vollständig und wahrheitsgemäß offenlegt.
- **Steuerverkürzung**
  Durch die objektiv unrichtige Erklärung muss es zu einer Steuerverkürzung kommen können oder gekommen sein.
- **Nachträgliches Erkennen**
  Der Anzeige- und Berichtigungspflichtige muss **nachträglich** vor Ablauf der Festsetzungsfrist die Unrichtigkeit und die (mögliche) Steuerverkürzung **tatsächlich erkennen**, bloßes Erkennen-Können bzw. Erkennen-Müssen reicht nicht aus. Nachträgliches Erkennen der

Unrichtigkeit oder Unvollständigkeit liegt nicht vor, wenn der Verpflichtete die Unrichtigkeit bereits bei Abgabe der Erklärung erkannt hatte.
- **Vor Ablauf der Festsetzungsfrist**
Die Unrichtigkeit oder Unvollständigkeit muss vor Ablauf der Festsetzungsfrist erkannt worden sein, da nach Ablauf dieser Frist eine Steuerfestsetzung und deren Aufhebung oder Änderung nicht mehr zulässig wäre.

3 Rechtsfolgen und Folgen eines Verstoßes gegen die Anzeige- und Berichtigungspflicht

Liegen die Voraussetzungen für die Anzeige- und Berichtigungspflicht vor, hat der Verpflichtete die Anzeige bzw. Berichtigung **unverzüglich, d. h. ohne schuldhaftes Zögern**, gegenüber der sachlich und örtlich zuständigen Finanzbehörde abzugeben. Die Berichtigung kann der Anzeige ggf. später nachfolgen, wenn hierfür eine gewisse Zeit zur Aufbereitung der Unterlagen erforderlich ist. Zu diesem Zweck ist von der Finanzbehörde eine angemessene Frist zu gewähren. Kommt der Verpflichtete seiner Anzeige- und Berichtigungspflicht nach, endet die Festsetzungsfrist nicht vor Ablauf eines Jahres nach Eingang der Anzeige (§ 171 Abs. 9 AO). Im Fall des nachträglichen Wegfalls von Steuervergünstigungen besteht lediglich eine Anzeigepflicht, keine Berichtigungspflicht.

Bei **vorsätzlichem Verstoß** gegen die Anzeige- und Berichtigungspflicht nach § 153 AO liegt ab dem Zeitpunkt des Erkennens der objektiv unrichtig abgegebenen Erklärung bzw. des ganz oder teilweisen Wegfalls einer Steuervergünstigung eine Steuerhinterziehung durch Unterlassen vor (§ 370 Abs. 1 Nr. 2 AO).

KV 6: Benennung von Gläubigern und Zahlungsempfängern

1 Einleitung

Die § 160 AO soll sicherstellen, dass Schulden und andere Lasten, Betriebsausgaben, Werbungskosten und andere Ausgaben, die beim Steuerpflichtigen steuerlich berücksichtigt werden, korrespondierend beim Gläubiger oder Empfänger **als Einnahme erfasst** werden. In den Fällen, in denen der Steuerpflichtige dem Verlangen der Finanzbehörde nicht nachkommt, die Gläubiger oder Empfänger zu benennen, entfällt der Abzug der entsprechenden Ausgaben. Insoweit dient die Regelung der **Verhinderung von Steuerausfällen**.

2 Tatbestandsvoraussetzungen

Für die Prüfung des § 160 AO sind im Einzelnen folgende Tatbestandsvoraussetzungen zu beachten:

- **Steuerminderung beim Steuerpflichtigen**
  Das Abzugsverbot gilt für Schulden und andere Lasten, Betriebsausgaben, Werbungskosten und andere Ausgaben. Schulden sind Verpflichtungen zur einmaligen Leistung während andere Lasten Verpflichtungen zu wiederkehrenden Leistungen (z. B. Renten, Nießbrauch) sind. Der Betriebsausgabenbegriff ergibt sich aus § 4 Abs. 4 EStG. Nicht zu den Betriebsausgaben gehören die so genannten durchlaufenden Posten. Den Werbungskostenbegriff regelt § 9 EStG. Andere Ausgaben sind solche, die steuermindernd berücksichtigt werden können, wie z. B. Sonderausgaben oder außergewöhnliche Belastungen.

- **Benennungsverlangen**
  Es steht im pflichtgemäßen Ermessen des Finanzamtes, ob es sich den Gläubiger von Schulden oder den Empfänger von Ausgaben vom Steuerpflichtigen benennen lässt (Ermessensentscheidung 1. Stufe). Sofern Anhaltspunkte für straf- oder bußgeldrechtliche Bestechungshandlungen vorliegen, ist die Benennung des Gläubigers oder des Empfängers stets zu verlangen. Die Benennung des Empfängers hat in der Art zu erfolgen, dass das Finanzamt die ordnungsmäßige Besteuerung ohne besondere Schwierigkeiten sicherstellen kann. Hierzu gehören die Angaben des vollen Namens bzw. der Firma, die Adresse, Datum und Höhe der Zahlung sowie den Gegenstand der Geschäftsbeziehung. Das Benennungsverlangen ist eine nicht selbständig anfechtbare Vorbereitungshandlung (kein Verwaltungsakt), d. h. der Steuerpflichtige kann das Benennungsverfahren selbst nicht angreifen, sondern muss die Steuerfestsetzung (Kürzung der entsprechenden Aufwendungen) anfechten.

3 Folgen der Nichtbenennung

Sofern die Finanzbehörde ihr Ermessen pflichtgemäß ausgeübt hat, ist im Anschluss daran zu prüfen, ob und in welcher Höhe der Abzug der Ausgaben bei Nichtbenennung zu versagen ist.

- **Versagung dem Grunde nach**
  Nach dem Gesetzeswortlaut sind die Ausgaben bei Nichtbenennung steuerlich regelmäßig nicht berücksichtigungsfähig, d. h. das Finanzamt hat wiederum nach pflichtgemäßem Ermessen (Ermessensentscheidung 2. Stufe) zu entscheiden, ob und inwieweit der Abzug zugelassen wird.
- **Versagung der Höhe nach**
  Nach dem Zweck der Vorschrift dürfen Betriebsausgaben nur insoweit gekürzt werden, wie sie dem Steuerausfall entsprechen. Der Steuerausfall ist überschlägig zu berechnen, wenn die für eine genaue Berechnung erforderlichen Angaben nicht vorliegen (Höhe des persönlichen Steuersatzes/Gewerbesteuerpflicht). Ungewissheiten gehen dabei zu Lasten des Steuerpflichtigen. Sofern die Steuerschuld verjährt ist, besteht ein Steuerausfall beim Empfänger nicht mehr, d. h. § 160 AO kann nicht mehr angewandt werden.

4 Zahlungen an Domizilgesellschaften

Bei Domizilgesellschaften (Briefkastenfirmen) handelt es sich um rechtlich existente Gesellschaften, da sie in die Handelsregister der jeweiligen Staaten eingetragen sind. In der Regel unterhalten diese Gesellschaften aber keinen nennenswerten eigenen Geschäftsbetrieb und verfügen über keine eigenen Geschäftsräume oder eigenes Personal. Domizilgesellschaften werden häufig in so genannten Steueroasenländern gegründet, in denen sie keiner oder nur einer geringen Besteuerung unterliegen. Sie haben in der Regel die Aufgabe, die eigentlichen Empfänger i. S. d. § 160 AO steuerlich abzuschirmen. Werden Leistungen über eine Domizilgesellschaft abgerechnet, so ist zunächst zu prüfen, ob der Steuerpflichtige überhaupt eine Leistung von objektiv feststellbarem wirtschaftlichen Wert erhalten hat oder ob lediglich ein Scheingeschäft vorliegt.

Nach der Rechtsprechung ist der Empfängernachweis nur erbracht, wenn die hinter der Gesellschaft stehenden Personen benannt werden. Das sind die Personen, die anstelle der inaktiven Domizilgesellschaft bei wirtschaftlicher Betrachtungsweise eine Leistung gegenüber dem Steuerpflichtigen erbracht haben und denen insoweit auch die Gegenleistung zusteht. Die Nennung lediglich formaler Anteilseigner (Treuhänder) oder die Erklärung, dass ein fremder Dritter hinter der Gesellschaft stehe, reicht nicht aus. Ungewissheiten hinsichtlich des Empfängers gehen zu Lasten des Steuerpflichtigen.

5 Zahlungen an Steuerausländer

Bei Zahlungen an ausländische Empfänger soll das Finanzamt auf den Empfängernachweis verzichten, soweit keine Anhaltspunkte für eine straf- oder bußgeldbewehrte Bestechungshandlung vorliegen und feststeht, dass die Zahlung im Rahmen eines üblichen Handelsgeschäfts erfolgte, der Geldbetrag in das Ausland abgeflossen ist und der Empfänger nicht der deutschen Steuerpflicht (beschränkte oder unbeschränkte) unterliegt.

Der Empfänger ist hierbei in dem Umfang zu bezeichnen, dass dessen Steuerpflicht im Inland mit hinreichender Sicherheit ausgeschlossen werden kann. Die bloße Möglichkeit einer nicht im Inland bestehenden Steuerpflicht reicht nicht aus. Weil die Finanzbehörde im Ausland nicht hoheitlich tätig werden und damit nicht ermitteln darf, erweitert der Gesetzgeber in Auslandsfällen die Mitwirkungspflichten des Steuerpflichtigen (§ 90 Abs. 2 AO). Darüber hinaus kann das Finanzamt in geeigneten Fällen eine Erklärung von Firmenangehörigen verlangen, dass ihnen keine Umstände bekannt sind, die für einen Rückfluss der Zuwendung an einen inländischen Empfänger sprechen. Unabhängig hiervon bleibt das Recht der Finanzverwaltung, weitere Erkenntnisse im Wege der zwischenstaatlichen Rechts- und Amtshilfe nach § 117 AO in Anspruch zu nehmen.

Besondere Aufzeichnungspflichten treffen den Steuerpflichtigen nach § 90 Abs. 3 AO hinsichtlich seiner Geschäftsbeziehungen mit nahe stehenden Personen i. S. d. § 1 Abs. 4 AStG.

KV 7: Vorbehalt der Nachprüfung und vorläufige Steuerfestsetzung

1 Vorbehalt der Nachprüfung

1.1 Begriff

Nach § 164 AO können Steuern unter Vorbehalt der Nachprüfung (VdN) festgesetzt werden, solange der Steuerfall nicht abschließend geprüft wurde. Dies ermöglicht eine **Beschleunigung des Besteuerungsverfahrens** (Merksatz: »Erst festsetzen, dann prüfen«). Denn Steuerfestsetzung und -erhebung können aufgrund der Angaben des Steuerpflichtigen durchgeführt werden; gleichzeitig bleibt die Möglichkeit zu einer späteren Überprüfung und Korrektur bestehen. Eine Steuerfestsetzung unter VdN kann ergehen
- durch **ausdrücklichen Vermerk** auf dem Steuerbescheid oder
- **kraft Gesetzes**; Steuervorauszahlungsbescheide und Steueranmeldungen (Lohnsteuer, Umsatzsteuer, Kapitalertragsteuer) stehen stets unter dem VdN (§ 164 Abs. 1 S. 2, § 168 AO).

Der VdN ist eine **unselbständige Nebenbestimmung** (§ 120 Abs. 1 AO) zum Steuerbescheid und kann daher nicht isoliert, sondern nur zusammen mit dem Steuerbescheid angefochten werden.

1.2 Voraussetzungen und Rechtsfolgen der Vorbehaltsfestsetzung

Die Steuerfestsetzung unter VdN setzt voraus, dass eine **abschließende Prüfung** des Steuerfalls **noch nicht stattgefunden** hat. Dies gilt in Fällen nur vorläufiger oder teilweiser Prüfung, wie auch in Schätzungsfällen. Andernfalls könnte der Steuerpflichtige durch Nichtabgabe der Steuererklärung oder unvollständige Angaben eine endgültige Festsetzung erzwingen. Die Vorbehaltsfestsetzung steht im **Ermessen** des Finanzamtes; sie bedarf keiner Begründung. Sofern der Vorbehalt nicht kraft Gesetzes besteht, muss der Steuerbescheid als Vorbehaltsbescheid ausdrücklich gekennzeichnet sein.

Rechtsfolgen einer Steuerfestsetzung unter Vorbehalt der Nachprüfung sind:

Der Steuerfall wird nur formell, nicht aber materiell bestandskräftig.

Solange der VdN wirksam ist, kann der Bescheid jederzeit von Amts wegen oder auf Antrag des Steuerpflichtigen geändert werden. Der Steuerpflichtige kann innerhalb der Rechtsbehelfsfrist eine Änderung durch Einspruch erreichen, nach Ablauf der Frist durch Antrag auf Aufhebung oder Änderung. Ein Anspruch auf unverzügliche Entscheidung besteht nicht; die Entscheidung kann bis zur abschließenden Prüfung hinausgeschoben werden.

Steuerbescheide unter VdN sind – wie andere Steuerbescheide auch – vollziehbar und vollstreckbar.

1.3 Aufhebung und Wegfall des Vorbehalts

Der VdN kann jederzeit – auch ohne abschließende Prüfung des Falles – aufgehoben werden. Die Aufhebung steht einer **Steuerfestsetzung ohne VdN** gleich. Er ist aufzuheben, wenn der Fall abschließend geprüft wurde oder eine Außenprüfung stattgefunden hat, die zu keiner Änderung führte.

Wird ein Steuerbescheid mit ausdrücklichem VdN aufgrund des Vorbehaltes geändert, so ist in dem Änderungsbescheid zu vermerken, ob der VdN bestehen bleibt oder aufgehoben wird. Fehlt ein solcher Vermerk, bleibt der Vorbehalt wirksam. Dies gilt nicht für die Änderung von Steuerbescheiden, die kraft Gesetzes unter VdN stehen. Werden z. B. Steueranmeldungen durch vorbehaltslosen Bescheid geändert, bedeutet dies die Aufhebung des VdN.

Der VdN entfällt kraft Gesetzes mit **Ablauf der Festsetzungsfrist** (§ 164 Abs. 4 AO). Dabei sind verlängerte Festsetzungsfristen, z. B. bei Steuerstraftaten oder Steuerordnungswidrigkeiten (§ 169 Abs. 2 S. 2 AO), oder andere ablaufhemmende Tatbestände (§§ 170 Abs. 6, 171 Abs. 7, 8, 10 AO) nicht anzuwenden.

2 Vorläufigkeit

2.1 Tatbestand

Im Gegensatz zur Steuerfestsetzung unter VdN, die eine Steuerfestsetzung ohne abschließende Prüfung des Steuerfalles darstellt, bedeutet die vorläufige Festsetzung, dass – **nach** abschließender Prüfung des Steuerfalls – **Ungewissheit in tatsächlicher Hinsicht** verbleibt, die nicht unmittelbar beseitigt werden kann. Es muss ungewiss sein, ob der Tatbestand verwirklicht wurde, an den das Gesetz die Leistungspflicht knüpft. Da die Ungewissheit immer nur einzelne Punkte betrifft, sind Umfang und Grund der Vorläufigkeit anzugeben.

Das Gesetz formuliert, dass ungewiss sein muss, ob die Voraussetzungen für die Erhebung einer Steuer eingetreten sind, und nennt hierfür folgende Fälle:

- Ungewissheit hinsichtlich des **Wirksamwerdens von Verträgen mit anderen Staaten** über die Besteuerung, die sich zugunsten des Steuerpflichtigen auswirken;
- **Bundesverfassungsgerichtsurteile**, die ein Steuergesetz für grundgesetzwidrig erklären und den Gesetzgeber zu einer Neuregelung verpflichten;
- **anhängige Verfahren** über die Frage der **Vereinbarkeit eines Steuergesetzes mit höherrangigem Recht** vor dem Europäischen Gerichtshof, dem Bundesverfassungsgericht oder einem obersten Bundesgericht;
- anhängiges Verfahren beim Bundesfinanzhof wegen Auslegung eines Steuergesetzes.

Derzeit erfolgen in zahlreichen Punkten im Hinblick auf anhängige Musterverfahren vorläufige Steuerfestsetzungen (z. B. Entfernungspauschale, Vorsorgeaufwendungen).

2.2 Rechtsfolge

Rechtsfolge der vorläufigen Steuerfestsetzung ist, dass die Bescheide zwar in formelle Bestandskraft erwachsen, materiell aber noch insoweit geändert werden können, wie sie für vorläufig erklärt wurden. Der Vorläufigkeitsvermerk kann vom Finanzamt jederzeit aufgehoben, geändert werden oder der Steuerbescheid kann für endgültig erklärt werden. Hierfür ist nicht erforderlich, dass die Ungewissheit auch tatsächlich beseitigt wurde. Nach Beseitigung der Ungewissheit ist das Finanzamt jedoch verpflichtet, hieraus die entsprechenden Folgerungen zu ziehen (z. B. Aufhebung oder Änderung des Bescheides). Wurde die Steuerfestsetzung wegen Anhängigkeit eines Steuerrechtsstreits beim Bundesfinanzhof vorläufig vorgenommen, endet die Ungewissheit, sobald feststeht, dass die Entscheidungsgrundsätze über den entschiedenen Einzelfall hinaus allgemein anzuwenden sind.

Wird der Vorläufigkeitsvermerk in einem späteren Änderungsbescheid nicht wiederholt, bleibt er trotzdem wirksam, auch wenn sich die Änderung auf den nicht für vorläufig erklärten Teil bezieht. Der Vermerk entfällt nur dann, wenn er **ausdrücklich aufgehoben** wird oder ein Änderungsbescheid auch einen **geänderten Vorläufigkeitsvermerk** enthält.

Der Vorläufigkeitsvermerk hemmt nach § 171 Abs. 8 AO den Ablauf der Festsetzungsfrist – und dies ohne zeitliche Begrenzung. Die Festsetzungsfrist endet nicht vor Ablauf eines Jahres, nachdem die Ungewissheit beseitigt ist, in den Fällen des § 165 Abs. 1 S. 2 AO nicht vor Ablauf von zwei Jahren.

Der Vorläufigkeitsvermerk ist eine **unselbständige Nebenbestimmung** (§ 120 Abs. 1 AO) zum Steuerbescheid und kann daher nicht isoliert, sondern nur zusammen mit dem Steuerbescheid angefochten werden.

KV 8: Die Korrektur von Steuerbescheiden

1 Einleitung

Die AO regelt die Korrektur von Steuerverwaltungsakten **zweigleisig**: Für **Steuerbescheide und diesen gleichgestellte Bescheide** (z. B. Feststellungs-, Zerlegungs-, Zinsbescheide) gelten die speziellen Regelungen der §§ 164, 165 und §§ 172 bis 177 AO sowie Regelungen in den Einzelsteuergesetzen. Dagegen werden **andere Steuerverwaltungsakte**, die keine Steuerbescheide bzw. diesen gleichgestellte Bescheide sind (z. B. Haftungs-, Abrechnungsbescheid, Stundung oder AdV), nach den allgemeinen Vorschriften der §§ 130, 131 AO korrigiert. Zusätzlich gilt für alle Steuerverwaltungsakte die Korrekturvorschrift des § 129 AO.

Unter Korrektur versteht man sowohl die Änderung als auch die Aufhebung von Verwaltungsakten. Die Korrektur von Steuerbescheiden setzt Folgendes voraus:
- Der zu korrigierende Steuerbescheid ist **wirksam**, d. h. nicht nichtig.
- Die **Festsetzungsfrist** ist noch **nicht abgelaufen**.
- Der Tatbestand einer speziellen **Korrekturvorschrift** liegt vor.

2 Spezielle Korrekturvorschriften der AO

Die AO enthält als spezielle Korrekturvorschrift für Steuerbescheide und diesen gleichgestellte Bescheide folgende Normen:
- § 164 AO
  Nach § 164 Abs. 2 AO können Steuerbescheide, die unter dem Vorbehalt der Nachprüfung ergangen sind, jederzeit aufgehoben oder geändert werden, solange der Vorbehalt wirksam ist.
- § 165 AO
  Vorläufige Bescheide sind aufzuheben oder zu ändern, sobald die Ungewissheit beseitigt ist, hinsichtlich derer der Bescheid für vorläufig erklärt wurde.
- § 172 AO
  § 172 stellt den Grundtatbestand für die Änderung oder Aufhebung von Steuerbescheiden dar. Die Regelung unterscheidet zwischen
  - Bescheiden über **Verbrauchsteuern**, die uneingeschränkt korrigiert werden können (§ 172 Abs. 1 Nr. 1 AO), da für sie die Festsetzungsfrist nur ein Jahr beträgt (§ 169 Abs. 2 Nr. 1 AO), und
  - Bescheiden über **andere Steuern**, die nur korrigiert werden dürfen, wenn die Voraussetzungen des § 172 Abs. 1 Nr. 2a bis 2c AO oder einer sonstigen Korrekturvorschrift vorliegen, auf die § 172 Abs. 1 Nr. 2d AO verweist.

§ 172 Abs. 1 Nr. 2a AO, sog. schlichte Änderung, setzt voraus, dass der Steuerpflichtige einer Änderung des Steuerbescheides zustimmt oder seinem Änderungsantrag entsprochen wird. Diese Korrekturvorschrift findet stets Anwendung, soweit die Finanzverwaltung einem Einspruch oder einer Klage abhilft. Im Übrigen greift die Norm zugunsten des Steuerpflichtigen nur dann ein, wenn die Zustimmung oder der Änderungsantrag vor Ablauf der Einspruchsfrist vorliegt.

§ 172 Abs. 1 Nr. 2b AO eröffnet die Möglichkeit zur Korrektur von Steuerbescheiden, die von einer sachlich unzuständigen Behörde erlassen wurden.

Nach **§ 172 Abs. 1 Nr. 2c AO** können Steuerbescheide geändert werden, die durch unlautere Mittel erwirkt wurden.

- **§ 173 AO**
  § 173 AO erlaubt eine Korrektur von Steuerbescheiden aufgrund **neuer Tatsachen und Beweismittel**. »Neu« meint hier, dass die Tatsachen der Finanzverwaltung »nachträglich bekannt geworden« sein müssen, ihr also bei der abschließenden Zeichnung der Aktenverfügung nicht bekannt waren, obwohl sie sich bereits ereignet hatten.
  Nach § 173 Abs. 1 AO **sind** Steuerbescheide zu korrigieren (kein Ermessen), soweit nachträglich Tatsachen oder Beweismittel bekannt werden, die zu einer **höheren Steuer** führen. Soweit die neuen Tatsachen oder Beweismittel zu einer **niedrigeren Steuer** führen, ist eine Korrektur nur zulässig (dann aber ebenfalls zwingend vorzunehmen), wenn den Steuerpflichtigen kein grobes Verschulden am nachträglichen Bekanntwerden trifft. Das Verschulden ist unbeachtlich, wenn die Tatsachen und Beweismitteln, die zu einer niedrigeren Steuer führen im Zusammenhang mit steuererhöhenden Umständen stehen.
  Nach § 173 Abs. 2 AO können – in Abweichung von Abs. 1 – Steuerbescheide, die nach einer Außenprüfung ergangen sind, nur im Fall von Steuerhinterziehung und leichtfertiger Steuerverkürzung korrigiert werden (**Änderungssperre** nach Außenprüfung).

- **§ 173a AO**
  Steuerbescheide sind nach § 173a AO aufzuheben oder zu ändern, soweit dem Steuerpflichtigen bei Erstellung seiner Steuererklärung Schreib- oder Rechenfehler unterlaufen sind und er deshalb der Finanzbehörde bestimmte rechtserheblich Tatsachen unzutreffend mitgeteilt hat.

- **§ 174 AO**
  § 174 AO eröffnet die Möglichkeit, **widersprüchliche Entscheidungen** der Finanzverwaltung zum Vorteil wie auch zum Nachteil des Steuerpflichtigen zu korrigieren. Zu widersprüchlichen Entscheidungen kann es z. B. aufgrund der Vielzahl der Steuerarten oder wegen Schwierigkeiten bei der subjektiven Zuordnung von Besteuerungsobjekten kommen. § 174 AO regelt folgende widerstreitende Steuerfestsetzungen:
  - **mehrfache Berücksichtigung** eines Sachverhalts **zuungunsten** des Steuerpflichtigen (Abs. 1);
  - **mehrfache Berücksichtigung** eines Sachverhalts **zugunsten** des Steuerpflichtigen (Abs. 2);

- **bewusstes Außerachtlassen** eines Sachverhalts im Hinblick auf die Erfassung im Rahmen eines anderen Steuerbescheids (Abs. 3).

§ 174 Abs. 4, 5 AO geben die Möglichkeit zur **Folgekorrektur** von Steuerbescheiden: Wird ein wegen Rechtsirrtums fehlerhafter Bescheid auf Antrag oder Rechtsbehelf des Steuerpflichtigen zu seinen Gunsten geändert, so kann das Finanzamt für andere Bescheide die zutreffenden steuerlichen Konsequenzen ziehen. Dies gilt nach Abs. 5 sogar Dritten gegenüber, wenn der Dritte zum vorangehenden Rechtsbehelfsverfahren hinzugezogen wurde.

- **§ 175 AO**
§ 175 AO regelt zwei Korrekturmöglichkeiten: Einerseits die **Korrektur von Folgebescheiden** nach Erlass, Aufhebung oder Änderung von Grundlagenbescheiden (§ 175 Abs. 1 Nr. 1 AO) und andererseits die **Korrektur aufgrund rückwirkender Ereignisse** (§ 175 Abs. 1 Nr. 2 AO).

Nach § 175 Abs. 1 Nr. 1 AO sind Steuerbescheide zu erlassen, aufzuheben oder zu ändern, soweit ein **Grundlagenbescheid** erlassen, aufgehoben oder geändert wird. Grundlagenbescheide sind den Steuerbescheiden gleichgestellte Bescheide, deren Inhalt für die Festsetzung einer Steuer verbindlich ist (§ 171 Abs. 10 AO).

Nach § 175 Abs. 1 Nr. 2 AO sind Steuerbescheide zu erlassen, aufzuheben oder zu ändern, soweit ein **rückwirkendes Ereignis** eintritt. Anders als bei § 173 Abs. 1 Nr. 1 AO ist Anlass der Korrektur nicht ein Ereignis, das bei Erlass des Bescheides bereits eingetreten war, sondern ein Ereignis, das erst später eingetreten ist. Bei § 173 Abs. 1 Nr. 1 AO war der Bescheid bereits bei Erlass rechtswidrig; im Falle des § 175 Abs. 1 Nr. 2 AO wird der zunächst rechtmäßige Bescheid mit Eintritt des rückwirkenden Ereignisses rechtswidrig. Daher schließen sich beide Korrekturvorschriften gegenseitig aus. Rückwirkende Ereignisse sind z. B. Anfechtung (§ 142 Abs. 1 BGB) oder Widerruf (§§ 109, 130 BGB), durch die Rechtsgeschäfte rückwirkend (ex tunc) unwirksam werden; nachträgliche Minderung eines Veräußerungsentgelts (§§ 16, 17 EStG); kein rückwirkendes Ereignis ist die Berichtigung einer Rechnung um fehlende oder unzutreffende Angaben (§ 14a Abs. 4 S. 4 UStG).

- **§ 175a AO**
Ein Steuerbescheid ist zu erlassen, aufzuheben oder zu ändern, soweit dies zur Umsetzung einer Verständigungsvereinbarung oder eines Schiedsspruchs nach einer völkerrechtlichen Vereinbarung i. S. v. § 2 AO geboten ist.

- **§ 175b AO**
Soweit von einer mitteilungspflichtigen Stelle an die Finanzbehörde übermittelte Daten i. S. v. § 93c AO bei der Steuerfestsetzung nicht oder nicht zutreffend berücksichtigt wurden, ist die Finanzbehörde ebenfalls zu einer Änderung verpflichtet, sofern die Daten rechtserheblich sind.

- **§ 177 AO**
Die Korrekturvorschriften der §§ 172 bis 175 AO lassen nur eine punktuelle Korrektur, nicht aber eine Gesamtaufrollung des Steuerfalls zu. § 177 AO ermöglicht – im Rahmen einer Korrekturnorm – zusätzlich solche gegenläufigen materiellen Fehler zu korrigieren, die nicht Anlass für die Anwendung der Korrekturnorm waren.

3 Korrekturvorschriften in Einzelsteuergesetzen

Neben den Korrekturvorschriften in der AO existieren zahlreiche Korrekturtatbestände in verschiedenen Einzelsteuergesetzen. Hierzu zählen z. B.
- § 10d Abs. 1 S. 3, 4 Abs. 4 S. 4, 5 EStG: Korrektur nach Verlustberücksichtigung.
- § 35b GewStG: Änderung des Gewerbesteuermessbescheids bei Korrektur von Einkommensteuer-, Körperschaftsteuer- oder Feststellungsbescheiden.
- Für Dauerverwaltungsakte gibt es besondere Korrekturvorschriften mit Wirkung nur für die Zukunft: §§ 22–25 BewG (Fortschreibung und Nachfeststellung von Einheitswerten); §§ 16, 17 GrStG (Neu- und Nachveranlagung von Grundsteuerbescheiden).
- § 32a KStG: Korrespondierende Änderungsmöglichkeit bei verdeckten Gewinnausschüttungen und verdeckten Einlagen.

KV 9: Die Korrektur von Steuerverwaltungsakten, die keine Steuerbescheide sind

1 Einleitung

Korrekturvorschriften müssen eine **Abwägung zwischen Rechtssicherheit und materieller Richtigkeit** treffen. Denn einerseits soll der Eintritt der Bestandskraft dem Steuerpflichtigen Rechtssicherheit verschaffen; sein Vertrauen in den Bestand des Verwaltungsaktes wird geschützt. Andererseits gebietet der Grundsatz der Gesetzmäßigkeit der Verwaltung, materielle Fehler zu berichtigen, da sonst der Verwaltungsakt rechtswidrig ist. Daher ist die Durchbrechung der Bestandskraft, die eine Einschränkung des Vertrauensschutzes darstellt, nur in den gesetzlich geregelten Fällen zulässig.

Die AO regelt die Korrektur von Steuerverwaltungsakten **zweigleisig**: Steuerverwaltungsakte, die keine Steuerbescheide bzw. diesen gleichgestellte Bescheide sind (z. B. Haftungs-, Abrechnungsbescheid, Stundung oder AdV) werden nach den allgemeinen Vorschriften der §§ 130, 131 AO korrigiert. Dagegen ist die Anwendung der §§ 130, 131 AO für Steuerbescheide ausdrücklich ausgeschlossen (§ 172 Abs. 1 Nr. 2d AO). Für Steuerbescheide und diesen gleichgestellte Bescheide (z. B. Feststellungs-, Zerlegungs-, Zinsbescheide) gelten die speziellen Regelungen der §§ 164, 165 und §§ 172 bis 177 AO sowie Regelungen in den Einzelsteuergesetzen. Zusätzlich gilt für alle Steuerverwaltungsakte die Korrekturvorschrift des § 129 AO. Unter Korrektur versteht man sowohl die Änderung als auch die Aufhebung von Verwaltungsakten.

2 Berichtigung offenbarer Unrichtigkeiten (§ 129 AO)

Grundsätzlich werden Verwaltungsakte mit dem bekannt gegebenen Inhalt wirksam (§ 124 Abs. 1 AO) und genießen Vertrauensschutz. § 129 AO enthält den Rechtsgedanken, dass das Vertrauen in den Bestand eines Verwaltungsaktes dann nicht schützenswert ist, wenn das von der Behörde Erklärte **erkennbar** von dem Gewollten abweicht.

Der Tatbestand des § 129 AO setzt Folgendes voraus:
- **Mechanisches Versehen:** Schreibfehler, Rechenfehler oder eine ähnliche offenbare Unrichtigkeit (Übersehen, Verwechseln, Vergreifen etc.). Es handelt sich also um Fehler bei der

Erklärungshandlung, nicht um Fehler bei der Erklärungsbildung (wie z. B. Denkfehler, fehlerhafte Rechtsanwendung oder Sachverhaltsaufklärung).
- **Offenbar:** Nach § 129 AO muss die Unrichtigkeit offenbar sein. Dies bedeutet im übrigen Verwaltungsrecht, dass der Fehler für den Adressaten des Verwaltungsaktes erkennbar sein muss, da dessen Vertrauen geschützt werden soll. Dagegen ist – nach der Rechtsprechung des BFH – im Steuerrecht § 129 AO auch dann anwendbar, wenn der Fehler für den Steuerpflichtigen nicht erkennbar ist. Denn das Gesetz spricht von Fehlern »beim Erlass« eines Verwaltungsaktes; daher muss der Fehler nicht aus dem Verwaltungsakt selbst erkennbar sein.
- **»Beim Erlass«:** Aus diesem Tatbestandsmerkmal lässt sich folgern, dass nur Fehler der Finanzbehörde berichtigt werden können. Dagegen können mechanische Fehler des Steuerpflichtigen (z. B. Verrechnen bei einer Steueranmeldung) nur dann nach § 129 AO berichtigt werden, wenn der Fehler für die Behörde erkennbar war (z. B. weil ihr die Berechnungen vorlagen).
- **Ermessen:** Die Berichtigung nach § 129 AO liegt im Ermessen der Behörde, sofern nicht ein berechtigtes Interesse des Steuerpflichtigen besteht (z. B. bei einer zu hohen Steuerfestsetzung).

3 Rücknahme und Widerruf (§§ 130, 131 AO)

Die AO unterscheidet zwischen der Rücknahme (§ 130 AO) rechtswidriger und dem Widerruf (§ 131 AO) rechtmäßiger Verwaltungsakte (Merkhilfe: Der Widerruf gilt nicht für rechtswidrige Verwaltungsakte). Während rechtmäßige Verwaltungsakte **nur mit Wirkung für die Zukunft** widerrufen werden dürfen, können rechtswidrige Verwaltungsakte **auch rückwirkend** zurückgenommen werden. Weiter wird im Rahmen dieser Korrekturtatbestände zwischen begünstigenden und nicht begünstigenden (belastenden) Verwaltungsakten unterschieden. Begünstigende Verwaltungsakte sind solche, die ein Recht oder einen rechtlich erheblichen Vorteil begründen oder bestätigen (§ 130 Abs. 2 AO). Aus Gründen des Vertrauensschutzes sind begünstigende Verwaltungsakte zulasten des Steuerpflichtigen nur in sehr engen Grenzen änderbar (§ 130 Abs. 2, § 131 Abs. 2 AO). Die Entscheidung über Rücknahme und Widerruf von Verwaltungsakten steht im **Ermessen** der Finanzbehörden.

Eine Korrektur nach den §§ 130, 131 AO ist unzulässig, wenn hierdurch die Rechtsbehelfsfristen umgangen werden. Daher wird der Steuerpflichtige nicht mit solchen Rücknahme-/Widerrufsgründen gehört, die er innerhalb der Rechtsbehelfsfrist hätte vortragen können.

3.1 Rücknahme (§ 130 AO)

Rechtswidrige Verwaltungsakte können auch nach Eintritt der Bestandskraft ganz oder teilweise mit Wirkung für die Zukunft oder für die Vergangenheit zurückgenommen werden. Für begünstigende Verwaltungsakte gilt dies jedoch nur in den folgenden Fällen:
- Der Verwaltungsakt wurde von einer sachlich unzuständigen Behörde erlassen.
- Der Begünstigte hat den Verwaltungsakt durch unlautere Mittel erwirkt.
- Der Begünstigte hat den Verwaltungsakt durch Angaben erwirkt, die in wesentlicher Beziehung unrichtig oder unvollständig waren.
- Die Rechtswidrigkeit des Verwaltungsaktes war dem Begünstigten bekannt oder in Folge grober Fahrlässigkeit unbekannt.

Die Rücknahme ist jedoch – außer im Fall der Anwendung unlauterer Mittel – nur **innerhalb eines Jahres** nach Kenntnis der Rücknahmegründe zulässig (§ 130 Abs. 3 AO).

3.2 Widerruf (§ 131 AO)

Rechtmäßige Verwaltungsakte können auch nach Eintritt der Bestandskraft ganz oder teilweise nur mit Wirkung für die Zukunft widerrufen werden. Ein Korrekturbedürfnis besteht auch bei rechtmäßigen Verwaltungsakten. Da die Rechtmäßigkeit zum Zeitpunkt des Wirksamwerdens des Verwaltungsaktes beurteilt wird, kann sich danach die zugrunde liegende Sach- und Rechtslage ändern; dies hat insbesondere bei Dauerverwaltungsakten Auswirkungen (z. B. Stundung, AdV).

Belastende und begünstigende Verwaltungsakte dürfen nicht widerrufen werden, wenn ein Verwaltungsakt gleichen Inhalts erneut erlassen werden müsste, d. h. wenn ohne den Verwaltungsakt ein rechtswidriger Zustand einträte.

Begünstigende rechtmäßige Verwaltungsakte dürfen nur unter engen Voraussetzungen widerrufen werden; denn das Vertrauen des Steuerpflichtigen in diese Verwaltungsakte ist besonders schutzwürdig. Ein Widerruf ist in folgenden Fällen zulässig:
- Der Widerruf ist durch Rechtsvorschrift zugelassen oder wurde im Verwaltungsakt vorbehalten.
- Der begünstigende Verwaltungsakt war mit einer Auflage verbunden, die der Begünstigte nicht oder nicht rechtzeitig erfüllt hat.
- Die Finanzbehörde wäre aufgrund nachträglich eingetretener Tatsachen berechtigt, den Verwaltungsakt nicht zu erlassen und das öffentliche Interesse wäre ohne den Widerruf gefährdet (Beispiel: Widerruf einer Stundung nach Eintritt eines Erbfalls zugunsten des Steuerpflichtigen).

KV 10: Die Außenprüfung

1 Einleitung

Die Außenprüfung (AP) ist ein besonderes Verfahren der Sachaufklärung, das über die in den §§ 93 ff. AO vorgesehenen Ermittlungsmaßnahmen hinausgeht. Daher bedürfen derartige Eingriffe in die Rechte des Steuerpflichtigen einer besonderen gesetzlichen Grundlage; diese ist in den §§ 193–207 AO sowie in den Einzelsteuergesetzen (z. B. §§ 42f, 50b EStG, § 27b UStG) geregelt. Ergänzt werden diese Regelungen durch die allgemeinen Verwaltungsvorschriften der Betriebsprüfungsordnung (BpO). Die AP stellt eine Kontrollmaßnahme der Finanzverwaltung dar, die spezifische Rechtsfolgen nach sich zieht:
- Der Ablauf der **Festsetzungsfrist** wird gehemmt (§ 171 Abs. 4 AO);
- es tritt eine **Änderungssperre** für Steuerbescheide ein, die aufgrund einer AP ergehen (§ 173 Abs. 2 AO);
- der **Vorbehalt der Nachprüfung** ist aufzuheben, wenn sich aufgrund einer AP keine Änderung des Steuerbescheides ergibt (§ 164 Abs. 3 S. 3 AO);
- mit Beginn der AP erlischt das Recht des Steuerpflichtigen auf eine **strafbefreiende Selbstanzeige** (§ 371 Abs. 2 AO).

Diese Rechtsfolgen greifen jedoch nur bei einer Betriebsprüfung ein, die als allgemeine AP von den Betriebsprüfungsdiensten durchgeführt wird; nicht aber bei sog. **Sonderprüfungen**, die von speziellen Dienststellen für besondere Bereiche durchgeführt werden (z. B. Umsatzsteuer-Sonderprüfung, Umsatzsteuer-Nachschau, Lohnsteuer-AP).

2 Zulässigkeit der Außenprüfung

Uneingeschränkt zulässig ist eine AP gemäß § 193 Abs. 1 AO bei Steuerpflichtigen, die einen **gewerblichen oder land- und forstwirtschaftlichen Betrieb** unterhalten, die **freiberuflich** tätig sind und bei **Steuerpflichtigen i. S. v. § 147a AO** (positive Summe von Überschusseinkünften > 500.000 €; beherrschender Einfluss auf eine Drittstaat-Gesellschaft i. S. v. § 138 Abs. 3 AO). Eine AP darf auch zur Ermittlung der Frage durchgeführt werden, ob der Steuerpflichtige überhaupt einen Gewerbebetrieb unterhält, wenn hierfür konkrete Anhaltspunkte vorliegen. **Andere Steuerpflichtige** dürfen dagegen nur unter den Voraussetzungen des § 193 Abs. 2 AO geprüft werden, d. h.
- soweit sie Steuern für Rechnung eines anderen zu entrichten haben (z. B. Lohnsteuer) oder

- wenn die Verhältnisse des Steuerpflichtigen aufklärungsbedürftig sind und eine Ermittlung an Amtsstelle nach Art und Umfang des zu prüfenden Sachverhalts nicht zweckmäßig ist oder
- bei Verletzung der Mitwirkungspflichten nach § 90 Abs. 2 S. 3 AO.

3 Umfang der Außenprüfung (§ 194 AO)

Der Umfang der Außenprüfung ist persönlich, sachlich und zeitlich begrenzt.

- **Persönlich**
  Grundsätzlich darf nur der Steuerpflichtige geprüft werden, jedoch ist eine Erweiterung des Personenkreises zulässig auf
    - Gesellschafter einer Personengesellschaft (§ 194 Abs. 1 S. 3 AO);
    - Personen, für die der Steuerpflichtige Steuern einzubehalten und abzuführen hat (§ 194 Abs. 1 S. 4 AO);
    - Gesellschafter/Mitglieder von Körperschaften und Mitglieder der Überwachungsorgane (§ 194 Abs. 2 AO);
    - Dritte aufgrund von Kontrollmitteilungen (§ 194 Abs. 3 AO).

  Die Erweiterung einer AP auf die o. g. Personen führt jeweils zu einer **selbständigen** AP, die lediglich aus Gründen der Zweckmäßigkeit mit der Prüfung der Gesellschaft verbunden werden kann. Daher müssen hinsichtlich der Personen, auf die die AP erweitert wird, jeweils die Voraussetzungen des § 193 AO vorliegen.

- **Sachlich**
  Die AP kann eine oder mehrere Steuerarten, einen oder mehrere Besteuerungszeiträume umfassen oder sich auf bestimmte Sachverhalte beschränken (§ 194 Abs. 1 S. 2 AO). Eine sachliche Erweiterung ist zulässig (z.B. die Erweiterung der AP eines Unternehmers auf seine privaten Kapitaleinkünfte), ohne dass die Voraussetzungen des § 193 AO erneut zu prüfen wären; denn § 193 Abs. 1 AO regelt nur den Prüfungs**anlass**, wohingegen sich der sachliche Umfang nach § 194 AO bestimmt.

- **Zeitlich**
  Nach § 3 BpO richtet sich der zeitliche Rahmen einer AP nach der Größenklasse des zu prüfenden Betriebs. Dabei gilt für Großbetriebe das Prinzip der Anschlussprüfung (§ 4 Abs. 2 S. 1 BpO), d.h. diese Betriebe sollen kontinuierlich geprüft werden. Für andere Betriebe regelt § 4 Abs. 3 BpO, dass der Prüfungszeitraum sich auf die letzten drei Besteuerungszeiträume, für die (Ertrags-)Steuererklärungen abgegeben wurden, beschränken soll. Eine zeitliche Erweiterung der AP ist zulässig, wenn
    - die Ermittlung der Besteuerungsgrundlagen anders nicht möglich ist,
    - die Wahrscheinlichkeit nicht unerheblicher Steuernachforderungen besteht oder
    - der Verdacht auf eine Steuerstraftat oder Steuerordnungswidrigkeit gegeben ist.

  Der Eintritt der Festsetzungsverjährung steht einer AP grundsätzlich nicht entgegen; jedoch ist die Prüfung verjährter Steuern verwaltungsökonomisch unsinnig, so dass eine derartige Prüfungsanordnung nicht ergehen wird.

4 Durchführung der Außenprüfung

4.1 Prüfungsanordnung (§ 196 AO)

Der AP voraus geht eine schriftliche oder elektronische Prüfungsanordnung mit Rechtsbehelfsbelehrung, die dem Steuerpflichtigen angemessene Zeit vor Beginn der Prüfung zugehen muss, sofern der Prüfungszweck hierdurch nicht gefährdet wird (§ 197 AO). Die Prüfungsanordnung ist eine Ermessensentscheidung auf der Grundlage der BpO. Sie enthält mehrere Verwaltungsakte, die getrennt angefochten werden können: Jeweils einen Verwaltungsakt für jede Steuerart und jeden Veranlagungszeitraum sowie für Prüfungsbeginn und -ort. Die Prüfungsanordnung muss begründet werden; hierfür genügt ein Hinweis auf § 193 Abs. 1 AO. Im Fall des § 193 Abs. 2 AO muss die Begründung zusätzlich die dortigen Voraussetzungen nennen.

4.2 Prüfungsablauf

Die AP beginnt mit Erscheinen des Prüfers; Datum und Uhrzeit sind – wegen der o. g. Rechtsfolgen (§§ 171 Abs. 4, 371 Abs. 2 AO) – aktenkundig zu machen. Der Steuerpflichtige ist zur **Mitwirkung** verpflichtet. Er muss einen Raum zur Verfügung stellen, Auskünfte erteilen und sämtliche gewünschten Unterlagen zur Einsicht vorlegen und erläutern. Auskunfts- und Vorlageersuchen sind selbständige Verwaltungsakte, die mit Rechtsmitteln angegriffen werden können. Der Prüfer hat die steuerlichen Verhältnisse zugunsten wie zuungunsten des Steuerpflichtigen zu ermitteln und diesen laufend zu unterrichten (Recht auf rechtliches Gehör, § 199 AO). Soweit die Prüfungshandlungen rechtswidrig sind (z. B. Befragung minderjähriger Kinder des Steuerpflichtigen), kann dies ein **Verwertungsverbot** nach sich ziehen. Führt eine AP zu Änderungen, findet eine **Schlussbesprechung** statt (§ 201 AO); hier ist insbesondere auf drohende Straf- oder Bußgeldverfahren hinzuweisen. Im Fall der abgekürzten AP (Fälle von geringerer Bedeutung, § 203 AO) findet keine Schlussbesprechung statt. Die Ergebnisse einer AP werden in einem **Prüfungsbericht** zusammengefasst, der dem Steuerpflichtigen auf Antrag vor Auswertung zur Stellungnahme zu überlassen ist. Nach Abschluss einer AP kann die Finanzverwaltung auf Antrag des Steuerpflichtigen **verbindliche Zusagen** über die zukünftige steuerliche Behandlung eines in der Vergangenheit geprüften und im Prüfungsbericht dargestellten Sachverhalt machen, wenn die Kenntnis für die geschäftlichen Maßnahmen des Steuerpflichtigen von Bedeutung sind (§§ 204 ff. AO).

KV 11: Auskünfte und Zusagen der Finanzbehörden

1 Grundlagen

Nach verwaltungsrechtlicher Terminologie bedeutet »Zusage« stets eine verbindliche Erklärung, die zur Selbstbindung der Verwaltung führt; dagegen ist die Auskunft nur eine unverbindliche Äußerung, die grundsätzlich keine Bindungswirkung nach sich zieht. Die Begriffe Auskunft und Zusage werden trotz der anerkannten Definitionen **im Steuerrecht nicht einheitlich** verwendet.

Der Zweck von Auskünften und Zusagen für den Steuerpflichtigen liegt darin, die beabsichtigte zukünftige steuerliche Behandlung eines Sachverhalts durch die Finanzbehörde – ggf. verbindlich – zu erfahren. Mit Wirkung vom 12.09.2006 ist in § 89 Abs. 2–5 AO die verbindliche Auskunft gesetzlich geregelt worden. In der amtlichen Gesetzesbegründung wurde die Einführung einer gesetzlichen Regelung damit begründet, dass die bisherige, der Rechtsprechung folgende Verwaltungspraxis eine gesetzliche Grundlage erhalten soll. Von der in § 89 Abs. 2 S. 4 AO eingeräumten Befugnis zum Erlass einer Rechtsverordnung zur näheren Bestimmung von Form, Inhalt, Voraussetzungen und Bindungswirkung eines Antrags auf verbindliche Auskunft hat das BMF durch Erlass der Steuer-Auskunftsverordnung vom 30.11.2007 (BGBl I S. 2783) Gebrauch gemacht. Ferner enthält der Anwendungserlass zur Abgabenordnung zu § 89 AO hierzu nähere Einzelheiten. Die bisher ergangenen BMF-Schreiben vom 29.12.2003, 12.03.2007 und 03.05.2007 wurden aufgehoben.

2 Einzelfälle

2.1 § 89 Abs. 2–5 AO

Nach § 89 Abs. 2 AO können die Finanzämter **verbindliche Auskünfte** über die steuerliche Beurteilung von genau bestimmten Sachverhalten erteilen. Voraussetzung hierfür ist, dass der Steuerpflichtige aufgrund der erheblichen steuerlichen Auswirkungen ein **besonderes Interesse** an der Auskunft hat.

Der Antrag ist **vor Verwirklichung** des Sachverhalts **schriftlich** bei dem Finanzamt zu stellen, das bei der Verwirklichung des Sachverhalts voraussichtlich zuständig sein wird. Der Antrag muss folgende Angaben enthalten:
- Darlegung des besonderen steuerlichen Interesses;
- umfassende Darstellung eines ernsthaft geplanten Sachverhalts;

- ausführliche Darlegung des Rechtsproblems mit eingehender Begründung des eigenen Rechtsstandpunktes;
- Formulierung konkreter Rechtsfragen;
- Versicherung, dass alle für die Erteilung der Auskunft und für die Beurteilung erforderlichen Angaben gemacht wurden und der Wahrheit entsprechen.

Das Finanzamt muss in seiner Auskunft darauf hinweisen, dass die Auskunft nur Bindungswirkung entfaltet, wenn der später verwirklichte Sachverhalt von dem der Auskunft zugrunde gelegten Sachverhalt nicht abweicht, und dass die Auskunft außer Kraft tritt, wenn sich die Rechtsvorschriften, auf denen die Auskunft beruht, ändern. Über den Antrag ist grundsätzlich innerhalb von sechs Monaten nach Eingang zu entscheiden.

Verbindliche Auskünfte werden nicht erteilt, wenn die **Erlangung eines Steuervorteils** im Vordergrund steht (z. B. Prüfung eines Steuersparmodells).

Für die Erteilung einer Auskunft nach § 89 Abs. 3–5 AO werden gemäß § 89 Abs. 2 AO Gebühren erhoben. Grundsätzlich bestimmt sich die Gebühr nach dem Gegenstandswert, also nach der steuerlichen Auswirkung der Auskunft für den Steuerpflichtigen. Beziffert der Antragsteller den Gegenstandswert nicht und ist der Gegenstandswert auch nicht durch Schätzung bestimmbar, ist eine Zeitgebühr von 50 € je angefangene halbe Stunde, mindestens 100 €, zu berechnen. Bei einem Gegenstandswert von weniger als 10.000 € bzw. einer Bearbeitungszeit von weniger als zwei Stunden wird keine Gebühr erhoben. Die Auskünfte nach §§ 204 ff. AO und § 42e EStG bleiben gebührenfrei.

2.2 Verbindliche Zusage aufgrund einer Außenprüfung (§§ 204 ff. AO)

Nach einer Außenprüfung soll die Finanzverwaltung dem Steuerpflichtigen **auf Antrag** verbindlich zusagen, wie sie einen geprüften Sachverhalt in Zukunft steuerrechtlich behandeln wird (§ 204 AO). Voraussetzung hierfür ist, dass der Sachverhalt für die Vergangenheit geprüft und im Prüfungsbericht dargestellt wurde; außerdem muss der Steuerpflichtige ein Dispositionsinteresse haben, d. h. die Kenntnis der zukünftigen Behandlung muss für seine geschäftlichen Maßnahmen von Bedeutung sein.

Nach § 205 AO muss die Zusage **schriftlich erteilt** und **als verbindlich gekennzeichnet** werden. Mindestinhalt ist der zugrunde liegende Sachverhalt (Verweis auf Prüfungsbericht ist ausreichend), die Entscheidung über den Antrag mit Begründung und der Geltungsumfang hinsichtlich Steuerarten und Zeitraum.

Die Zusage ist bindend, wenn sich der später verwirklichte Sachverhalt mit dem in der Zusage zugrunde gelegten Sachverhalt deckt. Die Bindungswirkung tritt nur dann nicht ein, wenn die Zusage zuungunsten des Steuerpflichtigen vom geltenden Recht abweicht (§ 206 AO).

Die Zusage tritt bei einer Änderung der angewendeten Normen außer Kraft (§ 207 AO). Außerdem kann die Finanzverwaltung die Zusage für die Zukunft aufheben oder ändern; eine rückwirkende Aufhebung oder Änderung ist nur mit Zustimmung des Steuerpflichtigen zulässig oder wenn das handelnde Finanzamt unzuständig war oder die Zusage erschlichen wurde.

2.3 Lohnsteueranrufungsauskunft (§ 42e EStG)

Auf Anfrage eines Beteiligten hat das Betriebsstättenfinanzamt Auskunft darüber zu geben, ob und inwieweit im Einzelnen die Vorschriften über die Lohnsteuer anzuwenden sind. Beteiligte sind Arbeitgeber, Arbeitnehmer sowie Personen, die für die Lohnsteuer haftbar gemacht werden können. Die Auskunft ist für das Finanzamt bindend, nicht aber für den Anfragenden, da dieser auch entgegen der Auskunft verfahren kann (Selbstbindung der Verwaltung ohne Fremdbindung). Ein förmlicher Rechtsbehelf gegen die Auskunft ist nicht gegeben, da kein Verwaltungsakt vorliegt. Die Auskunft stellt eine bloße Wissensmitteilung dar, so dass es an dem für Verwaltungsakte erforderlichen Regelungscharakter fehlt.

2.4 Zolltarifs- oder Ursprungsauskunft (Art. 12 Zollkodex)

Hierbei handelt es sich um die Zusage einer zolltechnischen Prüfungs- und Lehranstalt der OFD über die Zolltarifstelle oder den Ursprung einer Ware.

KV 12: Die Aufrechnung nach BGB und AO

1 Begriff der Aufrechnung und Voraussetzungen nach BGB

1.1 Begriff

Durch die Aufrechnung können gegenseitig bestehende Ansprüche erlöschen. Die Aufrechnung ist im BGB im Allgemeinen Schuldrecht in den §§ 387 ff. geregelt, in der AO in § 226 im Rahmen des Erhebungsverfahrens. Die AO verweist auf das BGB »soweit nichts anderes bestimmt ist«, d. h. es finden die BGB-Regeln modifiziert und ergänzt durch die AO Anwendung.

1.2 Voraussetzungen nach BGB

Das BGB nennt folgende Voraussetzungen für eine Aufrechnung:
- **Aufrechnungslage** (§ 387 BGB); diese besteht, wenn zwei Forderungen
  - gegenseitig,
  - gleichartig,
  - nicht einredebehaftet sind,
  - die Gegenforderung (Forderung des Aufrechnenden) fällig und
  - die Hauptforderung (Forderung des Aufrechnungsgegners) erfüllbar ist.
- **Aufrechnungserklärung** (§ 388 BGB)
  Die Aufrechnung erfolgt durch einseitige, empfangsbedürftige und bedingungsfeindliche Willenserklärung gegenüber dem anderen Teil. Die Erklärung bewirkt, dass die Forderungen, soweit sie sich decken, rückwirkend zu dem Zeitpunkt erlöschen, zu dem sie sich erstmals aufrechenbar gegenüberstanden.
- **Ausschluss der Aufrechnung** (§ 390 ff. BGB)
  Die Aufrechnung ist ausgeschlossen **mit** einredebehafteten Forderungen (§ 390 BGB) und **gegen** Forderungen aus unerlaubter Handlung (§ 393 BGB) sowie gegen unpfändbare Forderungen (§ 394 BGB); in beiden Fällen ist der Gläubiger der Forderung besonders schutzwürdig.

2 Die einzelnen Tatbestandsmerkmale in Abgrenzung zur AO

2.1 Gegenseitigkeit der Forderungen

Gegenseitigkeit von Forderungen bedeutet, dass beide Forderungen zwischen denselben natürlichen oder juristischen Personen bestehen müssen. Gegen öffentlich-rechtliche Forderungen darf nach § 395 BGB nur aufgerechnet werden, wenn »Kassenidentität« besteht, d.h. dieselbe öffentliche Kasse muss Gläubiger der Hauptforderung und Schuldner der Gegenforderung sein. Dieses Erfordernis könnte bei sämtlichen Gemeinschaftssteuern, deren Aufkommen Bund und Ländern jeweils anteilig zusteht, zu einem Ausschluss der Aufrechnung führen. Daher regelt § 226 Abs. 4 AO, dass bei **Ansprüchen aus dem Steuerschuldverhältnis** auch die Körperschaft als Gläubiger/Schuldner einer Steuer gilt, die die Steuer verwaltet. Es kann also wahlweise auf die **Ertragshoheit** oder die **Verwaltungshoheit** abgestellt werden.

2.2 Gleichartigkeit der Forderungen

Die Gleichartigkeit von Forderungen bedeutet, dass der Gegenstand der Forderung gleichartig sein muss; dies ist bei Geldforderungen immer der Fall. Hier besteht kein Unterschied zwischen BGB und AO.

2.3 Nicht einredebehaftet

Nach § 390 BGB darf mit einer Forderung, der eine Einrede (z.B. Verjährung) entgegensteht, nicht aufgerechnet werden. Einredebehaftete Forderungen bestehen zwar, sind aber aufgrund der Einrede nicht durchsetzbar.

Nach § 226 Abs. 2 AO ist die Aufrechnung mit **verjährten Forderungen** oder solchen, bei denen eine **Ausschlussfrist** (z.B. Festsetzungsverjährung) abgelaufen ist, nicht zulässig. Grund hierfür ist, dass Verjährung und Festsetzungsverjährung anders als im BGB keine Einrede darstellen, sondern zum Erlöschen der Forderung führen (§ 232 AO). Daher ist die Regelung des § 332 Abs. 2 AO neben § 390 BGB erforderlich.

Eine weitere Erschwernis der Aufrechnung für Steuerschuldner besteht nach § 226 Abs. 3 AO darin, dass Steuerpflichtige nur mit **unbestrittenen oder rechtskräftig festgestellten** Ansprüchen aufrechnen dürfen.

2.4 Fälligkeit der Gegenforderung

Der Aufrechnende darf die Aufrechnung nur mit einer fälligen Gegenforderung erklären. Möchte das Finanzamt z. B. gegen einen Erstattungsanspruch mit einer Vorauszahlungsforderung aufrechnen, so muss diese Vorauszahlung auch fällig sein. Eine Aufrechnung mit einer noch nicht fälligen Gegenforderung kommt nur bei vorheriger Zustimmung des Aufrechnungsgegners in Betracht.

2.5 Erfüllbarkeit der Hauptforderung

Die Hauptforderung des Aufrechnungsgegners muss erfüllbar sein, d. h. die Forderung muss entstanden sein (§ 38 AO) und der Aufrechnende muss leisten dürfen. Auf die Fälligkeit der Hauptforderung kommt es ebenso wenig an wie auf deren Festsetzung. Beispiel: Steuervorauszahlungen sind auch vor Fälligkeit erfüllbar, nicht aber Bankdarlehen.

3 Zusammenfassung

Die BGB-Regeln zur Aufrechnung wurden durch die AO nach den Bedürfnissen des Steuerrechts modifiziert:
- Der Ausschluss der Aufrechnung bei Verjährung und Ablauf einer Ausschlussfrist (§ 226 Abs. 2 AO) trägt den unterschiedlichen Verjährungswirkungen nach BGB und AO Rechnung.
- Die Beschränkung der Aufrechnungsmöglichkeiten des Steuerpflichtigen auf unbestrittene oder rechtskräftig festgestellte Forderungen dient einer effizienten Steuererhebung.
- Der Verzicht auf das Merkmal der Kassenidentität ermöglicht eine Aufrechnung auch im Bereich der Gemeinschaftssteuern (§ 226 Abs. 4 AO).

KV 13: Billigkeitsmaßnahmen im Steuerrecht

1 Einleitung

Das Steuerverfahren als Massenverwaltungsverfahren zwingt den Gesetzgeber bei der Ausgestaltung der Tatbestände zu **weitgehenden Typisierungen**, um die vielfältigen Lebenssachverhalte in einer abstrakt-generellen Regelung, d. h. einem Gesetz, zu erfassen. Dies führt zwangsläufig zu einer gewissen wirtschaftlichen Ungleichbehandlung der Steuerpflichtigen, die jedoch grundsätzlich hinzunehmen ist. Nur dann, wenn diese Typisierung ausnahmsweise zu unbilligen Härten im Einzelfall führt, bedarf es zu deren Ausgleich Billigkeitsmaßnahmen. Billigkeitsmaßnahmen dienen somit der **Einzelfallgerechtigkeit**.

Billigkeitsmaßnahmen können **vorübergehenden oder endgültigen Charakter** haben. Im Hinblick auf Ansprüche aus dem Steuerschuldverhältnis ist abhängig vom Stand des Verfahrens zu differenzieren zwischen:
- Billigkeitsmaßnahmen, die bereits bei der **Steuerfestsetzung** getroffen werden;
- Billigkeitsmaßnahmen, die im **Erhebungsverfahren** getroffen werden;
- Billigkeitsmaßnahmen im **Vollstreckungsverfahren**;
- speziellen Billigkeitsregelungen in den Einzelsteuergesetzen (z. B. § 26 Abs. 3 UStG).

2 Billigkeitsmaßnahmen

AO und FGO sehen folgende Billigkeitsmaßnahmen vor:

2.1 Abweichende Festsetzung von Steuern (Festsetzungserlass, § 163 AO)

Im **Festsetzungsverfahren** sieht § 163 AO unterschiedliche Arten von Billigkeitsmaßnahmen vor:
- Steuern können niedriger festgesetzt werden und einzelne steuererhöhende Besteuerungsgrundlagen können bei der Festsetzung unberücksichtigt bleiben; diese Maßnahme führt zum Erlöschen des erlassenen Teils (§ 47 AO).
- Bei Steuern vom Einkommen können einzelne steuererhöhende Besteuerungsgrundlagen erst später, einzelne steuermindernde Besteuerungsgrundlagen schon früher berücksichtigt werden; diese Maßnahme hat eher stundungsähnlichen Charakter.
- **Billigkeitsgründe:** Es müssen persönliche oder sachliche Billigkeitsgründe vorliegen.

- **Persönliche Billigkeitsgründe** liegen vor, wenn sich aus persönlichen Gründen ergibt, dass der Steuerpflichtige einer Billigkeitsmaßnahme bedarf (**Erlassbedürftigkeit**) und der Steuerpflichtige einer solchen würdig ist (**Erlasswürdigkeit**). Erlassbedürftig ist der Steuerpflichtige insbesondere, wenn er in eine finanzielle Notlage geraten ist oder durch die Steuerfestsetzung geraten würde, so dass der notwendige Lebensunterhalt für ihn und die von ihm abhängigen Familienmitglieder oder die Fortführung eines von ihm betriebenen Unternehmens dauerhaft gefährdet würde. **Erlasswürdig** ist der Steuerpflichtige, wenn er die mangelnde Leistungsfähigkeit nicht selbst schuldhaft herbeigeführt hat (z. B. durch aufwendige Lebensführung) und nicht durch sein Verhalten gegen die Interessen der Allgemeinheit verstoßen hat (ggf. bei nachhaltiger Nichterfüllung von Steuererklärungspflichten).
- **Sachliche Billigkeitsgründe:** Sachliche Unbilligkeit liegt vor, wenn die Festsetzung zwar äußerlich dem Gesetz entspricht, aber den **Wertungen des Gesetzgebers** im konkreten Fall derart **zuwiderläuft**, dass die Erhebung der Steuer als unbillig erscheint. Es muss nach dem erklärten oder mutmaßlichen Willen des Gesetzgebers anzunehmen sein, dass dieser das Ergebnis nicht gewollt hätte.

2.2 Erlass (Zahlungserlass, § 227 AO)

Sind Ansprüche aus dem Steuerschuldverhältnis schon festgesetzt, kommt nach § 227 AO im **Erhebungsverfahren** der Erlass der Ansprüche bzw. die Erstattung oder Anrechnung bereits gezahlter Beträge in Betracht, wenn deren Einziehung im Einzelfall unbillig wäre. Die **Billigkeitsgründe** entsprechen denen des § 163 AO.

2.3 Stundung (§ 222 AO)

Ist nicht die Steuererhebung als solche unbillig, sondern nur die **Einziehung im Zeitpunkt der Fälligkeit**, sieht § 222 AO als vorübergehende Billigkeitsmaßnahme die Möglichkeit der Stundung vor, wenn der Anspruch des Steuergläubigers durch die Stundung nicht gefährdet erscheint. Die Stundung ist i. d. R. nur auf Antrag und gegen Sicherheitsleistung zu gewähren. Für die Dauer der Stundung werden Zinsen erhoben (0,5 % pro Monat, § 238 Abs. 1 AO). Diese können ebenfalls erlassen werden (§ 234 Abs. 2 AO). Die auch im Rahmen der Stundung zu prüfenden Billigkeitsgründe entsprechen denen des § 163 AO (s. o.).

2.4 Vollstreckungsaufschub (§ 258 AO)

Im **Vollstreckungsverfahren** kann die Vollstreckung, soweit sie im Einzelfall unbillig ist, von der Vollstreckungsbehörde einstweilen **eingestellt, beschränkt oder aufgehoben** werden. Diese Maßnahmen kommen nur in Betracht, wenn eine Vollstreckung aufgrund **vorübergehender**

Umstände unbilligerscheint. Sie haben demnach nur vorläufigen Charakter (z. B. bei unangemessenen Nachteilen für den Steuerpflichtigen, die durch kurzfristiges Abwarten vermieden werden könnten). Ist die Vollstreckung dauerhaft unbillig, ist die Steuer zu erlassen (§ 227 AO). Dabei sind wiederum die bei § 163 AO genannten Billigkeitsgründe zu prüfen.

2.5 Aussetzung der Vollziehung (§§ 361 AO, 69 FGO)

Durch die Einlegung des Einspruchs wird die Vollziehung des angefochtenen Verwaltungsakts nicht gehemmt und die Erhebung der Steuer nicht aufgehalten. Im außergerichtlichen Rechtsbehelfsverfahren sieht § 361 AO jedoch die Aussetzung der Vollziehung des Verwaltungsaktes u. a. dann vor, wenn dessen Vollziehung für den Betroffenen eine **unbillige, nicht durch überwiegende öffentliche Interessen gebotene Härte** zur Folge hätte (z. B. Gefährdung der wirtschaftlichen Existenz des Steuerpflichtigen). Eine Aussetzung kann auch durch das Finanzgericht ausgesprochen werden (§ 69 FGO).

3 Billigkeitsentscheidungen

Die Entscheidung über eine Billigkeitsmaßnahme nach §§ 163, 227 AO stellt einen **selbständigen Verwaltungsakt** dar (Grundlagenbescheid), und zwar auch dann, wenn sie mit der Steuerfestsetzung verbunden wird. Es handelt sich um eine **Ermessensentscheidung** der Finanzbehörde, die ihr Ermessen entsprechend dem Zweck der Regelung auszuüben und die gesetzlichen Grenzen des Ermessens einzuhalten hat (§ 5 AO). **Zuständig** ist grundsätzlich dieselbe Finanzbehörde, die über die Steuerfestsetzung zu entscheiden hat. In Bezug auf Landessteuern und sonstige durch Landesfinanzbehörden verwaltete Steuern und Abgaben ist die Zuständigkeit mit gleichlautendem Erlass der obersten Finanzbehörden der Länder vom 15.04.2008 geregelt. Danach sind etwa bei Billigkeitsmaßnahmen nach § 163 S. 1 und § 227 AO die Finanzämter befugt, Beträge bis 20.000 € in eigener Zuständigkeit zu erlassen. Für Beträge bis 100.000 € besteht ein Zustimmungsvorbehalt der OFD und bei darüber hinausgehenden Beträgen der obersten Landesfinanzbehörde.

Da es sich bei Billigkeitsmaßnahmen nicht um Steuerbescheide handelt, gelten die allgemeinen **Korrekturvorschriften** der §§ 130, 131 AO. Da Billigkeitsentscheidungen selbständige Verwaltungsakte sind, sind sie auch **selbständig anfechtbar**, und zwar mit dem Einspruch (§§ 347 ff. AO), bei dessen Erfolglosigkeit mit der Klage (§ 40 FGO).

KV 14: Die Verjährung im Steuerrecht

1 Einleitung

Verjährungsvorschriften dienen dem **Rechtsfrieden**. Ihnen liegt der Gedanke zugrunde, dass die Erweisbarkeit von Ansprüchen oder ihre Abweisung umso schwieriger wird, je älter die Ansprüche werden. Im **Zivilrecht** gibt die eingetretene Verjährung dem Schuldner ein **Leistungsverweigerungsrecht**, d.h. der Anspruch erlischt zwar nicht, der Schuldner kann jedoch durch Erhebung der Verjährungseinrede die Durchsetzung des Anspruchs verhindern. Demgegenüber führt im **Steuerrecht** der Eintritt der Verjährung nach § 47 AO dazu, dass der **Anspruch aus dem Steuerschuldverhältnis erlischt**. Die Finanzbehörden haben den Eintritt der Verjährung von Amts wegen zu berücksichtigen. Die Abgabenordnung unterscheidet **zwei Arten** der Verjährung: Die **Festsetzungsverjährung** (§§ 169 bis 171 AO) und die **Zahlungsverjährung** (§§ 228 bis 232 AO).

2 Festsetzungsverjährung (§§ 169 bis 171 AO)

2.1 Anwendungsbereich

Nach Ablauf der Festsetzungsfrist ist eine Steuerfestsetzung, ihre Aufhebung oder Änderung einschließlich der Berichtigung wegen offenbarer Unrichtigkeit (§ 129 AO) nicht mehr zulässig. Der Vorschriften über die Festsetzungsverjährung erfassen alle steuerlichen Ansprüche, die (selbständig) festgesetzt werden müssen und gelten darüber hinaus auch im Sinne einer Feststellungsverjährung für die gesonderte Feststellung von Besteuerungsgrundlagen (§ 181 Abs. 1 AO), Steuermessbeträgen (§ 184 Abs. 1 AO) und Zerlegungs- und Zuteilungsbescheide (§§ 185, 190 AO).

2.2 Dauer und Wahrung der Festsetzungsfrist

In § 169 Abs. 2 AO sind folgende Festsetzungsfristen vorgesehen:
- grundsätzlich für **Steuern und Steuervergütungen** (insbesondere ESt, KSt, GewSt, USt) **vier Jahre**;
- für **Verbrauchsteuern und Verbrauchsteuervergütungen** (z.B. Mineralöl- und Tabaksteuer, nicht aber die Umsatzsteuer) **ein Jahr**;
- für **leichtfertig verkürzte Steuern fünf** und für **hinterzogene Steuern zehn Jahre**.

Für die Wahrung der Festsetzungsfrist ist nicht der Zeitpunkt entscheidend, in welchem dem Steuerpflichtigen der Bescheid zugeht, sondern der Zeitpunkt, in dem der Bescheid den Bereich der Finanzbehörde verlassen hat bzw. bei öffentlicher Zustellung der Bescheid oder eine Benachrichtigung ausgehängt wird.

2.3 Beginn der Festsetzungsfrist (§ 170 AO)

Die Festsetzungsfrist beginnt grundsätzlich mit Ablauf des Kalenderjahres, in dem die Steuer gemäß § 38 AO entstanden ist (§ 170 Abs. 1 AO). Dieser Grundsatz wird jedoch durch die Anlaufhemmungen in §§ 170 Abs. 2 bis 7 AO praktisch zur Ausnahme:

- **Pflicht zur Abgabe einer Steuererklärung/-anmeldung oder Anzeige**
  In diesem praktisch bedeutsamsten Fall beginnt die Festsetzungsfrist mit Ablauf des Kalenderjahres, in dem die Steuererklärung, die Steueranmeldung oder Anzeige eingereicht wird, spätestens mit Ablauf des dritten Kalenderjahres, das auf das Kalenderjahr der Steuerentstehung folgt, es sei denn, dass die Festsetzungsfrist nach § 170 Abs. 1 AO später beginnt. Die Regelung ist insbesondere für die ESt (§ 25 Abs. 3 EStG), die KSt (§ 31 KStG), die GewSt (§ 14a GewStG), die USt (§ 18 Abs. 3 UStG), ferner für die ErbSt (z. B. Anzeigepflicht des Erwerbers nach § 30 ErbStG) von Bedeutung.
- **Steuerfestsetzung auf Antrag**
  Wird eine Steuer bzw. Steuervergütung nur auf Antrag festgesetzt, beginnt die Festsetzungsfrist nicht vor Ablauf des Kalenderjahres, in dem der Antrag gestellt wird.
- **Erbschaft- und Schenkungsteuer**
  Bei der Erbschaft- und Schenkungsteuer beginnt die Festsetzungsfrist bei einem Erwerb von Todes wegen nicht vor Ablauf des Kalenderjahres, in dem der Erwerber Kenntnis von dem Erwerb erlangt hat; bei einer Schenkung nicht vor Ablauf des Kalenderjahres, in dem der Schenker gestorben ist oder die Finanzbehörde von der vollzogenen Schenkung Kenntnis erlangt hat.
- **Einkünfte und Erträge im Zusammenhang mit einer Drittstaat-Gesellschaft**
  Für Steuern auf Einkünfte und Erträge, die im Zusammenhang mit Beziehungen zu einer Drittstaat-Gesellschaft (§ 138 Abs. 3 AO) stehen, auf die der Steuerpflichtige allein oder mit nahestehenden Personen i. S. v. § 1 Abs. 2 AStG einen beherrschenden Einfluss ausüben kann, beginnt die Festsetzungsfrist frühestens mit Ablauf des Kalenderjahres, in dem die Beziehung bekannt geworden ist, spätestens zehn Jahre nach Ablauf des Kalenderjahres der Steuerentstehung.

2.4 Ablaufhemmung (§ 171 AO)

Während die Anlaufhemmung den Beginn der Festsetzungsfrist hinausschiebt, führt die Ablaufhemmung zu einer Verlängerung der Festsetzungsverjährung, weil die Zeit, während der die Hemmung besteht, in die Verjährungsfrist nicht eingerechnet wird. Die wichtigsten Fälle der Ablaufhemmung sind:

- **Höhere Gewalt**
  Konnte die Steuerfestsetzung wegen höherer Gewalt (z. B. Naturkatastrophen) innerhalb der letzten sechs Monate des Fristablaufs nicht erfolgen, verlängert sich die Verjährungsfrist um diesen Zeitraum (maximal sechs Monate).
- **Offenbare Unrichtigkeit (§ 129 AO)**
  Ist beim Erlass eines Bescheides eine offenbare Unrichtigkeit unterlaufen, endet die Festsetzungsfrist insoweit nicht vor Ablauf eines Jahres nach dessen Bekanntgabe.
- **Antrag auf Steuerfestsetzung**
  Wird vor Ablauf der Festsetzungsfrist außerhalb eines Einspruchs- oder Klageverfahrens ein Antrag auf Steuerfestsetzung, auf Aufhebung, Änderung oder Berichtigung einer Steuerfestsetzung gestellt, läuft die Frist **insoweit** nicht ab, bevor über den Antrag unanfechtbar entschieden ist. Eine Teilverjährung ist somit möglich.
- **Einspruchs- und Klageverfahren**
  Wird ein Steuerbescheid mit dem Einspruch oder der Klage angefochten, läuft die Festsetzungsfrist hinsichtlich des **gesamten** Steueranspruchs nicht ab, bevor über den Rechtsbehelf unanfechtbar entschieden ist.
- **Beginn einer Außenprüfung**
  Wird vor Ablauf der Festsetzungsfrist mit einer Außenprüfung begonnen oder wird deren Beginn auf Antrag des Steuerpflichtigen hinausgeschoben, läuft die Festsetzungsfrist hinsichtlich der von der Außenprüfung umfassten Steuern nicht ab, bevor die auf Grund der Außenprüfung zu erlassenden Steuerbescheide unanfechtbar geworden sind oder nach der Bekanntgabe der Mitteilung, dass die Außenprüfung zu keiner Änderung der Besteuerungsgrundlagen geführt hat, drei Monate verstrichen sind. Wird die Außenprüfung unmittelbar nach ihrem Beginn für mehr als sechs Monate unterbrochen und hat die Finanzbehörde dies zu vertreten, tritt eine Ablaufhemmung nicht ein.
- **Steuerfahndungsprüfung**
  Mit dem Beginn von Ermittlungen der Steuerfahndung vor Ablauf der Festsetzungsfrist tritt in Abhängigkeit vom Umfang der tatsächlich durchgeführten Ermittlungen eine Ablaufhemmung ein. Die Ermittlungen müssen entweder beim Steuerpflichtigen begonnen haben oder ihm muss die Einleitung eines Verfahrens wegen einer Steuerstraftat oder Steuerordnungswidrigkeit bekannt gegeben worden sein.
- **Steuerstraftaten und Steuerordnungswidrigkeiten**
  Liegt eine Steuerhinterziehung oder eine leichtfertige Steuerverkürzung vor, endet die Festsetzungsfrist nicht, bevor diese straf- oder bußgeldrechtlich verjährt ist.
- **Vorläufige Steuerfestsetzung oder Aussetzung der Steuerfestsetzung (§ 165 AO)**
  Wurde wegen Ungewissheit die Steuer zunächst vorläufig festgesetzt oder die Festsetzung ganz ausgesetzt, endet die Festsetzungsfrist nicht vor Ablauf eines Jahres nach Beseitigung der Ungewissheit und Kenntnis der Finanzbehörde hiervon. Bei vorläufiger Steuerfestsetzung nach § 165 Abs. 1 S. 2 AO (Ungewissheit wegen Verträgen mit anderen Staaten, Verpflichtung zur gesetzlichen Neuregelung, Entscheidung des EuGH, BVerfG oder oberster Bundesgerichte) gilt eine Frist von zwei Jahren.

- **Berichtigung der Erklärung (§ 153 AO) und Selbstanzeige (§§ 371, 378 AO)**
  Erstattet der Steuerpflichtige vor Ablauf der Festsetzungsfrist eine Anzeige nach §§ 153, 371 oder 378 Abs. 3 AO, endet die Festsetzungsfrist nicht vor Ablauf eines Jahres nach Eingang der Anzeige.
- **Grundlagenbescheide**
  Soweit ein Grundlagenbescheid für einen Folgebescheid bindend ist, endet die Festsetzungsfrist für den Folgebescheid nicht vor Ablauf von zwei Jahren nach Bekanntgabe des Grundlagenbescheides.
- **Ablaufhemmung bei bestimmten Kapitalerträgen (§ 170 Abs. 6 AO)**
  Für Steuern auf Kapitalerträge, die aus Staaten stammen, die weder EU- noch EFTA/AELE-Mitgliedstaaten sind und nicht aufgrund eines DBA automatisch an inländische Finanzbehörden mitgeteilt werden, beginnt die Festsetzungsfrist spätestens zehn Jahre nach Ablauf des Kalenderjahres, in dem die Steuer entstanden ist.

3 Zahlungsverjährung (§§ 228 bis 232 AO)

3.1 Gegenstand der Verjährung, Verjährungsfrist

Gegenstand der Zahlungsverjährung sind die (Zahlungs-)Ansprüche aus dem Steuerschuldverhältnis (§ 37 AO). Diese unterliegen grundsätzlich einer Verjährungsfrist von **fünf Jahren,** bei Steuerstraftaten nach §§ 370, 373 oder 374 AO von zehn Jahren.

3.2 Beginn der Verjährung

Die Verjährung beginnt grundsätzlich mit Ablauf des Kalenderjahres, im dem der Anspruch **erstmals fällig geworden** ist. Die Fälligkeit von Ansprüchen aus dem Steuerschuldverhältnis richtet sich grundsätzlich nach den Bestimmungen der Einzelsteuergesetze (§ 220 AO). Wird die Festsetzung oder Anmeldung eines Anspruchs aus dem Steuerschuldverhältnis aufgehoben, geändert oder nach § 129 AO berichtigt, beginnt die Verjährung des gesamten Anspruchs erst mit Ablauf des Kalenderjahrs, in dem die Aufhebung, Änderung oder Berichtigung wirksam geworden ist.

Wird durch eine **Steueranmeldung oder Steuerfestsetzung** erst die Voraussetzung für die Durchsetzung des Anspruchs geschaffen, beginnt die Verjährung auch bei früherer Fälligkeit des Anspruchs (z. B. bei den sog. Fälligkeitssteuern wie der Umsatzsteuer, § 18 Abs. 1 S. 3 UStG) nicht vor Ablauf des Kalenderjahres, in dem die Steueranmeldung oder die Festsetzung, deren Aufhebung oder Änderung wirksam geworden ist. Dadurch soll verhindert werden, dass der Steuerpflichtige aus der verspäteten Erfüllung seiner Erklärungspflichten Vorteile zieht.

3.3 Hemmung und Unterbrechung der Verjährung

Die Verjährung ist entsprechend der Regelung bei der Festsetzungsverjährung **gehemmt**, solange der Anspruch **wegen höherer Gewalt** innerhalb der letzten sechs Monate der Verjährungsfrist nicht verfolgt werden kann. Sie ist gehemmt, solange die Festsetzungsfrist des Anspruchs noch nicht abgelaufen ist.

Die Verjährung wird **unterbrochen**, wenn einer der in § 231 AO aufgeführten Unterbrechungstatbestände erfüllt ist, z. B.:
- Zahlungsaufschub, Stundung, Aussetzung der Vollziehung;
- Sicherheitsleistung;
- eine Vollstreckungsmaßnahme;
- Anmeldung im Insolvenzverfahren, Aufnahme in einen Insolvenzplan;
- Ermittlungen der Finanzbehörde nach dem Wohnsitz oder Aufenthaltsort des Zahlungspflichtigen;
- schriftliche Geltendmachung des Anspruchs.

Die Fortdauer der Unterbrechung ist für die einzelnen Alternativen in § 231 Abs. 2 AO geregelt.

KV 15: Zinsen in der Abgabenordnung

1 Einleitung

Das Zinsrecht der Abgabenordnung ist in den §§ 233 bis 239 AO geregelt. Zinsen sind das **laufzeitabhängige Entgelt** für den Gebrauch eines auf Zeit überlassenen Kapitals. Zinsen sind **akzessorisch**, d. h. sie setzen zunächst voraus, dass ein Anspruch aus dem Steuerschuldverhältnis besteht. Ansprüche aus dem Steuerschuldverhältnis sind der Steueranspruch, der Steuervergütungsanspruch, der Haftungsanspruch, der Erstattungsanspruch und der Anspruch auf eine steuerliche Nebenleistung (§ 37 AO). Diese werden nur verzinst, soweit dies gesetzlich vorgeschrieben ist. Ansprüche auf **steuerliche Nebenleistungen** (§ 3 Abs. 4 AO: Verzögerungsgelder, Verspätungszuschläge, Säumniszuschläge, Zwangsgelder, Kosten und Zinsen) und die entsprechenden Erstattungsansprüche werden nicht verzinst. Die §§ 233 ff. AO sehen folgende **Zinstatbestände** vor:

- die Verzinsung von Steuernachforderungen und Steuererstattungen (§ 233a AO),
- Stundungszinsen (§ 234 AO),
- Hinterziehungszinsen (§ 235 AO),
- Prozesszinsen auf Erstattungsbeträge (§ 236 AO),
- Zinsen bei Aussetzung der Vollziehung (§ 237 AO).

2 Die Zinstatbestände im Einzelnen

2.1 Verzinsung von Steuernachforderungen/-erstattungen (§ 233a AO)

Die Verzinsung nach § 233a AO soll im Interesse der Gleichmäßigkeit der Besteuerung einen Ausgleich dafür schaffen, dass die Steuern **trotz gleichen gesetzlichen Entstehungszeitpunkts zu unterschiedlichen Zeitpunkten festgesetzt und erhoben werden**. Die Vorschrift sieht jedoch keine uneingeschränkte Vollverzinsung vor, d. h. keine Verzinsung aller Ansprüche von ihrem Entstehen bis zu ihrem Erlöschen. Die Verzinsung nach § 233a AO ist vielmehr wie folgt beschränkt:

- Die Vollverzinsung gilt nur für die laufend veranlagten Steuern, d. h. **Einkommen-, Körperschaft-, Umsatz- und Gewerbesteuer** und
- der Zinslauf beginnt nicht mit der Entstehung des Anspruchs, sondern erst nach einer **Karenzfrist**.

Bemessungsgrundlage des Zinsbetrags ist der Unterschiedsbetrag zwischen der festgesetzten Steuer (Soll) und einer vorher festgesetzten Steuer (Vorsoll; sog. **Sollverzinsung**). Die festgesetzte Steuer ist um die anzurechnenden Steuerabzugsbeträge, die anzurechnende Körperschaftsteuer und die Vorauszahlungen zu kürzen. Nachforderungszinsen entstehen, wenn der Unterschiedsbetrag positiv ist, d.h. der Steuerpflichtige eine Nachzahlung leisten muss. Erstattungszinsen entstehen, wenn der Unterschiedsbetrag negativ ist, der Steuerpflichtige demnach eine Erstattung erhält.

Der **Zinslauf**, d.h. der Zeitraum zwischen Beginn und Ende der Zinspflicht, beginnt im Regelfall 15 Monate nach Ablauf des Kalenderjahrs, in dem die Steuer entstanden ist und endet mit Ablauf des Tages, an dem die Steuerfestsetzung wirksam wird. Die steuerlichen Auswirkungen eines Verlustrücktrags nach § 10d EStG bzw. eines rückwirkenden Ereignisses werden bei der Berechnung von Zinsen abweichend vom Regelfall durch einen späteren Zinslaufbeginn berücksichtigt. Dieser beginnt 15 Monate nach Ablauf des Kalenderjahres, in dem das rückwirkende Ereignis eingetreten oder der Verlust entstanden ist.

Erfolgt eine **Änderung der Steuerfestsetzung** oder deren Berichtigung nach § 129 AO ist auch die bisherige Zinsfestsetzung zu ändern (§ 233a Abs. 5 AO).

2.2 Stundungszinsen (§ 234 AO)

Stundungszinsen werden für die Dauer der gewährten Stundung von Ansprüchen aus dem Steuerschuldverhältnis erhoben. Eine Aufhebung, Änderung oder Berichtigung der Steuerfestsetzung **nach Ablauf der Stundung** hat keine Auswirkungen auf die Stundungszinsen. Auf die Erhebung von Stundungszinsen kann im Einzelfall aus Billigkeitsgründen verzichtet werden.

2.3 Hinterziehungszinsen (§ 235 AO)

Hinterzogene Steuern sind nach § 235 AO zu verzinsen, um dem Nutznießer einer Steuerhinterziehung den steuerlichen Vorteil der verspäteten Zahlung zu nehmen. Der Eintritt der Zinspflicht setzt voraus, dass eine **vollendete Steuerhinterziehung** (§ 370 AO) vorliegt, nicht jedoch, dass eine strafrechtliche Verurteilung erfolgt (z.B. bei wirksamer Selbstanzeige, Strafverfolgungshindernissen). **Zinsschuldner** ist derjenige, zu dessen Vorteil Steuern hinterzogen worden sind, unabhängig davon, ob er an der Steuerhinterziehung beteiligt war.

Der **Zinslauf** beginnt mit dem Eintritt der Verkürzung oder Erlangung des Steuervorteils. Bei Fälligkeitssteuern (Umsatzsteuer-Vorauszahlung, Lohnsteuer) ist dies der Zeitpunkt der gesetzlichen Fälligkeit, bei Veranlagungssteuern tritt die Verkürzung im Fall der Abgabe einer unrichtigen Steuererklärung mit Bekanntgabe des auf dieser Erklärung beruhenden Steuerbescheides ein. Der Zinslauf endet mit der Zahlung der hinterzogenen Steuern. Hinterziehungszinsen werden nicht für Zeiten festgesetzt, für die ein Säumniszuschlag verwirkt, die Zahlung gestundet oder die Vollziehung ausgesetzt war. Zinsen nach § 233a AO, die für denselben Zeitraum festgesetzt wurden, sind zur Vermeidung einer Doppelbesteuerung anzurechnen.

2.4 Prozesszinsen auf Erstattungsbeträge (§ 236 AO)

Der Steuerpflichtige hat Anspruch auf Prozesszinsen, wenn sich Erstattungsbeträge oder Vergütungen aufgrund einer **rechtskräftigen gerichtlichen Entscheidung** ergeben. Der Zinslauf beginnt mit dem Tag der Rechtshängigkeit des Verfahrens und endet mit dem Tag der Auszahlung. Eine Verzinsung unterbleibt, wenn dem Steuerpflichtigen wegen verspäteten Vorbringens (§ 137 S. 1 FGO) die Kosten des Rechtsbehelfs auferlegt worden sind.

2.5 Zinsen bei Aussetzung der Vollziehung (§ 237 AO)

§ 237 AO gleicht den Zinsvorteil des Steuerpflichtigen aus, der darin besteht, dass er die Steuer nicht schon bei Fälligkeit, sondern erst nach Beendigung der Aussetzung der Vollziehung zahlt. Aussetzungszinsen werden erhoben, soweit ein **Einspruch oder eine Anfechtungsklage** gegen einen Steuerbescheid, eine Steueranmeldung oder einen Verwaltungsakt, der einen Steuervergütungsbescheid aufhebt oder ändert, **endgültig keinen Erfolg** gehabt hat. Dies ist bei Unanfechtbarkeit des Verwaltungsakts oder Rechtskraft der gerichtlichen Entscheidung der Fall.

Bemessungsgrundlage ist der geschuldete Betrag, hinsichtlich dessen die Vollziehung ausgesetzt wurde. Der **Zinslauf** beginnt am Tag des Eingangs des außergerichtlichen Rechtsbehelfs bei der Behörde, deren Verwaltungsakt angefochten wird bzw. am Tag der Rechtshängigkeit beim Gericht und endet an dem Tag, an dem die Aussetzung der Vollziehung endet. Auf die Aussetzungszinsen kann aus Billigkeitsgründen verzichtet werden.

3 Zinsfestsetzung und Zinsberechnung (§§ 238, 239 AO)

Zinsen werden durch schriftlichen **Zinsbescheid** entsprechend den für Steuern geltenden Vorschriften festgesetzt. Nach Ablauf der **Festsetzungsfrist von einem Jahr** können Zinsen nicht mehr festgesetzt werden. Der Beginn der Festsetzungsfrist ist für die jeweiligen Zinstatbestände in § 239 Abs. 1 S. 2 AO festgelegt.

Bislang betrugen die Zinsen **für jeden Monat 0,5 %**. Gemäß Beschluss des Bundesverfassungsgerichts vom 08.07.2021 ist § 233a i.V.m. § 238 Abs. 1 S1. AO mit Art. 3 Abs. 1 GG unvereinbar, soweit der Zinsberechnung für Verzinsungszeiträume ab dem 01.01.2014 dieser Zinssatz zugrunde gelegt wurde. Das bisherige Recht ist für bis einschließlich in das Jahr 2018 fallende Verzinsungszeiträume weiter anwendbar. Der Gesetzgeber ist verpflichtet, bis zum 31.07.2022 eine verfassungsgemäße Neuregelung zu treffen. Nach dem Gesetzentwurf soll der Zinssatz für Zinsen nach § 233a AO für Verzinsungszeiträume ab dem 01.01.2019 rückwirkend auf 0,15 % pro Monat (1,8 % pro Jahr) gesenkt werden, § 238 Abs. 1a (neu) AO. Die Neuregelung soll für alle Steuern gelten, auf die die Vollverzinsung anzuwenden ist.

Die Zinsen sind von dem Tag, an dem der Zinslauf beginnt, **nur für volle Monate** zu zahlen. Für die Berechnung der Zinsen wird der zu verzinsende Betrag jeder Steuerart auf den nächsten durch 50 € teilbaren Betrag **abgerundet**. Zinsen sind auf volle € zum Vorteil des Steuerpflichtigen gerundet festzusetzen. Die Kleinbetragsregelung, wonach Zinsen nur festgesetzt werden, wenn sie **mindestens 10 €** betragen, ist auf die für eine Einzelforderung berechneten Zinsen anzuwenden.

KV 16: Zwangsmittel in der Abgabenordnung

1 Einleitung

Zwangsmittel sind im Rahmen des Vollstreckungsverfahrens in den §§ 328 bis 336 AO geregelt. Es handelt sich um **Vollstreckungsmaßnahmen**, die der Durchsetzung anderer Leistungen als Geldforderungen dienen; mit ihnen soll ein Tun, Dulden oder Unterlassen erzwungen werden. Insbesondere werden Zwangsmittel zur **Durchsetzung von Mitwirkungspflichten** gegen den Steuerpflichtigen oder Dritte eingesetzt. Die Mitwirkungspflichten können jedoch nur insoweit durchgesetzt werden, wie dem Pflichtigen kein Recht zur Verweigerung der Mitwirkung zusteht (z. B. Auskunftsverweigerungsrecht §§ 101 ff. AO). **Unzulässig** ist die Anwendung von Zwangsmitteln gegen einen Steuerpflichtigen, wenn er dadurch gezwungen würde, sich selbst wegen einer Straftat oder einer Steuerordnungswidrigkeit zu belasten (§ 393 Abs. 1 AO). Zwangsmittel sind keine Strafen oder (Geld-)Bußen, sondern in die Zukunft wirkende **Beugemittel**, deren Anwendung kein Verschulden voraussetzt. Die Anwendung aller Zwangsmittel steht im **Ermessen** der Verwaltung.

2 Zwangsmittel

Als Zwangsmittel sind in der AO vorgesehen:
- **Zwangsgeld**
  § 329 AO sieht die Verhängung von Zwangsgeld bis zu 25.000 € vor. Zwangsgeld kommt in Betracht, wenn der Steuerpflichtige eine Anordnung der Finanzbehörde im Besteuerungsverfahren nicht befolgt. Zwangsgeld kann bis zur Erzwingung der Leistung **wiederholt** werden. Bei Uneinbringlichkeit von Zwangsgeld, das gegen eine natürliche Person festgesetzt wurde, kann **Ersatzzwanghaft** bis zu zwei Wochen angeordnet werden (§ 334 AO), wenn bei Androhung des Zwangsgeldes hierauf hingewiesen wurde. Ersatzzwanghaft ordnet das Amtsgericht, in dessen Bezirk der Pflichtige seinen Wohnsitz hat, auf Antrag der Finanzbehörde und nach Anhörung des Pflichtigen an. Die Anordnung erfolgt durch Beschluss des Amtsgerichtes; der Pflichtige hat hiergegen das Rechtsmittel der Beschwerde nach §§ 567 ff. ZPO.
- **Ersatzvornahme**
  Die Ersatzvornahme (§ 330 AO) dient der **Durchsetzung vertretbarer Handlungen**; vertretbar sind Handlungen, die nicht vom Pflichtigen selbst vorgenommen werden müssen, sondern auch von einem anderen vorgenommen werden können. Beispiel für eine vertretbare Handlung ist die Erstellung eines Jahresabschlusses; dagegen handelt es sich bei der Unter-

schriftsleistung um eine unvertretbare Handlung. Mit vertretbaren Handlungen kann die Finanzbehörde einen anderen auf Kosten des Steuerpflichtigen beauftragen.

- **Unmittelbarer Zwang**
  Wenn Zwangsgeld oder Ersatzvornahme nicht zum Ziel führen oder unzweckmäßig sind, kann unmittelbarer Zwang angewendet werden (§ 331 AO). Es handelt sich um eine Art **letztes Mittel**, das nur nach Versagen der beiden anderen Zwangsmittel angewendet werden darf. Unmittelbarer Zwang dient insbesondere der **Durchsetzung unvertretbarer Handlungen**. Er besteht entweder in der Anwendung körperlicher Gewalt oder in der Selbstvornahme der Handlung durch die Finanzbehörde. Sie kann sich dabei der Amtshilfe anderer Behörden bedienen (§§ 111 ff. AO), z. B. der Polizeibehörden.

3 Zwangsverfahren

Das Zwangsverfahren erfordert **drei Verwaltungsakte**: Zunächst ergeht ein Verwaltungsakt, der die durchzusetzende Verpflichtung beinhaltet; mit einem zweiten Verwaltungsakt – der häufig mit dem ersten verbunden ist – wird ein Zwangsmittel unter Fristsetzung angedroht; der dritte Verwaltungsakt beinhaltet die Festsetzung des Zwangsmittels. **Voraussetzung** für die Anwendung von Zwangsmitteln ist, dass ein Verwaltungsakt vorliegt, der auf die Vornahme einer Handlung, auf Duldung oder auf Unterlassung gerichtet ist; dieser kann mit Zwangsmitteln durchgesetzt werden. Die Anwendung von Zwangsmitteln steht im Ermessen der Finanzbehörde. Dabei entscheidet sie einerseits, ob sie überhaupt ein Zwangsmittel anwendet (**Entschließungsermessen**); andererseits ist festzulegen, welches Zwangsmittel zur Anwendung kommt (**Auswahlermessen**). Nach § 328 Abs. 2 AO ist das Zwangsmittel zu wählen, das den Pflichtigen und die Allgemeinheit am wenigsten beeinträchtigen. Auch muss das Zwangsmittel in einem angemessenen Verhältnis zum angestrebten Zweck stehen.

Zwangsmittel müssen vor ihrer Anwendung **unter Fristsetzung schriftlich angedroht** werden (§ 332 Abs. 1 AO). Die Androhung kann mit dem durchzusetzenden Verwaltungsakt verbunden werden (§ 332 Abs. 2 AO). Von dem Schriftformerfordernis kann abgesehen werden, wenn hierdurch die Vollstreckung vereitelt wird oder dies aus anderen Gründen unzweckmäßig ist. In diesen Fällen sind die Zwangsmittel mündlich oder auf andere nach der Lage gebotene Weise anzudrohen.

Die **Androhung** muss **konkret** sein, d. h. es ist für jede einzelne Verpflichtung ein bestimmtes Zwangsmittel anzudrohen; bei Zwangsgeld ist die Höhe des zu verhängenden Zwangsgeldes anzugeben (§ 332 Abs. 2 AO). Bei Androhung einer Ersatzvornahme sind die vom Pflichtigen zu tragenden Kosten vorläufig zu veranschlagen (§ 332 Abs. 4 AO).

Das **Zwangsmittel** wird nach § 333 AO **festgesetzt**, wenn die in der Androhung gesetzte Frist fruchtlos verstrichen ist, d. h. wenn der Pflichtige seiner Verpflichtung innerhalb der gesetzten

Frist nicht nachkommt. Wird dagegen die Verpflichtung nach Festsetzung des Zwangsmittels erfüllt, so ist der Vollzug einzustellen (§ 335 AO). In diesem Fall ist z. B. festgesetztes Zwangsgeld nicht mehr zu zahlen.

Rechtsbehelf gegen die Androhung und Festsetzung von Zwangsmitteln ist der Einspruch bzw. – nach erfolglosem Einspruchsverfahren – die Klage zum Finanzgericht.

KV 17: Das außergerichtliche Rechtsbehelfsverfahren

1 Einleitung

Das außergerichtliche Rechtsbehelfsverfahren ist in den §§ 347 bis 367 AO geregelt. Es dient folgenden Zwecken:
- **Selbstkontrolle der Verwaltung**: Das Steuerverwaltungsverfahren ist als Massenverfahren fehleranfällig. Das Finanzamt erhält Gelegenheit, seine Entscheidung nochmals zu überprüfen (»verlängertes Besteuerungsverfahren«);
- **Rechtsschutz des Steuerpflichtigen**: Die nochmalige Überprüfung dient zugleich dem Schutz des Steuerpflichtigen vor fehlerhaften Entscheidungen;
- **Entlastung der Finanzgerichte**: Gerichtliche Rechtsbehelfe werden vermieden, weil sich die Mehrzahl der Einsprüche im Einspruchsverfahren erledigt. Das Einspruchsverfahren ist in der Regel Zulässigkeitsvoraussetzung für ein gerichtliches Verfahren (§ 44 FGO).

Das Einspruchsverfahren ist ein **förmliches Rechtsbehelfsverfahren**, das im Gegensatz zu den nicht förmlichen Rechtsbehelfen (Gegenvorstellung, Sach- und Dienstaufsichtsbeschwerde) fristgebunden ist, den Eintritt der Bestandskraft hindert und die Finanzbehörde zur Entscheidung verpflichtet.

2 Zulässigkeit des Einspruchs

Die zuständige Finanzbehörde hat zunächst insbesondere die folgenden Zulässigkeitsvoraussetzungen zu prüfen:

2.1 Statthaftigkeit

Der Einspruch ist insbesondere gegen **Verwaltungsakte in Abgabenangelegenheiten** gegeben, auf die die **AO Anwendung findet** (z.B. Steuerbescheide, Feststellungsbescheide, Ablehnung von AdV oder Erlass, Androhung und Festsetzung von Zwangsmitteln). Dazu gehören nicht die von den Gemeinden verwalteten Realsteuern (Grund- und Gewerbesteuer); für diese ist als außergerichtlicher Rechtsbehelf der Widerspruch gegeben. Ferner ist der Einspruch in anderen als von der AO unmittelbar erfassten Steuerangelegenheiten statthaft, wenn Bundes- oder Landesfinanzbehörden Verwaltungsakte vollstrecken, sowie bei berufsrechtlichen Angelegenheiten gemäß § 164a StBerG.

Nicht statthaft ist der Einspruch vor allem gegen Einspruchsentscheidungen (statthaft: Klage zum FG) sowie gegen die Nichtentscheidung über einen Einspruch (statthaft: Untätigkeitsklage zum FG). Der Einspruch ist ferner als sog. **Untätigkeitseinspruch** statthaft, wenn über einen gestellten Antrag auf Erlass eines Verwaltungsaktes innerhalb angemessener Frist sachlich nicht entschieden worden ist.

2.2 Inhalt des Rechtsbehelfs und Einspruchsbefugnis (= Beschwer)

Um als förmlicher Rechtsbehelf zu gelten, **muss** in der Erklärung des Steuerpflichtigen der Wille zum Ausdruck kommen, eine Entscheidung der Finanzbehörde überprüfen zu lassen. Aus der Rechtsbehelfsschrift muss sich hinreichend klar ergeben, welcher Steuerpflichtige sich gegen welche Verwaltungsentscheidung wendet (**Mindestinhalt**). Dies ist erforderlichenfalls durch Auslegung zu ermitteln. Die Bezeichnung des angegriffenen Verwaltungsaktes und der Reichweite des Einspruchs sowie eine Begründung und die Bezeichnung von Beweismitteln sollen zwar erfolgen, sind aber nicht zwingend erforderlich. Auch die unrichtige Bezeichnung des Einspruchs ist unschädlich.

Der Steuerpflichtige ist nur **befugt**, Einspruch einzulegen, wenn er geltend macht, durch einen Verwaltungsakt oder dessen Unterlassung beschwert zu sein (§ 350 AO). Ausreichend ist demnach, dass der Steuerpflichtige schlüssig vorträgt, dass er **in eigenen Rechten verletzt sein kann** (dies ist bei belastenden Steuerverwaltungsakten i. d. R. der Fall). Ob dies tatsächlich der Fall ist, ist im Rahmen der Begründetheit des Einspruchs zu prüfen.

Bei **Feststellungsbescheiden**, die einheitlich gegenüber mehreren Personen ergehen, wären grundsätzlich alle Beteiligten einspruchsbefugt. Die Rechtsbehelfsbefugnis ist jedoch in diesen Fällen regelmäßig auf zur Vertretung berufene Geschäftsführer oder gemeinsame Empfangsbevollmächtigte beschränkt (§ 352 AO).

Bei der **Änderung eines unanfechtbaren Verwaltungsaktes** zuungunsten des Steuerpflichtigen ist ein Einspruch nur insoweit zulässig, als die Änderung reicht. Entscheidungen in einem **Grundlagenbescheid** können nur durch dessen Anfechtung, nicht durch Anfechtung des Folgebescheides angegriffen werden.

2.3 Form und Frist

Der Einspruch ist **schriftlich** (auch Telegramm und Telefax möglich, Unterschrift nicht zwingend) oder **elektronisch** einzureichen oder zur Niederschrift zu erklären.

Der Einspruch ist grundsätzlich **innerhalb eines Monats** nach der wirksamen Bekanntgabe des Verwaltungsaktes einzulegen, bei Steueranmeldungen innerhalb eines Monats nach Eingang der Steueranmeldung oder – sofern die Anmeldung zu einer Steuerherabsetzung oder -vergütung führte – innerhalb eines Monats nach Bekanntwerden der Zustimmung. Ist die erforderliche Rechtsbehelfsbelehrung unterblieben oder unrichtig erteilt, beginnt die Rechtsbehelfsfrist nicht zu laufen. Die Einlegung des Einspruchs ist in diesen Fällen grundsätzlich nur **innerhalb eines Jahres** seit Bekanntgabe des Rechtsbehelfs zulässig. Der Einspruch ist grundsätzlich bei der Behörde anzubringen, die den Verwaltungsakt erlassen hat.

Darüber hinaus gilt:
- Einsprüche gegen **Grundlagenbescheide** können auch fristwahrend bei der Behörde angebracht werden, die für den Erlass des Folgebescheides zuständig ist;
- Einsprüche, die bei einer **unzuständigen Behörde** eingelegt wurden, sind fristwahrend, wenn sie innerhalb der Einspruchsfrist an eine zuständige Behörde übermittelt werden.

2.4 Rechtswirkungen des zulässigen Einspruchs

Der zulässige Einspruch führt zu folgenden Rechtswirkungen:
- **Anhängigkeit** des Einspruchsverfahrens, d. h. die Finanzbehörde muss über die Begründetheit des Einspruchs entscheiden (Abhilfe oder Zurückweisung);
- der Verwaltungsakt **wird nicht bestandskräftig**, da die **Festsetzungsfrist** vor der unanfechtbaren Entscheidung über den Einspruch nicht abläuft (§ 171 Abs. 3a AO);
- **Aussetzung der Vollziehung** kann unter den Voraussetzungen des § 361 AO gewährt werden, da hierfür zwingend die Einlegung eines Einspruchs erforderlich ist.

3 Begründetheit des Einspruchs und Entscheidung

3.1 Begründetheit des Einspruchs

Soweit der Einspruch zulässig ist, hat die zuständige Finanzbehörde den angegriffenen Bescheid inhaltlich auf seine Rechtmäßigkeit zu prüfen. Sie muss dabei die Sache erneut **in vollem Umfang** prüfen und ist somit nicht an das Vorbringen des Einspruchsführers gebunden. Die Finanzbehörde kann den Verwaltungsakt in jeglicher Hinsicht ändern, ggf. auch zuungunsten des Einspruchsführers (sog. **Verböserung**), wenn dieser auf diese Möglichkeit unter Nennung von Gründen hingewiesen wurde und Gelegenheit zur Stellungnahme hatte.

3.2 Entscheidung

Über den Einspruch entscheidet grundsätzlich die Finanzbehörde, die den Verwaltungsakt erlassen hat. Einer Entscheidung über den Einspruch durch förmliche **Einspruchsentscheidung** bedarf es nur insoweit, als die Finanzbehörde dem Einspruch nicht abhilft, d.h. dem Begehren des Einspruchsführers nicht durch Änderung oder Aufhebung des Bescheides entspricht. Die Einspruchsentscheidung ist schriftlich abzufassen, zu begründen und mit einer Rechtsbehelfsbelehrung den Beteiligten bekannt zu geben.

KV 18: Vorläufiger Rechtsschutz im Steuerrecht

1 Hintergrund

Der vorläufige Rechtsschutz im Steuerrecht soll die **Rechtsschutzgarantie des Art. 19 Abs. 4 GG** bereits während des Rechtsbehelfsverfahrens gewährleisten. Im Steuerrecht haben Rechtsbehelfe (Einspruch, Klage) **keine aufschiebende Wirkung** (kein Suspensiveffekt), so dass Verwaltungsakte – auch rechtwidrige – trotz Anfechtung vollziehbar bleiben. Der Rechtsbehelf lässt also die Leistungspflicht, insbesondere die Pflicht, eine festgesetzte Steuer zu zahlen, unberührt.

Da dies in Härtefällen dem **Grundsatz effektiven Rechtsschutzes** widersprechen würde, gewähren § 361 AO und §§ 69, 114 FGO vorläufigen Rechtsschutz bis zu einer Entscheidung in der Hauptsache. Bei vollziehbaren Verwaltungsakten wird vorläufiger Rechtsschutz durch Aussetzung der Vollziehung gewährt, bei nicht vollziehbaren Verwaltungsakten durch einstweilige Anordnung.

2 Aussetzung der Vollziehung (AdV)

2.1 Voraussetzungen

Voraussetzungen für eine AdV sind, dass
- gegen einen vollziehbaren Verwaltungsakt
- ein Rechtsmittel eingelegt wurde und
- ernstliche Zweifel an der Rechtmäßigkeit des angefochtenen Verwaltungsaktes bestehen oder
- die Vollziehung eine unbillige, nicht durch überwiegende öffentliche Interessen gebotene Härte für den Betroffenen zur Folge hätte.

Vollziehbar sind Verwaltungsakte, die eine Leistungspflicht (Tun, Dulden oder Unterlassen) begründen. Dies sind zum einen alle vollstreckbaren Verwaltungsakte (z. B. Steuer- und Haftungsbescheide, Anordnung der Außenprüfung) sowie Vollstreckungsakte selbst. Zum anderen gelten auch feststellende Verwaltungsakte (Feststellungs-, Grundlagen-, Abrechnungsbescheide), die keine eigene Leistungspflicht begründen, nach der Rechtsprechung als vollziehbar (vgl. hierzu auch AEAO zu § 361).

Ernstliche Zweifel an der Rechtmäßigkeit des angefochtenen Verwaltungsaktes bestehen, wenn nach summarischer Prüfung neben den für die Rechtmäßigkeit sprechenden Umständen gewichtige gegen die Rechtmäßigkeit sprechende Gründe zutage treten und wegen dieser ernstlichen Zweifel der Einspruch Aussicht auf Erfolg hat.

Eine **unbillige Härte** ist gegeben, wenn die Vollziehung des Verwaltungsaktes zu wirtschaftlichen Nachteilen führt, die nicht oder nur schwer wieder gutzumachen sind (z. B. Gefährdung der wirtschaftlichen Existenz).

2.2 Antrag

Im außergerichtlichen Verfahren kann der Antrag nach § 361 Abs. 2 AO bei dem **Finanzamt** gestellt werden, das den Verwaltungsakt erlassen hat. Ein Antrag ist nicht zwingend erforderlich, da das Finanzamt auch von Amts wegen aussetzen kann (§ 361 Abs. 2 S. 1 AO). Die Entscheidung über die AdV liegt im Ermessen der Verwaltung; bei einer Ermessensreduzierung auf Null ist der Verwaltungsakt auszusetzen.

Beim **Finanzgericht** ist ein Antrag im außergerichtlichen wie im gerichtlichen Verfahren nur dann zulässig, wenn
- das zuständige Finanzamt den Aussetzungsantrag ganz oder teilweise abgelehnt hat oder
- über den Antrag ohne Mitteilung eines Grundes in angemessener Frist nicht entschieden hat oder
- die Vollstreckung droht.

Die Aussetzung kann von einer **Sicherheitsleistung** abhängig gemacht werden (§ 361 Abs. 2 S. 5 AO). Die Sicherheitsleistung ist geboten, soweit die Steuerforderung angesichts der wirtschaftlichen Lage des Steuerpflichtigen gefährdet erscheint.

2.3 Rechtsfolgen

Rechtsfolgen der AdV sind:
- Der angefochtene Verwaltungsakt bleibt zwar wirksam, kann jedoch nicht mehr verwirklicht werden.
- Säumniszuschläge können nicht mehr entstehen.
- Die Zahlungsverjährung wird unterbrochen.
- Eine Vollstreckung darf nicht beginnen (§ 251 Abs. 1 AO); eine bereits begonnene Vollstreckung ist einzustellen oder zu beschränken (§ 257 Abs. 1 AO).
- Soweit Verwaltungsakte bereits vollzogen sind, ist die Vollziehung aufzuheben.

Aussetzung und Aufhebung der Vollziehung sind dabei nach § 361 Abs. 2 S. 4 AO auf die **festgesetzte Steuer vermindert um die Vorleistungen** beschränkt. Vorleistungen sind anzurechnende Steuerabzugsbeträge, anzurechnende Körperschaftsteuer und festgesetzte Vorauszahlungen. Hierdurch wird verhindert, dass Vorleistungen bei AdV zurückzuzahlen sind; gleichzeitig schränkt diese Regelung den vorläufigen Rechtsschutz erheblich ein. Sie gilt nicht, wenn AdV zur Abwendung wesentlicher Nachteile gewährt wird.

Bei AdV eines **Grundlagenbescheids** kann der Folgebescheid zwar erlassen werden, jedoch ist er von Amts wegen auszusetzen (§ 361 Abs. 3 AO, § 69 Abs. 2 FGO).

Soweit das eingelegte Rechtsmittel erfolglos bleibt, ist der ausgesetzte Betrag nach § 237 AO zu verzinsen.

Die AdV – soweit nicht zeitlich begrenzt – bleibt bis zu einer rechtskräftigen gerichtlichen Entscheidung durch den BFH bzw. bis zur Rücknahme des Rechtsbehelfs bestehen.

3 Einstweilige Anordnung

3.1 Voraussetzungen

Soweit kein vollziehbarer Verwaltungsakt gegeben ist, kann vorläufiger Rechtsschutz in Form der einstweiligen Anordnung gewährt werden (§ 114 FGO). Voraussetzungen der einstweiligen Anordnung sind:
- **Antrag**
  Der Antrag auf Erlass einer einstweiligen Anordnung ist beim **Finanzgericht** zu stellen. Der Antrag kann vor einer Klageerhebung gestellt werden, da kein Rechtsbehelf in der Hauptsache erforderlich ist. Der Antrag ist zulässig, wenn die Klagevoraussetzungen in der Hauptsache gegeben sind und ein Rechtsschutzbedürfnis besteht. Das Rechtsschutzbedürfnis fehlt, soweit ein Antrag auf AdV möglich ist (**Subsidiarität** der einstweiligen Anordnung gegenüber der AdV). Der Antrag ist begründet, wenn ein Anordnungsanspruch und ein Anordnungsgrund vorliegen.
- **Anordnungsanspruch**
  Ein Anordnungsanspruch besteht im Fall der
  - **Sicherungsanordnung**, wenn das Recht auf Aufrechterhaltung eines bestehenden Zustandes gesichert werden soll;
  - **Regelungsanordnung**, wenn die Vornahme einer bestimmten Handlung oder die Herstellung eines Zustandes begehrt wird.

- **Anordnungsgrund**
  Ein Anordnungsgrund besteht im Fall der
  - **Sicherungsanordnung**, wenn ohne die Anordnung die Verwirklichung eines Rechts des Antragstellers vereitelt oder wesentlich erschwert würde;
  - **Regelungsanordnung**, wenn ohne die Anordnung wesentliche Nachteile entstehen würden oder Gefahr droht.

3.2 Rechtsfolgen

Sind die Voraussetzungen für eine einstweilige Anordnung erfüllt, bestimmt das Finanzgericht den Inhalt der Anordnung nach seinem **Ermessen** (§ 114 FGO i.V.m. § 938 ZPO). Dabei ordnet es – im Rahmen des gestellten Antrags – das an, was zur Erreichung des angestrebten Zwecks einstweilig erforderlich ist.

KV 19: Aufgaben und Befugnisse der Steuerfahndung

1 Einleitung

Die Tätigkeit der Steuerfahndung war in der Vergangenheit insbesondere im Hinblick auf die Erfassung von Zinseinkünften und Spekulationsgewinnen aus Wertpapiergeschäften Diskussionsgegenstand. Bei der Überprüfung einer konkreten Tätigkeit der Steuerfahndung auf ihre Rechtmäßigkeit ist nach der ständigen Rechtsprechung des BFH zwischen der **Aufgabenzuweisung** einerseits und den zur Erfüllung dieser Aufgaben verliehenen **Befugnissen** zu unterscheiden. Eine konkrete Maßnahme der Steuerfahndung ist hiernach rechtmäßig, wenn sich die Steuerfahndung im Rahmen des ihr zugewiesenen Aufgabenbereichs gehalten hat und ihr die in Anspruch genommene Befugnis nach dem Gesetz auch zusteht.

2 Aufgaben der Steuerfahndung

2.1 Verfolgung von Steuerstraftaten und Ordnungswidrigkeiten einschließlich der Ermittlung der Besteuerungsgrundlagen

Wichtigste Aufgabe der Steuerfahndung, die auch die Fahndungspraxis beherrscht, ist die Erforschung von Steuerstraftaten und Steuerordnungswidrigkeiten (§ 208 Abs. 1 S. 1 **Nr. 1** AO). Dazu müssen zwangsläufig auch steuerliche Aspekte des Falles ermittelt werden, da diese wesentlichen Merkmale des objektiven Straf- oder Bußgeldtatbestandes sind. § 208 Abs. 1 S. 1 **Nr. 2** AO sieht deshalb vor, dass die Steuerfahndung in diesen Fällen auch die Besteuerungsgrundlagen ermittelt.

2.2 Aufdeckung und Ermittlung unbekannter Steuerfälle

Die Steuerfahndung hat außerdem die Aufgabe, zur Verhinderung von Steuerverkürzungen sog. **Vorfeldermittlungen** durchzuführen, die auf die Aufdeckung und Ermittlung unbekannter Steuerfälle gerichtet sind (§ 208 Abs. 1 S. 1 **Nr. 3** AO). Unbekannt ist ein Steuerfall, wenn entweder der Steuerpflichtige, der steuerliche Sachverhalt oder beides unbekannt ist. Dass bereits ein strafverfahrensrechtlicher Tatverdacht (§ 152 Abs. 2 StPO) besteht, also hinreichende Anhaltspunkte für das Vorliegen einer Steuerstraftat oder Steuerordnungswidrigkeit vorliegen, ist für die Zulässigkeit von Vorfeldermittlungen nicht erforderlich. Anderseits dürfen Ermittlungsmaßnahmen nicht ohne hinreichenden Anlass, »ins Blaue hinein«, als Rasterfahndungen, Ausforschungsdurchsuchungen o. Ä. getroffen werden. Ein **hinreichender Anlass** für

Ermittlungsmaßnahmen ist gegeben, wenn entweder aufgrund **konkreter Anhaltspunkte** (z. B. wegen der Besonderheit des Objektes oder der Höhe des Werts) oder aufgrund **allgemeiner Erfahrungen** der Finanzbehörde die Möglichkeit einer Steuerverkürzung in Betracht kommt und daher eine Anordnung bestimmter Art angezeigt ist.

3 Befugnisse der Steuerfahndung

Die Rechte und Pflichten der Finanzbehörde richten sich danach, ob Ermittlungen im Steuerstrafverfahren oder im Besteuerungsverfahren geführt werden (§§ 208 Abs. 1 S. 2, 393 S. 1 AO).

3.1 Ermittlungsbefugnisse im Steuerstraf- und Bußgeldverfahren

Zur Erforschung von Steuerstraftaten und Ordnungswidrigkeiten besitzt die Steuerfahndung **weitreichende Befugnisse**. Ihre Beamten verfügen über sämtliche Ermittlungsbefugnisse, die die **Strafprozessordnung** der Polizei (§ 404 S. 1 AO) und den Hilfsbeamten der Staatsanwaltschaft (§ 404 S. 2 AO i. V. m. § 399 Abs. 2 S. 2 AO) einräumt. Die Steuerfahndung hat demnach insbesondere folgende Rechte:
- das Recht zur Entgegennahme von Anzeigen (§ 158 StPO),
- das Recht zur Verfahrenseinleitung (§§ 397, 410 Abs. 1 S. 2 AO),
- das Recht, Durchsuchungen, Beschlagnahmen und vorläufige Festnahmen durchzuführen und bei Gefahr im Verzug auch selbst anzuordnen (§§ 105, 98, 127 StPO),
- das Recht auf Vernehmung von Beschuldigten, Zeugen und Sachverständigen (§ 163a Abs. 1, 4 und 5 StPO),
- das Recht, Papiere des von der Durchsuchung Betroffenen durchzusehen § 404 S. 2 AO i. V. m. § 110 Abs. 1 StPO).

3.2 Ermittlungsbefugnisse im Besteuerungsverfahren

Ermittelt die Steuerfahndung im Rahmen der Erforschung von Steuerstraftaten und Steuerordnungswidrigkeiten Besteuerungsgrundlagen (§ 208 Abs. 1 S. 1 Nr. 2 AO) oder erforscht sie unbekannte Steuerfälle (§ 208 Abs. 1 S. 1 Nr. 3 AO), stehen ihr grundsätzlich **dieselben Befugnisse** zu wie den **Finanzämtern im Besteuerungsverfahren**. Sie kann daher zur Ermittlung der Besteuerungsgrundlagen die Beweiserhebungs- und Ermittlungsbefugnisse der §§ 93 ff. AO in Anspruch nehmen. Der Gesetzgeber hat die Steuerfahndung jedoch von einigen Einschränkungen des Steuerermittlungsverfahrens entbunden, weil er in ihnen eine Gefahr für den Erfolg der möglicherweise straf- oder bußgeldrechtlich relevanten Ermittlungen sah.

Folgende Einschränkungen aus dem allgemeinen Besteuerungsverfahren gelten daher nicht für die Steuerfahndung:

- Andere Personen als die Beteiligten (Dritte) können entgegen §93 Abs.1 S.3 AO sofort um **Auskunft** angehalten werden, ohne dass zuvor die Aufklärung mit Hilfe des Beteiligten versucht oder für aussichtslos befunden wurde. Dies gilt nicht nur für ein auf einen Einzelfall beschränktes Auskunftsersuchen, sondern auch für sog. **Sammelauskunftsersuchen (§93 Abs. 1a AO)**, die eine Vielzahl von Steuerpflichtigen betreffen (z. B. Sammelauskunftsersuchen an ein Unternehmen, in dem die Mitteilung von Honorarzahlungen an Dritte verlangt wird).
- Die **Vorlage von Urkunden** kann ohne vorherige Befragung des Vorlageverpflichteten verlangt und die Einsichtnahme in diese Urkunden unabhängig von dessen Einverständnis erwirkt werden (§97 Abs.2 AO).
- Ein Auskunftsersuchen bedarf entgegen §93 Abs.2 S.2 AO **nicht der Schriftform**.

3.3 Verhältnis von Strafverfahren zum Besteuerungsverfahren

Da sich die Rechte und Pflichten der Finanzbehörde und des Steuerpflichtigen danach richten, ob Ermittlungen im Steuerstrafverfahren oder im Besteuerungsverfahren geführt werden, können Probleme entstehen, wenn eine Ermittlungsmaßnahme nicht eindeutig dem Strafverfahren oder dem Besteuerungsverfahren zugeordnet werden kann. In der Regel erstreckt sich eine Ermittlungsmaßnahme einerseits auf das strafrechtliche Merkmal der Verkürzung, dient insoweit aber andererseits gleichzeitig der Aufklärung des Sachverhalts im Besteuerungsverfahren (**doppelfunktionale Ermittlungsmaßnahme**).

Während der Steuerpflichtige im Besteuerungsverfahren weitreichende **Mitwirkungspflichten** hat, die auch im Falle der Eröffnung eines Straf- oder Bußgeldverfahrens bestehen bleiben, steht ihm als Beschuldigtem im Steuerstrafverfahren ein umfassendes **Auskunftsverweigerungsrecht** zu (§136 StPO).

§393 AO trägt diesem Konflikt dadurch Rechnung, dass er die **zwangsweise** Durchsetzung der Mitwirkungspflichten im Besteuerungsverfahren für unzulässig erklärt, wenn sich der Steuerpflichtige dadurch der Gefahr aussetzen würde, sich selbst wegen einer von ihm begangenen Steuerstraftat oder Steuerordnungswidrigkeit belasten zu müssen oder wenn gegen ihn bereits ein Steuerstraf- oder Bußgeldverfahren eingeleitet worden ist. Über diese Rechtslage muss der Steuerpflichtige belehrt werden.

KV 20: Die Selbstanzeige

1 Inhalt und Zweck

Die Selbstanzeige nach § 371 AO stellt einen **persönlichen Strafaufhebungsgrund** dar, der dem Täter oder Teilnehmer einer Steuerhinterziehung (§ 370 AO) Straffreiheit gewährt. Das Institut der Selbstanzeige ist im deutschen Strafrecht einzigartig, da es Straffreiheit **auch nach vollendeter Tat**, d. h. nach Eintritt des Taterfolges gewährt. Dagegen ist der strafbefreiende Rücktritt nach § 24 StGB nur möglich, solange sich die Tat noch im Versuchsstadium befindet, der Taterfolg also gerade noch nicht eingetreten ist. Hier muss der Täter für die Straffreiheit die weitere Tatausführung freiwillig aufgeben und die Vollendung der Tat verhindern.

Die unterschiedlichen Voraussetzungen für die Straffreiheit im allgemeinen Strafrecht und im Steuerstrafrecht ergeben sich aus den unterschiedlichen Ziele, die der Gesetzgeber verfolgt: Während der Rücktritt im Strafrecht dem Täter eine »Rückkehr in die Legalität« ermöglichen will, liegt der Zweck der Selbstanzeige darüber hinaus darin, das Steueraufkommen zu mehren und dem Staat noch **unbekannte Steuerquellen** zu erschließen.

Die Selbstanzeige ist nur bei Steuerhinterziehung möglich, greift also nicht bei anderen Steuerstraftaten wie z. B. Bannbruch (§ 372 AO) oder Steuerhehlerei (§ 374 AO). Für den Fall der leichtfertigen Steuerverkürzung (Steuerordnungswidrigkeit nach § 378 AO) hat der Gesetzgeber ebenfalls die Möglichkeit einer vereinfachten Selbstanzeige geregelt (§ 378 Abs. 3 AO). Die strafbefreiende Selbstanzeige wurde mit Wirkung zum 01.01.2015 neu geregelt.

2 Voraussetzungen einer wirksamen Selbstanzeige

Liegt eine Steuerhinterziehung i. S. d. § 370 AO vor, kann der Steuerpflichtige durch Selbstanzeige Strafbefreiung erlangen, wenn einerseits die folgenden positiven Voraussetzungen erfüllt sind und andererseits die Straffreiheit nicht ausgeschlossen ist (negative Wirksamkeitsvoraussetzung).

2.1 Positive Wirksamkeitsvoraussetzungen

Eine wirksame Selbstanzeige erfordert positiv, dass der Steuerpflichtige einerseits Informationen liefert und andererseits die hinterzogene Steuer nachentrichtet.
- **Lieferung von Informationen (§ 371 Abs. 1 AO)**

Der Steuerpflichtige muss unrichtige Angaben berichtigen, unvollständige Angaben ergänzen oder unterlassene Angaben nachholen. Die Angaben müssen so aufbereitet sein, dass das Finanzamt in die Lage versetzt wird, die kraft Gesetzes entstandene Steuer ohne nennenswerte Ermittlungen festzusetzen. Hat der Steuerpflichtige keine ausreichenden Informationsmöglichkeiten, muss er diejenigen Tatsachen offenbaren, die dem Finanzamt eine annähernd zutreffende Schätzung ermöglichen. Sind die Informationen jedoch unzureichend, so dass das Finanzamt frei schätzen muss, oder enthalten die Informationen des Steuerpflichtigen neue Unrichtigkeiten, bleibt die Selbstanzeige wirkungslos. Die Angaben müssen zu allen unverjährten Steuerstraftaten einer Steuerart, mindestens aber zu allen Steuerstraftaten einer Steuerart innerhalb **der letzten zehn Kalenderjahre** erfolgen, wenn es in diesem Zeitraum zu Steuerverkürzungen gekommen ist.

- **Nachentrichtung der Steuer (§ 371 Abs. 3 AO)**
  Ist eine Steuerverkürzung eingetreten oder hat der Steuerpflichtige nicht gerechtfertigte Steuervorteile erlangt, so hängt die Straffreiheit von der Entrichtung der Steuer sowie der Zinsen nach § 233a AO und der Hinterziehungszinsen (§ 235 AO) innerhalb einer vom Finanzamt gesetzten Frist ab. Bei fruchtlosem Fristablauf bleibt die Selbstanzeige wirkungslos. Bestreitet der Steuerpflichtige die Angemessenheit der gesetzten Frist, ist Rechtsmittel gegen die Fristsetzung nicht der Einspruch, sondern die Rechtsbehelfe der StPO (Beschwerde, Antrag auf richterliche Entscheidung). Denn bei der Fristsetzung liegt keine Abgabenangelegenheit i. S. d. § 347 Abs. 1 Nr. 1 AO vor, sondern das Finanzamt wird strafrechtlich tätig.
- **Teilselbstanzeige bei der Umsatz- und Lohnsteuer (§ 371 Abs. 2a AO)**
  Soweit Steuern mit Umsatzsteuervoranmeldungen oder Lohnsteueranmeldungen hinterzogen wurden, erlangt der Erstatter einer Selbstanzeige in vollem Umfang Straffreiheit, indem er die unrichtigen Angaben gegenüber dem zuständigen Finanzamt korrigiert (z. B. durch eine korrigierte Umsatzsteuervoranmeldung).

2.2 Negative Wirksamkeitsvoraussetzungen

Nach § 371 Abs. 2 AO tritt Straffreiheit nicht ein,
- **wenn vor Berichtigung, Ergänzung oder Nachholung (§ 371 Abs. 2 Nr. 1 AO)**
  - dem Täter oder einem anderen an der Tat Beteiligten (Anstifter, Gehilfe), dem Begünstigten einer Steuerhinterziehung oder deren Vertretern eine Prüfungsanordnung nach § 196 AO bekannt gegeben worden ist oder
  - ein Amtsträger zur steuerlichen Prüfung, einer strafrechtlichen Ermittlung oder einer Umsatzsteuer- oder Lohnsteuernachschau erscheint oder
  - dem Täter oder anderen Beteiligten eine Verfahrenseinleitung wegen der Tat bekannt gegeben worden ist.

Ein Amtsträger ist nicht erschienen, solange er sich nur angekündigt hat oder er seine Prüfungsabsicht nicht hat erkennbar machen können (z. B. bei Betriebsferien) oder nicht zur rechtmäßigen Prüfung erscheint (Prüfungsanordnung wird nach Einspruch aufgehoben).

Eine Verfahrenseinleitung ist bekannt gegeben, wenn Finanzamt, Staatsanwaltschaft oder Strafrichter Maßnahmen treffen, die erkennbar strafrechtliches Vorgehen sind.
- wenn **bei Berichtigung** (§ 371 Abs. 2 Nr. 2 AO) die Tat bereits entdeckt ist und der Täter dies weiß oder damit rechnen musste.
Die Tat ist entdeckt, wenn Tatgeschehen oder Tatfolgen von einem Amtsträger wahrgenommen wurden.
- bei Steuerhinterziehung **über 25.000 €** (§ 371 Abs. 2 Nr. 3 AO)
- ein **besonders schwerer Fall** der Steuerhinterziehung nach § 370 Abs. 3 S. 2 Nrn. 2 bis 6 AO vorliegt.

Nach der Neuregelung ist die Selbstanzeige ausgeschlossen, wenn der hinterzogene Betrag 25.000 € je Tat übersteigt. Die »Tat« ist als Tat im materiellen Sinn (definiert nach Steuersubjekt, Steuerart und Veranlagungszeitraum) zu verstehen. In den Fällen, in denen Straffreiheit nach § 371 AO nur deswegen nicht eintritt, weil der Hinterziehungsbetrag 25.000 € übersteigt, kann gleichwohl von der Verfolgung der Steuerstraftat abgesehen werden, wenn der Täter neben den hinterzogenen Steuern einen (nach der Höhe der hinterzogenen Steuer gestaffelten »Strafzuschlag« bezahlt (§ 398a AO).

3 Folgen einer wirksamen Selbstanzeige

Die wirksame Selbstanzeige führt zur Straffreiheit des Täters der Steuerhinterziehung. Straffreiheit tritt ein, soweit die Anzeige reicht, d. h. nur hinsichtlich des angezeigten Sachverhalts. Grundsätzlich greift die Straffreiheit nur zugunsten des Anzeigenerstatters ein (persönlicher Straffaufhebungsgrund). Eine Ausnahme hierzu bildet § 371 Abs. 4 AO: Bei einer Anzeige nach § 153 AO werden auch Dritte, die die Anzeige hätten vornehmen müssen, straffrei, es sei denn, ein Verfahren gegen sie war bereits eingeleitet. Voraussetzung für die Straffreiheit Dritter ist wiederum, dass gegebenenfalls verkürzte Steuern oder erlangte Steuervorteile zurückgezahlt werden.

Die **steuerrechtlichen Folgen** einer Steuerhinterziehung bleiben – trotz Straffreiheit aufgrund wirksamer Selbstanzeige – uneingeschränkt bestehen. Diese sind:
- Haftung nach § 71 AO,
- verlängerte Festsetzungsfrist (§ 169 Abs. 2 S. 2 AO),
- keine Anwendung der Änderungssperre nach Außenprüfung (§ 173 Abs. 2 AO),
- Hinterziehungszinsen (§ 235 AO).

KV 21: Die Klagearten der FGO

1 Einleitung

Die **Rechtsschutzgarantie** des Art. 19 Abs. 4 GG sieht vor, dass jedem, der durch die öffentliche Gewalt in seinen Rechten verletzt wird, die Möglichkeit offensteht, den Rechtsweg einzuschlagen. In Finanzrechtsstreitigkeiten wird diese Rechtsschutzgarantie durch das Klagesystem der FGO gewährleistet, das – je nach Klagebegehren – unterschiedliche Klagearten vorsieht.

Die für das jeweilige Klagebegehren zutreffende Klageart stellt eine **Voraussetzung für die Zulässigkeit der Klage** dar. Hat der Kläger eine unzutreffende Klageart gewählt, hat das Gericht ihn hierauf hinzuweisen (§ 76 Abs. 2 FGO).

Das Klagesystem der FGO unterscheidet – in Abhängigkeit von dem jeweiligen Klagebegehren – die folgenden Klagearten:
- Anfechtungsklagen (§ 40 Abs. 1 FGO),
- Leistungsklagen (§ 40 Abs. 1 FGO),
  - Verpflichtungsklagen,
  - allgemeine Leistungsklagen;
- Feststellungsklagen (§ 41 Abs. 1 FGO).

Für Anfechtungs- und Verpflichtungsklagen gibt es zusätzlich folgende **unselbständige Verfahrensarten**, die sich hinsichtlich der Zulässigkeitsvoraussetzungen von den selbständigen Klagearten unterscheiden:
- Sprungklage (§ 45 Abs. 1 FGO),
- Untätigkeitsklage (§ 46 Abs. 1 FGO),
- Fortsetzungsfeststellungsklagen (§ 100 Abs. 1 S. 4 FGO).

2 Selbständige Klagearten

2.1 Anfechtungsklage

Die Anfechtungsklage, die auch als **Gestaltungsklage** bezeichnet wird, zielt auf eine unmittelbare Rechtsänderung durch **Aufhebung oder Änderung eines Verwaltungsaktes** ab (§ 40 Abs. 1 FGO). Soll der angegriffene Verwaltungsakt aufgehoben werden, spricht man von einer Aufhebungsklage; besteht das Klageziel dagegen in der Abänderung des Verwaltungsaktes, so handelt es sich um eine Änderungsklage. Bei Änderungsklagen kann das Gericht selbständig die Änderung von Geldverwaltungsakten vornehmen und diese **Änderung im Urteil** aussprechen (§ 100 Abs. 2 FGO). Handelt es sich bei dem angefochtenen Verwaltungsakt um eine Ermessensentscheidung, wird die Finanzbehörde verpflichtet, den Kläger unter Beachtung der Rechtsauffassung des Gerichts zu bescheiden (§ 102 FGO).

Zu den Zulässigkeitsvoraussetzungen der Anfechtungsklage gehören die Einhaltung der Klagefrist (§ 47 FGO) und die erfolglose Durchführung eines Vorverfahrens. Daher ist Gegenstand der Klage stets der angegriffene Verwaltungsakt in Gestalt der Einspruchsentscheidung (§ 44 Abs. 2 FGO).

2.2 Leistungsklage

Nach § 40 Abs. 1 FGO kann mit der Leistungsklage von einer Finanzbehörde ein **Tun, Dulden oder Unterlassen gefordert** werden. Besteht das geforderte Handeln im Erlass eines Verwaltungsaktes, ist eine Verpflichtungsklage zu erheben, sonst eine allgemeine Leistungsklage.

- **Verpflichtungsklagen**
  Mit der Verpflichtungsklage soll das Finanzamt verpflichtet werden, einen **Verwaltungsakt zu erlassen**,
    - dessen Erlass es abgelehnt hat (Vornahmeklage) oder
    - den zu erlassen es unterlassen hat (Unterlassungsgegenklage).

  Wie auch die Anfechtungsklage, so ist die Verpflichtungsklage fristgebunden (§ 47 FGO) und setzt – abgesehen von den Ausnahmen nach §§ 45, 46 FGO – die Durchführung eines Vorverfahrens voraus. Daher kann auch eine Verpflichtungsklage in Form einer Unterlassungsgegenklage nur erhoben werden, wenn zuvor Einspruch (i. d. R. Untätigkeitseinspruch nach § 349 Abs. 1 AO) eingelegt wurde.

  Ist die Verpflichtungsklage erfolgreich, wird die Behörde dazu verurteilt, unter Aufhebung des ablehnenden Bescheides und der Einspruchsentscheidung den begehrten Verwaltungsakt zu erlassen. Bei Ermessensverwaltungsakten wird die Behörde verpflichtet, den Kläger unter Beachtung der Rechtsauffassung des Gerichts zu bescheiden (§ 102 FGO).

- **Allgemeine Leistungsklagen**
  Mit der allgemeinen Leistungsklage begehrt der Kläger ein **Handeln des Finanzamtes**, das nicht in dem Erlass eines Verwaltungsaktes besteht. Beispiele hierfür sind Klage auf Gewährung von Akteneinsicht oder Auskunftserteilung. Allgemeine Leistungsklagen sind weder fristgebunden, noch setzen sie die Durchführung eines Vorverfahrens voraus.

2.3 Feststellungsklage

Mit der Feststellungsklage begehrt der Kläger die Feststellung, dass ein **Rechtsverhältnis besteht** (positive Feststellungsklage) oder **nicht besteht** (negative Feststellungsklage) oder ein **Verwaltungsakt nichtig** ist. Die Feststellungsklage ist weder fristgebunden noch erfordert sie ein Vorverfahren. Sie ist – mit Ausnahme der Nichtigkeitsfeststellung – gegenüber Anfechtungs- und Verpflichtungsklage nachrangig (**subsidiär**). Kann der Kläger sein Klagebegehren durch Anfechtungs- oder Verpflichtungsklage erreichen, ist die Feststellungsklage unzulässig. Denn andernfalls könnten die für jene Klagearten erforderlichen Zulässigkeitsvoraussetzungen (z. B. Frist, Vorverfahren) über den Umweg der Feststellungsklage umgangen werden.

3 Unselbständige Klagearten

3.1 Sprungklage und Untätigkeitsklage (§§ 45, 46 FGO)

Sprungklage und Untätigkeitsklage zeichnen sich dadurch aus, dass es sich um **Anfechtungs- oder Verpflichtungsklagen** handelt, die **ohne Vorverfahren zulässig** sind. Bei Sprungklagen muss die Behörde, die über den Einspruch zu entscheiden hat, einer direkten Klageerhebung zustimmen (§ 45 Abs. 1 FGO). Bei Untätigkeitsklagen ergibt sich der Verzicht auf das Vorverfahren aus der Tatsache, dass die Behörde nicht in angemessener Frist über den eingelegten Einspruch entschieden hat (§ 46 Abs. 1 FGO).

3.2 Fortsetzungsfeststellungsklage (§ 100 Abs. 1 S. 4 FGO)

Hat sich bei einer **Anfechtungsklage** im Laufe des Verfahrens der **Klagegegenstand erledigt**, so kann der Kläger seinen ursprünglichen Klageantrag auf Aufhebung oder Änderung eines Verwaltungsaktes umstellen und mit derselben Klage nun die Feststellung begehren, dass der ursprüngliche Verwaltungsakt rechtwidrig war. Voraussetzung hierfür ist, dass der Kläger an dieser Feststellung ein **berechtigtes Interesse** hat.

KV 22: Die Nichtzulassungsbeschwerde

1 Einleitung

Gegen Urteile und Gerichtsbescheide der Finanzgerichte steht den Beteiligten das Rechtsmittel der **Revision** (§§ 115 ff. FGO) zu. Die Revision ist nur dann statthaft, wenn sie entweder vom Finanzgericht selbst zugelassen wurde oder der BFH sie auf Beschwerde zugelassen hat. Das Finanzgericht darf die Revision gemäß § 115 Abs. 2 FGO nur dann zulassen, wenn einer der folgenden Revisionsgründe gegeben ist:

- Die Rechtssache hat **grundsätzliche Bedeutung** (§ 115 Abs. 2 Nr. 1 FGO, sog. Grundsatzrevision).
- Die Entscheidung des BFH ist zur **Fortbildung des Rechts** oder zur **Sicherung einer einheitlichen Rechtsprechung** erforderlich (§ 115 Abs. 2 Nr. 3 FGO, sog. Divergenz).
- Es wird ein tatsächlich vorliegender **Verfahrensmangel** geltend gemacht, auf dem die Entscheidung des FG beruhen kann (§ 115 Abs. 2 Nr. 3 FGO).

Lässt das FG die Revision nicht zu, kann die Nichtzulassung nach § 116 Abs. 1 FGO selbständig durch Beschwerde – sog. Nichtzulassungsbeschwerde (NZB) – angefochten werden, um die Zugangsschranke zur Revisionsinstanz zu beseitigen. In dieser müssen die Voraussetzungen für einen Revisionsgrund dargelegt werden. Die NZB ist selbständiges **Rechtsmittel**, da durch sie die angefochtene Entscheidung, die Nichtzulassung der Revision, vor der nächsthöheren Instanz (BFH) anhängig wird (**Devolutiveffekt**) und der Eintritt der Rechtskraft der Entscheidung gehemmt wird (**Suspensiveffekt**).

2 Zulässigkeitsvoraussetzungen

2.1 Allgemeine Zulässigkeitsvoraussetzungen

Da die NZB Rechtsmittel ist, gelten für sie zunächst die allgemeinen Zulässigkeitsvoraussetzungen jedes Rechtsmittels. **Beschwerdeberechtigt** ist jeder Beteiligte, der berechtigt ist, gegen das Urteil des FG Revision einzulegen. Der Beschwerdeführer muss sich bei der Einlegung der NZB durch eine vor dem BFH vertretungsberechtigte Person i. S. d. § 3 Nr. 1 StBerG als **Bevollmächtigten** vertreten lassen. Als prozesseinleitende Handlung ist die Einlegung einer NZB unter einer (außerprozessualen) **Bedingung** unzulässig.

2.2 Form und Fristen

Die NZB ist **schriftlich innerhalb eines Monats** nach Zustellung des vollständigen finanzgerichtlichen Urteils unter Bezeichnung desselben **beim BFH** einzulegen. Die Zulassungsgründe müssen ebenfalls schriftlich **innerhalb von zwei Monaten** nach Zustellung des Urteils gegenüber dem BFH dargelegt werden. Die Begründungsfrist kann auf Antrag des Beschwerdeführers vom Vorsitzenden lediglich einmalig um höchstens einen Monat verlängert werden.

2.3 Darlegung des Zulassungsgrundes

In der Begründung der NZB müssen die Voraussetzungen für das Vorliegen eines Revisionsgrundes **dargelegt** werden. Darlegen in diesem Zusammenhang erfordert, dass das Vorliegen der Tatbestandsmerkmale des vorgebrachten Revisionsgrundes substantiell begründet wird; formelhafte Wendungen und pauschale Behauptungen reichen grundsätzlich nicht aus. Wegen der unterschiedlichen Zielsetzung von NZB-Verfahren und Revisionsverfahren reicht es für die Begründung einer NZB nicht aus, wenn geltend gemacht wird, das FG-Urteil sei rechtsfehlerhaft und verletze Bundesrecht. Die Beseitigung der Zulassungsschranke setzt vielmehr eine **selbständige Begründung** der NZB im Hinblick auf das Vorliegen eines Revisionsgrundes voraus.

- **Grundsätzliche Bedeutung** hat eine Rechtssache, wenn die Beantwortung der klärungsbedürftigen und im konkreten Fall entscheidungserheblichen **Rechtsfrage** durch den BFH aus Gründen der Rechtssicherheit, der Rechtseinheitlichkeit und/oder der Rechtsentwicklung **im allgemeinen Interesse** liegt. Die Bedeutung der Rechtsfrage muss sich somit über den konkreten Einzelfall hinaus auf eine Vielzahl gleich gelagerter Fälle erstrecken. Der Zulassungsgrund der **Rechtsfortbildung** stellt einen besonderen Fall der Grundsatzrevision dar.
- Macht der Beschwerdeführer geltend, die **Sicherung einer einheitlichen Rechtsprechung** erfordere eine Entscheidung des BFH, muss er in der NZB darlegen, inwieweit über eine entscheidungsrelevante Rechtsfrage unterschiedliche Auffassungen bei den Gerichten bestehen oder aus welchen sonstigen Gründen eine Entscheidung des BFH zur Sicherung der Rechtseinheit erforderlich ist.
- Zur Darlegung eines **Verfahrensmangels** muss der Beschwerdeführer die angeblich verletzte Vorschrift des Gerichtsverfahrens zwar nicht notwendigerweise ausdrücklich bezeichnen. Die Verfahrensrüge muss jedoch unter Angabe der Tatsachen, die den Mangel ergeben sollen, schlüssig geltend gemacht werden. Ferner muss begründet werden, warum das angefochtene Urteil auf dem Verfahrensmangel beruht, d. h. ohne diesen möglicherweise anders ausgefallen wäre.

2.4 Wirkung der Nichtzulassungsbeschwerde

Die NZB **hemmt** ab ihrer Einlegung den **Eintritt der Rechtskraft** des FG-Urteils (§ 116 Abs. 4 FGO) und zwar auch dann, wenn sie sich als unzulässig oder unbegründet erweist. Bereits mit

Einlegung der NZB wird das Verfahren wegen der Hauptsache beim BFH anhängig; das Finanzgericht selbst hat keine Möglichkeit mehr, der NZB abzuhelfen.

3 Entscheidung über die Nichtzulassungsbeschwerde und deren Rechtswirkungen

Gegenstand der Prüfung durch den BFH ist grundsätzlich nur der vom Beschwerdeführer ausdrücklich und ordnungsgemäß geltend gemachte **konkrete Zulassungsgrund** (z. B. Grundsatzrevision im Hinblick auf eine bestimmte Rechtsfrage). Eine Bindung an den geltend gemachten Zulassungsgrund besteht jedoch z. B. ausnahmsweise dann nicht, wenn der dargelegte Sachverhalt zwar nicht den Zulassungsgrund erfüllt, auf den sich der Beschwerdeführer stützt (z. B. Divergenz), dafür jedoch einen anderen (z. B. Verfahrensmangel).

Der BFH entscheidet über die NZB in der Besetzung mit drei Richtern ohne mündliche Verhandlung **durch Beschluss**. Liegt ein Revisionsgrund vor, hat der BFH die Revision **ohne Rücksicht auf ihre Erfolgsaussichten** zuzulassen. Lehnt der BFH die NZB als unzulässig oder unbegründet ab, wird das finanzgerichtliche Urteil mit der Ablehnung rechtskräftig (§ 116 Abs. 5 S. 3 FGO). Ist die NZB zulässig und begründet, hängt der weitere Fortgang des Verfahrens von der Art des vorliegenden Revisionsgrundes ab:

- Hat der BFH der NZB aufgrund einer **Verfahrensrüge** (§ 115 Abs. 2 Nr. 3 FGO) stattgegeben, kann er in dem Beschluss das angefochtene Urteil aufheben und den Rechtsstreit zur anderweitigen Verhandlung und Entscheidung an das Finanzgericht zurückverweisen (§ 116 Abs. 6 FGO). Eine abschließende Entscheidung in der Sache selbst (z. B. Klageabweisung) ist dem BFH in diesem Fall verwehrt.
- Gibt der BFH der NZB **aus anderen Gründen** statt, wird das Beschwerdeverfahren zur Verfahrensbeschleunigung **unmittelbar als Revisionsverfahren fortgesetzt**; einer besonderen Einlegung der Revision durch den Beschwerdeführer bedarf es nicht mehr. Die Revision ist grundsätzlich in vollem Umfang, d. h. ohne Rücksicht auf den geltend gemachten Zulassungsgrund, eröffnet (Grundsatz der **Vollrevision**). Aufgrund der unterschiedlichen Gegenstände von NZB-Verfahren und Revisionsverfahren beginnt erst mit der Zustellung der Entscheidung über die NZB die Revisionsbegründungsfrist.

Teil C:
Einkommensteuerrecht

KV 1: Beschränkte und unbeschränkte Einkommensteuerpflicht

1 Einleitung

§ 1 EStG unterscheidet zwischen unbeschränkter und beschränkter Steuerpflicht. Die unbeschränkte Steuerpflicht wurde hinsichtlich ihres Personenkreises (§ 1 Abs. 2 und 3 EStG) und die beschränkte Einkommensteuerpflicht hinsichtlich ihres sachlichen Umfangs (erweiterte beschränkte Einkommensteuerpflicht, § 2 AStG) erweitert.

2 Unbeschränkte Steuerpflicht, § 1 Abs. 1 EStG

Unbeschränkt einkommensteuerpflichtig sind natürliche Personen, die im Inland einen **Wohnsitz** (§ 8 AO) oder ihren **gewöhnlichen Aufenthalt** (§ 9 AO) haben.

Die unbeschränkte Einkommensteuerpflicht erstreckt sich auf sämtliche in- und ausländische Einkünfte, die während der Zeit der unbeschränkten Steuerpflicht erzielt werden (**Welteinkommen**, § 2 Abs. 1 S. 1 EStG). Das deutsche Besteuerungsrecht kann durch Doppelbesteuerungsabkommen eingeschränkt werden.

3 Beschränkte Steuerpflicht, § 1 Abs. 4 EStG

Beschränkt einkommensteuerpflichtig sind natürliche Personen, die im Inland weder einen Wohnsitz noch ihren gewöhnlichen Aufenthalt haben, wenn sie **inländische Einkünfte i. S. d. § 49 EStG** haben. Es gilt die sog. **isolierende Betrachtungsweise**, d. h. ausländische Besteuerungsmerkmale bleiben außer Ansatz, soweit bei ihrer Berücksichtigung inländische Einkünfte nicht angenommen werden könnten (§ 49 Abs. 2 EStG). Dies ist etwa der Fall, wenn ein ausländischer Gewerbetreibender Dividenden von einer inländischen AG bezieht, deren Beteiligung er in seinem im Ausland gelegenen Betrieb hält. Mangels inländischer Betriebsstätte sind die gewerblichen Einkünfte nicht inländisch i. S. d. § 49 Abs. 1 Nr. 2a EStG. Nach § 49 Abs. 2 EStG bleiben aber die im Ausland gegebenen Besteuerungsmerkmale außer Betracht. Damit liegen Einkünfte aus Kapitalvermögen vor (§ 20 Abs. 1 Nr. 1 EStG). Diese sind nach § 49 Abs. 1 Nr. 5a EStG inländisch, da die AG Sitz und Geschäftsleitung im Inland hat.

Die beschränkte Steuerpflicht hat Objektsteuercharakter. Nur inländische Einkünfte unterliegen der Steuerpflicht, allerdings ohne Abzug von Sonderausgaben und agB, § 50 Abs. 1 S. 3 EStG. Der Grundtarif wird ohne Grundfreibetrag angewendet, § 50 Abs. 1 S. 2 EStG. Das Splittingverfahren ist nicht anwendbar, da es unbeschränkte Steuerpflicht voraussetzt, §§ 26, 32a Abs. 5 EStG. Dies ist europarechtskonform, da beschränkt Steuerpflichtige i. d. R. in ihrem Wohnsitzland personenbezogene Entlastungen geltend machen können.

Bei beschränkt Steuerpflichtigen wird die ESt durch Quellensteuer mit abgeltender Wirkung (Lohnsteuer, Kapitalertragsteuer oder § 50a EStG) erhoben, § 50 Abs. 2 S. 1 EStG. Eine Veranlagung erfolgt nur in Ausnahmen, etwa für Einkünfte eines inländischen Betriebs sowie auf Antrag bei Arbeitnehmern und bei § 50a EStG, § 50 Abs. 2 Nr. 4 und 5 EStG.

Besteht während eines Kalenderjahres sowohl unbeschränkte als auch beschränkte Einkommensteuerpflicht, sind die während der beschränkten Einkommensteuerpflicht erzielten inländischen Einkünfte in eine Veranlagung zur unbeschränkten Einkommensteuerpflicht einzubeziehen (§ 2 Abs. 7 S. 3 EStG).

4 Erweiterte unbeschränkte Steuerpflicht, § 1 Abs. 2 EStG

Unbeschränkt einkommensteuerpflichtig sind auch natürliche Personen, die im Inland weder einen Wohnsitz noch ihren gewöhnlichen Aufenthalt haben, aber
- als deutsche Staatsangehörige
- zu einer inländischen juristischen Person des öffentlichen Rechts in einem Dienstverhältnis stehen und
- von einer inländischen öffentlichen Kasse entlohnt werden und
- im Aufenthaltsland nur beschränkt steuerpflichtig sind.

Das Gleiche gilt für die zum Haushalt des Steuerpflichtigen gehörenden Angehörigen, die die deutsche Staatsangehörigkeit besitzen oder keine Einkünfte bzw. nur Einkünfte beziehen, die in Deutschland einkommensteuerpflichtig sind. § 1 Abs. 2 EStG ermöglicht öffentlichen Auslandsbediensteten (z. B. Diplomaten) eine Veranlagung ohne Beschränkung des § 50 EStG und damit auch die Anwendung des Splittingtarifs.

5 Unbeschränkte Steuerpflicht auf Antrag, § 1 Abs. 3 EStG

Grenzpendler (Einpendler), die im Ausland wohnen, aber in Deutschland arbeiten, sind als beschränkt Steuerpflichtige grundsätzlich von den o. g. personen- und familienbezogenen Entlastungen ausgeschlossen, § 50 Abs. 1 EStG. Sofern typisiert unterstellt werden kann, dass Grenzpendler, mangels nennenswerter Einkünfte im Wohnsitzstaat, dort keine personen- und familienbezogenen Entlastungen erhalten, fingiert § 1 Abs. 3 EStG die unbeschränkte Steuerpflicht und ermöglicht dadurch den Abzug von Sonderausgaben, agB und des Grundfreibetrags.

Dazu regelt § 1 Abs. 3, dass natürliche Personen, die im Inland weder einen Wohnsitz noch gewöhnlichen Aufenthalt haben, auf Antrag als unbeschränkt einkommensteuerpflichtig behandelt werden können, soweit sie inländische Einkünfte i. S. d. § 49 EStG haben, wenn

- **mindestens 90 %** ihrer Einkünfte im Kalenderjahr der deutschen Einkommensteuer unterliegen oder
- die nicht der deutschen Einkommensteuer unterliegenden Einkünfte den Grundfreibetrag nach § 32a Abs. 1 S. 2 Nr. 1 EStG nicht übersteigen (§ 1 Abs. 3 EStG). Dieser Betrag ist anteilig zu kürzen, soweit es nach den Verhältnissen im Wohnsitzstaat angemessen und notwendig ist.

Weitere Folge ist bei EU-/EWR-Staatsangehörigen die Anwendbarkeit des § 1a EStG und damit der Sonderausgabenabzug in Fällen, in denen auch beim Partner eine unbeschränkte Steuerpflicht fingiert werden muss, nämlich bei Realsplitting und bei auf besonderen Verpflichtungsgründen beruhenden Versorgungsleistungen, §§ 1a Nr. 1a und b, 10 Abs. 1a EStG. Ferner fingiert § 1a Nr. 2 EStG, dass auch der nicht unbeschränkt steuerpflichtige Ehegatte als unbeschränkt steuerpflichtig gilt, damit der Splittingtarif beansprucht werden kann.

6 Erweiterte beschränkte Steuerpflicht

Eine natürliche Person ist für zehn Jahre erweitert beschränkt einkommensteuerpflichtig, wenn sie

- in den **letzten zehn Jahren** vor dem Ende der unbeschränkten Steuerpflicht
- als **Deutscher**
- mindestens **insgesamt fünf Jahre** unbeschränkt einkommensteuerpflichtig war,
- jetzt im **niedrig besteuerten** Ausland ansässig oder in **keinem** ausländischen Gebiet ansässig ist und
- **wesentliche wirtschaftliche Interessen** im Inland hat und im Veranlagungszeitraum die erweitert beschränkten Einkünfte **16.500 €** übersteigen (§ 2 AStG).

Ein Niedrigsteuerland liegt vor, wenn die ESt in diesem Land für eine ledige natürliche Person mit einem steuerpflichtigen Einkommen von 77.000 € um mehr als 1/3 geringer ist als im Inland. Eine niedrige Besteuerung liegt auch vor, wenn dem Steuerpflichtigen eine wesentliche Vorzugsbesteuerung in dem ausländischen Gebiet gewährt wird. Dies gilt nicht, wenn er nachweist, dass die von seinem Einkommen erhobene Steuer mindestens 2/3 der deutschen ESt beträgt, die er bei unbeschränkter Steuerpflicht zu entrichten hätte.

Die erweiterte beschränkte Einkommensteuerpflicht umfasst die sog. erweiterten inländischen Einkünfte, d.h. alle inländischen Einkünfte i.S.d. §49 EStG und alle Einkünfte, die bei unbeschränkter Einkommensteuerpflicht nicht ausländische Einkünfte i.S.d. §34d Abs.1 EStG sind (§2 Abs.1 AStG).

KV 2: Nichtabziehbare Ausgaben

1 Einleitung

Nichtabziehbare Ausgaben sind Ausgaben, die zwar betrieblich oder beruflich veranlasst, jedoch aus verschiedenen Gründen steuerlich nicht oder nur teilweise abziehbar sind. Vorrangig zu prüfen ist, ob es sich um private Aufwendungen handelt, die dem Abzugsverbot nach § 12 Nr. 1 EStG unterliegen (§ 4 Abs. 5 S. 3 EStG). Der Abzug wird bei nichtabziehbaren Ausgaben versagt, weil

- die Ausgaben die **private Lebensführung berühren** (§§ 12, 4 Abs. 4a, Abs. 5 Nr. 1 bis 7 und Abs. 6 EStG) oder
- das Abzugsverbot dem **Schutz der Gesamtrechtsordnung** dient (§ 4 Abs. 5 Nr. 8, 8a, 10, 12 Nr. 4 EStG) oder
- die mit den Ausgaben in Verbindung stehenden Einnahmen steuerfrei (§ 3c EStG) sind oder
- nicht sichergestellt ist, dass die Einnahmen beim Empfänger versteuert werden (§ 160 AO).

Soweit Betriebsausgaben vorliegen, die als solche gebucht wurden, jedoch steuerlich nicht abziehbar sind, müssen sie dem Gewinn **außerhalb der Bilanz** wieder hinzugerechnet werden.

2 Nichtabziehbare Ausgaben im EStG

Gemäß den o. g. Kriterien finden sich im EStG in den §§ 12, 4 und 3c folgende nichtabziehbare Ausgaben:

- **Private Lebensführung, gemischte Ausgaben (§ 12 Nr. 1 EStG)**
  Ausgaben der privaten Lebensführung sind grundsätzlich nicht abziehbar, § 12 Nr. 1 EStG. Das folgt aus dem Wesen der Einkommensteuer: Besteuert wird die Einkommenserzielung. Private Ausgaben (= Konsum) sollen grundsätzlich aus versteuertem Einkommen erfolgen. Problematisch sind gemischte Ausgaben, also Ausgaben, die sowohl beruflich als auch privat veranlasst sind. Nach der Rechtsprechung des Große Senats zum sog. **Aufteilungsgebot** (BFH GrS 1/06) ist der berufliche veranlasste Anteil gemischter Ausgaben grundsätzlich abziehbar. Der berufliche Anteil ist ggfs. zu schätzen. Ein Abzugsverbot gemischter Aufwendungen besteht nur, wenn private und berufliche Gründe so zusammenwirken, dass eine Trennung nicht möglich ist, sondern schlichtweg willkürlich wäre. Außerdem gibt es ein Abzugsverbot gemischter Aufwendungen bei unverzichtbaren Ausgaben der Lebensführung, die typischerweise durch den Grundfreibetrag abgedeckt sind.
- **Freiwillige Zuwendungen und Unterhaltsleistungen (§ 12 Nr. 2 EStG)**
  Diese Ausgaben sind nicht abziehbar, da sie beim Empfänger nicht zu versteuern sind (Kor-

respondenzprinzip, § 22 Nr. 1 S. 2 EStG). Ausnahme: Realsplitting (§ 10 Abs. 1a Nr. 1 EStG) und Versorgungsleistungen und Versorgungsausgleichszahlungen (§ 10 Abs. 1a Nr. 2–4 EStG).
- **Einkommensteuer, sonstige Personensteuern, USt auf Entnahmen, VSt auf nicht abziehbare Ausgaben sowie auf diese Steuern entfallende Nebenleistungen (§ 12 Nr. 3 EStG)**
- **Geldstrafen (§ 12 Nr. 4 EStG)**
- **Erstmalige Berufsausbildung/Erststudium (§§ 4 Abs. 9, 9 Abs. 6 EStG)**
  Aufwendungen für eine Berufsausbildung oder ein Studium, sind nur dann BA/WK, wenn zuvor eine Erstausbildung/-studium abgeschlossen worden ist oder wenn die Ausbildung oder das Studium im Rahmen eines Dienstverhältnisses stattfinden (z. B. Berufsschule). Liegen keine BA/WK vor, können Ausbildungskosten in Höhe von bis zu 6.000 € als Sonderausgaben geltend gemacht werden (§ 10 Abs. 1 Nr. 7 EStG).
- **Schuldzinsen bei Überentnahme (§ 4 Abs. 4a EStG)**
  Schuldzinsen – soweit sie nicht der Finanzierung von Anlagevermögen dienen – sind nicht abziehbar, wenn der Steuerpflichtige Entnahmen über die Summe des Gewinns und der Einlagen des Wirtschaftsjahres hinaus tätigt.
- **Geschenke (§ 4 Abs. 5 Nr. 1 EStG)**
  Aufwendungen für Geschenke sind nicht abziehbar, wenn
  – es sich um Geschenke an eine Person handelt, die nicht Arbeitnehmer ist,
  – die Anschaffungs- oder Herstellungskosten 35 € im Wirtschaftsjahr übersteigen (Freigrenze) und
  – die zugewendeten Wirtschaftsgüter beim Empfänger nicht ausschließlich betrieblich genutzt werden können (R 4.10 Abs. 2 S. 4 EStR).
- **Bewirtungsaufwendungen (§ 4 Abs. 5 Nr. 2 EStG)**
  Bewirtungsaufwendungen aus geschäftlichem Anlass sind nur zu 70 % abziehbar, soweit sie angemessen sind und ordnungsgemäß nachgewiesen werden. Ein geschäftlicher Anlass liegt bei der Bewirtung von Personen vor, mit denen Geschäftsbeziehungen bestehen oder angebahnt werden sollen. Die Abzugsbegrenzung gilt auch für den teilnehmenden Steuerpflichtigen und dessen Arbeitnehmer.
- **Aufwendungen für Gästehäuser und für Jagd, Fischerei (§ 4 Abs. 5 Nr. 3 und 4 EStG)**
- **Mehraufwendungen für Verpflegung (§ 4 Abs. 5 Nr. 5a und § 9 Abs. 4a EStG) und Berufskraftfahrerpauschbetrag (§ 4 Abs. 5 Nr. 5b EStG)**
  Diese dürfen nur im Rahmen der gesetzlichen Pauschalen als Betriebsausgaben abgezogen werden.
- **Fahrten zwischen Wohnung und Betriebsstätte (§ 4 Abs. 5 Nr. 6 EStG und § 9 Abs. 1 Nr. 4 EStG)**
  Für Fahrten zwischen Wohnung und Betriebsstätte, bzw. bei Arbeitnehmern zwischen Wohnung und erster Tätigkeitsstätte, sowie für Familienheimfahrten dürfen 0,30 € je Entfernungskilometer als Betriebsausgaben abgezogen werden. Der nichtabziehbare Anteil für Fahrten zwischen Wohnung und Betriebsstätte berechnet sich als Differenz zwischen den gesamten Fahrtkosten und dem nach § 9 Abs. 1 S. 3 Nr. 4 EStG maximal abziehbaren Betrag von 0,30 € je Entfernungskilometer multipliziert mit der Anzahl der gefahrenen Tage. Die gesamten Fahrtkosten werden bei Anwendung der 1 %-Regel pauschal mit 0,03 % des

inländischen Listenpreises für jeden Entfernungskilometer berechnet. Bei Anwendung der Fahrtenbuchmethode können die gesamten Fahrtkosten auch exakt ermittelt werden. Als Ausgleich für die CO_2-Bepreisung beträgt der Pauschbetrag für das Jahr 2021 ab dem 21. Kilometer 0,35 € und für die Jahre 2022–2028 0,38 €.

- **Mehraufwendungen für eine betrieblich veranlasste doppelte Haushaltsführung (§ 4 Abs. 5 Nr. 6a und § 9 Abs. 1 Nr. 5 EStG)**
Abziehbar sind Unterkunftskosten bis zu 1.000 € im Monat und 0,30 € pro Entfernungskilometer für eine Familienheimfahrt pro Woche. 2021 können ab dem 21. Kilometer 0,35 € und 2022–2028 0,38 € geltend gemacht werden.

- **Häusliches Arbeitszimmer und Homeoffice (§ 4 Abs. 5 Nr. 6b und c EStG)**
Aufwendungen für ein häusliches Arbeitszimmer sowie die Kosten der Ausstattung sind grundsätzlich nicht abziehbar. Dies gilt nicht, wenn das Arbeitszimmer den Mittelpunkt der gesamten beruflichen Betätigung bildet. Anstelle der Aufwendungen kann pauschal ein Betrag von 1.260 € abgezogen werden. Alternativ kann für jeden Tag, an dem die Tätigkeit überwiegend in der häuslichen Wohnung ausgeübt und die erste Tätigkeitsstätte nicht aufgesucht wird, ein Betrag von 6 € (Tagespauschale), höchstens 1.260 € abgezogen werden. Steht dauerhaft kein Arbeitsplatz beim Arbeitgeber zur Verfügung, ist ein Abzug der Tagespauschale zulässig, auch wenn die Tätigkeit am selben Kalendertag auswärts oder an der ersten Tätigkeitsstätte ausgeübt wird.
Unangemessene Repräsentationsaufwendungen (§ 4 Abs. 5 Nr. 7 EStG)
Andere als die bereits genannten Aufwendungen, die die Lebensführung des Steuerpflichtigen oder anderer Personen betreffen, sind nicht abziehbar, soweit sie nach der Verkehrsauffassung als unangemessen anzusehen sind.

- **Geldbußen, Ordnungsgelder und Verwarnungsgelder (§ 4 Abs. 5 Nr. 8 EStG)**
Diese Gelder, die von einem Gericht oder einer Behörde in Deutschland, einem anderen EU-Mitgliedstaat oder von Organen der Europäischen Gemeinschaften festgesetzt wurden, dürfen nicht als Betriebsausgaben abgezogen werden. Das Abzugsverbot begründet sich durch den Sanktionscharakter der Aufwendungen; die Abziehbarkeit als Betriebsausgaben würde zu einem Wertungswiderspruch innerhalb der Rechtsordnung führen. Im Gegensatz zu den **Geldbußen** ergibt sich das Abzugsverbot von **Geldstrafen** aus § 12 Nr. 4 EStG.

- **Hinterziehungszinsen (§ 4 Abs. 5 Nr. 8a EStG)**
Hinterziehungszinsen nach § 235 AO für hinterzogene Betriebssteuern dürfen ebenfalls wegen des Sanktionscharakters nicht abgezogen werden.

- **Ausgleichszahlungen (§ 4 Abs. 5 Nr. 9 EStG)**
Ausgleichszahlungen in Fällen der körperschaftsteuerlichen Organschaft dürfen nicht als Betriebsausgaben berücksichtigt werden.

- **Bestechungs- und Schmiergelder (§ 4 Abs. 5 Nr. 10 EStG)**
sowie damit zusammenhängende Aufwendungen sind nicht als Betriebsausgaben abziehbar, wenn die Zuwendung als rechtswidrige Handlung durch ein Straf- oder Bußgeldverfahren geahndet werden kann; die tatsächliche Ahndung und Verurteilung ist nicht erforderlich.

- **Aufwendungen im Zusammenhang mit der Tonnagebesteuerung (§ 4 Abs. 5 Nr. 11 EStG)**
  Bei der sog. Tonnagebesteuerung wird der Gewinn pauschaliert ermittelt. Folglich sind die Betriebsausgaben nicht einzeln abzugsfähig.
- **Zuschläge nach § 162 Abs. 4 AO (§ 4 Abs. 5 Nr. 12 EStG)**
  Zuschläge nach § 162 Abs. 4 AO, die festgesetzt werden, wenn die bei Auslandssachverhalten erforderlichen besonderen Aufzeichnungen nach § 90 Abs. 3 AO nicht vorgelegt werden, sind nicht abziehbar.
- **Gewerbesteuer (§ 4 Abs. 5b EStG)**
  Die Gewerbesteuer und die darauf entfallenden Nebenleistungen sind keine Betriebsausgaben.
- **Aufwendungen zur Förderung staatspolitischer Zwecke (§ 4 Abs. 6 EStG)**
  sind keine Betriebsausgaben. Parteispenden und Mitgliedsbeiträge können nur von natürlichen Personen der Höhe nach begrenzt als Steuerermäßigung (§ 34g EStG) und als Sonderausgaben (§ 10 Abs. 2 EStG) steuerlich geltend gemacht werden.
  § 4 Abs. 5 und 6 EStG gilt bei Überschusseinkunftsarten entsprechend (§ 9 Abs. 5 EStG).
- **Aufzeichnungspflichten (§ 4 Abs. 7 EStG)**
  Die Aufwendungen nach § 4 Abs. 5 Nr. 1 bis 4, 6b und 7 EStG können nur insoweit als Betriebsausgaben berücksichtigt werden, wie sie einzeln und getrennt von den sonstigen Betriebsausgaben aufgezeichnet wurden. Diese Aufzeichnung kann durch Verbuchung auf einem besonderen Konto erfolgen.
- **Zinsschranke (§ 4h EStG)**
  Im Rahmen der Zinsschranke sind Zinsaufwendungen, soweit sie die Zinserträge übersteigen, nur zu 30 % des steuerlichen Gewinns vor Zinsen, Steuern und Abschreibung (steuerliches EBITDA) abziehbar.
- **Sonderbetriebsausgaben bei Vorgängen mit Auslandsbezug (§ 4i EStG)**
  Aufwendungen dürfen nicht abgezogen werden, soweit sie auch in einem anderen Staat die Bemessungsgrundlage mindern.
- **Aufwendungen für Rechteüberlassung (§ 4j EStG)**
  Aufwendungen für Rechteüberlassung sind nur beschränkt abziehbar, wenn die Einnahmen des Gläubigers einer niedrigen Besteuerung unterliegen und der Gläubiger eine nahestehende Person ist (sog. Lizenzschranke).
- **Steuerfreie/teilweise besteuerte Einnahmen (§ 3c Abs. 1 und 2 EStG)**
  Ausgaben, die mit steuerfreien Einnahmen im Zusammenhang stehen, dürfen nicht abgezogen werden (z. B. nach DBA steuerfreie Einnahmen). Soweit aufgrund des Teileinkünfteverfahrens die Einnahmen nur zu 60 % angesetzt werden, sind auch die Betriebsausgaben nur zu 60 % abziehbar.
- **Werbungskosten bei Kapitaleinkünften im PV (§ 20 Abs. 9 S. 1 2. HS EStG)**
  können nicht abgezogen werden. Angesetzt werden darf nur ein Sparer-Pauschbetrag in Höhe von 1.000 €.

3 Nichtabziehbare Ausgaben in anderen Gesetzen

- **Aufwendungen der Körperschaft für den Gesellschafter (§ 10 Nr. 1 KStG)**
  Nicht abziehbar sind Aufwendungen der Körperschaft für die Erfüllung von Zwecken des Steuerpflichtigen, die durch Stiftungsgeschäft, Satzung oder sonstige Verfassung vorgeschrieben sind.
- KSt, sonstige Personensteuern (z. B. Soli), USt auf Entnahmen und vGA, VSt auf nicht abziehbare Ausgaben sowie auf diese Steuern entfallende Nebenleistungen (§ 10 Nr. 2 KStG)
- **Geldstrafen (§ 10 Nr. 3 KStG)**
- **Aufsichtsratsvergütungen (§ 10 Nr. 4 KStG)**
  Aufsichtsratsvergütungen und vergleichbare Zahlungen sind nur hälftig abziehbar.
- **§ 160 AO**
  Betriebsausgaben/Werbungskosten dürfen nur abgezogen werden, wenn der Empfänger benannt wird.

KV 3: Der Schuldzinsenabzug nach § 4 Abs. 4a EStG

1 Einleitung

Grundsätzlich sind betrieblich veranlasste Schuldzinsen als Betriebsausgaben abziehbar, § 4 Abs. 4 EStG, private Schuldzinsen dahingegen nicht, § 12 Nr. 1 EStG. Insoweit hat anhand der tatsächlichen Verwendung der Darlehensmittel zunächst eine Zuordnung zur Erwerbs- oder Privatsphäre zu erfolgen. In einem zweiten Schritt ist jedoch zu prüfen, ob der betriebliche Schuldzinsenabzug nach § 4 Abs. 4a EStG eingeschränkt ist (vgl. dazu BMF vom 02.11.2018, IV C 6 – S 2144/07/10001:007).

2 Betrieblich veranlasste Schulden

Darlehen zur Finanzierung von Entnahmen sind nicht betrieblich veranlasst. Daher sind Zinsen zur Finanzierung von Privatentnahmen vorab aus der Berechnung nach § 4 Abs. 4a EStG auszuscheiden. Unterhält der Steuerpflichtige für den betrieblich und privat veranlassten Zahlungsverkehr ein einheitliches Kontokorrentkonto, ist für die Ermittlung der abzugsfähigen Schuldzinsen der Sollsaldo grundsätzlich aufzuteilen. Dem Steuerpflichtigen steht es frei, dem Betrieb vorhandene Barmittel ohne Begrenzung auf einen Zahlungsmittelüberschuss zu entnehmen und im Anschluss hieran betriebliche Aufwendungen durch Darlehen zu finanzieren (Zwei-Konten-Modell). Die außerbetriebliche Veranlassung liegt erst vor, wenn die Entnahmen mit Darlehen finanziert werden.

3 Einschränkungen des Betriebsausgabenabzugs

Gemäß § 4 Abs. 4a EStG sind Schuldzinsen nicht abziehbar, wenn **Überentnahmen** vorliegen. Eine Überentnahme liegt vor, wenn die Entnahmen höher sind als die Summe aus Gewinn und Einlagen des Wirtschaftsjahres.

- **Gewinn**
  Maßgebend ist der steuerliche Gewinn unter Berücksichtigung außerbilanzieller Hinzurechnungen vor Anwendung des § 4 Abs. 4a EStG. Auch steuerfreie Gewinne und steuerfreie Rücklagen gehören zum Gewinn wie auch der Gewinn aus der Veräußerung oder Aufgabe eines Betriebes.
- **Entnahmen**
  Steuerfreie Entnahmen sind mit dem Teilwert nach § 6 Abs. 1 Nr. 4 EStG anzusetzen bzw. mit

dem Buchwert, sofern der Entnahmegewinn ebenfalls außer Ansatz bleibt. Überführungen von Wirtschaftsgütern des Betriebsvermögens in das Privatvermögen anlässlich einer Betriebsaufgabe gehören auch zu den Entnahmen.

- **Verluste**
  Verluste fließen in die Berechnung der Überentnahmen mit ein, begründen aber isoliert betrachtet keine Überentnahmen. Sie mindern zunächst im Verlustjahr etwaige Einlagen. Wirken sie sich auf diese Weise nicht aus, sind sie mit Unterentnahmen vergangener und zukünftiger Wirtschaftsjahre zu verrechnen. Unterentnahmen liegen vor, wenn die Entnahmen kleiner sind als die Summe aus Gewinn und Einlagen des Wirtschaftsjahres.

4 Ermittlung des Hinzurechnungsbetrages

Die nicht abzugsfähigen Schuldzinsen berechnen sich wie folgt:

	Überentnahmen des Wirtschaftsjahres
+	Überentnahmen der vorangegangenen Wirtschaftsjahre
./.	Unterentnahmen der vorangegangenen Wirtschaftsjahre
=	Summe × 6 % (= Hinzurechnungsbetrag)

Der Hinzurechnungsbetrag ist wie folgt begrenzt:

	Schuldzinsen des Wirtschaftsjahres
./.	Schuldzinsen aus gesonderten Darlehen zur Finanzierung von Anschaffungs- bzw. Herstellungskosten betrieblicher Anlagegüter
./.	Bagatellgrenze von 2.050 € (Jahresbetrag)
=	Höchstbetrag

Über- und Unterentnahmen aus Veranlagungszeiträumen vor 1999 bleiben unberücksichtigt. Der Anfangsbestand ist daher mit 0 € anzusetzen. Der Ansatz des Hinzurechnungsbetrages macht eine Neuberechnung der Gewerbesteuerrückstellung nicht erforderlich.

5 Besonderheiten bei Mitunternehmerschaften

Bei Mitunternehmerschaften sind die Überentnahmen und damit Einlagen, Entnahmen und Gewinnanteile **gesellschafterbezogen** zu ermitteln. Die Überentnahme bestimmt sich nach dem Gewinnanteil des Mitunternehmers am Gesamtgewinn (Anteil am Gewinn der Gesellschaft zuzüglich Ergänzungs- und Sonderbilanzgewinn). Der Kürzungsbetrag nach §4 Abs. 4a EStG in Höhe von 2.050 € ist gesellschaftsbezogen anzuwenden, d.h. er ist auf die einzelnen Mitunternehmer entsprechend ihrer Schuldzinsenquote aufzuteilen.

KV 4: Die Übertragung stiller Reserven nach § 6b EStG

1 Einleitung

Die Regelung des § 6b EStG sieht vor, dass in bestimmten Fällen die bei der Veräußerung eines Wirtschaftsgutes aufgedeckten stillen Reserven auf andere Wirtschaftsgüter übertragen werden können, um die sofortige Versteuerung der realisierten stillen Reserven zu vermeiden. Diese Wahlmöglichkeit wurde geschaffen, um die Erlöse aus der Veräußerung von Wirtschaftsgütern, die langfristig dem Betrieb dienen, möglichst unbelastet von Ertragsteuern für **Reinvestitionen des Betriebs** zu erhalten. Unter den Voraussetzungen des § 6b EStG hat der Steuerpflichtige drei Wahlmöglichkeiten:

- sofortige Versteuerung der stillen Reserven;
- Übertragung der aufgedeckten stillen Reserven auf ein im selben oder im vorangegangenen Wirtschaftsjahr angeschafftes oder hergestelltes Wirtschaftsgut;
- Bildung einer Rücklage für Reinvestitionen für die aufgedeckten stillen Reserven und Übertragung derselben auf ein angeschafftes oder hergestelltes Wirtschaftsgut grundsätzlich innerhalb der folgenden vier Wirtschaftsjahre.

2 Voraussetzungen

2.1 Veräußerung von Wirtschaftsgütern

Es muss eine Veräußerung von Wirtschaftsgütern, d.h. eine **entgeltliche Übertragung** des Eigentums erfolgt sein. Nicht erfasst werden insbesondere die Entnahme von Wirtschaftsgütern oder deren Ausscheiden infolge höherer Gewalt.

2.2 Begünstigte Veräußerungsobjekte

Eine Übertragung von stillen Reserven kommt zunächst bei Veräußerung folgender Wirtschaftsgüter in Betracht:

- Grund und Boden,
- Gebäude,
- Aufwuchs auf Grund und Boden mit dem dazugehörigen Grund und Boden, wenn der Aufwuchs zu einem land- und forstwirtschaftlichen Betriebsvermögen gehört und
- Binnenschiffe.

Natürliche Personen (auch soweit diese an Personengesellschaften beteiligt sind) dürfen gemäß § 6b Abs. 10 EStG Gewinne aus Veräußerungen von **Anteilen an Kapitalgesellschaften** bis zu einem Betrag von 500.000 € übertragen.

2.3 Begünstigte Reinvestitionsobjekte

Aufgedeckte stille Reserven sind nach § 6b EStG auf folgende Wirtschaftsgüter übertragbar:
- Grund und Boden,
- Aufwuchs auf Grund und Boden,
- Gebäude und
- Binnenschiffe.

Es gilt jedoch die Einschränkung, dass stille Reserven aus der Veräußerung von Gebäuden auch nur auf Gebäude übertragen werden dürfen und stille Reserven aus der Veräußerung von Aufwuchs nur auf Gebäude oder Aufwuchs. Stille Reserven aus der Veräußerung von Binnenschiffen dürfen nur auf Binnenschiffe übertragen werden.

Stille Reserven aus der Veräußerung von **Anteilen an Kapitalgesellschaften** durch natürliche Personen können nach § 6b Abs. 10 EStG wie folgt übertragen werden:
- im Wirtschaftsjahr der Veräußerung und in den folgenden zwei Wirtschaftsjahren auf neu angeschaffte **Anteile an Kapitalgesellschaften** oder **abnutzbare bewegliche Wirtschaftsgüter**;
- in den folgenden vier Wirtschaftsjahren auf **neu angeschaffte Gebäude**.

Die Übertragung der stillen Reserven auf die Anschaffungskosten von **Gebäuden oder abnutzbaren beweglichen Wirtschaftsgütern** ist auf den steuerpflichtigen Teil des Veräußerungsgewinns beschränkt, d.h. es ist ein Betrag bis zur Höhe des bei der Veräußerung entstandenen und nicht nach § 3 Nr. 40 S. 1 Buchst. a i.V.m. § 3c Abs. 2 EStG steuerbefreiten Betrags von den Anschaffungskosten abzuziehen. Bei neu angeschafften **Anteilen an Kapitalgesellschaften** werden die stillen Reserven dagegen einschließlich des nach dem Teileinkünfteverfahren steuerfreien Teils auf die neuen Anteile übertragen.

Die Bildung einer den **Gewinn mindernden Rücklage** ist ohne Berücksichtigung der Steuerbegünstigungen nach § 3 Nr. 40 i.V.m. § 3c Abs. 2 EStG in Höhe des tatsächlich erzielten Veräußerungsgewinns möglich. Bei einer späteren Übertragung gilt das Vorstehende entsprechend. Bei einer Auflösung der Rücklage ohne Anschaffung eines neuen Wirtschaftsguts ist nur der steuerpflichtige Anteil zu versteuern.

2.4 Weitere Voraussetzungen

Weiter setzt die Übertragung von stillen Reserven nach § 6b Abs. 4 EStG voraus, dass
- der Steuerpflichtige seinen Gewinn durch **Bestandsvergleich** ermittelt; wird der Gewinn dagegen nach § 4 Abs. 3 oder § 13a EStG ermittelt, kommt eine Übertragung stiller Reserven nach § 6c EStG in Betracht;
- die veräußerten Wirtschaftsgüter im Zeitpunkt der Veräußerung **mindestens sechs Jahre ununterbrochen Anlagevermögen** einer inländischen Betriebsstätte gewesen sind;
- der Veräußerungsgewinn **steuerpflichtig** ist;
- die Übertragung der stillen Reserven sowie die Bildung und Auflösung der Rücklage **in der Buchführung verfolgt werden** können und
- die angeschafften Wirtschaftsgüter zum AV einer inländischen Betriebsstätte gehören.
- Werden die neu angeschafften Wirtschaftsgüter im Wirtschaftsjahr der Veräußerung oder in den folgenden vier Wirtschaftsjahren (bei neu hergestellten Gebäuden in den folgenden sechs Jahren) oder in dem der Veräußerung vorangegangenen Wirtschaftsjahr angeschafft oder hergestellt und sind sie einem Betriebsvermögen des Steuerpflichtigen in einem anderen EU/EWR-Mitgliedstaat zuzuordnen, kann auf Antrag die auf den Veräußerungsgewinn festgesetzte Steuer in fünf gleichen Jahresraten entrichtet werden.

3 Rechtsfolgen

Sind die Voraussetzungen des § 6b EStG erfüllt, können im Wirtschaftsjahr der Veräußerung von den Anschaffungs- und Herstellungskosten **von im selben oder im vorangegangenen Jahr** angeschafften Ersatzwirtschaftsgütern die aufgedeckten stillen Reserven (ganz oder teilweise) abgezogen werden. Bei einer späteren Veräußerung erhöht sich dadurch der Veräußerungsgewinn. Bei abnutzbaren Wirtschaftsgütern führt dies zu einer Minderung der zukünftigen AfA.

Soweit kein Abzug vorgenommen worden ist, kann **für zukünftige Investitionen** eine Rücklage gebildet werden. Diese Rücklage ist innerhalb der **folgenden vier Wirtschaftsjahre** zu übertragen. Bei neu hergestellten Gebäuden kann die Übertragung innerhalb von sechs Jahren erfolgen, wenn mit ihrer Herstellung vor dem Schluss des vierten auf die Bildung der Rücklage folgenden Wirtschaftsjahres begonnen worden ist. Nach § 52 Abs. 14 EStG sind diese Fristen bis 2023 verlängert worden.

Hat der Steuerpflichtige eine den Gewinn mindernde Rücklage gebildet und kommt es innerhalb der Fristen des § 6b EStG mangels Anschaffung oder Herstellung eines entsprechenden Wirtschaftsgutes nicht zu einer Übertragung der Rücklage, ist diese **zwingend aufzulösen**. In diesem Fall ist der Gewinn gemäß § 6b Abs. 7 EStG für jedes volle Wirtschaftsjahr, in dem die Rücklage bestanden hat, um einen **Gewinnzuschlag in Höhe von 6 % des aufzulösenden Rücklagenbetrages** zu erhöhen. Der Gewinnzuschlag erfolgt außerhalb der Bilanz.

4 Besonderheiten bei Personengesellschaften

Bei Personengesellschaften ist §6b EStG gesellschafterbezogen anzuwenden. Das bedeutet zum einen, dass der aufgedeckte Gewinn nur anteilig von den Gesellschaftern neutralisiert werden kann, bei denen die Tatbestandsvoraussetzungen vorliegen. Beispielsweise kann die Sechsjahresfrist für Altgesellschafter gegeben sein, für Neugesellschafter hingegen nicht. Zum anderen kann jeder Gesellschafter seinen Anteil an einer §6b-Rücklage aus dem Gesamthandsvermögen in ein Sonder-Betriebsvermögen, ein Betriebsvermögen eines Einzelunternehmens, in eine andere Personengesellschaft und umgekehrt übertragen.

Zulässig ist ferner, dass eine Kapitalgesellschaft eine von ihr gebildete §6b-Rücklage auf ein Wirtschaftsgut einer Personengesellschaft überträgt, an der sie beteiligt ist.

KV 5: Übertragung stiller Reserven bei Ersatzbeschaffung nach R 6.6 EStR

1 Einleitung

In bestimmten Fällen können die beim ausscheidenden Wirtschaftsgut aufgedeckten stillen Reserven auf Ersatzbeschaffungen übertragen werden. Zweck dieser Regelung ist, die durch das Ausscheiden des Wirtschaftsguts erlangte Gegenleistung ungeschmälert für Ersatzbeschaffungen verwenden zu können.

2 Tatbestandsvoraussetzungen

Die Gewinnverwirklichung durch Aufdeckung stiller Reserven kann vermieden werden, wenn
- ein Wirtschaftsgut des Anlage- oder Umlaufvermögens **infolge höherer Gewalt** oder zur **Vermeidung eines behördlichen Eingriffs** gegen Entschädigung aus dem Betriebsvermögen ausscheidet,
- der Steuerpflichtige seine Anschaffungs-/Herstellungskosten für ein im Wirtschaftsjahr des Ausscheidens angeschafftes oder hergestelltes Ersatzwirtschaftsgut um den entsprechenden Buchgewinn kürzt oder
- in Höhe des Buchgewinns **im Jahr des Ausscheidens** eine gewinnmindernde Ersatzbeschaffungsrücklage bildet und
- für die Bildung der Rücklage besondere steuerliche Aufzeichnungen geführt werden, § 5 Abs. 1 S. 2 EStG.

Die Regelung gilt sinngemäß auch bei Beschädigung eines Wirtschaftsguts. Sind die Voraussetzungen von R 6.6 EStR und des § 6b EStG erfüllt, kann der Steuerpflichtige wählen, von welcher Möglichkeit er Gebrauch machen will. Die beiden Vorschriften unterscheiden sich im Wesentlichen dadurch, dass R 6.6 EStR die Realisierung der stillen Reserven infolge höherer Gewalt oder behördlichen Eingriffs voraussetzt.

3 Begriffsbestimmungen

Im Einzelnen ist Folgendes zu beachten:
- **Höhere Gewalt**
  Unter höhere Gewalt fallen Elementarereignisse wie z. B. Brand, Sturm, Überschwemmung, Erdbeben sowie andere unabwendbare Ereignisse, wie Diebstahl, Unterschlagung, Raub oder unverschuldete Verkehrsunfälle.
- **Behördlicher Eingriff**
  Fälle eines behördlichen Eingriffs sind z. B. Maßnahmen zur Enteignung, Inanspruchnahme für Verteidigungszwecke oder behördliche Bauverbote und behördlich angeordnete Betriebsunterbrechungen.
- **Funktionsgleiches Wirtschaftsgut**
  Die Ersatzbeschaffung muss sich auf ein funktionsgleiches Wirtschaftsgut beziehen. Darüber hinaus besteht das Erfordernis der funktionsgleichen Verwendung des Wirtschaftsguts. Dies ist nicht erfüllt, wenn ein landwirtschaftlich genutztes Wirtschaftsgebäude durch eine Mehrzweckhalle ersetzt wird und nach Fertigstellung mehrerer Jahre an einen Gewerbetreibenden vermietet wird. Die Einlage eines Wirtschaftsguts in ein Betriebsvermögen ist keine Ersatzbeschaffung. Ferner muss sich das Ersatzwirtschaftsgut im Inland befinden.
- **Entschädigung**
  Die Entschädigung kann in Geld oder in Sachwerten und auch aus Leistungen einer Betriebsunterbrechungs- oder Haftpflichtversicherung bestehen. Ausnahmsweise können auch Zinsen in die Entschädigung einzubeziehen sein. Eine Entschädigung liegt nur vor, soweit sie für das aus dem Betriebsvermögen ausgeschiedene Wirtschaftsgut als solches und nicht für Folgeschäden (z. B. für künftige Nachteile beim Wiederaufbau) gezahlt wurden. In den Fällen, in denen nur eine teilweise Ersatzbeschaffung geplant ist oder der Steuerpflichtige eine Barentschädigung und ein Ersatzwirtschaftsgut erhält, ist nur die anteilige Bildung einer Ersatzbeschaffungsrücklage zulässig.
- **Ersatzbeschaffungsabsicht**
  Am Bilanzstichtag muss die ernsthafte Absicht bestehen, ein Ersatzwirtschaftsgut anzuschaffen bzw. herzustellen.
- **Buchwert des ausgeschiedenen Wirtschaftsguts**
  Buchwert ist der Wert, der sich für das Wirtschaftsgut im Zeitpunkt seines Ausscheidens ergeben würde, wenn für diesen Zeitpunkt eine Bilanz aufzustellen wäre. Bei abnutzbaren Anlagegütern **können** noch die Absetzung für Abnutzung nach § 7 EStG, erhöhte Absetzungen sowie etwaige Sonderabschreibungen für den Zeitpunkt vom letzten Bilanzstichtag bis zum Zeitpunkt des Ausscheidens vorgenommen werden. Eine Wertaufholung nach § 6 Abs. 1 Nr. 1 S. 4 oder § 7 Abs. 1 S. 7 EStG **ist** vorzunehmen.

4 Rechtsfolgen

4.1 Übertragung

Die Übertragung der Ersatzbeschaffungsrücklage oder des unmittelbaren Buchgewinns hat zur Folge, dass die einkommensteuerrechtlichen Anschaffungs- bzw. Herstellungskosten für die Normalabschreibung, Teilwertabschreibungen oder erhöhte Abschreibung gemindert werden. Eine Teilwertabschreibung auf das Ersatzwirtschaftsgut ist nur möglich, wenn der nach der Übertragung des Buchgewinns verbleibende Betrag höher ist als der Teilwert.

4.2 Auflösung

Bei **beweglichen Wirtschaftsgütern** ist die Ersatzbeschaffungsrücklage regelmäßig am Schluss **des ersten**, bei **Grundstücken und Gebäuden** am Schluss **des zweiten** auf ihre Bildung folgenden Wirtschafsjahres aufzulösen. Diese Fristen können im Einzelfall angemessen verlängert werden, wenn der Steuerpflichtige glaubhaft macht, dass die Ersatzbeschaffung noch ernstlich geplant und zu erwarten ist, aber aus besonderen Gründen bislang nicht durchgeführt werden konnte.

KV 6: Die steuerliche Behandlung von Ehegatten-Arbeitsverhältnissen

1 Zweck

Ehegatten-Arbeitsverhältnisse (E-A) finden sich in kleineren gewerblichen Unternehmen, insbesondere in Familienbetrieben, und bei Freiberuflern, selten im Bereich der Überschusseinkunftsarten. Als Vorteile sind zu nennen:

- **Reduzierung der Einkommensteuer**
  Die Lohnzahlungen sowie der Arbeitgeberanteil zur Sozialversicherung sind in vollem Umfang BA/WK des Arbeitgeber-Ehegatten und mindern dessen Gewinn. In gleicher Höhe hat der Arbeitnehmer-Ehegatten zwar steuerpflichtige Einnahmen; jedoch wird das gesamte Einkommen der Ehegatten um den Arbeitnehmer-Pauschbetrag, §9a Nr. 1a EStG, von 1.230 € vermindert. Zusätzlich wird die Sozialversicherung des Ehegatten zumindest teilweise aus unversteuertem Einkommen finanziert.
- **Reduzierung der Gewerbesteuer**
  Ist der Arbeitgeber-Ehegatte Gewerbetreibender, reduziert die Lohnzahlung den Gewerbeertrag und damit die Gewerbesteuer.
- **Pauschale Lohnsteuer**
  Steuervorteile lassen sich durch pauschalversteuerten Arbeitslohn erzielen, der sich nicht progressionserhöhend auswirkt: Wird der Arbeitslohn pauschal versteuert (§§40 bis 40b EStG), kann hierdurch ein niedrigerer Steuersatz sowohl für die Einkünfte des Arbeitnehmer-Ehegatten als auch bei der Zusammenveranlagung beider Ehegatten erreicht werden, da dieser bei der Einkommensteuerveranlagung außer Ansatz bleibt.
- **Gesetzliche Sozialversicherung für den Ehegatten**

2 Voraussetzungen für die steuerliche Anerkennung

Wegen des grundgesetzlichen Schutzes von Ehe und Familie, der deren Benachteiligung verbietet, sind E-A steuerlich grundsätzlich anzuerkennen. Da jedoch zwischen Ehegatten der natürliche Interessengegensatz fehlt, werden von Verwaltung und Rechtsprechung **strenge Anforderungen** an derartige Arbeitsverhältnisse gestellt. Denn es soll verhindert werden, dass nichtabziehbare private Unterhaltsleistungen an den Ehegatten in Form von Arbeitslohn, der als Betriebsausgabe abziehbar ist, erbracht werden. Im Einzelnen setzt die Anerkennung eines E-A Folgendes voraus:

- **Zivilrechtliche Wirksamkeit**
  Der Arbeitsvertrag zwischen den Ehegatten muss zivilrechtlich wirksam sein. Er muss mindestens Art und Umfang der Tätigkeit sowie die Höhe des Arbeitslohnes regeln. Weiter darf der Vertrag nicht gegen andere Gesetze (z. B. Jugendschutzgesetz, Mutterschutzgesetz) oder die guten Sitten (§ 138 BGB) verstoßen.

- **Rückwirkungsverbot**
  Die Ehegatten müssen **vor** Beginn des Arbeitsverhältnisses den Arbeitsvertrag (nicht zwingend schriftlich) abgeschlossen haben.

- **Tatsächliche Durchführung**
  Der Arbeitnehmer-Ehegatte muss die geschuldete Arbeitsleistung tatsächlich erbringen; der hierfür geschuldete Lohn muss in seine Verfügungsmacht übergehen; die Lohnzahlungen müssen regelmäßig erfolgen und als solche erkennbar sein. Dies ist nicht der Fall, wenn der Lohn als jährliche Einmalzahlung geleistet wird oder der Arbeitnehmer-Ehegatte Beträge vom Betriebskonto abhebt und diese in Lohn und Haushaltsgeld aufteilt (H 4.8 EStH). Wird der Lohn überwiesen, so muss die Überweisung auf ein Konto des Arbeitnehmer-Ehegatten erfolgen; ein Mitverfügungsrecht des Arbeitgeber-Ehegatten ist unschädlich. Auch Zahlungen auf ein »Oder Konto« sind unschädlich, wenn ansonsten die ernsthafte Vereinbarung und die tatsächliche Durchführung feststehen. Der steuerlichen Anerkennung des E-A steht ebenfalls nicht entgegen, dass der Arbeitnehmer-Ehegatte dem Arbeitgeber den Lohn darlehensweise zu fremdüblichen Konditionen überlässt.

- **Fremdvergleich**
  Die Vertragsgestaltung, insbesondere die Höhe der Bezüge, muss der zwischen fremden Dritten entsprechen. Unschädlich ist ein unüblich niedriger Arbeitslohn, es sei denn, der Lohn ist so niedrig bemessen, dass er nicht mehr als Gegenleistung für die Arbeitsleistung betrachtet werden kann; in diesem Fall fehlt es an der Ernsthaftigkeit der Vereinbarung und damit am rechtlichen Bindungswillen. Ist der Arbeitslohn dagegen unüblich hoch (z. B. bei deutlicher Überschreitung des tariflichen Arbeitslohnes), gilt nur der angemessene Teil als Arbeitslohn; im Übrigen handelt es sich um Unterhaltsleistungen (§ 12 Nr. 2 EStG).

3 Rechtsfolgen

Wird die Vereinbarung dem Grunde nach nicht anerkannt, wird das Arbeitsverhältnis steuerlich nicht berücksichtigt. Zahlungen sind steuerlich irrelevante Unterhaltszahlungen. Bei unangemessenen Zahlungen wird nur der angemessene Teil als BA/WK anerkannt.

Ein **Gestaltungsmissbrauch** i. S. d. § 42 AO wird angenommen, wenn die Ehegatten wechselseitig jeweils als Arbeitgeber und Arbeitnehmer für den Betrieb des anderen auftreten. Ebenfalls missbräuchlich ist es, wenn die Ehefrau als Haushaltshilfe des Ehemannes beschäftigt wird. Denn die Ehegatten sind nach § 1356 BGB verpflichtet, im Haushalt mitzuarbeiten.

Die Grundsätze für E-A sind auch auf andere Arbeitsverhältnisse mit Angehörigen zu übertragen, wenn zwischen den Vertragsparteien aufgrund der Angehörigeneigenschaft der natürliche Interessengegensatz fehlt.

KV 7: Die Abgrenzung von AK/HK und Erhaltungsaufwand bei Gebäuden

1 Hintergrund

AK/HK können **nur im Wege der AfA** über die betriebsgewöhnliche Nutzungsdauer eines Wirtschaftsgutes als Aufwand berücksichtigt werden; Erhaltungsaufwand darf dagegen **direkt im Veranlagungszeitraum der Verausgabung** abgezogen werden. Daher stellt sich bei der Modernisierung von Gebäuden, die betrieblich oder zur Erzielung von Einkünften aus Vermietung und Verpachtung genutzt werden, die Frage, wie AK/HK und Erhaltungsaufwand voneinander abzugrenzen sind. Da zum Erhaltungsaufwand alle Aufwendungen zu rechnen sind, die nicht AK/HK sind, kann die Abgrenzung durch Definition der AK/HK erfolgen. Die Finanzverwaltung widmet der Abgrenzung von AK/HK und Erhaltungsaufwand bei Instandsetzung und Modernisierung von Gebäuden ein umfangreiches Schreiben (BMF-Schreiben vom 18.07.2003, BStBl. I 2003, 386).

2 Abgrenzung von Anschaffungskosten und Erhaltungsaufwand

Anschaffungskosten eines Gebäudes sind die Aufwendungen, die geleistet werden, um das Gebäude zu erwerben und es in einen betriebsbereiten Zustand zu versetzen, soweit sie dem Gebäude einzeln zugeordnet werden können, ferner die Nebenkosten und die nachträglichen Anschaffungskosten (§ 255 Abs. 1 HGB).

2.1 Herstellung der Funktionstüchtigkeit (Betriebsbereitschaftskosten)

Bei Baumaßnahmen im Zusammenhang mit der Anschaffung eines Gebäudes ist zu unterscheiden, ob das erworbene Gebäude betriebsbereit ist oder nicht. Wird die Betriebsbereitschaft erst durch die Baumaßnahme hergestellt, so liegen aktivierungspflichtige Anschaffungskosten vor, sog. Betriebsbereitschaftskosten. Ein Gebäude ist objektiv funktionsuntüchtig, wenn für den Gebrauch wesentliche Teile fehlen oder nicht nutzbar sind. Wird beispielsweise ein Haus ohne Fenster gekauft, so sind die Kosten des Fenstereinbaus Anschaffungskosten. Ein Gebäude ist subjektiv funktionsuntüchtig, wenn es für die konkrete Zweckbestimmung des Erwerbers nicht nutzbar ist. Aufwendungen für Baumaßnahmen, welche zur Zweckerreichung erforderlich sind, führen zu Anschaffungskosten. Das ist etwa der Fall, wenn die Elektroinstallation eines Gebäudes, die für Wohnzwecke, jedoch nicht für ein Büro brauchbar ist, für die Nutzung als Bürogebäude erneuert wird.

2.2 Hebung des Standards

Zur Zweckbestimmung gehört auch die Entscheidung, welchem Standard das Gebäude künftig entsprechen soll (sehr einfach, mittel oder sehr anspruchsvoll). Baumaßnahmen, die das Gebäude auf einen höheren Standard bringen, machen es betriebsbereit i. S. d. § 255 Abs. 1 HGB; ihre Kosten sind daher Anschaffungskosten. Wesentlich für den Standard einer Wohnung sind vor allem Umfang und Qualität der zentralen Ausstattungsmerkmale Heizungs-, Sanitär- und Elektroinstallationen sowie der Fenster. Führt ein Bündel von Baumaßnahmen bei mindestens drei Bereichen dieser zentralen Ausstattungsmerkmale zu einer Erhöhung und Erweiterung des Gebrauchswerts, hebt sich der Standard eines Gebäudes. Werden beispielsweise bei einem gekauften Wohnhaus die Einfachfenster durch Doppelglasfenster ausgewechselt, führt das zu Erhaltungsaufwand, da eine Standardhebung in nur einem zentralen Ausstattungsmerkmal vorliegt.

3 Anschaffungsnahe Herstellungskosten (§ 6 Abs. 1 Nr. 1a EStG)

Stets zu den Herstellungskosten rechnen anschaffungsnahe Herstellungskosten (§ 6 Abs. 1 Nr. 1a EStG). Danach liegen immer Herstellungskosten vor, wenn Aufwendungen für Reparaturen oder Modernisierung **innerhalb von drei Jahren** nach Anschaffung des Gebäudes anfallen, deren Höhe (ohne Umsatzsteuer) **15 % der Anschaffungskosten** des Gebäudes übersteigt. Das Gesetz vermutet hier unwiderleglich, dass bereits im Erwerbszeitpunkt erheblicher Modernisierungsbedarf bestand. Unerheblich ist, ob tatsächlich Herstellungskosten nach § 255 HGB vorliegen. Wird die 15 %-Grenze erst im zweiten oder dritten Jahr überschritten, können bereits ergangene Steuerbescheide nach § 175 Abs. 1 Nr. 2 AO geändert werden. Nicht in die 15 %-Grenze mit eingerechnet werden dürfen Erweiterungskosten nach § 255 Abs. 2 S. 1 HGB sowie Erhaltungsaufwand, der jährlich üblicherweise anfällt. § 6 Abs. 1 Nr. 1a EStG gilt auch für Überschusseinkünfte (§ 9 Abs. 5 S. 2 EStG) und für § 4 Abs. 3 (§ 6 Abs. 7 Nr. 2 EStG).

4 Abgrenzung von Herstellungskosten und Erhaltungsaufwand

Herstellungskosten eines Gebäudes sind nach § 255 Abs. 2 S. 1 HGB Aufwendungen für die **Herstellung** des Gebäudes sowie Aufwendungen, die für die **Erweiterung** oder für die über den ursprünglichen Zustand hinausgehende **wesentliche Verbesserung** des Gebäudes entstehen.

4.1 Herstellung

Instandsetzungs- und Modernisierungsarbeiten können zu Herstellungskosten auch im Zusammenhang mit der (Neu-)Herstellung eines Gebäudes führen, wenn das Gebäude unbrauchbar geworden ist (Vollverschleiß) und durch die Instandsetzung unter Verwendung der noch nutzbaren Teile ein neues Gebäude hergestellt wird. Herstellungskosten sind gleichfalls anzunehmen, wenn durch die Instandsetzungs- und Modernisierungsarbeiten die Funktion oder der Zweck des Gebäudes grundlegend geändert wird.

4.2 Erweiterung

Instandsetzungs- und Modernisierungsarbeiten stellen Herstellungskosten dar, soweit sie für eine Erweiterung des Gebäudes entstehen. Eine Erweiterung muss eine Erweiterung der Nutzungsmöglichkeiten des Gebäudes zur Folge haben. Sie ist gegeben bei
- Aufstockung oder Anbau,
- Vergrößerung der nutzbaren Fläche oder
- Vermehrung der Substanz.

Während **Aufstockung und Anbau** unproblematisch zu beurteilen sind, liegt eine **Vergrößerung der nutzbaren Fläche** und damit Herstellungskosten bereits vor, wenn z. B. eine Dachgaube eingebaut, ein Balkon oder eine Terrasse über die ganze Gebäudebreite vergrößert oder ein Flachdach durch ein Satteldach ersetzt und damit ausbaufähiger Dachraum geschaffen wird.

Eine **Vermehrung der Substanz** (ohne Flächenvergrößerung) liegt vor, wenn das Gebäude Zusatzausstattungen erhält, die die Nutzungsmöglichkeiten vergrößern (z. B. Einbau zusätzlicher Trennwände, Errichtung einer Außentreppe, Einbau einer Alarmanlage, einer Sonnenmarkise, eines Kamins oder einer Treppe zum Spitzboden).

Eine Substanzmehrung liegt dagegen nicht vor, wenn der neue Gebäudebestandteil die Funktion des bisherigen Gebäudebestandteils erfüllt oder eine Modernisierung entsprechend dem technischen Fortschritt darstellt (z.B. Versetzen von Wänden, Vergrößern von Fenstern, Umstellung einer Heizungsanlage von Einzelöfen auf Zentralheizung).

4.3 Wesentliche Verbesserung

Aufwendungen für Instandsetzung und Modernisierung sind Herstellungskosten, wenn sie zu einer über den ursprünglichen Zustand hinausgehenden wesentlichen Verbesserung des Gebäudes führen.

Ursprünglicher Zustand ist dabei der Zustand im Zeitpunkt der Herstellung oder Anschaffung durch den Steuerpflichtigen (bzw. dessen Rechtsvorgänger bei unentgeltlichem Erwerb).

Eine **wesentliche Verbesserung** liegt vor, wenn die Maßnahmen zur Instandsetzung und Modernisierung eines Gebäudes in ihrer Gesamtheit über eine zeitgemäße substanzerhaltende Erneuerung hinausgehen, den Gebrauchswert des Gebäudes insgesamt deutlich erhöhen und damit eine erweiterte Nutzungsmöglichkeit geschaffen wird. Dabei ist eine deutliche Erhöhung des Gebrauchswertes anzunehmen, wenn

- sich der **Wohnstandard des Gebäudes maßgeblich steigert** und dadurch eine andere Wohnkategorie erreicht wird. Von einer wesentlichen Verbesserung ist z.B. auszugehen, wenn der Gebrauchswert des Gebäudes (Nutzungspotential) von einem sehr einfachen auf einen mittleren oder von einem mittleren auf einen sehr anspruchsvollen Standard gehoben wird. Das ist gegeben, wenn ein Bündel von Baumaßnahmen in mindestens drei zentralen Ausstattungsmerkmalen erfolgt.
- (ausnahmsweise) die **tatsächliche Gesamtnutzungsdauer deutlich verlängert** wird; in diesem Fall müssen die Maßnahmen, die die Lebensdauer bestimmende Substanz betreffen (z.B. Fundament, Decken, tragende Wände);
- sich ein **deutlicher Anstieg der erzielbaren Miete** ergibt, verglichen mit einer fiktiven Miete bei Neuvermietung vor Instandsetzung oder Modernisierung.

Führen die Instandsetzungs- und Modernisierungsarbeiten dagegen nur zu einer substanzerhaltenden Erneuerung, z.B. durch Wiederherstellung des zeitgemäßen Wohnkomforts, so liegen grundsätzlich Erhaltungsaufwendungen vor.

5 Zusammentreffen von Herstellungskosten und Erhaltungsaufwand

Sind im Rahmen einer Instandhaltungs- und Modernisierungsmaßnahme sowohl Herstellungskosten als auch Erhaltungsaufwand angefallen, so sind die hierauf jeweils entfallenden Aufwendungen **ggf. im Wege der Schätzung aufzuteilen**, auch wenn sie einheitlich in Rechnung gestellt wurden. Aufwendungen, die sowohl für die Herstellung als auch für die Erhaltung angefallen sind (z. B. einheitliches Architektenhonorar), sind im Verhältnis der Herstellungskosten zum Erhaltungsaufwand aufzuteilen.

Insgesamt als Herstellungskosten sind Aufwendungen für ein Bündel von Einzelmaßnahmen zu behandeln, die teils Herstellungs-, teils Erhaltungsaufwand darstellen; dies setzt jedoch voraus, dass diese Arbeiten insgesamt in einem engen räumlichen, zeitlichen und sachlichen Zusammenhang stehen.

Ein **sachlicher Zusammenhang** liegt immer dann vor, wenn die einzelnen Baumaßnahmen bautechnisch ineinander greifen. Dies ist der Fall, wenn die Erhaltungsarbeiten Vorbedingung für die Herstellungsarbeiten sind oder durch bestimmte Herstellungsarbeiten verursacht worden sind (z. B. Ausbesserungen am Fundament zweier bestehender Gebäude sind zur Herstellung einer Überbauung beider Gebäude erforderlich).

Ein bautechnisches Ineinandergreifen liegt jedoch nicht bereits dann vor, wenn verschiedene Maßnahmen aus rationellen Erwägungen zeitgleich durchgeführt werden.

KV 8: Die Betriebsaufspaltung

1 Hintergrund

Die Betriebsaufspaltung ist ein Institut des Steuerrechts, das nicht gesetzlich geregelt ist, sondern von der Rechtsprechung entwickelt wurde. Bei einer Betriebsaufspaltung wird die Überlassung von Grundstücken und anderen Wirtschaftsgütern an eine Betriebsgesellschaft nicht als private Vermögensverwaltung (Einkünfte aus Vermietung und Verpachtung oder aus Kapitalvermögen) angesehen, sondern in einen Gewerbebetrieb umqualifiziert.

Ziel einer Betriebsaufspaltung sind **haftungsrechtliche und steuerrechtliche Vorteile**: Bei einer Betriebsgesellschaft in Form einer Kapitalgesellschaft entfällt die persönliche Haftung der Gesellschafter; steuerlich ist vorteilhaft, dass die Gehälter der geschäftsführenden Gesellschafter Betriebsausgaben sind (Minderung von Gewinn und Gewerbeertrag) und dass Pensionsrückstellungen gebildet werden dürfen.

Eine **echte Betriebsaufspaltung** liegt vor, wenn ein einheitliches Unternehmen in zwei rechtlich selbständige Unternehmen aufgespalten wird. Dagegen spricht man von einer **unechten Betriebsaufspaltung**, wenn von Anfang an zwei rechtlich selbständige Unternehmen gegründet werden, die die erforderlichen Verflechtungen eingehen.

2 Voraussetzungen

Im Regelfall ist das Besitzunternehmen eine natürliche Person oder eine Personengesellschaft; die Betriebsgesellschaft ist eine Kapitalgesellschaft. Die Betriebsaufspaltung setzt eine **sachliche und personelle Verflechtung** von Besitz- und Betriebsunternehmen voraus.

2.1 Sachliche Verflechtung

Eine sachliche Verflechtung ist gegeben, wenn die der Betriebsgesellschaft überlassenen Wirtschaftsgüter eine (nicht zwingend die alleinige) **wesentliche Betriebsgrundlage** des Betriebs darstellen. Wesentliche Betriebsgrundlagen sind Wirtschaftsgüter, insbesondere des Anlagevermögens, die zur Erreichung des Betriebszwecks erforderlich sind und ein besonderes wirtschaftliches Gewicht für die Betriebsführung haben (R 15.7 Abs. 5 EStR). Ein Wirtschaftsgut ist nicht schon deshalb eine wesentliche Betriebsgrundlage, weil es stille Reserven enthält (funktionale Betrachtungsweise; anders § 16 EStG). Praktisch bedeutend ist die Frage, unter welchen

Voraussetzungen Grundstücke als wesentliche Betriebsgrundlagen anzusehen sind. Das ist immer dann der Fall, wenn das Grundstück eine funktional nicht untergeordnete Bedeutung für die Betriebsgesellschaft darstellt. Fabrikationsgrundstücke oder Ladengrundstücke, sowie speziell für die Bedürfnisse der Betriebsgesellschaft hergerichtete Grundstücke sind regelmäßig wesentliche Betriebsgrundlagen. Aber auch ein **Bürogebäude** ist eine wesentliche Betriebsgrundlage, wenn es eine räumliche oder funktionale Grundlage für die Geschäftstätigkeit der Betriebsgesellschaft bildet. Das Bürogebäude muss daher nicht speziell für die Bedürfnisse der Betriebsgesellschaft hergerichtet oder gestaltet worden sein.

2.2 Personelle Verflechtung

Eine personelle Verflechtung liegt vor, wenn die hinter beiden Unternehmen stehenden Personen einen **einheitlichen geschäftlichen Betätigungswillen** haben. Dies setzt nicht voraus, dass an beiden Unternehmen dieselben Personen beteiligt sind. Es genügt, dass die Personen, die das Besitzunternehmen tatsächlich beherrschen, auch in der Betriebsgesellschaft ihren Willen durchsetzen können. Dazu ist in der Regel der Besitz der **Mehrheit der Stimmrechte** erforderlich. Nach der sog. **Personengruppentheorie** reicht es auch aus, wenn an beiden Unternehmen mehrere Personen beteiligt sind, die zusammen beide Unternehmen beherrschen.

Bei der Beurteilung eines einheitlichen Betätigungswillens dürfen die **Anteile von Ehegatten** nur dann zusammengerechnet werden, wenn zusätzlich zur ehelichen Lebensgemeinschaft Beweisanzeichen vorliegen, die für gleichgerichtete wirtschaftliche Interessen sprechen. Dies ist z. B. der Fall, wenn die wesentliche Betriebsgrundlage und die Anteile der Eheleute an der Betriebsgesellschaft zum Gesamtgut einer ehelichen Gütergemeinschaft gehören. Nicht ausreichend ist dagegen, dass die Beteiligung der Ehefrau an der Betriebsgesellschaft mit Mitteln des Ehemannes finanziert wurde oder die Ehefrau als Alleinerbin des Ehemannes eingesetzt ist. Auch das sog. Wiesbadener Modell, bei dem ein Ehegatte am Besitzunternehmen, der andere am Betriebsunternehmen beteiligt ist, stellt keine personelle Verflechtung her (R 15.7 Abs. 7 EStR).

Die Beteiligungen von **Eltern und ihren minderjährigen Kindern** dürfen ebenfalls nur dann zusammengerechnet werden, wenn ausreichend Anhaltspunkte für gleichgerichtete Interessen vorliegen. In welchen Beteiligungskonstellationen dies der Fall ist, regelt R 15.7 Abs. 8 EStR ausführlich.

3 Steuerrechtliche Folgen

Liegt eine Betriebsaufspaltung vor, so hat dies folgende Konsequenzen:
- Die Einkünfte aus der Überlassung wesentlicher Betriebsgrundlagen (§ 20 Abs. 1 Nr. 7 und § 21 EStG) werden **in gewerbliche Einkünfte umqualifiziert**.
- Das Besitzunternehmen unterliegt der Gewerbesteuer.

- Gewerbesteuerliche Hinzurechnungen für Zinsen und Mieten (§ 8 Nr. 1a, d, e, f GewStG) führen zu einer gewerbesteuerlichen Doppelbelastung, da beim Darlehensgeber/Vermieter eine korrespondierende Entlastung unterbleibt.
- Die erweiterte Kürzung des Gewerbeertrags nach § 9 Nr. 1 S. 2 GewStG ist nicht möglich.
- Die Anteile an der Betriebskapitalgesellschaft sind Betriebsvermögen.
- Die Begründung einer Betriebsaufspaltung führt zu einer Einlage der überlassenen Wirtschaftsgüter und der Anteile an der Betriebskapitalgesellschaft.
- Ausschüttungen der Betriebskapitalgesellschaft gehören zu den Einkünften aus § 15 EStG.
- Die Beendigung der Betriebsaufspaltung führt in der Regel zu einer Betriebsaufgabe nach § 16 Abs. 3 EStG. Keine Betriebsaufgabe liegt vor, wenn die Voraussetzungen der Betriebsverpachtung gegeben sind und keine Betriebsaufgabe erklärt wird, oder wenn das Besitzunternehmen ohnehin gewerblich tätig oder gewerblich geprägt ist.
- Die von der Betriebskapitalgesellschaft gezahlten Geschäftsführergehälter bleiben Einkünfte aus § 19 EStG.

4 Sonderformen der Betriebsaufspaltung

Als Sonderformen der Betriebsaufspaltung sind die mitunternehmerische und die kapitalistische Betriebsaufspaltung zu nennen.

4.1 Mitunternehmerische Betriebsaufspaltung

Bei einer personellen und sachlichen Verflechtung zwischen einer Personengesellschaft als Verpächterin und einer anderen (Schwester-)Personengesellschaft als Betriebsunternehmen spricht man von einer mitunternehmerischen Betriebsaufspaltung. Hier gilt der sog. Vorrang der Betriebsaufspaltung vor den Grundsätzen der Mitunternehmerschaft. Die überlassenen Wirtschaftsgüter sind von der Verpächterin zu bilanzieren. Es liegt kein Sonderbetriebsvermögen des Betriebsunternehmens vor. Das hat zur Folge, dass die Verpächterin in vollem Umfang gewerbliche Einkünfte erzielt (§ 15 Abs. 3 Nr. 1 EStG).

4.2 Kapitalistische Betriebsaufspaltung

Eine kapitalistische Betriebsaufspaltung liegt vor, wenn das Besitzunternehmen eine Kapitalgesellschaft ist. Da diese dann bereits nach § 8 Abs. 2 KStG gewerbliche Einkünfte hat, wirkt sich die Betriebsaufspaltung in der Regel nicht aus.

KV 9: § 15a EStG

1 Einleitung

Die persönliche Haftung eines Kommanditisten ist beschränkt. Kommanditisten haften im Außenverhältnis für Schulden der KG nur bis zur Höhe ihrer im Handelsregister eingetragenen Haftsumme (§§ 171 Abs. 1, 172 Abs. 1 HGB). Sie nehmen am Verlust ihrer KG nur bis zum Betrag ihres Kapitalanteils teil (§ 167 Abs. 3 HGB). Der **gesetzgeberische Zweck** des § 15a EStG besteht darin, die steuerliche Ausgleichsfähigkeit von Verlusten eines Kommanditisten seinem tatsächlichen Haftungsumfang anzupassen. Daher lässt § 15a EStG die Verluste eines Kommanditisten nur soweit zum Verlustausgleich zu, wie der Kommanditist die Verluste auch wirtschaftlich trägt. Reine Buchverluste, die sich in einem negativen Kapitalkonto ausdrücken, sollen dagegen nicht ausgleichsfähig, sondern nur mit zukünftigen Gewinnen verrechenbar sein. Der Gesetzgeber wollte hiermit die sog. Verlustzuweisungsgesellschaften steuerlich uninteressant machen.

2 § 15a Abs. 1 EStG

Im **Tatbestand** setzt die Beschränkung des Verlustausgleichs nach § 15a Abs. 1 S. 1 EStG voraus, dass einem Kommanditisten ein
- Anteil am Verlust der KG zugerechnet wird,
- der zur Entstehung oder Erhöhung eines negativen Kapitalkontos führt.

Liegen diese Tatbestandsmerkmale vor, ergibt sich als **Rechtsfolge**:
- Der Verlust – soweit ein negatives Kapitalkonto entsteht oder erhöht wird – ist nicht mit anderen Einkünften aus § 15 EStG oder aus anderen Einkunftsarten ausgleichsfähig (§ 15a Abs. 1 S. 1 EStG).
- Der Verlust ist mit zukünftigen Gewinnen aus der KG verrechenbar (§ 15a Abs. 2 EStG).
- Der Verlust ist gesondert festzustellen (§ 15a Abs. 4 EStG).

Tatbestandlich sind unter **Anteil am Verlust** der KG nur solche Verluste zu verstehen, die aus dem Gesamthandsbereich resultieren. Hierzu gehört der Verlust aus der Hauptbilanz sowie Verluste aus einer Ergänzungsbilanz; denn die Ergänzungsbilanz enthält für den einzelnen Gesellschafter Bewertungskorrekturen zu den Ansätzen in der Hauptbilanz. Maßgeblich ist jeweils der Kapitalkontenbestand zum Bilanzstichtag.

Dagegen gehören Verluste aus einer Sonderbilanz des Gesellschafters nicht zum Anteil am Verlust i. S. d. § 15a Abs. 1 EStG. Denn die beschränkte Haftung des Kommanditisten umfasst nicht das Sonderbetriebsvermögen, da dieses nicht der KG gehört; hiermit haftet der Kommanditist unbeschränkt. Verluste, die er im Rahmen seines Sonderbetriebsvermögens erleidet, hat er wirtschaftlich voll zu tragen; daher greift auch die Einschränkung des Verlustausgleichs nach § 15a EStG hier nicht ein.

§ 15a Abs. 1 S. 2 und 3 EStG regeln – abweichend von S. 1 – einen erweiterten Verlustausgleich. Danach ist ein Verlust, der zu einem negativen Kapitalkonto führt, insoweit voll ausgleichsfähig, wie der Kommanditist am Bilanzstichtag den Gesellschaftsgläubigern nach § 171 Abs. 1 HGB haftet. Die unmittelbare Haftung des Kommanditisten gegenüber den Gläubigern der KG nach § 171 Abs. 1 HGB greift ein, soweit der Kommanditist seine Hafteinlage nicht voll erbracht hat. Im Ergebnis hat dies ebenfalls die Anpassung des Verlustausgleichs an den tatsächlichen Haftungsumfang zur Folge. Voraussetzung für den erweiterten Verlustausgleich ist nach § 15a Abs. 1 S. 3 EStG, dass
- der Kommanditist im Handelsregister eingetragen ist,
- das Bestehen der Haftung nachgewiesen wird und
- eine Inanspruchnahme des Kommanditisten nicht durch Vertrag ausgeschlossen oder nach Art und Weise des Geschäftsbetriebes unwahrscheinlich ist (dies kann bei außergewöhnlich günstiger – gegenwärtiger und zukünftiger – Liquiditätslage der Gesellschaft der Fall sein).

3 Einlagenerhöhungen und Einlagenminderungen

Da § 15a Abs. 1 EStG auf die Höhe des Kapitalkontos zum Bilanzstichtag abstellt, könnte der Steuerpflichtige die Höhe des Verlustausgleichs durch (vorübergehende) Erhöhung seiner Einlage oder seiner Haftung vor dem Bilanzstichtag beeinflussen. Um derartige Umgehungen auszuschließen, regelt **§ 15a Abs. 3 EStG**, dass Einlageminderungen oder Haftungsminderungen nach dem Bilanzstichtag zu einer **Nachversteuerung** führen.

Die Nachversteuerung wird dadurch erreicht, dass in Höhe der Entnahme bzw. der Haftungsminderung in einem späteren Wirtschaftsjahr ein fiktiver Gewinn zu versteuern ist; in gleicher Höhe entsteht ein verrechenbarer Verlust. Die Nachversteuerung ist zeitlich und sachlich begrenzt auf Verluste, die im Entnahmejahr bzw. im Jahr der Haftungsminderung und in den zehn vorangegangenen Jahren ausgleichs- oder abzugsfähig waren.

Auch Einlagen nach Ablauf eines Wirtschaftsjahres, in dem ein nicht ausgleichs- oder abzugsfähiger Verlust entstanden ist (sog. nachträgliche Einlagen), führen nach **§ 15a Abs. 1a EStG** weder zu einer nachträglichen Ausgleichs- oder Abzugsfähigkeit eines vorhandenen verrechenbaren Verlustes noch zu einer Ausgleichs- oder Abzugsfähigkeit des dem Kommanditisten zuzurechnenden Anteils am Verlust eines zukünftigen Wirtschaftsjahres, soweit durch den Verlust ein negatives Kapitalkonto entsteht oder sich erhöht.

4 Ausdehnung § 15a EStG

§ 15a EStG gilt sinngemäß auch für die §§ 13, 18 und 21 EStG und für typisch stille Gesellschafter (§ 20 Abs. 1 Nr. 4 EStG) sowie für vergleichbare Personengesellschaften mit beschränkt haftenden Gesellschaftern, z. B. atypisch stille Gesellschaft oder Gesellschaft bürgerlichen Rechts mit Haftungsbeschränkung (§ 15a Abs. 5 EStG).

KV 10: Sponsoring im Ertragsteuerrecht

1 Begriff des Sponsorings

Der Begriff »Sponsoring« wird üblicherweise durch folgende Merkmale charakterisiert:
- Unternehmen gewähren **Geld oder geldwerte Vorteile** zur **Förderung** von Personen, Gruppen oder Organisationen in **gesellschaftspolitisch bedeutsamen Bereichen** (z. B. sportlichen, kulturellen, wissenschaftlichen, kirchlichen, sozialen oder ökologischen Bereichen) und
- verfolgen damit regelmäßig auch **eigene unternehmensbezogene Ziele** der Werbung und Öffentlichkeitsarbeit.

Leistungen eines Sponsors beruhen häufig auf einer vertraglichen Vereinbarung zwischen dem Sponsor und dem Empfänger der Leistungen (Sponsoring-Vertrag), in dem Art und Umfang der Leistungen des Sponsors und des Empfängers geregelt sind.

2 Steuerliche Behandlung der Aufwendungen beim Sponsor

2.1 Überblick

Beim Sponsor können die im Zusammenhang mit dem Sponsoring gemachten steuerlich wie folgt zu qualifizieren sein:
- **Betriebsausgaben** i. S. d. § 4 Abs. 4 EStG,
- **Spenden**, die bei der Einkommen-, Körperschaft- und Gewerbesteuer abgezogen werden dürfen (§§ 10b EStG, 9 Abs. 1 Nr. 2 KStG, 9 Nr. 5 GewStG), oder
- steuerlich nicht abzugsfähige **Kosten der Lebensführung** (§ 12 Nr. 1 EStG), bei Kapitalgesellschaften **verdeckte Gewinnausschüttungen** (§ 8 Abs. 3 S. 2 KStG).

2.2 Berücksichtigung als Betriebsausgaben

Aufwendungen des Sponsors sind Betriebsausgaben, wenn der Sponsor damit für Produkte seines Unternehmens **werben** will oder damit **andere wirtschaftliche Vorteile** erstrebt, die insbesondere in der Sicherung oder Erhöhung seines unternehmerischen Ansehens liegen können. Betriebsausgaben liegen insbesondere in folgenden Fällen vor:

- Der **Empfänger** der Leistungen weist auf Plakaten, Veranstaltungshinweisen, in Ausstellungskatalogen, auf von ihm benutzten Fahrzeugen oder auf andere Weise auf das Unternehmen des Sponsors oder dessen Produkte werbewirksam hin;
- der **Sponsor** macht durch Verwendung des Namens, von Emblemen oder des Logos des Empfängers oder in anderer Weise öffentlichkeitswirksam auf seine Leistungen aufmerksam.

Die Geld- oder Sachleistungen des Sponsors müssen nicht notwendig, üblich, zweckmäßig oder den erstrebten Werbezielen gleichwertig sein. Erst bei einem **krassen Missverhältnis** zwischen den Leistungen des Sponsors und dem erstrebten wirtschaftlichen Vorteil ist der Betriebsausgabenabzug zu versagen (§ 4 Abs. 5 Nr. 7 EStG).

2.3 Berücksichtigung als Spende

Zuwendungen des Sponsors, die keine Betriebsausgaben sind, sind als Spenden zu behandeln, wenn sie die Voraussetzungen nach § 10b EStG erfüllen, d. h.
- zur Förderung steuerbegünstigter Zwecke **freiwillig** oder aufgrund einer freiwillig eingegangenen Rechtspflicht erbracht werden,
- **kein Entgelt** für eine bestimmte Leistung des Empfängers sind und
- nicht in einem tatsächlichen wirtschaftlichen Zusammenhang mit Leistungen des Empfängers stehen.

2.4 Kosten der Lebensführung/verdeckte Gewinnausschüttungen

Als Sponsoringaufwendungen bezeichnete Aufwendungen, die keine Betriebsausgaben und keine Spenden sind, sind nicht abziehbare Kosten der privaten Lebensführung (§ 12 Nr. 1 S. 2 EStG) oder bei Zuwendungen einer Kapitalgesellschaft verdeckte Gewinnausschüttungen, wenn der Gesellschafter durch die Zuwendungen begünstigt wird (z. B. eigene Aufwendungen als Mäzen erspart).

3 Steuerliche Behandlung beim steuerbegünstigten Empfänger

Die steuerliche Behandlung beim Empfänger ist unabhängig von der Behandlung der Aufwendungen beim Sponsor. Ist Empfänger eine steuerbegünstigte Körperschaft, können die Sponsoringeinnahmen bei ihr entweder steuerfreie Einnahmen im **ideellen Bereich oder der Vermögensverwaltung** sein oder steuerpflichtige Einnahmen eines **wirtschaftlichen Geschäftsbetriebs**. Für die Abgrenzung ist die Qualität der Tätigkeit des steuerbegünstigten Empfängers entscheidend. **Duldet** dieser nur die Nutzung seines Namens zu Werbezwecken oder **weist** er lediglich **in nicht herausgehobener Form** auf die Unterstützung durch den Sponsor **hin**, sind die Einnahmen der steuerfreien Vermögensverwaltung zuzuordnen. Liegt dagegen ein **aktives Mitwirken** des Empfängers an Werbemaßnahmen des Sponsors vor, sind die Einnahmen bei ihm dem steuerpflichtigen wirtschaftlichen Geschäftsbetrieb (§ 64 AO) zuzuordnen. In diesem Fall kann der Steuerpflichtige den Gewinn wahlweise pauschal i. H. v. 15 % der Einnahmen ansetzen, wenn die Werbung im Zusammenhang mit der steuerbegünstigten Tätigkeit einschließlich Zweckbetrieben stattfindet (§ 64 Abs. 6 Nr. 1 AO).

KV 11: Betriebsverpachtung und Betriebsunterbrechung

1 Einleitung

Eine Betriebsaufgabe gilt nach § 16 Abs. 3 S. 1 EStG grundsätzlich als Betriebsveräußerung gem. § 16 Abs. 1 EStG und führt somit zu einer Aufdeckung der stillen Reserven. § 16 Abs. 3b EStG gewährt ein Wahlrecht zu einer Betriebsfortführungsfiktion: In den Fällen der Betriebsunterbrechung und der Betriebsverpachtung im Ganzen gilt der Gewerbebetrieb so lange nicht als aufgegeben, bis
- entweder der Steuerpflichtige die Betriebsaufgabe i. S. d. § 16 Abs. 3 S. 1 EStG ausdrücklich dem Finanzamt gegenüber erklärt
- oder dem Finanzamt Tatsachen bekannt werden, aus denen sich ergibt, dass die Voraussetzungen einer Betriebsaufgabe vorliegen.

(Vgl. dazu BMF vom 22.11.2016, IV C 6 – S 2242/12/10001).

2 Betriebsverpachtung

2.1 Voraussetzungen des Verpächterwahlrechts

Das Verpächterwahlrecht hat folgende Tatbestandsvoraussetzungen:
- **Persönliche Voraussetzungen**
  - Der Verpächter muss eine natürliche Person oder Personengesellschaft sein (das Verpächterwahlrecht kann bei Personengesellschaften nur einheitlich ausgeübt werden). Kapitalgesellschaften haben nur gewerbliche Einkünfte (§ 8 Abs. 2 KStG) und daher nur Betriebsvermögen. Das Wahlrecht der Betriebsverpachtung entfällt somit. Das Gleiche gilt für »auch gewerblich tätige« und für gewerbliche geprägte Personengesellschaften (§ 15 Abs. 3 Nr. 1 und 2 EStG).
  - Der Gewerbebetrieb muss vor der Verpachtung vom Verpächter oder im Fall des unentgeltlichen Erwerbs von seinem Rechtsvorgänger selbst betrieben worden sein (Eigenbewirtschaftung).
- **Sachliche Voraussetzungen**
  - Verpachtung eines ganzen Betriebes bzw. Teilbetriebes als geschlossenen Organismus oder Verpachtung **aller wesentlichen Betriebsgrundlagen** (Zuordnung zu den wesentlichen Betriebsgrundlagen erfolgt allein nach ihrer Funktion und nicht nach der Höhe der stillen Reserven).

- Dem Verpächter oder seinem Rechtsnachfolger muss objektiv die Möglichkeit verbleiben, den nur vorübergehend eingestellten Betrieb identitätswahrend wieder aufzunehmen und fortzusetzen.
- **Negativabgrenzungen**
  - Die Tatbestandsmerkmale der vorrangigen Betriebsaufspaltung dürfen nicht vorliegen.
  - Die Verpachtung darf sich nicht im Rahmen einer Mitunternehmerschaft zwischen Verpächter und Pächter vollziehen, d. h. Wirtschaftsgüter des Sonderbetriebsvermögens können nicht durch Aufgabeerklärung Privatvermögen werden.

Die Voraussetzungen für eine Betriebsverpachtung im Ganzen müssen während der gesamten Dauer des Pachtverhältnisses vorliegen.

2.2 Rechtsfolgen bei Betriebsverpachtung

Sofern der Steuerpflichtige keine Aufgabeerklärung abgibt, ist von der Fortführung des bisherigen Betriebes auszugehen, mit der Folge, dass die Pachtzinsen als **Einkünfte aus Gewerbebetrieb** zu erfassen sind. Bis zur zweifelsfreien Aufgabeerklärung ist demnach von einem ruhenden Betrieb auszugehen, wenn und solange die Möglichkeit zur jederzeitigen Wiederaufnahme der gewerblichen Tätigkeit besteht. Die verpachteten Wirtschaftsgüter bleiben weiterhin Betriebsvermögen. Stille Reserven werden nicht realisiert.

Die Betriebsverpachtung führt zur Entstehung eines ruhenden Eigentümerbetriebes und eines wirtschaftenden Betriebes beim Pächter. Beide bilanzieren grundsätzlich unabhängig voneinander. Bilanzsteuerrechtliche Besonderheiten ergeben sich insbesondere im Hinblick auf die Aktivierung der verpachteten Wirtschaftsgüter (der Verpächter bleibt rechtlicher und wirtschaftlicher Eigentümer der verpachteten und ersatzbeschafften Wirtschaftsgüter) sowie auf die Verpflichtung zur Bildung einer Substanzerneuerungsrückstellung beim Pächter bzw. eines korrespondierenden Anspruchs hieraus beim Verpächter.

Gewerbesteuerlich ist die Verpachtung des ganzen Gewerbebetriebes nicht als Gewerbebetrieb anzusehen, da die Gewerbesteuer nur werbende Betriebe erfasst. Der verpachtete Gewerbebetrieb unterliegt daher nicht mehr der Gewerbesteuer. Erfolgt die Verpachtung unterjährig, entsteht (nur) gewerbesteuerlich ein Rumpfwirtschaftsjahr.

2.3 Rechtsfolgen bei erklärter Betriebsaufgabe

Mit dem Wirksamwerden der Aufgabeerklärung gegenüber dem Finanzamt tritt die Betriebsaufgabe ein. Die Aufgabeerklärung wird im Zeitpunkt des Eingangs beim Finanzamt wirksam. Sofern in der Erklärung ein Aufgabezeitpunkt genannt ist, ist dieser maßgeblich, wenn er **nicht mehr als drei Monate** zurückliegt (Dreimonatsfrist), § 16 Abs. 3b S. 2 EStG.

Die Betriebsaufgabe führt zur Gewinnrealisierung, da alle Wirtschaftsgüter des bisherigen Betriebsvermögens zum gemeinen Wert in das Privatvermögen überführt werden. Der Aufgabegewinn ist nach **§§ 16 Abs. 4, 34 EStG begünstigt** und unterliegt nicht der Gewerbesteuer. Mit der Verpachtung des ganzen Gewerbebetriebes erlischt auch die Gewerbesteuerpflicht des Verpächters.

Bei der Ermittlung des Aufgabegewinns bleibt jedoch ein originärer wie auch ein derivativer Geschäftswert außer Ansatz, d. h. der Geschäftswert bleibt auch nach erklärter Betriebsaufgabe ein Wirtschaftsgut des Betriebsvermögens. Die auf den mitverpachteten Geschäftswert entfallenden Pachtzinsen stellen daher Betriebseinnahmen dar, während die verbleibenden Pachtzinsen zu **Einkünften aus Vermietung und Verpachtung** gemäß § 21 EStG führen. Wird der verpachtete und durch Erklärung aufgegebene Gewerbebetrieb später mit Geschäftswert veräußert, unterliegt der Geschäftswert der Einkommensteuer, wenn ein Entgelt für ihn geleistet wird (keine Begünstigung nach § 16 Abs. 4 EStG i. V. m. § 34 EStG).

Die Beendigung einer Betriebsaufspaltung führt nicht zur Betriebsaufgabe bei der Besitzpersonengesellschaft, wenn auch die Voraussetzungen einer Betriebsverpachtung vorlagen.

3 Betriebsunterbrechung

Die vorstehenden Regeln gelten bei einer Betriebsunterbrechung entsprechend. Eine Betriebsunterbrechung ist gegeben, wenn ein Betrieb vorübergehend so ruht, dass er jederzeit innerhalb eines überschaubaren Zeitraums wieder aufgenommen werden kann. Betriebsunterbrechungen kommen typischerweise bei Saisonbetrieben vor, etwa bei Hotelbetrieben in Wintersportgebieten. Um Rechtsklarheit zu haben, ob eine nur vorübergehende Unterbrechung oder eine dauerhafte Betriebsaufgabe vorliegt, ist auch hier durch § 16 Abs. 3b EStG eine explizite Aufgabeerklärung eingeführt worden. Im Falle der Betriebsaufgabe gelten §§ 16 Abs. 4 EStG und § 34 EStG.

4 Entsprechende Anwendung

Die Grundsätze der Betriebsverpachtung/-unterbrechung gelten entsprechend bei der Verpachtung eines land- und forstwirtschaftlichen Betriebs, § 14 EStG. Eine Betriebsverpachtung ohne Aufgabeerklärung ist auch bei Verpachtung einer freiberuflichen Praxis grundsätzlich möglich, § 18 Abs. 3 S. 2 EStG. Hier ist jedoch zu berücksichtigen, dass nicht immer ein verpachtbarer Betrieb vorliegt. Das ist etwa bei Notaren, Künstlern und Schriftstellern nicht gegeben. Der Verpächter eines Mitunternehmeranteils ist kein Mitunternehmer mehr. Er erzielt keine Einkünfte aus § 15 Abs. 1 Nr. 2 EStG. Die Verpachtung eines Mitunternehmeranteils führt deshalb zwingend zu einer Betriebsaufgabe.

KV 12: Veräußerungsgewinne nach § 16 EStG

1 Einleitung

Die Regelung des § 16 EStG stellt klar, dass Gewinne und Verluste aus der Veräußerung oder Aufgabe von ganzen Gewerbebetrieben, Teilbetrieben oder Mitunternehmeranteilen Einkünfte aus Gewerbebetrieb sind, die entweder steuerbefreit und/oder tarifbegünstigt sind. Der Zweck der Vorschrift besteht zum einen in der Sicherstellung der Besteuerung der stillen Reserven und zum anderen darin, die zusammengeballte Realisierung der während vieler Jahre entstandenen stillen Reserven nicht nach dem progressiven Einkommensteuertarif zu erfassen.

2 Veräußerungstatbestände

2.1 Überblick

Veräußerungsgewinne, die zu den Einkünften aus Gewerbebetrieb gehören, treten auf
- bei der **Veräußerung** eines Betriebs, Teilbetriebs (auch 100 % Beteiligung an einer Kapitalgesellschaft im Betriebsvermögen), ganzen Mitunternehmeranteils oder eines ganzen Anteils eines Komplementärs einer KGaA (§ 16 Abs. 1 EStG),
- bei der **Aufgabe** eines Betriebs, Teilbetriebs, ganzen Mitunternehmeranteils oder eines ganzen Anteils eines Komplementärs einer KGaA (§ 16 Abs. 3 S. 1 EStG),
- bei der **Realteilung einer Mitunternehmerschaft**, soweit nur einzelne Wirtschaftsgüter mittelbar oder unmittelbar auf Körperschaften, Personenvereinigung oder Vermögensmassen übertragen werden (§ 16 Abs. 3 S. 2 EStG).

Die Veräußerung von Teilen eines Mitunternehmeranteils und eines Anteils des persönlich haftenden Gesellschafters einer KGaA ist nicht nach den §§ 16 und 34 EStG begünstigt.

Soweit auf der Seite des Erwerbers dieselben Personen Unternehmer oder Mitunternehmer sind, gilt der Gewinn insoweit als laufender Gewinn (§ 16 Abs. S. 3 EStG). Dies gilt auch, sofern einzelne Wirtschaftsgüter im Rahmen der Betriebsaufgabe veräußert werden (§ 16 Abs. 3 S. 5 EStG).

2.2 Veräußerung eines Gewerbebetriebs im Ganzen/Teilbetriebs

Die Veräußerung eines Gewerbebetriebs im Ganzen liegt vor, wenn der Betrieb mit seinen **wesentlichen Grundlagen** gegen Entgelt in der Weise auf **einen** Erwerber übertragen wird, dass der Betrieb als geschäftlicher Organismus fortgeführt werden kann (R 16 Abs. 1 EStR). Wesentliche Betriebsgrundlage sind alle Wirtschaftsgüter, die entweder für das Funktionieren des Betriebs wesentlich sind oder erhebliche stille Reserven enthalten (sog. funktionale und quantitative Betrachtungsweise). Die quantitative Betrachtungsweise folgt aus dem Zweck des §16 EStG, die geballte Aufdeckung stiller Reserven tariflich zu begünstigen. Die Annahme einer Betriebsveräußerung im Ganzen wird nicht dadurch ausgeschlossen, dass der Veräußerer Wirtschaftsgüter, die nicht zu den wesentlichen Betriebsgrundlagen gehören, zurückbehält oder im zeitlichen Zusammenhang mit der Veräußerung in das Privatvermögen überführt.

2.3 Veräußerung eines Teilbetriebs

Die gleichermaßen steuerpflichtige Veräußerung eines Teilbetriebs liegt vor, wenn der Gegenstand der Veräußerung ein mit einer gewissen Selbständigkeit ausgestatteter, organisch geschlossener und für sich lebensfähiger Teil des Gesamtbetriebs ist (R 16 Abs. 3 EStR).

2.4 Aufgabe eines Betriebs

Die Aufgabe eines ganzen Gewerbebetriebes liegt vor, wenn aufgrund eines Entschlusses des Steuerpflichtigen die bisher in diesem Betrieb entfaltete Tätigkeit endgültig eingestellt wird. Hierfür müssen **alle wesentlichen Betriebsgrundlagen** in einem **einheitlichen Vorgang**, d. h. innerhalb **kurzer Zeit** in das Privatvermögen überführt oder insgesamt einzeln an verschiedene Erwerber veräußert oder teilweise veräußert und teilweise in das Privatvermögen überführt werden, so dass der Betrieb als selbständiger Organismus des Wirtschaftslebens zu bestehen aufhört. Dies gilt auch für die Aufgabe eines Teilbetriebs.

Im Fall der **Betriebsaufspaltung** liegt eine Betriebsaufgabe beim Besitzunternehmen vor, wenn die Voraussetzungen für die Betriebsaufspaltung (sachliche und personelle Verflechtung) wegfallen.

Bei der **Realteilung** entsteht ein Aufgabegewinn der Personengesellschaft, wenn die zugewiesenen Wirtschaftsgüter nicht Betriebsvermögen des Realteilers werden und sofern die Besteuerung der stillen Reserven nicht sichergestellt ist (§ 16 Abs. 3 S. 2 EStG). Zu einer rückwirkenden Gewinnrealisierung kommt es, soweit bei einer Realteilung, bei der einzelne Wirtschaftsgüter übertragen worden sind, bestimmte zum Buchwert übertragende Wirtschaftsgüter (Grund und Boden, Gebäude oder andere wesentliche Betriebsgrundlagen) innerhalb einer Sperrfrist veräußert oder entnommen werden (§ 16 Abs. 3 S. 3 EStG). Die Sperrfrist endet drei Jahre nach Abgabe der Steuererklärung der Mitunternehmerschaft für den Veranlagungszeitraum der Realteilung. Soweit einzelne Wirtschaftsgüter unmittelbar oder mittelbar auf Körperschaften, Personenvereinigung oder Vermögensmassen übertragen werden, ist der gemeine Wert trotz Überführung in das Betriebsvermögen anzusetzen.

Unter bestimmten Voraussetzungen kann der Steuerpflichtige die Aufgabe seines Betriebs/Teilbetriebs erklären, wenn er die wesentlichen Betriebsgrundlagen verpachtet und für ihn oder seinem Rechtsnachfolger objektiv die Möglichkeit besteht, den Betrieb später fortzuführen (Verpächterwahlrecht).

3 Ermittlung des Veräußerungsgewinns

Veräußerungsgewinn bei Veräußerungen von Betrieben, Teilbetrieben und Anteilsveräußerungen sowie der Betriebsaufgabe ist der Veräußerungspreis abzüglich der Veräußerungskosten und der entsprechenden Buchwerte. Im Jahr der Veräußerung bzw. Aufgabe ist der Veräußerungsgewinn vom laufenden Gewinn abzugrenzen.

Bei Überführungen in das Privatvermögen tritt an die Stelle des Veräußerungspreises der gemeine Wert. Sofern es sich um die Veräußerung von Anteilen an einer Kapitalgesellschaft handelt, findet das Teileinkünfteverfahren Anwendung (§ 3 Nr. 40b EStG).

4 Freibetrag und Steuerermäßigung

Voraussetzung für den Freibetrag nach § 16 Abs. 4 EStG ist, dass der Steuerpflichtige im Zeitpunkt der Veräußerung bzw. Aufgabe entweder das **55. Lebensjahr** vollendet hat oder im **sozialversicherungsrechtlichen Sinne dauernd berufsunfähig** ist. Der Freibetrag wird dem Steuerpflichtigen nur auf Antrag (nicht form- und fristgebunden) und nur einmal und stets in voller Höhe gewährt. Er beträgt **45.000 €** und ermäßigt sich um den Betrag, um den der Veräußerungsgewinn **136.000 €** übersteigt.

Der Veräußerungsgewinn wird darüber hinaus gemäß **§ 34 EStG ermäßigt** besteuert. Der Steuerpflichtige hat ein Wahlrecht die Besteuerung nach § 34 Abs. 1 EStG (rechnerische Verteilung auf fünf Jahre) oder nach § 34 Abs. 3 EStG (ermäßigter Steuersatz) vorzunehmen. Veräußerungsgewinne können wiederholt nach § 34 Abs. 1 EStG ermäßigt besteuert werden, während § 34 Abs. 3 EStG nur einmal im Leben gewährt wird und einen Antrag erfordert.

Der ermäßigte Steuersatz beträgt 56 % des durchschnittlichen Steuersatzes, der sich ergäbe, wenn die tarifliche Einkommensteuer nach dem gesamten zu versteuernden Einkommen zuzüglich der dem Progressionsvorbehalt unterliegenden Einkünfte zu bemessen wäre, mindestens jedoch 15 %. Er wird nur bis zu einem Veräußerungsgewinn von 5.000.000 € gewährt. Darüber hinaus muss der Steuerpflichtige im Zeitpunkt der Ermittlung des zu versteuernden Einkommens entweder das 55. Lebensjahr vollendet haben oder im sozialversicherungsrechtlichen Sinne dauernd berufsunfähig sein.

5 Gewerbesteuer

Ein Veräußerungsgewinn nach § 16 EStG unterliegt nicht der GewSt, soweit er unmittelbar auf eine natürliche Person entfällt, § 7 S. 2 GewStG. Steuergegenstand der GewSt soll nur der Gewinn eines laufenden Betriebs sein, nicht aber der Gewinn, den ein Unternehmer aus dem Veräußern des ganzen Betriebs erzielt. Nach § 7 S. 2 GewStG unterliegen aber Gewinne i. S. d. § 16 EStG der GewSt, soweit sie nicht auf natürliche Personen als unmittelbar beteiligte Mitunternehmer entfallen. Dazu gehören insbesondere Gewinne, die auf Kapitalgesellschaften und zwischengeschaltete Personengesellschaften entfallen.

Ferner unterliegen nach § 18 Abs. 3 UmwStG Veräußerungsgewinne nach § 16 EStG der GewSt, wenn nach einem Vermögensübergang von einer Kapitalgesellschaft auf eine Personengesellschaft oder auf eine natürliche Person innerhalb von 5 Jahren eine Veräußerung erfolgt. Damit soll verhindert werden, dass eine nach § 7 S. 2 GewStG gewerbesteuerpflichtige Betriebsveräußerung durch eine Kapitalgesellschaft durch Umwandlung gewerbesteuerfrei wird.

Die Veräußerung einer 100%igen Beteiligung an einer Kapitalgesellschaft im Betriebsvermögen (§ 16 Abs. 1 Nr. 1 S. 2 EStG) unterliegt der GewSt (R 7.1 Abs. 3 Nr. 1 GewStR).

KV 13: Häusliches Arbeitszimmer und Homeoffice

1 Einleitung

Die Regelung zum Abzug von Aufwendungen für ein häusliches Arbeitszimmer und dessen Ausstattung sind zum 01.01.2023 geändert worden.

Nach § 4 Abs. 5 Nr. 6b EStG können Aufwendungen für ein häusliches Arbeitszimmer nur dann als Betriebsausgaben abgezogen werden, wenn das Arbeitszimmer den Mittelpunkt der gesamten betrieblichen und beruflichen Betätigung bildet. Anstelle der tatsächlichen Kosten kann eine Jahrespauschale von 1.260 € geltend gemacht werden.

Nach § 4 Abs. 5 Nr. 6b EStG kann alternativ für jeden Tag, an dem die Tätigkeit überwiegend in der häuslichen Wohnung ausgeübt und keine erste Tätigkeitsstätte aufgesucht wird, eine Homeoffice-Tagespauschale von 6 €, höchstens 1.260 € im Jahr, abgezogen werden.

Die für Gewinneinkünfte geltenden §§ 4 Abs. 5 Nr. 6b und c EStG gelten gemäß § 9 Abs. 5 EStG auch bei Überschusseinkunftsarten.

Ferner gelten § 4 Abs. 5 Nr. 6b und c EStG als Einschränkung für den Sonderausgabenabzug für Arbeitszimmer, die zu Ausbildungszwecken genutzt werden, § 10 Abs. 1 Nr. 7 EStG. Im Rahmen der Ausbildungskosten können jedoch Aufwendungen nur bis zu insgesamt 6.000 € als Sonderausgaben abgezogen werden (§ 10 Abs. 1 Nr. 7 S. 1 und 4 EStG).

2 Arbeitszimmer, § 4 Abs. 5 Nr. 6b EStG

2.1 Begriff des häuslichen Arbeitszimmers

Ein häusliches Arbeitszimmer ist ein Raum, der
- der Erledigung gedanklicher, schriftlicher, verwaltungstechnischer oder organisatorischer Arbeiten dient (= »Arbeitszimmer«) und
- seiner Lage, Funktion und Ausstattung nach in die häusliche Sphäre des Steuerpflichtigen eingebunden ist (= »häuslich«).

Ein **Arbeitszimmer** kann auch bei geistiger, künstlerischer oder schriftstellerischer Betätigung gegeben sein, d. h. es muss sich nicht zwingend um Arbeiten büromäßiger Art handeln.

Das Arbeitszimmer ist von anderen beruflich oder betrieblich genutzten Zimmern im häuslichen Bereich abzugrenzen. Ob ein Raum als Arbeitszimmer anzusehen ist, lässt sich nur aufgrund einer Gesamtwürdigung der Umstände des Einzelfalls entscheiden. Räumlichkeiten, die ihrer Ausstattung und Funktion nach nicht einem Büro entsprechen, sind auch dann kein häusliches Arbeitszimmer, wenn sie ihrer Lage nach mit dem Wohnraum des Steuerpflichtigen verbunden und deswegen in dessen häusliche Sphäre eingebunden sind. Dies trifft auf Betriebsstätten ähnliche Räume, wie Lager, Archivzimmer, Werkstatt, Arztpraxis oder Ausstellungsräume zu.

In die **häusliche Sphäre** eingebunden ist ein Arbeitszimmer regelmäßig dann, wenn es zur privaten Wohnung oder zum Wohnhaus des Steuerpflichtigen gehört. Neben Wohnräumen gilt dies auch für Zubehörräume. Ein Raum im Keller oder unter dem Dach des Wohnhauses (Mansarde), in dem der Steuerpflichtige seine Wohnung hat, kann ein häusliches Arbeitszimmer sein.

Maßgebend ist, dass eine innere häusliche Verbindung des Arbeitszimmers mit der privaten Lebenssphäre des Steuerpflichtigen besteht. Hierbei ist das Gesamtbild der Verhältnisse im Einzelfall entscheidend. Die entsprechende Wohnung muss nicht im Eigentum des Steuerpflichtigen stehen. Auch mehrere Räume können als ein Arbeitszimmer anzusehen sein, wobei die Abgrenzung der Räumlichkeiten vom übrigen Wohnbereich erforderlich ist.

Die Qualifizierung als häusliches Arbeitszimmer ist bei **mehreren Räumen** grundsätzlich für jeden Raum gesondert vorzunehmen. Eine gemeinsame Qualifizierung kommt dann in Betracht, wenn die Räume eine funktionale Einheit bilden. Diese liegt aber nur vor, wenn verschiedene Räume nahezu identisch genutzt werden. Insoweit kann insbesondere auch ein als Archiv genutzter Raum unter Berücksichtigung seiner Ausstattung, Lage und Funktion als Teil des häuslichen Arbeitszimmers anzusehen sein (BFH vom 26.03.2008, VI R 15/07).

Der Begriff des Arbeitszimmers setzt voraus, dass der jeweilige Raum ausschließlich oder nahezu ausschließlich für betriebliche/berufliche Zwecke genutzt wird (BFH vom 27.07.2015, GrS 1/14). Die Aufwendungen eines **gemischt genutzten Arbeitszimmers** können folglich nicht abgezogen werden. Das gleiche gilt für ein Durchgangszimmer oder eine »Arbeitsecke«. Die Grundsätze des Aufteilungsgebots für gemischte Aufwendungen (BFH vom 21.09.2009, GrS 1/06) sind nicht anwendbar, da § 4 Abs. 5 Nr. 6b EStG für das Arbeitszimmer eine vorrangige Spezialregelung enthält.

Liegt kein Arbeitszimmer vor, so ist das Abzugsverbot des § 4 Abs. 5 S. 1 Nr. 6b EStG nicht anwendbar. Beruflich veranlasste Aufwendungen sind daher grundsätzlich unbeschränkt als WK/BA gem. §§ 4 Abs. 4, 9 Abs. 1 S. 1 EStG abziehbar. Hier gelten die allgemeinen Regeln über die **Feststellungslast**: Der Steuerpflichtige trägt die Feststellungslast, soweit es um den Aspekt der beruflichen Nutzung der Räume geht, denn es handelt sich um eine steuermindernde Tatsache. Die Feststellungslast für eine mehr als unerhebliche außerberufliche Nutzung trägt dahingegen die Finanzbehörde. Zeiten der Nichtnutzung rechnen zur beruflichen Nutzung.

2.2 Mittelpunkt der gesamten betrieblichen und beruflichen Betätigung

Bildet das häusliche Arbeitszimmer den **Mittelpunkt** der gesamten betrieblichen und beruflichen Tätigkeit, dürfen die Aufwendungen **unbegrenzt** als Betriebsausgaben oder Werbungskosten abgezogen werden. Dies ist der Fall, wenn der Steuerpflichtige nach Würdigung des Gesamtbildes der Verhältnisse und der Tätigkeitsmerkmale dort diejenigen Handlungen vornimmt und Leistungen erbringt, die für den konkret ausgeübten Betrieb oder Beruf wesentlich und prägend sind. Der Tätigkeitsmittelpunkt bestimmt sich nach dem inhaltlichen (qualitativen) Schwerpunkt der betrieblichen und beruflichen Betätigung. Dem zeitlichen (quantitativen) Umfang der Nutzung kommt lediglich eine indizielle Bedeutung zu.

Beispielsweise übt ein Hochschullehrer seine Tätigkeit durch Vorlesungen und damit in der Hochschule aus. Ebenso ist die Richtertätigkeit durch Rechtsprechung im Gericht geprägt. Folglich liegt der Mittelpunkt der Tätigkeit von Hochschullehrern und Richtern nicht im häuslichen Arbeitszimmer, auch wenn sie dort über die Hälfte ihrer Arbeitszeit verbringen. Übt ein Steuerpflichtiger dahingegen nur eine betriebliche oder berufliche Tätigkeit aus, die in qualitativer Hinsicht gleichwertig sowohl im häuslichen Arbeitszimmer als auch am außerhäuslichen Arbeitsort erbracht wird, so liegt der Mittelpunkt der gesamten beruflichen und betrieblichen Betätigung im häuslichen Arbeitszimmer, wenn der Steuerpflichtige mehr als die Hälfte der Arbeitszeit dort tätig wird.

Übt ein Steuerpflichtiger **mehrere Tätigkeiten** nebeneinander aus, sind alle Tätigkeiten in ihrer Gesamtheit zu erfassen:
- Bilden bei allen Erwerbstätigkeiten – jeweils – die im häuslichen Arbeitszimmer verrichteten Arbeiten den qualitativen Schwerpunkt, so liegt dort auch der Mittelpunkt der Gesamttätigkeit.
- Bilden hingegen die außerhäuslichen Tätigkeiten – jeweils – den qualitativen Schwerpunkt der Einzeltätigkeiten oder lassen sich diese keinem Schwerpunkt zuordnen, so kann das häusliche Arbeitszimmer auch nicht durch die Summe der darin verrichteten Arbeiten zum Mittelpunkt der Gesamttätigkeit werden.
- Bildet das häusliche Arbeitszimmer schließlich den qualitativen Mittelpunkt lediglich einer Einzeltätigkeit, nicht jedoch im Hinblick auf die übrigen Tätigkeiten, ist davon auszugehen, dass das Arbeitszimmer nicht den Mittelpunkt der Gesamttätigkeit bildet. Der Steuerpflichtige kann jedoch nachweisen, dass die Gesamttätigkeit gleichwohl einem einzelnen qualitativen Schwerpunkt zugeordnet werden kann und dass dieser im häuslichen Arbeitszimmer liegt. Abzustellen ist dabei auf das Gesamtbild der Verhältnisse und auf die Verkehrsanschauung, nicht auf die Vorstellung des betroffenen Steuerpflichtigen.

2.3 Arbeitszimmerkosten

Zu den Aufwendungen, die unter das Abzugsverbot fallen, gehören insbesondere anteilige Aufwendungen für:
- Miete,
- Gebäude-Abschreibung,
- Schuldzinsen für Kredite im Zusammenhang mit der Anschaffung, Herstellung oder Reparatur des Gebäudes oder der Eigentumswohnung,
- Wasser- und Energiekosten,
- Reinigungskosten,
- Grundsteuer, Müllabfuhr- und Schornsteinfegergebühren, Gebäudeversicherungen,
- Renovierungskosten und
- Ausstattungskosten (Tapeten, Teppiche, Fenstervorhänge, Gardinen und Lampen).

Arbeitsmittel gehören nicht zu den Ausstattungskosten. Sie sind nach § 9 Abs. 1 Nr. 6 EStG als Werbungskosten uneingeschränkt abziehbar.

2.4 1.260 € Jahrespauschale

Anstelle der Aufwendungen kann eine Jahrespauschale von 1.260 € abgezogen werden. Die Pauschale wird gekürzt um jeden vollen Monat, in dem die Voraussetzungen nach Nr. 6b Satz 2 nicht vorliegen. Die Pauschale kann auch geltend gemacht werden, wenn die tatsächlichen Kosten geringer sind. Nutzen zwei Personen gemeinsam ein Arbeitszimmer, kann jeder die Pauschale geltend machen.

2.5 Besondere Aufzeichnungspflichten

Die Aufwendungen für ein häusliches Arbeitszimmer dürfen nach § 4 Abs. 7 EStG bei der Gewinnermittlung nur berücksichtigt werden, wenn sie besonders aufgezeichnet sind.

2.6 Arbeitszimmer und Veräußerungsgewinnbesteuerung

Nutzt ein Steuerpflichtiger mit den Einkunftsarten §§ 13, 15 oder 18 EStG ein Arbeitszimmer in einer ihm gehörenden Wohnung, wird das Arbeitszimmer notwendiges Betriebsvermögen, sofern der Wert des Arbeitszimmers nicht mehr als ein Fünftel des gesamten Grundstücks und mehr als 20.500 € beträgt, § 8 EStDV. Ein Veräußerungsgewinn ist dann steuerbar, da § 23 EStG bei Privatvermögen nicht gilt. Nutzt ein Steuerpflichtiger ein Arbeitszimmer im Rahmen von § 19 oder 21 EStG, dann ist ein auf das Arbeitszimmer entfallender Veräußerungsgewinn innerhalb von 10 Jahren nach § 23 Abs. 1 Nr. 1 EStG zu versteuern, da das Arbeitszimmer nicht ausschließlich zu eigenen Wohnzwecken genutzt wird.

3 Homeoffice-Pauschale, § 4 Abs. 5 Nr. 6c EStG

Für jeden Tag, an dem die Tätigkeit überwiegend in der häuslichen Wohnung ausgeübt und die erste Tätigkeitsstätte nicht aufgesucht wird, kann eine Tagespauschale von 6 €, höchstens 1.260 € im Jahr, abgezogen werden, § 4 Abs. 5 Nr. 6c S. 1 EStG. Damit sind jährlich 210 Homeoffice-Tage möglich. Die Pauschale gilt auch, wenn kein häusliches Arbeitszimmer zur Verfügung steht. Arbeiten mehrere Personen in einer Wohnung, kann jeder die Homeoffice-Pauschale geltend machen.

Steht dauerhaft kein Arbeitsplatz beim Arbeitgeber zur Verfügung, ist die Tagespauschale auch zulässig, wenn die Tätigkeit am selben Kalendertag auswärts oder an der ersten Tätigkeitsstätte ausgeübt wird, § 4 Abs. 5 Nr. 6c S. 2 EStG. Ein anderer Arbeitsplatz steht dem Steuerpflichtigen dann zur Verfügung, wenn dieser den Arbeitsplatz in dem konkret erforderlichen Umfang und in der konkret erforderlichen Art und Weise tatsächlich nutzen kann.

Beispiel: Ein **Lehrer**, der vormittags in der Schule unterrichtet und nachmittags in seinem häuslichen Arbeitszimmer Klausuren korrigiert, kann kein Arbeitszimmer nach Nr. 6b geltend machen, da der Tätigkeitsmittelpunkt eines Lehrers in der Schule ist. Nach Nr. 6c S. 1 kann er keine Homeoffice-Pauschale geltend machen, da vormittags die Schule aufsucht. Er kann aber nach Nr. 6c S. 2 die Homeoffice-Pauschale geltend machen, da kein anderer Arbeitsplatz zum Klausuren korrigieren in der Schule zur Verfügung steht.

Die Homeoffice-Pauschale ist nicht zulässig, soweit das Arbeitszimmer nach Nr. 6b angesetzt wird.

KV 14: Die Entfernungspauschale

1 Einleitung

Fahrtkosten zwischen Wohnung und erster Tätigkeitsstätte sind gemischt veranlasst: Ohne die Fahrt zur Arbeit können keine Einkünfte erzielt werden. Jedoch zeigt die Fahrt von der Arbeit nach Hause, dass es eine auch private Mitveranlassung gibt. § 9 Abs. 1 Nr. 4 EStG bestimmt zur Abgeltung dieser Kosten eine Entfernungspauschale von 0,30 € pro Entfernungskilometer, mindestens aber die Aufwendungen für die Benutzung öffentlicher Verkehrsmittel (§ 9 Abs. 2 S. 2 EStG). Zum Ausgleich der CO_2-Bepreisung können in 2021 ab dem 21. Kilometer 0,35 € und in den Jahren 2022–2028 0,38 € geltend gemacht werden.

Der Gesetzgeber verfolgt damit zwei Ziele: Zum einen soll durch diese Typisierung eine **massenverfahrenstaugliche Regelung** geschaffen werden. Zum anderen soll die Entfernungspauschale aus **umweltpolitischen Gründen eine Lenkungswirkung hin zur Nutzung öffentlicher Verkehrsmittel** ausüben. Die Entfernungspauschale ist mit 0,30 € pro Entfernungskilometern, also mit 0,15 € pro tatsächlich gefahrenem Kilometer i. d. R. deutlich niedriger als die tatsächlichen Kilometerkosten eines Autos.

2 Entfernungspauschale

- **Höhe der Entfernungspauschale**
  Für jeden vollen Kilometer beträgt die Entfernungspauschale **0,30 €**. Übersteigen die Aufwendungen für die Benutzung öffentlicher Verkehrsmittel die anzusetzende Entfernungspauschale, können diese übersteigenden Aufwendungen zusätzlich angesetzt werden (§ 9 Abs. 2 S. 2 EStG). Die Höhe der tatsächlichen Aufwendungen ist unerheblich. Das Entstehen von tatsächlichen Aufwendungen wird gesetzlich unterstellt. Ausgenommen von der Entfernungspauschale sind aber Flugstrecken und steuerfreie Sammelbeförderung. Die Entfernungspauschale kann für die Wege zu derselben Arbeitsstätte für jeden Arbeitstag nur einmal angesetzt werden. Bei mehreren Wohnungen ist entscheidend, wo der Mittelpunkt der Lebensinteressen liegt, § 9 Abs. 1 Nr. 4 S. 6 EStG. Mit der Entfernungspauschale sind sämtliche Aufwendungen (Parkgebühren, Finanzierungskosten etc.) abgegolten, § 9 Abs. 2 S. 1 EStG. Unfallkosten sind nach Auffassung des BFH nicht abzugsfähig, sondern durch die Pauschale mit abgegolten. Die Finanzverwaltung erlaubt dahingegen einen Abzug von Unfallkosten neben der Pauschale mit dem Argument, dass § 9 Abs. 2 S. 1 EStG nur den Abzug typischer Fahrtkosten ausschließt (BMF vom 31.10.2013, IV C 5 S 2351/10002:002).

- **Verkehrsmittelunabhängig**
  Die Entfernungspauschale ist grundsätzlich unabhängig vom genutzten Verkehrsmittel zu gewähren. Das bedeutet, dass die Pauschale unabhängig davon anzusetzen ist, ob die Wege zu Fuß, mit dem Fahrrad, mit öffentlichen Verkehrsmitteln oder mit dem eigenen Kfz zurückgelegt werden.
- **Erste Tätigkeitsstätte, § 9 Abs. 4 EStG**
  Erste Tätigkeitsstätte ist die ortsfeste betriebliche Einrichtung des Arbeitgebers, der der Arbeitnehmer durch Weisung des Arbeitgebers dauerhaft zugeordnet ist. Als erste Tätigkeitsstätte gilt auch eine Bildungseinrichtung, die außerhalb eines Dienstverhältnisses zum Zwecke eines Vollzeitstudiums aufgesucht wird (Abs. 4 S. 8). Das hat zur Folge, dass beispielsweise Vollzeitstudierende für ihren Weg zur Hochschule (= erste Tätigkeitsstätte) nur die Entfernungspauschale als Sonderausgaben gem. § 10 Abs. 1 Nr. 7 EStG geltend machen können.
- **Höchstbetrag**
  Die Entfernungspauschale ist in folgenden Fällen grundsätzlich auf einen Höchstbetrag von **4.500 €** begrenzt:
    - der Weg wird mit einem Motorrad, Motorroller, Moped, Fahrrad oder zu Fuß zurückgelegt,
    - bei Benutzung eines Kraftwagens für die Teilnehmer an einer Fahrgemeinschaft und zwar für die Tage, an denen der Arbeitnehmer seinen eigenen oder zur Nutzung überlassenen Kraftwagen nicht einsetzt,
    - im Fall der Sammelbeförderung,
    - bei Benutzung öffentlicher Verkehrsmittel.
  Bei Benutzung eines eigenen oder zur Nutzung überlassenen Kraftwagens greift die Begrenzung auf 4.500 € nicht ein.
- **Maßgebende Entfernung zwischen Wohnung und erster Tätigkeitsstätte**
  Die kürzeste Straßenverbindung zwischen Wohnung und erster Tätigkeitsstätte ist maßgebend. Bei der Bestimmung sind nur volle Kilometer der Entfernung anzusetzen, ein angefangener Kilometer bleibt unberücksichtigt. Bei Benutzung eines Kraftwagens kann auch eine andere als die kürzeste Straßenverbindung zugrunde gelegt werden, wenn diese verkehrsgünstiger ist und vom Arbeitnehmer regelmäßig benutzt wird. Dies gilt auch für die Benutzung öffentlicher Verkehrsmittel, wenn der Arbeitnehmer die Arbeitsstätte in der Regel schneller und pünktlicher erreicht.
- **Fahrgemeinschaften**
  Jedem Teilnehmer der Fahrgemeinschaft wird die Entfernungspauschale gewährt. Für die Fahrten, an denen die Teilnehmer ihren Kraftwagen nicht einsetzen, greift der Höchstbetrag von 4.500 €. Bei wechselseitigen Fahrgemeinschaften kann zunächst der Höchstbetrag ausgeschöpft werden, an denen der Arbeitnehmer mitgenommen wurde. Für die Tage, an denen der Arbeitnehmer seinen eigenen Kraftwagen eingesetzt hat, greift der Höchstbetrag nicht, sondern die unbegrenzte Entfernungspauschale. Beide Beträge zusammen ergeben die anzusetzende Entfernungspauschale.
- **Benutzung verschiedener Verkehrsmittel**

In den Fällen, in denen die Wege zwischen Wohnung und Tätigkeitsstätte auf unterschiedliche Weise zurückgelegt werden (z. B. mit Kraftwagen und öffentlichen Verkehrsmitteln) wird zunächst die kürzeste Straßenverbindung ermittelt, die Grundlage der zu ermittelnden Entfernungspauschale ist. Die Teilstrecke, die mit dem eigenen Kraftwagen zurückgelegt wird, ist in voller Höhe mit 0,30 € anzusetzen. Der verbleibende Teil der kürzesten Verbindung ist die Teilstrecke, die auf öffentliche Verkehrsmittel entfällt, für die der Höchstbetrag von 4.500 € gilt bzw. die tatsächlichen Aufwendungen angesetzt werden können.

- **Anrechnung von Arbeitgeberleistungen**
Pauschal versteuerter Ersatz der Aufwendungen durch den Arbeitgeber bis zur Höhe der Entfernungspauschale von 0,30 € bei Benutzung eines Kraftwagens für den Weg zur Arbeitsstätte sind auf die anzusetzende Entfernungspauschale anzurechnen. Gewährt der Arbeitgeber seinen Arbeitnehmern eine unentgeltliche Sammelbeförderung zur Arbeitsstätte und wird dieser Sachbezug pauschal versteuert, so mindern diese pauschaliert besteuerten Bezüge die nach § 9 Abs. 1 Nr. 4 EStG abziehbaren Beträge (§ 40 Abs. 2 S. 2 und 3 EStG).

3 Familienheimfahrten bei doppelter Haushaltsführung

Aufwendungen für Familienheimfahrten, also für Wege vom Beschäftigungsort zum Ort des eigenen Hausstands und zurück, können nur für eine Familienheimfahrt wöchentlich geltend gemacht werden.

Für Familienheimfahrten gilt mit Ausnahme von Flügen einheitlich eine Entfernungspauschale von 0,30 € für jeden vollen Kilometer der Entfernung zwischen dem Ort des eigenen Hausstandes und der ersten Tätigkeitsstätte. Der Höchstbetrag von 4.500 € gilt im Fall von Familienheimfahrten nicht. Steuerfreie Arbeitgeberleistungen (§ 3 Nr. 13 und 16 EStG) sind nach § 3c Abs. 1 EStG auf die anzusetzende Entfernungspauschale anzurechnen.

4 Entsprechende Anwendung bei Gewinneinkunftsarten

§ 9 Abs. 1 Nr. 4 und Abs. 2 EStG gelten im Rahmen der Gewinneinkunftsarten entsprechend (§ 4 Abs. 5 Nr. 6 S. 2 EStG). Ist das Auto Betriebsvermögen, so ist jedoch zu berücksichtigen, dass die Autokosten zunächst zu 100 % als Betriebsausgaben gebucht werden. Die Privatfahrten müssen dann als Entnahme korrigiert werden. Bei den Fahrten Wohnung – Arbeit muss der nicht als Betriebsausgaben anzuerkennende Anteil als nicht abziehbare Ausgaben außerhalb der Bilanz dem Gewinn hinzugerechnet werden.

5 Sonstige beruflich veranlasste Fahrtkosten

Aufwendungen für beruflich veranlasste Fahrten, die nicht Fahrten zwischen Wohnung und erster Tätigkeitsstätte sowie keine Familienheimfahrten sind, können wahlweise mit den tatsächlichen Kosten oder mit den pauschalen Kilometersätzen gem. Bundesreisekostengesetz (BRKG) angesetzt werden, §9 Abs. 1 S. 3 Nr. 4a EStG. Die Sätze nach BRKG betragen pro gefahrenen Kilometer pauschal für ein Auto 0,20 € bzw. 0,30 € bei erheblichem dienstlichen Interesse an der Nutzung eines Kfz. Es besteht jedoch eine Einschränkung: Hat ein Arbeitnehmer keine erste Tätigkeitsstätte i. S. d. §9 Abs. 4 EStG und hat er dauerhaft von seiner Wohnung aus denselben Ort oder dasselbe weiträumige Tätigkeitsgebiet typischerweise arbeitstäglich aufzusuchen, so können auch für diese Fahrten nicht die tatsächlichen Kosten, sondern nur die Entfernungspauschale von 0,30 € pro Entfernungskilometer geltend gemacht werden, §9 Abs. 1 Nr. 4a S. 3 und 4 EStG.

Diese Regel trifft beispielsweise Busfahrer, die täglich zum Busdepot fahren. Zwar ist das Busdepot keine erste Tätigkeitsstätte, da der Busfahrer im fahrenden Bus arbeitet, dennoch kann er für die Fahrten von seiner Wohnung zum Busdepot nur die Entfernungspauschale geltend machen. Weitere Berufsträger, auf die diese Regelung zutrifft, sind Schornsteinfeger, Hafenarbeiter, Briefzusteller oder Forstarbeiter.

KV 15: Sonderausgaben

1 Einleitung

Sonderausgaben, geregelt in den §§ 10 bis 10 g EStG, sind **Kosten der privaten Lebensführung**, die entgegen § 12 EStG steuermindernd berücksichtigt werden. Es handelt sich um Aufwendungen, die weder Betriebsausgaben noch Werbungskosten sind. Die gesetzlich zugelassene Abzugsfähigkeit dieser Aufwendungen hat sozial-, wirtschafts- und gesellschaftspolitische Gründe und will dem **Prinzip der subjektiven Leistungsfähigkeit** Rechnung tragen.

Sonderausgaben setzen Aufwendungen voraus, die den abzugsberechtigten Steuerpflichtigen wirtschaftlich belasten. Daher ist Drittaufwand grundsätzlich nicht zu berücksichtigen. Eine Ausnahme gilt für zusammenveranlagte Ehegatten, bei denen es nicht darauf ankommt, wer die Aufwendungen getätigt hat.

Für die Geltendmachung von Sonderausgaben gilt das **Abflussprinzip des § 11 EStG**.

2 Abzugsfähige Sonderausgaben

- **Altersvorsorgeaufwendungen** (§ 10 Abs. 1 Nr. 2 EStG)
  Die steuerliche Behandlung der Altersvorsorgeaufwendungen orientiert sich an dem »Drei-Schichten-Modell« der sog. Rürup-Kommission. Die erste Schicht bilden die echten Altersvorsorgeprodukte. Dazu gehören neben der gesetzlichen Rentenversicherung private Versicherungen, die nicht beleihbar, nicht vererblich, nicht übertragbar und nicht kapitalisierbar sind. Die Einzahlungen sind bis zu einem Höchstbetrag der knappschaftlichen Rentenversicherung als Sonderausgaben abzugsfähig (§ 10 Abs. 3 EStG).
  Die zweite Schicht bildet die sog. Riesterrente. Das Altersvorsorgesparen wird hier durch eine Altersvorsorgezulage gefördert (§ 79 ff. EStG). Alternativ wird ein Sonderausgabenabzug von bis zu 2.100 € gewährt, sofern dies günstiger ist (§ 10a EStG).
  Die dritte Schicht bilden die staatlich nicht geförderten Formen der Altersvorsorge. Hier ist kein Sonderausgabenabzug möglich. Die gilt insbesondere für neu abgeschlossene Lebensversicherungen mit Kapitalisierungswahlrecht.
- **Sonstige Vorsorgeaufwendungen** (§ 10 Abs. 1 Nr. 3, 3a EStG)
  Zu den sonstigen Vorsorgeaufwendungen gehören Beiträge zu einer Kranken-, Pflege-, Arbeitslosen-, Erwerbs- und Berufsunfähigkeits-, Unfall-, Haftpflicht- und zu einer Risikoversicherung für den Todesfall. Lebensversicherungen, die vor dem 01.01.2005 abgeschlossen worden sind, sind weiterhin abzugsfähig.

Sonstige Vorsorgeaufwendungen können in Höhe von bis zu 2.800 € pro Jahr abgezogen werden (§ 10 Abs. 4 EStG). Bei Arbeitnehmern, bei denen der AG die Vorsorgeaufwendungen teilweise übernimmt, beträgt der Höchstbetrag 1.900 €.
Gezahlte Kirchensteuer (§ 10 Abs. 1 Nr. 4 EStG)
Kirchensteuern können in der Höhe, in der sie im Veranlagungszeitraum entrichtet wurden – abzüglich etwaiger Erstattungen – als Sonderausgaben abgezogen werden. Dies gilt nicht, soweit die Kirchensteuer als Zuschlag zur KapESt oder als Zuschlag auf die nach § 32d Abs. 1 EStG ermittelte Einkommensteuer gezahlt wurde.

- **Kinderbetreuungskosten** (§ 10 Abs. 1 Nr. 5 EStG)
Betreuungskosten für Kinder, welche das 14. Lebensjahres noch nicht vollendet haben, und für Kinder mit einer vor Vollendung des 25. Lebensjahres eingetretenen Behinderung können zu 2/3, maximal in Höhe von 4.000 € als Sonderausgaben geltend gemacht werden. Das gilt nicht für Unterrichtsaufwendungen und Aufwendungen für Freizeitbetätigungen. Voraussetzung für den Abzug ist, dass der Steuerpflichtige für die Aufwendungen eine Rechnung erhalten hat und die Zahlung auf das Konto des Erbringers erfolgt ist.

- **Steuerberatungskosten** (§ 10 Abs. 1 Nr. 6 EStG)
Ab 2006 ist der Sonderausgabenabzug für Steuerberatungskosten entfallen. Steuerberaterleistungen können aber weiterhin als Betriebsausgaben oder Werbungskosten abgezogen werden, sofern ein Zusammenhang mit einer Einkunftsart vorliegt. So sind etwa Honorare für Buchführung oder die Erstellung von Bilanzen als Betriebsausgaben weiterhin abzugsfähig.

- **Berufsausbildung** (§ 10 Abs. 1 Nr. 7 EStG)
Kosten einer erstmaligen Berufsausbildung oder eines Erststudiums können nur bis zu 6.000 € im Veranlagungszeitraum abgezogen werden. Nach Abschluss einer Erstausbildung oder eines Erststudiums sind Berufsausbildungskosten unbegrenzt abzugsfähige Werbungskosten oder Betriebsausgaben (§ 4 Abs. 9 und § 9 Abs. 6 EStG). Anders als Sonderausgaben können Werbungskosten/Betriebsausgaben zu einem Verlustvor- und -rücktrag führen. Auch Fortbildungskosten in einem nicht ausgeübten Beruf sind Werbungskosten. Kosten der Allgemeinbildung, wie etwa der Sprachkurs ohne Zusammenhang mit der beruflichen Tätigkeit, können weder als Sonderausgaben noch als Werbungskosten/Betriebsausgaben abgezogen werden.

- **Schulgeld** (§ 10 Abs. 1 Nr. 9 EStG)
Entgelt für den Besuch anerkannter Privatschulen kann zu 30 % des Entgelts, höchstens 5.000 € als Sonderausgaben angesetzt werden. Dies gilt nicht, soweit sich das Entgelt auf Beherbergung, Betreuung oder Verpflegung bezieht, da diese Aufwendungen bereits nach § 33a EStG begünstigt sind. Diese Regelung gilt nunmehr europarechtskonform für alle Schulen in der EU/EWG. Voraussetzung ist, dass die Schule zu einem, vom zuständigen inländischen Kultusministerium anerkannten Abschluss führt. Entgelte an Schulen außerhalb des EU/EWR-Raums sind nicht als Sonderausgaben abziehbar.

- **Realsplitting** (§ 10 Abs. 1a Nr. 1 EStG)
Unterhaltsleistungen an den geschiedenen oder dauernd getrennt lebenden Ehegatten können bis zu einem Betrag von 13.805 € als Sonderausgaben abgezogen werden. Voraus-

setzung ist die Zustimmung des Empfängers, da dieser die Zahlungen als Einnahmen i. S. d. § 22 Nr. 1a EStG versteuern muss (Korrespondenzprinzip).

- **Versorgungsleistungen** (§ 10 Abs. 1a Nr. 2 EStG)
  Lebenslange, wiederkehrende Versorgungsleistungen, die als Gegenleistung für die Übertragung von Betrieben/Teilbetrieben und von GmbH-Anteilen geleistet werden und die vom Empfänger nach § 22 Nr. 1b EStG versteuert werden (Korrespondenzprinzip).
- **Versorgungsausgleichsleistungen** (§ 10 Abs. 1a Nr. 3 und 4 EStG)
  Im Zuge der Scheidung von Ehegatten kommt es im Regelfall zur Durchführung eines Versorgungsausgleichs. Hierbei werden die in der Ehezeit erworbenen Anrechte geteilt. Ausgleichszahlungen im Rahmen des Versorgungsausgleichs können vom Ausgleichsverpflichteten in dem Umfang als Sonderausgaben geltend gemacht werden, in dem die den Ausgleichszahlungen zugrunde liegenden Einnahmen der Besteuerung unterliegen.
- **Spenden** (§ 10b EStG)
  Zuwendungen (Spenden und bestimmte Mitgliedsbeiträge) zur Förderung steuerbegünstigter gemeinnütziger, mildtätiger und kirchlicher Zwecke können insgesamt bis zu 20 % des Gesamtbetrages der Einkünfte bzw. 4 ‰ der Summe der gesamten Umsätze und der im Kalenderjahr aufgewendeten Löhne und Gehälter abgezogen werden, § 10b Abs. 1 EStG. Nicht ausgeschöpfte Beträge können zeitlich unbegrenzt vorgetragen werden. Spenden in den Vermögensstock einer Stiftung können im Jahr der Zuwendung und in den folgenden neun Veranlagungszeiträumen – über § 10b Abs. 1 EStG hinaus – bis zu einem Betrag von insgesamt 1 Mio. € als Sonderausgaben abgezogen werden, § 10b Abs. 1a EStG.
  Parteispenden können bis zu 1.650 € nach § 10b Abs. 2 EStG als Sonderausgaben abgezogen werden, soweit nicht eine Steuerermäßigung nach § 34g EStG gewährt worden ist.

Ohne Einzelnachweis erfolgt der Abzug von Sonderausgaben – soweit es sich nicht um Vorsorgeaufwendungen handelt – in Form einer **Pauschale** nach § 10c EStG in Höhe von 36 € bzw. 72 € bei Zusammenveranlagung.

3 Erstattung von Sonderausgaben (§ 10 Abs. 4b EStG)

Werden Sonderausgaben aus früheren Jahren erstattet, beispielsweise wegen Überzahlung oder wegen Beitragsrückerstattungen, sind diese mit Sonderausgaben der gleichen Art im Erstattungsjahr zu verrechnen. Verbleiben Erstattungsüberhänge, führen diese grundsätzlich zu einer Berichtigung der Veranlagung des Zahlungsjahres nach den Korrekturvorschriften der AO (§ 175 Abs. 1 S. 1 Nr. 2 AO). Für Erstattungen von Krankenversicherungsbeiträgen nach § 10 Abs. 1 Nr. 3 EStG und von Kirchensteuern nach § 10 Abs. 1 Nr. 4 EStG bestimmt § 10 Abs. 4b S. 3 EStG, dass Erstattungsüberhänge im Erstattungsjahr dem Gesamtbetrag der Einkünfte hinzuzurechnen sind.

KV 16: Der Spendenabzug im Ertragsteuerrecht

1 Einleitung

Im Einkommensteuerrecht können nach §10b EStG **Ausgaben zur Förderung steuerbegünstigter gemeinnütziger, mildtätiger und kirchlicher Zwecke i.S.d. §§52 bis 54 AO** innerhalb bestimmter gesetzlicher Höchstgrenzen als Sonderausgaben vom Gesamtbetrag der Einkünfte abgezogen werden. Für die Körperschaft- und Gewerbesteuer gelten nach §9 Abs.1 Nr.2 KStG bzw. §9 Nr.5 GewStG entsprechende Abzugstatbestände. Durch die steuerliche Privilegierung dieser Ausgaben, die eigentlich Kosten der privaten Lebensführung (§12 EStG) darstellen, sollen der private Altruismus angeregt und die öffentlichen Haushalte entlastet werden.

2 Voraussetzungen für die Abziehbarkeit von Zuwendungen

2.1 Begriff der Zuwendung

Zuwendungen sind **Spenden und Mitgliedsbeiträge** (§10b Abs.1 S.1 EStG). Spenden sind **freiwillige und unentgeltliche**, d.h. ohne Gegenleistung erbrachte Wertabgaben, die in **Geld- oder Sachzuwendungen** (nicht: Nutzungen und Leistungen, §10b Abs.3 S.1 EStG) bestehen und das geldwerte Vermögen des Spenders mindern. **Aufwendungen** zugunsten einer Körperschaft, die zum Empfang steuerlich abziehbarer Zuwendungen berechtigt ist, können nur abgezogen werden, wenn ein Anspruch auf die Erstattung der Aufwendungen durch Vertrag oder Satzung eingeräumt und auf die Erstattung verzichtet worden ist (sog. Aufwandsspende, §10b Abs.3 S.5 EStG).

2.2 Steuerbegünstigte Zwecke

Die Abziehbarkeit von Zuwendungen setzt voraus, dass diese für die im Gesetz bestimmten steuerbegünstigten Zwecke geleistet werden. Als solche sieht das Gesetz die in §52 Abs.2 AO aufgeführten **gemeinnützigen Zwecke, mildtätige Zwecke i.S.v. §53 AO und kirchliche Zwecke i.S.v. §54 AO** vor.

Zu beachten ist, dass **Mitgliedsbeiträge** nicht begünstigt sind, wenn sie an Körperschaften geleistet werden, die den Sport, kulturelle Betätigungen, die in erster Linie der Freizeitgestaltung dienen, Heimatpflege und Heimatkunde oder die in §52 Abs.2 Nr.23 AO genannten Zwecke (u. a. Tier- und Pflanzenzucht, Kleingärtnerei, Modellflug und Hundesport) fördern. Hingegen sind Mitgliedsbeiträge an Körperschaften, die Kunst und Kultur fördern (sog. Kulturfördervereine), die nicht in erster Linie der Freizeitgestaltung dienen, auch dann als Spenden abzugsfähig, wenn den Mitgliedern Vergünstigungen gewährt werden, §10b Abs.1 S.7 EStG. Dies gilt beispielsweise für den ermäßigten Eintritt für Mitglieder eines Museumsfördervereins.

2.3 Höchstbeträge

Der Abzug der Aufwendungen nach §10b Abs.1 EStG ist wie folgt begrenzt:
- **20% des Gesamtbetrags der Einkünfte** (bei Körperschaften: des Einkommens; bei der Gewerbesteuer: des Gewinns vor Abzug der Zuwendungen) oder **4‰ der Summe der gesamten Umsätze** und der im Kalenderjahr aufgewendeten **Löhne und Gehälter**.
- Daneben sind Spenden in den **Vermögensstock einer Stiftung** des öffentlichen Rechts oder einer steuerbegünstigten Stiftung des privaten Rechts zusätzlich zu den Höchstbeträgen nach §10b Abs.1a S.1 EStG bis zu einem Gesamtbetrag von 1 Mio. € abziehbar. Die Zuwendung kann auf Antrag des Steuerpflichtigen im Veranlagungszeitraum der Zuwendung und in den neun folgenden Veranlagungszeiträumen geltend gemacht werden.

2.4 Mitgliedsbeiträge und Spenden an politische Parteien

Spenden und Beiträge an politische Parteien sind nach §34g EStG und §10b Abs.2 EStG begünstigt. Voraussetzung ist zunächst, dass die Partei bei Zufluss der Zuwendung als politische Partei i.S.v. §2 PartG anzusehen und nicht gemäß §18 Abs.7 PartG von der staatlichen Teilfinanzierung ausgeschlossen ist. Der Abzug nach §10b Abs.2 EStG ist im Kalenderjahr auf 1.650 € bzw. 3.300 € bei Zusammenveranlagung begrenzt. Ein Sonderausgabenabzug ist jedoch nur insoweit möglich, als für die Zuwendung nicht eine Steuerermäßigung nach §34g EStG gewährt worden ist. Diese beträgt 50% der Ausgaben, höchstens 825 € bzw. 1.650 € bei Zusammenveranlagung. Parteispenden und Mitgliedsbeiträge sind durch §4 Abs.6 EStG ausdrücklich vom Betriebsausgabenabzug ausgeschlossen. Bei Körperschaften ist ein Parteispendenabzug nicht möglich.

2.5 Zuwendungsempfänger und Zuwendungsbestätigung

Empfänger einer als Spende abzugsfähigen Zuwendung können nur sein
- eine **juristische Person des öffentlichen Rechts oder eine öffentliche Dienststelle**, die in einem Mitgliedstaat der Europäischen Union oder in einem Staat belegen ist, auf den das Abkommen über den Europäischen Wirtschaftsraum (EWR-Abkommen) Anwendung findet,

- eine **(inländische) steuerbegünstigte Körperschaft** i. S. v. § 5 Abs. 1 Nr. 9 KStG oder **(ausländische) eine Körperschaft, Personenvereinigung oder Vermögensmasse**, die in einem Mitgliedstaat der Europäischen Union oder in einem Staat belegen ist, auf den das Abkommen über den Europäischen Wirtschaftsraum (EWR-Abkommen) Anwendung findet, die nach § 5 Abs. 1 Nr. 9 KStG steuerbefreit wäre, wenn sie inländische Einkünfte erzielen würde,
- eine **politische Partei**.

Zuwendungen i. S. d. §§ 10b und 34g EStG dürfen nur abgezogen werden, wenn sie durch eine **Zuwendungsbestätigung** nachgewiesen werden, die der Empfänger nach amtlich vorgeschriebenem Vordruck ausgestellt hat, § 50 EStDV. Aus Vereinfachungsgründen wird in bestimmten Fällen (Katastrophenfälle oder Spenden bis 200 €) der Bareinzahlungsbeleg oder die Buchungsbestätigung eines Kreditinstituts als ausreichender Spendennachweis angesehen.

3 Vertrauensschutz und Haftung

Stellt der Zuwendungsempfänger **vorsätzlich oder grob fahrlässig** eine unrichtige Zuwendungsbestätigung aus oder veranlasst er, dass Zuwendungen nicht zu den in der Bestätigung angegebenen steuerbegünstigten Zwecken verwendet werden, haftet er für die entgangene Steuer. Diese ist pauschal mit **30 % des zugewendeten Betrages** anzusetzen. Dem Spender bleibt die Abzugsmöglichkeit grundsätzlich auch in diesen Fällen erhalten, es sei denn er hat die Bestätigung durch unlautere Mittel oder falsche Angaben erwirkt oder ihm war deren Unrichtigkeit bekannt oder infolge grober Fahrlässigkeit nicht bekannt (**Vertrauensschutz**), § 10b Abs. 4 EStG.

KV 17: Verluste im Einkommensteuerrecht

1 Grundlagen

Verluste, die nicht aus Liebhaberei stammen und nicht mit steuerfreien Einnahmen im unmittelbaren wirtschaftlichen Zusammenhang stehen (§ 3c Abs. 1 EStG), können grundsätzlich mit positiven Einkünften verrechnet werden. Dabei spricht man von **Verlustausgleich**, wenn die Verluste innerhalb eines Veranlagungszeitraums saldiert werden, und von **Verlustabzug**, wenn die Verrechnung periodenübergreifend erfolgt. Zusätzlich sind der horizontale und der vertikale Verlustausgleich zu unterscheiden: Der **horizontale Verlustausgleich** findet innerhalb einer Einkunftsart statt; dagegen erfolgt der **vertikale Verlustausgleich** einkunftsartübergreifend, d. h. durch Verrechnung positiver und negativer Einkünfte aus verschiedenen Einkunftsarten.

2 Verlustausgleich und -abzug

2.1 Verlustausgleich

Ein Verlustausgleich ist – sofern keine Sonderregelungen gelten – uneingeschränkt möglich. Verbleiben negative Einkünfte nach Durchführung des Verlustausgleichs, können diese in das Vorjahr zurückgetragen (Verlustrücktrag) oder in die folgenden Veranlagungszeiträume vorgetragen werden (Verlustvortrag). Hierdurch sollen Härten vermieden werden, die aufgrund des Prinzips der Abschnittsbesteuerung bei erheblich schwankenden Einkommen auftreten können; daher gewährt § 10d EStG die Möglichkeit, Verluste periodenübergreifend zu verrechnen.

2.2 Verlustrücktrag

Der **Verlustrücktrag** sieht den Verlustabzug vom Gesamtbetrag der Einkünfte des vorangegangenen Veranlagungszeitraums bis zu einem Höchstbetrag von 1 Mio. € (2 Mio. € bei zusammenveranlagten Ehegatten) vor. Für die Jahre 2020 bis 2024 ist ein zweijähriger Verlustrücktrag möglich. Außerdem ist der Betrag auf 10 Mio. € (20 Mio. €) angehoben. Der Abzug hat vorrangig vor Sonderausgaben, außergewöhnlichen Belastungen und anderen Abzugsbeträgen zu erfolgen; hierdurch können diese Ausgaben steuerlich ins Leere gehen, d. h. sich nicht einkommensmindernd auswirken. Der Steuerpflichtige kann auf den Verlustrücktrag ganz oder teilweise verzichten (§ 10d Abs. 1 S. 5 und 6 EStG).

2.3 Verlustvortrag

Nicht ausgeglichene und nicht zurückgetragene Verluste sind in den folgenden Jahren bis zu einem Gesamtbetrag der Einkünfte von 1 Mio. € unbeschränkt abziehbar. Darüber hinaus sind die Verluste nur bis zu 60 % des 1 Mio. € übersteigenden Gesamtbetrags der Einkünfte abziehbar. Der Verlustabzug erfolgt vor den Sonderausgaben und den außergewöhnlichen Belastungen. Diese Regel wird häufig Mindestbesteuerung genannt, da damit – sofern der Sockelbetrag überschritten ist – mindestens 40 % des Gesamtbetrags der Einkünfte eines Jahres besteuert werden.

2.4 KStG und GewStG

§ 10d EStG gilt entsprechend im Körperschaftsteuerrecht, § 8 Abs. 1 KStG. Im Gewerbesteuerrecht gibt es dahingegen – zur Schonung der Gemeindefinanzen – keinen Verlustrücktrag. Der Verlustvortrag entspricht der Regelung des EStG, § 10a GewStG.

3 Spezielle Regelungen zur Verlustbeschränkung

3.1 § 2a EStG

Nach § 2a EStG dürfen bestimmte ausländische Verluste aus Drittstaaten, also Nicht-EU und Nicht-EWR-Staaten, nur mit positiven Verlusten aus demselben Staat ausgeglichen werden. Grund für diese Regelung ist, dass die Finanzverwaltung ausländische Verluste kaum überprüfen kann.

Das Abzugsverbot gilt nicht für Verluste aus EU-Staaten. Diese Verluste dürfen mit Rücksicht auf die Niederlassungs- und Kapitalverkehrsfreiheit nicht schlechter gestellt werden als Inlandsverluste. Verluste aus EU-Staaten können mit inländischen Einkünften verrechnet werden, wenn das DBA die Anrechnungsmethode vorsieht. Das gleiche gilt für die EWR-Staaten, da auch diese nach den DBA gegenüber deutschen Finanzbehörden Amtshilfe leisten (Norwegen, Island und Liechtenstein).

Ferner ist der negative und positive Progressionsvorbehalt für bestimmte negative und positive Einkünfte aus EU/EWR-Ländern ausgeschlossen, § 32b Abs. 1 Nr. 3 und S. 2 EStG.

3.2 § 15a EStG: Verluste bei beschränkter Haftung

Siehe KV 9.

3.3 § 15b EStG: Verluste im Zusammenhang mit Steuerstundungsmodellen

§ 15b EStG soll die Attraktivität von sog. Steuerstundungsmodellen einschränken. Ein Steuerstundungsmodell liegt vor, wenn einem Steuerpflichtigen aufgrund einer modellhaften Gestaltung steuerliche Vorteile in Form von negativen Einkünften gewährt werden sollen. Besonders erfolgreich waren in der Vergangenheit Medienfonds und Windparkfonds. Diese Verluste aus Steuerstundungsmodellen sind nicht mit anderen Einkünften ausgleichsfähig. Sie können nur mit zukünftigen Gewinnen aus derselben Einkunftsquelle verrechnet werden.

3.4 Spezielle Verlustnutzungsbeschränkungen

Weitere Normen, die den Verlustausgleich einschränken, sind:
- § 3c Abs. 1 EStG: Verluste, die mit steuerfreien Einnahmen in unmittelbarem wirtschaftlichen Zusammenhang stehen.
- § 5a Abs. 3 S. 1 und 5 S. 4 EStG: Verluste bei Tonnagebesteuerung.
- Ausgleichsverbot für Verluste aus gewerblicher Tierzucht und Tierhaltung, aus bestimmten Termingeschäften von Nichtbanken und aus mitunternehmerischen Beteiligungen an Kapitalgesellschaften (§ 15 Abs. 4 EStG);
- Verluste bei der Veräußerung von Kapitalgesellschaftsanteilen i. S. d. § 17 Abs. 2 S. 6 EStG;
- Für Verluste aus Kapitalvermögen regelt § 20 Abs. 6 EStG: Ein Verlustausgleich ist mit anderen Einkunftsarten nicht möglich, da Einkünfte aus Kapitalvermögen dem 25%-Steuersatz unterliegen. Verluste aus Kapitalvermögen dürfen nur mit positiven Einkünften aus Kapitalvermögen ausgeglichen oder vorgetragen werden. Die Mindestbesteuerung des § 10d Abs. 2 EStG gilt nicht bei vorgetragenen Verlusten aus Kapitalvermögen. Ein Verlustrücktrag ist nicht möglich. Eine Besonderheit gilt für Verluste aus Aktienverkäufen: Diese dürfen nur mit Gewinnen aus der Veräußerung von Aktien ausgeglichen bzw. vorgetragen werden (sog. spezieller Aktien-Verlustverrechnungstopf). Kompliziert geworden sind die Regelungen durch Einführung der Abgeltungsteuer: Die Banken müssen den Verlustausgleich und -vortrag im Rahmen der Abgeltungsteuer selbst berücksichtigen (§ 43a Abs. 3 EStG). Auf Antrag bescheinigt die Bank einen nicht ausgeglichenen Verlust, damit der Kunde diesen bei einer anderen Bank oder beim Finanzamt im Rahmen der Veranlagung nutzen kann. Durch das Bescheinigungsverfahren wird sichergestellt, dass ein Verlust nicht doppelt, also bei der Abgeltungsteuer und im Veranlagungsverfahren genutzt werden kann. Verluste aus Termingeschäften dürfen nur bis zu einem Betrag von 20.000 € pro Jahr mit Gewinnen aus Termingeschäften und mit Einkünften aus Stillhalterprämien verrechnet werden. Die über diesen Betrag hinausgehenden Verluste sind dann in den Folgejahren ebenfalls nur in Höhe von 20.000 € verrechenbar. Dies gilt auch für die Verrechnung von Verlusten aus der ganzen oder teilweisen Uneinbringlichkeit von Kapitalforderungen und der Ausbuchung und Übertragung wertloser Wirtschaftsgüter i. S. d. § 20 Abs. 1 EStG. Diese dürfen nur in Höhe von 20.000 € mit Einkünften aus Kapitalvermögen ausgeglichen werden. Nicht ausgleiche-

ne Verluste aus Kapitalvermögen des einen Ehegatten dürfen ab 2022 im Rahmen der Einkommensteuererklärung mit positiven Kapitalerträgen des anderen Ehegatten verrechnet werden.
- § 21 Abs. 2 EStG: Beträgt die Wohnungsmiete weniger als 50 % der ortsüblichen Marktmiete, so ist die Miete in einen entgeltlichen und einen unentgeltlichen Teil aufzuteilen. Bei einer Miete von 50 %–65 % ist eine Totalüberschussprognose vorzunehmen. Bei negativem Ergebnis und somit fehlender Einkünfteerzielungsabsicht erfolgt eine Aufteilung der Miete in einen entgeltlichen und einen unentgeltlichen Teil. Die auf den unentgeltlichen Teil entfallenden Werbungskosten können nicht abgezogen werden. Beträgt die Miete 66 % der Marktmiete oder mehr, wird die Einkünfteerzielungsabsicht unterstellt, so dass alle Werbungskosten abziehbar sind.
- Ausgleichsverbot für Verluste aus sonstigen Leistungen i. S. d. § 22 Nr. 3 EStG;
- Ausgleichsverbot für Verluste aus privaten Veräußerungsgeschäften (§ 23 Abs. 3 S. 7 und 8 EStG).

KV 18: Das Zu- und Abflussprinzip

1 Einleitung

Da die Einkommensteuer eine Jahressteuer ist, also nur das Einkommen erfasst, das ein Steuerpflichtiger im Laufe eines Kalenderjahres bezogen hat, müssen Einnahmen und Ausgaben **zeitlich zugeordnet** werden; diese Zuordnung regelt § 11 EStG. Die Vorschrift gilt für die Ermittlung der Einkünfte im Rahmen der **Überschusseinkunftsarten** sowie prinzipiell auch für die Gewinneinkunftsarten; jedoch ist für Letztere § 11 EStG aufgrund des Vorbehaltes in § 11 Abs. 1 S. 5 und Abs. 2 S. 6 EStG zugunsten der Regelungen über den Betriebsvermögensvergleich (§ 4 Abs. 1, § 5 EStG) ausgeschlossen. Daher ist § 11 EStG auf Gewinneinkünfte nur anwendbar, wenn der Gewinn durch **Überschussrechnung nach § 4 Abs. 3 EStG** ermittelt wird. Darüber hinaus ist § 11 EStG im Bereich der Einkommensermittlung (§ 2 Abs. 4 und 5 EStG) auch auf privat veranlasste Aufwendungen (Sonderausgaben, außergewöhnliche Belastungen) anwendbar.

2 Grundsatz

2.1 Zuflussprinzip

Einnahmen sind nach § 11 Abs. 1 EStG innerhalb des Kalenderjahres bezogen, in dem sie dem Steuerpflichtigen zufließen (**Zuflussprinzip**). Zu den Einnahmen zählen Einnahmen nach § 8 EStG sowie Betriebseinnahmen im Rahmen der Gewinnermittlung nach § 4 Abs. 3 EStG. Einnahmen können in Geld oder in anderen Gütern bestehen (z. B. Sachbezüge), nicht jedoch in Forderungen, da dies dem Kassenprinzip des § 11 EStG widerspräche.

Zufluss bedeutet das **Erlangen der wirtschaftlichen Verfügungsmacht**. Um den durch das Kassenprinzip eröffneten Gestaltungsspielraum des Steuerpflichtigen einzudämmen, verlangt die Rechtsprechung zusätzlich, dass der Steuerpflichtige »nach dem Gesamtbild der Verhältnisse« die wirtschaftliche Verfügungsmacht erlangt hat. In der Regel ist der Zufluss mit Eintritt des Leistungserfolges gegeben, z. B. mit Übertragung der zivilrechtlichen Inhaberschaft (Barzahlung, Übereignung von Sachen). Zum Teil genügt für den Zufluss auch nur die Möglichkeit, den Leistungserfolg herbeizuführen. In diesem Fall muss der Gläubiger vom leistungswilligen Schuldner in die Lage versetzt werden, den Leistungserfolg herbeizuführen (Zahlung durch Scheck oder Kreditkarte).

2.2 Abflussprinzip

Ausgaben sind nach § 11 Abs. 2 EStG grundsätzlich für das Kalenderjahr abzusetzen, in dem sie geleistet worden sind (**Abflussprinzip**). Ausgaben i. S. v. § 11 Abs. 2 EStG sind Werbungskosten (§ 9 EStG), Betriebsausgaben (§ 4 Abs. 3, 4 EStG), Sonderausgaben (§§ 10 bis 10b EStG) und außergewöhnliche Belastungen (§§ 33, 33a EStG). Entsprechend dem Einnahmenbegriff können auch Ausgaben in geldwerten Gütern geleistet werden.

Abfluss bedeutet, entsprechend der Zuflussdefinition, dass der Steuerpflichtige nach dem Gesamtbild der Verhältnisse die **wirtschaftliche Verfügungsmacht verliert**. Abfluss ist – wiederum parallel zum Zufluss – mit Eintritt des Leistungserfolges gegeben. Im Übrigen wird auf die Leistungshandlung des Schuldners abgestellt: Er muss das seinerseits Erforderliche getan haben, um den Leistungserfolg herbeizuführen.

2.3 Beispiele

Bei den folgenden typischen Konstellationen sind Zu- und Abfluss durch die Rechtsprechung festgelegt worden:
- **Banküberweisung**
  - Zufluss: Mit Gutschrift auf dem Girokonto des Steuerpflichtigen.
  - Abfluss: Mit Zugang des Überweisungsauftrages an die Bank, falls mit einer Ausführung zu rechnen ist (ausreichende Deckung oder Dispo-Kredit), andernfalls erst mit Lastschrift. Bei Zahlung mit Debitkarte mit Pin-Authentifizierung bzw. mit Unterschrift auf dem Zahlungsbeleg.
- **Online-Bezahlsysteme** (PayPal, Apple Pay, Pay Direct)
  - Zufluss: Mit Gutschrift auf dem virtuellen Konto, wenn der Steuerpflichtige jederzeit darüber verfügen kann.
  - Abfluss: Mit unwiderruflicher Anweisung zur Übertragung des Geldbetrages.
- **Scheckzahlung**
  - Zufluss: Mit Empfang des Schecks, wenn der Scheck gedeckt ist.
  - Abfluss: Mit Hingabe des Schecks, wenn dieser alsbald eingelöst und dem Gläubiger gutgeschrieben wird.
- **Kreditkartenzahlung**
  - Zufluss: Mit Zahlung des Kartenausgebers, nicht erst bei Belastung des Bankkontos des Karteninhabers.
  - Abfluss: Mit Unterschrift des Karteninhabers.
- **Aufrechnung**
  Obwohl die Aufrechnung die gegenseitigen Forderungen rückwirkend zum Erlöschen bringt (ex tunc), ist für Zu- und Abfluss der Zeitpunkt der Aufrechnungserklärung maßgeblich.
- **Beherrschender Gesellschafter**
  Der Zufluss von Leistungen einer Kapitalgesellschaft an ihren beherrschenden Gesellschaf-

ter wird im Zeitpunkt der Fälligkeit unterstellt. Mangels Interessengegensatzes hat er mit Fälligkeit auch die wirtschaftliche Verfügungsmacht.

3 Ausnahmen

Von den oben dargestellten Grundsätzen des Zu- und Abflusses gibt es Ausnahmen für regelmäßig wiederkehrende Leistungen sowie für die Einnahmen aus nichtselbständiger Arbeit.

3.1 Regelmäßig wiederkehrende Leistungen

§ 11 Abs. 1 S. 2 und Abs. 2 S. 2 EStG regeln die zeitliche Zurechnung regelmäßig wiederkehrender Einnahmen und Ausgaben. Für sie ist nicht der Zu- und Abfluss maßgeblich, sondern ihre **wirtschaftliche Zugehörigkeit**. Werden sie kurze Zeit vor Beginn oder nach Ende des Kalenderjahrs bezogen bzw. ausgegeben, gelten sie als in dem Kalenderjahr bezogen bzw. ausgegeben, zu dem sie wirtschaftlich gehören. Hierdurch sollen Zufallsergebnisse vermieden werden, die sich insbesondere im Rahmen langfristiger Leistungsverhältnisse bei Leistungen um die Jahreswende ergeben können.

Die Anwendung der Ausnahmeregelung setzt voraus, dass die wirtschaftliche Zugehörigkeit einer Leistung und ihr Zu- bzw. Abfluss jeweils in zwei aufeinander folgenden Kalenderjahren liegt; im Übrigen müssen folgende Merkmale vorliegen:

Regelmäßig wiederkehrende Leistungen: Dies sind Einnahmen und Ausgaben, die insbesondere bei Dauerschuldverhältnissen anfallen; Beispiel hierfür sind Löhne und Gehälter, Zinsen, Mieten, Pachten, Renten und Versicherungsbeiträge. Auch USt-Vorauszahlungen/-Erstattungen sind regelmäßig wiederkehrende Leistungen. Nicht dazu gehören Dividenden oder Aufsichtsratvergütungen, da diese jeweils neu beschlossen werden, d. h. ihnen kein dauerndes Vertragsverhältnis zugrunde liegt.

Kurze Zeit vor Beginn oder nach Ende des Kalenderjahres meint einen Zeitraum von höchstens zehn Tagen (22.12. bis 10.01.).

Fälligkeit: Neben der Zahlung innerhalb kurzer Zeit um die Jahreswende ist es zusätzlich erforderlich, dass die Leistung innerhalb dieser Zeit auch fällig wird. Denn nur bei Fälligkeitsterminen um die Jahreswende kann es zu zufälligen Verschiebungen von Zu- und Abfluss kommen. Daher ist die am 08.01.02 gezahlte und am 31.12.01 fällige Gehaltszahlung für Dezember in 01 zu berücksichtigen, nicht aber die in 02 erfolgende Nachzahlung der am 03.12.01 fälligen Dezember-Miete.

Liegen sämtliche Voraussetzungen vor, so richtet sich die zeitliche Zuordnung nicht nach Zu- und Abfluss der Leistung, sondern nach deren wirtschaftlicher Zugehörigkeit.

3.2 Vorauszahlungen bei langfristigen Nutzungsüberlassungen

Erhaltene Vorauszahlungen für Nutzungsüberlassungen, die für fünf und mehr Jahre im Vorhinein geleistet werden, können gleichmäßig verteilt werden. Geleistete Vorauszahlungen müssen gleichmäßig verteilt werden (§ 11 Abs. 1 S. 3 Abs. 2 S. 3 EStG). Damit wird die alte Rechtsprechung zur Behandlung von Erbbauzinsen per Gesetz aufgehoben.

3.3 Einnahmen aus nichtselbständiger Arbeit

Den Zufluss von Einnahmen aus nichtselbständiger Arbeit regelt § 11 Abs. 1 S. 4 EStG als lex specialis zu S. 1 und 2. Danach werden Sondervorschriften des Lohnsteuerrechts (§ 38a Abs. 1 S. 2 und 3, § 40 Abs. 3 S. 2 EStG) auch im Einkommensteuerveranlagungsverfahren für anwendbar erklärt.

Nach § 38a EStG gilt laufender Arbeitslohn als in dem Kalenderjahr bezogen, in dem der **Lohnzahlungs- bzw. -abrechnungszeitraum** endet. Die zeitliche Zuordnung von laufendem Arbeitslohn richtet sich also nicht nach dem Zahlungseingang beim Arbeitnehmer.

Nach § 40 Abs. 3 S. 2 EStG gilt die auf den Arbeitnehmer abgewälzte pauschale Lohnsteuer mit Abwälzung als zugeflossener Arbeitslohn.

KV 19: Veräußerungsgewinne nach § 17 EStG

1 Einleitung

Die Veräußerung von Anteilen an einer Kapitalgesellschaft führt grundsätzlich zu Einkünften aus Kapitalvermögen, § 20 Abs. 2 EStG. Wenn an der Kapitalgesellschaft aber eine natürliche Person innerhalb der letzten fünf Jahre zu mindestens 1% beteiligt ist, liegen gewerbliche Einkünfte vor, § 17 EStG. Mit Einführung des § 20 Abs. 2 EStG hat § 17 EStG weitgehend seine Bedeutung verloren, so dass teilweise die Abschaffung gefordert wird. Eine eigenständige Bedeutung bleibt allerdings insbesondere bei Wegzugsfällen in das Ausland bestehen: Hier kommt es nach § 6 AStG nur bei § 17 EStG und nicht bei § 20 Abs. 2 EStG zu einer Besteuerung.

2 Tatbestandsvoraussetzungen

Nach § 17 Abs. 1 S. 1 EStG gehört zu den Einkünften aus Gewerbebetrieb auch der Gewinn aus der Veräußerung von im Privatvermögen gehaltenen Anteilen an einer Kapitalgesellschaft, wenn der Veräußerer innerhalb der letzten fünf Jahre am Kapital der Gesellschaft zu mindestens 1% beteiligt war. Liegen sowohl die Voraussetzungen des § 20 Abs. 2 EStG als auch die des § 17 Abs. 1 EStG vor, geht § 17 EStG vor (§ 20 Abs. 8 EStG). Zur Steuerpflicht kommt es daher bei

- der **Veräußerung**
- von **Anteilen an einer Kapitalgesellschaft**,
- die zum **Privatvermögen** gehören, wenn der Veräußerer (bei unentgeltlichem Erwerb sein unmittelbarer Rechtsvorgänger bzw. bei mehrfach unentgeltlicher Übertragung ein Rechtsvorgänger) innerhalb der **letzten fünf Jahre** vor der Veräußerung
- eine Beteiligung von mindestens 1% des Nennkapitals (abzüglich eigener Anteile) unmittelbar oder mittelbar gehalten hat (auch nur kurzfristig).

Die Anteile brauchen für die Prüfung der 1%-Beteiligung nicht zum Privatvermögen gehören. Dies ist nur bei den veräußerten Anteilen notwendig.

Der Veräußerung von Anteilen an Kapitalgesellschaften nach § 17 EStG sind **gleichgestellt**:
- die verdeckte Einlage von Anteilen an einer Kapitalgesellschaft in eine andere Kapitalgesellschaft (§ 17 Abs. 1 S. 2 EStG),
- die Veräußerung von Anteilen unter 1%, die auf Grund einer Einbringung i.S.d. UmwStG unter dem gemeinen Wert erworben wurden (§ 17 Abs. 6 EStG), wenn die Anteile durch Einbringung von Anteilen i.S.d. § 17 EStG oder durch Sacheinlage nach § 20 Abs. 1 UmwStG entstanden sind,

- der Wohnsitzwechsel in das Ausland bei wesentlicher Beteiligung (§ 6 AStG),
- die Auflösung einer Kapitalgesellschaft (§ 17 Abs. 4 S. 1 EStG),
- die Kapitalherabsetzung und Rückzahlung (§ 17 Abs. 4 S. 1 EStG),
- die Ausschüttung oder Zurückzahlung von Beträgen aus dem steuerlichen Einlagekonto i. S. d. § 27 KStG (§ 17 Abs. 4 S. 1 EStG) und
- der Tausch einer im Privatvermögen gehaltenen Beteiligung i. S. d. § 17 EStG.

3 Gewinnermittlung

Der Veräußerungsgewinn ist auf den Zeitpunkt der Veräußerung zu ermitteln (Stichtagsbewertung). Maßgeblich ist das dingliche Rechtsgeschäft, d. h. der Zeitpunkt des Übergangs des wirtschaftlichen Eigentums. Der Gewinn ergibt sich durch Abzug etwaiger Veräußerungskosten und der Anschaffungskosten vom Veräußerungspreis.

Anschaffungskosten sind die Aufwendungen, die geleistet werden, um die Anteile an der KapG zu erwerben. Hierzu gehören auch die Nebenkosten sowie nachträgliche Anschaffungskosten, wie
- offene und verdeckte Einlagen,
- Darlehensverluste, soweit die Gewährung oder das Stehenlassen des Darlehens in der Krise der Gesellschaft gesellschaftsrechtlich veranlasst war,
- Ausfälle von Bürgschaftsregressforderungen und vergleichbaren Forderungen, soweit die Hingabe oder das Stehenlassen der betreffenden Sicherheit gesellschaftsrechtlich veranlasst war.

Eine gesellschaftsrechtliche Veranlassung liegt regelmäßig vor, wenn ein fremder Dritter das Darlehen oder Sicherungsmittel bei sonst gleichen Umständen zurückgefordert oder nicht gewährt hätte.

Leistet der Steuerpflichtige über den Nennbetrag seiner Anteile hinaus Einzahlungen in das Kapital der Gesellschaft, sind die Einzahlungen bei der Ermittlung der Anschaffungskosten gleichmäßig auf seine gesamten Anteile einschließlich seiner im Rahmen von Kapitalerhöhungen erhaltenen neuen Anteile aufzuteilen.

In den Fällen der verdeckten Einlage gilt als Veräußerungspreis der Anteile ihr gemeiner Wert. Hat der Veräußerer den veräußerten Anteil unentgeltlich erworben, sind die Anschaffungskosten des Rechtsvorgängers maßgebend, der den Anteil zuletzt entgeltlich erworben hat.

Der **Freibetrag** beträgt **9.060 €** und ermäßigt sich entsprechend dem veräußerten Anteil am Gesellschaftskapital. Der Freibetrag verringert sich um den Betrag, um den der Veräußerungsgewinn **36.100 €**, multipliziert mit der Beteiligungsquote, übersteigt.

Es gilt das Teileinkünfteverfahren, d.h. der Veräußerungspreis bzw. gemeine Wert ist nach § 3 Nr. 40 S. 1 Buchst. c EStG zu 40 % steuerfrei. Im Gegenzug dürfen Veräußerungskosten nach § 3c Abs. 2 S. 1 EStG auch nur zu 60 % abgezogen werden. Entsprechendes gilt für die Anschaffungskosten. Um eine Doppelbegünstigung auszuschließen, ist die Anwendung des ermäßigten Steuersatzes nach § 34 EStG nicht möglich.

4 Veräußerungsverluste

Im Gegensatz zu § 20 Abs. 6 EStG ermöglicht § 17 EStG grundsätzlich einen Verlustausgleich mit anderen Einkunftsarten. Allerdings gibt es auch bei § 17 EStG Einschränkungen des Verlustausgleichs.

Dabei sind die Fälle des unentgeltlichen und des entgeltlichen Erwerbs zu unterscheiden:
- **Unentgeltlicher Erwerb (§ 17 Abs. 2 S. 6 Buchst. a EStG)**
  Ein Verlust ist **nicht zu berücksichtigen**, soweit er auf Anteile entfällt, die der Steuerpflichtige innerhalb der letzten fünf Jahre unentgeltlich erworben hat. Dies gilt nicht, soweit der Rechtsvorgänger den Verlust hätte geltend machen können.
- **Entgeltlicher Erwerb (§ 17 Abs. 2 S. 6 Buchst. b EStG)**
  In den Fällen des entgeltlichen Erwerbs ist ein Verlustabzug nur zulässig, wenn die veräußerten Anteile fünf Jahre lang Teil einer Beteiligung von mindestens 1 % waren. Dies gilt nicht für Anteile, deren Erwerb zur Begründung einer Beteiligung geführt hat oder die er nach Begründung der Beteiligung erworben hat.

5 Wegzugsbesteuerung nach § 6 AStG

Der Anwendungsbereich des § 17 EStG wird durch § 6 AStG erweitert. Nach § 6 Abs. 1 S. 1 und Abs. 2 AStG ist die Vorschrift des § 17 EStG bei einer natürlichen Person, die innerhalb der letzten zwölf Jahre insgesamt mindestens **sieben Jahre unbeschränkt einkommensteuerpflichtig** war, auch dann anzuwenden, soweit das Besteuerungsrecht Deutschlands hinsichtlich des Gewinns aus der Veräußerung dieser Anteile ausgeschlossen wird, wenn die übrigen Voraussetzungen des § 17 EStG vorliegen.

An die Stelle des Veräußerungspreises tritt der gemeine Wert der Anteile im Zeitpunkt der Beendigung der unbeschränkten Steuerpflicht. Der Steueranspruch entfällt, sofern der Steuerpflichtige wieder unbeschränkt einkommensteuerpflichtig wird (§ 6 Abs. 3 AStG).

§ 6 AStG gilt nur für Fälle, in denen der gemeine Wert der Anteile beim Wegzug die Anschaffungskosten übersteigt. Die Regelung führt nicht zur Realisierung von Verlusten. Wird ein Anteil nach dem Wohnsitzwechsel veräußert, unterliegt der dabei entstehende Veräußerungsgewinn nach § 49 Abs. 1 Nr. 2 Buchst. e EStG i. V. m. § 17 EStG der beschränkten Steuerpflicht. Hierbei ist auch der Wertzuwachs vor dem Wegzug in das Ausland in die Besteuerung einzubeziehen. Bei der Veranlagung ist der Veräußerungsgewinn um den bereits versteuerten Vermögenszuwachs zu kürzen. Die Steuer ist sofort fällig, kann aber auf Antrag in sieben gleichen unverzinslichen Jahresraten entrichtet werden (§ 6 Abs. 4 AStG).

KV 20: Sonstige Einkünfte

1 Einleitung

§ 22 EStG erfasst nicht sämtliche Einkünfte, die nicht unter eine der Einkunftsarten des § 2 Abs. 1 Nr. 1 bis 6 EStG fallen, sondern nur ganz bestimmte, abschließend aufgezählte Arten von Einkünften. Deren einzige Gemeinsamkeit besteht darin, dass sie den anderen Einkunftsarten gegenüber subsidiär sind. Im Einzelnen erfasst § 22 EStG folgende Sachverhalte:
- wiederkehrende Bezüge (§ 22 Nr. 1 EStG),
- Unterhaltsleistungen (Realsplitting) und Einkünfte aus Versorgungsleistungen und Versorgungsausgleichszahlungen i. S. d. § 10 Abs. 1a EStG (§ 22 Nr. 1a EStG),
- private Veräußerungsgeschäfte (§ 22 Nr. 2 i. V. m. § 23 EStG),
- sonstige Leistungen (§ 22 Nr. 3 EStG),
- Abgeordnetenbezüge (§ 22 Nr. 4 EStG),
- Leistungen aus Altersvorsorgeverträgen (§ 22 Nr. 5 EStG).

2 Die sonstigen Einkünfte im Einzelnen

2.1 Wiederkehrende Bezüge

§ 22 Nr. 1 EStG erfasst nur wiederkehrende Bezüge, die nicht zu einer anderen Einkunftsart gehören und wirtschaftlich betrachtet keine Kapitalrückzahlungen (z. B. Kaufpreisraten) darstellen. Merkmal wiederkehrender Bezüge ist, dass sie auf einem **einheitlichen Beschluss** oder einem **einheitlichen Rechtsgrund** beruhen und mit einer gewissen **Regelmäßigkeit** wiederkehren (R 22.1 Abs. 1 EStR).

Wiederkehrende Bezüge sollen nur einmal, d. h. entweder beim (unbeschränkt steuerpflichtigen) Geber oder beim Empfänger versteuert werden. § 22 Nr. 1 S. 2 EStG regelt, dass solche Leistungen steuerlich unberücksichtigt bleiben, die freiwillig oder aufgrund freiwillig begründeter Rechtspflicht oder an eine gesetzlich unterhaltsberechtigte Person gezahlt werden.

Die wichtigste Gruppe der wiederkehrenden Bezüge sind die in § 22 S. 3 EStG geregelten Leibrenten. Sie sind zu unterteilen in
- Renten, die zur **Basisversorgung** gehören, also Renten aus **den gesetzlichen Versicherungen** sowie diesen gleichgestellte private **Rürup-Renten** (§ 10 Abs. 1 Nr. 2 Buchst. a und b EStG). Rürup-Renten sind private Renten, die eine lebenslange Rente gewähren, die nicht vererblich, nicht übertragbar, nicht beleihbar, nicht veräußerbar und nicht kapitalisierbar

ist. Beiden Versicherungen ist gemein, dass sie ausschließlich der Altersversorgung dienen. Die Einzahlungen zu diesen Versicherungen sind ab 2023 in vollem Umfang als Sonderausgaben abzugsfähig (§10 Abs. 3 EStG). Die Rentenauszahlungen sind in 2005 zu 50% steuerpflichtig (§22 Nr. 1 S. 3 Buchst. a Doppelbuchst. aa EStG). Dieser Betrag steigt kohortenweise, d. h. jahrgangsweise, bis zu 100% im Jahr 2040. Ab dem Jahr 2025 sind damit die Einzahlungen in vollem Umfang Sonderausgaben und ab dem Jahr 2040 sind die Rentenauszahlungen voll steuerpflichtig.
- **Sonstige Renten**, z. B. Risikolebensversicherungen, die nur für den Todesfall eine Leistung vorsehen, sowie Lebensversicherungen, die vor dem 01.01.2005 abgeschlossen wurden. Einzahlungen zu diesen Renten sind bei Selbständigen bis zur Höhe von 2.800 €, bei Angestellten bis zu 1.900 € als Sonderausgaben abziehbar (§10 Abs. 4 EStG). Die Auszahlungen sind in Höhe des Ertragsanteils steuerpflichtig (§22 Nr. 1 S. 3 Buchst. a Doppelbuchst. bb EStG). Der Ertragsanteil ist der gesetzlichen Tabelle zu entnehmen.

Werbungskosten im Zusammenhang mit wiederkehrenden Bezügen können in nachgewiesener Höhe oder durch Ansatz eines Pauschbetrages in Höhe von 102 € (§9a S. 1 Nr. 3 EStG) geltend gemacht werden.

2.2 Unterhaltsleistungen (sog. Realsplitting)

Unterhaltsleistungen an den **geschiedenen oder dauernd getrennt lebenden Ehegatten** werden steuerlich erfasst, wenn sie beim Zahlungsverpflichteten als **Sonderausgaben** nach §10 Abs. 1a Nr. 1 EStG abgezogen werden. Der Empfänger muss einem entsprechenden Antrag des Leistenden zugestimmt haben. Da der Sonderausgabenabzug auf einen Betrag von 13.805 € begrenzt ist, muss auch der Empfänger die Leistungen nur bis zu diesem Betrag versteuern (Korrespondenzprinzip).

Mit derartigen Einnahmen zusammenhängende Aufwendungen können ohne Nachweis in Höhe des Werbungskosten-Pauschbetrages von 102 € (§9a S. 1 Nr. 3 EStG) berücksichtigt werden.

2.3 Private Veräußerungsgeschäfte

§23 EStG erfasst Veräußerungsvorgänge im privaten Bereich, bei denen private Wirtschaftsgüter innerhalb bestimmter Fristen nach der Anschaffung veräußert werden. §23 EStG unterscheidet folgende Veräußerungsvorgänge:
- **Grundstücke und grundstücksgleiche Rechte**, die innerhalb von zehn Jahren nach Anschaffung veräußert werden (Ausnahme: Durchgehend selbst genutztes Wohneigentum sowie im Veräußerungsjahr und in den beiden vorangegangenen Jahren selbst genutztes Wohneigentum);

- **andere Wirtschaftsgüter**, die innerhalb von einem Jahr nach Anschaffung veräußert werden; für Wirtschaftsgüter, die zur Erzielung von Einkünften dienen, erhöht sich die Spekulationsfrist auf zehn Jahre (§ 23 Abs. 1 Nr. 2 S. 4 EStG). § 23 gilt nicht für Wertpapiere; Veräußerungsgewinne aus Wertpapieren unterliegen ohne Frist der Abgeltungsteuer (§ 20 Abs. 2 EStG). Gewinne und Verluste aus der Veräußerung von Gegenständen des täglichen Gebrauchs sind nicht steuerbar.

Maßgeblich für die Berechnung der Fristen ist jeweils der **Zeitpunkt des obligatorischen Geschäfts**. Bei **unentgeltlichem Erwerb** ist dem Rechtsnachfolger die Anschaffung des Rechtsvorgängers zuzurechnen. Als **Anschaffung** gilt auch die Überführung von Wirtschaftsgütern aus dem Betriebsvermögen in das Privatvermögen (§ 23 Abs. 1 S. 2 EStG). Als **Veräußerung** ist auch die verdeckte Einlage in eine Kapitalgesellschaft zu beurteilen sowie die Einlage eines Wirtschaftsgutes in ein Betriebsvermögen, wenn die Veräußerung aus dem Betriebsvermögen innerhalb von zehn Jahren nach Anschaffung erfolgt.

Der **Veräußerungsgewinn** wird durch Abzug der Anschaffungs- und Herstellungskosten sowie der Werbungskosten vom Veräußerungspreis ermittelt. Gewinne sind nur steuerpflichtig, wenn sie die **Freigrenze** von 600 € übersteigen.

2.4 Sonstige Leistungen

Als sonstige Leistungen nennt das Gesetz beispielhaft gelegentliche Vermittlungen und die Vermietung beweglicher Sachen. Allgemein formuliert fällt darunter **jedes Tun, Dulden oder Unterlassen**, das Gegenstand eines entgeltlichen Vertrages sein kann und um des Entgelts willen erbracht wird, soweit es nicht einer anderen Einkunftsart zuzuordnen ist. Beispiele sind neben den gesetzlich genannten Fällen eine Abfindungszahlung für die Aufgabe einer Wohnung oder Entgelte für die regelmäßige Mitnahme von Arbeitskollegen. Einkünfte hieraus sind bis zu einer **Freigrenze** von 256 € steuerfrei (§ 22 Nr. 3 EStG).

2.5 Abgeordnetenbezüge

Sämtliche Bezüge aufgrund der Abgeordnetengesetze von Bund, Ländern und Europäischer Union sind nach § 22 Nr. 4 EStG steuerpflichtig. Der Werbungskostenabzug ist ausgeschlossen, soweit Aufwandsentschädigungen zur Abgeltung der durch das Mandat verursachten Aufwendungen gezahlt werden. Wahlkampfkosten zur Mandatserlangung dürfen nicht als Werbungskosten abgezogen werden.

2.6 Leistungen aus Altersvorsorgeverträgen (sog. Riesterrente)

Die private Altersvorsorge wird entweder durch Gewährung einer **Altersvorsorgezulage** (§§ 79 ff. EStG) oder durch **Sonderausgabenabzug** (§ 10a EStG) steuerlich begünstigt. Grundlage hierfür sind die Beiträge des Steuerpflichtigen in einen **zertifizierten Altersvorsorgevertrag**. Leistungen, die der Steuerpflichtige aufgrund dieses Vertrages erhält, sind in vollem Umfang steuerpflichtig. Werbungskosten können nachgewiesen oder durch Pauschbetrag (§ 9a S. 1 Nr. 3 EStG) geltend gemacht werden.

KV 21: Private Veräußerungsgeschäfte i. S. d. § 23 EStG

1 Einleitung

Im Gegensatz zur Aufdeckung von stillen Reserven im Betriebsvermögen unterliegt deren Aufdeckung im Privatvermögen nur in gesetzlich ausdrücklich geregelten Fällen der Besteuerung, insbesondere bei der Veräußerung eines wesentlichen Anteils an einer Kapitalgesellschaft (§ 17 EStG), bei der Veräußerung von Wertpapieren (§ 20 Abs. 2 EStG), bei Vorliegen eines privaten Veräußerungsgeschäfts i. s. v. § 23 EStG und bei § 21 UmwStG. Einkünfte aus privaten Veräußerungsgeschäften zählen zu den **sonstigen Einkünften i. S. v. § 22 EStG**. Die Vorschrift des § 23 EStG erfasst als private Veräußerungsgeschäfte **Werterhöhungen** bei Wirtschaftsgütern des **Privatvermögens**, die innerhalb einer bestimmten **Frist** realisiert werden. Einkünfte aus privaten Veräußerungsgeschäften sind **grundsätzlich subsidiär**, d. h. den Einkünften aus anderen Einkunftsarten zuzurechnen, soweit sie zu diesen gehören.

2 Gegenstände des privaten Veräußerungsgeschäfts

Die Vorschrift erfasst grundsätzlich Verkäufe aller privaten Wirtschaftsgüter und bestimmte Termingeschäfte. Das Gesetz hebt jedoch wegen der besonderen praktischen Bedeutung **Grundstücke** und grundstücksgleiche Rechte hervor und differenziert wie folgt:
- Bei **Grundstücken und grundstücksgleichen Rechten** liegt ein privates Veräußerungsgeschäft vor, wenn der Zeitraum zwischen Anschaffung und Veräußerung **nicht mehr als zehn Jahre** beträgt.
  - Im Zeitraum zwischen Anschaffung und Veräußerung des Grund und Bodens errichtete, ausgebaute oder erweiterte **Gebäude** sind einzubeziehen, wenn die Zehnjahresfrist für den Grund und Boden noch nicht abgelaufen ist, d. h. für beide Wirtschaftsgüter gilt eine einheitliche Frist.
  - Wirtschaftsgüter (Gebäude, selbständige Gebäudeteile, Eigentumswohnungen und in Teileigentum stehende Räume) einschließlich des auf sie entfallenden Grund und Bodens sind von der Veräußerungsgewinnbesteuerung **ausgenommen**, wenn sie entweder im Jahr der Veräußerung und in den beiden vorangegangenen Jahren oder im Zeitraum zwischen Anschaffung und Veräußerung ausschließlich **zu eigenen Wohnzwecken** genutzt wurden. Dies ist der Fall, wenn der Steuerpflichtige das Wirtschafts-

gut allein, mit seinen Familienangehörigen oder gemeinsam mit einem Dritten bewohnt oder es einem Kind, für das er Anspruch auf einen Kinderfreibetrag oder einen Freibetrag nach § 32 Abs. 6 EStG hat, unentgeltlich zu Wohnzwecken überlässt. Das häusliche Arbeitszimmer dient nicht zu Wohnzwecken.
- Bei **anderen Wirtschaftsgütern** des Privatvermögens mit Ausnahme von Gegenständen des täglichen Gebrauchs (z.B. Privat-Pkw) liegt ein privates Veräußerungsgeschäft vor, wenn der Zeitraum zwischen Anschaffung und Veräußerung **nicht mehr als ein Jahr** beträgt. Bei diesen Wirtschaftsgütern erhöht sich der Zeitraum jedoch auf **zehn Jahre**, wenn aus deren Nutzung als Einkunftsquelle zumindest in einem Kalenderjahr Einkünfte erzielt wurden. Gewinne aus dem Verkauf von Wertpapieren unterliegen ohne Frist als Einkünfte aus Kapitalvermögen der Abgeltungsteuer (§§ 20 Abs. 2, 23 Abs. 2 EStG), sofern nicht § 17 EStG einschlägig ist.
- Ein privates Veräußerungsgeschäft liegt auch vor, wenn die Veräußerung der Wirtschaftsgüter früher erfolgt als der Erwerb.

3 Anschaffung und Veräußerung

Private Veräußerungsgeschäfte setzen einen Anschaffungs- sowie einen Veräußerungsvorgang voraus, bei dem eine **Identität** zwischen dem angeschafften und dem veräußerten Wirtschaftsgut bestehen muss. Für die Anschaffung und Veräußerung ist regelmäßig der Zeitpunkt des **schuldrechtlichen Verpflichtungsgeschäfts** (z.B. Abschluss des Kaufvertrags) maßgebend.

3.1 Anschaffungsvorgänge und gleichgestellte Vorgänge

Eine Anschaffung i. S. v. § 23 EStG liegt vor, wenn ein Wirtschaftsgut **entgeltlich** von einem Dritten erworben wird. Als Anschaffung gelten auch
- die Überführung von Wirtschaftsgütern aus dem Betriebsvermögen in das Privatvermögen durch **Entnahme** oder im Rahmen einer **Betriebsaufgabe**;
- die **Anteilsentstrickung** bei einbringungsgeborenen Anteilen;
- die Anschaffung einer unmittelbaren oder mittelbaren Beteiligung an einer **Personengesellschaft** gilt als Anschaffung der einzelnen Wirtschaftsgüter.

Keine Anschaffung sind der **Erwerb kraft Gesetzes** oder eines auf Grund gesetzlicher Vorschriften ergangenen Hoheitsaktes und der **unentgeltliche Erwerb** (z.B. aufgrund Erbfalls oder Schenkung). Dem **Einzelrechtsnachfolger** (Beschenkter) wird jedoch der Anschaffungsvorgang des Rechtsvorgängers und der bisher vergangene Zeitraum zugerechnet (§ 23 Abs. 1 S. 3 EStG).

3.2 Veräußerungen und gleichgestellte Vorgänge

Unter Veräußerung ist die **entgeltliche Übertragung** eines Wirtschaftsguts auf einen Dritten zu verstehen. Auf den Grund für die Veräußerung (z. B. Zwangsversteigerung) kommt es ebenso wenig an wie auf das subjektive Vorliegen einer Spekulationsabsicht. Die Veräußerung einer unmittelbaren oder mittelbaren Beteiligung an einer Personengesellschaft gilt als Veräußerung der einzelnen Wirtschaftsgüter.

Um zu vermeiden, dass die Besteuerung von Wertsteigerungen im Privatvermögen durch Einlagen ins Betriebsvermögen unterlaufen wird, ist – allerdings nur bei **Grundstücken und grundstücksgleichen Rechten** – vorgesehen, dass als Veräußerung auch gilt (§ 23 Abs. 1 S. 5 EStG):

- deren **Einlage** in das Betriebsvermögen, wenn die Veräußerung aus dem Betriebsvermögen innerhalb von zehn Jahren nach der Anschaffung erfolgt;
- deren **verdeckte Einlage** in eine Kapitalgesellschaft.

4 Ermittlung des Veräußerungsgewinns

Gewinn oder Verlust aus einem privaten Veräußerungsgeschäft ist die Differenz zwischen dem Veräußerungspreis einerseits und den Anschaffungs- bzw. Herstellungskosten sowie den Werbungskosten andererseits.

Veräußerungspreis ist jede Gegenleistung in Geld oder Geldeswert, die der Veräußerer für das Wirtschaftsgut erhält. Die **Anschaffungs- bzw. Herstellungskosten** i. S. d. § 23 Abs. 3 S. 1 EStG sind nach § 6 Abs. 1 Nr. 1 und 2 EStG zu ermitteln. Sie sind um Absetzungen für Abnutzung, erhöhte Absetzungen und Sonderabschreibungen zu mindern, soweit diese bei der Ermittlung der Einkünfte nach § 2 Abs. 1 Nr. 4 bis 7 EStG abgezogen worden sind.

Werbungskosten sind alle durch ein privates Veräußerungsgeschäft veranlassten Aufwendungen (z. B. Schuldzinsen), die nicht zu den Anschaffungs- oder Herstellungskosten des veräußerten Wirtschaftsguts gehören, einer vorrangigen anderen Einkunftsart zuzuordnen sind oder wegen privater Nutzung unter das Abzugsverbot des § 12 EStG fallen.

Für private Veräußerungsgeschäfte gilt eine **Freigrenze von 600 €**. Die ggf. von einem Ehegatten nicht ausgeschöpfte Freigrenze kann nicht beim anderen Ehegatten berücksichtigt werden.

Der Gewinn aus einem privaten Veräußerungsgeschäft ist im Jahr des **Zuflusses** zu erfassen (§ 11 EStG). Für die Anschaffungskosten und die Werbungskosten gilt das Abflussprinzip nicht, sie werden in dem Jahr erfasst, in der der Veräußerungsgewinn zufließt.

5 Verlustausgleich

Verluste aus privaten Veräußerungsgeschäften dürfen nur bis zur Höhe des Gewinns, der im gleichen Kalenderjahr aus privaten Veräußerungsgeschäften erzielt wurde, ausgeglichen werden. Ein Abzug der Verluste nach § 10d EStG ist nicht möglich. Die im Entstehungsjahr nicht ausgleichsfähigen Verluste können jedoch nach Maßgabe des § 10d EStG mit Gewinnen aus privaten Veräußerungsgeschäften des unmittelbar vorangegangenen oder der folgenden Veranlagungszeiträume verrechnet werden, § 23 Abs. 3 S. 7 – 10 EStG.

KV 22: Kinder im Einkommensteuerrecht

1 Einleitung

In § 32 EStG wird für das ganze EStG der Begriff des Kindes einheitlich definiert. Dies soll im Folgenden zunächst erläutert werden. Daran anschließend werden die einzelnen Regelungen im Zusammenhang mit Kindern dargestellt.

2 Begriffsbestimmung

Kinder i. S. d. § 32 Abs. 1 EStG sind
- **im ersten Grad** mit dem Steuerpflichtigen verwandte Kinder (leibliche Kinder und Adoptivkinder, keine Stiefkinder),
- **Pflegekinder**, sofern das Obhuts- und Pflegeverhältnis zu den Eltern nicht mehr besteht, der Steuerpflichtige das Kind mindestens zu einem nicht unwesentlichen Teil auf seine Kosten unterhält und er es nicht zu Erwerbszwecken in seinem Haushalt aufgenommen hat.

Nach § 32 Abs. 3 EStG wird ein Kind für den Kalendermonat berücksichtigt, in dem es lebend geboren wurde und für die Folgemonate, für die es die Tatbestände des § 32 Abs. 3 bis 5 EStG erfüllt:
- **Kinder unter 18 Jahren (§ 32 Abs. 3 EStG)**
  Sie werden nach dem Monatsprinzip berücksichtigt, d. h. sie scheiden erstmals für den Monat aus, zu dessen Beginn sie das 18. Lebensjahr vollendet haben.
- **Arbeitslose und gleichzeitig arbeitsuchende Kinder zwischen 18 und 21 Jahren (§ 32 Abs. 4 Nr. 1 EStG)**
- **Kinder zwischen 18 und 25 Jahren (§ 32 Abs. 4 Nr. 2 EStG)**
  - in einer Berufsausbildung,
  - in einer Übergangszeit von vier Monaten vor und nach Ausbildungsabschnitten,
  - ohne Ausbildungsplatz,
  - in einem freiwilligen Dienst.
- **Kinder über 21 bzw. 25 Jahren (§ 32 Abs. 5 Nr. 1 bis 3 EStG)**
  Die Dauer des gesetzlichen Grundwehr- oder Zivildienstes verlängert den Zeitraum der Berücksichtigung bei
  - Arbeitslosen und gleichzeitig arbeitsuchenden Kindern,
  - Kindern in einer Berufsausbildung,
  - Kindern in einer Übergangszeit von vier Monaten vor und nach Ausbildungsabschnitten.

- **Behinderte Kinder (§ 32 Abs. 4 Nr. 3 EStG)**
  Behinderte Kinder sind auch über das 25. Lebensjahr hinaus ohne Altersgrenze zu berücksichtigen. Die Behinderung muss vor Vollendung des 25. Lebensjahres eingetreten sein.

Ein Kind i. S. d. § 32 Abs. 4 Nr. 2 EStG wird nur berücksichtigt, wenn das Kind keiner Erwerbstätigkeit nachgeht. Eine Erwerbstätigkeit bis zu regelmäßig 20 Wochenstunden, ein Ausbildungsverhältnis oder ein geringfügiges Beschäftigungsverhältnis sind unschädlich.

3 Freibeträge und Steuervergünstigungen

Unter bestimmten Voraussetzungen werden folgende Freibeträge und Steuervergünstigungen für Kinder gewährt:

- **Kindergeld (§ 31 und §§ 62 ff. EStG)**
  Anspruchsberechtigte sind unbeschränkt Einkommensteuerpflichtige oder Ausländer mit einer Aufenthaltsberechtigung oder Aufenthaltserlaubnis. Das Kindergeld beträgt monatlich für jedes Kind 250 €.
- **Freibeträge für Kinder (§ 32 Abs. 6 S. 1 EStG)**
  Der Kinderfreibetrag beträgt pro Elternteil ab 2023 **3.012 €** und ab 2024 **3.192 €** im Kalenderjahr. Hinzu kommt ein Freibetrag für den Betreuungs-, Erziehungs- und Ausbildungsbedarf in Höhe von **1.464 €** pro Elternteil und Kalenderjahr. Die Freibeträge werden nur abgezogen, wenn sie günstiger sind als das Kindergeld.
- **Zumutbare Eigenbelastung (§ 33 Abs. 3 EStG)**
  Für Steuerpflichtige mit einem oder mehr Kindern, für die er einen Freibetrag nach § 32 Abs. 6 EStG oder Kindergeld erhält, vermindert sich entsprechend der Anzahl der Kinder die zumutbare Eigenbelastung für außergewöhnliche Belastungen nach § 33 EStG.
- **Aufwendungen für Unterhalt/Berufsausbildung (§ 33a Abs. 1 EStG)**
  Erfasst werden Aufwendungen für den Unterhalt und eine etwaige Berufsausbildung für gesetzlich Unterhaltsberechtigte und diesen Gleichgestellte. Weder der unterstützende Steuerpflichtige noch eine andere Person dürfen Anspruch auf einen Freibetrag nach § 32 Abs. 6 EStG oder Kindergeld haben. Die unterstützende Person darf kein oder nur ein geringes Vermögen (Verkehrswert des Vermögens bis zu **15.500 €** ist unschädlich) besitzen. Auf Antrag des Steuerpflichtigen erfolgt ein Abzug vom Gesamtbetrag der Einkünfte bis zur Höchstgrenze des Grundfreibetrags. Hat die unterhaltene Person eigene Einkünfte, so vermindert sich dieser Betrag, soweit diese Einkünfte 624 € übersteigen.
- **Pauschbetrag bei auswärtiger Unterbringung (§ 33a Abs. 2 EStG)**
  Zur Abgeltung des Sonderbedarfs eines in der Berufsausbildung befindlichen, auswärtig untergebrachten, volljährigen Kindes, für das Anspruch auf Kinderfreibetrag besteht, gibt es einen zusätzlichen Freibetrag von 1.200 €. Erfasst werden Aufwendungen für den Unterhalt und eine etwaige Berufsausbildung für gesetzlich Unterhaltsberechtigte und diesen Gleichgestellte.

- **Behinderten-Pauschbetrag/Hinterbliebenen-Pauschbetrag/behinderungsbedingte Fahrtkostenpauschale (§ 33b Abs. 5 EStG und § 33 Abs. 2a EStG)**
  Auf Antrag kann der Behinderten-Pauschbetrag, der Hinterbliebenen-Pauschbetrag und die behinderungsbedingte Fahrtkostenpauschale auf den Steuerpflichtigen übertragen werden, wenn ihn das Kind, für das der Steuerpflichtige einen Freibetrag nach § 32 Abs. 6 EStG oder Kindergeld erhält, nicht in Anspruch nimmt.
- **Kinderbetreuungskosten (§ 10 Abs. 1 Nr. 5 EStG)**
  Betreuungskosten für Kinder, welche das 14. Lebensjahres noch nicht vollendet haben, und für Kinder mit einer vor Vollendung des 25. Lebensjahres eingetretenen Behinderung können zu 2/3, maximal in Höhe von 4.000 € als Sonderausgaben geltend gemacht werden. Das gilt nicht für Unterrichtsaufwendungen und Aufwendungen für Freizeitbetätigungen. Voraussetzung für den Abzug ist, dass der Steuerpflichtige für die Aufwendungen eine Rechnung erhalten hat und die Zahlung auf das Konto des Erbringers erfolgt ist.
- **Schulgeld (§ 10 Abs. 1 Nr. 9 EStG)**
  Für den Besuch einer genehmigten Ersatz- oder Ergänzungsschule für ein Kind, für das der Steuerpflichtige einen Kinderfreibetrag oder Kindergeld erhält, kann der Steuerpflichtige 30 % des hierfür entrichteten Entgelts, höchstens 5.000 €, als Sonderausgaben abziehen.
- **Entlastungsbetrag für Alleinerziehende (§ 24b EStG)**
  Alleinerziehende können für ein Kind einen Entlastungsbetrag in Höhe von 4.260 € pro Kalenderjahr von der Summe der Einkünfte abziehen. Für jedes weitere Kind erhöht sich der Betrag um 240 €.
- **Pflege-Pauschbetrag (§ 33b Abs. 6 EStG)**
  Für die Pflege eines Kindes kann der Steuerpflichtige an Stelle einer Steuerermäßigung nach § 33 EStG einen Pauschbetrag in Abhängigkeit vom Pflegegrad von 600–1.800 € im Kalenderjahr geltend machen (Pflege-Pauschbetrag), wenn er dafür keine Einnahmen erhält.
- **Steuerermäßigung nach § 35a EStG**
  Aufwendungen für Kinderbetreuung durch haushaltsnahe Beschäftigungsverhältnisse und Dienstleistungen führen – soweit die Aufwendungen keine BA/WK darstellen und soweit sie nicht als Sonderausgaben oder außergewöhnliche Belastungen berücksichtigt wurden – zu einer Steuerermäßigung. Für Aufwendungen, die dem Grunde nach unter § 10 Abs. 1 Nr. 5 EStG fallen, ist eine Inanspruchnahme ebenfalls ausgeschlossen.
- **Berechnung des Solidaritätszuschlags und der Kirchensteuer (§ 2 Abs. 5 S. 2 EStG)**
  Bei der Berechnung von Soli und KiSt ist immer der Kinderfreibetrag abzuziehen, auch, wenn das Kindergeld günstiger ist.
- **Kinderzulage bei der Riesterrente (§ 85 EStG)**
  Für jedes Kind gibt es eine Zulage bei der Riesterrente in Höhe von 185 €. Für ein nach dem 31.12.2007 geborenes Kind erhöht sich die Kinderzulage auf 300 €.

KV 23: Außergewöhnliche Belastungen

1 Einleitung

Außergewöhnliche Belastungen (agB) liegen vor, wenn einem Steuerpflichtigen zwangsläufig größere Aufwendungen als der überwiegenden Mehrzahl der Steuerpflichtigen gleicher Einkommensverhältnisse, gleicher Vermögensverhältnisse und gleichen Familienstands erwachsen. Der Abzug von agB trägt demnach den Fällen Rechnung, in denen das Existenzminimum durch außergewöhnliche Umstände im Bereich der privaten Lebensführung höher liegt als im Normalfall. Die Regelung dient dazu, unzulässige Härten bei der Besteuerung zu vermeiden. AgB werden vom Gesamtbetrag der Einkünfte abgezogen (§ 2 Abs. 4 EStG).

2 Grundtatbestand (§ 33 EStG)

Ein Anspruch auf Steuerermäßigung nach § 33 EStG besteht, sofern folgende Voraussetzungen erfüllt sind:
- Es handelt sich um zwangsläufige Aufwendungen:
  - der Steuerpflichtige kann sich den Aufwendungen aus rechtlichen, tatsächlichen oder sittlichen Gründen nicht entziehen (keine Ausweichmöglichkeit);
  - Aufwendungen sind den Umständen nach notwendig (d.h. dem Grunde und der Höhe nach zwangsläufig) und objektiv angemessen;
- der Steuerpflichtige muss einen **Antrag** auf Berücksichtigung stellen,
- dem Steuerpflichtigen erwachsen **höhere Aufwendungen** als der überwiegenden Mehrzahl der Steuerpflichtigen gleicher Einkommensverhältnisse, gleicher Vermögensverhältnisse und gleichen Familienstands,
- die Aufwendungen gehören **nicht** zu den **Sonderausgaben, Werbungskosten oder Betriebsausgaben,**
- Erwachsen dem Steuerpflichtigen Aufwendungen für die Führung eines Rechtsstreits (Prozesskosten), sind diese vom Abzug ausgeschlossen, es sei denn es handelt sich um Aufwendungen, ohne die der Steuerpflichtige Gefahr liefe, seine Existenzgrundlage zu verlieren und seine lebensnotwenigen Bedürfnisse in dem üblichen Rahmen nicht mehr befriedigen zu können,
- die Aufwendungen übersteigen die **zumutbare Belastung** nach § 33 Abs. 3 EStG:
  - eine Entlastung erfolgt damit entsprechend der steuerlichen Leistungsfähigkeit des Steuerpflichtigen,
  - die Bemessungsgrundlage für die zumutbare Belastung ist der Gesamtbetrag der Einkünfte nach § 2 Abs. 3 EStG,

- dem Steuerpflichtigen müssen **tatsächlich finanzielle Aufwendungen** entstanden sein, wobei nur der endgültig verlorene Aufwand berücksichtigt werden kann.

3 Behinderungsbedingte Fahrtkostenpauschale (§ 33 Abs. 2a EStG)

Abweichend von Abs. 1 wird für Aufwendungen für durch eine Behinderung veranlasste Fahrten nur eine Pauschale gewährt. Die Pauschale beträgt in Abhängigkeit vom Grad der Beeinträchtigung 900–4.500 €.

4 Außergewöhnliche Belastungen in besonderen Fällen (§ 33a EStG)

In § 33a EStG wird der Abzug für Unterhalts- und Berufsausbildungsaufwendungen zugunsten anderer Personen ohne Anrechnung einer zumutbaren Belastung geregelt. Darüber hinaus wird der Abzug von Haushaltshilfeaufwendungen gewährt.
- **Aufwendungen für Unterhalt/Berufsausbildung (§ 33a Abs. 1 EStG)**
  - Erfasst werden Aufwendungen für den Unterhalt und eine etwaige Berufsausbildung für gesetzlich Unterhaltsberechtigte und diesen Gleichgestellte (z. B. Partner einer eheähnlichen Gemeinschaft).
  - Weder der unterstützende Steuerpflichtige noch eine andere Person haben Anspruch auf einen Freibetrag nach § 32 Abs. 6 EStG oder Kindergeld.
  - Die unterstützte Person hat kein oder nur ein geringes Vermögen (Verkehrswert des Vermögens bis zu **15.500 €** ist unschädlich; ein angemessenes Hausgrundstück i. S. d. SGB bleibt unberücksichtigt).
  - Ein Antrag des Steuerpflichtigen ist erforderlich.
  - Ein Abzug vom Gesamtbetrag der Einkünfte bis zur Höchstgrenze von **9.984 €** ist möglich. Die Kürzung erfolgt um den Betrag, um den die eigenen Einkünfte und Bezüge den Grenzbetrag von **624 €** übersteigen.
- **Pauschbetrag bei auswärtiger Unterbringung (§ 33a Abs. 2 EStG)**
  - Bei auswärtiger Unterbringung eines volljährigen Kindes in Berufsausbildung.
  - Der Steuerpflichtige hat Anspruch auf einen Freibetrag nach § 32 Abs. 6 EStG oder Kindergeld.
  - Der Abzug eines Freibetrages i. H. v. **1.200 €** erfolgt vom Gesamtbetrag der Einkünfte.

Für jeden vollen Monat, in dem die Voraussetzungen des § 33a Abs. 1 und 2 EStG nicht vorgelegen haben, ermäßigen sich die genannten Beträge um je ein Zwölftel.

5 Pauschbeträge für Menschen mit Behinderungen, Hinterbliebene und Pflegepersonen (§ 33b EStG)

Anstelle der Steuerermäßigung nach § 33 EStG gewährt § 33b EStG besondere Pauschbeträge für Menschen mit Behinderungen, Hinterbliebene und Pflegepersonen. Diese können vom Steuerpflichtigen wahlweise unter nachstehenden Voraussetzungen in Anspruch genommen werden.

- **Pauschbeträge für Menschen mit Behinderungen (§ 33b Abs. 1–3 EStG)**
  - Die Pauschbeträge sind gestaffelt nach dem Grad der dauernden Behinderung (20 % bis 100 %) des Steuerpflichtigen. Für hilflose Menschen, Blinde und Taubblinde erhöht sich der jeweilige Pauschbetrag auf **7.400 €**.
  - Die Übertragung des Pauschbetrages für ein behindertes Kind auf seine Eltern ist möglich.
- **Hinterbliebenen-Pauschbetrag (§ 33b Abs. 4 EStG)**
  - Gewährung eines Pauschbetrages von **370 €** bei Bewilligung laufender Hinterbliebenenbezüge nach bestimmten Gesetzen.
  - Die Übertragung des Pauschbetrages für ein behindertes Kind auf seine Eltern ist möglich.
- **Pflege-Pauschbetrag (§ 33b Abs. 6 EStG)**
  - Außergewöhnliche Belastungen des Steuerpflichtigen für die Pflege einer dauernd hilflosen Person.
  - Die Pflege muss im Inland durch die Pflegeperson persönlich in der Wohnung des Pflegebedürftigen oder der Pflegeperson selbst erfolgen.
  - Der Pauschbetrag von **600–1.800 €** (abhängig vom Pflegegrad) setzt voraus, dass der Steuerpflichtige für die Pflege keine Einnahmen erhält.
  - Der Pauschbetrag ist nach der Zahl der Pflegepersonen aufzuteilen.

KV 24: Die Pauschalierung der Lohnsteuer

1 Einleitung

Die Lohnsteuer ist eine besondere Erhebungsform der Einkommensteuer. Von einer Pauschalierung der Lohnsteuer spricht man, wenn die Lohnsteuer nicht entsprechend der Besteuerungsmerkmale der elektronischen Lohnsteuerabzugsmerkmale aus einer Lohnsteuertabelle berechnet wird, sondern vereinfachend mit einem pauschalen Prozentsatz erhoben wird. Der Arbeitgeber trägt in diesen Fällen die pauschale Lohnsteuer zusätzlich zum Arbeitslohn. Er ist Schuldner der pauschalen Lohnsteuer. Der pauschal besteuerte Arbeitslohn und die pauschale Lohnsteuer bleiben bei einer Veranlagung zur Einkommensteuer außer Ansatz. Die pauschale Lohnsteuer kann demnach nicht auf die Einkommensteuer angerechnet werden (§ 40 Abs. 3 EStG). Neben der pauschalen Lohnsteuer werden ggfs. auch die pauschale Kirchensteuer und bei Überschreiten der Grenze des § 3 Abs. 3 SolzG 1995 der Solidaritätszuschlag (5,5 % der pauschalen Lohnsteuer) abgeführt. Die Pauschalierung der Lohnsteuer ist in den §§ 40 bis 40b EStG geregelt.

2 Möglichkeiten der Pauschalierung

Die gesetzlichen Regelungen sehen folgende Pauschalierungsmöglichkeiten vor:
- **Sonstige Bezüge/Nacherhebung von Lohnsteuer (§ 40 Abs. 1 EStG)**
  Auf Antrag des Arbeitgebers kann das Betriebsstättenfinanzamt zulassen, dass die Lohnsteuer mit einem **besonderen Pauschsteuersatz** (durchschnittlicher Steuersatz derjenigen Arbeitnehmer, denen die Bezüge gewährt werden sollen) erhoben wird, soweit von dem Arbeitgeber
  - **sonstige Bezüge** in einer größeren Zahl von Fällen gewährt werden oder
  - in einer größeren Zahl von Fällen **Lohnsteuer nachzuerheben** ist, weil diese vom Arbeitgeber nicht vorschriftsmäßig einbehalten wurde.

  Eine größere Zahl von Fällen ist grundsätzlich ohne weitere Prüfung anzunehmen, wenn gleichzeitig mindestens 20 Arbeitnehmer in die Pauschalbesteuerung einbezogen werden. Weiterhin setzt die Pauschalierung der sonstigen Bezüge voraus, dass der Arbeitgeber einem Arbeitnehmer sonstige Bezüge von **nicht mehr als 1.000 €** im Kalenderjahr gewährt. Der Begriff sonstiger Bezug ist als Gegensatz zum laufenden Arbeitslohn zu verstehen. Er entspricht im Wesentlichen dem sozialversicherungsrechtlichen Begriff »einmalige Zuwendungen«, die aus besonderem Anlass oder zu einem bestimmten Zweck gewährt werden (z. B. Gratifikationen, Tantiemen, Urlaubs- oder Weihnachtsgeld, Jubiläumszuwendungen). Die Pauschalierung sonstiger Bezüge mit einem besonders ermittelten Pauschsteuersatz löst keine Sozialversicherungsfreiheit aus. Übernimmt der Arbeitgeber die auf den sonstigen Bezug entfallenden Arbeitnehmeranteile zur Sozialversicherung, so sind diese als geldwerter Vorteil pauschal zu versteuern und bei der 1.000 €-Grenze zu berücksichtigen.

- **Besondere Zuwendungen (§ 40 Abs. 2 S. 1 EStG)**
Der Arbeitgeber kann die Lohnsteuer in folgenden Fällen mit einem Pauschsteuersatz von 25 % erheben:
    - Beköstigung von Arbeitnehmern (Abgabe von unentgeltlichen oder verbilligten Mahlzeiten im Betrieb oder Barzuschüsse an ein anderes Unternehmen hierfür),
    - Beköstigung von Arbeitnehmern anlässlich einer beruflichen Tätigkeit außerhalb ihrer Wohnung und ersten Tätigkeitsstätte (Abgabe durch Arbeitgeber oder einen Dritten), wenn die Mahlzeiten nach § 8 Abs. 2 S. 8 und 9 EStG mit dem Sachbezugswert anzusetzen sind,
    - Zuwendungen im Rahmen von Betriebsveranstaltungen,
    - Erholungsbeihilfen bis zu bestimmten Höchstbeträgen,
    - Vergütungen für Verpflegungsmehraufwendungen,
    - Übereignung von Datenverarbeitungsgeräten, Zubehör und Internetzugang,
    - (gilt auch für Zuschüsse des Arbeitgebers zu den Aufwendungen des Arbeitnehmers für die Internetnutzung),
    - Ladevorrichtungen für Elektro- oder Hybridfahrzeuge,
    - Übereignung eines Dienstfahrrads (normal und elektrisch, sofern kein Kfz).

Im Gegensatz zur Pauschalierung mit einem besonders ermittelten Pauschsteuersatz sind die oben genannten Bezüge sozialversicherungsfrei.

- **Sachbezüge und Zuschüsse im Zusammenhang mit den Aufwendungen des Arbeitnehmers für seine Fahrten zwischen Wohnung und Arbeitsstätte (§ 40 Abs. 2 S. 2 EStG)**
Die Lohnsteuer kann vom Arbeitgeber mit einem Pauschsteuersatz von 15 % für Sachbezüge in Form der unentgeltlichen oder verbilligten Beförderung eines Arbeitnehmers zwischen Wohnung und erster Tätigkeitsstätte und für neben dem Arbeitslohn geleistete Zuschüsse zu den Aufwendungen des Arbeitnehmers für Fahrten zwischen Wohnung und erster Tätigkeitsstätte erheben, soweit diese Bezüge nicht die Beträge nach § 9 Abs. 2 EStG übersteigen (Nr. 1). Zuschüsse zum Jobticket können statt der Steuerfreiheit nach § 3 Nr. 15 EStG pauschal mit 25 % LSt besteuert werden (Nr. 2). Die Fahrtkosten- und Jobticketzuschüsse sind ebenfalls sozialversicherungsfrei.

- **Kurzfristig Beschäftigte (§ 40a Abs. 1 EStG)**
Unter Verzicht auf den Abruf von elektronischen Lohnsteuerabzugsmerkmalen oder die Vorlage einer Bescheinigung für den Lohnsteuerabzug bei Arbeitnehmern, die nur kurzfristig beschäftigt werden, kann der Arbeitgeber die Lohnsteuer mit einem Pauschsteuersatz von 25 % des Arbeitslohns erheben. Eine kurzfristige Beschäftigung liegt vor, wenn der Arbeitnehmer bei dem Arbeitgeber gelegentlich, **nicht regelmäßig wiederkehrend** beschäftigt wird, die Dauer der Beschäftigung **18 zusammenhängende Arbeitstage** nicht übersteigt und der Arbeitslohn während der Beschäftigungsdauer **150 € durchschnittlich je Arbeitstag** nicht übersteigt oder die Beschäftigung zu einem unvorhersehbaren Zeitpunkt sofort erforderlich wird (z. B. bei Ersatz einer ausgefallenen Arbeitskraft oder bei akutem Bedarf

- **Geringfügig Beschäftigte (§ 40a Abs. 2 und 2a EStG)**
  Der Arbeitgeber kann unter Verzicht auf den Abruf von elektronischen Lohnsteuerabzugsmerkmalen oder die Vorlage einer Bescheinigung für den Lohnsteuerabzug die Lohnsteuer einschließlich Solidaritätszuschlag und Kirchensteuern (einheitliche Pauschsteuer) für den Arbeitslohn aus geringfügigen Beschäftigungen, für den er Beiträge zu entrichten hat, mit einem einheitlichen Pauschsteuersatz von insgesamt 2 % des Arbeitslohns erheben. Sofern keine Beiträge zu entrichten sind, kann der Arbeitgeber unter Verzicht auf die Vorlage einer Lohnsteuerkarte die Lohnsteuer mit einem Pauschsteuersatz von **20 %** des Arbeitslohns erheben.

- **Aushilfskräfte in Betrieben der Land- und Forstwirtschaft (§ 40a Abs. 3 EStG)**
  Der Arbeitgeber kann unter Verzicht auf den Abruf von elektronischen Lohnsteuerabzugsmerkmalen oder die Vorlage einer Bescheinigung für den Lohnsteuerabzug bei Aushilfskräften, die in Betrieben der **Land- und Forstwirtschaft i. S. d. § 13 Abs. 1 Nr. 1 bis 4 EStG** ausschließlich mit land- und forstwirtschaftlichen Arbeiten beschäftigt werden, die nicht ganzjährig anfallen (eine Beschäftigung mit anderen land- und forstwirtschaftlichen Arbeiten ist unschädlich, wenn sie 25 % der Gesamtbeschäftigungsdauer nicht überschreitet), die Lohnsteuer mit einem Pauschsteuersatz von **5 %** des Arbeitslohns erheben. Die Aushilfskraft darf **keine land- und forstwirtschaftliche Fachkraft** sein und nicht mehr als **180 Tage** im Kalenderjahr beschäftigt werden. Die Pauschalierung ist nicht zulässig, wenn der auf einen Stundenlohn umgerechnete Arbeitslohn **19 €** übersteigt. Des Weiteren darf der Arbeitnehmer nicht für eine andere Beschäftigung von demselben Arbeitgeber Arbeitslohn beziehen, der dem Lohnsteuerabzug unterliegt.

- **Bestimmte Zukunftssicherungsleistungen (§ 40b EStG)**
  Unter bestimmten Voraussetzungen kann der Arbeitgeber die Lohnsteuer von den Beiträgen für eine Direktversicherung des Arbeitnehmers, für eine Gruppenunfallversicherung und von den Zuwendungen an eine Pensionskasse mit einem Pauschsteuersatz von **20 %** der Beiträge und Zuwendungen erheben. Die Pauschalierung ist bei Beiträgen zu einer Direktversicherung und zu Pensionskassen auf **1.752 €** jährlich begrenzt. Für Beiträge zu einer Gruppenunfallversicherung beträgt die Pauschalierungsfreigrenze **100 €**.

- **Pauschalierung der ESt durch Dritte (§§ 37a, 40 Abs. 3 EStG)**
  Steuerpflichtige, die Sachprämien aus Kundenbindungsprogrammen i. S. d. § 3 Nr. 38 EStG gewähren, können den 1.080 € übersteigenden Teil der Prämie mit 2,25 % pauschal versteuern.

- **Pauschalierung der ESt bei Sachzuwendungen (§§ 37b, 40 Abs. 3 EStG)**
  Steuerpflichtige können die ESt einheitlich für alle betrieblich veranlassten Zuwendungen, die zusätzlich zu einer vereinbarten Leistung erbracht werden, und für Geschenke, für die das Abzugsverbot des § 4 Abs. 5 S. 1 Nr. 1 EStG gilt, mit einem Pauschsteuersatz von 30 % erheben.

KV 25: Die Bauabzugsbesteuerung

1 Einleitung

Durch die Bauabzugsteuer, §§ 48–48d EStG, werden unternehmerische Auftraggeber von Bauleistungen verpflichtet, von dem an den Bauleistenden zu zahlenden (Brutto-)Rechnungsbetrag 15 % als Steuerabzug einzubehalten und an das für den Bauleistenden zuständige Finanzamt abzuführen, wenn nicht der Bauunternehmer eine gültige Freistellungsbescheinigung vorlegt. Dadurch soll das Einkommen-, Körperschaft- und Lohnsteueraufkommen im Baugewerbe gesichert werden.

2 Tatbestandsvoraussetzungen

Die Finanzverwaltung hat mit BMF-Schreiben vom 27.12.2002, BStBl. I 2002, 1399 zu Einzelfragen der Steuerabzugspflicht Stellung genommen:

- **Begriff der Bauleistung**

  Bauleistungen sind alle Leistungen, die der **Herstellung, Instandsetzung, Instandhaltung, Änderung oder Beseitigung von Bauwerken** dienen. Ein Bauwerk umfasst nicht nur Gebäude, sondern auch sämtliche irgendwie mit dem Erdboden verbundene oder infolge ihrer eigenen Schwere auf ihm ruhende, aus Baustoffen oder Bauteilen mit baulichem Gerät hergestellte Anlagen (z. B. Aufzüge, Rolltreppen, Heizungsanlagen). Die Annahme einer Bauleistung setzt voraus, dass sie sich unmittelbar auf die Substanz des Gebäudes auswirkt, d. h. eine Substanzerweiterung, Substanzverbesserung oder Substanzbeseitigung bewirkt, hierzu zählen auch Erhaltungsaufwendungen.

  Werden im Rahmen eines Vertragsverhältnisses mehrere Leistungen erbracht, bei denen es sich nur teilweise um Bauleistungen handelt, kommt es darauf an, welche Leistung der vertraglichen Beziehung das Gepräge gibt. Sofern die Bauleistung als Hauptleistung anzusehen ist, besteht die Abzugsverpflichtung für sämtliche erbrachten Leistungen, d. h. für die Haupt- und Nebenleistung. (Beispiel: Ein Schreiner plant, fertigt, liefert und montiert eine Theke für einen Gastwirt. Bei der Fertigung und Montage handelt es sich um Bauleistungen, während Planung und Transport durch den Schreiner keine Bauleistungen darstellen. Sie teilen aber hier als Nebenleistungen das Schicksal der Hauptleistung, so dass von der Vergütung insgesamt der Steuerabzug vorzunehmen ist.)

- **Leistender**

  Als Leistender kommen alle **natürlichen und juristischen Personen** unabhängig von ihrer Ansässigkeit **im In- oder Ausland** in Betracht. Leistender ist auch derjenige, der über eine Leistung abrechnet, ohne sie erbracht zu haben (z. B. Generalunternehmer). Schließt eine Arbeitsgemeinschaft Verträge über Bauleistungen mit Leistungsempfängern ab, ist die Arbeitsgemeinschaft Leistender. Erbringt eine Organgesellschaft Bauleistungen an Leistungsempfänger außerhalb des umsatzsteuerlichen Organkreises, ist Leistender die Organgesellschaft.

- **Abzugsverpflichteter**
Abzugsverpflichtet ist der Leistungsempfänger, wenn es sich hierbei um einen **Unternehmer i. S. d. § 2 UStG oder um eine juristische Person des öffentlichen Rechts** handelt. Die Abzugsverpflichtung besteht demzufolge auch für Kleinunternehmer, pauschalversteuernde Land- und Forstwirte und Unternehmer, die ausschließlich steuerfreie Umsätze tätigen (z. B. Vermietung und Verpachtung von Grundstücken oder Gebäuden). Die Abzugsverpflichtung betrifft nur Bauleistungen für den unternehmerischen Bereich des Auftraggebers. Ist eine eindeutige Zuordnung zum unternehmerischen Bereich nicht möglich, entscheidet der überwiegende Zweck, der z. B. anhand des Wohn-/Nutzflächenverhältnisses festzustellen ist. Für Bauleistungen, die von Leistenden außerhalb des Organkreises an die Organgesellschaft erbracht werden, ist der Organträger Leistungsempfänger und damit Abzugsverpflichteter. Bei Innenumsätzen zwischen der Organgesellschaft und dem Organträger besteht keine Abzugsverpflichtung.

- **Steuerabzug**
Der Steuerabzug ist in Höhe von **15 % der Gegenleistung**, d. h. dem Entgelt zuzüglich Umsatzsteuer vorzunehmen. Die Verpflichtung zum Steuerabzug entsteht mit Abfluss (§ 11 EStG) der Gegenleistung beim Leistungsempfänger. Die Berechnung des Steuerabzugs erfolgt durch den Leistungsempfänger, der die Steuer bis zum 10. Tag nach Ablauf des Monats, in dem die Gegenleistung erbracht wird, anzumelden und abzuführen hat. Die Abführung der Steuer hat an das für den Leistenden zuständige Finanzamt für Rechnung des Leistenden zu erfolgen. Das Finanzamt kann dem Leistungsempfänger bei verspäteter Abgabe der Anmeldung einen Verspätungszuschlag (i. H. v. 10 % des Abzugsbetrages, höchstens 25.000 €) auferlegen. Bei verspäteter Zahlung entstehen Säumniszuschläge. Der Leistungsempfänger hat dem Leistenden einen Abrechnungsbeleg zu erstellen, aus dem insbesondere der Rechnungsbetrag und die Höhe des Steuerabzugs hervorgeht. Bei nicht ordnungsgemäßer Durchführung des Steuerabzugs haftet der Leistungsempfänger für den nicht oder zu niedrig abgeführten Abzugsbetrag.

3 Ausnahmen vom Steuerabzug

Unter bestimmten Voraussetzungen muss der Steuerabzug nicht vorgenommen werden:
- **Vermieter**
Für Vermieter, die **nicht mehr als zwei Wohnungen** vermieten, kann der Steuerabzug für Bauleistungen im Zusammenhang mit diesen Wohnungen unterbleiben.
- **Bagatellgrenzen**
Vom Steuerabzug kann abgesehen werden, wenn die Gegenleistung im laufenden Kalen-

derjahr die **Freigrenze von 5.000€** voraussichtlich nicht übersteigen wird. Die Freigrenze erhöht sich auf **15.000€**, wenn der Leistungsempfänger ausschließlich steuerfreie Umsätze nach §4 Nr.12 S.1 UStG ausführt (gilt nicht, sofern nach §9 UStG zur Umsatzsteuer optiert wird). Für die Ermittlung der Bagatellgrenzen sind die für denselben Leistungsempfänger im laufenden Kalenderjahr erbrachten und voraussichtlich zu erbringenden Bauleistungen zusammenzurechnen.

- **Freistellungsbescheinigung**
  Bei Vorlage einer gültigen Freistellungsbescheinigung entfällt die Verpflichtung zum Steuerabzug. Sofern der zu sichernde Steueranspruch nicht gefährdet erscheint und ein inländischer Empfangsbevollmächtigter bestellt ist, hat das für den Leistenden zuständige Finanzamt auf Antrag des Leistenden eine Freistellungsbescheinigung zu erteilen. Die Haftung des Leistungsempfängers entfällt **bei Vorlage einer Freistellungsbescheinigung**, auf deren Rechtmäßigkeit er vertrauen konnte. Der Leistungsempfänger ist verpflichtet, die Freistellungsbescheinigung zu überprüfen. Insbesondere soll er sich vergewissern, ob sie mit einem Dienstsiegel versehen ist und eine Sicherheitsnummer trägt. Eine Prüfung der Gültigkeit der Freistellungsbescheinigung kann der Leistungsempfänger im Wege einer elektronischen Abfrage beim Bundeszentralamt für Steuern vornehmen. Die Begrenzung der Freistellung auf bestimmte Bauleistungen oder Zeiträume ist möglich.

4 Anrechnung des Abzugsbetrages

Das Finanzamt rechnet bei **Einbehaltung und Anmeldung** des Steuerabzugs den Abzugsbetrag auf die vom Auftragnehmer zu entrichtenden Steuern an (Reihenfolge der Anrechnung: einbehaltene und abgeführte Lohnsteuer für Arbeitnehmer, Vorauszahlungen auf die Einkommen- oder Körperschaftsteuer, Einkommen- oder Körperschaftsteuer des Besteuerungs- oder Veranlagungszeitraums, in dem die Bauleistungen erbracht wurden, eigene anzumeldende und abzuführende Steuerabzugsbeträge). Die Anrechnung von Vorauszahlungen darf nicht zu einer Erstattung führen. Sofern Abzugsbeträge nicht angerechnet werden können und für eine Aufrechnung nach §226 AO nicht in Betracht kommen, werden sie dem Leistenden erstattet. Sofern der Leistende im Inland keine steuerlichen Pflichten zu erfüllen hat, erstattet das Finanzamt den Abzugsbetrag auf Antrag, der spätestens bis zum Ablauf des Kalenderjahres zu stellen ist, das auf das Jahr der Anmeldung des Abzugsbetrages folgt.

KV 26: Erbauseinandersetzung im Steuerrecht

1 Steuerrechtliche Behandlung vor Auseinandersetzung

Erbauseinandersetzung bedeutet die **Verteilung eines Nachlasses** unter die Miterben. Mit dem Tod des Erblassers geht der gesamte Nachlass unentgeltlich im Wege der Gesamtrechtsnachfolge auf den oder die Erben über (§ 1922 BGB). Der Nachlass wird **Gesamthandsvermögen** der Miterben, die eine Erbengemeinschaft bilden.

Bis zur Auseinandersetzung wird die Erbengemeinschaft steuerlich bei den Überschusseinkünften wie eine **Bruchteilsgemeinschaft** (§ 39 Abs. 2 Nr. 2 AO) und bei den Gewinneinkünften als **Mitunternehmerschaft** behandelt; die steuerlichen Regelungen zur Erbauseinandersetzung finden sich im BMF-Schreiben vom 14.03.2006 (IV B 2 – S 2242 – 7/06); die nachfolgend angegebenen Textziffern beziehen sich auf dieses Schreiben.

Hinsichtlich der **Zurechnung laufender Einkünfte** bis zur Erbauseinandersetzung ist zu unterscheiden: Gehört zu einem Nachlass ein **gewerbliches Unternehmen**, so werden die Miterben Mitunternehmer und erzielen gewerbliche Einkünfte (Tz. 3). Gehört zum Nachlass daneben noch eine **freiberufliche Praxis**, erzielt die Erbengemeinschaft hieraus nur dann selbständige Einkünfte, wenn alle Miterben Berufsträger sind, ansonsten gewerbliche Einkünfte. Die Abfärberegelung nach § 15 Abs. 3 Nr. 1 EStG findet keine Anwendung (Tz. 4). Gehört zum Nachlass Vermögen, mit dem Einkünfte aus Kapitalvermögen oder aus Vermietung und Verpachtung erzielt werden, verwirklichen die Miterben gemeinsam die Tatbestände der §§ 20 bzw. 21 EStG. Den Miterben werden die Gewinn- und Überschusseinkünfte grundsätzlich nach ihren Erbquoten zugerechnet (Tz. 3 und 6 jeweils am Ende).

Die Zurechnung der laufenden Einkünfte an die Miterben endet, soweit sich die Miterben hinsichtlich des gemeinsamen Vermögens auseinandersetzen. Da die Erbengemeinschaft eine auf Teilung angelegte Zufallsgemeinschaft ist, wird in engen zeitlichen Grenzen eine **rückwirkende Zurechnung** anerkannt. Hierfür muss die Auseinandersetzung innerhalb von sechs Monaten nach dem Erbfall erfolgen. In diesem Fall werden die Einkünfte dem die Einkunftsquelle übernehmenden Miterben rückwirkend auf den Zeitpunkt des Erbfalls zugerechnet. Eine rückwirkende Zurechnung ist im Einzelfall auch über einen längeren Zeitraum vorzunehmen, wenn eine Teilungsanordnung i. S. d. § 2048 BGB vorliegt und die Miterben sich bereits vor der Auseinandersetzung entsprechend dieser Anordnung verhalten. In beiden Fällen wird die Erbengemeinschaft so behandelt, als hätte sie sich unmittelbar nach dem Erbfall auseinandergesetzt (Durchgangserwerb, Tz. 8).

2 Erbauseinandersetzung über Betriebsvermögen

2.1 Realteilung ohne Abfindungszahlung

Mit dem Erbfall wird die Erbengemeinschaft **Mitunternehmerschaft** i. S. d. § 15 Abs. 1 Nr. 2 EStG; die Übertragung des Betriebsvermögens erfolgt unentgeltlich (§ 6 Abs. 3 EStG). Werden den Erben entsprechend ihrem Erbteil durch Realteilung (ohne Abfindungszahlung) Nachlassgegenstände zugewendet, so handelt es sich um einen **unentgeltlichen Erwerb**. Der Erbfall führt zum unentgeltlichen Erwerb der Erbengemeinschaft; die Erbauseinandersetzung vollendet den unentgeltlichen Vermögensübergang auf die einzelnen Miterben. Es liegt weder ein Tausch von Miteigentumsanteilen an den einzelnen Wirtschaftsgütern noch ein Tausch eines Gesamthandanteils gegen Alleineigentum an den übernommenen Wirtschaftsgütern vor, sondern die Erfüllung des gesetzlichen Auseinandersetzungsanspruchs. Daher können durch die Realteilung weder Anschaffungskosten noch Veräußerungserlöse entstehen (Tz. 10).

Die Realteilung eines Betriebsvermögens ohne Fortführung des Betriebes stellt eine **Betriebsaufgabe** dar, durch die ein tarifbegünstigter Aufgabegewinn entsteht (§ 16 Abs. 3, § 34 EStG). Bei der Überführung wesentlicher Betriebsgrundlagen ins Privatvermögen liegt zwingend eine Betriebsaufgabe vor. Bei der Überführung sonstiger Wirtschaftsgüter ins Privatvermögen ist ein Entnahmegewinn zu versteuern.

Wird ein Betrieb im Ganzen übernommen, sind zwingend die Buchwerte fortzuführen (§ 6 Abs. 3 EStG). Werden **Wirtschaftsgüter in ein anderes Betriebsvermögen überführt**, so sind ebenfalls zwingend die Buchwerte zu übernehmen. Dies folgt, sofern die Voraussetzungen einer Realteilung vorliegen, aus § 16 Abs. 3 S. 2–4 EStG und bei Übertragung von Einzelwirtschaftsgütern aus § 6 Abs. 5 EStG.

2.2 Realteilung mit Abfindungszahlung

Muss ein Miterbe für die Übertragung eines Betriebes oder Teilbetriebes im Rahmen der Realteilung eine Abfindung zahlen, weil der Wert des übernommenen Vermögens den Wert seines Erbteiles übersteigt, so liegt eine **teilentgeltliche Veräußerung** vor. Der übernehmende Miterbe hat im Verhältnis des Wertes seines Erbanteils zum Verkehrswert des übernommenen Betriebes einen unentgeltlichen Erwerb; im Übrigen liegt eine entgeltliche Veräußerung vor. Der Erwerber hat Anschaffungskosten in Höhe der Abfindungszahlung; der/die Empfänger der Abfindung erzielen einen Veräußerungserlös. Die Realteilung gegen Abfindungszahlung ist also in zwei rechtlich selbständige Vorgänge, einen unentgeltlichen und einen entgeltlichen, zu unterteilen (Tz. 14 f.).

Hinsichtlich der AfA für die übernommenen Wirtschaftsgüter ist zu unterscheiden: Für den unentgeltlich erworbenen Teil ist die AfA des Rechtsvorgängers fortzuführen; für den entgeltlich erworbenen Teil sind die Anschaffungskosten des Miterben maßgeblich. Bei Gebäuden führt dies zu einer Aufspaltung in zwei AfA-Reihen aufgrund der gesetzlich vorgegebenen Nutzungsdauer (z. B. § 7 Abs. 4 EStG); bei anderen Wirtschaftsgütern sind die Anschaffungskosten auf die verbleibende Restnutzungsdauer zu verteilen.

3 Erbauseinandersetzung über Privatvermögen

Auch die Erbauseinandersetzung über Privatvermögen im Wege der Realteilung **ohne Abfindungszahlung** stellt einen unentgeltlichen Vorgang dar. Durch die Übernahme von Nachlassverbindlichkeiten über die Erbquote hinaus entstehen ebenfalls keine Anschaffungskosten, soweit hierdurch ein wertmäßiger Ausgleich unter den Miterben hergestellt wird (Tz. 24 ff.). Sind Besitzzeiten von Bedeutung (z. B. im Rahmen der §§ 17, 23 EStG), wird die Besitzzeit des Erblassers dem Erben zugerechnet.

Wird dagegen zusätzlich eine **Abfindung** gezahlt, so ist die Realteilung in einen entgeltlichen und einen unentgeltlichen Vorgang aufzuteilen. In Höhe der Abfindungszahlung liegen Anschaffungskosten vor. Die Anschaffungskosten sind im Verhältnis der Verkehrswerte der übernommenen Wirtschaftsgüter aufzuteilen. Hinsichtlich der AfA ist nach der Erbauseinandersetzung zwischen dem entgeltlich und dem unentgeltlich erworbenen Teil des Wirtschaftsgutes zu unterscheiden. Hinsichtlich des unentgeltlichen Teils wird die AfA des Rechtsvorgängers fortgeführt; hinsichtlich des entgeltlichen Teils sind die Anschaffungskosten zugrunde zu legen. Die AfA bemisst sich bei beweglichen Wirtschaftsgütern nach der tatsächlichen Nutzungsdauer, bei Gebäuden dagegen nach den hierfür geltenden Vorschriften (z. B. § 7 Abs. 4, 5 EStG); daher kann es bei Gebäuden zu zwei unterschiedlichen AfA-Reihen mit unterschiedlicher Nutzungsdauer kommen.

Für die Empfänger der Abfindungszahlung entsteht ein **steuerpflichtiger Veräußerungsgewinn** nur, wenn die Voraussetzungen der §§ 17, 20 Abs. 2, 23 EStG oder des § 22 UmwStG vorliegen.

In **Mischfällen**, d. h. in Fällen, bei denen sowohl Betriebs- als auch Privatvermögen zum Nachlass gehören, sind die vorstehenden Grundsätze zur Realteilung mit und ohne Abfindungszahlung entsprechend anzuwenden.

KV 27: Gewerblicher Grundstückshandel

1 Abgrenzung von Gewerbebetrieb und Vermögensverwaltung

Der Abgrenzung zwischen vermögensverwaltender und gewerblicher Tätigkeit kommt im Hinblick auf Grundstücksgeschäfte wegen deren wirtschaftlicher Bedeutung besondere Wichtigkeit zu. **Vermögensverwaltung** liegt in der Regel vor, wenn Vermögen genutzt wird, z. B. ein Grundstück vermietet oder verpachtet wird. Während in diesem Fall nur die Früchte der Nutzung des Vermögens besteuert werden, sind bei gewerblicher Tätigkeit die Veräußerungsgewinne bei der Einkommen- und Gewerbesteuer zu erfassen. Das Vorliegen eines **Gewerbebetriebs** setzt eine selbständige nachhaltige Betätigung voraus, die mit Gewinnerzielungsabsicht unternommen wird und sich als Beteiligung am allgemeinen wirtschaftlichen Verkehr darstellt. Maßgeblich für die Abgrenzung sind grundsätzlich das **Gesamtbild der Verhältnisse und die Verkehrsanschauung**. Im Interesse der **Rechtssicherheit** bei der steuerlichen Behandlung des Grundstückshandels hat der BFH die sog. **Drei-Objekt-Grenze** entwickelt, der sich auch die Finanzverwaltung in ihren Erlassen (BMF-Schreiben vom 26.03.2004, IV A 6 – S 2240 – 46/04) angeschlossen hat.

2 Abgrenzung anhand der Drei-Objekt-Grenze

2.1 Grundsätze

Nach der Drei-Objekt-Grenze wird der Rahmen einer privaten Vermögensverwaltung erst dann überschritten, wenn innerhalb eines **engen zeitlichen Zusammenhangs** – in der Regel **fünf Jahre** – zwischen Anschaffung bzw. Errichtung und Verkauf **mehr als drei Objekte** veräußert werden. **Objekte** i. S. d. Drei-Objekt-Grenze sind:
- Wohneinheiten (z. B. Ein- und Zweifamilienhäuser, Eigentumswohnungen),
- unbebaute Grundstücke,
- Miteigentumsanteile an Wohneinheiten und unbebauten Grundstücken,
- Anteile an Grundstückspersonengesellschaften,
- Mehrfamilienhäuser und Gewerbebauten (Großobjekte).

Als Objektveräußerungen **innerhalb des Fünfjahreszeitraums** sind grundsätzlich nur solche Objekte zu erfassen, bei denen ein enger zeitlicher Zusammenhang zwischen Errichtung und Erwerb einerseits und Veräußerung andererseits besteht. Fehlt es an einem derartigen engen zeitlichen Zusammenhang, können allerdings **bis zur zeitlichen Obergrenze von zehn Jahren** Objekte mitgerechnet werden, wenn **besondere Umstände** den Schluss rechtfertigen, dass im Zeitpunkt des Erwerbs, der Errichtung oder der Modernisierung eine Veräußerungsabsicht vorgelegen hat (z. B. Veräußerung von zunächst weniger als vier Objekten innerhalb des Fünfjahreszeitraums, danach aber planmäßige Veräußerung weiterer Objekte in relativ kurzer Zeit durch einen Branchenkundigen).

Grundstücke, die aufgrund **vorweggenommener Erbfolge** oder einer **Schenkung** übergegangen sind, sind einzubeziehen (Vorbesitzzeitanrechnung). Nicht einzubeziehen sind dagegen Grundstücke, die durch **Erbfolge** übergegangen sind. Grundstücksaktivitäten von **Ehegatten** sind allein aufgrund der ehelichen Lebens- und Wirtschaftsgemeinschaft nicht zusammenzufassen, sondern nur bei einer darüber hinausgehenden Wirtschaftsgemeinschaft (z. B. Grundstücks-GbR).

2.2 Bebaute Grundstücke: An- und Verkauf bebauter Grundstücke

Erwirbt der Steuerpflichtige bebaute Objekte von Dritten und veräußert diese wieder, liegt ein gewerblicher Grundstückshandel vor, wenn mehr als drei Objekte im engen zeitlichen Zusammenhang (nicht mehr als fünf Jahre) **mit dem Erwerb** veräußert werden und der Steuerpflichtige mit Veräußerungsabsicht handelt. Sind bebaute Grundstücke bis zur Veräußerung **während eines langen Zeitraums** (mindestens zehn Jahre) durch Vermietung oder zu eigenen Wohnzwecken genutzt worden und gehören die Einkünfte zu den Einkünften aus Vermietung und Verpachtung, gehört deren Veräußerung unabhängig von der Zahl der veräußerten Objekte auch dann zur Vermögensverwaltung, wenn sämtliche Objekte in einem verhältnismäßig kurzen Zeitraum an verschiedene Erwerber veräußert werden. Bei Veräußerung von bereits bebaut erworbenen Grundstücken gelten folgende **Besonderheiten**:

- **Wandelt** der **langjährige Eigentümer** bisher **vermietete Wohnungen** eines Miethauses **in Eigentumswohnungen um**, wobei die Wohnungen vor der Veräußerung lediglich in einen zum vertragsgemäßen Gebrauch geeigneten Zustand versetzt werden, liegt kein gewerblicher Grundstückshandel vor. Beschränkt sich der langjährige Eigentümer bei der Umwandlung nicht auf die bloße Herstellung der Verkaufsfähigkeit, sondern nimmt er **in erheblichem Umfang Modernisierungsmaßnahmen** vor, die zu einem Verkehrsgut anderer Marktgängigkeit führt, ist ein gewerblicher Grundstückshandel anzunehmen. Entscheidend ist insoweit der enge zeitliche Zusammenhang zwischen Modernisierung und Veräußerung.
- Wird ein **Mehrfamilienhaus erworben, in Eigentumswohnungen aufgeteilt** und innerhalb von fünf Jahren seit dem Kauf mehr als drei Eigentumswohnungen veräußert, liegt unabhängig von der Vornahme umfangreicher Modernisierungen i. d. R. ein gewerblicher Grundstückshandel vor.

2.3 Bebaute Grundstücke: Verkauf von selbst errichteten Gebäuden

Bebaut ein Steuerpflichtiger ein Grundstück oder erwirbt er ein unbebautes Grundstück zur Bebauung, liegt ein gewerblicher Grundstückshandel vor, wenn **innerhalb von fünf Jahren nach Fertigstellung** des ersten Objektes **mehr als drei Objekte** an verschiedene Erwerber veräußert werden und der Steuerpflichtige mit **Veräußerungsabsicht** handelt. Die Veräußerungsabsicht ist anhand äußerlicher Merkmale zu beurteilen; bei engem zeitlichen Zusammenhang ist i. d. R. von einer zumindest bedingten Veräußerungsabsicht auszugehen. Besteht dieser nicht, kann ein gewerblicher Grundstückshandel vorliegen, wenn der Steuerpflichtige die Objekte vor der Veräußerung in nicht unerheblichem Maße **modernisiert** hat.

2.4 Unbebaute Grundstücke

Gewerblicher Grundstückshandel in Bezug auf unbebaute Grundstücke liegt vor, wenn ein Steuerpflichtiger mehr als drei unbebaute Grundstücke, die er vor nicht mehr als fünf Jahren einzeln oder als Gesamtheit gekauft hat, an verschiedene Erwerber oder (nacheinander) an denselben Erwerber veräußert. Veräußert der **langjährige Eigentümer** von Grundbesitz unbebaute Grundstücke, liegt auch bei einer größeren Zahl von Veräußerungen innerhalb eines kurzen Zeitraums **Vermögensverwaltung** vor, wenn sich der Eigentümer auf die **bloße Parzellierung** und Veräußerung beschränkt. Entwickelt der Steuerpflichtige **darüber hinaus Tätigkeiten** (z. B. Erschließung, Bebauungsplanung, Baureifmachung) nach Art eines Erschließungsunternehmens, kann gewerblicher Grundstückshandel auch bei Veräußerung von weniger als vier Objekten an nur einen Erwerber vorliegen.

2.5 Grundstücksgesellschaften und Grundstücksgemeinschaften

Ist ein Steuerpflichtiger an einer oder mehreren **Grundstücksgesellschaften oder Grundstücksgemeinschaften** zur Verwertung von Grundstücken beteiligt, ist zunächst zu prüfen, ob die **Gesellschaft oder Gemeinschaft selbst** nach den Grundsätzen der Drei-Objekt-Grenze einen gewerblichen Grundstückshandel betreibt. Objekte und Tätigkeiten der Gesellschafter bleiben insoweit außer Betracht.

Ist dies nicht der Fall, wird die Tätigkeit der Gesellschaft oder Gemeinschaft den einzelnen Gesellschaftern wie bei einer Bruchteilsgemeinschaft **anteilig zugerechnet** und bei diesen nach den für den einzelnen Gesellschafter und seine Betätigung maßgeblichen Kriterien beurteilt. Hierbei ist zu unterscheiden, ob der Gesellschafter die Beteiligung an der nicht gewerblichen Grundstücksgesellschaft im **Betriebsvermögen oder im Privatvermögen** hält. Hält er diese im Betriebsvermögen, erzielt er mit der Beteiligung gewerbliche Einkünfte. Hält er die Beteiligung im Privatvermögen, ist wie folgt zu differenzieren:

- Überschreiten die dem einzelnen Gesellschafter anteilig zuzurechnenden **Grundstücksveräußerungen aus dem Gesamthandsvermögen** der Grundstücksgesellschaft entweder für sich gesehen oder zusammen mit der Veräußerung von Objekten, die dem betreffenden Gesellschafter allein oder im Rahmen einer anderen Personengesellschaft gehören, den Rahmen der Vermögensverwaltung, so wird beim betreffenden Gesellschafter ein gewerblicher Grundstückshandel begründet. Im Fall der Beteiligung an mehreren vermögensverwaltenden Grundstücksgesellschaften ist der Anteil des Steuerpflichtigen an dem Objekt der jeweiligen Gesellschaft für die Ermittlung der Drei-Objekt-Grenze jeweils einem Objekt gleichzustellen. Voraussetzung für die Anrechnung der Objektveräußerung der Gesellschaft beim Gesellschafter ist allerdings, dass dieser zu mindestens 10 % an der jeweiligen Gesellschaft beteiligt ist oder der Verkehrswert des Gesellschaftsanteils oder des Anteils an dem veräußerten Grundstück mehr als 250.000 € beträgt.
- Veräußert der Gesellschafter seinen **Anteil an der Grundstücksgesellschaft**, ist die Veräußerung der Beteiligung einer anteiligen Grundstücksveräußerung gleichzustellen. Für die Drei-Objekt-Grenze kommt es dabei auf die **Zahl der im Gesellschaftsvermögen befindlichen Grundstücke** an. Unschädlich wäre z. B. die Veräußerung von drei Beteiligungen an Grundstücksgesellschaften, die je ein Grundstück besitzen, oder die Veräußerung einer Beteiligung an einer Grundstücksgesellschaft, die drei Grundstücke besitzt. Auch hier ist die Beteiligung nur zu berücksichtigen, wenn sie mindestens 10 % beträgt.

2.6 Ausnahmen von der Drei-Objekt-Grenze

In besonders gelagerten Ausnahmefällen hat der BFH auch bei einer Veräußerung von **weniger als vier Objekten** wegen **besonderer Umstände** auf eine gewerbliche Betätigung geschlossen, und zwar dann, wenn die maßgeblichen Tätigkeiten (Anschaffung, Bebauung) in **unbedingter Veräußerungsabsicht** vorgenommen wurden, z. B. bei
- **Verkauf** des Grundstücks durch den Veräußerer bereits **vor seiner Bebauung**;
- **Bebauung** von vornherein auf Rechnung und nach **Wünschen des Erwerbers**;
- **kurzfristiger Finanzierung** oder **Verkaufsaktivitäten** schon während der Bauzeit;
- Veräußerung von **Großobjekten** (Gewerbeimmobilien, Mehrfamilienhäuser) unter besonderen Umständen (z. B. Tätigkeit vergleichbar einem Bauträger).

3 Beginn, Umfang und Ende des gewerblichen Grundstückshandels

Der gewerbliche Grundstückshandel **beginnt** regelmäßig in dem Zeitpunkt, in dem der Steuerpflichtige mit Tätigkeiten beginnt, die objektiv erkennbar auf die Vorbereitung der Grundstücksgeschäfte gerichtet sind. Bei Errichtung und Veräußerung ist dies der Zeitpunkt der

Fertigstellung des Objekts, bei Erwerb und Veräußerung der Zeitpunkt des **Grundstückserwerbs** und bei Modernisierung und Veräußerung der Zeitpunkt des Beginns mit **Modernisierungsmaßnahmen**.

Der **Umfang** des gewerblichen Grundstückshandels wird grundsätzlich durch den veräußerten Grundbesitz bestimmt. Alle zur Veräußerung bestimmten Objekte sind notwendiges Betriebsvermögen, und zwar Umlaufvermögen. Zu beachten ist in diesem Zusammenhang die Vermutung des § 344 Abs. 1 HGB, wonach alle Rechtsgeschäfte eines Kaufmanns im Zweifel als Handelsgeschäfte gelten.

Veräußerungsgewinne sind regelmäßig nicht begünstigte **laufende Gewinne**, auch wenn zugleich der Gewerbebetrieb aufgegeben wird.

KV 28: Übertragung von Vermögen gegen wiederkehrende Leistungen

1 Einleitung

Das BMF hat in einem umfangreichen Schreiben vom 11.03.2010 (IV C 3 – S – 2221/09/10004) zu der Frage der steuerlichen Behandlung von wiederkehrenden Leistungen im Zusammenhang mit der Übertragung von Privat- und Betriebsvermögen (PV und BV) Stellung genommen.
- Wiederkehrende Leistungen sind:
- Versorgungsleistungen (§§ 10 Abs. 1a Nr. 2, 22 Nr. 1a EStG),
- Unterhaltsleistungen (§ 12 Nr. 2 EStG) oder
- wiederkehrende Leistungen im Austausch mit einer Gegenleistung.

2 Unentgeltliche Vermögensübertragung gegen Versorgungsleistungen

Dieses von der Rechtsprechung entwickelte Rechtsinstitut orientiert sich an dem Bild einer Vermögensübertragung von den Eltern (Vermögensübergeber) auf ein Kind, bei der sich das Kind im Gegenzug verpflichtet, den Eltern Versorgungsleistungen zu zahlen, die aus dem übertragenen Vermögen erwirtschaftet werden sollen. Bei Einhaltung der nachgenannten Voraussetzungen greifen drei Folgen:
- Es liegt kein Veräußerungsgeschäft vor, insbesondere liegt auch keine Teilentgeltlichkeit vor. Die Vermögensübertragung erfolgt in vollem Umfang unentgeltlich.
- Die Zahlungen sind beim Leistenden Sonderausgaben (§ 10 Abs. 1a Nr. 2 EStG).
- Die Zahlungen sind beim Empfänger Einkünfte aus § 22 Nr. 1a EStG.

2.1 Tatbestand

Das Rechtsinstitut der Versorgungsleistungen greift nur bei **unentgeltlicher** Vermögensübertragung. Bei Angehörigen spricht eine **widerlegbare Vermutung** für die Unentgeltlichkeit. Unter Angehörigen wird nämlich die Höhe der wiederkehrenden Leistungen üblicherweise nicht anhand des Wertes des übertragenen Vermögens ermittelt. Stattdessen wird das Versorgungsbedürfnis der Eltern und die wirtschaftliche Leistungsfähigkeit des Kindes berücksichtigt. Unter Fremden besteht dahingegen eine widerlegbare Vermutung für die Entgeltlichkeit.

Tatbestandsvoraussetzung ist, dass eine auf besonderen Verpflichtungsgründen (also dem **Versorgungsvertrag**) beruhende, **lebenslange und wiederkehrende Versorgungsleistung** vereinbart wird. Zeitlich begrenzte Zahlungen führen nicht zu Sonderausgaben.

Voraussetzung ist, dass das übertragene Vermögen bestimmten Anforderungen genügt, § 10 Abs. 1a Nr. 2 EStG. Möglich ist die Übertragung

- eines **Mitunternehmeranteils** an einer gewerblichen, freiberuflichen oder land- und forstwirtschaftlichen Personengesellschaft,
- eines **Betriebs- oder Teilbetriebs** oder
- eines **mindestens 50 % betragenden GmbH-Anteils**, wenn der Übergeber als Geschäftsführer tätig war und der Übernehmer diese Tätigkeit übernimmt.

Vom Sonderausgabenabzug sind damit Versorgungsleistungen ausgeschlossen, die im Zusammenhang mit der Übertragung von Geld, Wertpapieren, Immobilien und ertraglosem Vermögen stehen.

Der Versorgungsvertrag muss **den Anforderungen der Verträge unter Angehörigen entsprechen**. Das setzt voraus, dass die gegenseitigen Rechte und Pflichten klar und eindeutig sind, ernsthaft gewollt und insbesondere rechtswirksam sind sowie tatsächlich durchgeführt werden. Als wesentlicher Inhalt des Übergabevertrags müssen der Umfang des übertragenen Vermögens, die Höhe der Versorgungsleistungen und die Art und Weise der Zahlung vereinbart sein.

2.2 Rechtsfolgen

Die **Versorgungsleistungen** sind beim Berechtigten Einkünfte aus wiederkehrenden Bezügen nach § 22 Nr. 1a EStG und beim Verpflichteten Sonderausgaben nach § 10 Abs. 1a EStG. Es gilt das Korrespondenzprinzip.

Versorgungsleistungen sind vollständig als Sonderausgaben abziehbar und entsprechend vollständig vom Empfänger nach § 22 Nr. 1a EStG zu versteuern. Die **Vermögensübertragung** erfolgt unentgeltlich zu Buchwerten und führt damit nicht zu einem Gewinn beim Übertragenden; für BV folgt dies aus § 6 Abs. 3 EStG; für PV aus § 11d EStDV.

Nach § 10 Abs. 1a S. 1 EStG sind nur Zahlungen an unbeschränkt Steuerpflichtige als Sonderausgaben abziehbar. Auf Grund des Korrespondenzprinzips sind auch nur dann die Zahlungen beim Empfänger nach § 22 Nr. 1a EStG zu versteuern. § 1a EStG erweitert den subjektiven Anwendungsbereich europarechtskonform.

3 Unentgeltliche Vermögensübertragung gegen Unterhaltsleistungen

Liegen keine Versorgungsleistungen vor und fehlt es auch an den Voraussetzungen einer entgeltlichen Vermögensübertragung (s. 4), so handelt es sich um Unterhaltszahlungen im Zusammenhang mit einer entgeltlichen bzw. unentgeltlichen Vermögensübertragung. Hier sind zwei Fallgruppen zu unterscheiden:
- Ist der Barwert der wiederkehrenden Leistungen höher als der Wert des übertragenen Vermögens, ist Entgeltlichkeit nur in Höhe des angemessenen Kaufpreises anzunehmen. Der unangemessene Teil der wiederkehrenden Zahlungen ist Unterhalt (§ 12 Nr. 2 EStG).
- Ist der Barwert der wiederkehrenden Leistungen mehr als doppelt so hoch wie der Wert des übertragenen Vermögens, liegt insgesamt eine Zuwendung i. S. d. § 12 Nr. 2 EStG vor.

Unterhaltsleistungen (Zuwendungen) dürfen nach § 12 Nr. 2 EStG nicht abgezogen werden und sind beim Empfänger nicht steuerbar (§ 22 Nr. 1 S. 2 EStG). Die Vermögensübertragung erfolgt unentgeltlich zu Buchwerten (§ 6 Abs. 3 EStG, § 11d EStDV).

4 Entgeltliche Vermögensübertragung gegen wiederkehrende Leistungen

Liegen weder Versorgungsleistungen noch Unterhaltsleistungen nach den vorgenannten Voraussetzungen vor, so handelt es sich um eine entgeltliche Vermögensübertragung gegen wiederkehrende Leistungen. Hier ist zu unterscheiden, ob PV oder BV übertragen wird.

4.1 Übertragung von Privatvermögen

4.1.1 Behandlung beim Verpflichteten (= Käufer)

Die **Anschaffungskosten** bemessen sich nach dem Barwert der wiederkehrenden Leistungen; dieser kann nach §§ 12 ff. BewG oder nach versicherungsmathematischen Grundsätzen berechnet werden und ist Bemessungsgrundlage für die AfA.

Der **Zinsanteil** von Veräußerungsleibrenten ist nach § 22 Nr. 1 S. 3 Buchst. a Doppelbuchst. bb EStG zu ermitteln. Der Zinsanteil von dauernden Lasten ist in entsprechender Anwendung dieser Tabelle oder nach finanzmathematischen Grundsätzen mit 5,5 % zu berechnen. Der Zinsanteil kann als Werbungskosten oder als Betriebsausgaben abgezogen werden.

4.1.2 Behandlung beim Berechtigten (= Verkäufer)

Der Berechtigte erzielt für das entgeltlich übertragene Vermögen einen **Veräußerungspreis** in Höhe des Barwerts der wiederkehrenden Leistungen. Veräußerungspreis bei § 23 EStG ist – bis zur Höhe des Barwerts der wiederkehrenden Leistungen – der Unterschiedsbetrag zwischen der Summe der jährlichen Zahlungen und dem Zinsanteil. Ein **Veräußerungsgewinn** entsteht erstmals in dem Veranlagungszeitraum, in dem der in der Summe der jährlichen Zahlungen enthaltene Veräußerungspreis die ggf. um die AfA verminderten Anschaffungs- oder Herstellungskosten sowie die zugehörigen Werbungskosten übersteigt. Der Veräußerungsgewinn entsteht sodann nach § 11 Abs. 1 EStG mit Zufluss der jährlichen Raten.

Bei Veräußerungsgewinnen i. S. d. § 17 Abs. 2 EStG entsteht der Gewinn im Zeitpunkt der Veräußerung. Wird eine Beteiligung i. S. d. § 17 EStG gegen eine Leibrente oder gegen einen in Raten zu zahlenden Kaufpreis veräußert, gilt das Wahlrecht zwischen Sofort- und Zuflussversteuerung nach R 16 Abs. 11 EStR.

Der **Zinsanteil** ist ein auf die Laufzeit der wiederkehrenden Leistungen zu verteilendes Entgelt für die Stundung des Veräußerungspreises. Bei dauernden Lasten ist der Zinsanteil nach § 20 Abs. 1 Nr. 7 EStG zu versteuern; bei Leibrenten ist der Ertragsanteil nach § 22 Nr. 1 S. 3 Buchst. a EStG zu versteuern.

4.2 Übertragung von Betriebsvermögen

4.2.1 Behandlung beim Verpflichteten (= Käufer)

Die **Anschaffungskosten** des erworbenen Wirtschaftsguts bemessen sich nach dem Barwert der wiederkehrenden Leistungen. Zugleich ist eine **Verbindlichkeit** in Höhe des Barwerts zu passivieren. Diese Verbindlichkeit ist jedes Jahr neu zu berechnen und ertragswirksam aufzulösen. Die **laufenden Zahlungen** sind Betriebsausgaben.

4.2.2 Behandlung beim Berechtigten (= Verkäufer)

Der Verkäufer erzielt einen **Veräußerungspreis** in Höhe des Barwerts der wiederkehrenden Leistungen. Zugleich hat er eine **Forderung** in Höhe des Rentenbarwerts. Diese Forderung ist jährlich neu zu berechnen und aufwandswirksam aufzulösen. Die erhaltenen **laufenden Zahlungen** sind als Ertrag anzusetzen.

4.2.3 Betriebsveräußerung gegen wiederkehrende Bezüge

Bei einer Betriebsveräußerung gegen wiederkehrende Bezüge gilt nach R 16 Abs. 11 EStR das Wahlrecht zwischen Sofort- und Zuflussbesteuerung: Bei der Sofortversteuerung werden der Veräußerungsgewinn nach §§ 16, 34 EStG und die laufenden Bezüge mit dem Ertragsanteil nach § 22 Nr. 1 S. 3 Buchst. a EStG besteuert. Bei der nachträglichen Versteuerung werden die laufenden Zahlungen nach §§ 15, 24 EStG versteuert, sobald die Summe der Zahlungen den Buchwert des Kapitalkontos überschritten hat. Die Begünstigungen nach den §§ 16 Abs. 4 und 34 EStG entfallen.

KV 29: Besteuerung der privaten Altersvorsorge

1 Grundlagen

Mit Urteil vom 06.03.2002 hat das Bundesverfassungsgericht die unterschiedliche Besteuerung von gesetzlichen Renten und Beamtenpensionen für verfassungswidrig erklärt. Der Gesetzgeber musste die Besteuerung der Alterseinkünfte neu regeln. Zum 01.01.2005 ist das neue Alterseinkünftegesetz in Kraft getreten. Dabei hat der Gesetzgeber die Vorschläge der sog. Rürup-Kommission weitestgehend umgesetzt.

Die Altersvorsorge unterteilt sich danach in drei Ebenen:
- Die erste Ebene bildet die Basisversorgung, dazu gehören die gesetzliche Rente und spezielle private Renten.
- Die zweite Ebene bildet die zusätzliche Altersvorsorge mit der sog. **Riester-Rente** und der betrieblichen Altersversorgung.
- Die dritte Ebene ist das private, steuerlich nicht geförderte Sparen, insbesondere die **Lebensversicherung**.

2 Basisversorgung, §§ 10 Abs. 1 Nr. 2, 22 Nr. 1 S. 3 Buchst. a Doppelbuchst. aa EStG

2.1 Arten

Zu der Basisversorgung zählen
- die gesetzliche Rentenversicherung
- die landwirtschaftlichen Alterskassen,
- die berufsständischen Versorgungswerke und
- die sog. Rürup-Renten.

Rürup-Renten sind private Renten, die eine lebenslange monatliche Rente (Ausnahme: Zusammenfassung von bis zu zwölf Monatsleistungen in einer Auszahlung oder Abfindung einer Kleinbetragsrente) nicht vor Vollendung des 62. Lebensjahres gewähren, die nicht vererblich, nicht übertragbar, nicht beleihbar, nicht veräußerbar und nicht kapitalisierbar ist. Damit ist sichergestellt, dass die Rürup-Rente, wie die anderen Versicherungen auch, ausschließlich der Altersversorgung dient.

2.2 Nachgelagerte Besteuerung

Die Renten der Basisversorgung folgen dem Grundsatz der nachgelagerten Besteuerung. Das bedeutet, dass die Einzahlungen bis zum Höchstbeitrag zur knappschaftlichen Rentenversicherung inklusive Arbeitgeberanteil jährlich als Sonderausgaben abziehbar sind (§ 10 Abs. 1 Nr. 2 und Abs. 3 EStG). Erträge in der Einzahlungsphase sind nicht steuerbar. Die Auszahlung der Rente ist hingegen zu 100 % steuerpflichtig (§ 22 Nr. 1 S. 3 Buchst. a Doppelbuchst. aa EStG).

2.3 Übergangszeit

Der Gesetzgeber hat eine lange Übergangszeit vorgeschrieben:
- Die Einzahlungen sind in 2005 erst zu 60 % als Sonderausgaben abziehbar. Dieser Anteil steigt um 2 % jährlich und erreicht in 2023 100 %.
- Eine in 2005 ausgezahlte Rente ist nur in Höhe von 50 % steuerbar. Dies gilt auch für Altrenten. Dieser Prozentsatz wird für jeden neu hinzukommenden Rentnerjahrgang bis zum Jahr 2020 in Schritten von 2 % auf 80 % und anschließend in Schritten von 1 % bis zum Jahr 2040 auf 100 % angehoben.

2.4 Rentenbezugsmitteilungen

Es gibt nach wie vor keine Quellensteuer für Renten. Die Besteuerung der Renten wird aber durch eine jährliche Mitteilung der Rentenversicherungsträger und der Versicherungsunternehmen an die Finanzverwaltung sichergestellt.

2.5 Altersentlastungsbetrag und Vorsorge-Pauschbetrag

Der Altersentlastungsbetrag (§ 24a EStG) und der Versorgungsfreibetrag (§ 19 Abs. 2 EStG) verlieren ihre Rechtfertigung, wenn in der Endstufe der nachgelagerten Besteuerung die Renten zu 100 % besteuert werden. Beide Beträge werden daher bis zum Jahr 2040 abgeschmolzen.

3 Zusätzliche Altersvorsorge nach §§ 10a, 22 Nr. 5, 79 ff. EStG (Riesterrente)

3.1 Begünstigter Personenkreis

Begünstigt sind insbesondere unbeschränkt steuerpflichtige **Pflichtversicherte** in der gesetzlichen Rentenversicherung, **Beamte** und **Arbeitslose**. Nicht begünstigt sind diejenigen, die von der Absenkung des Rentenniveaus nicht betroffen sind, insbesondere Selbständige und freiwillig Versicherte in der gesetzlichen Rentenversicherung.

3.2 Geförderte Produkte

Gefördert wird das Sparen im Rahmen eines Altersvorsorgevertrags, der nach dem Altersvorsorgeverträge-Zertifizierungsgesetz (AltZertG) zertifiziert worden ist. Zertifizierungsfähig sind nur Produkte, die u. a. ein hohes Maß an Sicherheit und einen kontinuierlichen Aufbau der Altersvorsorge gewährleisten sowie eine lebenslange Versorgung ermöglichen.

3.3 Förderung durch Zulage und Sonderausgabenabzug

Die steuerliche Begünstigung solcher Verträge erfolgt in Form einer **Altersvorsorgezulage** als zusätzlichem Sparbetrag. Die Altersvorsorgezulage wird nur dann in voller Höhe gewährt, wenn der Berechtigte einen bestimmten **Mindesteigenbeitrag** spart (§ 86 EStG). Der Mindesteigenbetrag beträgt jährlich 4 % des Lohns. Die Zulage beträgt bei Aufbringung des Mindesteigenbetrags 175 € (§ 84 EStG). Hinzu kommt ggf. eine **Kinderzulage** von 185 €. Für ein nach dem 31.12.2007 geborenes Kind erhöht sich die Kinderzulage auf 300 € (§ 85 EStG). Eine weitere Zulage erhält ein Ehegatte, der selbst nicht unter den begünstigten Personenkreis fällt (§ 79 S. 2 EStG), wenn mindestens 60 € jährlich eingezahlt werden.

Im Rahmen der Einkommensteuerveranlagung prüft das Finanzamt, ob der **Sonderausgabenabzug günstiger** ist als die Vorsorgezulage (sog. Günstigerprüfung, § 10a Abs. 2 EStG). Dies ist **bei Steuerpflichtigen mit hohen Einkünften** der Fall.

3.4 Nachgelagerte Besteuerung nach § 22 Nr. 5 EStG

Leistungen aus zertifizierten Altersvorsorgeverträgen werden erst in der Auszahlungsphase besteuert. Während der **Ansparphase** erfolgt bei zertifizierten Altersvorsorgeverträgen **keine**

Besteuerung von Erträgen und Wertsteigerungen. Die Regelungen über die Erhebung der Kapitalertragsteuer sind nicht anzuwenden.

3.5 Schädliche Verwendung von Altersvorsorgevermögen

Das angesparte Vermögen darf erst ab dem 60. Lebensjahr oder einem früheren Beginn der gesetzlichen Rente oder der Pensionierung ausgezahlt werden. Die Auszahlung muss als lebenslange Rente erfolgen. Erfolgt dies nicht, so liegt eine schädliche Verwendung vor. Die steuerliche **Förderung** (Zulage oder Einkommensteuerminderung aufgrund des Sonderausgabenabzugs) ist dann **zurückzuzahlen** (§ 93 EStG). Endet die unbeschränkte Steuerpflicht so gilt dies entsprechend (§ 95 EStG). Eine Ausnahme sieht § 92a EStG vor: Danach darf das Altersvorsorgevermögen in der Ansparphase zum Kauf eines Eigenheims verwendet werden.

4 Dritte Ebene: Lebensversicherungen

4.1 Besteuerung von Lebensversicherungen mit Rentenzahlung

Private Leibrenten, die keine Rürup- oder Riester-Renten sind, werden mit ihrem Ertragsanteil besteuert (§ 22 Nr. 1 S. 3 Buchst. a Doppelbuchst. bb EStG). Der gesetzlichen Tabelle liegt ein Zinsanteil von 3 % und die Lebenserwartung gem. Sterbetafel zugrunde.

4.2 Besteuerung von Kapitallebensversicherungen

Erträge von Kapitallebensversicherungen, die nach dem 31.12.2004 abgeschlossen wurden, werden unabhängig von der Vertragsdauer steuerlich erfasst. Steuerpflichtiger Ertrag ist der Unterschiedsbetrag zwischen der Versicherungsleistung und der Summe der Versicherungsbeiträge (§ 20 Abs. 1 Nr. 6 EStG). Der Unterschiedsbetrag wird nur zur Hälfte besteuert, wenn der Vertrag eine Laufzeit von mindestens zwölf Jahren hat und die Auszahlung erst nach Vollendung des 60. Lebensjahres erfolgt.

4.3 Altfälle

Bei Lebensversicherungen, die vor dem 01.01.2005 abgeschlossen wurden, gilt die Steuerbefreiung der Erträge fort.

KV 30: Methoden zur Vermeidung internationaler Doppelbesteuerung

1 Grundlagen

Bei grenzüberschreitenden Sacherhalten taucht häufig das Problem auf, dass zwei oder mehrere Staaten denselben Sachverhalt besteuern möchten. Dieses Phänomen nennt man Doppelbesteuerung. Ursachen der Doppelbesteuerung sind insbesondere Zusammentreffen von unbeschränkter und beschränkter Steuerpflicht, die doppelte unbeschränkte Steuerpflicht oder die doppelte beschränkte Steuerpflicht.

Die Doppelbesteuerung kann vermieden werden durch
- einseitige nationale Regelung (z. B. § 34c EStG),
- Doppelbesteuerungsabkommen (DBA) und
- multilaterale Normen (z. B. Mutter-Tochter-Richtlinie).

Die wichtigsten dabei angewendeten Methoden sind **Freistellungs-, Anrechnungs- und Abzugsmethode** sowie Erlass und Pauschalierung.

2 Freistellungsmethode

Bei der Freistellungsmethode verzichtet ein Staat auf die Besteuerung der Einkünfte. Die Freistellungsmethode ist nur anzuwenden, soweit dies in einem DBA vorgesehen ist. Stellt Deutschland als Ansässigkeitsstaat ausländische Einkünfte frei, so erfolgt dies unter Progressionsvorbehalt (§ 32b Abs. 1 Nr. 3 EStG). Der Progressionsvorbehalt gilt allerdings nur für Einkünfte aus Drittstaaten und für wenige ausgewählte Einkünfte aus EU/EWR-Staaten. Progressionsvorbehalt bedeutet, dass die freigestellten ausländischen Einkünfte bei der Bemessung des Steuersatzes berücksichtigt werden. Möglich ist sowohl der positive als auch der negative Progressionsvorbehalt, letzterer dahingehend, dass ausländische Verluste den Steuersatz ggf. bis auf null vermindern. Die **Freistellungsmethode gilt nach den DBA** in der Regel bei Einkünften aus
- Gewerbebetrieb (Unternehmensgewinne aus Betriebsstätten),
- nichtselbständiger Tätigkeit (soweit nicht die sog. 183-Tage-Regelung greift),
- selbständiger Tätigkeit, die in einer festen Einrichtung ausgeübt wird,
- unbeweglichem Vermögen (einschließlich Land- und Forstwirtschaft).

Darüber hinaus kommt die Freistellungsmethode auch für den Quellenstaat zur Anwendung, z. B. bei Einkünften aus Zinsen, Lizenzen und Dividenden, sofern keine Quellensteuer vorgesehen ist. In diesen Fällen greift kein Progressionsvorbehalt. Die Freistellung gilt grundsätzlich auch dann, wenn das Ausland die Einkünfte gar nicht besteuert (sog. weiße Einkünfte). DBA sehen für diesen Fall häufig Rückfallklauseln vor, d. h. die Freistellung wird nicht gewährt, wenn das Ausland von seinem Besteuerungsrecht keinen Gebrauch macht. Solche Rückfallklauseln sehen u. a. die DBA mit den USA und Kanada vor. In den DBA zur Erbschaftsteuer ist die Freistellung regelmäßig für Grundvermögen und Betriebsstätten vorgesehen; nach § 19 Abs. 2 ErbStG gilt dann ein Progressionsvorbehalt. Zu beachten ist allerdings die Regelung des § 50d Abs. 9 EStG, nach der im Ausland erzielte Einkünfte unter bestimmten Voraussetzungen abweichend von den Bestimmungen des jeweils einschlägigen DBA nicht mehr von der deutschen Besteuerung freigestellt, sondern dieser unterzogen werden.

Regelungen zur Freistellung finden sich auch **in den Einzelsteuergesetzen**. Im EStG sieht § 3c Abs. 1 EStG vor, dass Ausgaben, die mit steuerfreien Einnahmen im unmittelbaren Zusammenhang stehen, nicht als Betriebsausgaben oder Werbungskosten abgezogen werden dürfen.

Das **KStG** regelt für bezogene Gewinnausschüttungen ab einer Beteiligungshöhe von 10 % eine einseitige Freistellung, § 8b Abs. 1, 4 KStG. Abweichend von § 3c Abs. 1 EStG gelten dabei 5 % der Ausschüttung als nichtabziehbare Ausgaben (§ 8b Abs. 5 KStG). Auch der Veräußerungsgewinn ausländischer Gesellschaften bleibt außer Ansatz; dies gilt auch für Portfoliobeteiligungen unter 10 %, da § 8b Abs. 4 KStG nur auch den Abs. 1 verweist. Hierbei gilt ebenfalls ein 5 %iger Ansatz nichtabziehbarer Ausgaben.

Das **GewStG** sieht einseitig die Freistellungsmethode vor, da nach § 2 GewStG nur der inländische Gewerbebetrieb besteuert werden soll. Technisch erfolgt dies durch die Kürzung des Gewinns um
- Gewinnanteile an ausländischen Personengesellschaften (§ 9 Nr. 2 GewStG),
- Gewinnanteile ausländischer Betriebsstätten (§ 9 Nr. 3 GewStG) und durch das
- internationale gewerbesteuerliche Schachtelprivileg (§ 9 Nr. 7, 8 GewStG).

3 Anrechnungsmethode (§ 34c Abs. 1 EStG, § 26 KStG)

Die Anrechnungsmethode ist anzuwenden, wenn entweder kein DBA besteht (§ 34c Abs. 1 EStG) oder ein bestehendes DBA die Anwendung der Anrechnungsmethode vorschreibt (§ 34c Abs. 6 S. 1, 2 EStG). Bei der Anrechnungsmethode werden die ausländischen Einkünfte in die Bemessungsgrundlage für die deutsche Einkommensteuer einbezogen. Die im ausländischen Staat erhobene Steuer wird auf die deutsche Einkommensteuer angerechnet, so dass bei einem niedrigeren ausländischen Steuerniveau die Steuer auf die ausländischen Einkünfte auf das deutsche Steuerniveau angehoben wird.

Die ausländische Steuer kann nicht in allen Fällen und nicht unbegrenzt angerechnet werden. Es gelten folgende Beschränkungen:
- Es müssen ausländische Einkünfte nach §34d EStG vorliegen.
- Es kann nur die festgesetzte, gezahlte und um einen entstandenen Ermäßigungsanspruch gekürzte ausländische Steuer angerechnet werden (§34c Abs.1 S.1 EStG).
- Der Anrechnungshöchstbetrag entspricht der durchschnittlichen tariflichen deutschen ESt auf die ausländischen Einkünfte (§34c Abs.1 S.2 u. 3 EStG).
- Per country limitation (§68a EStDV): Der Anrechnungshöchstbetrag ist für jedes Land gesondert zu berechnen. Damit wird verhindert, dass ein Anrechnungsüberhang aus einem Land mit einem höheren Steuerniveau mit einem nicht ausgeschöpften Betrag aus einem anderen Land mit niedrigerem Niveau ausgeglichen wird.
- Ausländische Steuern, die auf Kapitalerträge entfallen, können nur bis höchstens 25% angerechnet werden (§32d Abs.5 EStG). Durch diese Begrenzung auf die deutsche Abgeltungsteuer kann die Steuer maximal bis auf 0€ reduziert werden.

Die Anrechnungsmethode gilt nach den DBA in der Regel bei Einkünften aus
- Dividenden, Zinsen und Lizenzgebühren (bei Quellenbesteuerungsrecht),
- der Tätigkeit als Künstler oder Berufssportler,
- der Tätigkeit als Aufsichts- oder Verwaltungsrat einer ausländischen Gesellschaft und
- unbeweglichem Vermögen in Ausnahmefällen (z.B. Schweiz, Spanien).

Eine besondere Form ist die sog. **fiktive Anrechnung**. Dabei wird auf die deutsche Steuer eine fiktive, vom dem jeweiligen DBA bestimmte Quellensteuer angerechnet. Das dient folgendem Zweck: Entwicklungsländer versuchen häufig ausländische Investitionen durch niedrige Steuersätze festzulegen. Wenn Deutschland nun aber die Anrechnungsmethode anwendet, führt dies nur zu einer niedrigeren Anrechnung und daher zu einer höheren deutschen »Reststeuer«. Die Steuerermäßigung würde nicht dem Entwicklungsland zugutekommen, sondern dem deutschen Fiskus.

Die Anrechnungsmethode gilt auch nach §21 ErbStG.

4 Abzugsmethode (§34c Abs.2, 3 EStG, §26 Abs.6 KStG)

Das Gesetz sieht zwei Fälle des Abzugs der ausländischen Steuer von der Bemessungsgrundlage vor: Statt der Anrechnung nach §34c Abs.1 EStG kann die Steuer alternativ von der Bemessungsgrundlage abgezogen werden (§ 34c Abs. 2 EStG). Dies ist günstig, wenn keine inländische Steuer entsteht und somit eine Anrechnung leer liefe.

Darüber hinaus kann ausländische Steuer abgezogen werden, wenn sie entweder nicht der deutschen Einkommensteuer entspricht oder die ausländische Steuer nicht in dem Staat erhoben wird, aus dem die Einkünfte stammen oder nach deutscher Auffassung keine ausländischen Einkünfte i. S. d. § 34d EStG vorliegen (§ 34c Abs. 3 EStG).

5 Pauschalierungs- und Erlassmethode (§ 34c Abs. 5 EStG)

Nach § 34c Abs. 5 EStG kann die inländische Steuer auf ausländische Einkünfte erlassen oder pauschaliert werden, wenn dies volkswirtschaftlich zweckmäßig ist oder wenn die Anrechnung besonders schwierig ist. Einzelheiten sind u. a. in dem sog. Auslandstätigkeitserlass geregelt. Danach besteht bei Montagetätigkeiten in einem Nicht-DBA-Ausland die Möglichkeit einer Steuerfreistellung von Einkünften aus nichtselbständiger Arbeit, wenn die Tätigkeit im Ausland drei Monate übersteigt.

KV 31: Einkünfte aus Kapitalvermögen und Abgeltungsteuer

1 Grundlagen

Einkünfte aus Kapitalvermögen werden aus der synthetischen Einkommensteuer herausgenommen. Sie unterliegen im Privatvermögen grundsätzlich einer linearen 25%igen Abgeltungssteuer ohne Werbungskostenabzug. Das Teileinkünfteverfahren gilt nicht. Es erfolgt i.d.R. keine Veranlagung.

Durch den niedrigeren Abgeltungssteuersatz und durch das Teileinkünfteverfahren soll die Doppelbelastung von ausgeschütteten Gewinnen auf Ebene der Körperschaft und auf Ebene der Anteilseigner abgemildert werden. Die Abgeltungssteuer soll darüber hinaus durch Anonymisierung und durch den niedrigen Steuersatz von 25% die Steuerhinterziehung einschränken nach dem Motto: Besser 25% von X als 45% von nix.

2 Private Kapitaleinkünfte

2.1 Laufende Kapitalerträge und Veräußerungsgewinne

Gem. § 20 EStG gehören zu den Einkünften aus Kapitalvermögen:
- **Laufende Kapitalerträge, § 20 Abs. 1 EStG, insbesondere**
    - Nr. 1 und 2: offene und verdeckte Gewinnausschüttungen und vergleichbare Leistungen von Kapitalgesellschaften und Genossenschaften
    - Nr. 3, Nr. 3a: Investmenterträge nach §§ 16, 34 InvStG
    - Nr. 4: Einnahmen aus typisch stiller Gesellschaft und partiarischen Darlehen
    - Nr. 5: Zinsen aus Hypotheken, Grundschulden und Rentenschulden
    - Nr. 6: Erträge aus Lebensversicherungsverträgen
    - Nr. 7: Erträge aus sonstigen Kapitalforderungen jeglicher Art, insbes. Zinsen
    - Nr. 8: Diskontbeträge von Wechseln
    - Nr. 11: Stillhalterprämien für die Einräumung einer Option;
- **Veräußerungsgewinne, § 20 Abs. 2 EStG, insbesondere**
    - Nr. 1: Gewinne aus der Veräußerung von Anteilen an Körperschaften, insbesondere Aktienveräußerungen
    - Nr. 2: Gewinne aus der Veräußerung von Dividenden- und Zinsscheinen
    - Nr. 3 und 4: Gewinn aus Termingeschäften

- Nr. 7: Gewinne aus der Veräußerung von sonstigen Kapitalforderungen jeglicher Art, insbesondere aus Veräußerungen von festverzinslichen Wertpapieren.

2.2 Werbungskostenabzugsverbot

Nach § 20 Abs. 9 EStG kann nur ein Sparer-Pauschbetrag von 1.000 € abgezogen werden. Bei Ehegatten verdoppelt sich der Pauschbetrag auf 2.000 €. Darüber hinaus können keine weiteren Werbungskosten abgezogen werden. Damit unterliegen Kapitaleinkünfte praktisch einer Bruttobesteuerung. Das Werbungskostenabzugsverbot ist gelockert für Veräußerungen i. S. d. § 20 Abs. 2 EStG. Nach § 20 Abs. 4 EStG dürfen bei der Ermittlung der Veräußerungsgewinne Anschaffungskosten und Veräußerungskosten abgezogen werden.

2.3 25 %ige Kapitalertragsteuer mit Abgeltungswirkung

Für private Kapitalerträge gilt ein linearer Steuersatz von 25 % zuzüglich 5,5 % Solidaritätszuschlag (§§ 32d Abs. 1 S. 1, 20 Abs. 8 EStG). Die Steuer wird als Kapitalertragsteuer nach §§ 43, 43a EStG erhoben. Damit ist die Einkommensteuer abgegolten. Eine Veranlagung findet grundsätzlich nicht statt (§ 43 Abs. 5 EStG). Es gelten jedoch folgende Ausnahmen:
1. **Abstandnahme vom Steuerabzug:** Eine Kapitalertragsteuer wird nicht erhoben, soweit ein Freistellungsauftrag oder eine Nichtveranlagungs-(NV-)Bescheinigung vorliegt und wenn über den neuen Verlustverrechnungstopf negative Erträge aus Kapitalvermögen gegenzurechnen sind, § 44a EStG.
2. Für **Zinserträge** und Gewinne aus **typisch stillen Beteiligungen** gilt der normale, **progressive Steuersatz** nach § 32a EStG,
   - wenn Gläubiger und Schuldner einander **nahe stehende Personen** sind (§ 32d Abs. 2 Nr. 1a EStG). Dadurch soll beispielsweise verhindert werden, dass ein Unternehmer, der einen Kredit bei seinem Ehegatten aufnimmt, die Zinszahlungen als Betriebsausgaben geltend machen kann und dadurch die Einkommensteuer zu 45 % ESt mindern kann, während die Zinserträge nur zu 25 % besteuert werden.
   - wenn sie von einer Kapitalgesellschaft an einen Anteilseigner gezahlt werden, der zu mindestens 10 % an der Gesellschaft beteiligt ist (§ 32d Abs. 2 Nr. 1b EStG). Dadurch soll verhindert werden, dass ein Gesellschafter durch Fremdfinanzierung Gewinne aus der Kapitalgesellschaft herausholen kann, die insgesamt nur zu 25 % versteuern werden.
   - soweit ein Dritter die Kapitalerträge schuldet und diese Kapitalerträge im Zusammenhang mit einer Kapitalüberlassung an einen Betrieb des Gläubigers stehen (**Back-to-back-Finanzierung, § 32d Abs. 2 Nr. 1c EStG**). Dadurch soll verhindert werden, dass Nr. 1b umgangen wird, in dem der Gesellschafter das Darlehen nicht direkt der Kapitalgesellschaft, sondern zunächst einer Bank gibt, die das Geld dann an die Kapitalgesellschaft weiterleitet.

3. Der progressive Einkommensteuertarif gilt ferner bei
   - **Leistungen aus begünstigten Lebensversicherungen**, bei denen die Versicherungsleistung nach Vollendung des 60. Lebensjahres und nach Ablauf von zwölf Jahren nach Vertragsabschluss ausgezahlt wird (§ 32d Abs. 2 Nr. 2 EStG). Hier ist nur die Hälfte des Unterschiedsbetrags zwischen Versicherungsleistung und den geleisteten Beträgen steuerbar;
   - einer **Option zur Regelbesteuerung bei unternehmerischer Beteiligung** (§ 32d Abs. 2 Nr. 3 EStG). Auf Antrag können Gewinnausschüttungen, wenn der Gesellschafter mindestens zu 25 % beteiligt ist oder zu mindestens 1 % beteiligt ist und beruflich für die Kapitalgesellschaft mit maßgeblichem unternehmerischen Einfluss tätig ist, dem Teileinkünfteverfahren und dem progressiven Einkommensteuersatz unterworfen werden. Insbesondere ist dann der Abzug von Werbungskosten, wie etwa Finanzierungskosten, möglich.
4. **Veranlagung nicht kapitalertragsteuerpflichtiger Erträge** (§ 32d Abs. 3 EStG): Kapitalerträge, die nicht der Kapitalertragsteuer unterliegen, müssen bei der Steuererklärung »nacherklärt« werden. Sie werden dann mit 25 % Einkommensteuer zuzüglich 5,5 % Solidaritätszuschlag besteuert. Hierunter fallen z. B. Veräußerungsgewinne aus GmbH-Anteilen bei nicht wesentlicher Beteiligung i. S. d. § 17 EStG, Kapitalerträge aus einem ausländischen Konto oder Depot, Veräußerungen von Kapitallebensversicherungen oder Zinsen aus Verträgen zwischen Privatpersonen.
5. **Antragsveranlagung** (§ 32d Abs. 4 EStG): Der Steuerpflichtige kann beantragen, dass Kapitaleinkünfte, die der Kapitalertragsteuer unterlegen haben, bei seiner Veranlagung berücksichtig werden. Dadurch kann ein nicht vollständig ausgeschöpfter Sparer-Pauschbetrag oder ein im Rahmen der Kapitalertragsteuer nicht berücksichtigter Verlustvortrag geltend gemacht werden. Ferner können von der Bank nicht oder falsch angesetzte Anschaffungskosten bei der Berechnung des Veräußerungsgewinns von Wertpapieren korrigiert werden.
6. **Günstigerprüfung** (§ 32d Abs. 6 EStG): Der Steuerpflichtige kann einen Antrag auf Einbeziehung der Kapitalerträge in die allgemeine Veranlagung zum Regeltarif beantragen. Es verbleibt allerdings beim Nichtabzug der tatsächlichen Werbungskosten. Damit werden die Kapitalerträge dem persönlichen Steuersatz unterworfen, wenn dieser niedriger ist als 25 %. Der Antrag erfolgt durch Erklärung der Kapitalerträge bei der Veranlagung. Das Finanzamt zieht die Kapitalerträge nur in die Veranlagung ein, wenn dies günstiger ist. Ab 2021 fällt ein Solidaritätszuschlag im Rahmen der Günstigerprüfung nur noch bei einer Einkommensteuer von 16.956 € bzw. bei Zusammenveranlagung von 33.912 € an.

2.4 Einschränkung des Verlustausgleichs, § 20 Abs. 6 EStG

Weder dürfen positive Kapitaleinkünfte mit Verlusten aus anderen Einkunftsarten ausgeglichen werden, noch dürfen negative Kapitaleinkünfte mit anderen Einkunftsarten ausgeglichen werden. Das ist konsequent, da die Kapitaleinkünfte einem gesonderten Steuersatz unterliegen.

Auch innerhalb der Kapitaleinkünfte gibt es Einschränkungen: Zum einen gibt es keinen Verlustrücktrag bei § 20 EStG. Zum anderen können Verluste aus Aktienverkäufen nicht mit positiven anderen Kapitaleinkünften ausgeglichen werden.

3 Kapitaleinkünfte im betrieblichen Bereich

Kapitalerträge, die nach § 20 Abs. 8 EStG zu betrieblichen Einkünften, also §§ 13, 15 und 18 EStG umqualifiziert werden, sind nach § 3 Nr. 40 EStG zu 40 % steuerfrei. Dieses sog. Teileinkünfteverfahren gilt nicht für Kapitaleinkünfte im Privatvermögen, da § 3 Nr. 40 S. 2 EStG bestimmt, dass die Steuerbefreiung nach Satz 1 **nur** in Verbindung mit der Subsidiaritätsklausel des § 20 Abs. 8 EStG gilt.

Mit den Kapitalerträgen zusammenhängende Betriebsausgaben können nur zu 60 % abgezogen werden (§ 3c Abs. 2 EStG).

Das Teileinkünfteverfahren gilt nicht für die Handelsbilanz. Folglich muss das Teileinkünfteverfahren außerhalb der Bilanz durch Kürzung von Erträgen und Aufwendungen um jeweils 40 % umgesetzt werden.

Kapitalerträge, die nach § 20 Abs. 8 EStG in andere Einkunftsarten umqualifiziert werden, unterliegen auch der Kapitalertragsteuer. Diese hat aber keine abgeltende Wirkung, denn § 43 Abs. 5 EStG gilt nur für § 20 EStG. Die Kapitalerträge werden mit dem progressiven Steuersatz nach § 32a EStG besteuert. Die Kapitalertragsteuer wird bei der Veranlagung angerechnet.

4 § 17 EStG

Auch für Anteile i. S. d. § 17 EStG gilt das Teileinkünfteverfahren. Eine Abgeltungsteuer gibt es bei § 17 EStG nicht.

5 Zukunft der Abgeltungsteuer

Die Abgeltungsteuer ist 2009 eingeführt worden, da man bei höheren Steuersätzen Steuerhinterziehung befürchtet. Seit 2009 hat Deutschland mit vielen Staaten weltweit einen automatischen Informationsaustausch über Kapitaleinkünfte vereinbart. Dadurch wird die Steuerhinterziehung erschwert. Vielfach wird daher heute gefordert, die Abgeltungsteuer abzuschaffen oder den 25 %igen Abgeltungsteuersatz zu erhöhen.

Teil D:
Bilanzsteuerrecht

KV 1: Notwendiges/gewillkürtes Betriebsvermögen und Privatvermögen

1 Grundlagen

Für die Gewinnermittlung, also die Ermittlung der Einkünfte (§ 2 Abs. 2 Nr. 1 EStG) aus LuF (§ 13 EStG), Gewerbebetrieb (§ 15 EStG) und selbständiger Arbeit (§ 18 EStG), ist es erforderlich, die betriebliche Sphäre von der außerbetrieblichen zu trennen. Hierzu dient der Begriff der betrieblichen Veranlassung (§ 4 Abs. 4 EStG). Als Betriebsvermögen (BV) dürfen daher nur solche Wirtschaftsgüter ausgewiesen werden, deren Nutzung durch den Betrieb veranlasst ist, die also mit dem Betrieb in einem tatsächlichen oder wirtschaftlichen Zusammenhang stehen; ein rechtlicher Zusammenhang ist nicht ausreichend (Beispiel: Ein Privathaus als Sicherheit für einen betrieblichen Kredit wird nicht zu BV). Im Rahmen des BV wird unterschieden zwischen notwendigem und gewillkürtem BV.

Zum **notwendigen BV** gehören Wirtschaftsgüter, die ausschließlich und unmittelbar für eigenbetriebliche Zwecke des Steuerpflichtigen genutzt werden oder dazu bestimmt sind. Hierzu werden zwingend die eigenbetrieblich genutzten Wirtschaftsgüter gerechnet, auch wenn sie fälschlicherweise nicht bilanziert sind. Notwendiges BV ist BV unabhängig von seiner bilanziellen Behandlung. Wirtschaftsgüter, die auch die Lebensführung des Steuerpflichtigen berühren (gemischt genutzte Wirtschaftsgüter) und nicht Grundstücke sind, zählen zum notwendigen BV, wenn sie zu mehr als 50 % betrieblich genutzt werden (R 4.2 Abs. 1 EStR).

Als **gewillkürtes BV** können solche Wirtschaftsgüter behandelt werden, die in einem gewissen objektiven Zusammenhang mit dem Betrieb stehen und ihn zu fördern bestimmt und geeignet sind. Gemischt genutzte Wirtschaftsgüter, die nicht Grundstücke sind, können als gewillkürtes BV ausgewiesen werden, wenn sie zu mindestens 10 % bis zu 50 % betrieblich genutzt werden. Die Aufnahme in das BV ist kenntlich zu machen, z. B. durch Ausweis in der Buchführung. Nicht als gewillkürtes BV eingelegt werden dürfen Wirtschaftsgüter, von denen erkennbar ist, dass sie dem Betrieb keinen Nutzen, sondern nur Verlust bringen werden.

Bei Freiberuflern, § 18 Abs. 1 Nr. 1 EStG, wird der Umfang des Betriebsvermögens durch die Erfordernisse des Berufs begrenzt. Sie können daher nicht in demselben Umfang gewillkürtes Betriebsvermögen bilden wie ein Gewerbetreibender. Bspw. kann ein Zahnarzt eine vermietete Wohnung nicht als gewillkürtes BV behandeln, wenn die Wohnung dauerhaft vermietet sein soll.

Notwendiges Privatvermögen (PV) liegt dagegen vor, wenn das Wirtschaftsgut unmittelbar dem Privatbereich dient und keinen betrieblichen Zusammenhang aufweist. Gemischt genutzte Wirtschaftsgüter sind notwendiges PV, wenn sie zu mehr als 90 % privat genutzt werden.

Rechtsfolgen aufgrund der Zuordnung eines Wirtschaftsgutes zum BV sind:
- Aufwendungen und Erträge, die im Zusammenhang mit BV stehen, sind als Betriebseinnahmen und -ausgaben zu erfassen.
- Jegliche Veränderungen des Wirtschaftsgutes (z. B. Wertminderungen) sowie dessen Veräußerung sind als betriebliche Vorgänge zu erfassen, aus denen sich Betriebsausgaben bzw. -einnahmen ergeben (z. B. AfA, Veräußerungsgewinn).

2 Besonderheiten

2.1 Grundstücke

Für Grundstücke erfolgt die Zuordnung zum notwendigen oder gewillkürten BV oder zum notwendigen PV nach den oben dargestellten Regeln. Eine Ausnahme gilt allerdings für gemischt genutzte Grundstücke. Im Gegensatz zu den beweglichen Wirtschaftsgütern erfolgt nicht die Zuordnung des gesamten Grundstücks aufgrund des Nutzungsumfangs; vielmehr können gemischt genutzte Grundstücke und Gebäude in **mehrere Wirtschaftsgüter** aufgeteilt werden. Wird ein Gebäude teils eigenbetrieblich, teils fremdbetrieblich, teils zu eigenen und teils zu fremden Wohnzwecken genutzt, so liegen vier verschiedene Wirtschaftsgüter vor, weil das Gebäude in verschiedenen **Nutzungs- und Funktionszusammenhängen** steht (R 4.2 Abs. 4 EStR). Ein **Wahlrecht** besteht hinsichtlich unmittelbar eigenbetrieblich genutzter Grundstücksteile: Diese brauchen nicht als BV ausgewiesen zu werden, wenn ihr Wert nicht mehr als ein Fünftel des gemeinen Wertes des gesamten Grundstücks und nicht mehr als 20.500 € beträgt (§ 8 EStDV, R 4.2 Abs. 8 EStR).

2.2 Personengesellschaften

Der Umfang des BV in der StB weicht von der HB ab. Handelsrechtlich gehören alle Wirtschaftsgüter, die im Gesamthandseigentum einer Personengesellschaft stehen, zum notwendigen BV. Steuerbilanziell sind WG des Gesamthandsvermögens, die (fast) ausschließlich der privaten Lebensführung eines Mitunternehmers dienen, notwendiges PV. Andererseits zählen Wirtschaftsgüter, die im **Eigentum einzelner Gesellschafter** stehen, steuerlich zum notwendigen BV, soweit sie geeignet und bestimmt sind, dem Betrieb der Personengesellschaft bzw. der Beteiligung des Mitunternehmers zu dienen (**Sonderbetriebsvermögen** I bzw. II; SBV). Das Gleiche gilt für **Grundstücke**, die eigenbetrieblichen Zwecken dienen: Stehen diese im Gesamthandseigentum der Personengesellschaft, gehören sie zu deren notwendigem BV; stehen sie im Eigentum eines Gesellschafters gehören sie zu dessen notwendigem SBV. Bei nur teilweiser betrieblicher Nutzung gilt Entsprechendes für den betrieblich genutzten Teil. Gesellschafter einer Personengesellschaft können ihrem SBV unter den gleichen Voraussetzungen wie ein Einzelunternehmer Grundstücke und Grundstücksteile durch Ausweis in der Sonderbilanz zuordnen.

2.3 Kapitalgesellschaften

Kapitalgesellschaften haben immer Einkünfte aus Gewerbebetrieb (§ 8 Abs. 2 KStG). Folglich können Sie nur BV haben. »Kapitalgesellschaften haben keine Privatsphäre. Sie gehen abends nicht ins Theater.«

2.4 Gewinnermittlung nach § 4 Abs. 3 EStG

Die Bildung gewillkürten BV ist auch bei § 4 Abs. 3 EStG möglich ist. Es gelten die allgemeinen Voraussetzungen; insbesondere ist eine betriebliche Nutzung von mindestens 10 % erforderlich. Die Finanzverwaltung hat diese Rechtsprechung übernommen und durch ein BMF-Schreiben, durch das Formular zur Einnahmen-Überschuss-Rechnung (EÜR) sowie das Formular Anlageverzeichnis konkretisiert:

- Der Steuerpflichtige trägt für die Zuordnung eines Wirtschaftsguts zum gewillkürten BV die Beweislast.
- Eine rückwirkende Zuordnung zum gewillkürten BV ist nicht möglich.
- Als Nachweis ausreichend ist die Aufnahme in ein laufend zu führendes Bestandsverzeichnis oder eine zeitnahe schriftliche Erklärung gegenüber dem Finanzamt. Der Behandlung von Einnahmen und Ausgaben im Zusammenhang mit dem Wirtschaftsgut als Betriebseinnahmen und Betriebsausgaben kommt bei der Zuordnungsentscheidung Indizwirkung zu.
- Die Aufzeichnungen haben zeitnah, spätestens bis zum Ende des Veranlagungszeitraumes zu erfolgen. Bei einer späteren Aufzeichnung, z. B. nach Ablauf des Veranlagungszeitraums im Rahmen der Erstellung der EÜR, ist die Zuordnung zum gewillkürten BV erst zum Zeitpunkt des Eingangs der EÜR beim Finanzamt anzuerkennen.
- Die Aufzeichnungen sind mit der EÜR beim Finanzamt einzureichen. Anderenfalls ist die Zuordnung des Wirtschaftsgutes zum gewillkürten BV erst zum Zeitpunkt des Eingangs der EÜR beim zuständigen Finanzamt anzuerkennen.

2.5 Verbindlichkeiten

Eine Verbindlichkeit gehört zum Betriebsvermögen, wenn sie durch den Betrieb veranlasst ist (Betriebsschuld). Für die Bestimmung des Veranlassungszusammenhangs ist allein die Verwendung der aufgenommenen Mittel ausschlaggebend.

Mit der Entnahme eines fremdfinanzierten Wirtschaftsgutes des Anlagevermögens wird die zur Finanzierung des Wirtschaftsgutes aufgenommene betriebliche Schuld zu einer privaten Schuld. Umgekehrt wird mit der Einlage eines fremdfinanzierten Wirtschaftsgutes die zur Finanzierung des Wirtschaftsgutes aufgenommene private Schuld zu einer betrieblichen Schuld. Wird ein betrieblich genutztes, fremdfinanziertes Wirtschaftsgut veräußert, oder scheidet es aus der Vermögenssphäre des Steuerpflichtigen aus, wird die zur Finanzierung des Wirtschaftsgutes aufgenommene Schuld eine privat veranlasste Schuld, soweit der Veräußerungserlös oder eine andere für das Ausscheiden des Wirtschaftsgutes erhaltene Leistung entnommen wird.

2.6 Abgrenzung Einkommensteuer – Umsatzsteuer

Die Abgrenzung BV/PV des EStG ist nicht deckungsgleich mit der Abgrenzung Unternehmens-/Nichtunternehmensvermögen im UStG. So erzielt beispielsweise ein Vermieter Einkünfte aus § 21 EStG und hat damit PV. Zugleich ist er aber umsatzsteuerlich ein Unternehmer (§ 2 UStG). Ferner können bewegliche Wirtschaftsgüter umsatzsteuerlich aufgeteilt werden. Bei Anschaffung besteht dann ein Vorsteuerabzug in Höhe des unternehmerischen Anteils. Einkommensteuerlich ist ein bewegliches WG hingegen nicht teilbar und daher entweder PV oder BV.

KV 2: Rückstellungen nach Handels- und Steuerrecht

1 Begriff

Rückstellungen sind Passivposten der Bilanz. Sie gehören zum Fremdkapital und bewirken, dass Ausgaben späterer Jahre aufwandswirksam vorweggenommen werden. Rückstellungen lassen sich einteilen in
- Rückstellungen mit **Schuldcharakter**, die den Verbindlichkeiten ähnlich und daher grundsätzlich zu passivieren sind;
- Rückstellungen für drohende Verluste aus schwebenden Geschäften
- Rückstellungen mit **Aufwandscharakter**, die künftigen Aufwand vorwegnehmen und nur teilweise passivierungspflichtig sind.

Rückstellungen dürfen nicht mit Rücklagen verwechselt werden: Rücklagen gehören zum Eigenkapital.

2 Rückstellungen in der Handelsbilanz

2.1 Ansatz von Rückstellung nach Handelsrecht

Eine **Passivierungspflicht** besteht handelsrechtlich nach § 249 Abs. 1 HGB für:
- ungewisse Verbindlichkeiten,
- drohende Verluste aus schwebenden Geschäften (Drohverlustrückstellung),
- unterlassene Aufwendungen (Instandhaltungsrückstellung) für
  - Instandhaltung, die im folgenden Geschäftsjahr innerhalb von drei Monaten oder
  - Abraumbeseitigung, die im folgenden Geschäftsjahr nachgeholt wird;

Gewährleistungen, die ohne rechtliche Verpflichtung erbracht werden (Gewährleistungsrückstellung).

Nach § 249 Abs. 2 HGB dürfen **andere** Rückstellungen nicht gebildet werden.

2.2 Bewertung von Rückstellung nach Handelsrecht

Rückstellungen sind nach HGB in Höhe des nach vernünftiger kaufmännischer Beurteilung notwendigen Erfüllungsbetrages anzusetzen, § 253 Abs. 1 HGB. Beispielsweise sind Inflation,

Kostensteigerung und Gehaltstrends zu berücksichtigen. Rückstellungen mit einer Restlaufzeit von mehr als einem Jahr sind mit dem ihrer Restlaufzeit entsprechenden durchschnittlichen Marktzinssatz der vergangenen sieben Jahre abzuzinsen, § 253 Abs. 2 HGB. Der Zinssatz wird von der Deutschen Bundesbank monatlich durch Rechtsverordnung festgestellt. Bei Altersvorsorgeverpflichtungen und vergleichbare langfristige Verbindlichkeiten darf die Restlaufzeit mit 10 oder 15 Jahren pauschaliert werden.

3 Rückstellungen in der Steuerbilanz

3.1 Ansatz von Rückstellung nach Steuerrecht

Der Ansatz von Rückstellungen im Steuerrecht richtet sich wegen des **Maßgeblichkeitsgrundsatzes** (§ 5 Abs. 1 S. 1 EStG bzw. § 4 Abs. 1 EStG, § 141 Abs. 1 S. 2 AO für buchführungspflichtige Land- und Forstwirte) nach den handelsrechtlichen Regelungen, soweit nicht steuerrechtliche Regelungen dem entgegenstehen. Diese steuerrechtlichen Regelungen sind insbesondere die § 5 Abs. 3–4b und § 6a EStG. Im Einzelnen regelt das Steuerrecht Folgendes:

- **Rückstellungen für ungewisse Verbindlichkeiten** sind nach R 5.7 Abs. 2 EStR zu bilden, wenn
  - es sich um eine Verbindlichkeit gegenüber einem Dritten oder eine öffentlich-rechtliche Verpflichtung (z. B. Aufstellung und Prüfung des Jahresabschlusses oder Erstellung von Steuererklärungen) handelt (diese Voraussetzungen dienen zur Abgrenzung von den steuerrechtlich unzulässigen Aufwandsrückstellungen),
  - die Verpflichtung vor dem Bilanzstichtag verursacht ist,
  - mit einer Inanspruchnahme aus einer nach Entstehung und Höhe ungewissen Verbindlichkeit ernsthaft zu rechnen ist und
  - die Aufwendungen in künftigen Jahren nicht zu AK/HK führen.

  Weitere Einschränkungen regeln § 5 Abs. 2a–4 EStG; danach dürfen
  - für ungewisse Verbindlichkeiten, die nur zu tilgen sind, soweit künftig Gewinne anfallen, keine Rückstellungen gebildet werden (§ 5 Abs. 2a EStG). Eine Rückstellung kann also erst gebildet werden, wenn Gewinne angefallen sind.
  - Rückstellungen für ungewisse Verbindlichkeiten aus Patent- und Urheberrechtsverletzungen erst gebildet werden, wenn der Rechtsinhaber die Ansprüche geltend gemacht hat oder mit einer Inanspruchnahme ernsthaft zu rechnen ist (§ 5 Abs. 3 EStG).
  - Jubiläumsrückstellungen nur gebildet werden, wenn das Dienstverhältnis mindestens zehn Jahre besteht, das Dienstjubiläum mindestens 15 Dienstjahre voraussetzt, die Zusage schriftlich erteilt wurde und der Berechtigte seine Anwartschaft nach dem 31.12.1992 erworben hat (§ 5 Abs. 4 EStG).

- **Rückstellungen wegen unterlassener Aufwendungen** (Aufwandsrückstellungen) müssen in der Steuerbilanz gebildet werden, für
  - Instandhaltung bei Nachholungen innerhalb von drei Monaten des Folgejahres;

- Abraumbeseitigung bei Nachholung im folgenden Geschäftsjahr.
- **Gewährleistungsrückstellungen** für Kulanzleistungen sind passivierungspflichtig, jedoch nur zulässig, wenn sich der Kaufmann den Gewährleistungen aus geschäftlichen Erwägungen nicht entziehen kann (R 5.7 Abs. 12 EStR).

Anders als im Handelsrecht sind folgende Rückstellungen **steuerlich unzulässig**:
- Drohverlustrückstellungen (§ 5 Abs. 4a EStG),
- Rückstellungen für Anschaffungs- und Herstellungskosten (§ 5 Abs. 4b EStG).

3.2 Bewertung von Rückstellungen nach Steuerrecht

Die Bewertung von Rückstellungen erfolgt entsprechend dem Maßgeblichkeitsgrundsatz nach vernünftiger kaufmännischer Beurteilung. § 6 Abs. 1 Nr. 3a EStG regelt darüber hinaus für das Steuerrecht folgende Besonderheiten:
- Erfahrungswerte aus der Vergangenheit hinsichtlich der Höhe der tatsächlichen Inanspruchnahme müssen berücksichtigt werden.
- Rückstellungen für Sachleistungsverpflichtungen dürfen nur in Höhe der Einzel- und notwendigen Gemeinkosten, nicht aber zu Vollkosten angesetzt werden.
- Künftige Vorteile, die mit der Erfüllung der Verpflichtung zusammenhängen, müssen wertmindernd berücksichtigt werden, soweit sie nicht als eigenständige Forderungen auszuweisen sind (z. B. voraussichtliche Kippentgelte bei Rekultivierungsrückstellungen, wenn entsprechende Verträge bereits abgeschlossen wurden, R 6.11 Abs. 1 EStR).
- Ansammlungsrückstellungen, d. h. Rückstellungen für deren Entstehen der laufende Betrieb ursächlich ist, sind zeitanteilig in gleichen Raten zu bilden (z. B. Rückstellung für Gebäudeabriss nach Pachtende). Für Kernkraftwerke gilt eine Sonderregelung (§ 6 Abs. 1 Nr. 3d S. 3 EStG).
- Der Rückstellungsbetrag ist mit einem Zinssatz von 5,5 % abzuzinsen, wenn die Verpflichtung voraussichtlich frühestens in zwölf Monaten erfüllt werden muss (§ 6 Abs. 1 Nr. 3, 3a Buchst. e EStG).
- In der StB sind die Wertverhältnisse am Bilanzstichtag maßgebend. Das bedeutet, dass nicht zum Erfüllungsbetrag zu bewerten ist und künftige Preis- und Kostensteigerungen nicht berücksichtigt werden dürfen, § 6 Abs. 1 Nr. 3f EStG.
- Ist der Handelsbilanzwert niedriger als der Steuerbilanzwert, so ist auch in der Steuerbilanz der niedrigere Handelsbilanzwert anzusetzen. Das folgt aus der Formulierung im Einleitungssatz von § 6 Abs. 1 Nr. 3 EStG: Rückstellungen sind »höchstens insbesondere« nach § 6 Abs. 1 Nr. 3 a–f EStG anzusetzen.

Für Pensionsrückstellungen gilt die besondere Bewertungsvorschrift des § 6a EStG.

KV 3: Rechnungsabgrenzungsposten

1 Begriff

Rechnungsabgrenzungsposten (RAP) sind in § 250 HGB und in § 5 Abs. 5 EStG geregelt. Sie stellen **Verrechnungsposten zur periodengerechten Gewinnermittlung** dar. Mit ihnen werden Einnahmen oder Ausgaben dem Wirtschaftsjahr zugeordnet, als dessen Ertrag oder Aufwand sie anzusehen sind. RAP sind regelmäßig bei Vorleistungen im Rahmen von Dauerschuldverhältnissen zu bilden (z.B. Arbeits-, Miet-, Darlehens-, Versicherungsverträge). Einnahmen und Ausgaben aufgrund dieser Verträge fallen zu einem bestimmten vertraglich vereinbarten Zeitpunkt an. Durch RAP werden die Zahlungen anteilsmäßig auf die Perioden verteilt, in denen die Gegenleistungen erbracht oder in Anspruch genommen werden. Da es sich bei den RAP um reine Verrechnungsposten handelt, stellen sie **keine Vermögensgegenstände oder Schulden** dar.

Es sind zwei Arten von RAP zu unterscheiden:
- **Transitorische RAP** sind die nach Handels- und Steuerrecht ausschließlich zulässigen RAP. Sie sind zu bilden, wenn Ausgaben/Einnahmen vor dem Abschlussstichtag anfallen, die Aufwand/Ertrag für eine bestimmte Zeit nach dem Stichtag darstellen (»vorverausgabter Aufwand« = aktiver RAP bzw. »vorvereinnahmter Ertrag« = **passiver RAP**). Diese Posten ähneln den Bilanzpositionen »Geleistete/Erhaltene Anzahlungen«.
- **Antizipative RAP** stellen Verrechnungsposten für Aufwand/Ertrag vor dem Abschlussstichtag dar, der erst nach dem Stichtag zu einer Ausgabe/Einnahme führt. Dies entspricht jedoch Verbindlichkeiten und Forderungen; daher ist die Bildung antizipativer RAP weder nach Handels- noch nach Steuerrecht zulässig.

2 Rechnungsabgrenzungsposten in der Handelsbilanz

2.1 Aktivierungs-/Passivierungspflicht

Nach § 250 Abs. 1 HGB besteht eine **Aktivierungspflicht** für Ausgaben vor dem Abschlussstichtag, die Aufwand für eine bestimmte Zeit danach darstellen. Nach § 250 Abs. 2 HGB besteht eine **Passivierungspflicht** für Einnahmen vor dem Abschlussstichtag, die Ertrag für eine bestimmte Zeit nach dem Stichtag darstellen. Das **Bestimmtheitsgebot** setzt voraus, dass Aufwand/Ertrag sich auf eine bestimmte Zeit beziehen, die kalendermäßig festgelegt oder berechenbar ist; bloße Bestimmbarkeit durch Schätzung ist nicht ausreichend.

Beispiele: Die im Dezember vorverausgabte Januar-Miete ist Aufwand für eine bestimmte Zeit nach dem Abschlussstichtag. Dagegen sind Ausgaben für eine Werbekampagne, die sich nach dem Abschlussstichtag auswirken soll, nicht aktiv abzugrenzen, weil der Aufwand nicht einer bestimmten Zeit der folgenden Periode zugeordnet werden kann.

2.2 Aktivierungswahlrecht

Ist der Erfüllungsbetrag einer Verbindlichkeit größer als der Ausgabebetrag (Damnum, Disagio), darf die Differenz als RAP aktiviert und durch planmäßige jährliche Abschreibungen über die Laufzeit der Verbindlichkeit verteilt werden, § 250 Abs. 3 HGB.

3 Rechnungsabgrenzungsposten in der Steuerbilanz

3.1 Bilanzierer nach § 5 Abs. 1 EStG

Für Gewerbetreibende, die buchführungspflichtig sind oder freiwillig Bücher führen gilt der – dem § 250 Abs. 1 HGB ähnliche – § 5 Abs. 5 EStG. Danach besteht eine Ansatzpflicht. Da es kein dem § 250 Abs. 3 HGB vergleichbares Wahlrecht für ein Disagio gibt, besteht auch hier eine Aktivierungspflicht. Der Ansatz eines RAPs kann unterbleiben, wenn die jeweilige Ausgabe oder Einnahme 800 € (=GWG-Grenze nach § 6 Abs. 2 EStG) nicht übersteigt; das Wahlrecht ist einheitlich für alle Ausgaben und Einnahmen im Sinne des Satzes 1 auszuüben.

3.2 Bilanzierer nach § 4 Abs. 1 EStG

Nach § 141 Abs. 1 S. 2 AO gilt § 5 Abs. 5 EStG für Bilanzierer nach § 4 Abs. 1 EStG sinngemäß (H 5.6 EStH).

> **BEISPIEL**
>
> **Vorausgezahlte Zinsen**
> Ein Unternehmer nimmt bei einer Bank in 01 ein Darlehen auf und zahlt noch in 01 die Zinsen für das Folgejahr 02 i. H. v. 10.000 €.

Lösung:

Der Unternehmer hat Zinsauszahlungen in 01. Da es aber Zinsen für das Jahr 02 sind, gehören sie wirtschaftlich in das Jahr 02. Für 01 darf daher kein Aufwand gebucht werden.

Der Unternehmer bucht:

Jahr 01:	ARAP an Bank	10.000 €
Jahr 02:	Zinsaufwand an ARAP	10.000 €

Die Bank bucht für die im Voraus erhaltenen Zinsen:

Jahr 01:	Bank an PRAP	10.000 €
Jahr 02:	PRAP an Zinsertrag	10.000 €

KV 4: Bewertung nach Handels- und Steuerrecht

1 Einleitung

Die zwei zentralen Fragen des Bilanzrechts lauten: Was muss bilanziert werden (**Ansatz**) und mit welchem Wert muss bilanziert werden (**Bewertung**). Handelsbilanz und Steuerbilanz folgen bei der Bewertung grundsätzlich dem **Einzelbewertungsgrundsatz**. Das bedeutet, dass alle Vermögensgegenstände und Schulden einzeln zu bewerten sind. Bewertungseinheiten dürfen nur bei bestimmten Sicherungsgeschäften gebildet werden, § 254 HGB, § 5 Abs. 1a EStG. Im Folgenden sollen zunächst die wichtigsten Wertmaßstäbe des HGB und des EStG erläutert werden. Sodann wird die Anwendung dieser Maßstäbe auf die Bilanzpositionen dargestellt.

2 Wertmaßstäbe

2.1 Anschaffungskosten

Anschaffungskosten sind die Aufwendungen, die geleistet werden, um einen Vermögensgegenstand zu erwerben und ihn in einen betriebsbereiten Zustand zu versetzen, soweit sie dem Vermögensgegenstand einzeln zugeordnet werden können, § 255 Abs. 1 HGB. Diese Definition bewirkt, dass der Anschaffungsvorgang erfolgsneutral ist. Das EStG kennt keine eigene Definition der AK. Daher gilt der handelsrechtliche AK-Begriff über die Maßgeblichkeit, § 5 Abs. 1 S. 1 EStG, auch für die StB.

Die AK setzen sich aus folgenden Teilgrößen zusammen:

　　Anschaffungspreis

　+　Anschaffungsnebenkosten, soweit direkt zurechenbar, inkl. Ingangsetzungskosten

　./.　Anschaffungspreisminderungen, soweit direkt zurechenbar

　+　Fremdkapitalaufwendungen (nur soweit ausnahmsweise aktivierungsfähig)

　=　Ursprüngliche Anschaffungskosten

　+　nachträgliche Anschaffungskosten

　./.　nachträgliche Anschaffungskostenminderungen

　=　Anschaffungskosten

Fremdkapitalaufwendungen sind grundsätzlich nicht aktivierungsfähig. Ausnahmen bestehen, wenn das Fremdkapital aufgenommen wird, um Anzahlungen oder Zahlungen mit Skonto zu finanzieren. In beiden Fällen führt die Fremdkapitalaufnahme zu einer Minderung des Anschaffungspreises, die höher ist als die zu zahlenden Zinsen, so dass insgesamt eine Reduktion der Anschaffungskosten vorliegt.

Besonderheiten bei der Ermittlung der AK bestehen in folgenden Fällen:
- **Retrograde Ermittlung der AK**: AK von Handelswaren, können vereinfachend ermittelt werden, indem vom Verkaufspreis die Handelsspanne abgezogen wird.
- Bei **Raten- und Rentenzahlung** ermittelt sich der Anschaffungspreis als Barwert der Kaufpreisraten bzw. der Rentenverpflichtung.
- Anschaffungskosten bei **Tausch** entsprechen steuerlich dem gemeinen Wert des hingegebenen Wirtschaftsguts. Damit kommt es zu einer Aufdeckung der stillen Reserven beim hingegebenen Wirtschaftsgut. Handelsrechtlich besteht ein Wahlrecht zwischen der Gewinnrealisierung und der Buchwertfortführung.
- Bei einem Erwerb einer **Sachgesamtheit** ist der Kaufpreis im Verhältnis der Teilwerte aufzuteilen (z. B. Unternehmenskauf, Kauf bebautes Grundstück).

2.2 Herstellungskosten

Herstellungskosten sind die Aufwendungen, die für die Herstellung eines Vermögensgegenstands, seine Erweiterung oder seine wesentliche Verbesserung entstehen, § 255 Abs. 2 HGB, § 5 Abs. 1 EStG. Auch diese Definition bewirkt, dass die Herstellung ebenso wie die Anschaffung erfolgsneutral ist. Die HK werden wie folgt berechnet:

    Materialeinzelkosten

+ Fertigungseinzelkosten

+ Sondereinzelkosten der Fertigung

+ angemessene Teile der Material- und Fertigungsgemeinkosten (inkl. Wertverzehr des AV)

= Untergrenze der Herstellungskosten

+ angemessene Teile der allgemeinen Verwaltungskosten und der Aufwendungen für soziale Einrichtungen des Betriebs, für freiwillige soziale Leistungen und für die betriebliche Altersvorsorge (Wahlrecht, in HB und StB übereinstimmend auszuüben, § 6 Abs. 1b EStG)

+ Bauzeitzinsen (Wahlrecht in HB (§ 255 Abs. 3 S. 2 HGB) und StB (R 6.3 Abs. 5 EStR) übereinstimmend auszuüben)

= Obergrenze der Anschaffungskosten für StB

+ Entwicklungskosten (Wahlrecht in HB (§ 255 Abs. 2a HGB), Verbot in StB (§ 5 Abs. 2 EStG)

= Obergrenze der Anschaffungskosten für HB

Finanzierungszinsen dürfen den HK zugerechnet werden, wenn das Darlehen zur Finanzierung der Herstellung aufgenommen wird und die Zinsen auf den Zeitraum der Herstellung entfallen, § 255 Abs. 3 S. 2 HGB (sog. Bauzeitzinsen).

Andere Finanzierungskosten sowie Forschungs- und Vertriebskosten (§ 255 Abs. 2 S. 4 HGB) dürfen nicht aktiviert werden.

2.3 Teilwert

Teilwert ist der Betrag, den ein Erwerber des ganzen Betriebs im Rahmen des Gesamtkaufpreises für das einzelne Wirtschaftsgut ansetzen würde, wenn er den Betrieb fortführen würde, § 6 Abs. 1 Nr. 1 S. 3 EStG. Der Teilwert ist relevant bei Wertminderungen, § 6 Abs. 1 Nr. 1 S. 2, Nr. 2 S. 2 EStG, für Entnahmen und Einlagen, § 6 Abs. 1 Nr. 4, 5 EStG, bei Betriebseröffnung, § 6 Abs. 1 Nr. 6 EStG, bei entgeltlichem Betriebserwerb, § 6 Abs. 1 Nr. 7 EStG, bei der Aufteilung eines Gesamtkaufpreises auf einzelne Wirtschaftsgüter, teilweise bei Übertragungsvorgängen in Mitunternehmerschaften, § 6 Abs. 5 S. 4–6 EStG, bei verdeckten Einlagen in Kapitalgesellschaften, § 6 Abs. 6 S. 2 EStG und bei dem Eintritt oder der Beendigung einer Steuerbefreiung bei Körperschaften, § 13 KStG.

2.4 Gemeiner Wert

Der gemeine Wert ist der Wert, der im gewöhnlichen Geschäftsverkehr bei einer Veräußerung zu erzielen wäre, § 9 Abs. 2 BewG. Im Gegensatz zum betriebsbezogenen Teilwert ist der gemeine Wert ein Einzelveräußerungspreis. Der gemeine Wert kommt bei Entstrickung und bei Begründung des deutschen Besteuerungsrechts, §§ 6 Abs. 1 Nr. 4 S. 1 2. HS, Nr. 5a, 17 Abs. 5 EStG und § 12 KStG, bei unentgeltlicher Übertragung einzelner Wirtschaftsgüter, § 6 Abs. 4 EStG, bei Tausch, § 6 Abs. 6 EStG, bei der Betriebsaufgabe, § 16 Abs. 3 S. 3, 4, 7 EStG, bei der verdeckten Einlage von KapGes-Anteilen in eine KapGes, § 17 Abs. 2 S. 2 EStG, bei zahlreichen Umwandlungen zur Anwendung sowie bei Nachweis des niedrigeren gemeinen Werts gem. § 198 BewG.

2.5 Handelsrechtliche Vergleichswerte

Anstelle des Teilwerts kennt das HGB den niedrigeren »beizulegenden Wert«, § 253 Abs. 3 S. 5 EStG und für UV darüber hinaus den niedrigeren, sich aus dem »Börsen- oder Marktpreis« ergebenden Wert, § 253 Abs. 4 EStG.

2.6 Buchwert

Der Buchwert wird angeordnet, wenn Wirtschaftsgüter ohne Gewinnrealisierung, also erfolgsneutral, übertragen werden sollen. Das Gesetz spricht vom dem Wert, der »sich nach den Vorschriften über die Gewinnermittlung« ergibt, § 6 Abs. 3 und 5 S. 1 EStG.

3 Anwendung der Wertmaßstäbe auf einzelne Bilanzpositionen

3.1 Anlagevermögen

Anlagevermögensgegenstände sind in der HB und in der StB bei der **Erstbewertung** mit den AK/HK zu bewerten. Die AK/HK sind zugleich die Wertobergrenze (Realisationsprinzip). Bei abnutzbarem AV muss bei der **Folgebewertung** zum nächsten Bilanzstichtag eine planmäßige Abschreibung auf die fortgeführten AK/HK vorgenommen werden. Nach HGB dürfen alle Abschreibungsmethoden verwendet werden, die wirtschaftlich angemessen sind. Steuerlich sind dahingegen nur die in §§ 7–7i EStG genannten AfA-Methoden anwendbar.

Bei einer **voraussichtlich dauerhaften Wertminderung** ist handelsrechtlich zwingend eine außerplanmäßige Abschreibung auf den niedrigeren beizulegenden Wert vorzunehmen, § 253 Abs. 3 S. 5 HGB. Steuerlich besteht ein Wahlrecht zur Teilwertabschreibung, § 6 Abs. 1 Nr. 1 und 2 EStG.

Bei einer **vorübergehenden Wertminderung** besteht grundsätzlich handelsrechtlich und steuerlich ein Abschreibungsverbot. Eine Ausnahme besteht für Finanzanlagen, bei denen (nur) in der HB ein Abschreibungswahlrecht besteht (eingeschränktes Niederstwertprinzip).

Bei **Wegfall der Wertminderung** besteht in der HB wie in der StB eine Zuschreibungspflicht, § 253 Abs. 5 S. 1 HGB, § 6 Abs. 1 Nr. 1 S. 4, Nr. 2 S. 3 EStG.

Hinzu kommen **steuerliche Sonderabschreibungen**, erhöhte Abschreibungen und Bewertungsabschläge, die nur in der StB vorgenommen werden können, z. B. § 6b Abs. 1, § 7g Abs. 1 EStG.

3.2 Umlaufvermögen

Die Bewertung des UV stimmt weitgehend mit der des AV überein. Es gibt folgende Abweichungen:

- Bei Vermögensgegenständen des UV gibt es keine planmäßige AfA.
- Handelsrechtlich gilt das strenge Niederstwertprinzip, d.h. auch bei einer nur vorübergehenden Wertminderung ist zwingend eine außerplanmäßige Abschreibung vorzunehmen. Steuerlich bleibt es dahingegen bei einem Abschreibungsverbot.
- Bei Kreditinstituten sind zu Handelszwecken gehaltene Finanzinstrumente in der HB und in der StB mit dem Zeitwert abzüglich eines Risikoabschlags anzusetzen, auch wenn dieser die AK übersteigt, §340e Abs. 3 HGB, §6 Abs. 1 Nr. 2b EStG.

3.3 Verbindlichkeiten und Rückstellungen

Verbindlichkeiten sind mit dem Erfüllungsbetrag, Rückstellungen sind mit dem nach kaufmännischer Beurteilung notwendigen Erfüllungsbetrag anzusetzen. Steuerlich gilt zusätzlich §6 Abs. 1 Nr. 3 und Nr. 3a EStG.

3.4 Gezeichnetes Kapital

Bei Kapitalgesellschaften ist das gezeichnete Kapital (AG: Grundkapital, GmbH: Stammkapital) mit dem Nennbetrag auszuweisen.

KV 5: Die Bewertung von Forderungen und Verbindlichkeiten

1 Die Bewertung von Forderungen

1.1 Handelsbilanz

Die Bewertung von Forderungen in der Handelsbilanz ist davon abhängig, ob es sich um Forderungen des Anlagevermögens oder des Umlaufvermögens handelt. **Forderungen des Anlagevermögens** sind nach § 253 Abs. 3 HGB mit den Anschaffungskosten, vermindert um außerplanmäßige Abschreibungen, anzusetzen. Unter den Anschaffungskosten einer Forderung versteht man den Nennbetrag der Forderung. Bei einer dauerhaften Wertminderung am Bilanzstichtag ist eine außerplanmäßige Abschreibung vorzunehmen. Bei einer voraussichtlich nicht dauerhaften Wertminderung darf eine Abschreibung vorgenommen werden (gemildertes Niederstwertprinzip gem. § 253 Abs. 3 S. 6 HGB). Kapitalgesellschaften müssen die außerplanmäßigen Abschreibungen in der GuV oder im Anhang gesondert ausweisen, § 277 Abs. 3 HGB.

Für **Forderungen des Umlaufvermögens** gilt dagegen das strenge **Niederstwertprinzip** (§ 253 Abs. 4 HGB). Danach müssen auf Wirtschaftsgüter des Umlaufvermögens zwingend Abschreibungen vorgenommen werden, wenn der ihnen am Stichtag beizulegende Wert niedriger ist als die Anschaffungskosten. Nach dem Wertaufhellungsprinzip sind dabei die zwischen Stichtag und Aufstellung des Jahresabschlusses erlangten Erkenntnisse über den Wert der Forderungen zu berücksichtigen.

Fallen die Gründe für eine Wertminderung in späteren Geschäftsjahren weg, besteht für **Anlage- und Umlaufvermögen** – für alle Rechtsformen – ein gleichermaßen geltendes **Zuschreibungsgebot** (§ 253 Abs. 5 HGB).

Kreditinstitute müssen Finanzinstrumente ihres Handelsbestands mit dem um einen Risikoabschlag verminderten Zeitwert bewerten, wenn dieser die Anschaffungskosten übersteigt, § 340e Abs. 3 HGB.

Unverzinsliche und niedrig verzinsliche Forderungen sind mit ihrem Barwert anzusetzen; für die Abzinsung ist ein Marktzins anzusetzen. Bei kurzfristig fälligen Forderungen (innerhalb von zwölf Monaten) kann von einer Abzinsung abgesehen werden.

Wertberichtigungen dürfen bei Forderungen einzeln und pauschal durchgeführt werden. Da auch für Forderungen der **Grundsatz der Einzelbewertung** gilt, sind zunächst Einzelwertberichtigungen vorzunehmen. Dabei sind uneinbringliche Forderungen abzuschreiben und zweifelhafte Forderungen mit ihrem voraussichtlichen Wert anzusetzen. Daneben ist auch eine **pauschale Wertberichtigung** aufgrund des allgemeinen Kreditrisikos für diejenigen Forderungen zulässig, für die keine Einzelwertberichtigung vorgenommen wurde. Hier sind die Erfahrungswerte aus der Vergangenheit zugrunde zu legen.

Vorauserhaltener Zins (**Damnum**) ist durch einen passiven RAP abzugrenzen. Vorausgezahlte Zinsen dürfen aktivisch abgegrenzt werden (Wahlrecht, § 250 Abs. 3 HGB).

1.2 Steuerbilanz

Für die Bewertung von Forderungen in der Steuerbilanz gilt das Vorstehende mit folgenden **Unterschieden**: Steuerrechtlich dürfen nur **dauernde Wertminderungen** berücksichtigt werden. Das gilt auch für Finanzanlagen. Ferner gewährt § 6 Abs. 1 Nr. 1 S. 2 und Nr. 2 S. 2 EStG ein Wahlrecht für Teilwertabschreibungen. Steuerrechtliche Wahlrechte können unabhängig von der Handelsbilanz ausgeübt werden. Das bedeutet, dass der Unternehmer wählen kann, ob er eine zwingende handelsrechtliche Forderungsabschreibung auch in der Steuerbilanz vornimmt oder nicht.

§ 6 Abs. 1 Nr. 1 S. 4 und Nr. 2 S. 3 EStG regeln zwingend eine Wertaufholung, wenn nicht der Steuerpflichtige nachweist, dass eine dauernde Wertminderung weiterhin besteht.

Kreditinstitute müssen auch in der StB ihre Finanzinstrumente mit dem höheren Zeitwert abzüglich eines Risikoabschlags ausweisen, wenn dies handelsrechtlich erforderlich ist, § 6 Abs. 1 Nr. 2b EStG.

2 Die Bewertung von Verbindlichkeiten

2.1 Handelsbilanz

Nach § 253 Abs. 1 S. 2 HGB sind Verbindlichkeiten mit ihrem Erfüllungsbetrag anzusetzen. Dieser entspricht dem Auszahlungsbetrag, falls kein Damnum einbehalten wurden. Ein **Damnum** als vorausgezahlter Zins kann entweder als Aufwand geltend gemacht oder nach § 250 Abs. 3 HGB aktivisch abgegrenzt werden, d. h. es darf ein aktiver Rechnungsabgrenzungsposten gebildet werden, der über die Laufzeit der Verbindlichkeit aufzulösen ist.

2.2 Steuerbilanz

Für die Bewertung von Verbindlichkeiten in der Steuerbilanz gilt das Vorstehende mit folgenden **Unterschieden**:
- Verbindlichkeiten sind unter sinngemäßer Anwendung des § 6 Abs. 1 Nr. 2 EStG mit den AK anzusetzen, § 6 Abs. 1 Nr. 3 EStG. Sinngemäße Tw-Abschreibung einer Verbindlichkeit bedeutet, dass wahlweise der höhere Teilwert angesetzt werden kann, wenn dieser voraussichtlich dauerhaft höher ist. Das Abzinsungsgebot ist abgeschafft worden.
- Vorausgezahlte Zinsen und Gebühren (Damnum) müssen aktivisch abgegrenzt werden. Das handelsrechtliche Wahlrecht nach § 250 Abs. 3 HGB wird zur Aktivierungspflicht, § 5 Abs. 5 EStG.

3 Währungsumrechnungen

3.1 Handelsbilanz

Auf fremde Währung lautende Vermögensgegenstände und Verbindlichkeiten mit einer Restlaufzeit bis einschließlich einem Jahr sind erfolgswirksam zum Devisenkassamittelkurs am Abschlussstichtag umzurechnen, § 256a HGB. Das führt zum Ausweis unrealisierter Gewinne. Das Anschaffungskosten- und Realisationsprinzip greift nur für Restlaufzeiten von über einem Jahr.

3.2 Steuerbilanz

Der Devisenkassamittelkurs ist auch für die Steuerbilanz maßgeblich. Allerdings bleibt es bei der Begrenzung auf die Anschaffungskosten. Somit dürfen auch kurzfristige Forderungen nicht zu einem höheren Wert als den Anschaffungskosten und kurzfristige Verbindlichkeiten nicht zu einem niedrigeren Wert als dem Erfüllungsbetrag ausgewiesen werden.

Fremdwährungsverbindlichkeiten dürfen nur bei voraussichtlich dauernder Erhöhung des Wechselkurses mit dem höheren Wert ausgewiesen werden. Als dauernd gilt eine Wechselkurserhöhung, die bis zur Bilanzerstellung oder zum vorangegangenen Tilgungszeitpunkt bestehen bleibt (BMF-Schreiben vom 12.08.2002, BStBl. I 2002, 793).

KV 6: Geschäfts- und Firmenwert in Handels- und Steuerbilanz

1 Bedeutung und Begriff des Geschäfts- oder Firmenwerts

Der Geschäfts- oder Firmenwert ist der **Mehrwert**, der einem gewerblichen Unternehmen über den Teilwert der einzelnen materiellen und immateriellen Wirtschaftsgüter abzüglich der Schulden hinaus innewohnt. Er wird dem Grunde und der Höhe nach durch die **Gewinnaussichten** bestimmt, die losgelöst von der Person des Unternehmers, aufgrund der dem Unternehmen selbst zukommenden Vorteile wie Ruf, Kundenkreis, Mitarbeiterstamm usw. höher oder gesicherter erscheinen als bei einem anderen Unternehmen mit sonst vergleichbaren Wirtschaftsgütern. Der Firmenwert ist an den Betrieb gebunden und kann nicht ohne diesen veräußert oder entnommen werden.

2 Handelsrecht

Nach § 246 Abs. 1 S. 4 HGB gilt (= Fiktion) der **entgeltlich erworbene Geschäfts- oder Firmenwert** als zeitlich begrenzt nutzbarer **Vermögensgegenstand**. Daher sind alle Ansatz- und Bewertungsnormen des HGB für Vermögensgegenstände anwendbar, sofern keine spezielle Regelung vorliegt. Insbesondere besteht eine **Aktivierungspflicht**, § 246 Abs. 1 S. 1 HGB. Die frühere Diskussion, ob der Geschäfts- oder Firmenwert eine Bilanzierungshilfe oder ein Vermögensgegenstand sei, ist damit zu Gunsten des Vermögensgegenstands entschieden. Eine Aufwandsverrechnung anstelle der Bilanzierung ist nicht möglich. Der Firmenwert ist planmäßig bzw. bei Vorliegen entsprechender Hinweise auch außerplanmäßig **abzuschreiben**, § 253 Abs. 3 HGB. Kann in Ausnahmefällen die voraussichtliche Nutzungsdauer des Firmenwerts nicht verlässlich geschätzt werden, sind planmäßige Abschreibungen auf die Herstellungskosten über einen Zeitraum von zehn Jahren vorzunehmen. Bei Kapitalgesellschaften ist im Anhang eine Erläuterung des Zeitraums anzugeben, über den ein entgeltlich erworbener Geschäfts- oder Firmenwert abgeschrieben wird, § 285 Nr. 13 HGB. Nach einer außerplanmäßigen Abschreibung des Firmenwerts ist eine spätere Wertaufholung ausgeschlossen, § 253 Abs. 5 HGB.

Die Vermögensgegenstandsfiktion des § 246 Abs. 1 S. 4 HGB gilt nur für den entgeltlich erworbenen Geschäfts- oder Firmenwert. Im Umkehrschluss gilt der selbstgeschaffene (originäre) Geschäftswert nicht als Vermögensgegenstand. Der selbstgeschaffene Geschäfts- und Firmenwert darf folglich auch nicht nach § 248 Abs. 2 HGB aktiviert werden.

Die Impairment-only-Bewertungen nach IFRS 3 und IAS 36 gelten handelsrechtlich und steuerrechtlich nicht.

3 Steuerrecht

3.1 Ansatz

In der Steuerbilanz ist der Ansatz eines **selbstgeschaffenen** Firmenwertes des Anlagevermögens nach §5 Abs.2 EStG unzulässig. Der entgeltlich erworbene Firmenwert ist dahingegen zu aktivieren. Das gleiche gilt für einen eingelegten Firmenwert. Hier gehen die Regeln über die Einlage und damit über die Abgrenzung von Privat- und Betriebssphäre dem §5 Abs.2 EStG vor.

Ein entgeltlicher Erwerb liegt nur vor, wenn ein Betrieb oder Teilbetrieb »lebend« zum Zwecke der Fortführung erworben wird. Bei Erwerb zum Zwecke der Stilllegung (Ausschaltung eines Konkurrenten) sind die Zahlungen Aufwendungen zur Verbesserung des eigenen Firmenwerts des Käufers und damit sofort abziehbar, §5 Abs.2 EStG.

Der Firmenwert ist von den selbständigen, immateriellen Einzelwirtschaftsgütern abzugrenzen. Insbesondere sind etwa der Mandantenstamm oder Patente als selbständige Wirtschaftsgüter getrennt vom Firmenwert zu aktivieren. Damit gilt nicht die gesetzliche Nutzungsdauer von 15 Jahren.

Ein **negativer Firmenwert** für den Fall, dass der Kaufpreis wegen des geringen Ertragswerts hinter dem Teilwert der einzelnen Wirtschaftsgüter zurückbleibt, ist nach h.M. weder handels- noch steuerlich passivierbar.

3.2 Bewertung

Die Bewertung des Firmenwerts erfolgt nach allgemeinen Regeln, §6 Abs.1 Nr.1 EStG. Anzusetzen sind die **Anschaffungskosten**, vermindert um die AfA. AK für einen Geschäftswert liegen nur vor, wenn der Unternehmenskaufpreis höher ist als die Summe der TW aller materiellen und immateriellen – bilanzierten wie nicht bilanzierten – WG abzüglich der Verbindlichkeiten. Die Ermittlung der Anschaffungskosten erfolgt somit als Aufteilung eines Gesamtkaufpreises. Auf den Firmenwert entfällt der nicht auf Einzelwirtschaftsgüter aufteilbare Restwert.

Bei einer (verdeckten) Einlage wird der Firmenwert mit dem Teilwert angesetzt, §6 Abs.6 EStG.

Der Firmenwert unterliegt der Abschreibung. Die Nutzungsdauer eines **gewerblichen** oder **land- und forstwirtschaftlichen** (nur §§13 und 15 EStG!) **Firmenwerts** beträgt **15 Jahre** (§7

Abs. 1 S. 3 EStG). Für den **Praxiswert** eines **freiberuflichen Unternehmens** bestimmt das Gesetz keine Nutzungsdauer. Üblicherweise werden hier **drei bis fünf Jahre**, bei weiterer Mitarbeit des Veräußernden sechs bis zehn Jahre angesetzt. Die kürzere Nutzungsdauer ist darauf zurückzuführen, dass der Praxiswert bei einem Freiberufler stark an die Person des Freiberuflers geknüpft ist und daher flüchtiger ist als bei einem gewerblichen Unternehmen.

Eine **Teilwertabschreibung** des Firmenwerts ist möglich, wenn z. B. Umsätze und Gewinne während eines längeren Zeitraums (z. B. fünf Jahre) zurückgehen. Eine kurzzeitige Gewinnminderung oder der Wechsel des Kundenkreises rechtfertigen aber keine Teilwertabschreibung. Die Rechtsprechung hat zur Ermittlung des Geschäfts- oder Firmenwertes zwei Berechnungsmethoden anerkannt, die direkte und die indirekte Methode.

Bei der **direkten Methode** wird der Geschäfts- oder Firmenwert aus einem »kapitalisierten Übergewinn« abgeleitet. Der »Übergewinn« ergibt sich insoweit, als der nachhaltig erzielbare Reingewinn einen angemessenen Unternehmerlohn sowie eine angemessene Verzinsung des Betriebsvermögens übersteigt.

Bei der **indirekten Methode** wird der Geschäfts- oder Firmenwert aus dem Gesamtertragswert abgeleitet. Der **Gesamtertragswert** ergibt sich aus einer angemessenen Verzinsung des nachhaltig erzielbaren Gewinns abzüglich eines angemessenen Unternehmerlohns, wobei zusätzlich ein Risikoabschlag von 50 % zu machen ist. Beide Methoden müssten zum gleichen Ergebnis führen; Abweichungen ergeben sich jedoch daraus, dass die Rechtsprechung den Risikoabschlag von 50 % nur bei der indirekten Methode anwendet.

4 IFRS

Auch nach IAS 38 darf ein selbst geschaffener Firmenwert nicht angesetzt werden. Für den entgeltlich erworbenen Firmenwert besteht eine Aktivierungspflicht. Der Firmenwert darf nicht planmäßig abgeschrieben werden. Stattdessen erfolgt jährlich eine Prüfung, ob eine außerplanmäßige Abschreibung vorzunehmen ist (Impairmenttest). Eine spätere Wertaufholung findet bei einem Firmenwert nicht statt. Details zum Firmenwert in der IFRS-Konzernbilanz sind in IFRS 3 geregelt.

KV 7: Teilwertabschreibung und Wertaufholung

1 Einleitung

Wirtschaftsgüter sind grundsätzlich mit den fortgeführten Anschaffungs- oder Herstellungskosten (AK/HK) zu bewerten (§ 6 Abs. 1 Nr. 1 S. 1 und 2 S. 1 EStG). Sie können jedoch mit dem aktuellen Teilwert angesetzt werden, wenn dieser niedriger ist (§ 6 Abs. 1 Nr. 1 S. 2, Nr. 2 S. 2 EStG). Der Steuerpflichtige muss die Voraussetzungen des niedrigeren Teilwerts zu jedem Bilanzstichtag erneut nachweisen.

2 Begriff des Teilwerts

Das Gesetz definiert den Teilwert als den Betrag, den ein Erwerber des ganzen Betriebs im Rahmen des Gesamtkaufpreises für das einzelne Wirtschaftsgut ansetzen würde; dabei ist davon auszugehen, dass der Erwerber den Betrieb fortführt (§ 6 Abs. 1 Nr. 1 S. 3 EStG). Der Teilwert ist damit der aktuelle, unternehmensbezogene Wert. In der Praxis wird der Teilwert aus den aktuellen Marktwerten abgeleitet. Bei betriebsnotwendigem Vermögen entspricht der Teilwert i. d. R. den Wiederbeschaffungskosten, bei nicht betriebsnotwendigem Vermögen i. d. R. dem Einzelveräußerungspreis.

Im Gegensatz zum unternehmensbezogenen Teilwert ist der gemeine Wert der aktuelle Einzelverkaufspreis (§ 9 Abs. 2 BewG). Kauft z. B. ein Unternehmer einen Neuwagen für 50.000 € und sinkt der gemeine Wert (= Verkaufspreis) auf dem ersten Kilometer auf 40.000 €, kann keine Teilwertabschreibung vorgenommen werden. Da das Auto betriebsnotwendig ist, sind die Wiederbeschaffungskosten maßgebend. Diese bleiben unverändert bei 50.000 €.

Der Teilwert entspricht grundsätzlich dem handelsrechtlichen beizulegenden Wert i. S. d. § 253 Abs. 3 S. 5 HGB. Durch außerplanmäßige Abschreibung auf den niedrigeren Zeitwert werden Verluste abweichend vom Realisationsprinzip vorgezogen. Das schützt die Gläubiger von Kapitalgesellschaften durch Minderung des Ausschüttungsvolumens. Unterschiede zwischen Teilwert und beizulegendem Zeitwert ergeben sich bei gesunkenen Verkaufspreisen von Waren. Sind Wirtschaftsgüter des Vorratsvermögens, die zum Absatz bestimmt sind, durch Lagerung, Änderung des modischen Geschmacks oder aus anderen Gründen im Wert gemindert, ist als niedrigerer Teilwert der Betrag anzusetzen, der von dem voraussichtlich erzielbaren Veräußerungserlös nach Abzug des durchschnittlichen Unternehmergewinns und des nach dem Bilanzstichtag noch anfallenden betrieblichen Aufwands verbleibt. Ein gedachter Erwerber des Betriebs wäre nicht bereit mehr zu zahlen, da er auf den Unternehmerlohn nicht verzichten würde. Handelsrechtlich ist hingegen eine außerplanmäßige Abschreibung nur auf den niedrigeren Marktpreis möglich. Der entgangene Unternehmerlohn rechtfertigt handelsrechtlich keine außerplanmäßige Abschreibung, da nur auf den Marktpreis geschaut wird.

Der Teilwert entspricht grundsätzlich dem fair value nach IFRS. 3.

3 Außerplanmäßige Abschreibung nach HGB

Vermögensgegenstände des Anlagevermögens sind bei voraussichtlich dauernder Wertminderung außerplanmäßige abzuschreiben, um diese mit dem niedrigeren Wert anzusetzen, der ihnen am Abschlussstichtag beizulegen ist, § 253 Abs. 3 S. 5 HGB. Bei Finanzanlagen können außerplanmäßige Abschreibungen auch bei voraussichtlich nicht dauernder Wertminderung vorgenommen werden, § 253 Abs. 3 S. 6 HGB.

Für Vermögensgegenstände des **Umlaufvermögens** gilt das strenge Niederstwertprinzip des § 253 Abs. 4 HGB, d. h. auch bei einer voraussichtlich vorübergehenden Wertminderung **muss** auf den niedrigeren Wert abgeschrieben werden.

4 Voraussetzungen der steuerlichen Teilwertabschreibung

4.1 Maßgeblichkeit

Ist der Teilwert aufgrund einer voraussichtlich dauerhaften Wertminderung niedriger als die fortgeführten AK/HK, so darf in der Steuerbilanz eine Abschreibung auf den niedrigeren Teilwert vorgenommen werden (§ 6 Abs. 1 Nr. 1 S. 2, Nr. 2 S. 2 EStG). Steuerrechtliche Wahlrechte können unabhängig von der Handelsbilanz ausgeübt werden, § 5 Abs. 1 S. 1 2. HS EStG. Das bedeutet, dass der Unternehmer wählen kann, ob er eine zwingende handelsrechtliche Abschreibung auch in der Steuerbilanz vornimmt oder nicht. Bei der § 4 Abs. 3-Rechnung ist eine Teilwertabschreibung nicht möglich, da § 4 Abs. 3 S. 3 EStG nicht auf § 6 Abs. 1 EStG verweist. (Eine AfaA nach § 7 Abs. 1 S. 7 EStG ist aber auch bei § 4 Abs. 3 EStG möglich).

4.2 Teilwertvermutung

Die Finanzverwaltung geht von folgenden Teilwertvermutungen aus:

- **Teilwert bei Anschaffung/Herstellung**: Im Zeitpunkt des Erwerbs oder der Fertigstellung eines Wirtschaftsguts entspricht der Teilwert den Anschaffungs- oder Herstellungskosten.
- Bei **nicht abnutzbaren Wirtschaftsgütern des Anlagevermögens** entspricht der Teilwert auch zu späteren, dem Zeitpunkt der Anschaffung oder Herstellung nachfolgenden Bewertungsstichtagen den Anschaffungs- oder Herstellungskosten.
- Bei **abnutzbaren Wirtschaftsgütern** des Anlagevermögens entspricht der Teilwert zu späteren, dem Zeitpunkt der Anschaffung oder Herstellung nachfolgenden Bewertungsstichtagen den um die lineare AfA verminderten Anschaffungs- oder Herstellungskosten.
- Bei Wirtschaftsgütern des **Umlaufvermögens** entspricht der Teilwert grundsätzlich den Wiederbeschaffungskosten.

4.3 Voraussichtlich dauernde Wertminderung

Eine voraussichtlich dauernde Wertminderung bedeutet ein voraussichtlich nachhaltiges Absinken des Werts des Wirtschaftsguts unter den maßgeblichen Buchwert. Die Wertminderung ist voraussichtlich nachhaltig, wenn der Steuerpflichtige hiermit aus der Sicht am Bilanzstichtag aufgrund objektiver Anzeichen ernsthaft zu rechnen hat. Hierbei müssen mehr Gründe für als gegen eine Nachhaltigkeit sprechen. Eine voraussichtlich dauernde Wertminderung liegt grundsätzlich vor, wenn der Wert des Wirtschaftsguts die Bewertungsobergrenze während eines erheblichen Teils der voraussichtlichen Verweildauer im Unternehmen nicht erreichen wird. Wertminderungen aus besonderem Anlass (Katastrophen, technischer Fortschritt) sind regelmäßig von Dauer. Zusätzliche Erkenntnisse sind bis zum Zeitpunkt der Aufstellung der Handelsbilanz bzw. Steuerbilanz, wenn keine Handelsbilanz aufzustellen ist, zu berücksichtigen. Für das Anlage- bzw. Umlaufvermögen ergeben sich folgende Besonderheiten:

- **Abnutzbares Anlagevermögen**
  Von einer voraussichtlich dauernden Wertminderung kann ausgegangen werden, wenn der Wert des jeweiligen Wirtschaftsguts zum Bilanzstichtag mindestens für die halbe Restnutzungsdauer unter dem planmäßigen Restbuchwert liegt. Die verbleibende Nutzungsdauer ist für Gebäude nach § 7 Abs. 4 und 5 EStG, für andere Wirtschaftsgüter grundsätzlich nach den amtlichen AfA-Tabellen zu bestimmen.
  Hat beispielsweise ein Unternehmer eine Maschine für 100.000 € gekauft und beträgt die Nutzungsdauer zehn Jahre, kann er eine Teilwertabschreibung vornehmen, wenn im Jahr 02 der Teilwert nur noch 30.000 € beträgt. Die Minderung ist voraussichtlich von Dauer, da der Wert der Maschine zum Bilanzstichtag bei planmäßiger Abschreibung erst nach fünf Jahren, das heißt, erst nach mehr als der Hälfte der Restnutzungsdauer, erreicht wird.
- **Nichtabnutzbares Anlagevermögen**
  Entscheidend ist, ob die Gründe für eine niedrigere Bewertung voraussichtlich anhalten werden.
  Beispielsweise ist bei festverzinslichen Wertpapieren im Anlagevermögen eine Teilwertabschreibung i. d. R. nur auf 100 % des Nennwerts zulässig, weil die Papiere bei Fälligkeit zum Nennwert eingelöst werden (BFH vom 08.06.2011, I R 98/10).

Bei börsennotierten Aktien und Investmentfonds im Anlagevermögen ist dahingegen von einer voraussichtlich dauernden Wertminderung grundsätzlich auszugehen, wenn der Börsenwert zum Bilanzstichtag unter denjenigen im Zeitpunkt des Aktienerwerbs gesunken ist und der Kursverlust die Bagatellgrenze von 5% der Notierung bei Erwerb überschreitet. Auf die Kursentwicklung nach dem Bilanzstichtag kommt es hierbei nicht (BFH vom 21.09.2011, I R 89/10).

- **Umlaufvermögen**
Da Wirtschaftsgüter des Umlaufvermögens regelmäßig für den Verkauf oder den Verbrauch gehalten werden, kommt dem Zeitpunkt der Veräußerung oder Verwendung für die Bestimmung einer voraussichtlich dauernden Wertminderung eine besondere Bedeutung zu. Hält die Minderung bis zum Zeitpunkt der Aufstellung der Bilanz oder dem vorangegangenen Verkaufs- oder Verbrauchszeitpunkt an, so ist die Wertminderung voraussichtlich von Dauer. Zusätzliche Erkenntnisse bis zu diesen Zeitpunkten sind zu berücksichtigen. Hierzu gehören allgemeine Marktentwicklungen wie z. B. Kursschwankungen von börsennotierten Wirtschaftsgütern des Umlaufvermögens.
Festverzinsliche Wertpapiere im Umlaufvermögen können auch dann auf einen niedrigeren Teilwert abgeschrieben werden, wenn sie bei Fälligkeit zu 100% eingelöst werden. Beträgt beispielsweise aufgrund einer Änderung des Zinsniveaus der Börsenkurs am Bilanzstichtag nur noch 98% gegenüber dem Nennwert, ist eine Teilwertabschreibung auf 98% zulässig. Allerdings sind die zusätzlichen Erkenntnisse bis zur Bilanzaufstellung zu berücksichtigen. Hat sich bis zum Zeitpunkt der Bilanzaufstellung der Börsenkurs auf 98,5% erholt, können die Wertpapiere nur auf 98,5% abgeschrieben werden (BMF vom 25.02.2000, IV C 2 – S 2171 b – 14/00).

5 Wertaufholung

5.1 Wertaufholung nach Handelsrecht

Ist der Grund für eine außerplanmäßige Abschreibung entfallen, besteht eine Pflicht zur Wertaufholung (§ 253 Abs. 5 HGB). Nur der niedrigere Wertansatz eines entgeltlich erworbenen Firmenwerts ist beizubehalten.

5.2 Wertaufholung nach Steuerrecht

Steuerlich besteht gemäß § 6 Abs. 1 Nr. 1 S. 4 und Nr. 2 S. 3 EStG sowohl für Wirtschaftsgüter des Anlagevermögens als auch für Wirtschaftsgüter des Umlaufvermögens (sofern sie bereits am Schluss des letzten Wirtschaftsjahres zum Betriebsvermögen gehört haben) ein **strenges Wertaufholungsgebot** auf den höheren Teilwert. Der niedrigere Teilwert darf nur beibehalten werden, wenn der Steuerpflichtige nachweist, dass tatsächlich keine Wertsteigerung eingetreten ist.

Der Umfang der Zuschreibung wird begrenzt durch die Höhe der Anschaffungs- oder Herstellungskosten vermindert um Abzüge nach § 6b EStG und ähnliche Abzüge (R 6.5 Abs. 2 EStR oder R 6.6 EStR), bei abnutzbaren Wirtschaftsgütern des Weiteren vermindert um Absetzungen für Abnutzung, Sonderabschreibungen und erhöhte Absetzungen.

KV 8: Mietereinbauten und Mieterumbauten

1 Einleitung

Die Thematik der Mietereinbauten und Mieterumbauten (ME und MU) betrifft die Fragestellungen,
- welche Baumaßnahmen des Mieters zu einem **selbständigen Wirtschaftsgut** führen,
- um welche **Art von Wirtschaftsgut** es sich bei dem ME oder MU handelt (beweglich/unbeweglich, materiell/immateriell) und
- wem das selbständige Wirtschaftsgut **zuzurechnen** ist (rechtliches und/oder wirtschaftliches Eigentum).

ME und MU sind solche Baumaßnahmen, die der Mieter eines Gebäudes oder Gebäudeteils auf seine Rechnung an dem gemieteten Gebäude oder Gebäudeteil vornehmen lässt, wenn die Aufwendungen nicht Erhaltungsaufwand sind. Erhaltungsaufwand liegt vor, wenn Aufwendungen für die Erneuerung von bereits vorhandenen Teilen, Einrichtungen oder Anlagen getätigt werden (R 21.1 Abs. 1 EStR).

Die Finanzverwaltung hat die Behandlung von ME und MU in einem umfassenden BMF-Schreiben vom 15.01.1976 (BStBl. I 1976, 66) behandelt. Danach können ME und MU sein:
- Scheinbestandteile,
- Betriebsvorrichtungen,
- sonstige ME oder MU.

2 Mietereinbauten und Mieterumbauten im Einzelnen

2.1 Scheinbestandteil

Ein Scheinbestandteil entsteht, wenn durch die Baumaßnahme des Mieters Sachen »**zu einem vorübergehenden Zweck**« in das Gebäude eingefügt werden (§ 95 BGB). In diesem Fall wird der Einbau nicht Bestandteil des Gebäudes, sondern ist ein **selbständiges, bewegliches Wirtschaftsgut**. Der Mieter ist rechtlicher und wirtschaftlicher Eigentümer des Scheinbestandteils und hat diesen zu bilanzieren. Die Einfügung zu einem vorübergehenden Zweck ist anzunehmen, wenn

- die Nutzungsdauer der eingefügten Sachen länger ist als die voraussichtliche Mietdauer **und**
- die eingefügten Sachen nach ihrem Ausbau nicht nur einen Schrottwert, sondern einen beachtlichen Wiederverwendungswert haben **und**
- nach den gesamten Umständen, insbesondere nach Art und Zweck der Verbindung damit gerechnet werden kann, dass die eingebauten Sachen später wieder entfernt werden.

2.2 Betriebsvorrichtung

Entsteht durch die Aufwendungen des Mieters eine Betriebsvorrichtung, so handelt es sich bei der Betriebsvorrichtung nicht um einen Teil des Gebäudes, sondern um ein **selbständiges, bewegliches Wirtschaftsgut**. Der Mieter ist – wenn nicht rechtlicher – so doch stets wirtschaftlicher Eigentümer der Betriebsvorrichtung und hat diese zu bilanzieren. Betriebsvorrichtungen sind selbständige Wirtschaftsgüter, weil sie **nicht in einem einheitlichen Nutzungs- und Funktionszusammenhang** mit dem Gebäude stehen (R 7.1 Abs. 3 EStR). Sie zählen zu den beweglichen Wirtschaftsgütern, auch wenn sie wesentliche Bestandteile eines Grundstücks sind, d. h. fest mit Grund und Boden verbundene Sachen (§ 94 BGB).

2.3 Sonstige Mietereinbauten und Mieterumbauten

Sonstige ME und MU sind Aufwendungen des Mieters, durch die weder ein Scheinbestandteil noch eine Betriebsvorrichtung entsteht und die nicht Erhaltungsaufwand darstellen. Es entsteht ein dem Mieter zuzurechnendes, **unbewegliches, materielles Wirtschaftsgut** des Anlagevermögens, wenn
- entweder der Mieter wirtschaftlicher Eigentümer der von ihm geschaffenen sonstigen ME oder MU ist **oder**
- die ME oder MU unmittelbar den besonderen betrieblichen oder beruflichen Zwecken des Mieters dienen und mit dem Gebäude nicht in einem einheitlichen Nutzungs- und Funktionszusammenhang stehen.

Wirtschaftlicher Eigentümer ist der Mieter, wenn der Herausgabeanspruch des Eigentümers zwar auch die durch den ME oder MU geschaffene Substanz umfasst, dieser Anspruch jedoch keine wirtschaftliche Bedeutung hat. Das ist in der Regel der Fall, wenn die eingebauten Sachen während der voraussichtlichen Mietdauer technisch oder wirtschaftlich verbraucht werden oder der Mieter vom Eigentümer bei Beendigung des Mietvertrages mindestens die Erstattung des noch verbliebenen gemeinen Wertes des ME oder MU verlangen kann.

ME und MU dienen unmittelbar den betrieblichen oder beruflichen Zwecken des Mieters, wenn sie eine unmittelbare sachliche Beziehung zum Betrieb aufweisen; in diesem Fall tritt der Zusammenhang mit dem Gebäude zurück.

Beispiele für sonstige ME und MU sind die Schaffung eines Großraumbüros durch Entfernen von Zwischenwänden oder die Veränderung der Raumaufteilung durch neue Zwischenwände oder der Austausch einer vorhandenen Treppe durch eine Rolltreppe.

Ein **immaterielles Wirtschaftsgut** kann durch einen sonstigen ME oder MU entstehen, wenn es an der unmittelbaren sachlichen Beziehung zum Betrieb des Mieters fehlt.

Dies ist der Fall, wenn die Baumaßnahmen auch unabhängig von der vom Mieter vorgesehenen betrieblichen oder beruflichen Nutzung hätten vorgenommen werden müssen. Beispiel hierfür ist die Zentralheizung, die anstelle vom Eigentümer vom Mieter eingebaut wird; hierdurch entsteht beim Mieter ein immaterielles Wirtschaftsgut (Ausnahme: Der Mieter wird wirtschaftlicher Eigentümer).

3 Bilanzierungsfragen

Entstehen durch Baumaßnahmen des Mieters **Scheinbestandteile** oder **Betriebsvorrichtungen**, so sind diese beweglichen Wirtschaftsgüter des Anlagevermögens dem Mieter zuzurechnen. Die AfA richtet sich nach der voraussichtlichen Mietdauer bzw. nach der betriebsgewöhnlichen Nutzungsdauer, sofern diese kürzer ist.

Entstehen durch Baumaßnahmen des Mieters **sonstige ME oder MU**, so stellen diese unbeweglichen Wirtschaftsgüter des Anlagevermögens dar. Handelt es sich dabei um materielle Wirtschaftsgüter, sind diese nach § 7 Abs. 5a i.V.m. Abs. 4 EStG nach den für Gebäude geltenden Grundsätzen abzuschreiben. Handelt es sich bei den sonstigen ME und MU dagegen um **immaterielle Wirtschaftsgüter**, so darf der Mieter sie nach § 5 Abs. 2 EStG nicht ansetzen. Ein Ansatz als Rechnungsabgrenzungsposten ist jedoch dann zulässig, wenn der Mieter seine Aufwendungen für die Baumaßnahmen mit der Miete ganz oder teilweise verrechnen darf. In diesem Fall erfolgt der Ansatz in Höhe der verrechenbaren zukünftigen Miete.

Die dargestellten Grundsätze zu ME und MU gelten für alle Gewinnermittlungsarten gleichermaßen.

KV 9: Latente Steuern

1 Begriff

Unter latenten Steuern versteht man den **Differenzbetrag zwischen der tatsächlichen Steuerschuld** und der auf das Handelsbilanzergebnis bezogenen **fiktiven Steuerschuld**, der sich im Laufe zukünftiger Geschäftsjahre ausgleicht. Der Differenzbetrag entsteht durch Abweichung der Steuer- von der Handelsbilanz. Dadurch werden Aufwendungen und Erträge zeitlich unterschiedlich erfasst. Als Folge davon können die auf Grundlage der Steuerbilanz ermittelten tatsächlichen Steuern im Verhältnis zum Handelsbilanzergebnis zu hoch oder zu niedrig sein.

Eine Regelung zu latenten Steuern findet sich in § 274 HGB. Diese hat das Ziel, jeder Periode den Steueraufwand zuzuordnen, der dem Handelsbilanzergebnis entspricht, vorausgesetzt die Differenz zwischen Handels- und Steuerbilanz gleicht sich im Laufe der Zeit aus. Hierdurch soll ein den tatsächlichen Verhältnissen entsprechendes Bild der Vermögens-, Finanz- und Ertragslage vermittelt werden. Die Abgrenzung latenter Steuern in der Handelsbilanz bedeutet, dass in jeder Periode nicht der tatsächliche Steueraufwand zu berücksichtigen ist, sondern die Steuer, die zu zahlen wäre, wenn das Handelsbilanzergebnis Bemessungsgrundlage für die Besteuerung wäre. In der Steuerbilanz dürfen Steuerabgrenzungen nicht ausgewiesen werden.

Das HGB übernimmt mit § 274 HGB das IFRS-Konzept zur bilanzorientierten latenten Steuerabgrenzung (Temporary-Konzept). Allerdings müssen aktive und passive latente Steuern nicht verrechnet werden. Übersteigen die aktiven latenten Steuern die passiven latenten Steuern, besteht insoweit eine Ausschüttungssperre. Kleine Kapitalgesellschaften sind von der Bildung latenter Steuern befreit, § 274a Nr. 4 HGB.

Latente Steuern entstehen bei unterschiedlichen Wertansätzen und bei Verlustvorträgen.

2 Latente Steuern bei unterschiedlichen Wertansätzen

Latente Steuern sind zu bilden, wenn Bilanzpositionen unterschiedliche Wertansätze in Handels- und Steuerbilanz haben.
- **Voraussetzungen nach § 274 Abs. 1 HGB**

- Es müssen Differenzen zwischen den handelsrechtlichen und den steuerrechtlichen Wertansätzen von Vermögensgegenständen, Schulden und Rechnungsabgrenzungsposten bestehen,
- die sich in zukünftigen Geschäftsjahren voraussichtlich abbauen und
- zu einer Steuerbe- oder -entlastung führen.

- **Rechtsfolge nach § 274 Abs. 1 HGB**
  - Grundsätzlich sind aktive und passive latente Steuer zu saldieren. Verbleibt ein passiver Überhang, so muss dieser angesetzt werden; bei einem aktiven Überhang besteht ein Ansatzwahlrecht.
  - Ein unsaldierter Ausweis von aktiven und passiven latenten Steuern ist aber ebenfalls zulässig (sog. Bruttoansatz). In diesem Fall gilt jedoch das Wahlrecht für den Ausweis aktiver latenter Steuern nicht: Beim Bruttoansatz müssen auch die aktiven latenten Steuern ausgewiesen werden. Das o. g. Wahlrecht bezieht sich nur auf einen aktiven **Steuerüberhang**.
  - Aktive latente Steuern aufgrund von Verlustvorträgen müssen bei der Saldierung berücksichtigt werden.
  - In der Bilanz ist für aktive und passive latente Steuern jeweils ein neuer Gliederungspunkt vorgesehen, § 266 Abs. 2 D und Abs. 3 E HGB. Der latente Steuerertrag/-aufwand ist in der GuV unter dem Posten Steuern vom Einkommen und Ertrag auszuweisen (§ 274 Abs. 2 S. 3 HGB).

3 Latente Steuern bei Verlustvorträgen

Für steuerliche Verlustvorträge sind aktive latente Steuern zu bilden. Der anzusetzende Betrag richtet sich nach der Höhe der in den nächsten fünf Jahren zu erwartenden Verlustverrechnungen.

4 Steuersatz

Die Beträge der sich ergebenden Steuerbe- und -entlastungen sind mit den unternehmensindividuellen Steuersätzen im Zeitpunkt des Abbaus der Differenzen zu bewerten und nicht abzuzinsen (§ 274 Abs. 2 HGB).

5 Angaben im Anhang

Im Anhang ist anzugeben,
- der Betrag der Ausschüttungssperre, der auf die Aktivierung latenter Steuern entfällt (§ 285 Nr. 28 HGB);
- auf welchen Differenzen oder steuerlichen Verlustvorträgen die latenten Steuern beruhen und mit welchen Steuersätzen die Bewertung erfolgt ist (§ 285 Nr. 29 HGB);
- die latenten Steuersalden und die im Laufe des Geschäftsjahrs erfolgten Änderungen (§ 285 Nr. 30 HGB).

Diese Angabepflicht gilt nur für große Kapitalgesellschaften (§ 288 HGB).

KV 10: Die Bilanzierung eigener Anteile

1 Wirtschaftlicher Hintergrund

Kauft eine Kapitalgesellschaft eigene Anteile, führt das zu einer Minderung der Haftungssubstanz. Folglich ist der Nominalwert der eigenen Anteile wirtschaftlich als *Korrekturposten* des Grund- oder Stammkapitals zu sehen. Im Insolvenzfall sind eigene Anteile wertlos. Solange es der Kapitalgesellschaft gut geht, stellen eigene Anteile jedoch *echte Vermögenswerte* dar, die bspw. durch Verkauf zu liquiden Mitteln gemacht werden können. Aufgrund des Doppelcharakters der eigenen Anteile ist der **Erwerb eigener Anteile** zwar nicht verboten, aber dem Grunde und der Höhe nach **beschränkt**.

Der Rückkauf eigener Aktien hat zunehmend an Bedeutung gewonnen. Unternehmen erwerben ihre eigenen Aktien z. B.
- zur Ausgabe von Belegschaftsaktien oder um Vereinbarungen mit Mitarbeitern über Stock-Option-Pläne erfüllen zu können,
- zur Abwehr von Übernahmeversuchen,
- um Anforderungen an Unternehmenszusammenschlüsse (merger) erfüllen zu können,
- um den Kreis der Anteilseigner zu verringern oder
- zur Kapitalanlage/Kurspflege.

2 Gesellschaftsrechtliche Behandlung

2.1 GmbH

Nach § 33 GmbHG darf eine GmbH eigene Geschäftsanteile nur erwerben, wenn die Einlage vollständig geleistet ist. Hinzukommen muss, dass die GmbH im Zeitpunkt des Erwerbs eine Rücklage in Höhe der Aufwendungen für den Erwerb bilden könnte, ohne das Stammkapital oder eine nach dem Gesellschaftsvertrag zu bildende Rücklage zu mindern, die nicht zur Zahlung an die Gesellschafter verwandt werden darf. Diese Rücklage ist rein hypothetischer Natur. Sie wird nicht in der Bilanz ausgewiesen. Dadurch wird sichergestellt, dass nur dann ein Erwerb eigener Anteile erfolgen kann, wenn auch ausreichend Geld für eine Ausschüttung in gleicher Höhe vorhanden ist.

2.2 Aktiengesellschaft

Nach § 71 Abs. 1 AktG ist der Erwerb eigener Aktien grundsätzlich verboten, es sei denn, es läge eine der in den Nr. 1–8 genannten Ausnahmen vor. Danach ist ein Erwerb zulässig
- zur Abwendung schweren Schadens von der Gesellschaft (Nr. 1),
- zur Ausgabe der Aktien an die Belegschaft (Nr. 2),
- zur Abfindung von Minderheitsaktionären (Nr. 3),
- bei unentgeltlichem Erwerb oder als Kommissionsgeschäft eines Kreditinstituts (Nr. 4),
- durch Gesamtrechtsnachfolge (Nr. 5),
- zur Durchführung einer Kapitalherabsetzung (Einziehung, Nr. 6),
- bei Erwerb durch eine Bank als deren Handelsbestand (Nr. 7) oder
- bei entsprechender Ermächtigung durch die Hauptversammlung, die für maximal fünf Jahre erteilt werden kann (Nr. 8).

Voraussetzung für den Erwerb nach den Nr. 1–3, 7 und 8 ist jeweils, dass die erworbenen Aktien nicht mehr als 10% des Grundkapitals ausmachen. Weitere Voraussetzung ist, wie bei der GmbH, dass die Gesellschaft im Zeitpunkt des Erwerbs eine Rücklage in Höhe der Aufwendungen für den Erwerb bilden könnte, ohne das Grundkapital oder eine nach Gesetz oder Satzung zu bildende Rücklage zu mindern, die nicht zur Zahlung an die Aktionäre verwandt werden darf.

3 Bilanzielle Behandlung

3.1 Erwerb: § 272 Abs. 1a HGB

Eigene Anteile sind in der Vorspalte von dem Posten »gezeichnetes Kapital« abzusetzen (§ 272 Abs. 1a HGB). Dadurch wird das gezeichnete Kapital als Nettogröße ausgewiesen. Der Erwerb eigener Anteile wird als Kapitalrückzahlung bilanziert. Der Ausweis erfolgt mit dem Nennbetrag oder – falls dieser nicht existiert – mit dem rechnerischen Wert der eigenen Anteile. Eine ggf. vorliegende Differenz zu den Anschaffungskosten ist mit den frei verfügbaren Rücklagen zu verrechnen (§ 272 Abs. 1a HGB). Ist der gezahlte Kaufpreis niedriger als der vom gezeichneten Kapital abzusetzende Betrag, erhöhen sich die frei verfügbaren Rücklagen. Ist der Kaufpreis dahingegen höher, vermindern sich die Rücklagen. Soweit ein Teil der Anschaffungskosten aus Anschaffungsnebenkosten besteht, ist dieser im Geschäftsjahr des Anteilserwerbs als Aufwand in der GuV anzusetzen.

3.2 Veräußerung: § 272 Abs. 1b HGB

Der Verkauf eigener Anteile wird in entsprechender Weise behandelt. Nebenkosten sind Aufwand des Geschäftsjahres. Ein Differenzbetrag zwischen dem Nennwert bzw. dem rechnerischen Wert und dem Veräußerungserlös ist mit den Rücklagen zu verrechnen. Bis zur Höhe des beim Erwerb verrechneten Betrags sind dazu die frei verfügbaren Rücklagen heranzuziehen, ein darüber hinausgehender Differenzbetrag geht in die Kapitalrücklage ein (§ 272 Abs. 1b HGB).

KV 11: § 5 Abs. 1 EStG – Maßgeblichkeit

1 Einleitung

Ausgangspunkt für die Ermittlung des steuerlichen Gewinns ist der Betriebsvermögensvergleich nach § 4 Abs. 1 S. 1 EStG. Bei Gewerbetreibenden, die auf Grund gesetzlicher Vorschriften verpflichtet sind, Bücher zu führen und regelmäßig Abschlüsse zu machen, oder die dies freiwillig machen, regelt § 5 Abs. 1 EStG für die Gewinnermittlung die Maßgeblichkeit der handelsrechtlichen GoB für die Steuerbilanz. Es gilt:

- Nach § 5 Abs. 1 S. 1 HS 1 EStG ist für den Schluss des Wirtschaftsjahres das Betriebsvermögen, das nach den handelsrechtlichen Grundsätzen ordnungsmäßiger Buchführung auszuweisen ist, anzusetzen (materielle Maßgeblichkeit).
- In § 5 Abs. 1 S. 1 2. HS EStG ist geregelt, dass im Rahmen der Ausübung eines steuerlichen Wahlrechtes in der Steuerbilanz ein von der HB abweichender Ansatz gewählt werden kann.
- § 5 Abs. 1 S. 2 und 3 EStG knüpfen die Ausübung steuerlicher Wahlrechte an bestimmte Dokumentationspflichten.
- Der Grundsatz der Maßgeblichkeit wird durch zwingende steuerliche Ansatz- und Bewertungsregeln durchbrochen.
- § 5 Abs. 1a S. 2 EStG enthält eine konkrete Maßgeblichkeit für in der HB gebildete Bewertungseinheiten zur Absicherung finanzwirtschaftlicher Risiken (sog. Macro- und Portfolio-Hedging).

Soweit der Steuerpflichtige keine gesonderte Steuerbilanz aufstellt, ist Grundlage für die steuerliche Gewinnermittlung die Handelsbilanz unter Beachtung der vorgeschriebenen steuerlichen Anpassungen (§ 60 Abs. 2 S. 1 EStDV).

2 Materielle Maßgeblichkeit (§ 5 Abs. 1 S. 1 HS 1 EStG)

2.1 Ansatz von Aktiva

Handelsrechtliche Aktivierungsgebote und Aktivierungswahlrechte führen zu Aktivierungsgeboten in der Steuerbilanz, es sei denn, die Aktivierung in der Steuerbilanz ist aufgrund einer steuerlichen Regelung ausgeschlossen.

> **BEISPIEL**
>
> **Selbst geschaffene immaterielle Wirtschaftsgüter**
> HB: Nach § 248 Abs. 2 HGB können selbst geschaffene immaterielle Vermögensgegenstände des Anlagevermögens als Aktivposten in die Bilanz aufgenommen werden, soweit es sich nicht um Marken, Drucktitel, Verlagsrechte, Kundenlisten oder vergleichbare immaterielle Vermögensgegenstände des Anlagevermögens handelt.
> StB: In der StB ist eine Aktivierung selbst geschaffener immaterieller Wirtschaftsgüter des Anlagevermögens nach § 5 Abs. 2 EStG ausgeschlossen. Das Aktivierungswahlrecht in der Handelsbilanz führt nicht zu einem Aktivierungsgebot in der Steuerbilanz.

2.2 Ansatz von Passiva

Handelsrechtliche Passivierungsgebote sind für die StB maßgeblich, es sei denn, es gibt eine abweichende steuerliche Regelung. Passivierungsverbote und Passivierungswahlrechte in der Handelsbilanz führen zu Passivierungsverboten in der Steuerbilanz.

> **BEISPIEL**
>
> **Verbindlichkeitsrückstellung**
> HB: § 249 Abs. 1 S. 1 HGB: Passivierungspflicht.
> StB: Das Steuerrecht enthält keine Regelung. Nach § 5 Abs. 1 S. 1 EStG muss daher eine Verbindlichkeitsrückstellung auch in der StB passiviert werden.

> **BEISPIEL**
>
> **Drohverlustrückstellung**
> HB: § 249 Abs. 1 S. 1 HGB: Passivierungspflicht.
> StB: § 4 Abs. 5a EStG: Passivierungsverbot. Die Maßgeblichkeit wird durch die speziellere steuerliche Regelung durchbrochen.

2.3 Bewertungswahlrechte und Bewertungsvorbehalte

Bewertungswahlrechte, die in der Handelsbilanz ausgeübt werden können, ohne dass eine eigenständige steuerliche Regelung besteht, wirken wegen des maßgeblichen Handelsbilanzansatzes auch auf den Wertansatz in der Steuerbilanz.

> **BEISPIEL**
>
> **Fremdkapitalzinsen**
> HB: Zinsen für Fremdkapital gelten gemäß § 255 Abs. 3 S. 2 HGB als Herstellungskosten des Vermögensgegenstands, wenn das Fremdkapital zur Herstellung eines Vermögensgegenstands verwendet wird.
> StB: Es gibt keine steuerliche Regelung. Sind handelsrechtlich Fremdkapitalzinsen in die Herstellungskosten einbezogen worden, sind sie daher gemäß § 5 Abs. 1 S. 1 HS. 1 EStG auch in der steuerlichen Gewinnermittlung als Herstellungskosten zu beurteilen.

> **BEISPIEL**
>
> **Bewertungsvereinfachungsverfahren**
> HB: Nach § 240 Abs. 3 (Festwertbewertung) und 4 (Gruppenbewertung) HGB werden bei der Bewertung bestimmter Wirtschaftsgüter unter den genannten Voraussetzungen Erleichterungen gewährt.
> StB: Steuerliche Regelungen hierzu bestehen nicht. Aufgrund des § 5 Abs. 1 S. 1 EStG sind bei Anwendung dieser Bewertungsvereinfachungsverfahren die Wertansätze der Handelsbilanz in die Steuerbilanz zu übernehmen.

> **BEISPIEL**
>
> **Einbeziehungswahlrechte für Verwaltungskosten**
> HB: Nach § 255 Abs. 2 S. 3 HGB besteht ein Wahlrecht, angemessene Teile der Kosten der allgemeinen Verwaltung sowie angemessene Aufwendungen für soziale Einrichtungen des Betriebes, für freiwillige soziale Leistungen und für die betriebliche Altersversorgung in die HK einzubeziehen.
> StB: § 6 Abs. 1 Nr. 1b EStG übernimmt das handelsrechtliche Wahlrecht. Das Wahlrecht in der StB ist in Übereinstimmung mit der HB auszuüben.

2.4 Ansatz und Bewertung von Pensionsverpflichtungen

> **BEISPIEL**
>
> **Pensionsverpflichtungen**
> HB: Nach § 249 HGB müssen in der Handelsbilanz für unmittelbare Pensionszusagen Rückstellungen gebildet werden.
> StB: Dieses Passivierungsgebot gilt auch für die steuerliche Gewinnermittlung. Die bilanzsteuerlichen Ansatz- und Bewertungsvorschriften des § 6a EStG schränken jedoch die Maßgeblichkeit des handelsrechtlichen Passivierungsgebotes ein. In der steuerlichen Gewinnermittlung sind Pensionsrückstellungen nur anzusetzen, wenn

die Voraussetzungen des § 6a Abs. 1 und 2 EStG (z. B. Schriftformerfordernis, § 6a Abs. 1 Nr. 3 EStG) erfüllt sind. Die Passivierung einer Pensionszusage unterliegt zudem dem Bewertungsvorbehalt des § 6a Abs. 3 und 4 EStG. Die Bewertung kann somit vom handelsrechtlichen Wert abweichen; die Regelungen in R 6a Abs. 20 S. 2 bis 4 EStR, wonach der handelsrechtliche Ansatz der Pensionsrückstellung die Bewertungsobergrenze ist, sind nicht weiter anzuwenden. Für laufende Pensionen und Anwartschaften auf Pensionen, die vor dem 01.01.1987 rechtsverbindlich zugesagt worden sind (sog. Altzusagen), gilt nach Art. 28 des Einführungsgesetzes zum HGB in der durch Gesetz vom 19.12.1985 (BGBl I 1985, 2355, BStBl. I 1986, 94) geänderten Fassung weiterhin das handels- und steuerrechtliche Passivierungswahlrecht.

3 Steuerliche Wahlrechte (§ 5 Abs. 1 S. 1 2. HS EStG)

3.1 Ausübung steuerlicher Wahlrechte

> **BEISPIEL**
>
> **Übertragung stiller Reserven bei der Veräußerung bestimmter Anlagegüter**
> HB: Das HGB enthält keine dem **§ 6b EStG** vergleichbare Regelung. In der HB müssen daher die stillen Reserven aufgedeckt werden.
> StB: § 6b EStG gewährt ein Wahlrecht, stille Reserven aus der Veräußerung bestimmter Anlagegüter zur Vermeidung der Besteuerung auf die Anschaffungs- oder Herstellungskosten anderer bestimmter Wirtschaftsgüter zu übertragen. Das erfolgt durch Minderung der Anschaffungs- oder Herstellungskosten. Sofern die Anschaffung oder Herstellung noch nicht erfolgt ist, kann der Steuerpflichtige stattdessen eine gewinnmindernde Rücklage bilden. § 5 Abs. 1 S. 1 2. HS EStG erlaubt eine Abweichung der StB von der HB.

> **BEISPIEL**
>
> **Teilwertabschreibungen**
> HB: Handelsrechtlich besteht eine Pflicht, Vermögensgegenstände des AV bei voraussichtlich dauernder Wertminderung sowie Vermögensgegenstände des UV auch bei nur vorübergehender Wertminderung außerplanmäßig abzuschreiben (§ 253 Abs. 3 S. 5, Abs. 4 HGB).
> StB: Steuerlich besteht dahingegen nach § 6 Abs. 1 Nr. 1 S. 2 und Nr. 2 S. 2 EStG ein Wahlrecht zur Vornahme einer Teilwertabschreibung. § 5 Abs. 1 S. 1 2. HS EStG erlaubt, dass in der StB auf die Teilwertabschreibung verzichtet werden kann, auch wenn in der HB eine außerplanmäßige Abschreibung vorgenommen werden muss. Insbesondere

muss eine handelsrechtlich zwingende außerplanmäßige Abschreibung auf das Vorratsvermögen nicht in der StB übernommen werden.

> **BEISPIEL**
>
> **Verbrauchsfolgeverfahren**
> HB: In der HB besteht für den Wertansatz gleichartiger Vermögensgegenstände des Vorratsvermögens ein Wahlrecht, statt der Einzel-, Gruppen- oder Durchschnittsbewertung als Verbrauchsfolge Fifo oder Lifo zu unterstellen (§ 256 HGB).
> StB: § 6 Abs. 1 Nr. 2a EStG erlaubt nur, Lifo als Verbrauchsfolgeverfahren zu wählen, sofern dies den handelsrechtlichen GoB entspricht. Nach § 5 Abs. 1 S. 1 2. HS EStG ist es möglich, das steuerliche Wahlrecht unabhängig von der HB auszuüben. Beispielsweise kann in der StB Lifo auch dann angewendet werden, wenn in der HB eine Einzelbewertung, eine Durchschnittsbewertung oder eine Fifo-Bewertung erfolgt.

> **BEISPIEL**
>
> **Lineare und degressive Absetzung für Abnutzung**
> HB: Nach § 253 Abs. 3 S. 1 HGB sind in der Handelsbilanz bei Vermögensgegenständen des Anlagevermögens, deren Nutzung zeitlich begrenzt ist, die AK/HK um planmäßige Abschreibungen zu vermindern. Es ist demnach eine lineare oder degressive Abschreibung und eine Leistungsabschreibung sowie eine progressive Abschreibung möglich.
> StB: Das steuerliche Wahlrecht zur degressiven Absetzung für Abnutzung nach § 7 Abs. 2 EStG setzt nicht voraus, dass der Steuerpflichtige auch in der Handelsbilanz eine degressive Abschreibung vornimmt.

3.2 Aufzeichnungspflichten

Voraussetzung für die Ausübung steuerlicher Wahlrechte ist nach § 5 Abs. 1 S. 2 EStG die Aufnahme derjenigen Wirtschaftsgüter, die nicht mit dem handelsrechtlich maßgeblichen Wert in der StB ausgewiesen werden, in besondere, laufend zu führende Verzeichnisse.
- Aufgezeichnet werden müssen nach § 5 Abs. 1 S. 3 EStG
- der Tag der Anschaffung oder Herstellung,
- die Anschaffungs- oder Herstellungskosten,
- die Vorschrift des ausgeübten steuerlichen Wahlrechtes und
- die vorgenommenen Abschreibungen.

Eine besondere Form der Verzeichnisse ist nicht vorgeschrieben. In der Praxis werden diese Aufzeichnungen durch eine steuerliche Buchführung und daraus abgeleitete Anlageverzeichnisse erbracht.

4 Durchbrechung der Maßgeblichkeit

Die Maßgeblichkeit wird u. a. durch folgende zwingende steuerliche Vorschriften durchbrochen:
- § 4 Abs. 2 EStG: Bilanzkorrektur,
- § 5 Abs. 2 EStG: Aktivierungsgebot für entgeltlich erworbene immaterielle Anlagewerte,
- § 5 Abs. 2a EStG: Passivierungsverbot für bestimmte Verpflichtungen im Zusammenhang mit zukünftigen Einnahmen,
- § 5 Abs. 3 und 4 EStG: Passivierungsverbote für Rückstellungen wegen Schutzrechtsverletzungen und Jubiläumszuwendungen,
- § 5 Abs. 4a EStG: Passivierungsverbot für Verlustrückstellungen,
- § 5 Abs. 4b EStG: Passivierungsverbot für künftige AK/HK,
- § 5 Abs. 6 EStG: Entnahmen/Einlagen, Bilanzänderung, Betriebsausgaben, Bewertungsvorbehalt und AfA,
- § 6 Abs. 4 EStG: Bewertung unentgeltlich erworbener Wirtschaftsgüter,
- § 6 Abs. 5 EStG: Überführung von Wirtschaftsgütern,
- § 7 EStG: Detaillierte steuerliche AfA-Regeln,
- Gewinnermittlung bei Personengesellschaften, insbesondere durch Sonder- und Ergänzungsbilanzen,
- Passivierungsverbot für Schulden, deren Gläubiger auf Verlangen des FA nicht benannt wird (§ 160 AO),
- zahlreiche Regeln des UmwStG.

KV 12: Die Konzernbilanz

1 Grundlagen

Ein Konzern entsteht durch die Verbindung rechtlich selbständiger Unternehmen zu einer wirtschaftlichen Einheit. Die Einzelabschlüsse sind zur Beurteilung der Vermögens-, Finanz- und Ertragslage des gesamten Konzerns wenig aussagekräftig; daher muss ein zusätzlicher Abschluss für den Konzern aufgestellt werden. Dabei sollen nach der sog. Einheitstheorie die zusammenzufassenden Unternehmen wie ein einheitliches Unternehmen dargestellt werden. Diese Zusammenfassung kann jedoch nicht durch Addition der Bilanzposten der Einzelabschlüsse erfolgen; denn es müssen Doppeltzählungen vermieden und konzerninterne Gewinne neutralisiert werden. Dies wird erreicht, indem man eine sog. **Konsolidierung** durchführt.

Die Konzernbilanz ist den §§ 290 ff. HGB und § 11 PublG geregelt. Zusätzlich gelten die Standards des Deutschen Rechnungslegungs Standards Committees (DRSC). Alle kapitalmarktorientierten Unternehmen in der EU müssen einen Konzernabschluss nach IAS/IFRS erstellen.

1.1 Umfang des Konzernabschlusses

Der Konzernabschluss besteht aus Konzernbilanz, Konzern-GuV und Konzernanhang. Der Abschluss wird erweitert um den Konzernlagebericht. Bei Inanspruchnahme eines organisierten Markts (Börse) müssen nach § 297 Abs. 1 S. 2 HGB zusätzlich eine Kapitalflussrechnung, eine Segmentberichterstattung sowie ein Eigenkapitalspiegel erstellt werden. Dies gilt auch nach IAS/IFRS. 1.2 Pflicht zur Aufstellung

Nach HGB ist eine Konzernbilanz zu erstellen, wenn
- das Mutterunternehmen seinen Sitz im Inland hat (§ 290 Abs. 1 HGB),
- das Mutterunternehmen unmittelbar oder mittelbar einen beherrschenden Einfluss auf das Tochterunternehmen ausüben kann (§ 290 Abs. 1 HGB) und
- bestimmte Mindestgrößen nach § 293 HGB erreicht sind.

Ein beherrschender Einfluss eines Mutterunternehmens besteht stets, wenn
- ihm an einem anderen Unternehmen die Mehrheit der Stimmrechte der Gesellschafter zusteht,
- ihm bei einem anderen Unternehmen das Recht zusteht, die Mehrheit des Aufsichtsrats zu bestellen und abzuberufen und wenn das Mutterunternehmen zugleich Gesellschafter ist,
- ihm durch Beherrschungsvertrag oder Satzung das Recht zusteht, die Finanz- und Geschäftspolitik zu bestimmen oder

- es bei wirtschaftlicher Betrachtung die Mehrheit der Risiken und Chancen eines Unternehmens trägt, das zur Erreichung eines eng begrenzten und genau definierten Zwecks der Muttergesellschaft dient (sog. Zweckgesellschaft).

Damit hat das HGB das Control-Konzept der IAS/IFRS übernommen. Allerdings gibt es nach IAS/IFRS keine Mindestgrößen.

1.3 Einzubeziehende Unternehmen

In den Konzernabschluss sind nach § 294 HGB das Mutterunternehmen und grundsätzlich alle in- und ausländischen Tochterunternehmen einzubeziehen (sog. **Konsolidierungskreis**). Ein Einbeziehungswahlrecht (§ 296 HGB) besteht,
- wenn die Ausübung der Rechte des Mutterunternehmens bei der Tochter beschränkt sind;
- wenn Angaben nicht ohne unverhältnismäßig hohe Kosten oder Verzögerung zu erhalten sind;
- wenn Unternehmensanteile zur Weiterveräußerung gehalten werden;
- bei Unternehmensanteilen von untergeordneter Bedeutung.

Nach IAS/IFRS müssen auch Tochterunternehmen mit abweichender Tätigkeit einbezogen werden. Es gibt keine Einbeziehungswahlrechte.

1.4 Konzerneinheitliche Rechnungslegung

Zur Vorbereitung der Konsolidierung sind die Einzelabschlüsse zu vereinheitlichen. Vereinheitlicht werden müssen insbesondere Abschlussstichtag, Bilanzierung und Bewertung sowie die Währungen. Die vereinheitlichten Einzelabschlüsse werden Handelsbilanzen II genannt.

2 Konsolidierung

Für eine Konsolidierung, d.h. die Zusammenfassung aller Einzelbilanzen unter Vermeidung von Doppelzählungen und Eliminierung von konzerninternen Gewinnen, sind folgende Schritte erforderlich:
- **Kapitalkonsolidierung**: Der Beteiligungsansatz bei der Muttergesellschaft muss gegen das Eigenkapital der Tochtergesellschaft verrechnet werden.
- **Schuldenkonsolidierung**: Schulden und Verbindlichkeiten zwischen Konzernunternehmen müssen aufgerechnet werden.
- **Zwischenergebniseliminierung**: Vermögensgegenstände aus Lieferungen im Konzern sind in der Konzernbilanz mit einem Betrag anzusetzen, zu dem sie in der Jahresbilanz dieses

Unternehmens angesetzt werden könnten, wenn die in den Konzernabschluss einbezogenen Unternehmen rechtlich ein einziges Unternehmen bilden würden.
- **Aufwands- und Ertragskonsolidierung**: Aufwand und Ertrag aus Lieferungen und Leistungen zwischen Konzerngesellschaften werden in der GuV aufgerechnet.

3 Konsolidierungsmethoden

Der Umfang der Konsolidierung ist abhängig von der Intensität der Verbindung zwischen Mutter- und Tochterunternehmen. Dabei wird zwischen Vollkonsolidierung, Quotenkonsolidierung und der konsolidierungsähnlichen Equity-Bewertung unterschieden.

3.1 Vollkonsolidierung (§ 300 ff. HGB; IFRS 3: Business combinations)

Bei einem beherrschenden Einfluss wird das Tochterunternehmen zu 100 % in den Konzernabschluss einbezogen (sog. Vollkonsolidierung). Sofern das Mutterunternehmen weniger als 100 % der Anteile an dem Tochterunternehmen hält, werden die fehlenden Anteile als Minderheitsanteile ausgewiesen. Die Vollkonsolidierung erfolgt nach der Erwerbsmethode (§ 301 HGB sog. purchase-method), d. h. es werden die stillen Reserven des Tochterunternehmens aufgedeckt. Das gilt auch für auf Minderheitsgesellschafter entfallende Anteile.

3.2 Quotenkonsolidierung (§ 310 HGB)

Haben mehrere Unternehmen die gemeinschaftliche Leitung über ein Tochterunternehmen, so erfolgt nach § 310 HGB die Quotenkonsolidierung oder wahlweise eine Bewertung nach der Equity-Methode (§ 311 HGB). Bei der Quotenkonsolidierung wird das Tochterunternehmen nur in Höhe des Beteiligungsanteils des Mutterunternehmens einbezogen. Im Übrigen gelten die Regeln der Vollkonsolidierung. Nach IFRS ist nur die Equity-Methode erlaubt.

3.3 Equity-Bilanzierung (§§ 311 f. HGB; IAS 28: Investments in associates)

Besteht kein beherrschender, wohl aber ein maßgeblicher Einfluss des Mutterunternehmens (Beteiligung von 20 % bis 50 %), dann erfolgt keine Konsolidierung, sondern nur eine konsolidierungsähnliche Bewertung nach der Equity-Bewertung (§ 312 HGB). Die Erstbewertung der Beteiligung erfolgt dabei zu den Anschaffungskosten. Bei den Folgebewertungen erfolgen zwei Korrekturen: Zum einen ist der Beteiligungsansatz um das anteilige Ergebnis des Tochterunternehmens zu erhöhen bzw. zu vermindern. Zum anderen wird der Betrag, um den der Kaufpreis das anteilige Eigenkapital zum Erwerbszeitpunkt überstieg, abgeschrieben.

Teil E:
Körperschaft- und Gewerbesteuerrecht

KV 1: Die Besteuerung der Betriebe gewerblicher Art

1 Einleitung

Juristische Personen des öffentlichen Rechts sind Gebilde, die aufgrund öffentlichen Rechts (Gesetz oder Verleihung) mit **eigener Rechtspersönlichkeit** ausgestattet sind. Sie unterliegen als solche grundsätzlich nicht der Körperschaftsteuerpflicht des §1 KStG, weil ihre Tätigkeit, die Wahrnehmung hoheitlicher Aufgaben, nicht Gegenstand der Besteuerung sein kann. Neben den **Gebietskörperschaften** (z.B. Bund, Länder, Gemeinden) zählen zu den juristischen Personen des öffentlichen Rechts **Personalkörperschaften** (z.B. Handwerkskammern, Industrie- und Handelskammern, Steuerberaterkammern) sowie **Anstalten und Stiftungen des öffentlichen Rechts** (z.B. Rundfunkanstalten, Universitäten, Stiftung Preußischer Kulturbesitz).

Sofern sich juristische Personen des öffentlichen Rechts nicht hoheitlich, sondern **privatwirtschaftlich** betätigen und sich dazu nicht der privatrechtlichen Rechtsformen bedienen (z.B. Stadtwerke GmbH), liegt ein sog. Betrieb gewerblicher Art (BgA) vor, der nach §1 Abs.1 Nr.6 KStG aus **Gründen der Wettbewerbsneutralität** der Körperschaftsteuer- sowie der Gewerbe- und Umsatzsteuerpflicht unterliegt.

2 Merkmale des Betriebs gewerblicher Art

BgA von juristischen Personen des öffentlichen Rechts sind nach der Legaldefinition des §4 Abs.1 KStG alle Einrichtungen, die einer nachhaltigen wirtschaftlichen Betätigung zur Erzielung von Einnahmen außerhalb der Land- und Forstwirtschaft dienen und sich innerhalb der Gesamtbetätigung der juristischen Person wirtschaftlich herausheben.

- Der Begriff der **Einrichtung i.S.v. §4 Abs.1 KStG**, die sich als selbständige wirtschaftliche Tätigkeit innerhalb der Gesamtbetätigung der Körperschaft wirtschaftlich heraushebt, ist weit auszulegen.
    - Dies können nicht nur organisatorisch verselbständigte Einheiten wie die **Eigenbetriebe** (z.B. Elektrizitätswerke) mit eigenen Wirtschaftsgütern sein.
    - Die Einrichtung kann sich aus einer **besonderen Leitung**, aus einem **geschlossenen Geschäftskreis**, aus der **Buchführung** oder aus einem **ähnlichen, auf eine Einheit hindeutenden Merkmal** ergeben.
    - Eine Einrichtung kann auch dann angenommen werden, wenn Betriebsmittel (z.B. Maschinen) oder Personal **sowohl im hoheitlichen als auch im wirtschaftlichen Bereich eingesetzt** werden, sofern der Einsatz zeitlich abgrenzbar ist.
    - Eine Einrichtung kann auch dann gegeben sein, wenn der **Jahresumsatz** i.S.v. §1 Abs.1 Nr.1 UStG aus der wirtschaftlichen Tätigkeit **beträchtlich** ist (über 130.000 €) bzw. wegen des Umfangs der damit verbundenen Tätigkeit eine organisatorische Abgrenzung geboten erscheint.

- Die Tätigkeit muss **wirtschaftlich von einigem Gewicht** sein. Dies ist i. d. R. der Fall, wenn der Jahresumsatz i. S. v. § 1 Abs. 1 Nr. 1 UStG 45.000 € übersteigt.
- **Nachhaltigkeit der wirtschaftlichen Betätigung** ist entsprechend den Grundsätzen des § 15 Abs. 2 S. 1 EStG gegeben, wenn die Tätigkeit auf Wiederholung angelegt ist, d. h. subjektiv von der Absicht getragen ist, sie zu einer Erwerbsquelle zu machen und sich objektiv durch Wiederholung als nachhaltig darstellt.
- Die Tätigkeit muss mit **Einnahmeerzielungsabsicht** ausgeübt werden. Gewinnerzielungsabsicht ist – abgesehen von der Gewerbesteuer – nicht erforderlich. Ausreichend ist daher eine Tätigkeit, die zum Selbstkostenpreis erbracht wird.
- **Land- und forstwirtschaftliche Betriebe** einschließlich ihrer Nebenbetriebe, die von einer juristischen Person des öffentlichen Rechts betrieben werden, begründen keinen BgA, bleiben somit ertragsteuerfrei.
- Die **Vermögensverwaltung** ist ebenfalls kein BgA. Eine Vermögensverwaltung liegt in der Regel vor, wenn Vermögen genutzt, z. B. Kapitalvermögen verzinslich angelegt oder unbewegliches Vermögen vermietet oder verpachtet wird (§ 14 S. 3 AO).

3 Ertragsbesteuerung des Betriebs gewerblicher Art

3.1 Ertragsteuerbelastung des Betriebs gewerblicher Art

Der einheitliche **Körperschaftsteuersatz** von 15 % des zu versteuernden Einkommens (§ 23 Abs. 1 KStG) ist auch bei einem BgA anzuwenden. Es gilt der Freibetrag nach § 24 S. 1 KStG i. H. v. 5.000 €. Darüber hinaus besteht **Gewerbesteuerpflicht**, wenn der BgA die Voraussetzungen eines Gewerbebetriebs (§ 15 Abs. 2 EStG) erfüllt, wofür Gewinnerzielungsabsicht erforderlich ist.

Durch **§ 20 Abs. 1 Nr. 10 EStG** wurden neue Einkommenstatbestände eingeführt, nach denen Kapitaleinkünfte fingiert werden. Das Gesetz unterscheidet dabei zwischen rechtlich selbständigen und rechtlich unselbständigen BgA.
- Bei nicht von der Körperschaftsteuer befreiten BgA **ohne eigene Rechtspersönlichkeit** ist der durch Betriebsvermögensvergleich ermittelte Gewinn zu den Einkünften aus Kapitalvermögen zu rechnen, soweit er nicht den Rücklagen zugeführt wird (**§ 20 Abs. 1 Nr. 10b EStG**). Voraussetzung ist, dass der BgA seinen Gewinn durch Betriebsvermögensvergleich ermittelt oder bestimmte Umsatz- oder Gewinngrenzen überschreitet. Durch diese Vorschrift wird eine Gewinnausschüttung des BgA an seine Trägerkörperschaft fingiert, die aufgrund der rechtlichen Unselbständigkeit des BgA tatsächlich nicht erfolgen kann. Als Gewinnausschüttung gilt weiterhin die Auflösung von Rücklagen zu Zwecken außerhalb

des BgA. Die Besteuerung wird in den Fällen des § 20 Abs. 1 Nr. 10b EStG im Wege des Kapitalertragsteuerabzugs von 10 % mit Abgeltungswirkung vorgenommen.
- Leistungen eines nicht von der Körperschaftsteuer befreiten BgA **mit eigener Rechtspersönlichkeit** werden zu Kapitaleinkünften der Trägerkörperschaft qualifiziert, wenn sie mit Gewinnausschüttungen i. S. v. § 20 Abs. 1 Nr. 1 EStG vergleichbar sind (**§ 20 Abs. 1 Nr. 10a EStG**; Beispiel: Eine Stadtsparkasse führt einen Teil ihres Jahresüberschusses der Stadt als ihrem Gewährträger zu). Zu den Leistungen gehören auch verdeckte Gewinnausschüttungen und Gewinnübertragungen aus steuerfreien Zuflüssen (z. B. nach § 8b Abs. 1 KStG). Für die Leistung ist Kapitalertragsteuer i. H. v. 10 % einzubehalten, wenn der Gläubiger die Kapitalertragsteuer trägt.

3.2 Einkommensermittlung beim Betrieb gewerblicher Art

Einkünfte aus einem BgA einer juristischen Person des öffentlichen Rechts sind stets als **Einkünfte aus Gewerbebetrieb** zu behandeln. Dies gilt auch für Einkünfte aus der Verpachtung eines BgA. Für die Zwecke der Einkommensermittlung wird der BgA verselbständigt.
- Regelungen der juristischen Person des öffentlichen Rechts in Bezug auf den BgA (z. B. über verzinsliche Darlehen oder Konzessionsabgaben) sind steuerlich grundsätzlich anzuerkennen, wenn sie klar und eindeutig sind und nur für die Zukunft, nicht mit Rückwirkung für die Vergangenheit getroffen werden. Auch bei einem BgA gelten die Grundsätze zur verdeckten Gewinnausschüttung. Regelungen über **verzinsliche Darlehen** sind steuerlich nur anzuerkennen, wenn der BgA mit einem angemessenen Eigenkapital (mindestens 30 % der steuerlichen Buchwerte des Aktivvermögens) ausgestattet ist. Liegt das Eigenkapital darunter, ist ein gewährtes Darlehen insoweit als Eigenkapital anzusehen mit der Folge, dass die insoweit angefallenen Zinsen als verdeckte Gewinnausschüttungen gelten.
- Die **Überführung von Wirtschaftsgütern** aus dem BgA in den Hoheitsbereich der juristischen Person des öffentlichen Rechts ohne Gegenleistung ist nach der Rechtsprechung des BFH nicht als Entnahme, sondern als verdeckte Gewinnausschüttung zu behandeln.
- **Miet- und Pachtverträge** zwischen der juristischen Person des öffentlichen Rechts und ihrem BgA können der Besteuerung nicht zugrunde gelegt werden, soweit dem BgA wesentliche Betriebsgrundlagen überlassen werden.
- **Aufwendungen** der juristischen Person des öffentlichen Rechts, die dieser aus der Unterhaltung des BgA erwachsen, sind in angemessenem Umfang als **Betriebsausgaben** des BgA abziehbar.

3.3 Verlustverrechnung (Kommunaler Querverbund)

Um unerwünschte Verlustverrechnungen, insbesondere mit strukturell dauerdefizitären BgA, zu vermeiden, hatte die bisherige Verwaltungspraxis die Zusammenfassung von BgA zu einem

sog. kommunalen Querverbund beschränkt. Durch das Jahressteuergesetz 2009 wurden diese Verwaltungsgrundsätze im Gesetz verankert:
- Nach § 4 Abs. 6 KStG kann ein BgA mit einem oder mehreren anderen BgA zusammengefasst werden, wenn
  - sie **gleichartig** sind
  - zwischen ihnen nach dem Gesamtbild der wirtschaftlichen Verhältnisse objektiv eine **enge wechselseitige technisch-wirtschaftliche Verflechtung** von einigem Gewicht besteht oder
  - es sich um **Versorgungsbetriebe** nach § 4 Abs. 3 KStG handelt (Wasser, Gas, Elektrizität, Wärme, öffentlicher Verkehr, Hafenbetrieb).
- Ein bei einem BgA vor der Zusammenfassung festgestellter Verlustvortrag kann nach § 10d EStG nur von positiven Einkünften abgezogen werden, die dieser BgA nach Beendigung der Zusammenfassung erzielt.

4 Umsatzsteuerliche Behandlung des BgA

Juristische Personen des öffentlichen Rechts wurden bislang nur im Rahmen ihrer BgA und ihrer land- und forstwirtschaftlichen Betriebe als gewerblich und beruflich tätig und damit als Unternehmer (§ 2 Abs. 3 S. 1 UStG) angesehen, wenn diese den ertragsteuerlichen Begriff des BgA i. S. v. § 4 Abs. 1 KStG erfüllten. Mit Einführung von § 2b UStG durch das Jahressteuergesetz 2015 wurde § 2 Abs. 3 UStG gestrichen und die Unternehmereigenschaft von juristischen Personen des öffentlichen Rechts neu geregelt. Die Neuregelung gilt grundsätzlich ab 01.01.2017, allerdings kann aufgrund einer neuerlichen Übergangsregelung auf Antrag das bisherige Recht noch für Umsätze bis zum 31.12.2024 angewendet werden.

Juristische Personen gelten danach – unabhängig vom Vorliegen eines BgA – nur noch dann nicht als Unternehmer, soweit sie Tätigkeiten ausüben, die ihnen im Rahmen der öffentlichen Gewalt obliegen, es sei denn, die Behandlung als Nichtunternehmer würde zu größeren Wettbewerbsverzerrungen führen. Wird eine juristische Person auf privatrechtlicher Grundlage tätig, unterliegt sie wie jeder andere Unternehmer den allgemeinen Regeln des § 2 Abs. 1 UStG.

KV 2: Die Besteuerung von Vereinen

1 Einleitung

Als Verein wird eine freiwillige und auf Dauer angelegte Vereinigung von natürlichen und/oder juristischen Personen zur Verfolgung eines bestimmten Zwecks bezeichnet, die in ihrem Bestand vom Wechsel ihrer Mitglieder unabhängig ist. Die zivilrechtlichen Grundlagen für Vereine finden sich in §§ 21 bis 79 BGB und im Vereinsgesetz. Während das Zivilrecht zwischen nicht rechtsfähigen Vereinen und Vereinen unterscheidet, die durch Eintragung im Vereinsregister die Rechtsfähigkeit erlangen (»e.V.«), spielt diese Unterscheidung im Steuerrecht keine Rolle. Beide Formen sind unbeschränkt körperschaftsteuerpflichtig (§ 1 Abs. 1 Nr. 3 bzw. 5 KStG). Für die Frage der Besteuerung ist vielmehr entscheidend, welcher Vereinszweck durch welche Betätigungen verfolgt wird. Überragende Bedeutung hat die Rechtsform des Vereins im Gemeinnützigkeitsrecht, da rd. 95% aller gemeinnützigen Organisationen in Deutschland als Verein organisiert sind.

2 Besteuerung gemeinnütziger Vereine

2.1 Steuervergünstigungen

Die wichtigsten Einzelsteuergesetze gewähren rechtsfähigen und nicht rechtsfähigen Vereinen, die steuerbegünstigte Zwecke verfolgen, Steuervergünstigungen. Die wichtigsten Steuervergünstigungen sind
- die Körperschaftsteuerbefreiung (§ 5 Abs. 1 Nr. 9 KStG);
- die Gewerbesteuerbefreiung (§ 3 Nr. 6 GewStG);
- die Grundsteuerbefreiung (§ 3 Abs. 1 Nr. 3 GrStG);
- der ermäßigte Umsatzsteuersatz in Höhe von 7% (§ 12 Abs. 2 Nr. 8 UStG);
- die Erbschaft- und Schenkungsteuerbefreiung bei empfangenen Zuwendungen (§ 13 Abs. 1 Nr. 16b ErbStG);
- die Berechtigung zur Ausstellung von Zuwendungsbestätigungen beim Empfang von Spenden für steuerbegünstigte Zwecke (§ 10b EStG).

2.2 Voraussetzungen der Steuerbegünstigung

Die für steuerbegünstigte Körperschaften maßgeblichen Vorschriften sind in den **§§ 51 bis 68 AO** enthalten. Um die Steuervergünstigungen wegen Gemeinnützigkeit in Anspruch nehmen zu können, muss ein Verein insbesondere folgende Voraussetzungen erfüllen:
- Er muss einen **gemeinnützigen Zweck i. S. v. § 52 AO** (z. B. Wissenschaft und Forschung, Kunst und Kultur, Bildung und Erziehung, Religion, Völkerverständigung, Umweltschutz, Alten- und Jugendhilfe, Sport), **mildtätige oder kirchliche Zwecke** verfolgen.
- Die Verfolgung steuerbegünstigter Zwecke muss **selbstlos** erfolgen, d. h. es dürfen **nicht in erster Linie eigenwirtschaftliche** (insbesondere gewerbliche) Zwecke verfolgt werden.
- Der Verein muss seine Mittel **ausschließlich** für seine satzungsmäßigen Zwecke verwenden (sog. **Mittelverwendungsgebot**); dies hat grundsätzlich zeitnah, d. h. spätestens in den auf den Zufluss folgenden beiden Kalender- oder Wirtschaftsjahren zu erfolgen.
- Die Mitglieder dürfen **keine Gewinnanteile und Zuwendungen** erhalten.
- Der Verein muss seine steuerbegünstigten Zwecke grundsätzlich **unmittelbar** erfüllen, d. h. er selbst muss diese Zwecke verwirklichen (§ 57 AO).
- Die **Satzung** des Vereins muss den formellen Anforderungen der Gemeinnützigkeit genügen (§ 60a AO).

2.3 Umfang der Steuerbegünstigung

Die Steuerbegünstigung eines gemeinnützigen Vereins umfasst die Einnahmen, die dem ideellen Bereich (z. B. Mitgliedsbeiträge, Spenden, Zuschüsse), der Vermögensverwaltung (z. B. Kapital- und Vermietungseinkünfte) oder einem steuerbegünstigten Zweckbetrieb (§§ 65 bis 68 AO) zuzuordnen sind. Die Steuerbegünstigung des gemeinnützigen Vereins ist insoweit ausgeschlossen, als er einen **steuerpflichtigen wirtschaftlichen Geschäftsbetrieb (§ 64 AO)** unterhält. Ein wirtschaftlicher Geschäftsbetrieb ist nach § 14 AO eine selbständige nachhaltige Tätigkeit, durch die Einnahmen oder andere wirtschaftliche Vorteile erzielt werden und die über den Rahmen einer Vermögensverwaltung hinausgeht; Gewinnerzielungsabsicht ist nicht erforderlich (z. B. Betrieb einer Vereinsgaststätte, Veranstaltung von Festen, Werbeeinnahmen o. Ä.). Übersteigen die aus allen wirtschaftlichen Geschäftsbetrieben erzielten **Bruttoeinnahmen** nicht 45.000 € im Jahr, unterliegt der Gewinn nicht der Körperschaft- und Gewerbesteuer (Freigrenze).

Ein wirtschaftlicher Geschäftsbetrieb ist unschädlich, wenn er als **steuerbegünstigter Zweckbetrieb (§§ 65 bis 68 AO)** anzusehen ist. Nach der allgemeinen Definition des § 65 AO liegt ein Zweckbetrieb vor, wenn
- der wirtschaftliche Geschäftsbetrieb in seiner Gesamtrichtung dazu dient, die steuerbegünstigten satzungsmäßigen Zwecke der Körperschaft zu verwirklichen,
- die Zwecke nur durch einen solchen Geschäftsbetrieb verwirklicht werden können und
- der wirtschaftliche Geschäftsbetrieb zu nicht steuerbegünstigten Betrieben derselben oder ähnlicher Art nicht mehr als unvermeidbar in Wettbewerb tritt.

Die Vorschrift des § 65 AO wird durch die §§ 66 bis 68 AO ergänzt, die spezielle Regelungen für bestimmte Zweckbetrieb enthalten (§ 66 AO: Einrichtungen der Wohlfahrtspflege; § 67 AO: Krankenhäuser; § 67a AO: bestimmte sportliche Veranstaltungen; § 68 AO: einzelne Zweckbetrieb, z. B. Alten- und Pflegeheime, Kindergärten, Selbstversorgungseinrichtungen, Behindertenwerkstätten, kulturelle Einrichtungen, Volkshochschulen, Wissenschafts- und Forschungseinrichtungen).

2.4 Umsatzsteuer

Der Verein ist nach allgemeinen Grundsätzen als Unternehmer i. S. d. Umsatzsteuerrechts anzusehen, wenn er in einem wirtschaftlichen Geschäftsbetrieb, in einem Zweckbetrieb oder innerhalb der Vermögensverwaltung nachhaltig zur Erzielung von Einnahmen Lieferungen oder sonstige Leistungen gegen Entgelt ausführt. Als Leistungsentgelt des Vereins kommen auch Mitgliedsbeiträge in Betracht, wenn die Leistungen den Sonderbelangen des Mitglieds dienen (sog. unechte Mitgliedsbeiträge). Für Vereine gelten die allgemeinen Befreiungsvorschriften des Umsatzsteuerrechts (z. B. § 4 Nr. 20 UStG für bestimmte Theater, Orchester, Chöre, Museen), für gemeinnützige Vereine kommen darüber hinaus besondere Umsatzsteuerbefreiungen (§ 4 Nr. 22a UStG für Vorträge, Kurse und andere Veranstaltungen wissenschaftlicher oder belehrender Art) in Betracht.

3 Besteuerung steuerpflichtiger Vereine

Nicht gemeinnützige Vereine genießen zwar nicht die für gemeinnützige Vereine vorgesehenen steuerlichen Privilegien, insbesondere die Befreiung von der Körperschaft- und Gewerbesteuer, jedoch sind auch bei ihnen nicht alle Einnahmen in die Ermittlung des steuerpflichtigen Gewinns einzubeziehen. Auch bei nicht gemeinnützigen Vereinen ist zwischen dem ideellen und dem wirtschaftlichen Bereich zu unterscheiden. Dem ideellen Bereich, in dem der Verein in nichtwirtschaftlicher Weise seinen Vereinszweck verfolgt, sind insbesondere die Mitgliedsbeiträge zuzuordnen, die nach § 8 Abs. 5 KStG nicht der Besteuerung unterliegen. Im wirtschaftlichen Bereich unterliegen nicht gemeinnützige Vereine hingegen der Körperschaft- und Gewerbesteuer nach allgemeinen Vorschriften.

KV 3: Die verdeckte Gewinnausschüttung

1 Einleitung

Die Beziehung zwischen Kapitalgesellschaften und ihren Gesellschaftern können entweder gesellschaftsrechtlicher Natur sein oder sie haben schuldrechtlichen Charakter. Bei Kapitalgesellschaften und ihren Gesellschaftern handelt es sich zwar um verschiedene Rechtssubjekte, ihre wirtschaftlichen Interessen werden sich aber insoweit decken, als die Kapitalgesellschaft Gewinnerzielungsinstrument ihrer Gesellschafter ist. Diese Interessenlage hat Regelungen zur verdeckten Gewinnausschüttung (vGA) erforderlich gemacht. Die vGA ist in R 36 KStR geregelt, da das Gesetz selbst keine Definition enthält. Eine vGA ist danach
- eine Vermögensminderung oder verhinderte Vermögensmehrung, die
- durch das Gesellschaftsverhältnis veranlasst ist,
- sich auf die Höhe des Unterschiedsbetrags i. S. d. § 4 Abs. 1 S. 1 EStG auswirkt
- und nicht auf einem den gesellschaftsrechtlichen Vorschriften entsprechenden Gewinnverteilungsbeschluss beruht.

Die vGA darf das Einkommen der Kapitalgesellschaft nicht mindern (§ 8 Abs. 3 S. 2 KStG). Sie ist bei der Ermittlung des körperschaftsteuerlichen Gewinns außerbilanziell wieder hinzuzurechnen. Der Wert der vGA bemisst sich bei der Hingabe von Wirtschaftsgütern nach deren gemeinem Wert und bei Nutzungsüberlassung nach der erzielbaren Vergütung.

2 Tatbestandsmerkmale

Die Annahme einer vGA setzt im einzelnen folgende Tatbestandsmerkmale voraus:
- **Vermögensminderung oder verhinderte Vermögensmehrung**
  Das steuerliche Ergebnis der Kapitalgesellschaft muss mit einem Aufwand oder Minderertrag belastet sein. Für die Annahme einer vGA ist es nicht erforderlich, dass dem Gesellschafter oder einer nahe stehenden Person ein Vermögensvorteil zufließt.
- **Veranlassung durch das Gesellschaftsverhältnis**
  Eine Veranlassung durch das Gesellschaftsverhältnis liegt dann vor, wenn ein ordentlicher und gewissenhafter Geschäftsleiter die Vermögensminderung oder verhinderte Vermögensmehrung gegenüber einer Person, die nicht Gesellschafter ist, unter sonst gleichen Umständen nicht hingenommen hätte. Dies gilt nicht, sofern ein Rechtsgeschäft zu beurteilen ist, das nur mit Gesellschaftern abgeschlossen werden kann. Handelt es sich um einen beherrschenden Gesellschafter, ist eine Veranlassung durch das Gesellschaftsverhältnis auch dann anzunehmen, wenn es an einer **zivilrechtlich wirksamen, klaren und im Vor-**

aus abgeschlossenen Vereinbarung darüber fehlt, ob und in welcher Höhe ein Entgelt für die Leistung des Gesellschafters zu zahlen ist oder wenn nicht vereinbarungsgemäß verfahren wird. Dies gilt bspw. in Fällen der Mitarbeit oder der Nutzungsüberlassung (Miete, Pacht oder Darlehen). Rückwirkende Vereinbarungen zwischen der Gesellschaft und dem beherrschenden Gesellschafter sind steuerrechtlich unbeachtlich (**Rückwirkungsverbot**). Die Beherrschung durch einen Gesellschafter ist gegeben, wenn er den Abschluss des zu beurteilenden Rechtsgeschäfts erzwingen kann. Das ist der Fall, wenn ihm die **Mehrheit der Stimmrechte** zusteht oder er bei einer Beteiligung von 50 % oder weniger die Gesellschaft aufgrund besonderer Umstände **beherrscht**. Sofern Gesellschafter mit gleichgerichteten Interessen zusammenwirken, sind ihre Anteile zusammenzurechnen.

Der mit der vGA verbundene Vorteil muss nicht unmittelbar an den Gesellschafter erfolgen. Die Vorteilsziehung durch eine nahe stehende Person ist ausreichend, auch wenn für den Gesellschafter selbst kein Vorteil damit verbunden ist. Bei der Beurteilung ist auf die familienrechtliche, schuldrechtliche, gesellschaftsrechtliche oder tatsächliche Beziehung zwischen dem Gesellschafter und dem Dritten abzustellen. Zum Kreis der nahe stehenden Personen gehören natürliche und juristische Personen. Auch Ehegatten können als nahe stehende Personen angesehen werden. Für die dem beherrschenden Gesellschafter nahe stehende Person bedarf es ebenfalls einer vorherigen und eindeutigen Regelung über die Höhe eines Entgelts.

- **Auswirkung auf die Höhe des Unterschiedsbetrages i. S. d. § 4 Abs. 1 S. 1 EStG**
  Die vGA setzt eine durch das Gesellschaftsverhältnis veranlasste Minderung (verhinderte Mehrung) des sog. Unterschiedsbetrages i. S. d. § 4 Abs. 1 S. 1 EStG, also des Gewinns, voraus.

- **Dauerverlustgeschäfte i. S. d. § 8 Abs. 7 KStG**
  Die Rechtsfolgen einer vGA sind bei BgA i. S. d. § 4 KStG (Nr. 1) sowie bei KapG, bei denen die Mehrheit der Stimmrechte unmittelbar oder mittelbar auf juristische Personen des öffentlichen Rechts entfällt und nachweislich ausschließlich diese Gesellschafter die Verluste aus Dauerverlustgeschäften tragen (Nr. 2), nicht bereits deshalb zu ziehen, weil sie ein Dauerverlustgeschäft betreiben. Ein Dauerverlustgeschäft liegt vor, soweit aus verkehrs-, umwelt-, sozial-, kultur-, bildungs-, oder gesundheitspolitischen Gründen eine wirtschaftliche Betätigung ohne kostendeckendes Entgelt unterhalten wird oder in den Fällen der Nr. 2 das Geschäft Ausfluss einer Tätigkeit ist, die bei juristischen Personen des öffentlichen Rechts zu einem Hoheitsbetrieb gehört.

3 Steuerliche Konsequenzen der vGA

Die vGA wird dem Einkommen wieder hinzugerechnet. Sofern keine entsprechenden Verlustvorträge bestehen, unterliegt sie einer Körperschaftsteuerbelastung von 15 % zuzüglich Solidaritätszuschlag und der Gewerbesteuer.

Für die vGA wird grundsätzlich Kapitalertragsteuer nach §43 Abs.1 Nr.1 KStG erhoben. Die Pflicht zur Einbehaltung von Kapitalertragsteuer entsteht nach §44 Abs.1 S.2 EStG erst im Zeitpunkt des tatsächlichen Zuflusses der vGA beim Gesellschafter. In den Fällen, in denen die Erfassung der vGA bei der Einkommensteuerveranlagung des Gesellschafters sichergestellt ist, wird regelmäßig von einer Nacherhebung der Kapitalertragsteuer abgesehen.

4 Rückgewähr einer vGA

Die Rechtsfolgen einer vGA können durch Rückgewährsansprüche, die auf Steuer- oder Satzungsklauseln beruhen, nicht rückgängig gemacht werden. Der Anspruch auf Rückforderung hat den Charakter einer Einlageforderung und die tatsächliche Rückzahlung ist als **Einlage** zu werten, die dem steuerlichen Einlagekonto (§27 KStG) zuzuordnen ist. Der Gesellschafter hat in Höhe der Einlage zusätzliche Anschaffungskosten für seinen Anteil. Wenn eine vGA rückgängig gemacht wird, in dem die Gesellschafter den Vorteil der Kapitalgesellschaft zurück gewähren, kommt eine Erstattung der Kapitalertragsteuer nicht in Betracht, da der Zufluss der vGA dadurch nicht rückgängig gemacht werden kann.

KV 4: Verlustabzug bei Körperschaften (§ 8c KStG)

1 Einleitung

Auch im Körperschaftsteuerrecht wird die periodenübergreifende Verlustverrechnung im Rahmen des Verlustabzugs grundsätzlich gewährt. Der Gesetzgeber will jedoch verhindern, dass Verlustgesellschaften nach Veräußerung der Anteile vom Erwerber dadurch verwertet werden, dass dieser die Gesellschaft mit neuem wirtschaftlichen Leben erfüllt und die vorhandenen Verluste mit zukünftigen Gewinnen verrechnet werden (sog. Mantelkauf).

2 Tatbestandsvoraussetzungen im Einzelnen

2.1 Schädlicher Beteiligungserwerb

Der § 8c Abs. 1 KStG wurde durch Gesetz vom 11.12.2018 neu gefasst. Die bisherige Regelung zur Anteilsübertragung von bis zu 50 % der Anteile wurde für den Zeitraum 2008 bis 2015 ersatzlos aufgehoben. Für noch offene Bescheide fehlt damit die Rechtsgrundlage für einen anteiligen Verlustuntergang bei einem Anteilseignerwechsel von über 25 % bis zu 50 %. Damit hat der Gesetzgeber die Vorgaben des BVerfG umgesetzt. Die Unanwendbarkeit gilt nach Auffassung der Finanzverwaltung nur für noch nicht bestandskräftige Bescheide. Folglich sieht das Gesetz nur noch eine Verlustversagung bei Übertragungen und Erwerben von mehr als 50 % vor:

- Werden **innerhalb von fünf Jahren** mittelbar oder unmittelbar **mehr als 50 %** des gezeichneten Kapitals, der Mitgliedschaftsrechte, Beteiligungsrechte oder der Stimmrechte an einer Körperschaft an einen Erwerber oder diesem nahe stehende Personen übertragen oder liegt ein vergleichbarer Sachverhalt vor, sind bis zum schädlichen Beteiligungserwerb nicht ausgeglichene oder abgezogene negative Verluste (nicht genutzte Verluste) vollständig nicht mehr abziehbar.
- Der **schädliche Beteiligungserwerb** umfasst den Erwerb eines Prozentsatzes des gezeichneten Kapitals, der Mitgliedschaftsrechte, der Beteiligungsrechte oder der Stimmrechte an einer Körperschaft. Eine **Übertragung** der Beteiligung erfolgt grundsätzlich im Rahmen eines zivilrechtlichen Eigentumsübergangs, d.h. es kommt auf den Zeitpunkt des dinglichen Übertragungsaktes an. **Übertragungen innerhalb eines Konzerns** (z.B. im Rahmen von Verschmelzungen, Spaltungen oder Einbringungen) werden aufgrund der Konzernklausel des § 8c Abs. 1 S. 4 KStG nicht als schädliche Beteiligungserwerbe erfasst, wenn die Umstrukturierung ausschließlich (zu 100 %) innerhalb des Konzerns stattfindet. Ferner sind Übertragungen zwischen Personengesellschaft und Gesellschafter und Übertragungen im Rahmen der vorweggenommenen Erbfolge (nicht jedoch durch Erbfall) als schädliche Beteiligungserwerbe zu berücksichtigen.

Ein schädlicher Beteiligungserwerb i. S. v. § 8c KStG liegt auch dann vor, wenn mehr als 50 % der **Stimmrechte** übertragen werden.

Voraussetzung für den Wegfall der Verluste ist jeweils die Übertragung von mehr als 50 % an »**einen**« **Erwerber**, die Erwerbe durch mehrere Erwerber werden demnach grundsätzlich nicht zusammengerechnet. Einbezogen werden jedoch zunächst Erwerbe durch dem Erwerber **nahe stehende Personen**, deren Kreis in Anlehnung an die Definition im Bereich verdeckter Gewinnausschüttungen zu bestimmen ist. Des Weiteren gelten **Personen mit gleichgerichteten Interessen** als »ein« Erwerber. Maßstab für gleichgerichtete Interessen ist, ob aufgrund konkreter, objektiv überprüfbarer rechtlicher oder tatsächlicher Umstände erwartet werden kann, dass die Gesellschafter ihre Stimmrechte einheitlich ausüben werden. Das bloße gemeinsame Interesse an einer positiven wirtschaftlichen Entwicklung der Gesellschaft reicht hierfür nicht aus.

§ 8c KStG erfasst neben unmittelbaren Übertragungen auch **mittelbare Übertragungen**, unabhängig von der Länge der Beteiligungskette und davon, ob der Erwerb durch eine inländische oder ausländische Person oder Gesellschaft erfolgt. Für die Frage des Überschreitens der 50 %-Grenze ist auf die Höhe der auf die Verlustgesellschaft durchgerechneten Beteiligung abzustellen (Beispiel: An der A-GmbH (Verlustgesellschaft) ist die inländische B-AG zu 60 % beteiligt, deren Anteile zu 80 % von der ausländischen X-Inc. gehalten werden. Erwirbt ein Käufer 100 % der Anteile an der X-Inc., erwirbt er mittelbar 48 % (100 % × 80 % × 60 %) der Anteile an der A-GmbH). Nicht ausdrücklich geregelt ist, ob ein unmittelbarer Erwerb und ein mittelbarer Erwerb zusammenzurechnen sind. Davon dürfte nach dem Zweck der Norm jedoch auszugehen sein.

Wird die quotale Verlustabzugsbeschränkung einmal ausgelöst, beginnt bei **weiteren Veräußerungen an denselben oder einen anderen Erwerber** eine neue Fünfjahresfrist. Für Zwecke der Überschreitung der 50 %-Grenze werden jedoch frühere Erwerbe desselben Erwerbers hinzugerechnet.

2.2 Vergleichbarer Sachverhalt

§ 8c KStG dehnt den Begriff des schädlichen Beteiligungserwerbs auf **vergleichbare Sachverhalte** aus. Zunächst enthält § 8c Abs. 1 S. 3 KStG mit der Einbeziehung der **Kapitalerhöhung** den gesetzlich geregelten Fall eines der Übertragung von Anteilen auf einen Erwerber vergleichbaren Sachverhalts. Eine Kapitalerhöhung unter Erwerb neuer Anteile wird von § 8c KStG erfasst, wenn ein Gesellschafter seine Beteiligungsquote um mehr als 50 % erhöht. Darüber hinaus können Gestaltungen als vergleichbare Sachverhalte unter § 8c KStG fallen, wenn zwar nicht das rechtliche, aber das **wirtschaftliche Eigentum** an den Anteilen übergeht. Schließlich kann ein vergleichbarer Sachverhalt bei **Erwerb eigener Anteile** durch die Kapitalgesellschaft vorliegen. Dies setzt voraus, dass mehr als 50 % des gezeichneten Kapitals, das um den Nennbetrag der eigenen Anteile gekürzt wurde, übertragen werden. (Beispiel: An der A-GmbH (Verlustgesellschaft) sind A zu 40% und B zu 60% beteiligt. Erwirbt die A-GmbH die Anteile des B als eigene Anteile, wandelt sich die Beteiligung des A von 40% auf 100% (Übergang > 50%), so dass der Verlust in vollem Umfang entfällt.)

3 Rechtsfolgen des § 8c KStG

Der Verlust der Körperschaft ist nach § 10d Abs. 4 EStG gesondert festzustellen. Bei der Ermittlung des verbleibenden Verlustvortrags sind Verluste, die ihre Abzugsfähigkeit nach § 8c KStG verloren haben, nicht zu berücksichtigen. Die Wirkung des § 8c KStG beschränkt sich nicht darauf, in den beschriebenen Fällen den Verlustabzug nach § 10d EStG zu versagen. Die Vorschrift wirkt sich auch auf die Gewinnermittlung nach § 8 Abs. 1 KStG aus, weil auch die Verluste des laufenden Wirtschaftsjahres, die bis zum schädlichen Beteiligungserwerb erzielt wurden, nicht mit Gewinnen auszugleichen sind, die nach diesem Zeitpunkt erzielt wurden. Der Verlust des gesamten Wirtschaftsjahres ist pro rata temporis auf den Zeitpunkt des schädlichen Erwerbs zu berechnen.

4 Ausnahmen

4.1 Erhalt steuerlicher Verlustvorträge (sog. Verschonungsbetrag)

Nach § 8c Abs. 1 KStG bleibt ein Verlustvortrag in Höhe der im Inland steuerpflichtigen stillen Reserven des Betriebsvermögens erhalten. Die stillen Reserven ermitteln sich hierbei wie folgt:
    a) Grundschema (§ 8c Abs. 1 S. 5 KStG):

	Gemeiner Wert der Anteile an der Körperschaft
./.	steuerliches Eigenkapital (ggf. anteilig)
=	stille Reserven

    b) Bei negativem steuerlichen Eigenkapital (§ 8c Abs. 1 S. 7 KStG):

	Gemeiner Wert des Betriebsvermögens der Körperschaft (ggf. anteilig)
./.	steuerliches Eigenkapital (ggf. anteilig)
=	stille Reserven

4.2 Sanierungstatbestand (§ 8c Abs. 1a KStG)

Nach dem Sanierungstatbestand in § 8c Abs. 1a KStG wird von einem Untergang des Verlustvortrags abgesehen, wenn es sich um einen **Beteiligungserwerb zum Zweck der Sanierung der Körperschaft** handelt. Sanierung wird dabei definiert als Maßnahme, die darauf gerichtet ist, die Zahlungsunfähigkeit oder Überschuldung der übernommenen Körperschaft zu verhindern oder zu beseitigen und zugleich die wesentlichen Betriebsstrukturen zu erhalten.

Die Erhaltung der wesentlichen Betriebsstrukturen setzt voraus, dass entweder
- eine Betriebsvereinbarung mit Arbeitsplatzregelung befolgt wird, oder
- die Lohnsumme innerhalb von fünf Jahren nach Beteiligungserwerb 400% der Ausgangslohnsumme nicht unterschreitet, oder
- der Körperschaft durch Einlagen innerhalb von 12 Monaten nach dem Beteiligungserwerb wesentlich neues Betriebsvermögen (mindestens 25% des Werts des Aktivvermögens in der Steuerbilanz des vorangehenden Wirtschaftsjahrs) zugeführt wird.

Eine Sanierung liegt nicht vor, wenn die Körperschaft ihren **Geschäftsbetrieb** im Zeitpunkt des Beteiligungserwerbs im **Wesentlichen bereits eingestellt** hatte oder innerhalb von fünf Jahren nach dem Beteiligungserwerb einen **Branchenwechsel** vornimmt.

KV 5: Die Zinsschranke

1 Einleitung

Die Regelung des § 8a KStG zur Gesellschafterfremdfinanzierung, die nur auf Körperschaften Anwendung fand, wurde zum 01.01.2008 abgeschafft. An ihre Stelle tritt mit dem § 4h EStG eine sog. Zinsschranke, die gleichermaßen für Körperschaften und Personengesellschaften gilt. Durch die Neuregelung wird die Abzugsfähigkeit von Zinsaufwendungen weiter beschränkt.

2 Anwendungsbereich

Die Zinsschranke schränkt die Abzugsfähigkeit von Fremdfinanzierungsaufwendungen eines Betriebes ein, wenn
- der Betrieb einem Konzern i. S. d. § 4h Abs. 3 EStG zugehörig ist (Konzernklausel),
- die Eigenkapitalquote des Betriebs um mehr als zwei Prozentpunkte geringer ist als die des Gesamtkonzerns (Escape-Klausel) und
- dessen die Zinserträge übersteigender Zinsaufwand 30% des verrechenbaren EBITDA (**e**arnings **b**efore **i**nterest, **t**axes, **d**epreciation and **a**mortization) sowie die Freigrenze von 3 Mio. € übersteigt.

Die Regelungen zur Zinsschranke können nur insoweit angewendet werden, als der Betrieb im Inland steuerpflichtig ist.
- **Definition des Betriebs**
  Grundsätzlich unterliegen der Zinsschranke sämtliche gewerbliche Unternehmen, solche aus Land- und Forstwirtschaft sowie freiberufliche, unabhängig von ihrer Rechtsform und Bilanzierungsart (§ 4 Abs. 1 EStG, § 5 EStG oder § 4 Abs. 3 EStG). Der Betrieb eines Unternehmens ist im Ganzen zu betrachten. Betriebsstätten eines Unternehmens stellen für sich betrachtet keinen Betrieb i. S. d. § 4h EStG dar. Körperschaften und Mitunternehmerschaften (MU) verfügen regelmäßig nur über einen Betrieb. Dieser umfasst bei MU auch das Sonderbetriebsvermögen. Die Gesellschaften eines Organkreises gelten als ein Betrieb.
- **Definition der Zinsaufwendungen und -erträge**
  Zinsaufwendungen sind nach § 4h Abs. 3 EStG Vergütungen für Fremdkapital, die den maßgeblichen Gewinn i. S. d. § 4h Abs. 1 EStG gemindert haben. Zinserträge sind nach § 4h Abs. 3 EStG Erträge aus Kapitalforderungen jeder Art, die den maßgeblichen Gewinn erhöht haben. Die Auf- und Abzinsung unverzinslicher oder niedrig verzinslicher Verbindlichkeiten oder Kapitalforderungen führt ebenfalls zu Zinsaufwendungen bzw. -erträgen. Insoweit werden durch § 4h Abs. 3 EStG Zinsaufwendungen bzw. -erträge eines Betriebes

aus Darlehen bzw. Kapitalforderungen, unabhängig von der Person des Kapitalgebers bzw. -nehmers, der Höhe und der Ausgestaltung des Zinssatzes und der Laufzeit der Kapitalüberlassung erfasst.

- **Steuerliches EBITDA**
  Zinsaufwendungen eines Betriebs sind in Höhe des Zinsertrags desselben Wirtschaftsjahres uneingeschränkt steuerlich abzugsfähig. Lediglich der Abzug darüber hinausgehender Zinsaufwendungen ist auf 30 % des verrechenbaren EBITDA beschränkt. Das verrechenbare EBITDA setzt sich gemäß § 4h Abs. 1 EStG wie folgt zusammen:

	Maßgeblicher Gewinn
+	im Inland steuerlich abzugsfähige Zinsaufwendungen
./.	im Inland steuerpflichtige Zinserträge
./.	Abschreibungen nach § 6 Abs. 2 S. 1, § 6 Abs. 2a S. 2 und § 7 EStG
=	verrechenbares EBITDA

Für Körperschaften ist gemäß § 8a Abs. 1 KStG statt auf den maßgeblichen Gewinn auf das maßgebliche Einkommen abzustellen. Soweit das verrechenbare EBITDA die um die Zinserträge geminderten Zinsaufwendungen des Betriebes übersteigt, ist es in die folgenden fünf Wirtschaftsjahre vorzutragen (EBITDA-Vortrag). Zinsaufwendungen, die aufgrund der Beschränkung nicht abgezogen werden können, sind noch bis zur Höhe der EBITDA-Vorträge aus vorangegangenen Jahren abziehbar und mindern die EBITDA-Vorträge in ihrer zeitlichen Reihenfolge. Danach verbleibende nicht abziehbare Zinsaufwendungen sind in die folgenden Wirtschaftsjahre vorzutragen (Zinsvortrag).

3 Zinsvortrag

Für den EBITDA-Vortrag und die Zinsaufwendungen, die im laufenden Wirtschaftsjahr aufgrund der Zinsschranke nicht abgezogen werden dürfen, ist gemäß § 4h Abs. 1 EStG ein nach § 4h Abs. 4 EStG gesondert festzustellender Vortrag zu bilden. Der Zinsvortrag erhöht die Zinsaufwendungen der folgenden Wirtschaftsjahre, nicht jedoch den maßgeblichen Gewinn bzw. das maßgebliche Einkommen (§ 4h Abs. 1 EStG). Hierdurch wird sichergestellt, dass der Zinsvortrag nicht das Zinsabzugsvolumen der folgenden Wirtschaftsjahre erhöht. Im Fall der Aufgabe oder Übertragung eines Betriebs geht ein nicht verbrauchter EBITDA-Vortrag und ein nicht verbrauchter Zinsvortrag nach § 4h Abs. 5 EStG unter. Bei Körperschaften geht der Zinsvortrag auch bei einem schädlichen Anteilseignerwechsel i. S. d. § 8c KStG unter. Durch Änderung des § 8 Abs. 1 Satz 3 KStG wird § 8d KStG auch für den Zinsvortrag in Bezug genommen. Ein quotaler Untergang des EBITDA-Vortrages und des Zinsvortrages erfolgt gemäß § 4h Abs. 5 EStG bei Ausscheiden eines Mitunternehmers aus einer MU.

4 Ausnahmen von der Zinsschranke

Der Anwendungsbereich der Zinsschranke wird durch die in § 4h Abs. 2 EStG normierten drei Ausnahmen eingeschränkt:

- **Freigrenze**
  Sofern der die Zinserträge übersteigende Betrag der Zinsaufwendungen in einem Wirtschaftsjahr weniger als 3 Mio. € beträgt, sind die Regelungen zur Zinsschranke nicht anzuwenden. Ein Überschreiten der Freigrenze führt zur Anwendung der Regelungen zur Zinsschranke auf sämtliche Zinsaufwendungen des Betriebes.

- **Konzernzugehörigkeit**
  Unabhängig von einem Überschreiten der Freigrenze sind die Regelungen zur Zinsschranke nicht anzuwenden, wenn der Betrieb nicht oder nur anteilsmäßig (z. B. Joint Venture) zu einem Konzern gehört. Ein Betrieb gehört zu einem Konzern, wenn ein Konzernabschluss nach dem für die Escape-Klausel zugrunde gelegten Rechnungslegungsstandard erstellt wird bzw. erstellt werden könnte oder die Finanz- und Geschäftspolitik des Betriebs mit der von anderen Betrieben einheitlich bestimmt werden kann (§ 4h Abs. 3 EStG).

- **Eigenkapitalvergleich (Escape-Klausel)**
  Ist die Freigrenze überschritten und gehört der Betrieb einem Konzern an, sind die Regelungen zur Zinsschranke nicht anzuwenden, wenn der Betrieb nachweisen kann, dass seine Eigenkapitalquote zum Schluss des vorangegangenen Wirtschaftsjahres mindestens so hoch ist wie die des Konzerns, dem er zugehörig ist (§ 4h Abs. 2 EStG). Ein Unterschreiten der Eigenkapitalquote bis zu zwei Prozentpunkten ist unschädlich.
  Die Eigenkapitalquote ist das Verhältnis des Eigenkapitals zur Bilanzsumme und bemisst sich nach dem Konzernabschluss, der den Betrieb umfasst, sowie dem Einzelabschluss des jeweiligen Betriebs. In den Konzern sind sämtliche Betriebe einzubeziehen, die nach § 4h Abs. 3 S. 5 und 6 EStG als konzernzugehörig gelten. Um eine Vergleichbarkeit der Eigenkapitalquote des Konzerns sowie des Betriebs herstellen zu können, müssen der Konzernabschluss und der Jahresabschluss des Betriebs nach einem einheitlichen Rechnungslegungsstandard ermittelt sein. Als Grundsatz ist in § 4h Abs. 2 EStG die Anwendung der IAS/IFRS vorgesehen. Unter bestimmten Voraussetzungen können Abschlüsse nach dem Handelsrecht eines Mitgliedstaates der EU oder nach US-GAAP erstellte Konzernabschlüsse herangezogen werden. Sofern der Einzelabschluss des Betriebs nach einem anderen Rechnungslegungsstandard als der Konzernabschluss erstellt wurde, ist eine Überleitungsrechnung auf den für den Konzernabschluss verwendeten Rechnungslegungsstandard zu erstellen.

5 Schädliche Gesellschafterfremdfinanzierung

Ergänzend zu §4h EStG sind in §8a KStG zwei Gegenausnahmen enthalten, nach denen die Regelungen zur Zinsschranke in §4h EStG aufgrund einer schädlichen Gesellschafterfremdfinanzierung auf eine Körperschaft oder einer dieser nachgeordneten Personengesellschaft anzuwenden sind, obwohl
- der Betrieb nicht zu einem Konzern gehört (§8a Abs. 2 KStG) oder
- die maßgebliche Eigenkapitalquote des Betriebs die des Konzerns mit maximal zwei Prozentpunkten unterschreitet (§8a Abs. 3 KStG).

Die Regelungen zur Zinsschranke sind demnach anzuwenden, wenn eine **nicht konzernzugehörige Körperschaft** nicht nachweisen kann, dass die Vergütungen für Fremdkapital an
- einen zu mehr als 25% am Grund- oder Stammkapital unmittelbar oder mittelbar beteiligten Anteilseigner,
- eine diesem nahe stehende Person i. S. d. §1 Abs. 2 AStG oder
- einen Dritten, der auf den zu mehr als 25% am Grund- oder Stammkapital beteiligten Anteilseigner oder eine diesem nahe stehende Person zurückgreifen kann,

nicht mehr als 10% ihrer die Zinserträge übersteigenden Zinsaufwendungen betragen.

Für **konzernzugehörige Körperschaften** ist der entlastende Eigenkapitalvergleich nur möglich, wenn sie nachweisen können, dass **konzernweit** keine schädliche Gesellschafterfremdfinanzierung vorliegt. Danach dürfen Fremdkapitalvergütungen sämtlicher einem Konzern i. S. d. §4h EStG zugehöriger Gesellschaften an
- einen zu mehr als 25% unmittelbar oder mittelbar am Kapital beteiligten Gesellschafter dieser oder einer anderen konzerngebundenen Gesellschaft,
- eine diesem nahe stehende Person i. S. d. §1 Abs. 2 AStG oder
- einen Dritten, der auf den zu mehr als 25% am Kapital beteiligten Gesellschafter dieser oder eine diesem nahe stehenden Person zurückgreifen kann,

jeweils nicht mehr als 10% ihres die Zinserträge übersteigenden Zinsaufwandes betragen.

Die schädliche Gesellschafterfremdfinanzierung nach §8a Abs. 3 KStG ist beschränkt auf konzernexterne Finanzierungen, da die Zinsaufwendungen aus Verbindlichkeiten stammen müssen, die in dem voll konsolidierten Konzernabschluss enthalten sind.

KV 6: § 8b KStG – Beteiligungen an anderen Körperschaften

1 Einleitung

§ 8b KStG befreit Dividendenerträge und Veräußerungsgewinne bei Beteiligungen an Körperschaften, die Dividenden ausschütten, von der Körperschaftsteuer. Zugleich gelten 5 % der Dividenden bzw. Veräußerungsgewinne als nicht abzugsfähige Betriebsausgaben. Unerheblich ist, ob es sich um Bezüge von inländischen oder ausländischen Körperschaften handelt. Nach § 8b Abs. 4 KStG wird die Steuerbefreiung nach § 8b Abs. 1 Satz 1 KStG für Dividenden und weitere Bezüge versagt, wenn die unmittelbare Beteiligung zu Beginn des Kalenderjahres weniger als 10 % des Nennkapitals (sogenannte Streubesitzdividenden) betrug. Im Zusammenhang mit Streubesitzanteilen stehende Betriebsausgaben sind voll abzugsfähig, d. h. der § 8b Abs. 5 KStG findet keine Anwendung.

2 Steuerliche Behandlung von Dividenden

2.1 Freistellung

Nach § 8b Abs. 1 KStG bleiben die unter § 20 Abs. 1 Nr. 1, 2, 9 und 10a EStG fallenden Bezüge bei der Ermittlung des Einkommens außer Ansatz. Die Vorschrift erfasst **Inlands- und Auslandsdividenden**. Im Ergebnis werden diese Ausschüttungen damit steuerfrei gestellt. Da die steuerfreien Bezüge im Bilanzgewinn enthalten sind, ist die Korrektur **außerhalb der Bilanz** vorzunehmen.

Bei verdeckten Gewinnausschüttungen (vGA) gilt die Anwendung des § 8b Abs. 1 KStG nur, soweit das Einkommen der leistenden Körperschaft durch die vGA nicht gemindert worden ist (§ 8b Abs. 1 S. 2 KStG). Sofern die Bezüge nach § 8b Abs. 1 S. 1 KStG nach einem DBA steuerfrei sind, regelt § 8b Abs. 1 S. 4 KStG eine Ausnahme von der Freistellung nach dem DBA. Nach der in § 8b Abs. 1 S. 5 KStG geregelten Rückausnahme ist die Steuerfreiheit nach § 8b Abs. 1 S. 1 KStG allerdings zu gewähren, soweit die vGA das Einkommen einer dem Steuerpflichtigen nahe stehenden Person erhöht hat und § 32a KStG auf die Veranlagung dieser nahe stehenden Person nicht anzuwenden ist.

Die Bezüge i. S. d. § 8b Abs. 1 KStG unterliegen gemäß § 43 Abs. 1 EStG i. V. m. § 43a Abs. 1 EStG dem Kapitalertragsteuerabzug (soweit bei der Ausschüttung nicht das Einlagekonto verwendet wurde). Bei der empfangenden Körperschaft wird die Kapitalertragsteuer nach § 36 Abs. 2 Nr. 2 EStG wieder erstattet.

Die Steuerbefreiung des § 8b Abs. 1 KStG schlägt grundsätzlich auch auf die Gewerbesteuer durch. Dies gilt nicht für Dividenden aus Streubesitz (§ 8 Nr. 5 GewStG).

2.2 Betriebsausgaben im Zusammenhang mit steuerfreien Bezügen

Bei den nach § 8b Abs. 1 KStG steuerfreien Bezügen werden nach **§ 8b Abs. 5 KStG** 5 % der Einnahmen als fiktive nicht abzugsfähige Betriebsausgaben erfasst, die mit den Einnahmen im unmittelbaren wirtschaftlichen Zusammenhang stehen. Unerheblich ist, ob und in welcher Höhe überhaupt Aufwendungen entstanden sind. Im Ergebnis sind damit nur 95 % der Dividenden steuerfrei. Dies gilt auch für verdeckte Gewinnausschüttungen. Die Vorschrift des § 3c Abs. 1 EStG ist nicht anzuwenden.

3 Steuerliche Behandlung von Veräußerungsgewinnen

3.1 Freistellung

Gewinne aus der Veräußerung von Beteiligungen an Kapitalgesellschaften sind ebenso wie Dividenden steuerfrei.

Dies gilt auch für
- Liquidationsgewinne,
- Gewinne aus Kapitalherabsetzungen,
- Gewinne aus einer Zuschreibung gemäß § 6 Abs. 1 Nr. 2 S. 3 EStG (Wertaufholung),
- verdeckte Einlagen.

Die Steuerbefreiung greift nicht, soweit der Anteil in früheren Jahren steuerwirksam auf den niedrigeren Teilwert abgeschrieben und die Gewinnminderung nicht durch den Ansatz eines höheren Werts ausgeglichen wurde. Dies gilt auch für steuerwirksam vorgenommene Abzüge nach § 6b EStG und ähnliche Abzüge.

Begünstigt sind Anteile an in- und ausländischen Gesellschaften. Eine Mindesthaltefrist sowie eine Mindestbeteiligung bestehen nicht. Verdeckte Gewinnausschüttungen aus der Veräußerung von Beteiligungen an Kapitalgesellschaften fallen auch unter die Rechtsfolge des § 8b Abs. 2 KStG.

3.2 Gewinnminderungen

Bei den nach § 8b Abs. 2 KStG steuerfreien Gewinnen werden nach § 8b Abs. 3 KStG 5 % der Einnahmen als fiktive nicht abzugsfähige Betriebsausgaben erfasst. Die Vorschrift des § 3c EStG ist nicht anzuwenden. Gewinnminderungen im Zusammenhang mit Anteilen i. S. d. § 8b Abs. 2 KStG sind bei der Gewinnermittlung nicht zu berücksichtigen. Diesem Abzugsverbot unterliegen auch Gewinnminderungen im Zusammenhang mit einer Darlehensforderung, wenn das Darlehen von einem Gesellschafter, der zu mehr als 25 % mittelbar oder unmittelbar beteiligt ist, einer ihm nahe stehenden Person oder einem rückgriffsberechtigten Dritten gewährt wird (§ 8b Abs. 3 S. 4. und 5 KStG). Währungsverluste gelten nicht als Gewinnminderungen im Sinne der Sätze 4 und 5. Die Sätze 4 und 5 sind auch nicht anzuwenden, wenn nachgewiesen werden kann, dass auch ein fremder Dritter das Darlehen bei sonst gleichen Umständen gewährt oder im Krisenfall stehen gelassen hätte. Als Gewinnminderungen werden insbesondere solche aus Teilwertabschreibungen sowie dem Ausfall des Darlehens oder der Verzicht auf Forderungen aus dem Darlehen erfasst. Zudem zählen Aufwendungen aus der Inanspruchnahme von für ein Darlehen hingegebene Sicherheiten dazu. Auch Forderungen aus Rechtshandlungen, die einer Darlehensgewährung vergleichbar sind, fallen unter § 8b Abs. 3 KStG. Korrespondierend bleiben Gewinnerhöhungen aus späteren Wertaufholungen von Forderungen bei der Ermittlung des Einkommens außer Ansatz.

KV 7: § 8d KStG – Fortführungsgebundener Verlustvortrag

1 Einleitung

Der Gesetzgeber wollte mit dem 2008 eingeführten § 8c KStG die Nutzung steuerlicher Verluste in den Fällen, in denen neue Anteilseigner die Verluste nicht selbst erwirtschaftet hatten, einschränken. Nach § 8c KStG gehen Verluste unter, wenn ein schädlicher Beteiligungserwerb vorliegt. Werden mehr als 50 % der Anteile an einer Körperschaft übertragen, gehen deren festgestellte Verlustvorträge und ein bis zum schädlichen Beteiligungserwerb erzielter laufender Verlust vollständig unter. Ausnahmen hiervon bestehen für bestimmte konzerninterne Übertragungen von Anteilen (§ 8c Abs. 1 Satz 4 KStG – Konzernklausel) und in den Fällen, in denen stille Reserven vorliegen (Stille-Reserven-Klausel, § 8c Abs. 1 Satz 5 ff. KStG).

Mit der Neueinführung des § 8d KStG wurde eine weitere Ausnahme geschaffen. Obgleich Ausgangspunkt des Gesetzgebungsverfahrens die Abschaffung von Hemmnissen bei der EK-Finanzierung für junge Unternehmen (»Start-ups«) war, steht die Nutzung des § 8d KStG nunmehr allen Körperschaften offen.

2 Tatbestandsvoraussetzungen

Kernvoraussetzung der Vorschrift ist, dass die Körperschaft während eines Beobachtungszeitraums ausschließlich denselben Geschäftsbetrieb unterhält. Außerdem darf während dieses Zeitraums kein schädliches Ereignis i. S. d. § 8d Abs. 2 KStG stattgefunden haben.

Der Beobachtungszeitraum beginnt mit der Gründung, frühestens aber mit dem Beginn des dritten Veranlagungszeitraums, der dem Veranlagungszeitraum vorausgeht, in den der schädliche Beteiligungserwerb (§ 8d Abs. 1 S. 5 KStG) fällt. Er endet zum Schluss des Veranlagungszeitraums des schädlichen Beteiligungserwerbs. Findet in diesem Zeitraum ein schädliches Ereignis statt, scheidet bereits die Bildung eines fortführungsgebundenen Verlustvortrags aus.

Der Geschäftsbetrieb umfasst die von einer einheitlichen Gewinnerzielungsabsicht getragenen nachhaltigen, sich gegenseitig ergänzenden und fördernden Betätigungen einer Körperschaft und bestimmt sich nach qualitativen Merkmalen in einer Gesamtbetrachtung.

Qualitative Merkmale sind insbesondere die angebotenen Dienstleitungen oder Produkte, der Kunden- und Lieferantenkreis, die bedienten Märkte und die Qualifikation der Arbeitnehmer.

§ 8d KStG ist nicht anzuwenden, wenn die Körperschaft bereits zu Beginn des Beobachtungszeitraums Organträgerin ist oder an einer Mitunternehmerschaft beteiligt ist.

Wurde in der Vergangenheit der Geschäftsbetrieb eingestellt oder ruhend gestellt und erfolgt dieses Ereignis
- innerhalb des Beobachtungszeitraums ist die Anwendung von § 8d KStG ausgeschlossen (§ 8d Abs. 1 i. V. m. Abs. 2 S. 1 und S. 2 Nr. 2 KStG).
- zeitlich vor dem Beobachtungszeitraum und vor dem 01.01.2016, ist die Anwendung von § 8d KStG ebenfalls vollständig ausgeschlossen (§ 34 Abs. 6a S. 1 KStG).
- zeitlich vor dem Beobachtungszeitraum, aber nach dem 31.12.2015, ist die Anwendung von § 8d KStG nur für Altverluste (vor Ein- oder Ruhendstellung) ausgeschlossen (§ 8d Abs. 1 S. 2 i. V. m. § 34 Abs. 6a S. 2 KStG).

Der Antrag auf Anwendung des § 8d KStG ist in der Steuererklärung für den Veranlagungszeitraum zu stellen, in den der schädliche Beteiligungserwerb fällt.

3 Rechtsfolgen

§ 8c KStG ist bei einem schädlichen Beteiligungserwerb auf Antrag nicht anzuwenden.

Der Verlustvortag, der zum Schluss des Veranlagungszeitraums verbleibt, in den der schädliche Beteiligungserwerb fällt, wird zum fortführungsgebundenen Verlust und unterliegt damit den besonderen Regeln des § 8d Abs. 2 KStG.

Der fortführungsgebundene Verlust ist ab diesem Zeitpunkt bis zu seinem Verbrauch jeweils gesondert festzustellen. § 10d Abs. 4 EStG gilt entsprechend.

Der fortführungsgebundene Verlustvortrag ist vor den Verlusten nach § 10d Abs. 4 EStG mit künftigen Gewinnen im Rahmen der Mindestbesteuerung (§ 10d Abs. 2 EStG) zu verrechnen. Insoweit sind die vor oder im Wirtschaftsjahr des schädlichen Beteiligungserwerbs erwirtschafteten fortführungsgebundenen Verlustvorträge vorrangig zu verrechnen.

4 Untergang des fortführungsgebundenen Verlusts bei Eintritt eines schädlichen Ereignisses

Wird der Geschäftsbetrieb eingestellt oder tritt ein schädliches Ereignis i. S. d. § 8d Abs. 2 KStG ein, geht der zuletzt festgestellte fortführungsgebundene Verlustvortrag unter.

Der fortführungsgebundene Verlust bleibt jedoch erhalten, soweit stille Reserven (§ 8c Abs. 1 S. 5 bis 8 KStG) vorliegen. Maßgebend sind die zum Schluss des vorangegangenen Veranlagungszeitraums vorhandenen stillen Reserven.

5 Umfang der Regelung

Die Regelung des § 8d KStG ist auf einen Zinsvortrag entsprechend anzuwenden.

Darüber hinaus ist § 8d KStG auf die gewerbesteuerlichen Fehlbeträge einer Körperschaft entsprechend anzuwenden (§ 10a S. 10 GewStG), wenn ein fortführungsgebundener Verlustvortrag nach § 8d KStG gesondert festgestellt wird. Keine Anwendung findet § 8d KStG auf die Fehlbeträge einer Mitunternehmerschaft, die einer Körperschaft nachgeordnet ist (§ 10a S. 10 HS 2 GewStG). Da § 10a S. 10 GewStG unmittelbar an die Feststellung eines fortführungsgebundenen Verlustes anknüpft, ist ein gesonderter Antrag für die GewSt nicht erforderlich.

Damit ist auch bei Zinsvorträgen und gewerbesteuerlichen Fehlbeträgen zwischen normalen und fortführungsgebundenen Vorträgen bzw. Fehlbeträgen zu unterscheiden.

6 Anwendungsregelung

§ 8d KStG ist erstmals auf schädliche Beteiligungserwerbe nach dem 31.12.2015 anzuwenden (§ 34 Abs. 6a KStG).

Allerdings findet die Vorschrift keine Anwendung, wenn der Geschäftsbetrieb der Körperschaft vor dem 01.01.2016 eingestellt oder ruhend gestellt wurde.

KV 8: Die körperschaftsteuerliche Organschaft

1 Einleitung

Grundsätzlich geht das deutsche Steuerrecht von der Besteuerung einzelner Rechtssubjekte aus, d.h. es existiert kein gesondertes Konzernsteuerrecht. Die Regelungen zur Organschaft stellen eine Ausnahme dar, nach denen rechtlich selbständige Unternehmen als eine Einheit behandelt werden können.

2 Tatbestandsvoraussetzungen

Die gesetzlichen Regelungen sehen folgende Voraussetzungen für das Vorliegen der körperschaftsteuerlichen Organschaft vor:

- **Rechtsform der Organgesellschaft**
  Nach § 14 Abs. 1 S. 1 KStG kann Organgesellschaft eine Europäische Gesellschaft, eine Aktiengesellschaft oder eine KGaA mit Geschäftsleitung und Sitz in einem Mitgliedstaat der EU oder in einem Vertragsstaat des EWR-Abkommens sein. Darüber hinaus können nach § 17 KStG auch andere Kapitalgesellschaften (insbesondere GmbHs) Organgesellschaften sein, wenn sie Geschäftsleitung im Inland und Sitz in einem Mitgliedstaat der EU oder in einem Vertragsstaat des EWR-Abkommens haben. Eine gewerbliche Tätigkeit der Organgesellschaft ist nicht erforderlich.
- **Rechtsform des Organträgers**
  Gemäß § 14 Abs. 1 Nr. 2 KStG kann Organträger eine natürliche Person, eine Körperschaft oder eine Personengesellschaft sein.
  - Die natürliche Person muss ein inländisches gewerbliches Unternehmen i.S.d. § 2 GewStG betreiben, d.h. sie muss Einkünfte i.S.d. § 15 EStG erzielen.
  - Körperschaften, Personenvereinigungen oder Vermögensmassen i.S.d. § 1 KStG können als Organträger fungieren, wenn sie nicht nach § 5 KStG steuerbefreit sind.
  - Bei der Personengesellschaft muss es sich um eine steuerliche Mitunternehmerschaft i.S.d. § 15 Abs. 1 Nr. 2 EStG handeln. Ferner muss die Personengesellschaft eine Tätigkeit i.S.d. § 15 Abs. 1 Nr. 1 EStG ausüben, d.h. gewerblich geprägte Personengesellschaften können keine Organträger sein.
  - Zuordnung der Beteiligung an der Organgesellschaft zu einer inländischen Betriebsstätte i.S.d. § 12 AO ununterbrochen während der gesamten Dauer der Organschaft (auch bei Zwischenschaltung von PersG). Die der inländischen Betriebsstätte zuzurechnenden Einkünfte unterliegen nach innerstaatlichem Recht und nach anzuwendenden DBA der inländischen Besteuerung.

- **Finanzielle Eingliederung**
  Der Organträger muss **vom Beginn des Wirtschaftsjahres** der Organgesellschaft an **ununterbrochen** an ihr in einem solchen Maße beteiligt sein, dass ihm die **Mehrheit der Stimmrechte** aus den Anteilen an der Organgesellschaft zusteht. Der Gesellschafter muss zum einen das wirtschaftliche Eigentum nach § 39 Abs. 2 Nr. 1 AO an den Anteilen besitzen und zum anderen das Stimmrecht aus den Anteilen auch tatsächlich ausüben können. Die Stimmrechte aus einer unmittelbaren und mittelbaren Beteiligung dürfen zusammengerechnet werden. Voraussetzung hierfür ist, dass die Beteiligung an jeder vermittelnden Gesellschaft die Mehrheit der Stimmrechte gewährt. Dies gilt nicht, wenn die unmittelbare Beteiligung die Mehrheit der Stimmrechte gewährt. Die finanzielle Eingliederung muss im Verhältnis zur Personengesellschaft selbst erfüllt sein. Die mehrheitsvermittelnden Anteile an der Organgesellschaft müssen somit im Gesamthandsvermögen gehalten werden; Anteile im Sonderbetriebsvermögen begründen eine finanzielle Eingliederung nicht mehr.
- **Gewinnabführungsvertrag**
  Neben der finanziellen Eingliederung muss ein Gewinnabführungsvertrag für einen Zeitraum von **mindestens fünf Jahren** abgeschlossen werden. Dieser muss bis zum Ende des Wirtschaftsjahres der Organgesellschaft, für das er erstmals gelten soll, wirksam werden, d. h. in das Handelsregister eingetragen werden. Zudem muss er während seiner gesamten Geltungsdauer durchgeführt werden. Wird der Vertrag während des Fünfjahreszeitraums vorzeitig gekündigt oder nicht mehr durchgeführt, ist er von Anfang an unwirksam (verunglückte Organschaft) mit der Folge, dass die Organgesellschaft nach den allgemeinen steuerlichen Vorschriften zu veranlagen ist. Eine bereits erfolgte Gewinnabführung wäre als verdeckte Gewinnausschüttung zu qualifizieren, da es an einer Feststellung des Bilanzgewinns und einem Gewinnverteilungsbeschluss fehlt. Allerdings ist während des Fünfjahreszeitraums die Beendigung im gegenseitigen Einvernehmen oder die Kündigung unschädlich, wenn ein wichtiger Grund hierfür vorliegt (z. B. Veräußerung oder Einbringung der Organbeteiligung durch den Organträger). Der Gewinnabführungsvertrag gilt auch als durchgeführt, wenn der abgeführte Gewinn oder ausgeglichene Verlust auf einem Jahresabschluss beruht, der fehlerhafte Bilanzen enthält, wenn (1) der Jahresabschluss wirksam festgestellt wurde, (2) der Fehler bei Erstellung des Jahresabschlusses nicht hätte erkannt werden müssen (gilt als erfüllt bei Vorlage eines uneingeschränkten Bestätigungsvermerks zum Jahresabschluss oder Konzernabschluss, der Jahresabschluss enthält) und (3) ein von der Finanzverwaltung beanstandeter Fehler korrigiert wird, soweit er handelsrechtlich zu korrigieren ist.

Da die Voraussetzungen für die körperschaftsteuerliche Organschaft identisch sind mit denen der **gewerbesteuerlichen Organschaft** (R 14 Abs. 1 S. 2 GewStR), liegt eine gewerbesteuerliche Organschaft automatisch immer dann vor, wenn eine Organschaft nach §§ 14, 17 oder 18 KStG gegeben ist.

3 Rechtsfolgen

Das Ergebnis der Organgesellschaft wird dem Organträger zugerechnet. Das zuzurechnende Ergebnis ist auf Ebene der Organgesellschaft zunächst nach den steuerlichen Gewinnermittlungsvorschriften des § 8 Abs. 1 KStG zu ermitteln:
- Ein Verlustabzug nach § 10d EStG ist bei der Organgesellschaft unzulässig.
- Auf einen verbleibenden Sanierungsertrag nach § 3a Abs. 3 S. 4 EStG ist § 3a Abs. 3 S. 2, 3, und 5 EStG beim Organträger anzuwenden.
- Weiterhin sind die Regelungen des § 8b Abs. 1 bis 6 KStG sowie § 4 Abs. 6 UmwStG und § 12 Abs. 2 S. 1 UmwStG bei der Organgesellschaft nicht anzuwenden. Sind in dem Organträger zugerechneten Einkommen Bezüge, Gewinne oder Gewinnminderungen i. S. d. § 8b Abs. 1 bis 3 KStG oder mit solchen Beträgen zusammenhängende Ausgaben i. S. d. § 3c Abs. 2 EStG oder ein Übernahmeverlust i. S. d. § 4 Abs. 6 UmwStG oder ein Gewinn oder Verlust i. S. d. § 12 Abs. 2 S. 1 UmwStG enthalten, sind § 8b KStG, § 4 Abs. 6 UmwStG und § 12 Abs. 2 UmwStG sowie § 3 Nr. 40 EStG und § 3c Abs. 2 EStG bei der Ermittlung des Einkommens des Organträgers anzuwenden. In den Fällen des § 12 Abs. 2 S. 2 UmwStG sind neben § 8b KStG auch § 3 Nr. 40 EStG und § 3c Abs. 2 EStG entsprechend anzuwenden. Dies gilt nicht, soweit bei der Organschaft § 8 Abs. 7, 8 oder 10 KStG anzuwenden ist.
- Investmenteinkünfte i. S. d. des § 20, § 21, § 30 Abs. 2, § 42, § 43 Abs. 3, § 44 sowie § 49 Abs. 1 InvStG werden auf Ebene des Organträgers berücksichtigt. Der Organträger gilt dabei als Anleger i. S. d. § 2 Abs. 10 InvStG. Die Neuregelung stellt sicher, dass die rechtsformabhängigen Steuerbefreiungen in die Organschafts-Systematik eingebunden werden. Auch ist § 4h EStG bei der Organgesellschaft nicht anzuwenden, da Organträger und Organgesellschaft als ein Betrieb gelten. Sind in dem Organträger zuzurechnenden Einkommen der Organgesellschaft Zinsaufwendungen und Zinserträge i. S. d. § 4h Abs. 3 EStG enthalten, sind diese bei Anwendung des § 4h Abs. 1 EStG beim Organträger einzubeziehen.
- Abschließend sind § 8 Abs. 3 S. 2 und Abs. 7 sowie § 8 Abs. 9 KStG (Dauerverlustgeschäfte) nicht bei der Organgesellschaft, sondern bei der Ermittlung des Einkommens des Organträgers anzuwenden.
- Negative Einkünfte des Organträgers oder der Organgesellschaft bleiben bei der inländischen Besteuerung unberücksichtigt, soweit sie in einem ausländischen Staat im Rahmen der Besteuerung des Organträgers, der Organgesellschaft oder einer anderen Person berücksichtigt werden (§ 14 Abs. 1 Nr. 5 KStG).

Der verbleibende Betrag ist um den handelsrechtlichen Aufwand bzw. Ertrag, der sich aus der Gewinnabführung an den Organträger bzw. aus der Verlustübernahme des Organträgers ergibt, zu korrigieren. Das Ergebnis stellt das zuzurechnende Einkommen nach § 14 Abs. 1 KStG dar, welches mit damit zusammenhängenden anderen Besteuerungsgrundlagen gegenüber dem Organträger und der Organgesellschaft gesondert und einheitlich festgestellt wird.

Nach dem Ergebnisabführungsvertrag hat handelsrechtlich eine Abführung des gesamten Gewinns oder der Ausgleich des Verlustes bei der Organgesellschaft zu erfolgen. Im Gewinnfall werden Minderheitsgesellschafter folglich nicht berücksichtigt. Diese Benachteiligung wird durch eine **Ausgleichszahlung** (Garantiedividende) vermieden. Nach § 4 Abs. 5 S. 1 Nr. 9 EStG stellen Ausgleichszahlungen nicht abzugsfähige Betriebsausgaben dar. Diese sind unabhängig davon, ob sie von der Organgesellschaft oder von dem Organträger geleistet wurden, in Höhe von **20/17** der geleisteten Ausgleichszahlungen von der Organgesellschaft als **eigenes Einkommen** zu versteuern.

Vororganschaftliche Mehrabführungen gelten als **Gewinnausschüttungen** der Organgesellschaft an den Organträger. **Vororganschaftliche Minderabführungen** sind als **Einlage** durch den Organträger in die Organgesellschaft zu behandeln (§ 14 Abs. 3 KStG). Vororganschaftliche Minder- und Mehrabführungen gelten in dem Zeitpunkt als erfolgt, im dem das WJ der Organgesellschaft endet.

Nach der Neufassung des § 14 Abs. 4 KStG gelten **organschaftliche Minderabführungen** als **Einlage** durch den Organträger in die Organschaft und **organschaftliche Mehrabführungen** der Organgesellschaft als **Einlagenrückgewähr** der Organgesellschaft an den Organträger. Der Beteiligungsansatz in der Steuerbilanz des Organträgers erhöht sich im Fall der Einlage und vermindert sich im Fall der Einlagenrückgewähr, darf aber nicht negativ werden. Soweit die Einlagenrückgewähr die Summe aus Buchwert und Einlage übersteigt, liegt ein Ertrag vor, auf den das Teileinkünfteverfahren nach § 3 Nr. 40 und § 3c Abs. 2 EStG sowie § 8b KStG Anwendung findet. Die Regelung ist erstmals auf Minder- und Mehrabführungen anzuwenden, die nach dem 31.12.2021 erfolgen.

Organschaftliche Minder- und Mehrabführungen gelten in dem Zeitpunkt als erfolgt, im dem das WJ der Organgesellschaft endet.

Organschaftliche Minder- oder Mehrabführungen liegen insbesondere vor, wenn der an den Organträger abgeführte Gewinn von dem Steuerbilanzgewinn der Organgesellschaft abweicht und diese Abweichung in organschaftlicher Zeit verursacht ist. Minderabführungen führen in voller Höhe zu einer Einlage und Mehrabführungen in voller Höhe zu einer Einlagenrückgewähr (nicht nach Beteiligungsquote).

Im Fall von organschaftlichen Mehrabführungen sieht § 27 Abs. 1 S. 3 KStG einen Direktzugriff auf das steuerliche Einlagekonto vor. Auch mindern organschaftliche Mehrabführungen nach § 27 Abs. 6 S. 2 KStG das steuerliche Einlagenkonto vor anderen Leistungen.

Beim Organträger sind noch bestehende Ausgleichsposten für organschaftliche Minder- und Mehrabführungen, die nach Maßgabe des § 14 Abs. 4 KStG in der am 31.12.2021 geltenden Fassung in der Steuerbilanz gebildet wurden, in dem WJ aufzulösen, das nach dem 31.12.2021 endet. Aktive Ausgleichsposten erhöhen, passive Ausgleichsposten mindern dabei den Buchwert der Beteiligung des Organträgers an der Organgesellschaft in der Steuerbilanz. Soweit ein passiver Ausgleichsposten die Summe aus dem aktiven Ausgleichsposten und dem Buchwert der Beteiligung des Organträgers an der Organschaft in der Steuerbilanz übersteigt, liegt ein Ertrag aus der Beteiligung an der Organgesellschaft vor. Hierauf findet das Teileinkünfteverfahren nach § 3 Nr. 40 und § 3c Abs. 2 EStG sowie § 8b KStG Anwendung.

Alternativ kann der Betrag in eine den steuerlichen Gewinn mindernde Rücklage eingestellt werden. Die Rücklage ist grundsätzlich im WJ der Bildung und in den neuen folgenden WJ zu jeweils einem Zehntel gewinnerhöhend aufzulösen. Bei Veräußerung der Organgesellschaft ist sie in voller Höhe aufzulösen. Der Veräußerung gleichgestellt sind insbesondere die Umwandlung der Organgesellschaft auf eine Personengesellschaft oder eine natürliche Person, die verdeckte Einlage der Beteiligung an der Organgesellschaft und die Auflösung der Organgesellschaft. Auf den Auflösungsbetrag sind das Teileinkünfteverfahren und § 8b KStG anzuwenden (§ 34 Abs. 6e 7 S. ff. KStG).

Beim Organträger wird die handelsrechtliche Gewinnabführung bzw. die Verlustübernahme für steuerliche Zwecke herausgerechnet und stattdessen das zuzurechnende Einkommen nach § 14 Abs. 1 KStG erfasst.

Das Einkommen der Organgesellschaft ist dem Organträger für das Kalenderjahr (Veranlagungszeitraum) zuzurechnen, in dem die Organgesellschaft das Einkommen bezogen hat.

KV 9: Hinzurechnungen und Kürzungen bei der Gewerbesteuer

1 Einleitung

Gewerbeertrag gemäß § 7 GewStG ist der nach den Vorschriften des EStG oder KStG zu ermittelnde Gewinn aus Gewerbebetrieb, vermehrt um Hinzurechnungen nach § 8 GewStG und vermindert um Kürzungen nach § 9 GewStG.

2 Hinzurechnungen

Dem Gewinn aus Gewerbebetrieb werden folgende Beträge wieder hinzugerechnet, soweit sie bei der Ermittlung des Gewinns abgesetzt worden sind:
- **Finanzierungsaufwendungen**
  Nach § 8 Nr. 1 GewStG ist ein Viertel der Summe aus folgenden Vergütungen für Geld- und Sachkapital hinzuzurechnen, soweit sie zusammen 200.000 € (Freigrenze) übersteigen:
  - **Zinsen und Finanzierungsanteile**
    Zu den einzubeziehenden Entgelten nach § 8 Nr. 1 Buchst. a GewStG gehören die Aufwendungen aus nicht dem gewöhnlichen Geschäftsverkehr entsprechenden gewährten Skonti oder wirtschaftlich vergleichbaren Vorteilen im Zusammenhang mit der Erfüllung von Forderungen aus Lieferungen und Leistungen vor Fälligkeit. Ebenso sind Diskontbeträge bei der Veräußerung von Wechsel- und anderen Geldforderungen zu erfassen.
  - **Renten und dauernde Lasten**
    Pensionszahlungen aufgrund einer unmittelbar vom Arbeitgeber erteilten Versorgungszusage werden nicht erfasst.
  - **Gewinnanteile des stillen Gesellschafters**
    Hinzugerechnet werden nur die Gewinnanteile eines typisch stillen Gesellschafters. Ein atypisch stiller Gesellschafter ist Mitunternehmer. Sein Gewinnanteil führt nicht zu Aufwand der Mitunternehmerschaft und ist daher nicht hinzuzurechnen.
  - **Miet- und Pachtzinsen für bewegliche Wirtschaftsgüter des Anlagevermögens**
    1/5 der Miet- und Pachtzinsen (einschließlich Leasingraten) für die Benutzung von beweglichen Wirtschaftsgütern des Anlagevermögens, die im Eigentum eines anderen stehen. Dieser Betrag halbiert sich bei Elektrofahrzeugen, extern aufladbaren Hybridelektrofahrzeugen mit bestimmten Schadstoffausstoß oder Reichweiten und Elektrofahrrädern.

- **Miet- und Pachtzinsen für unbewegliche Wirtschaftsgüter des Anlagevermögens**
  Die Hälfte der Miet- und Pachtzinsen (einschließlich Leasingraten) für die Benutzung von unbeweglichen Wirtschaftsgütern des Anlagevermögens, die im Eigentum eines anderen stehen.
- **Lizenzen**
  Ein Viertel der Aufwendungen für die zeitlich befristete Überlassung von Rechten (insbesondere Konzessionen und Lizenzen mit Ausnahme von Lizenzen, die ausschließlich dazu berechtigen, daraus abgeleitete Rechte Dritten zu überlassen).

Gewinnanteile der Komplementäre einer KGaA Für gewerbesteuerliche Zwecke nach § 8 Nr. 4 GewStG wieder hinzuzurechnen.

- **Gewinnausschüttungen bei Streubesitzanteilen**
  Hinzurechnung der nach § 3 Nr. 40 EStG oder § 8b Abs. 1 KStG außer Ansatz bleibenden Gewinnausschüttungen nach Abzug der gemäß § 3c Abs. 2 EStG bzw. § 8b Abs. 5 und 10 KStG unberücksichtigten Betriebsausgaben, soweit nicht die Voraussetzungen für die Schachtelprivilegien nach § 9 Nr. 2a oder 7 GewStG (insbesondere Mindestbeteiligung von 15 % bereits zu Beginn des Erhebungszeitraums) erfüllt sind.

- **Anteil am Verlust von Mitunternehmerschaften**
  Nach § 8 Nr. 8 GewStG werden die Anteile am Verlust einer in- oder ausländischen Personengesellschaft, bei der die Gesellschafter als Mitunternehmer anzusehen sind, hinzugerechnet. Ausgenommen hiervon sind Lebens- und Krankenversicherungsunternehmen sowie Pensionsfonds.

- **Spenden**
  Soweit Spenden nach § 9 Abs. 1 Nr. 2 KStG im Rahmen der Höchstbeträge bei der Ermittlung des körperschaftsteuerlichen Gewinns abgezogen worden sind, müssen sie nach § 8 Nr. 9 GewStG zunächst in einem ersten Schritt wieder hinzugerechnet werden.

- **Gewinnminderungen**
  Gewinnminderungen, die sich aus der Wertminderung der Beteiligung (durch Teilwertabschreibung, Veräußerung oder Entnahme der Anteile, Auflösung oder Herabsetzung des Kapitals) dadurch ergeben, dass die Kapitalgesellschaft aus ihrem Eigenkapital ausgeschüttet hat, sind nach § 8 Nr. 10 GewStG hinzuzurechnen.

- **Ausländische Steuern**
  Die Hinzurechnung von ausländischen Steuern nach § 8 Nr. 12 GewStG erfolgt, soweit sie auf Gewinne oder Gewinnanteile entfallen, die bei der Ermittlung des Gewerbeertrags außer Ansatz oder nach § 9 GewStG gekürzt wurden.

3 Kürzungen

Der Gewinn aus Gewerbebetrieb wird um folgende Beträge wieder gekürzt:
- **1,2 % des Einheitswertes des Betriebsvermögens**
  § 9 Nr. 1 GewStG sieht zwecks Vermeidung einer Doppelbesteuerung durch die Grundsteuer und die Gewerbesteuer eine Kürzung für den zum Betriebsvermögen gehörenden und nicht von der Grundsteuer befreiten Grundbesitz vor. Diese beträgt 1,2 % (ab EZ 2025: 0,11 % des Grundsteuerwerts) des um 40 % erhöhten Einheitswertes des Betriebsvermögens (§ 121a BewG, für die neuen Bundesländer gelten abweichende Prozentsätze, § 133 BewG). Bei Grundstücksunternehmen erfolgt die Kürzung um den Teil des Gewerbeertrags, der auf die Verwaltung und Nutzung des Grundbesitzes entfällt.
- **Gewinnanteile von Mitunternehmerschaften**
  Die Kürzung nach § 9 Nr. 2 GewStG erfolgt analog zu § 8 Nr. 8 GewStG.
- **Gewinnanteile einer nicht steuerbefreiten inländischen Kapitalgesellschaft**
  Sofern die Beteiligung zu Beginn des Erhebungszeitraums mindestens 15 % beträgt, sind Gewinnanteile aus Kapitalgesellschaften i. S. d. § 2 Abs. 2 GewStG nach § 9 Nr. 2a GewStG zu kürzen (gewerbesteuerliches Schachtelprivileg, § 9 Nr. 2a S. 1 GewStG). Dabei sind von den Gewinnanteilen die damit im unmittelbaren Zusammenhang stehenden Aufwendungen abzuziehen. Die Kürzung ist auf die nach § 9 Nr. 2a GewStG zu berücksichtigenden Gewinnanteile beschränkt. Sofern es sich bei den Aufwendungen um nach § 8 Nr. 1 GewStG hinzuzurechnende Entgelte für Dauerschulden handelt, unterbleibt eine Hinzurechnung nach § 8 Nr. 1 GewStG. Die in dem Gewerbeertrag enthaltenen 5 % der Gewinnanteile, die sich aus dem pauschalen Betriebsausgabenabzug des § 8b Abs. 5 KStG ergeben, sind nicht nach § 9 Nr. 2a GewStG zu kürzen (§ 9 Nr. 2a S. 3 und 4 GewStG).
- **Gewinnanteile nach § 8 Nr. 4 GewStG**
  Die Kürzung nach § 9 Nr. 2b GewStG erfolgt, sofern die Gewinnanteile der persönlich haftenden Gesellschafter einer KGaA nach § 8 Nr. 4 GewStG dem Gewerbeertrag der KGaA hinzugerechnet wurden.
- **Anteil am Gewerbeertrag, der auf ausländische Betriebsstätten entfällt**
  Die Kürzungsvorschrift des § 9 Nr. 3 GewStG bewirkt, dass nur der inländische Gewerbebetrieb der Gewerbesteuer unterliegt. Einkünfte i. S. d. § 20 Abs. 2 S. 1 AStG gelten als in einer inländischen Betriebsstätte erzielt.
- **Spenden**
  Zuwendungen (Spenden und bestimmte Mitgliedsbeiträge) zur Förderung steuerbegünstigter gemeinnütziger, mildtätiger und kirchlicher Zwecke können insgesamt um bis zu 20 % des um die Hinzurechnungen nach § 8 Nr. 9 GewStG erhöhten Gewinns aus Gewerbebetrieb oder 4 ‰ der Summe der Umsätze und der im Wirtschaftsjahr aufgewendeten Löhne und Gehälter gekürzt werden. Nicht ausgeschöpfte Beträge können zeitlich unbegrenzt vorgetragen werden. Einzelunternehmen und Personengesellschaften können eine Kürzung um die im Erhebungszeitraum in den Vermögensstock einer Stiftung geleisteten Spenden in

diesem und in den folgenden neun Veranlagungszeiträumen zusätzlich bis zu einem Betrag von insgesamt 1 Mio. € vornehmen.

- **Gewinnanteile von aktiv tätigen ausländischen Tochtergesellschaften**
  Sofern die Beteiligung an einer ausländischen Gesellschaft zu Beginn des Erhebungszeitraums mindestens 15 % des Nennkapitals beträgt und die Gewinnanteile bei der Ermittlung des Gewinns (§ 7) angesetzt worden sind, erfolgt eine Kürzung nach § 9 Nr. 7 GewStG.

- **Gewinnanteile einer ausländischen Gesellschaft**
  Voraussetzung für die Kürzung ist, dass die Beteiligung mindestens 15 % beträgt (§ 9 Nr. 8 GewStG). Ist in einem DBA eine niedrigere Mindestbeteiligungsgrenze vereinbart, ist diese maßgebend. § 9 Nr. 2a S. 3 und 4 GewStG gelten entsprechend.

KV 10: Der Verlustvortrag nach § 10a GewStG

1   Einleitung

Nach § 10a GewStG wird der maßgebende Gewerbeertrag bis zu einem Betrag von 1 Mio. € um die Fehlbeträge gekürzt, die sich bei der Ermittlung des maßgebenden Gewerbeertrags für die vorangegangenen Erhebungszeiträume ergeben haben, soweit sie nicht bereits dort berücksichtigt worden sind. Der 1 Mio. € übersteigende Gewerbeertrag ist bis zu 60 % der dann noch verbleibenden Fehlbeträge der vorangegangenen Erhebungszeiträume zu kürzen (Mindestbesteuerung). Ein Rücktrag der gewerbesteuerlichen Fehlbeträge ist nicht möglich. Ein Fehlbetrag kann auch nicht mit Gewerbeerträgen anderer Gewerbebetriebe ausgeglichen werden (Objektsteuer).

Ausgangsgröße für die Ermittlung des Fehlbetrags ist der Gewinn bzw. Verlust aus Gewerbebetrieb, der nach den Vorschriften des EStG oder KStG zu ermitteln ist. Der Gewerbeverlust unterscheidet sich von dem Verlustabzug i. S. d. § 10d EStG dadurch, dass seine Höhe durch die Hinzurechnungen und Kürzungen nach §§ 8 und 9 GewStG beeinflusst wird. Weder Veräußerungsgewinne noch steuerfreie Einnahmen dürfen den Verlust mindern. Bei Mitunternehmerschaften (MU) ist der Verlustvortrag nach Maßgabe des sich aus dem Gesellschaftsvertrag ergebenden allgemeinen Gewinnverteilungsschlüssels ohne Berücksichtigung eines Vorabgewinnanteils zu verteilen. In Gewinnjahren ist der Gewerbeertrag ebenfalls nach dem allgemeinen Gewinnverteilungsschlüssel ohne Berücksichtigung eines Vorabgewinnanteils zu verteilen. Die Höhe des vortragsfähigen Gewerbeverlustes wird gesondert festgestellt (§ 10a Abs. 1 S. 6 GewStG).

2   Auf die Fehlbeträge sind § 8c KStG und § 8d KStG entsprechend anzuwenden, wenn ein fortführungsgebundener Verlustvortrag nach § 8d KStG gesondert festgestellt worden ist.

Unterbleibt eine Feststellung nach § 8d Abs. 1 S. 8 KStG, weil keine nicht genutzten Verluste nach § 8c Abs. 1 S. 1 KStG vorliegen, ist auf Antrag auf die Fehlbeträge § 8d KStG entsprechend anzuwenden. Der Antrag ist in der Steuererklärung für die Veranlagung des VZ zu stellen, in den der schädliche Beteiligungserwerb fällt.

2.1 Tatbestandsvoraussetzungen

Durch das Unternehmenssteuerreformgesetz vom 14.08.2007 wurde der **körperschaftsteuerliche** Verlustabzug in §8c KStG neu geregelt. Die Neuregelung setzt nicht mehr die nach §8 Abs. 4 KStG erforderliche kumulative Übertragung von Anteilen und die Zuführung von überwiegend neuem Betriebsvermögen voraus, sondern stellt **allein auf den Beteiligungserwerb ab**. Bei **Einzelunternehmen** und **Personengesellschaften (PersG)** wird für den Verlustabzug die **Unternehmensidentität und die Unternehmeridentität** gefordert.

2.2 Unternehmensidentität

Der im Anrechnungsjahr bestehende Gewerbebetrieb muss mit dem Gewerbebetrieb identisch sein, der im Jahr der Entstehung des Verlustes bestanden hat. Unter Gewerbebetrieb ist hierbei die ausgeübte gewerbliche Betätigung zu verstehen. Vergleichskriterien sind insbesondere Art der Betätigung, der Kunden- und Lieferantenkreis, die Arbeitnehmerschaft, die Geschäftsleitung, die Betriebsstätten sowie der Umfang und die Zusammensetzung des Aktivvermögens. Entscheidend ist das Gesamtbild der Verhältnisse. Unter Berücksichtigung dieser Merkmale muss ein wirtschaftlicher, organisatorischer und finanzieller Zusammenhang zwischen den Betätigungen bestehen. Betriebsbedingte und strukturelle Anpassung sind unschädlich.

2.3 Unternehmeridentität

Der Gewerbetreibende, der den Verlust in Anspruch nehmen will, muss den Gewerbeverlust zuvor in eigener Person erlitten haben. Ein Unternehmerwechsel bewirkt damit immer den Wegfall des Verlustabzuges (§ 10a Abs. 1 S. 8 GewStG). Dies gilt unabhängig davon, ob die Übertragung entgeltlich oder unentgeltlich erfolgt oder auf Gesamt- oder Einzelrechtsnachfolge beruht.

- **Fortführung eines Einzelunternehmens als PersG**
  Wird ein Einzelunternehmen nach Eintritt einer oder mehrerer Personen als PersG fortgeführt oder wird ein Einzelunternehmen nach §24 UmwStG in eine PersG eingebracht, kann der Fehlbetrag des Einzelunternehmens weiterhin von der PersG abgezogen werden. Allerdings ist der Abzug auf den Betrag beschränkt, der vom gesamten Gewerbeertrag der PersG entsprechend dem Gewinnverteilungsschlüssel auf den früheren Einzelunternehmer entfällt. Der Abzug eines in einem Einzelunternehmen entstandenen Gewerbeverlustes entfällt jedoch insgesamt, wenn das Unternehmen auf eine Kapitalgesellschaft oder auf eine PersG, an der der bisherige Einzelunternehmer nicht beteiligt ist, übertragen wird.

- **Fortführung einer PersG als Einzelunternehmen**
  Wird nach dem Ausscheiden von Gesellschaftern aus einer PersG der Gewerbebetrieb von einem Gesellschafter fortgeführt, kann dieser vom Gewerbeertrag des Einzelunternehmens einen verbleibenden Fehlbetrag der Gesellschaft insoweit abziehen, als dieser Betrag ent-

sprechend dem sich aus dem Gesellschaftsvertrag ergebenden Gewinnverteilungsschlüssel des Verlustentstehungsjahres auf ihn entfällt.

- **Wechsel im Gesellschafterbestand von PersG**
 Bei PersG und anderen MU sind Träger des Rechts auf Verlustabzug die einzelnen Mitunternehmer. Folglich entfällt beim Ausscheiden eines Gesellschafters aus einer PersG der Verlustabzug nach § 10a GewStG anteilig mit der Quote, mit der der ausgeschiedene Gesellschafter im Erhebungszeitraum der Verlustentstehung entsprechend dem sich aus dem Gesellschaftsvertrag ergebenden Gewinnverteilungsschlüssel an dem negativen Gewerbeertrag beteiligt war. Beim Eintritt eines Gesellschafters in eine bestehende PersG bleibt der Verlustabzug insgesamt bestehen. Der Abzug ist allerdings auf den Gewerbeertrag beschränkt, der nach dem Gewinnverteilungsschlüssel auf die Altgesellschafter entfällt. Sofern ein Gesellschafter seinen Mitunternehmeranteil an einen Dritten veräußert, werden die o. g. Grundsätze kombiniert.

- **Organschaft**
 Im Falle der Organschaft dürfen die vor der Gründung der Organschaft beim Organ entstandenen Gewerbeverluste nicht von dem Gewerbeertrag des Organs abgezogen werden. Auch ein Ausgleich mit dem Gewerbeertrag des Organträgers ist unzulässig.

KV 11: Die Zerlegung der Gewerbesteuer

1 Einleitung

Für die Zerlegung der Gewerbesteuer ist das Betriebsstättenfinanzamt zuständig. Es stellt die Besteuerungsgrundlagen und den Gewerbesteuermessbetrag fest und erlässt einen **Zerlegungsbescheid**, der den hebeberechtigten Gemeinden mitgeteilt wird. Diese erlassen daraufhin den Gewerbesteuerbescheid. Zerlegungsbescheide sind daher **Folgebescheide** des Gewerbesteuermessbescheides und zugleich **Grundlagenbescheid** des Gewerbesteuerbescheides. Die Zerlegung der Gewerbesteuer wird in den §§ 28 bis 34 des GewStG und in den GewStR geregelt. Der nach § 11 GewStG ermittelte Gewerbesteuermessbetrag wird zerlegt, wenn im Erhebungszeitraum

- Betriebsstätten in mehreren Gemeinden unterhalten werden,
- sich eine Betriebsstätte über mehrere Gemeinden erstreckt oder
- eine Betriebsstätte von einer Gemeinde in eine andere Gemeinde verlegt wurde.

Im Fall der **Verpachtung oder Stilllegung** eines Teilbetriebes unterhält der Unternehmer im Allgemeinen keine Betriebsstätte in der Gemeinde, in der sich die Anlagen befinden. Vorübergehend ruhende Betriebsstätten und mehrfach in einem Erhebungszeitraum ruhende Betriebsstätten (z.B. Saisonbetriebe) sind in die Zerlegung mit einzubeziehen. Bauausführungen oder Montagen gelten grundsätzlich nur dann als Betriebsstätte, wenn die Voraussetzungen des § 12 Nr. 8 AO in den Grenzen der einzelnen Gemeinden erfüllt sind. In die Zerlegung werden Gemeinden nicht mit einbezogen, in denen

- Verkehrsunternehmen lediglich Gleisanlagen unterhalten,
- sich nur Anlagen befinden, die ausschließlich der Weiterleitung fester, flüssiger oder gasförmiger Stoffe sowie elektrischer Energie dienen, ohne dass diese dort abgegeben werden,
- Bergbauunternehmen keine oberirdischen Anlagen haben, in welchen eine gewerbliche Tätigkeit entfaltet wird.

Dies gilt nicht, wenn dadurch auf keine Gemeinde ein Zerlegungsanteil oder Steuermessbetrag entfällt.

2 Zerlegungsmaßstab

Zerlegungsmaßstab ist das **Verhältnis der Summe der Arbeitslöhne** aller Betriebsstätten zu denen der einzelnen Gemeinden (§ 29 Abs. 1 Nr. 1 GewStG).

Bei Betrieben, die ausschließlich Anlagen zur Erzeugung von Strom und anderen Energieträgern sowie von Wärme aus Wind- und solarer Strahlungsenergie betreiben, ist Zerlegungsmaßstab zu 1/10 das Verhältnis, in dem die Summe der Arbeitslöhne in allen Betriebsstätten zu den Arbeitslöhnen in den einzelnen Betriebsstätten steht und zu 9/10 das Verhältnis, in dem die Summe der installierten Leistung i. S. d. § 3 Nr. 31 EEG (elektrische Wirkleistung der Anlage) in allen Betriebsstätten zur installierten Leistung in den einzelnen Betriebsstätten steht (§ 29 Abs. 1 Nr. 2 Buchst. a GewStG).

Die Regelung des § 29 Abs. 1 Nr. 2 Buchst. b GewStG unterscheidet zwischen Neu- und Altanlagen. Neuanlagen sind Anlagen, die nach dem 30.06.2013 genehmigt worden sind. Bei Anlagen, die vor dem 01.07.2013 genehmigt wurden, handelt es sich um Altanlagen. Für sie gelten für die EZ 2021 bis 2023 besondere Zerlegungsmaßstäbe.

Maßgebend sind die Arbeitslöhne, die während des Erhebungszeitraums (§ 14 GewStG) erzielt oder gezahlt worden sind. Vergütungen, die an andere Unternehmen für die Gestellung von fremden Arbeitskräften gezahlt wurden, scheiden bei der Ermittlung aus. Sofern Unternehmen nicht von juristischen Personen betrieben werden, sind für die **im Betrieb tätigen Unternehmer** (Mitunternehmer) insgesamt **25.000 €** jährlich anzusetzen. Eine Zerlegung dieses fiktiven Unternehmerlohns findet statt, sofern die Unternehmer in mehr als einer Betriebsstätte geschäftsleitend tätig geworden sind. Die Verteilung erfolgt nach dem Anteil der Tätigkeit in den einzelnen Betriebsstätten.

Unter den Begriff der **Arbeitslöhne** fallen
- lohnsteuerpflichtige Vergütungen i. S. d. § 19 Abs. 1 Nr. 1 EStG,
- Zuschläge für Sonntags-, Feiertags- und Nachtarbeit und
- vermögenswirksame Leistungen.

Nicht zu den Arbeitslöhnen gehören
- Berufsausbildungsvergütungen,
- Vergütungen an Arbeitnehmer, die nicht ausschließlich oder überwiegend in dem steuerpflichtigen Betrieb oder Teilbetrieb bestimmter Unternehmen tätig sind,
- nach dem Unternehmensgewinn (nicht Betriebsstättengewinn) berechnete einmalige Vergütungen wie Tantiemen oder Gratifikationen,
- sonstige Vergütungen, soweit diese pro Arbeitnehmer 50.000 € übersteigen und
- Arbeitnehmer-Sparzulagen.

Die Arbeitslöhne sind bei der Ermittlung der Verhältniszahlen auf **volle 1.000 €** abzurunden.

3 Zerlegung in besonderen Fällen

In den Fällen, in denen die Zerlegung zu einem offenbar **unbilligen Ergebnis** führt, hat eine Aufteilung ausnahmsweise nach den tatsächlichen Verhältnissen zu erfolgen. Ein offenbar unbilliges Ergebnis liegt vor, wenn der Gemeinde durch die Betriebsstätte wesentliche Lasten entstehen. Hierunter fallen die so genannten Arbeitnehmerfolgekosten, wie die Aufwendungen einer Gemeinde für den Bau von Schulen, Straßen, Krankenhäuser und Altersheimen für die dort wohnenden Arbeitnehmer der Betriebsstätte. Lasten anderer Art führen nur dann zu einer Unbilligkeit, wenn sie ins Gewicht fallen und andererseits atypisch sind. Ferner kann die Zerlegung nach Maßgabe einer Einigung zwischen Steuerschuldner und Gemeinden erfolgen.

KV 12: Gesetz zur Modernisierung des Körperschaftsteuerrechts

1 Einleitung

Der Bundesrat hat am 25.06.2021 dem Gesetz zur Modernisierung des Körperschaftsteuerrechts (KöMoG) zugestimmt.

2 Option zur Körperschaftsteuer

Der Gesetzgeber hat mit § 1a KStG ein Optionsmodell eingeführt, nach dem Personenhandels- oder Partnerschaftsgesellschaften ein Wahlrecht eingeräumt wird, sich wie eine Kapitalgesellschaft besteuern zu lassen. Der unwiderrufliche Antrag hierzu ist bei dem für die Personenhandels- oder Partnerschaftsgesellschaft zuständigen Finanzamt vor Beginn des Wirtschaftsjahres, ab dem die Besteuerung wie eine Kapitalgesellschaft gelten soll, zu stellen. Die Antragstellerin wird wie eine Kapitalgesellschaft und ihre Gesellschafter wie die nicht persönlich haftenden Gesellschafter einer Kapitalgesellschaft behandelt. Die Entscheidung der Gesellschafter zur Ausübung der Option muss unter Verweis auf § 217 Abs. 1 UmwG mit mindestens drei Viertel der abgegebenen Stimmen beschlossen werden. Erstmals kann ein Antrag auf Option zur Körperschaftsbesteuerung ab dem VZ 2022 gestellt werden.

Ausgenommen von der Option sind Investmentfonds im Sinne des Investmentsteuergesetzes und wenn Gesellschaften nach Ausübung der Option in dem Staat, in dem sich ihre Geschäftsleitung befindet, keiner der deutschen unbeschränkten KSt-Pflicht vergleichbaren KSt-Pflicht unterliegen.

Der Übergang zur Körperschaftsbesteuerung gilt als Formwechsel im Sinne des § 1 Abs. 3 Nr. 3 UmwStG. Als Zeitpunkt des Formwechsels gilt das Ende des WJ, welches dem »Optionsjahr« vorangeht. Das im Einbringungszeitpunkt in der Steuerbilanz auszuweisende Eigenkapital wird auf dem steuerlichen Einlagenkonto der optierenden Gesellschaft erfasst.

Aufgrund der Option führen durch das Gesellschaftsverhältnis veranlasste Einnahmen zu vGA und von der Gesellschaft gezahlte Tätigkeitsvergütungen, Zinsen und Mieten nicht mehr zu Sondervergütungen. Stattdessen werden in § 1a Abs. 3 KStG die einschlägigen Rechtsfolgen aufgeführt. Gewinnanteile gelten erst dann als ausgeschüttet, wenn sie entnommen werden oder ihre Auszahlung verlangt werden kann.

Nach § 1a Abs. 4 KSt kann die Gesellschaft beantragen, dass sie nicht mehr wie eine Kapitalgesellschaft und ihre Gesellschafter nicht mehr wie die nicht persönlich haftenden Gesellschafter einer Kapitalgesellschaft behandelt werden (Rückoption). Die Rückoption gilt erneut als Formwechsel nach § 1 Abs. 1 S 1. Nr. 2 UmwStG. Sie kann ebenfalls nicht rückwirkend erfolgen.

Diese Folgen treten allerdings auch ohne Antrag ein, wenn die Voraussetzungen des Absatzes 1 entfallen. Scheidet der vorletzte Gesellschafter aus der Gesellschaft aus, gilt die optierende Gesellschaft als unmittelbar danach aufgelöst und ihr Vermögen als an die Gesellschafter ausgeschüttet. Es kommt zur Liquidation der Gesellschaft nach den Regeln des § 11 KStG. Fällt der verbleibende Gesellschafter als Rechtsperson unter das UmwStG, kann die Gesellschaft auf diesen nach §§ 11 ff. UmwStG umgewandelt werden.

3 Einlagelösung als Ersatz für organschaftliche Ausgleichsposten

Nach der Neufassung des § 14 Abs. 4 KStG gelten organschaftliche Minderabführungen als Einlage durch den Organträger in die Organschaft und Mehrabführungen der Organgesellschaft als Einlagenrückgewähr der Organgesellschaft an den Organträger. Der Beteiligungsansatz in der Steuerbilanz des Organträgers erhöht sich im Fall der Einlage und vermindert sich im Fall der Einlagenrückgewähr. Minder- und Mehrabführungen gelten in dem Zeitpunkt als erfolgt, im dem das WJ der Organgesellschaft endet. Die Regelung ist erstmals auf Minder- und Mehrabführungen anzuwenden, die nach dem 31.12.2021 erfolgen.

Minderabführungen führen in voller Höhe zu einer Einlage und Mehrabführungen in voller Höhe zu einer Einlagenrückgewähr (nicht nach Beteiligungsquote).

Im Fall von organschaftlichen Mehrabführungen sieht § 27 Abs. 1 S. 3 KStG einen Direktzugriff auf das steuerliche Einlagekonto vor. Auch mindern organschaftliche Mehrabführungen nach § 27 Abs. 6 S. 2 KStG das steuerliche Einlagenkonto vor anderen Leistungen.

Beim Organträger sind noch bestehende Ausgleichsposten für organschaftliche Minder- und Mehrabführungen, die nach Maßgabe des § 14 Abs. 4 KStG in der am 31.12.2021 geltenden Fassung in der Steuerbilanz gebildet wurden, in dem WJ aufzulösen, das nach dem 31.12.2021 endet. Aktive Ausgleichsposten erhöhen, passive Ausgleichsposten mindern dabei den Buchwert der Beteiligung des Organträgers an der Organgesellschaft in der Steuerbilanz. Soweit ein passiver Ausgleichsposten die Summe aus dem aktiven Ausgleichsposten und dem Buchwert der Beteiligung des Organträgers an der Organschaft in der Steuerbilanz übersteigt, liegt ein Ertrag aus der Beteiligung an der Organgesellschaft vor. Hierauf findet das Teileinkünfteverfahren nach § 3 Nr. 40 und § 3c Abs. 2 EStG sowie § 8b KStG Anwendung.

Alternativ kann der Betrag in eine den steuerlichen Gewinn mindernde Rücklage eingestellt werden. Die Rücklage ist grundsätzlich im WJ der Bildung und in den neuen folgenden WJ zu jeweils einem Zehntel gewinnerhöhend aufzulösen. Bei Veräußerung der Organgesellschaft ist sie in voller Höhe aufzulösen. Der Veräußerung gleichgestellt sind insbesondere die Umwandlung der Organgesellschaft auf eine Personengesellschaft oder eine natürliche Person, die verdeckte Einlage der Beteiligung an der Organgesellschaft und die Auflösung der Organgesellschaft. Auf den Auflösungsbetrag sind das Teileinkünfteverfahren und § 8b KStG anzuwenden (§ 34 Abs. 6e 7 S. ff. KStG).

4 Fremdwährungsverluste

Nach § 8b Abs. 3 Satz 5 KStG werden Währungskursverluste aus einer Darlehensforderung oder vergleichbaren Position gegenüber einer anderen Körperschaft, an der sie zu mehr als 25% unmittelbar oder mittelbar beteiligt ist oder war, nicht mehr vom Abzug ausgeschlossen. Dies gilt auch für Währungskursverluste, die bei nahestehenden Personen des Gesellschafters entstehen sowie für Währungskursverluste im Zusammenhang mit der Inanspruchnahme durch einen rückgriffsberechtigten Dritten. Die Neuregelung ist erstmals für Gewinnminderungen im Sinne des § 8b Abs. 3 Satz 4 und 5 KStG anzuwenden, die nach dem 31.12.2021 eintreten.

5 Erweiterung des Umwandlungssteuerrechts

Der persönliche Anwendungsbereich des UmwStG wurde durch das Gesetz teilweise auf Drittstaatenfälle erweitert. **Erstmals** gelten die Erweiterungen für Umwandlungen und Einbringungen, bei denen der steuerliche **Übertragungsstichtag nach dem 31.12.2021** liegt.

Teil F:
Umsatzsteuerrecht

KV 1: Unternehmer und Unternehmen im Umsatzsteuerrecht

1 Einleitung

Der Unternehmerbegriff des Umsatzsteuerrechts weicht erheblich vom allgemeinen Sprachgebrauch ab. Er setzt weder eine Gewinnerzielungsabsicht voraus wie der Begriff des Gewerbebetriebs im Gewerbesteuerrecht noch ist er auf Gewerbetreibende beschränkt. Er erfasst auch Freiberufler, Landwirte sowie Privatleute, die aus der Nutzung ihres Vermögens (z. B. durch Vermietung von Grundbesitz) fortlaufend Einnahmen erzielen.

Unternehmer ist nach § 2 Abs. 1 S. 1 UStG, wer eine **gewerbliche oder berufliche Tätigkeit selbständig** ausübt. Gewerblich oder beruflich ist jede nachhaltige Tätigkeit zur Erzielung von Einnahmen. Nach Art. 9 Abs. 1 MwStSystRL (Mehrwertsteuersystem-Richtlinie) gilt als »Steuerpflichtiger«, wer eine wirtschaftliche Tätigkeit unabhängig von ihrem Ort, Zweck und Ergebnis selbständig ausübt. Die Frage, ob eine Person Unternehmer im Sinne des UStG ist, hat insbesondere Bedeutung für
- die Steuerbarkeit der Leistung (§ 1 Abs. 1 Nr. 1 und 5 UStG),
- die Bestimmung des Leistungsortes (§ 3a Abs. 3 UStG),
- die Steuerfreiheit eines Umsatzes (§ 4 Nr. 1a i. V. m. § 6 Abs. 1 Nr. 3a UStG),
- die Möglichkeit der Option (§ 9 UStG) und
- die Berechtigung zum Vorsteuerabzug (§ 15 UStG).

Das **Unternehmen** umfasst die gesamte gewerbliche oder berufliche Tätigkeit des Unternehmers, d. h. sämtliche Betriebe oder berufliche Tätigkeiten desselben Unternehmers (§ 2 Abs. 1 S. 2 UStG). Hat ein Unternehmer mehrere Betriebe, so muss er für alle nur eine USt-Erklärung abgeben. Lieferungen zwischen den Betrieben sind grundsätzlich nicht steuerbar.

2 Voraussetzungen der Unternehmereigenschaft im Einzelnen

2.1 Unternehmerfähigkeit

Unternehmerfähigkeit, also die Fähigkeit, Unternehmer sein zu können, besitzt jeder Mensch vergleichbar seiner Rechtsfähigkeit. Geschäftsfähigkeit oder Handlungsfähigkeit wird nicht vorausgesetzt. Neben natürlichen Personen besitzen auch juristische Personen (z. B. AG, GmbH) sowie bestimmte Personenzusammenschlüsse (z. B. GbR) Unternehmerfähigkeit. Eine nicht nach außen auftretende Bürogemeinschaft ist als reine Innengesellschaft dahingegen nicht unternehmerfähig.

2.2 Selbständigkeit der Tätigkeit

Eine selbständige Tätigkeit liegt vor, wenn sie auf **eigene Rechnung** und auf **eigene Verantwortung** ausgeübt wird. Nach dem Negativkatalog des § 2 Abs. 2 UStG ist Selbständigkeit zu verneinen

- **bei natürlichen Personen**, wenn diese so in ein Unternehmen eingegliedert sind, dass sie verpflichtet sind, den Weisungen des Unternehmers zu folgen (z. B. Arbeitnehmer). Nach Art. 10 MwStSystRL fehlt es an der Selbständigkeit, wenn hinsichtlich der Arbeitsbedingungen und des Arbeitsentgelts sowie der Verantwortlichkeit des Arbeitgebers ein Verhältnis der Unterordnung besteht.
- **bei juristischen Personen**, wenn diese nach dem Gesamtbild der tatsächlichen Verhältnisse finanziell, wirtschaftlich und organisatorisch in das Unternehmen des Organträgers eingegliedert sind (Organschaft).

Natürliche Personen, die als Gesellschafter Geschäftsführungs- und Vertretungsleistungen ausführen, werden unter den Voraussetzungen des § 2 Abs. 1 UStG selbständig tätig. Dass ein Komplementär als Mitunternehmer ertragsteuerlich selbständig tätig ist, steht einer nichtselbständigen Tätigkeit i. S. v. § 2 Abs. 1 UStG nicht entgegen. Maßgebend ist dabei das Gesamtbild der Verhältnisse.

Juristische Personen, die als Gesellschafter Geschäftsführungs- und Vertretungsleistungen an die Gesellschaft erbringen, werden insoweit grundsätzlich selbständig tätig. Das Weisungsrecht der Gesellschafterversammlung gegenüber der juristischen Person als Geschäftsführer führt nicht zur Unselbständigkeit.

Steuerbar sind aber nur Gesellschafterleistungen, die gegen Sonderentgelt ausgeführt werden und damit auf einen Leistungsaustausch gerichtet sind. Leistungen, die als Gesellschafterbeitrag durch die Beteiligung am Ergebnis (Gewinn und Verlust) der Gesellschaft abgegolten werden, führen nicht zu einem Leistungsaustausch.

2.3 Nachhaltigkeit der Tätigkeit

Nachhaltigkeit liegt grundsätzlich dann vor, wenn die Tätigkeit **auf bestimmte Dauer und auf Wiederholung angelegt** ist. Darüber hinaus muss der Tätigkeit ein Element der **Geschäftsmäßigkeit** innewohnen. Ob Nachhaltigkeit vorliegt, ist nach dem Gesamtbild der Verhältnisse zu beurteilen. Zu verneinen ist Nachhaltigkeit etwa bei Veräußerung von Gegenständen des Privatvermögens (z. B. Briefmarken- oder Münzsammlung) oder beim Verkauf von Jahreswagen durch Werksangehörige eines Automobilwerks nach einer Behaltefrist von einem Jahr.

2.4 Einnahmeerzielungsabsicht

Die Tätigkeit muss nur auf die Erzielung von Einnahmen, nicht notwendig auf die Erzielung eines Gewinns gerichtet sein (§ 2 Abs. 1 S. 3 UStG). Eine Tätigkeit zur Erzielung von Einnahmen liegt vor, wenn die Tätigkeit im Rahmen eines **Leistungsaustausches** ausgeübt wird, d. h. Lieferungen oder Leistungen gegen Entgelt bewirkt werden. Da Entgelt alles ist, was den Wert der Gegenleistung bildet, die der leistende Unternehmer vom Leistungsempfänger oder von einem anderen als dem Leistungsempfänger für die Leistung erhält oder erhalten soll, kann dieses nicht nur in Geld, sondern auch in der Übertragung von Sachen oder der Erbringung sonstiger Leistungen (z. B. Gewährung von Unterkunft und Verpflegung) bestehen. Auch der Verkauf von Gegenständen zum Einstandspreis oder die Erbringung von sonstigen Leistungen gegen Aufwandsentschädigung schließen die Unternehmereigenschaft demnach nicht aus.

3 Beginn und Ende der Unternehmereigenschaft

Die Unternehmereigenschaft **beginnt** mit dem ersten nach außen erkennbaren, auf die Unternehmertätigkeit gerichteten Tätigwerden, wenn die spätere Ausführung entgeltlicher Leistungen ernsthaft beabsichtigt ist und die Ernsthaftigkeit dieser Absicht durch objektive Merkmale nachgewiesen oder glaubhaft gemacht wird. Bei Vorbereitungshandlungen differenziert die Finanzverwaltung hinsichtlich des Nachweises der Ernsthaftigkeit danach, ob
- bezogene Gegenstände oder in Anspruch genommene sonstige Leistungen ihrer Art nach **nur zur unternehmerischen Verwendung oder Nutzung bestimmt** sind oder in einem objektiven und zweifelsfrei erkennbaren Zusammenhang mit der beabsichtigten unternehmerischen Tätigkeit stehen (sog. unternehmensbezogene Vorbereitungshandlungen, z. B. Erwerb von Maschinen, Anmietung von Lagerräumen),
- Vorbereitungshandlungen vorliegen, die ihrer Art nach **sowohl zur unternehmerischen als auch zur nichtunternehmerischen Verwendung bestimmt** sein können (z. B. Erwerb eines Computers oder Kraftfahrzeugs), oder
- Vorbereitungshandlungen vorliegen, die ihrer Art nach **typischerweise zur nichtunternehmerischen Verwendung oder Nutzung bestimmt** sind (z. B. Erwerb eines Wohnmobils).

Während der Nachweis der Ernsthaftigkeit und damit der Unternehmereigenschaft bei unternehmensbezogenen Vorbereitungshandlungen als erbracht angesehen wird, erfolgt bei der zweiten Gruppe eine Gewährung des Vorsteuerabzugs nur unter dem Vorbehalt der Nachprüfung (§ 164 AO) oder vorläufig (§ 165 Abs. 1 S. 1 AO). In der dritten Gruppe geht die Finanzverwaltung zunächst nicht von der Unternehmereigenschaft aus.

Die Unternehmereigenschaft entfällt entgegen der früheren BFH-Rechtsprechung nicht rückwirkend, wenn es später nicht oder nicht nachhaltig zur Ausführung entgeltlicher Leistungen kommt (sog. **erfolgloser Unternehmer**). Ausgenommen sind Fälle des Betrugs oder Missbrauchs.

Unternehmen und Unternehmereigenschaft **enden** unabhängig von der Einstellung oder Abmeldung des Gewerbebetriebs oder der Löschung im Handelsregister mit dem letzten Tätigwerden, d.h. wenn der Unternehmer alle Rechtsbeziehungen abgewickelt hat, die mit dem aufgegebenen Betrieb im Zusammenhang stehen. Die Unternehmereigenschaft kann nicht im Erbgang übergehen, der Erbe muss selbst die Voraussetzungen der Unternehmereigenschaft erfüllen.

KV 2: Unternehmereigenschaft von juristischen Personen des öffentlichen Rechts

1 Einleitung

Die Unternehmereigenschaft von juristischen Personen des öffentlichen Rechts (jPöR) wurde bis zum 31.12.2016 an das Vorliegen eines Betriebs gewerblicher Art geknüpft (§ 2 Abs. 3 UStG a. F.). Diese Rechtslage war jedoch nicht mehr mit der EuGH-Rechtsprechung vereinbar, wonach eine jPöR immer dann unternehmerisch tätig wird, wenn sie »wie ein Privater« wirtschaftlich tätig wird. Ab dem 01.01.2017 sind daher für die Unternehmereigenschaft von jPöR grundsätzlich die allgemeinen Regelungen nach § 2 Abs. 1 UStG maßgeblich. Besonderheiten für jPöR sind im neu eingeführten § 2b UStG geregelt, zu dessen Anwendung im BMF-Schreiben vom 16.12.2016 (BStBl. I 2016, 1451) im Einzelnen Stellung genommen wird. Im Rahmen einer mehrfach verlängerten Übergangsregelung kann die jPöR das bisher geltende Recht längstens bis zum 31.12.2024 weiter anwenden.

2 Allgemeine Voraussetzungen der Unternehmereigenschaft

Unternehmer ist nach § 2 Abs. 1 S. 1 UStG, wer eine **gewerbliche oder berufliche Tätigkeit selbständig** ausübt, unabhängig davon, ob er nach anderen Vorschriften rechtsfähig ist. Gewerblich oder beruflich ist jede nachhaltige Tätigkeit zur Erzielung von Einnahmen. Das **Unternehmen** umfasst die gesamte gewerbliche oder berufliche Tätigkeit des Unternehmers, d. h. sämtliche Betriebe oder berufliche Tätigkeiten desselben Unternehmers (§ 2 Abs. 1 S. 2 UStG).

3 Konkretisierung der Unternehmereigenschaft nach § 2b UStG

3.1 Tätigkeiten im Rahmen öffentlicher Gewalt

JPöR gelten grundsätzlich nicht als Unternehmer i. S. d. § 2 UStG, soweit sie Tätigkeiten ausüben, die ihnen **im Rahmen der öffentlichen Gewalt obliegen**. Dies gilt auch dann, wenn die jPöR im Zusammenhang mit diesen Tätigkeiten Zölle, Gebühren, Beiträge oder sonstige Abgaben erhebt. Tätigkeiten, die einer jPöR im Rahmen der öffentlichen Gewalt obliegen sind Tätigkeiten, bei denen die jPöR auf Grundlage einer **öffentlich-rechtlichen Sonderregelung** (z. B. Gesetz, Rechtsverordnung, Staatsvertrag) tätig wird. Erbringt eine jPöR in Umsetzung einer öffentlich-rechtlichen Sonderregelung Leistungen hingegen in privatrechtlicher Handlungsform (z. B. Betrieb eines Freibades zur öffentlichen Daseinsvorsorge auf privatrechtlicher Grundlage), werden diese Tätigkeiten nicht von § 2b Abs. 1 S. 1 UStG erfasst.

3.2 Größere Wettbewerbsverzerrungen

Tätigkeiten einer jPöR, die diese zulässigerweise im Rahmen öffentlich-rechtlicher Sonderregelungen ausführt, unterliegen weiterhin dann der Umsatzsteuer, wenn die Nichtbesteuerung dieser Leistungen zu größeren Wettbewerbsverzerrungen führen würde. Dies setzt zunächst voraus, dass ein Wettbewerb besteht, d. h. die Leistung in gleicher Weise auch von einem privaten Unternehmer erbracht werden könnte (Marktrelevanz). Ein Wettbewerb ist bei originär hoheitlichem Handeln gegen Gebühren zu verneinen (z. B. Erteilung einer verbindlichen Auskunft nach § 89 Abs. 2 AO), da Private insoweit (auch potenziell) nicht tätig werden können.

Größere Wettbewerbsverzerrungen liegen nach § 2b Abs. 2 UStG dann nicht vor, wenn
- die Umsätze aus den marktrelevanten Tätigkeiten **17 500 € nicht übersteigen** oder
- vergleichbare Leistungen privater Unternehmer aufgrund einer **Steuerbefreiung** ebenfalls nicht mit Umsatzsteuer belastet werden (z. B. nach § 4 Nr. 21 UStG steuerbefreite Studiengebühren einer privaten Hochschule einerseits und von einer Körperschaft des öffentlichen Rechts auf öffentlich-rechtlicher Grundlage erhobene Studiengebühren andererseits).

Keine größeren Wettbewerbsverzerrungen entstehen nach § 2b Abs. 3 UStG ferner dann, wenn im Rahmen der **Zusammenarbeit von jPöR bei der Erfüllung öffentlicher Aufgaben** Leistungen zwischen jPöR ausgetauscht werden und dabei
- die Leistungen entweder aufgrund gesetzlicher Bestimmungen **nur von jPöR erbracht werden dürfen** (z. B. Abnahme von Berufsabschlussprüfungen durch eine IHK für eine andere) oder
- die Zusammenarbeit durch **gemeinsame spezifische öffentliche Interessen** bestimmt wird. Dies ist der Fall, wenn sämtliche der folgenden Voraussetzungen vorliegen:
    - Die Leistungen müssen **auf langfristigen öffentlich-rechtlichen Vereinbarungen** beruhen (z. B. öffentlich-rechtlicher Vertrag mit einer Laufzeit von fünf Jahren);
    - die Leistungen müssen dem **Erhalt der öffentlichen Infrastruktur** und der Wahrnehmung einer allen Beteiligten obliegenden öffentlichen Aufgabe dienen;
    - die Leistungen müssen ausschließlich gegen **Kostenerstattung** erbracht werden und
    - der Leistende muss gleichartige Leistungen **im Wesentlichen**, d. h. mehr als 80 % der Umsätze des betreffenden Tätigkeitsbereichs, an andere jPöR erbringen, .

Auch wenn die Voraussetzungen des § 2b Abs. 1 S. 1 UStG gegeben sind, gelten jPöR mit der Ausübung bestimmter, in § 2 Abs. 4 UStG explizit aufgeführter **Katalogtätigkeiten** stets als Unternehmer (z. B. bestimmte Leistungen der Vermessungs- und Katasterbehörden).

KV 3: Die Geschäftsveräußerung im Umsatzsteuerrecht

1 Einleitung

Umsätze im Rahmen einer Geschäftsveräußerung an einen anderen Unternehmer für dessen Unternehmen sind gemäß § 1 Abs. 1a UStG nicht steuerbar. Der Gesetzeswortlaut »Umsätze im Rahmen einer Geschäftsveräußerung« bringt zum Ausdruck, dass es sich bei der Geschäftsveräußerung um eine **Vielzahl unterschiedlicher Leistungen** (Veräußerung von beweglichen Sachen und Grundstücken, Abtretung von Forderungen, Übertragung von Patenten etc.) handelt, die in einem einzigen Geschäftsakt ausgeführt werden. Die Vorschrift dient der **Verwaltungsvereinfachung**. Die ansonsten erforderliche Ermittlung der einzelnen Bemessungsgrundlagen für eine Vielzahl von Umsätzen, die bei gegebenem Vorsteuerabzug des Erwerbers ohne steuerliche Auswirkung bleibt, wird entbehrlich.

2 Voraussetzungen einer Geschäftsveräußerung (§ 1 Abs. 1a UStG)

2.1 Überblick

Eine nicht steuerbare Geschäftsveräußerung liegt gemäß § 1 Abs. 1a S. 2 UStG vor, wenn
- ein **Unternehmen** oder ein in der Gliederung eines Unternehmens **gesondert geführter Betrieb**
- **im Ganzen**
- entgeltlich oder unentgeltlich **übereignet** oder in eine Gesellschaft **eingebracht** wird und
- Erwerber ein **Unternehmer** ist, der **für sein Unternehmen** erwirbt.

2.2 Gegenstand: Unternehmen/gesondert geführter Betrieb im Ganzen

Gegenstand einer Geschäftsveräußerung kann entweder ein Unternehmen oder ein in der Gliederung eines Unternehmens gesondert geführter Betrieb im Ganzen sein. Unter der Übereignung eines **Unternehmens im Ganzen** ist der Übergang des gesamten lebenden Unternehmens zu verstehen. Das Unternehmen umfasst die gesamte gewerbliche oder berufliche

Tätigkeit des Unternehmers (§ 2 Abs. 1 S. 2 UStG). Die Übereignung im Ganzen erfordert den **Übergang sämtlicher wesentlicher Grundlagen** des Unternehmens. Welches die wesentlichen Grundlagen sind, richtet sich nach den tatsächlichen Verhältnissen im Zeitpunkt der Übertragung. Hierbei kommt es insbesondere auf die Art der unternehmerischen Tätigkeit an. Auch ein **Grundstück** kann ein Unternehmen oder ein gesondert geführter Betrieb sein (z.B. wenn das Unternehmen nur aus einem Mietwohngrundstück besteht oder das verkaufte Grundstück eines von mehreren Mietwohngrundstücken ist). Ferner können auch **nicht eigentumsfähige Güter** (Gebrauchs- und Nutzungsrechte an Sachen wie z.B. das Pachtrecht bei gepachteten Räumen) wesentliche Grundlage eines Unternehmens sein. Unschädlich ist, wenn einzelne unwesentliche Wirtschaftsgüter nicht mit übertragen werden. Bei der **Einbringung** eines Betriebs in eine Gesellschaft ist es ausreichend, wenn einzelne wesentliche Wirtschaftsgüter nicht mit dinglicher Wirkung übertragen, sondern an die Gesellschaft vermietet oder verpachtet werden. Eine **Übereignung in mehreren Teilakten** ist dann als Geschäftsveräußerung im Ganzen anzusehen, wenn die einzelnen Teilakte im wirtschaftlichen Zusammenhang stehen und der Wille des Erwerbers auf den Erwerb des Unternehmens gerichtet ist.

Gegenstand einer Geschäftsveräußerung kann nicht nur das Gesamtunternehmen sein, sondern auch ein **in der Gliederung eines Unternehmens gesondert geführter Betrieb**. Ein solcher liegt vor, wenn die einkommensteuerlichen Voraussetzungen für einen **Teilbetrieb** erfüllt sind. Dies setzt voraus, dass der Betrieb wirtschaftlich selbständig ist, d.h. einen für sich lebensfähigen Organismus gebildet hat, der unabhängig von den anderen Geschäften des Unternehmens nach Art eines selbständigen Unternehmens betrieben worden ist und nach außen hin ein selbständiges, in sich geschlossenes Wirtschaftsgebilde gewesen ist.

2.3 Entgeltliche oder unentgeltliche Übereignung/Einbringung

Der **Begriff der Übereignung** i.S.v. § 1 Abs. 1a UStG ist **nicht bürgerlich-rechtlich** zu verstehen, da es eine Übereignung eines Unternehmens bzw. gesondert geführten Betriebs (= Sachgesamtheit) nicht gibt und die Geschäftsveräußerung auch nicht eigentumsfähige Gegenstände (z.B. Pachtrecht) erfasst. Übereignung bedeutet hier vielmehr die Übertragung der wesentlichen Grundlagen des Unternehmens bzw. gesondert geführten Betriebs.

Eine nicht steuerbare Geschäftsveräußerung liegt auch dann vor, wenn ein Unternehmen bzw. ein gesondert geführter Betrieb in eine Gesellschaft eingebracht wird (z.B. Einbringung eines Einzelunternehmens in eine Kapital- oder Personengesellschaft gegen Gewährung von Gesellschaftsrechten, Verschmelzungen, Spaltungen, Vermögensübertragungen nach Umwandlungsrecht).

2.4 Erwerber: Unternehmer für sein Unternehmen

Der Erwerber muss Unternehmer sein und das Unternehmen bzw. den gesondert geführten Betrieb für sein Unternehmen erwerben. Dadurch soll ein unversteuerter Letztverbrauch vermieden werden. Dieses Ziel wird aber nur unvollkommen erreicht, weil auch eine Veräußerung an Kleinunternehmer, pauschal versteuernde Land- und Forstwirte sowie Unternehmer, die nur steuerfreie Umsätze tätigen, eine nicht steuerbare Geschäftsveräußerung darstellen kann. Voraussetzung ist ferner, dass die Möglichkeit der Fortführung der wirtschaftlichen Tätigkeit des Veräußerers durch den Erwerber besteht. Ausreichend ist es, dass der Unternehmer mit dem Erwerb seine unternehmerische Tätigkeit erst beginnt oder diese nach dem Erwerb in veränderter Form fortführt.

3 Rechtsfolgen der Geschäftsveräußerung

Liegen die Voraussetzungen einer Geschäftsveräußerung i. S. v. §1 Abs. 1a UStG vor, tritt der erwerbende Unternehmer an die Stelle des Veräußerers (§1 Abs. 1a S. 3 UStG). Das heißt,
- bis zur Veräußerung hat der Veräußerer die Umsätze zu versteuern und kann aus Rechnungen den Vorsteuerabzug geltend machen, danach der Erwerber;
- der für die Wirtschaftsgüter maßgebliche **Berichtigungszeitraum i. S. v. §15a UStG** wird nicht unterbrochen, sondern vom Erwerber fortgeführt; der Veräußerer ist verpflichtet, im Rahmen der Veräußerung die für die Vorsteuerberichtigung notwendigen Angaben zu machen;
- der Erwerber ist an **Optionen des Rechtsvorgängers** gemäß §9 UStG (Verzicht auf Steuerbefreiungen), §19 Abs. 2 UStG (Option des Kleinunternehmers zur Regelbesteuerung) und §24 Abs. 4 UStG (Option zur Regelbesteuerung für land- und forstwirtschaftliche Betriebe) gebunden;
- eine Besteuerung **unentgeltlicher Wertabgaben** des Erwerbers entfällt, soweit der Veräußerer keinen Vorsteuerabzug vornehmen konnte.

4 Vorsteuerabzug für Kosten der Geschäftsveräußerung

Fallen beim Veräußerer im Zusammenhang mit der Geschäftsveräußerung Kosten an, die mit Vorsteuern belastet sind (z. B. Beratungs-, Makler- oder Notarkosten), sind die Vorsteuerbeträge unter den Voraussetzungen des §15 Abs. 1 Nr. 1 UStG abzugsfähig. Die Ausschlussgründe des §15 Abs. 2 UStG greifen bei nicht steuerbaren Umsätzen nicht ein. Die Berechtigung zum Vorsteuerabzug ist somit davon abhängig, ob und in welchem Umfang die betreffenden Wirtschaftsgüter vor der Veräußerung zur Ausführung von **Ausschlussumsätzen** i. S. v. §15 Abs. 2 UStG verwendet worden sind.

KV 4: Der Ort der sonstigen Leistung im Umsatzsteuerrecht

1 Einleitung

Die Regelung des Leistungsorts ist relevant, wenn Leistender und Leistungsempfänger nicht im selben Staat ansässig sind. Der Leistungsort regelt dann die Frage, in welchem Land die Umsatzsteuer zu zahlen ist. Zum 01.01.2010 ist der Ort der sonstigen Leistung (Dienstleistung) neu geregelt worden (Umsetzung der Richtlinien zum sog. Mehrwertsteuer-Paket, VAT-Package). Ziel der Neuregelung war es, verstärkt das Bestimmungslandprinzip durchzusetzen und alle Dienstleistungen am Ort des tatsächlichen Verbrauchs zu besteuern. Die Neuregelung hat folgende Systematik:

- § 3a Abs. 1 UStG: **Leistungen an Nichtunternehmer (B2C)** werden grundsätzlich an dem Ort erbracht, von dem aus der leistende Unternehmer sein Unternehmen betreibt. Das Unternehmerortsprinzip folgt dem Ursprungslandprinzip.
- § 3a Abs. 2 UStG: **Leistungen an Unternehmer (B2B)** werden grundsätzlich an dem Ort erbracht, von dem aus der Empfänger sein Unternehmen betreibt. Das Empfängerortsprinzip folgt dem Bestimmungslandprinzip.
- Vorrangig sind viele **Spezialregelungen**, §§ 3a Abs. 2–8, 3b, 3e und 3f UStG.

2 Leistung an Nicht-Unternehmer (B2C)

§ 3a Abs. 1 UStG: Bei einer sonstigen Leistung an einen Nichtunternehmer (B2C) gilt grundsätzlich das Unternehmerortsprinzip bzw. das Ursprungslandprinzip. Die Leistung wird an dem Ort erbracht, von dem aus der leistende Unternehmer sein Unternehmen betreibt. Wird die Leistung von einer Betriebsstätte aus erbracht, so gilt die Betriebsstätte als Ort der sonstigen Leistung.

3 Leistung an Unternehmer (B2B)

Wird die sonstige Leistung an einen Unternehmer für dessen Unternehmen (B2B) erbracht, so gilt das Empfängerortsprinzip: Die Leistung wird an dem Ort erbracht, an dem der Empfänger sein Unternehmen betreibt. Wird die sonstige Leistung an eine Betriebsstätte erbracht, so ist der Ort der Betriebsstätte maßgebend. Damit wird das Bestimmungslandprinzip umgesetzt.

Das gilt auch für sonstige Leistungen an nicht unternehmerisch tätige juristische Personen, denen eine USt-Id-Nr. erteilt worden ist.

Den leistenden Unternehmer trifft die Beweislast, dass er an einen Unternehmer für dessen Unternehmen geleistet hat, und dass folglich der Leistungsort beim Empfänger ist. § 3a Abs. 2 UStG regelt nicht, wie der leistende Unternehmer nachzuweisen hat, dass sein Leistungsempfänger Unternehmer ist, der die Leistung für den unternehmerischen Bereich bezieht. Es bleibt dem Unternehmer überlassen, auf welche Weise er den entsprechenden Nachweis führt. Verwendet der Leistungsempfänger eine ihm von einem anderen Mitgliedstaat erteilte USt-Id-Nr., kann der leistende Unternehmer regelmäßig davon ausgehen, dass der Leistungsempfänger Unternehmer ist und die Leistung für dessen unternehmerischen Bereich bezogen wird. Das gilt auch dann, wenn sich nachträglich herausstellt, dass die Leistung vom Leistungsempfänger tatsächlich für nicht unternehmerische Zwecke verwendet worden ist, wenn der leistende Unternehmer von der Möglichkeit des § 18e UStG Gebrauch gemacht hat, sich die Gültigkeit der USt-Id-Nr. des Abnehmers sowie dessen Namen und Anschrift vom Bundeszentralamt für Steuern bestätigen zu lassen.

4 Vorrangige Spezialregelungen

Die vorgenannten Regelungen des § 3a Abs. 1 und 2 UStG gelten nur, soweit keine der nachfolgenden Spezialregelungen eingreifen:

4.1 Grundstücksbezogene Leistungen (§ 3a Abs. 3 Nr. 1 UStG)

Ort der Leistung ist der Lageort des Grundstücks. Dies gilt unabhängig davon, ob Leistungsempfänger ein Unternehmer oder ein Nichtunternehmer ist.

4.2 Kurzfristige Vermietung von Beförderungsmitteln (§ 3a Abs. 3 Nr. 2 UStG)

Die kurzfristige Vermietung von Beförderungsmitteln (bis 30 Tage) erfolgt dort, wo das Beförderungsmittel übergeben wird.

4.3 Tätigkeitsortprinzip (§ 3a Abs. 3 Nr. 3 UStG)

Am Tätigkeitsort erbracht werden folgende Leistungen:

- kulturelle, künstlerische, wissenschaftliche, unterrichtende, sportliche, unterhaltende und ähnliche Leistungen, einschließlich der Leistungen der Veranstalter sowie damit zusammenhängende Tätigkeiten, die für die Ausübung der Leistungen unerlässlich sind, sowie
- die Abgabe von Speisen und Getränken zum Verzehr an Ort und Stelle (Restaurationsleistungen);
- Arbeiten an beweglichen körperlichen Gegenständen für nichtunternehmerische Leistungsempfänger. Die Möglichkeit der Ortsverlagerung durch Wahl der USt-Id-Nr. ist ab 2010 abgeschafft.

4.4 Vermittlungsleistungen (§ 3a Abs. 3 Nr. 4 UStG)

Für Vermittlungsleistungen ist nur zu unterscheiden, ob die Leistung an einen Unternehmer für sein Unternehmen bzw. eine nicht unternehmerisch tätige juristische Person mit USt-Id-Nr. erbracht wird. Dann ist Ort der Leistung der Empfängerort (§ 3 Abs. 2 UStG). In allen anderen Fällen (B2C) bestimmt sich der Ort der Vermittlungsleistung nach dem Ort der vermittelten Leistung. Die Möglichkeit der Ortsverlagerung durch Wahl der USt-Id-Nr. ist ab 2010 abgeschafft. Zu berücksichtigen ist, dass die Vermittlung eines Grundstückskaufs nach der vorrangigen Regelung des § 3a Abs. 3 Nr. 1 UStG am Lageort erfolgt.

4.5 Eintrittsberechtigungen (§ 3a Abs. 3 Nr. 5 UStG)

Bei der Einräumung von Eintrittsberechtigungen zu kulturellen, künstlerischen, wissenschaftlichen, unterrichtenden, sportlichen, unterhaltenden oder ähnlichen Veranstaltungen, wie Messen oder Ausstellungen, sowie damit zusammenhängenden sonstigen Leistungen werden die Leistungen an dem Ort erbracht, an dem die Veranstaltung tatsächlich durchgeführt wird, wenn die Leistungen an einen Unternehmer für dessen Unternehmen oder an eine nicht unternehmerisch tätige juristische Person mit USt-ID-Nr. erbracht werden.

4.6 Katalogleistungen (§ 3a Abs. 4 UStG)

Für die im Leistungskatalog des § 3a Abs. 4 Nr. 1 bis 14 UStG genannten sonstigen Leistungen ist nach § 3a Abs. 3 UStG in bestimmten Fällen für den Ort der sonstigen Leistung maßgebend, wo der **Empfänger der Leistung** ansässig ist. Es sind grundsätzlich folgende Fälle zu unterscheiden:
- Ist Leistungsempfänger ein **Unternehmer,** liegt der Leistungsort dort, wo der Empfänger sein Unternehmen betreibt.
- Ist der Leistungsempfänger **kein Unternehmer** und hat er seinen (Wohn-)Sitz **außerhalb der EG**, ist der Leistungsort dort, wo der Empfänger seinen (Wohn-)Sitz hat.

- Ist der Leistungsempfänger **kein Unternehmer** und hat er seinen (Wohn-)Sitz **innerhalb der EG**, wird die Leistung entsprechend der Grundregel des § 3a Abs. 1 UStG dort ausgeführt, wo der leistende Unternehmer sein Unternehmen betreibt.

Der Leistungskatalog des § 3a Abs. 4 Nr. 1 bis 14 UStG umfasst insbesondere
- die Einräumung und Übertragung von Patenten, Urheber- und Markenrechten und ähnlichen Rechten sowie der Verzicht auf die Ausübung dieser Rechte,
- Leistungen, die der Werbung oder der Öffentlichkeitsarbeit dienen,
- Beratungsleistungen rechtlicher, wirtschaftlicher und technischer Art,
- die Datenverarbeitung,
- Überlassung von Informationen und Know-how,
- Finanz- und Versicherungsleistungen i. S. v. § 4 Nr. 8a bis 8h, Nr. 10 UStG und sonstige Leistungen im Geschäft mit Gold, Silber, Platin (ausgenommen Münzen und Medaillen),
- die Personalgestellung,
- die Vermittlung der in § 3a Abs. 4 UStG bezeichneten Leistungen,
- die Vermietung beweglicher körperlicher Gegenstände, ausgenommen Beförderungsmittel,
- sonstige Leistungen auf dem Gebiet der Telekommunikation,
- Rundfunk- und Fernsehdienstleistungen. Diese Leistungen gelten abweichend von § 3a Abs. 1 UStG im Inland ausgeführt, wenn sie hier genutzt werden und der leistende Unternehmer sein Unternehmen vom Drittland aus betreibt (§ 3a Abs. 5 S. 2 Nr. 2, § 1 Abs. 1 S. 1 Nr. 2 UStDV),
- für die auf elektronischem Weg erbrachten sonstigen Leistungen (§ 3a Abs. 2 Nr. 14 UStG) gilt ergänzend die Ortsbestimmung des § 3a Abs. 3a UStG.

Für diese Katalogleistungen haben sich keine Änderungen ergeben; daher gilt weiterhin:
- Für nichtunternehmerische Empfänger im Drittland gilt das Empfängerortsprinzip, d. h. diese Dienstleistungen sind nicht steuerbar.
- Für nichtunternehmerische Empfänger innerhalb der EG ist Leistungsort der Ort, von dem aus der Unternehmer sein Unternehmen betreibt, § 3a Abs. 1 UStG.
- Für unternehmerische Leistungsempfänger regelt § 3a Abs. 2 UStG, dass der Ort der Leistung beim Empfänger ist.

4.7 Sonderregelung für bestimmte elektronische Dienstleistungen

Seit 2015 gilt nach dem EU-Mehrwertsteuer-Paket für elektronisch erbrachte Telekommunikations-, Rundfunk- und Fernsehdienstleistungen eine geänderte Ortsregelung. Diese Leistungen sind stets am Empfängerort zu versteuern, unabhängig davon, ob der Empfänger ein Unternehmer oder ein Nichtunternehmer ist.

4.8 Beförderungsleistungen (§ 3b UStG)

Eine Beförderungsleistung wird dort ausgeführt, wo die **Beförderung bewirkt** wird. Danach sind folgende Fälle zu unterscheiden:
- Ist die Beförderungsstrecke **ausschließlich im Inland**, ist der Leistungsort im Inland.
- Ist die Beförderungsstrecke **teilweise im Inland und teilweise im Ausland** und handelt es sich um eine **Personenbeförderung**, ist die Beförderungsleistung grundsätzlich aufzuteilen und nur der im Inland bewirkte Leistungsteil der Steuer zu unterwerfen. Unter den Voraussetzungen der §§ 2 bis 7 UStDV unterbleibt eine Aufteilung und kleine Streckenteile im Inland werden dem Ausland und kleine Streckenanteile im Ausland dem Inland zugerechnet.

Abweichend hiervon wird die **Beförderung von Gütern**, bei der Abgangs- und Ankunftsort in verschiedenen Mitgliedstaaten liegen (**innergemeinschaftliche Güterbeförderung**), an dem Ort ausgeführt, an dem die Beförderung des Gegenstands beginnt, es sei denn, der Leistungsempfänger hat den Ort der Leistung durch Verwendung einer ihm von einem anderen Mitgliedstaat erteilten USt-Id-Nr. in diesen Mitgliedstaat verlagert.

Zum 01.01.2011 wurde für bestimmte Fälle die Besteuerung in Deutschland nach der Neuregelung des § 3a Abs. 8 UStG ausdrücklich ausgeschlossen. Nach dieser Vorschrift sind die folgenden Leistungen abweichend von § 3a Abs. 2 UStG als im Drittlandsgebiet ausgeführt zu behandeln, wenn die Leistungen dort genutzt oder ausgewertet werden:
- Güterbeförderungsleistungen,
- ein Beladen, Entladen, Umschlagen oder ähnliche mit der Beförderung eines Gegenstands im Zusammenhang stehende Leistungen nach § 3b Abs. 2 UStG,
- Arbeiten an beweglichen körperlichen Gegenständen oder die Begutachtung dieser Gegenstände oder
- eine Reisevorleistung.

KV 5: Reihengeschäfte im Umsatzsteuerrecht

1 Begriff und Grundsätze

Ein Reihengeschäft liegt gemäß § 3 Abs. 6a S. 1 UStG vor, wenn
- mehrere Unternehmer (mindestens zwei, letzter Abnehmer kann Nichtunternehmer sein)
- über denselben Gegenstand Liefergeschäfte abschließen und
- dieser Gegenstand bei der Beförderung oder Versendung unmittelbar vom ersten Unternehmer an den letzten Abnehmer gelangt.

Reihengeschäfte sind dadurch gekennzeichnet, dass
- im Rahmen **einer Warenbewegung** mehrere Lieferungen ausgeführt werden, die in Bezug auf den Lieferort und den Lieferzeitpunkt jeweils gesondert betrachtet werden;
- die Beförderung oder Versendung des Gegenstandes nur **einer** der Lieferungen zuzuordnen ist (§ 3 Abs. 6a S. 1 UStG);
- nur für diese Beförderungs- oder Versendungslieferungen die **Steuerbefreiung** für Ausfuhrlieferungen (§ 6 UStG) oder für innergemeinschaftliche Lieferungen (§ 6a UStG) in Betracht kommt;
- bei allen anderen Lieferungen in der Reihe keine Beförderung oder Versendung stattfindet (ruhende Lieferungen). Ruhende Lieferungen werden entweder vor oder nach der Beförderungs- oder Versendungslieferung ausgeführt (§ 3 Abs. 7 S. 2 UStG).

Die Beförderung oder Versendung kann durch den Lieferer, den Abnehmer oder einen vom Lieferer oder vom Abnehmer beauftragten Dritten durchgeführt werden (§ 3 Abs. 6 S. 1 UStG).

2 Ort der Lieferungen (§ 3 Abs. 6a und Abs. 7 UStG)

Für die in einem Reihengeschäft ausgeführten Lieferungen ergeben sich die Lieferorte sowohl aus § 3 Abs. 6a als auch aus § 3 Abs. 7 UStG. Im Fall der **Beförderungs- oder Versendungslieferung** gilt die Lieferung dort als ausgeführt, wo die Beförderung oder Versendung an den Abnehmer oder in dessen Auftrag an einen Dritten **beginnt** (§ 3 Abs. 6 S. 1 UStG). In den Fällen der **ruhenden Lieferungen** ist der Lieferort nach § 3 Abs. 7 S. 2 UStG zu bestimmen. Die ruhenden Lieferungen, die der Beförderungs- oder Versendungslieferung **vorangehen**, gelten als an dem Ort ausgeführt, an dem die Beförderung oder Versendung des Gegenstandes **beginnt**. Die ruhenden Lieferungen, die der Beförderungs- oder Versendungslieferung **nachfolgen**, gelten an dem Ort als ausgeführt, an dem die Beförderung oder Versendung des Gegenstandes **endet**.

3 Zuordnung der Beförderung/Versendung (§ 3 Abs. 6a und Abs. 7 UStG)

Die Zuordnung der Beförderung oder Versendung zu einer der Lieferungen des Reihengeschäfts ist davon abhängig, ob der Gegenstand der Lieferung durch den ersten Unternehmer, den letzten Abnehmer oder einen mittleren Unternehmer in der Reihe befördert oder versendet wird. Die Zuordnungsentscheidung muss einheitlich für alle Beteiligten getroffen werden. Aus den vorhandenen Belegen muss sich eindeutig und leicht nachprüfbar ergeben, wer die Beförderung durchgeführt oder die Versendung veranlasst hat. Im Fall der Versendung ist dabei auf die Auftragserteilung an den selbstständig Beauftragten abzustellen. Sollte sich aus den Geschäftsunterlagen nichts anderes ergeben, ist auf die Frachtzahlerkonditionen abzustellen. Hieraus ergeben sich folgende Konstellationen:

- Wird der Gegenstand der Lieferung durch den **ersten Unternehmer** in der Reihe befördert oder versendet, ist seiner Lieferung die Beförderung oder Versendung zuzuordnen.
- Wird der Gegenstand durch den **letzten Abnehmer** befördert oder versendet, ist die Beförderung oder Versendung der Lieferung an ihn zuzuordnen.
- Befördert oder versendet ein **mittlerer Unternehmer** in der Reihe (Zwischenhändler) den Liefergegenstand, ist dieser zugleich Abnehmer der Vorlieferung und Lieferer seiner eigenen Lieferung. In diesem Fall ist
  - die Beförderung oder Versendung nach § 3 Abs. 6a S. 4 erster HS UStG grundsätzlich der Lieferung an ihn zuzuordnen (**widerlegbare Vermutung**).
  - Der befördernde oder versendende Unternehmer kann jedoch anhand von Belegen (z. B. Auftragsbestätigung; Rechnungsdoppel) nachweisen, dass er als Lieferer aufgetreten und die Beförderung oder Versendung dementsprechend seiner eigenen Lieferung zuzuordnen ist (§ 3 Abs. 6a S. 4 zweiter HS UStG). Aus den Belegen muss sich eindeutig und leicht nachprüfbar ergeben, dass der Unternehmer die Beförderung oder Versendung in seiner Eigenschaft als Lieferer getätigt hat und nicht als Abnehmer der Vorlieferung. Verwendet der mittlere Unternehmer gegenüber dem leistenden Unternehmer bis zum Beginn der Beförderung oder Versendung eine USt-Id-Nr., die ihm vom Mitgliedstaat des Beginns der Beförderung oder Versendung erteilt wurde, ist die Beförderung oder Versendung seiner Lieferung zuzuordnen (§ 3 Abs. 6a S. 5 UStG).

4 Innergemeinschaftliches Dreiecksgeschäft

Ein besonderer Fall des Reihengeschäfts ist das innergemeinschaftliche Dreiecksgeschäft i. S. d. § 25b UStG. Die Vorschrift enthält eine **Vereinfachungsregelung** für die Besteuerung von innergemeinschaftlichen Dreiecksgeschäften mit drei beteiligten Unternehmern aus jeweils verschiedenen Mitgliedstaaten (Lieferer, Zwischenhändler, Letztabnehmer). Die Vereinfachung

besteht darin, dass eine steuerliche Registrierung des Zwischenhändlers im Bestimmungsland entbehrlich wird. Ein innergemeinschaftliches Dreiecksgeschäft liegt vor, wenn
- **drei Unternehmer** über denselben Gegenstand Umsatzgeschäfte abschließen und dieser Gegenstand unmittelbar vom ersten Lieferer an den Letztabnehmer gelangt,
- die Unternehmer in jeweils **verschiedenen Mitgliedstaaten** für Zwecke der Umsatzsteuer erfasst sind (Erteilung einer USt-Id-Nr. ausreichend),
- der Gegenstand der Lieferungen aus dem Gebiet eines Mitgliedstaates in das Gebiet eines anderen Mitgliedstaates gelangt und
- der Gegenstand der Lieferungen durch den Lieferer oder den Zwischenhändler befördert oder versendet wird (nicht bei Abholfall).

Bei einem innergemeinschaftlichen Dreiecksgeschäft werden unter Berücksichtigung der allgemeinen Regelungen für Reihengeschäfte grundsätzlich folgende Umsätze ausgeführt:
- eine steuerfreie innergemeinschaftliche Lieferung des **ersten Lieferers** in dem Mitgliedstaat, in dem die Beförderung oder Versendung des Gegenstands beginnt (§§ 3 Abs. 6 S. 1, 6a UStG);
- ein innergemeinschaftlicher Erwerb des **Zwischenhändlers** in dem Mitgliedstaat, in dem die Beförderung oder Versendung des Gegenstandes endet (§ 3d S. 1 UStG);
- eine (Inlands-)Lieferung des **Zwischenhändlers** in dem Mitgliedstaat, in dem die Beförderung oder Versendung des Gegenstandes endet (§ 3 Abs. 7 S. 2 Nr. 2 UStG); die Steuer auf den innergemeinschaftlichen Erwerb ist nach allgemeinen Grundsätzen als Vorsteuer abziehbar.

Der Zwischenhändler hätte somit nach allgemeinen Regeln im Bestimmungsland der Lieferung sowohl den innergemeinschaftlichen Erwerb als auch seine Lieferung an den Letztabnehmer zu versteuern. Durch die Vereinfachungsregelung des § 25b UStG wird die Steuerschuld für die Lieferung des Zwischenhändlers unter bestimmten Voraussetzungen auf den letzten Abnehmer übertragen und zugleich gilt der innergemeinschaftliche Erwerb des Zwischenhändlers als besteuert. Die Anwendung der Vereinfachungsregelung setzt Folgendes voraus:
- Der Lieferung des Zwischenhändlers ist ein innergemeinschaftlicher Erwerb vorausgegangen;
- der Zwischenhändler ist in dem Mitgliedstaat, in dem die Beförderung oder Versendung endet, nicht ansässig;
- der Zwischenhändler erteilt dem letzten Abnehmer eine Rechnung, in der die Steuer nicht gesondert ausgewiesen ist und
- der letzte Abnehmer verwendet eine USt-Id-Nr. des Mitgliedstaats, in dem die Beförderung oder Versendung endet.

KV 6: Umsatzsteuer im Binnenmarkt

1 Einleitung

Aufgrund der Einführung des Binnenmarktes zum 01.01.1993 und des Wegfalls der Grenzkontrollen innerhalb der Europäischen Union bedurfte es einer Anpassung der für den Warenverkehr im Binnenmarkt geltenden umsatzsteuerlichen Vorschriften. Für den sog. **kommerziellen Warenverkehr** zwischen vorsteuerabzugsberechtigten Unternehmern wurde die Besteuerung im **Bestimmungsland** beibehalten, da eine Einigung der Mitgliedstaaten auf das Ursprungslandprinzip nicht zustande kam. Die bisher steuerfreie Ausfuhrlieferung in EG-Staaten wurde durch die steuerfreie innergemeinschaftliche Lieferung ersetzt. An die Stelle der Besteuerung der Einfuhr durch die Zollbehörden trat die Besteuerung des innergemeinschaftlichen Erwerbs, die bei den Finanzämtern anzumelden ist. Demgegenüber wurde für den **nicht-kommerziellen Warenverkehr** innerhalb der EG, bei dem der Abnehmer kein Unternehmer ist oder kein Vorsteuerabzugsrecht hat, grundsätzlich das **Ursprungslandprinzip** eingeführt, wonach keine Befreiung im Ursprungsland und keine Erwerbsbesteuerung im Bestimmungsland erfolgt. Für wirtschaftlich besonders bedeutende Fälle (Versendungs-/Beförderungslieferungen bei Überschreiten bestimmter Lieferschwellen, Lieferung neuer Fahrzeuge) sind jedoch Ausnahmen vorgesehen, bei denen die Besteuerung nach dem **Bestimmungslandprinzip** erfolgt.

2 Innergemeinschaftliche Lieferung bzw. Erwerb

Innergemeinschaftliche Lieferungen zwischen Unternehmern im kommerziellen Warenverkehr sind durch das Zusammenspiel von steuerfreier innergemeinschaftlicher Lieferung (§§ 4 Nr. 1b, 6a UStG) und steuerpflichtigem innergemeinschaftlichem Erwerb (§ 1a UStG) gekennzeichnet.

2.1 Innergemeinschaftliche Lieferungen

§ 4 Nr. 1b UStG befreit innergemeinschaftliche Lieferungen i.S.v. § 6a UStG von der Umsatzsteuer, die zwischen Unternehmern erfolgen, wenn
- der Unternehmer oder der Abnehmer den Liefergegenstand in das übrige Gemeinschaftsgebiet befördert oder versendet hat,
- der Abnehmer
  - ein in einem anderen Mitgliedstaat für Zwecke der Umsatzsteuer erfasster Unternehmer ist, der den Gegenstand für sein Unternehmen erwirbt (§ 6a Abs. 1 Nr. 2a UStG);

- eine in einem anderen Mitgliedstaat für Zwecke der Umsatzsteuer erfasster juristische Person, die nicht Unternehmer ist oder die den Gegenstand der Lieferung nicht für ihr Unternehmen erwirbt (§ 6a Abs. 1 Nr. 2b UStG);
- bei der Lieferung eines neuen Fahrzeugs jeder andere Erwerber (§ 6a Abs. 1 Nr. 2c UStG).
- der Erwerb durch den Abnehmer in einem anderen Mitgliedstaat der Besteuerung als innergemeinschaftlicher Erwerb unterliegt und
- der Abnehmer i. S. d. Nr. 2 Buchst. a oder b gegenüber dem Unternehmer eine ihm von einem anderen Mitgliedstaat erteilte gültige USt-Id-Nr. verwendet.

2.2 Innergemeinschaftlicher Erwerb

Korrespondierend zur steuerfreien innergemeinschaftlichen Lieferung hat der Erwerber einen innergemeinschaftlichen Erwerb zu versteuern, wenn
- der Gegenstand bei der Lieferung an den Erwerber aus dem übrigen Gemeinschaftsgebiet in das Inland gelangt,
- der Erwerber ein Unternehmer (nicht: Kleinunternehmer) ist, der den Gegenstand für sein Unternehmen erwirbt oder eine juristische Person, die nicht Unternehmer ist oder den Gegenstand der Lieferung nicht für ihr Unternehmen erwirbt, und
- die Lieferung an den Erwerber durch einen Unternehmer (nicht: Kleinunternehmer) gegen Entgelt im Rahmen seines Unternehmens ausgeführt wird.

Der **Leistungsort** beim innergemeinschaftlichen Erwerb liegt nach § 3d S. 1 UStG grundsätzlich dort, wo die Beförderung oder Versendung **endet** (Bestimmungsland); Ausnahme: Der Erwerber verwendet die USt-Id-Nr. eines anderen Mitgliedstaates (§ 3d S. 2 UStG).

2.3 Innergemeinschaftliches Verbringen

Als innergemeinschaftlichen Erwerb fingiert § 1a Abs. 2 UStG ferner das sog. rechtsgeschäftslose **innergemeinschaftliche Verbringen** eines Gegenstands des Unternehmens aus dem übrigen Gemeinschaftsgebiet in das Inland (Beispiel: Unternehmer U überführt eine Maschine oder Waren von einer französischen in eine deutsche Betriebsstätte). Bei einer **nur vorübergehenden Verwendung** des verbrachten Gegenstandes liegt kein innergemeinschaftliches Verbringen i. S. v. § 1a Abs. 2 UStG vor. Dabei kann
- eine **ihrer Art nach** vorübergehende Verwendung vorliegen (z. B. Verwendung von Gegenständen bei einer im Bestimmungsland steuerbaren Werklieferung oder im Rahmen einer Materialbeistellung) oder
- eine **zeitlich befristete** Verwendung vorliegen, deren Höchstdauer in Abhängigkeit von der Art der Gegenstände zwischen sechs und 24 Monaten liegen kann.

Eine nicht nur vorübergehende Verwendung liegt vor, wenn der Gegenstand dem Anlagevermögen zugeführt, als Roh-, Hilfs- oder Betriebsstoff verbraucht oder zum Weiterverkauf bestimmt ist. Die Steuer für den innergemeinschaftlichen Erwerb kann der Erwerber unter den Voraussetzungen des § 15 UStG als **Vorsteuer** abziehen.

2.4 Sonderregelungen für bestimmte Erwerber

In den folgenden Fällen sieht das Gesetz Sonderregelungen vor:
- **Halbunternehmer**
  Die innergemeinschaftliche Lieferung ist nach § 6a Abs. 1 Nr. 3 UStG nur dann steuerfrei, wenn der Erwerb beim Abnehmer der Besteuerung unterliegt. Die Korrespondenz zur Erwerbsbesteuerung in einem anderen Mitgliedstaat bereitet Probleme bei Lieferungen an sog. **Halbunternehmer** (Kleinunternehmer, pauschalierende Landwirte, Unternehmer mit ausschließlich steuerfreien Umsätzen ohne Vorsteuerabzug, juristische Personen). Diese Personen werden für die Erwerbsbesteuerung nur dann wie Unternehmer behandelt, wenn sie bestimmte **Erwerbsschwellen** überschreiten oder zur Erwerbsbesteuerung optieren. Die Erwerbsschwelle beträgt für die Bundesrepublik 12.500 € und bezieht sich auf Erwerbe aus sämtlichen EG-Mitgliedstaaten. Eine Ausnahme gilt für den **Erwerb neuer Fahrzeuge und verbrauchsteuerpflichtiger Waren**, bei denen institutionelle Erwerber unabhängig vom Überschreiten der Erwerbsschwelle immer eine Erwerbsbesteuerung durchzuführen haben.
- **Fahrzeugeinzelbesteuerung**
  Als Ausnahmetatbestand ordnet **§ 1b UStG** auch für **Privatpersonen** für den Fall des **innergemeinschaftlichen Erwerbs eines neuen Fahrzeugs** eine Besteuerung des innergemeinschaftlichen Erwerbs an. Erwirbt eine Privatperson in einem anderen EG-Staat ein neues Fahrzeug, hat sie im Inland die Erwerbsteuer auf das Fahrzeug zu entrichten. Sichergestellt wird dies dadurch, dass die Zulassung des Autos erst erfolgt, nachdem die Umsatzsteuerzahlung der Kfz-Zulassungsstelle nachgewiesen worden ist.
- **Innergemeinschaftlicher Fernverkauf**
  Befördert oder versendet der Unternehmer die Ware an einen Nichtunternehmer in das übrige Gemeinschaftsgebiet, so hat der Abnehmer keinen innergemeinschaftlichen Erwerb zu versteuern (i. d. R. Privatpersonen). **§ 3c UStG** sieht für bestimmte Lieferungen, bei denen der Unternehmer den Gegenstand aus dem Gebiet eines Mitgliedstaats in das Gebiet eines anderen Mitgliedstaats befördert und die EU-weite Lieferschwelle von 10.000 € überschreitet, eine Verlagerung des Leistungsorts in das Bestimmungsland vor (sog. innergemeinschaftlicher Fernverkauf).

3 Innergemeinschaftliche Reihen- und Dreiecksgeschäfte

Als Reihengeschäfte bezeichnet man Geschäfte, bei denen mehrere Personen über denselben Gegenstand Liefergeschäfte abschließen, die dadurch erfüllt werden, dass der Gegenstand unmittelbar vom ersten Unternehmer an den letzten Abnehmer gelangt. Bei **innergemeinschaftlichen Reihengeschäften** kommt es für die Frage, welcher Unternehmer eine steuerfreie innergemeinschaftliche Lieferung ausführt bzw. einen innergemeinschaftlichen Erwerb zu versteuern hat, darauf an, welcher Lieferung die Warenbewegung zuzuordnen ist (sog. bewegte Lieferung). Dies kann nur eine der Lieferungen sein. Die Warenbewegung ist grundsätzlich der Lieferung zuzuordnen, bei der der Lieferer oder der Abnehmer die Ware befördert oder versendet (§ 3 Abs. 6a UStG).

Ein besonderer Fall des Reihengeschäfts ist das **innergemeinschaftliche Dreiecksgeschäft** i. S. d. § 25b UStG. Die Vorschrift enthält eine Vereinfachungsregelung für die Besteuerung von innergemeinschaftlichen Dreiecksgeschäften mit drei beteiligten Unternehmern aus jeweils verschiedenen Mitgliedstaaten (Lieferer, Zwischenhändler, Letztabnehmer). Die Vereinfachung besteht darin, dass eine steuerliche Registrierung des Zwischenhändlers im Bestimmungsland entbehrlich wird. Es soll vermieden werden, dass sich der Zwischenhändler nur wegen der Beteiligung an einem innergemeinschaftlichen Dreiecksgeschäft in dem Land registrieren lassen muss, in dem die Beförderung oder Versendung endet.

4 Nachweispflichten und Kontrollverfahren

4.1 Umsatzsteuer-Identitfikationsnummer (§ 27a UStG, Art. 214 EG-MwStSystRL)

Um im innergemeinschaftlichen Warenverkehr das Zusammenspiel von Steuerbefreiung und Erwerbsbesteuerung kontrollieren zu können, erhalten alle Unternehmer und juristischen Personen eine **Umsatzsteuer-Identifikationsnummer** (§ 27a UStG, Art. 214 EG-MwStSystRL). Der Unternehmer muss das Vorliegen der Voraussetzungen für die Steuerbefreiung als innergemeinschaftliche Lieferung einschließlich der USt-Id-Nr. des Abnehmers nachweisen (§§ 6a Abs. 3 UStG, 17c UStDV). Der Lieferant genießt jedoch Vertrauensschutz und darf die Lieferung als steuerfrei behandeln, obwohl die Voraussetzungen für die Inanspruchnahme der Steuerbefreiung eigentlich nicht gegeben sind, wenn dies auf unrichtigen Angaben des Abnehmers beruht, die der Lieferant nicht erkennen konnte.

4.2 Zusammenfassende Meldung (§ 18a UStG)

Der Überwachung des innergemeinschaftlichen Warenverkehrs dient weiterhin die sog. **zusammenfassende Meldung** (§ 18a UStG), in der Unternehmer folgende Leistungen melden müssen:
- innergemeinschaftliche Warenlieferungen;
- sonstige Leistungen in das übrige Gemeinschaftsgebiet, die dort dem Reverse-Charge-Verfahren unterliegen;
- Lieferungen an den letzten Abnehmer im Rahmen des innergemeinschaftlichen Dreiecksgeschäfts.

KV 7: Unentgeltliche Wertabgaben

1 Einleitung

Die Vorschriften über die Besteuerung der sog. unentgeltlichen Wertabgaben bezwecken die **Vermeidung eines umsatzsteuerlich unbelasteten Letztverbrauchs**. **§ 3 Abs. 1b UStG** stellt unentgeltliche Wertabgaben aus dem Unternehmen, soweit sie in der **Abgabe von Gegenständen** bestehen, entgeltlichen Lieferungen gleich. Unentgeltliche Wertabgaben in der Form von **sonstigen Leistungen** unterliegen unter den Voraussetzungen des **§ 3 Abs. 9a UStG** der Umsatzsteuer.

2 Abgrenzung unentgeltliche Wertabgabe/ entgeltliche Lieferung

Unentgeltliche Wertabgaben sind von entgeltlichen Lieferungen abzugrenzen, was insbesondere bei **scheinbar kostenlos abgegebenen Gegenständen** Probleme bereiten kann. Der Empfänger erbringt z. B. auch in folgenden Fällen eine Gegenleistung, die das Vorliegen einer unentgeltlichen Wertabgabe ausschließt:
- **Gewährung zusätzlicher Stücke** desselben Gegenstandes oder andere Gegenstände bei Abnahme einer bestimmten Menge (z. B. »10 Stück zum Preis von 9«; bei Abnahme von 20 Kühlschränken Mitlieferung eines Mikrowellengeräts ohne Berechnung);
- **unberechnete Übereignung** eines Handys an einen neuen Kunden bei gleichzeitigem Abschluss eines längerfristigen Netzbenutzungsvertrags.

3 Die Tatbestände der unentgeltlichen Wertabgabe

3.1 Lieferungen gleichgestellte Wertabgaben (§ 3 Abs. 1b UStG)

Einer Lieferung gegen Entgelt werden nach § 3 Abs. 1b UStG gleichgestellt
- die **Entnahme** eines Gegenstandes durch den Unternehmer aus seinem Unternehmen für **außerunternehmerische Zwecke** (Beispiel: Unternehmer U schenkt einen dem Unternehmen zugeordneten PC seinem Neffen N zum Geburtstag);

- die **unentgeltliche** (d. h. nicht als Gegenleistung für eine Dienstleistung des Arbeitnehmers gemachte) **Zuwendung** eines Gegenstandes durch einen Unternehmer an sein **Personal** für dessen privaten Bedarf, sofern **keine Aufmerksamkeiten** (Sachzuwendungen aus persönlichem Anlass bis 40 €) vorliegen (Beispiel: Unternehmer U schenkt seinem Arbeitnehmer A zum 25-jährigen Dienstjubiläum eine Kiste Zigarren, die er für 100 € zzgl. USt erworben hatte); und
- jede **andere unentgeltliche Zuwendung** eines Gegenstandes aus **unternehmerischen Gründen**, ausgenommen Geschenke von geringem Wert (bis 35 €, z. B. Kugelschreiber, Kalender) und Warenmuster (z. B. Probierpackungen) für Zwecke des Unternehmens (Beispiele: Sachspenden an Vereine oder Schulen, Wertabgaben anlässlich von Preisausschreiben, Verlosungen).

Voraussetzung ist in allen Fällen, dass der Gegenstand zum **vollen oder teilweisen Vorsteuerabzug** berechtigt hat. Demnach entfällt eine Besteuerung von unentgeltlichen Zuwendungen nach § 3 Abs. 1b UStG insbesondere dann, wenn bei **Geschenken** ein Vorsteuerabzug nach § 15 Abs. 1a Nr. 1 i. V. m. § 4 Abs. 5 S. 1 Nr. 1 EStG ausgeschlossen war (Beispiel: Unternehmer U schenkt die Kiste Zigarren, die er für 100 € zzgl. USt erworben hatte, seinem Geschäftsfreund G).

3.2 Sonstigen Leistungen gleichgestellte Wertabgaben (§ 3 Abs. 9a UStG)

Einer sonstigen Leistung gegen Entgelt werden nach § 3 Abs. 9a UStG gleichgestellt:
- die **Verwendung eines dem Unternehmen zugeordneten Gegenstandes**, der zum vollen oder teilweisen **Vorsteuerabzug** berechtigt hat, durch den Unternehmer für **außerunternehmerische** Zwecke oder für den privaten Bedarf seines **Personals**, sofern keine Aufmerksamkeiten vorliegen (Beispiel: Unternehmer U nutzt einen dem Unternehmen zugeordneten PC auch für private Zwecke); dies gilt nicht, wenn der Vorsteuerabzug nach § 15 Abs. 1b UStG ausgeschlossen oder wenn eine Vorsteuerberichtigung nach § 15a Abs. 6a UStG durchzuführen ist.
- die **unentgeltliche Erbringung einer anderen sonstigen Leistung** durch den Unternehmer für **außerunternehmerische** Zwecke oder für den privaten Bedarf seines **Personals**, sofern keine Aufmerksamkeiten vorliegen (Beispiel: Unternehmer U setzt sein Betriebspersonal für Arbeiten in seinem privaten Garten oder Haushalt ein). Bei diesen unentgeltlichen Leistungen, die nicht in der Verwendung eines Gegenstandes bestehen, kommt es **nicht** darauf an, ob eine Berechtigung des Unternehmers zum **Vorsteuerabzug** bestand. Nicht steuerbar ist dagegen die Gewährung unentgeltlicher sonstiger Leistungen **aus unternehmerischen Gründen** (keine Entsprechung zu § 3 Abs. 1b Nr. 3 UStG).

4 Sonstiges

4.1 Bemessungsgrundlage, Steuerbefreiungen und Steuersatz

Bei den **Lieferungen** gleichgestellten Wertabgaben wird der Umsatz bemessen nach dem **Einkaufspreis** zuzüglich der Nebenkosten oder mangels eines Einkaufspreises nach den **Selbstkosten**, jeweils zum Zeitpunkt des Umsatzes (§ 10 Abs. 4 Nr. 1 UStG).

Bei den **sonstigen Leistungen** gleichgestellten Wertabgaben wird der Umsatz bemessen
- bei sonstigen Leistungen i. S. d. § 3 Abs. 9a S. 1 **Nr. 1** UStG nach den bei der Ausführung dieser Umsätze entstandenen **Ausgaben**, soweit sie zum vollen oder teilweisen **Vorsteuerabzug** berechtigt haben,
- bei sonstigen Leistungen i. S. d. § 3 Abs. 9a S. 1 **Nr. 2** UStG nach sämtlichen bei der Ausführung dieser Umsätze entstandenen **Ausgaben**.

Die Vorschriften über **Steuerbefreiungen (§ 4 UStG)** sind auf unentgeltliche Wertabgaben grundsätzlich anzuwenden (Ausnahmen: Steuerbefreiung für Ausfuhrlieferungen und Steuerbefreiung für Lohnveredelungen an Gegenständen der Ausfuhr). Eine Option nach § 9 UStG kommt nicht in Betracht.

Der **ermäßigte Steuersatz** ist anzuwenden, wenn der unentgeltlich zugewendete Gegenstand in der Anlage des UStG aufgeführt ist (§ 12 Abs. 2 Nr. 1 UStG); ansonsten gilt der allgemeine Steuersatz (§ 12 Abs. 1 UStG).

4.2 Vorsteuerabzug und Rechnungserteilung

Über eine unentgeltliche Wertabgabe, die in der unmittelbaren Zuwendung eines Gegenstandes oder in der Ausführung einer sonstigen Leistung an einen Dritten besteht, kann nicht mit einer Rechnung i. S. d. § 14 UStG abgerechnet werden. Die vom Zuwendenden oder Leistenden geschuldete Umsatzsteuer kann deshalb vom Empfänger **nicht als Vorsteuer abgezogen** werden, selbst dann nicht, wenn er den Gegenstand zu eigenen unternehmerischen Zwecken nutzt.

4.3 Steuerentstehung

Bei unentgeltlichen Wertabgaben nach § 3 Abs. 1b und Abs. 9a UStG entsteht die Umsatzsteuer mit Ablauf des Voranmeldungszeitraums, in dem diese **Leistungen ausgeführt** worden sind.

KV 8: Tausch und tauschähnlicher Umsatz

1 Begriffsbestimmung und Abgrenzung

Die Begriffe Tausch und tauschähnlicher Umsatz sind in § 3 Abs. 12 UStG definiert. Ein **Tausch** liegt vor, wenn das Entgelt für eine Lieferung in einer Lieferung besteht. Beim **tauschähnlichen Umsatz** besteht das Entgelt für eine sonstige Leistung in einer Lieferung oder sonstigen Leistung. Da sich beim Tausch bzw. tauschähnlichen Umsatz zwei Leistungen i. S. d. UStG wechselseitig gegenüberstehen, kann es zu zwei steuerbaren Leistungen kommen. Die Steuerbarkeit und -pflichtigkeit ist für jede der beiden Leistungen gesondert zu beurteilen; eine Saldierung ist ausgeschlossen.

Im Wirtschaftsleben kommt es dort am häufigsten zu Tauschvorgängen, wo höherwertige Gegenstände geliefert werden und der Lieferer hierfür einen gleichartigen gebrauchten Gegenstand in Zahlung nimmt (z. B. Inzahlungnahme eines Gebrauchtwagens bei Kauf eines Neuwagens). Erfolgt mangels Gleichwertigkeit der Gegenleistung ein Ausgleich in bar, spricht man von einem **Tausch bzw. tauschähnlichen Umsatz mit Baraufgabe**.

Der Tauschumsatz ist vom sog. **Doppelumsatz** und vom **Umtausch** abzugrenzen. Dem **Doppelumsatz** liegen zwei gegenläufige Kaufverträge zugrunde, während beim Tausch nur ein einheitlicher Tauschvertrag gegeben ist. Ein Tausch ist seinem Wesen nach auf einen Sachaustausch gerichtet. Daran fehlt es, wenn die Sachleistungen der Beteiligten jeweils auf eine Geldleistung gerichtet sind und die sich gegenüberstehenden Zahlungsansprüche durch Aufrechnung erfüllt werden. Es liegt daher kein Tauschumsatz, sondern ein Doppelumsatz vor, wenn zwei Unternehmer sich gegenseitig mit Waren beliefern und die beiderseitigen Lieferungen jeweils gesondert vergüten oder im Kontokorrent verrechnen. Von einem **Umtausch** spricht man, wenn ein Liefergegenstand aus irgendeinem Grund (z. B. Rücktritt aufgrund von Gewährleistungsansprüchen) zurückgegeben und durch einen anderen Liefergegenstand ersetzt wird. Mit der Rückgabe des zunächst gelieferten Gegenstandes entfällt das ursprüngliche Liefergeschäft; mit dem Umtausch kommt ein neues Liefergeschäft zustande.

2 Bemessungsgrundlage

Soweit im Rahmen eines Tausches oder tauschähnlichen Umsatzes eine Leistung steuerbar und steuerpflichtig ist, stellt sich die Frage nach der Bemessungsgrundlage. Als Bemessungsgrundlage gilt jeweils der **Wert der Gegenleistung** abzüglich der darin enthaltenen Umsatzsteuer (§ 10 Abs. 2 S. 2 UStG). Unter dem Wert der Gegenleistung ist der **gemeine Wert** zu verstehen.

> **BEISPIEL**
>
> Tauscht Händler A mit Händler B 10 t Weizen (gemeiner Wert 500 €/t) gegen 10 t Roggen (gemeiner Wert 600 €/t), ist Bemessungsgrundlage für die Lieferung des Weizens der gemeine Wert des Roggens (600 €/t) abzüglich der darin enthaltenen Umsatzsteuer.

Beim Tausch bzw. tauschähnlichen Umsatz **mit Baraufgabe** erhöht sich bei demjenigen, der für seine Leistung zusätzlich eine Baraufgabe erhält, die Bemessungsgrundlage um die Baraufgabe abzüglich der darin enthaltenen Umsatzsteuer, bei demjenigen, der die Baraufgabe zu erbringen hat, mindert sich die Bemessungsgrundlage entsprechend.

> **BEISPIEL**
>
> Verkauft Händler A einen Neuwagen, dessen gemeiner Wert 59.500 € beträgt, an den Handelsvertreter B und gibt dieser dafür seinen Gebrauchtwagen in Zahlung und leistet darüber hinaus eine Barzahlung von 25.000 €, ergibt sich für die Lieferung des A eine Bemessungsgrundlage von 50.000 € (gemeiner Wert der Gegenleistung 34.500 € + Baraufgabe 25.000 € ./. darin enthaltene Umsatzsteuer 9.500 €) und für die des B eine Bemessungsgrundlage von 28.991,60 € (gemeiner Wert der Gegenleistung 59.500 € ./. Baraufgabe 25.000 € = 34.500 € ./. darin enthaltene Umsatzsteuer 5.508,40 €).

3 Verdeckter Preisnachlass bei Tauschumsätzen

Ein verdeckter Preisnachlass liegt vor, wenn ein Unternehmer beim Verkauf eines neuen Liefergegenstandes einen gebrauchten Gegenstand zu einem höheren Preis als dem gemeinen Wert in Zahlung nimmt. Besonders häufig ist dieses Verfahren bei der Inzahlungnahme gebrauchter Kraftfahrzeuge. Der verdeckte Preisnachlass **mindert das Entgelt** für die Lieferung des neuen Fahrzeugs. Die Entgeltminderung ergibt sich daraus, dass das in Zahlung genommene Fahrzeug mit seinem gemeinen Wert, der niedriger ist als der Inzahlungnahmepreis, in die Bemessungsgrundlage für die Lieferung des neuen Fahrzeugs eingeht. Ein verdeckter Preisnachlass kann mit steuerlicher Wirkung nur dann anerkannt werden, wenn die Höhe der Entgeltminderung nachgewiesen wird (z. B. durch Sachverständigengutachten). Erteilt der Händler im Falle eines verdeckten Preisnachlasses eine Rechnung, in der die Umsatzsteuer gesondert ausgewiesen ist und der angegebene Steuerbetrag von dem nicht um den verdeckten Preisnachlass verminderten Entgelt berechnet worden ist, schuldet er den Steuermehrbetrag nach § 14c Abs. 1 UStG mit der Möglichkeit der Berichtigung nach § 17 Abs. 1 Nr. 1 UStG.

Ist dagegen der festgestellte **gemeine Wert** des in Zahlung genommenen Gegenstands **höher** als der Inzahlungnahmepreis, hat der Händler außer der Zuzahlung den höheren gemeinen Wert zu versteuern.

KV 9: Optionen im Umsatzsteuerrecht

1 Einleitung

Das Umsatzsteuergesetz gewährt eine Reihe von Optionsmöglichkeiten. Diese dienen entweder der Vereinfachung des Besteuerungsverfahrens oder der Vermeidung von systembedingten Besteuerungshärten. Denn im Umsatzsteuerrecht sind Steuerbefreiungen im Gegensatz zu anderen Steuerarten nicht nur mit Vorteilen verbunden, sondern führen in der Regel auch zum Ausschluss des Vorsteuerabzugs.

2 Verzicht auf Steuerbefreiungen (§ 9 UStG)

Nach § 9 Abs. 1 UStG kann der Unternehmer unter folgenden Voraussetzungen steuerfreie Umsätze als steuerpflichtig behandeln:
- Es handelt sich entweder um
  - Geld- und Kapitalverkehrsumsätze i. S. v. § 4 Nr. 8 Buchst. a bis g UStG,
  - Umsätze, die unter das Grunderwerbsteuergesetz fallen (§ 4 Nr. 9a UStG),
  - Vermietungs- oder Verpachtungsumsätze aus der Überlassung von Grundstücken (§ 4 Nr. 12 UStG),
  - Leistungen der Wohnungseigentümergemeinschaften (§ 4 Nr. 13 UStG) oder um
  - Umsätze der Blinden oder Blindenwerkstätten (§ 4 Nr. 19 UStG).
- Der Unternehmer führt die Leistung an einen anderen Unternehmer für dessen Unternehmen aus.
- Bei der Vermietung oder Verpachtung von Grundstücken (§ 4 Nr. 12a UStG), bei den in § 4 Nr. 12b und c UStG genannten Umsätzen und der Bestellung und Übertragung von Erbbaurechten (§ 4 Nr. 9a UStG) ist der Verzicht auf die Steuerbefreiung nur möglich, wenn der Leistungsempfänger das Grundstück **ausschließlich für Umsätze** verwendet oder zu verwenden beabsichtigt, die den **Vorsteuerabzug nicht ausschließen** (§ 9 Abs. 2 UStG). Verwendet der Leistungsempfänger ein Grundstück nur **in sehr geringem Umfang** für Ausschlussumsätze (die auf den Mietzins für das Grundstück entfallende Umsatzsteuer ist im Kalenderjahr **höchstens zu 5%** vom Vorsteuerabzug ausgeschlossen), ist der Verzicht auf die Steuerbefreiung zur Vermeidung von Härten weiterhin zulässig (Bagatellgrenze). § 9 Abs. 2 UStG ist nicht anzuwenden, wenn das auf dem Grundstück stehende Gebäude bis zu einem bestimmten Zeitpunkt fertig gestellt wurde bzw. mit deren Errichtung bis zu einem bestimmten Zeitpunkt begonnen wurde (sog. Altgebäude).

Der Unternehmer hat in diesen Fällen die Möglichkeit, seine Entscheidung für die Steuerpflicht bei jedem Umsatz einzeln zu treffen. Die Ausübung des Verzichts war bislang grundsätzlich an keine besondere Form oder Frist gebunden. Allerdings muss bei Lieferung von Grundstücken außerhalb des Zwangsversteigerungsverfahrens die Option im notariellen Vertrag oder einer notariell zu beurkundenden Vertragsergänzung oder Vertragsänderung erklärt werden (§ 9 Abs. 3 UStG). Die Option erfolgt ansonsten, indem der leistende Unternehmer den Umsatz als steuerpflichtig behandelt. Dies geschieht regelmäßig dadurch, dass der Unternehmer gegenüber dem Leistungsempfänger mit gesondertem Ausweis der Umsatzsteuer abrechnet. Bislang war der Verzicht solange möglich, wie die Steuerfestsetzung für diese Leistung noch vorgenommen oder geändert werden konnte (materielle Bestandskraft). Nunmehr ist die Erklärung nach § 9 UStG nur noch bis zum Eintritt der **formellen Bestandskraft** der jeweiligen Jahressteuerfestsetzung möglich, d.h. bis zu dem Zeitpunkt, zu dem der Steuerbescheid nicht mehr mit dem Einspruch angefochten werden kann. Gleiches gilt für die Rückgängigmachung des Verzichts; die Steuerschuld entfällt in diesem Fall nur dann, wenn die Rechnung oder Gutschrift berichtigt wird. Der Verzicht kann bei der Lieferung vertretbarer Sachen sowie aufteilbaren sonstigen Leistungen auch nur teilweise ausgeübt werden (Teiloption), z.B. bei Lieferung eines Gebäudes, dessen Teile unterschiedlich genutzt werden.

3 Option zur Regelbesteuerung

3.1 Kleinunternehmer (§ 19 UStG)

Die der Verwaltungsvereinfachung dienende **Kleinunternehmerbesteuerung** (§ 19 UStG), nach der bei Kleinunternehmern (Gesamtumsatz i.S.v. § 19 Abs. 3 UStG im vorangegangenen Kalenderjahr inkl. Umsatzsteuer höchstens 22.000 € und im laufenden Kalenderjahr voraussichtlich höchstens 50.000 €) die Umsatzsteuer grundsätzlich nicht erhoben wird, wirkt sich für den Kleinunternehmer i.d.R. nur dann günstig aus, wenn er Umsätze an den Endverbraucher tätigt. Bewirkt er seine Umsätze innerhalb der Unternehmerkette, kann die Kleinunternehmerbesteuerung wegen des fehlenden Rechts zum Vorsteuerabzug ungünstiger sein. Daher wurde Kleinunternehmern in § 19 Abs. 2 UStG die Möglichkeit eingeräumt, zur Regelbesteuerung zu optieren. Im Fall der Option ist die Umsatzsteuer nach den allgemeinen Vorschriften des Umsatzsteuergesetzes zu ermitteln. Dadurch kann der Kleinunternehmer z.B. auch unter den Voraussetzungen des § 9 UStG auf bestimmte Steuerbefreiungen verzichten (sog. Doppeloption). Für die Erklärung ist keine bestimmte Form vorgeschrieben. Sie kann auch konkludent dadurch erfolgen, dass der Unternehmer in den Voranmeldungen oder in der Steuererklärung die Steuer nach allgemeinen Grundsätzen berechnet. Die Erklärung kann der Unternehmer bis zur Unanfechtbarkeit der Steuerfestsetzung abgeben. Sie gilt vom Beginn des Kalenderjahres an, für das der Unternehmer sie abgegeben hat. An die Option zur Regelbesteuerung ist der Unternehmer fünf Jahre gebunden.

3.2 Land- und forstwirtschaftliche Betriebe (§ 24 UStG)

Für die im Rahmen eines **land- und forstwirtschaftlichen Betriebes** i. S. v. § 24 Abs. 2 UStG ausgeführten Umsätze wird die Umsatzsteuer gemäß § 24 UStG nach Durchschnittssätzen bemessen. In der Regel ergibt sich für den Unternehmer keine Zahllast, da die pauschalierte Vorsteuer die Ausgangsumsatzsteuer in vollem Umfang ausgleicht. Die dem Unternehmer in § 24 Abs. 4 UStG eingeräumte Option zur Regelbesteuerung durch Verzicht auf die Durchschnittsbesteuerung ist nur in den Fällen sinnvoll, in denen der Unternehmer hohe Vorsteuerbeträge abziehen kann (z. B. bei größeren Investitionen in den Betrieb). Die Erklärung ist ebenfalls formfrei möglich und bindet den Unternehmer grundsätzlich mindestens fünf Jahre.

4 Option zur Besteuerung nach vereinnahmten Entgelten (§ 20 UStG)

Das Umsatzsteuergesetz sieht im Regelfall die Besteuerung nach vereinbarten Entgelten vor (Sollversteuerung, § 16 Abs. 1 UStG). Für kleinere Unternehmer besteht nach § 20 UStG auf Antrag die Möglichkeit einer Besteuerung nach vereinnahmten Entgelten (Istversteuerung), wenn
- ihr Gesamtumsatz i. S. v. § 19 Abs. 3 UStG im vorangegangenen Kalenderjahr (netto) nicht mehr als 600.000 € betragen hat oder
- der Unternehmer von der Verpflichtung, Bücher zu führen und regelmäßig Abschlüsse zu machen, nach § 148 AO befreit ist oder
- der Umsätze aus einer Tätigkeit als Freiberufler (§ 18 Abs. 1 Nr. 1 EStG) ausführt oder
- der Unternehmer eine juristische Person des öffentlichen Rechts ist, soweit er nicht freiwillig Bücher führt und auf Grund jährlicher Bestandsaufnahmen regelmäßig Abschlüsse macht oder hierzu gesetzlich verpflichtet ist.

5 Option zur Erwerbsbesteuerung

5.1 Innergemeinschaftlicher Erwerb (§ 1a UStG)

Für folgende Erwerber besteht die Verpflichtung zur Versteuerung eines **innergemeinschaftlichen Erwerbs (§ 1a UStG)** nur dann, wenn sie die sog. Erwerbsschwelle überschreiten:
- Unternehmer, die nur den Vorsteuerabzug ausschließende Umsätze ausführen;
- Kleinunternehmer;
- Land- und Forstwirte, die die Umsatzsteuer nach Durchschnittssätzen ermitteln;
- juristische Personen, die nicht Unternehmer sind oder die den Gegenstand nicht für ihr Unternehmen erwerben.

Diese Personen können nach §1a Abs. 4 UStG auf die Anwendung der Erwerbsschwelle verzichten (Option). Der Verzicht ist vorteilhaft, wenn die Umsatzsteuer im Ursprungsland höher ist als die deutsche Erwerbssteuer. Der Verzicht kann bis zur Unanfechtbarkeit der Steuerfestsetzung für das betreffende Jahr durch formfreie Erklärung gegenüber dem Finanzamt erfolgen. Der Verzicht bindet den Steuerpflichtigen für zwei Kalenderjahre.

5.2 Fernverkauf (§ 3c UStG)

Im Rahmen des sog. innergemeinschaftlichen Fernverkaufs (**§ 3c UStG**) kann der Lieferer, der mit seinen Lieferungen in einen anderen Mitgliedstaat die jeweilige Lieferschwelle nicht überschreitet, auf deren Anwendung verzichten (§3c Abs. 4 S. 2 UStG). In diesem Fall gilt als Ort der Lieferung der Ort, an dem die Beförderung oder Versendung endet (Bestimmungsland). Die Option ist formlos und bis zur Unanfechtbarkeit der Steuerfestsetzungen in beiden Staaten möglich. Sie bindet den Lieferer für mindestens zwei Kalenderjahre. Für in Deutschland ansässige Unternehmer ist ein solcher Verzicht nachteilig, wenn der Umsatzsteuersatz in dem anderen Mitgliedstaat höher ist.

6 Optionen im Rahmen der Differenzbesteuerung (§ 25a UStG)

Liegen bei der Lieferung beweglicher körperlicher Gegenstände die Voraussetzungen für die Anwendung der Differenzbesteuerung (§ 25a UStG) vor, hat der Unternehmer (Wiederverkäufer) lediglich die Differenz zwischen dem Einkaufspreis und dem Verkaufspreis der Umsatzsteuer zu unterwerfen. Im Rahmen der Differenzbesteuerung stehen dem Wiederverkäufer folgende Optionsrechte zu:

- Er kann nach §25a Abs. 8 UStG **bei jeder einzelnen Lieferung** eines Gebrauchtgegenstandes auf die Anwendung der Differenzbesteuerung verzichten; im Fall der Besteuerung nach der Gesamtdifferenz i. S. v. § 25a Abs. 4 UStG ist ein Verzicht jedoch ausgeschlossen. Der Verzicht hat zur Folge, dass auf die Lieferung die allgemeinen Vorschriften des UStG anzuwenden sind.
- Er kann die Differenzbesteuerung zusätzlich auf **Kunstgegenstände, Sammlungsstücke und Antiquitäten** anwenden, auch wenn diese grundsätzlich **mit Vorsteuerabzugsrecht** erworben hat (§25a Abs. 2 UStG). Die Erklärung bindet ihn für mindestens zwei Kalenderjahre.
- Er kann die gesamten innerhalb eines Besteuerungszeitraums ausgeführten Umsätze nach der **Gesamtdifferenz** bemessen, wenn der Einkaufspreis der Gegenstände 500 € nicht übersteigt (§25a Abs. 4 UStG).

KV 10: Bemessungsgrundlagen im Umsatzsteuerrecht

1 Einleitung

Zweck der Umsatzsteuer ist die Belastung der Einkommensverwendung des privaten Endverbrauchers. Dementsprechend knüpft die Bemessungsgrundlage im Umsatzsteuerrecht grundsätzlich an das **Entgelt** an. Entgelt ist alles, was der Leistungsempfänger aufwendet, um die Leistung zu erhalten, jedoch abzüglich der Umsatzsteuer. Regelmäßig konkretisiert sich im Entgelt der im Geschäftsverkehr für die Leistung erzielte **Veräußerungserlös**. Wird jedoch für eine Wertabgabe aus dem Unternehmen **kein Entgelt** gezahlt (z. B. bei den sog. unentgeltlichen Wertabgaben) oder ist das Entgelt aufgrund besonders enger persönlicher oder wirtschaftlicher Beziehungen zwischen den Parteien **marktunüblich niedrig**, bedarf es besonderer Bemessungsgrundlagen.

2 Entgelt als Bemessungsgrundlage

2.1 Begriff des Entgelts

Für die in der Praxis häufigsten Umsätze, die **Lieferungen und sonstigen Leistungen** (§ 1 Abs. 1 Nr. 1 S. 1 UStG), sowie den **innergemeinschaftlichen Erwerb** (§ 1 Abs. 1 Nr. 5 UStG) sieht § 10 Abs. 1 UStG als Bemessungsgrundlage das Entgelt vor. Entgelt ist nach der Legaldefinition des § 10 Abs. 1 S. 2 UStG alles, was den Wert der Gegenleistung bildet, die der leistende Unternehmer vom Leistungsempfänger oder von einem anderen als dem Leistungsempfänger (**Entgelt von dritter Seite**) für die Leistung erhält oder erhalten soll, einschließlich der unmittelbar mit dem Preis dieser Umsätze zusammenhängenden Subventionen, jedoch abzüglich der für diese Leistungen gesetzlich geschuldeten Umsatzsteuer. **Verbrauchsteuern**, die beim innergemeinschaftlichen Erwerb vom Erwerber geschuldet oder entrichtet werden, zählen ebenfalls zum Entgelt. Nicht zum Entgelt gehören dagegen **durchlaufender Posten**, d.h. Beträge, die der Unternehmer im Namen und für Rechnung eines anderen vereinnahmt oder verausgabt.

Ob ein **Entgelt von dritter Seite** vorliegt, das in die Bemessungsgrundlage einzubeziehen ist, ist insbesondere problematisch, wenn dem Leistenden **Zuschüsse** gewährt werden. Bei Zuschüssen Dritter kann es sich um Gegenleistungen für eine Leistung an den Dritten handeln (z. B. wenn der Unternehmer einem Gastwirt einen Zuschuss für dessen Essenslieferungen an die Arbeitnehmer des Unternehmers gewährt). In diesem Fall spricht man von einem sog. unechten Zuschuss. Ein echter Zuschuss, der nicht in die Bemessungsgrundlage eingeht, liegt dagegen vor, wenn der Zuschuss nicht im Zusammenhang mit einer Leistung an den Dritten steht (z. B. Leistungen der Arbeitsämter für Arbeitsbeschaffungsmaßnahmen).

2.2 Tausch und tauschähnlicher Umsatz/Hingabe an Zahlungs statt

Soweit im Rahmen eines **Tausches oder tauschähnlichen Umsatzes** oder einer **Hingabe an Zahlungs statt** eine Leistung steuerbar und steuerpflichtig ist, gilt als Bemessungsgrundlage jeweils der **Wert der Gegenleistung** abzüglich der darin enthaltenen Umsatzsteuer (§ 10 Abs. 2 S. 2 UStG). Dies entspricht der allgemeinen Regelung des § 10 Abs. 1 UStG, wonach sich die Bemessungsgrundlage für einen Umsatz danach bestimmt, was der Leistungsempfänger aufwendet, um die Leistung zu erhalten. Unter dem Wert der Gegenleistung ist der **gemeine Wert** zu verstehen. Beim **Tausch bzw. tauschähnlichen Umsatz mit Baraufgabe** erhöht sich bei demjenigen, der für seine Leistung zusätzlich eine Baraufgabe erhält, die Bemessungsgrundlage um die Baraufgabe abzüglich der darin enthaltenen Umsatzsteuer, bei demjenigen, der die Baraufgabe zu erbringen hat, mindert sich die Bemessungsgrundlage entsprechend.

3 Unentgeltliche Wertabgaben (§ 10 Abs. 4 UStG)

Bei den einer **Lieferung** gleichgestellten Wertabgaben i. S. d. § 3 Abs. 1b UStG (d. h. insbesondere bei der Entnahme von Gegenständen durch den Unternehmer für außerunternehmerische Zwecke und bei Sachzuwendungen an das Personal), gilt folgende Bemessungsgrundlage (§ 10 Abs. 4 Nr. 1 UStG):
- Grundsätzlich ist vom **Einkaufspreis zuzüglich der Nebenkosten** für den Gegen-stand oder für einen gleichartigen Gegenstand im Zeitpunkt der Entnahme oder Zuwendung auszugehen. Der Einkaufspreis entspricht in der Regel dem Wiederbeschaffungspreis.
- Kann ein Einkaufspreis nicht ermittelt werden, sind als Bemessungsgrundlage die **Selbstkosten** anzusetzen. Diese umfassen alle durch den betrieblichen Leistungsprozess bis zum Zeitpunkt der Entnahme oder Zuwendung entstandenen Kosten.
- Die auf die Wertabgabe entfallende **Umsatzsteuer** gehört nicht zur Bemessungsgrundlage.

Bei den einer **sonstigen Leistung** gleichgestellten Wertabgaben i. S. d. § 3 Abs. 9a UStG (d. h. insbesondere der Verwendung eines dem Unternehmen zugeordneten Gegen-standes für unternehmensfremde Zwecke oder den privaten Bedarf des Personals) gilt folgende Bemessungsgrundlage (§ 10 Abs. 4 Nr. 2 und 3 UStG):
- Grundsätzlich bilden die bei der Ausführung entstandenen **Ausgaben** die Bemessungsgrundlage. Dabei ist bei ab dem 01.07.2004 angeschafften Gegenständen nicht mehr von den bei der Einkommensteuer zugrunde gelegten Ausgaben auszugehen. Anschaffungs- und Herstellungskosten sind ab diesem Zeitpunkt gleichmäßig auf den nach § 15a UStG für

diesen Gegenstand jeweils maßgeblichen Berichtigungszeitraum zu verteilen. Nach dessen Ablauf sind die auf den Gegenstand entfallenden Ausgaben vollständig in die Bemessungsgrundlage eingeflossen und in den Folgejahren nicht mehr als Bemessungsgrundlage zu berücksichtigen. Die nach § 15 UStG abziehbare **Vorsteuer** ist nicht in die Ausgaben einzubeziehen.
- Besteht die Wertabgabe in der Verwendung eines Gegenstandes für außerunternehmerische Zwecke oder für den privaten Bedarf des Personals (§ 3 Abs. 9a S. 1 Nr. 1 UStG), sind aus der Bemessungsgrundlage solche Ausgaben auszuscheiden, die **nicht zum vollen oder teilweisen Vorsteuerabzug berechtigt haben**.

4 Mindestbemessungsgrundlage (§ 10 Abs. 5 UStG)

Ist das zwischen den Beteiligten **vereinbarte Entgelt** aufgrund besonders enger verwandtschaftlicher, gesellschaftsrechtlicher oder arbeitsrechtlicher Beziehungen **markt-unüblich niedrig**, ist nicht das vereinbarte Entgelt Bemessungsgrundlage, sondern das Entgelt wird auf den Wert aufgestockt, der für die betreffende Leistung anzuwenden wäre, wenn diese **unentgeltlich** erbracht worden wäre (sog. Mindestbemessungsgrundlage). Die Mindestbemessungsgrundlage kommt nur für folgende Umsätze in Betracht:
- Verbilligte Leistungen von Körperschaften und Personenvereinigungen i. S. v. § 1 Abs. 1 Nr. 1 bis 5 KStG, nichtrechtsfähigen Personenvereinigungen und Gemeinschaften an ihre Anteilseigner, Gesellschafter, Teilhaber oder diesen nahe stehende Personen;
- verbilligte Leistungen von Einzelunternehmern an ihnen nahe stehende Personen;
- verbilligte Leistungen von Unternehmern an ihr Personal oder dessen Angehörige aufgrund des Dienstverhältnisses.

Ist das für diese Umsätze entrichtete Entgelt niedriger als die nach § 10 Abs. 4 UStG in Betracht kommenden Werte oder Kosten für gleichartige Leistungen, sind als Bemessungsgrundlage die Werte nach § 10 Abs. 4 UStG anzusetzen. Dies gilt jedoch nicht, wenn das vereinbarte niedrigere Entgelt marktüblich ist (z. B. bei nicht kostendeckender, aber marktüblicher Miete).

5 Sonstige Bemessungsgrundlagen

Für gewerbsmäßige Händler, die mit gebrauchten beweglichen Gegenständen handeln und die **Differenzbesteuerung (§ 25a UStG)** anwenden, gilt als Bemessungsgrundlage nicht das Entgelt, sondern die Differenz zwischen Einkaufs- und Verkaufspreis (sog. Margenbesteuerung).

Bei der **Einfuhr** (§ 1 Abs. 1 Nr. 4 UStG) wird der Umsatz nach dem Wert des eingeführten Gegenstandes nach den jeweiligen Vorschriften über den Zollwert bemessen (§ 11 Abs. 1 UStG).

KV 11: Steuerschuldnerschaft des Leistungsempfängers

1   Einleitung

Grundsätzlich ist der leistende Unternehmer Steuerschuldner (§ 13a Nr. 1 UStG). Abweichend davon verlagert § 13b UStG die Steuerschuldnerschaft in bestimmten Fällen vom leistenden Unternehmer auf den Leistungsempfänger (Reverse-Charge-Verfahren). Das Reverse-Charge-Verfahren dient folgenden Zwecken:
- Vereinfachung der Steuererhebung: Der leistende Unternehmer muss keine Umsatzsteuer zahlen und das Finanzamt muss keine Vorsteuer erstatten, da der Empfänger Umsatz- und Vorsteuer miteinander verrechnen kann.
- Vermeidung von Steuerausfällen: Durch die Verrechnung von Umsatz- und Vorsteuer kann nicht mehr der Fall eintreten, dass die Vorsteuer an den Leistungsempfänger erstattet wird und die Umsatzsteuer vom leistenden Unternehmer wegen Betrugs oder Insolvenz nicht gezahlt wird.

2   Voraussetzungen für den Übergang der Steuerschuldnerschaft

2.1   Umsätze, für die der Leistungsempfänger die Steuer schuldet

Für folgende steuerpflichtige Umsätze schuldet der Leistungsempfänger die Steuer:
- **Werklieferungen** im Ausland ansässiger Unternehmer (§ 13b Abs. 2 S. 1 Nr. 1 UStG). Dazu gehören insbesondere die Werklieferungen von Bauunternehmern, Montagefirmen und anderen Handwerksbetrieben.
- **Sonstige Leistungen** im Ausland ansässiger Unternehmer (§ 13b Abs. 2 S. 1 Nr. 1 UStG), wie z. B. Leistungen von Architekten, Künstlern, sonstigen Freiberuflern, Aufsichtsräten, Berufssportlern, Lizenzgebern und Werkleistungen gewerblicher Unternehmen. Ausgenommen sind bestimmte Personenbeförderungsleistungen und bestimmte Leistungen im Zusammenhang mit Messen, Ausstellungen oder Kongressen (§ 13b Abs. 3 UStG).
- **Lieferungen von sicherungsübereigneten Gegenständen** durch den Sicherungsgeber an den Sicherungsnehmer außerhalb des Insolvenzverfahrens (§ 13b Abs. 2 S. 1 Nr. 2 UStG).
- Umsätze, die unter das **Grunderwerbsteuergesetz** fallen (§ 13b Abs. 2 S. 1 Nr. 3 UStG).

- **Bauleistungen einschließlich Werklieferungen und sonstige Leistungen im Zusammenhang mit Grundstücken**, die der Herstellung, Instandsetzung, Instandhaltung, Änderung oder Beseitigung von **Bauwerken** dienen, mit Ausnahme von Planungs- und Überwachungsleistungen (§ 13b Abs. 2 S. 1 Nr. 4 UStG).
- **Lieferungen von Gas, Elektrizität, Wärme oder Kälte** eines im Ausland ansässigen Unternehmers gemäß § 3g UStG (§ 13b Abs. 2 Nr. 5 UStG).
- Übertragung von **Berechtigungen nach dem Treibhausgas-Emissionshandelsgesetz etc.** (§ 13b Abs. 2 Nr. 6 UStG).
- Lieferungen der in **Anlage 3 zum UStG** bezeichneten Gegenstände (insbesondere Industrieschrott und Altmetalle) (§ 13b Abs. 2 Nr. 7 UStG).
- **Reinigen von Gebäuden und Gebäudeteilen** (§ 13b Abs. 2 Nr. 8 UStG).
- Lieferung von bestimmtem **Gold** (§ 13b Abs. 2 Nr. 9 UStG).
- Lieferung von **Mobilfunkgeräten** und integrierten Schaltkreisen (§ 13b Abs. 2 Nr. 10 UStG).
- Lieferung der in der **Anlage 4 bezeichneten Gegenstände (Edelmetalle)**, wenn die Rechnungssumme mindestens 5.000 € beträgt.
- Sonstige Leistungen auf dem Gebiet der **Telekommunikation** ((§ 13b Abs. 2 Nr. 12 UStG).

2.2 Im Ausland ansässiger Unternehmer

Ein im Ausland ansässiger Unternehmer ist ein Unternehmer, der weder im Inland noch auf der Insel Helgoland oder einem der in § 1 Abs. 3 UStG bezeichneten Gebiete Wohnsitz, Sitz, Geschäftsleitung oder eine Zweigniederlassung hat. Maßgebend ist der Zeitpunkt, in dem die Leistung ausgeführt wird (§ 13b Abs. 4 UStG).

Ist es zweifelhaft, ob der Unternehmer diese Voraussetzungen erfüllt, schuldet der Leistungsempfänger die Steuer nur dann nicht, wenn ihm der Unternehmer durch eine Bescheinigung des für ihn zuständigen Finanzamts nachweist, dass er ein inländischer Unternehmer ist.

Ein im Ausland ansässiger Unternehmer ist ein Unternehmer, der weder im Inland noch in einem Zollfreigebiet einen Wohnsitz, seinen Sitz, Geschäftsleitung oder eine Zweigniederlassung hat. Bei ausländischen Unternehmern, die eine inländische Betriebsstätte haben, ist zu prüfen, ob der Umsatz von der inländischen Betriebsstätte erbracht worden ist oder nicht. Nur wenn der Umsatz nicht von der inländischen Betriebsstätte erbracht wird, greift § 13b UStG.

2.3 Leistungsempfänger

Hinsichtlich des Leistungsempfängers gilt nach § 13b Abs. 2 UStG:
- Leistungsempfänger muss in den in § 13b Abs. 1 S. 1 Nr. 1 bis 3 UStG genannten Fällen ein **Unternehmer** oder eine **juristische Person des öffentlichen Rechts** sein; in den Fällen des § 13b Abs. 1 S. 1 Nr. 4 UStG muss der Unternehmer selbst solche Bauleistungen erbrin-

gen, und zwar **nachhaltig** (z. B. Bauleistungen machen mehr als 10% der Summe seiner steuerbaren Umsätze aus oder Freistellungsbescheid nach §48b EStG liegt vor). Der Leistungsempfänger schuldet die Steuer unabhängig davon, ob er im Inland oder im Ausland ansässig ist.
- Die Steuerschuldnerschaft tritt auch dann ein, wenn die Leistung für den **nichtunternehmerischen Bereich** bezogen wird.
- Auch auf Kleinunternehmer, pauschalversteuernde Land- und Forstwirte und Unternehmer, die ausschließlich steuerfreie Umsätze ausführen, kann die Steuerschuldnerschaft übergehen.

Zuständig für die Besteuerung der Umsätze ist das Finanzamt, bei dem der Leistungsempfänger als Unternehmer steuerlich erfasst ist. Für juristische Personen des öffentlichen Rechts ist das Finanzamt zuständig, in dessen Bezirk sie ihren Sitz haben.

3 Entstehung der Steuer und Bemessungsgrundlage

3.1 Entstehung der Steuer

Die Steuer für die genannten steuerpflichtigen Umsätze entsteht mit **Ausstellung der Rechnung**, spätestens mit Ablauf des der Ausführung der Leistung folgenden Kalendermonats (§13b Abs. 1 S. 1 UStG). Wird das Entgelt ganz oder teilweise vereinnahmt, bevor die (Teil-)Leistung ausgeführt worden ist, entsteht insoweit die Steuer mit Ablauf des Voranmeldungszeitraums, in dem das (Teil-)Entgelt vereinnahmt wurde (Mindest-Ist-Versteuerung, §13b Abs. 4 UStG).

3.2 Bemessungsgrundlage

Bemessungsgrundlage für die Berechnung der Steuer ist der in der Rechnung oder Gutschrift **ausgewiesene Betrag ohne Umsatzsteuer**. Der Leistungsempfänger hat von diesem Betrag die Umsatzsteuer mit dem nach §12 UStG maßgeblichen Steuersatz zu berechnen. Anders als in Fällen, in denen der Leistende die Umsatzsteuer schuldet, kann hier nicht davon ausgegangen werden, dass im Zweifel die zivilrechtliche Preisvereinbarung die Umsatzsteuer enthält. Im Übrigen gelten auch hier die Vorschriften über die Bemessungsgrundlage beim Tausch/tauschähnlichen Umsatz (§10 Abs. 2 S. 2 und 3 UStG), die Mindestbemessungsgrundlage (§10 Abs. 5 UStG) und die Änderung der Bemessungsgrundlage (§17 Abs. 1 UStG).

4 Rechnungserteilung, Vorsteuerabzug und Aufzeichnungspflichten

Sind die Voraussetzungen der Steuerschuldnerschaft nach § 13b UStG erfüllt, ist der leistende Unternehmer nach § 14a Abs. 5 UStG zur Ausstellung von Rechnungen verpflichtet, in denen die **Steuer nicht gesondert ausgewiesen** ist. Auf die Steuerschuldnerschaft des Leistungsempfängers ist in der Rechnung hinzuweisen. Der Leistungsempfänger kann die von ihm geschuldete Umsatzsteuer nach den allgemeinen Grundsätzen als **Vorsteuer** abziehen. Neben den allgemeinen Aufzeichnungspflichten nach § 22 UStG müssen in den Fällen des § 13b Abs. 1 und 2 UStG beim Leistungsempfänger aus den Aufzeichnungen die nach § 22 Abs. 2 Nr. 1 und 2 UStG vorgeschriebenen Angaben über die ausgeführten oder noch nicht ausgeführten Lieferungen oder sonstigen Leistungen zu ersehen sein (vereinbarte bzw. vereinnahmte Entgelte getrennt nach steuerpflichtigen und steuerfreien Umsätzen). Auch der leistende Unternehmer hat diese Angaben gesondert aufzuzeichnen (§ 22 Abs. 2 Nr. 8 UStG).

Im übrigen Gemeinschaftsgebiet ausgeführte sonstige Leistungen, für die der in einem anderen Mitgliedstaat ansässige Leistungsempfänger die Steuer dort schuldet, müssen in der zusammenfassenden Meldung mit erklärt werden (§ 18a Abs. 7 Nr. 3 UStG).

KV 12: Die Rechnungsausstellung im UStG

1 Einleitung

Der Vorsteuerabzug nach § 15 Abs. 1 UStG setzt u. a. voraus, dass eine Rechnung i. S. d. § 14 UStG mit gesondert ausgewiesener Steuer vorliegt. Insoweit wird die Korrespondenz zwischen der Besteuerung des leistenden Unternehmers und des Leistungsempfängers hergestellt. Die Angaben auf der Rechnung versetzen die Finanzverwaltung in die Lage, die auf dem Umsatz lastende Steuer und den Vorsteuerabzug beim Leistungsempfänger zu kontrollieren.

2 Verpflichtung zur Rechnungsausstellung

Grundsätzlich ist der Unternehmer **berechtigt**, über die ausgeführte Leistung eine Rechnung zu stellen. Führt ein Unternehmer jedoch Lieferungen und sonstige Leistungen nach § 1 Abs. 1 Nr. 1 UStG an einen anderen Unternehmer für dessen Unternehmen oder an eine juristische Person, die nicht Unternehmer ist, aus, ist er stets zur Rechnungsausstellung innerhalb von 6 Monaten **verpflichtet**. Dies gilt auch für Anzahlungen, die der Unternehmer für noch nicht ausgeführte Lieferungen oder sonstige Leistungen erhält. Bei **Werklieferungen oder sonstigen Leistungen im Zusammenhang mit einem Grundstück** ist die Rechnung **innerhalb von sechs Monaten** nach Ausführung der Leistung an einen Unternehmer oder Nichtunternehmer auszustellen (§ 14 Abs. 2 Nr. 1 UStG). Darüber hinaus sieht § 14a UStG in besonderen Fällen eine Verpflichtung zur Erteilung einer ordnungsgemäßen Rechnung vor:
- Ausführung steuerfreier innergemeinschaftlicher Lieferungen i. S. d. § 6a UStG,
- Versendungslieferungen i. S. d. § 3c UStG,
- sonstige Leistungen i. S. d. § 3a Abs. 2 Nr. 3c und Nr. 4 (Arbeiten an beweglichen körperlichen Gegenständen und Vermittlungsleistungen) oder des § 3b Abs. 3 bis 6 UStG (innergemeinschaftliche Beförderung von Gegenständen und damit zusammenhängende Leistungen) und
- innergemeinschaftliche Lieferungen von Neufahrzeugen i. S. d. § 2a UStG.

3 Der Rechnungsinhalt

Rechnungen müssen gem. § 14 Abs. 4 UStG mindestens folgende Angaben enthalten:
- den vollständigen Namen und die vollständige Anschrift des leistenden Unternehmers und des Leistungsempfängers,

- die dem leistenden Unternehmer vom Finanzamt erteilte Steuernummer oder die ihm vom Bundeszentralamt für Steuern erteilte USt-IdNr.,
- das Ausstellungsdatum,
- eine Rechnungsnummer,
- Leistungsbeschreibung (Art, Menge bzw. Umfang),
- Lieferungs-/Leistungszeitpunkt (bei An- oder Vorauszahlungen ein vom Rechnungsdatum abweichender Zeitpunkt der Vereinnahmung des Entgelts, sofern bekannt),
- Bemessungsgrundlage (Entgelt, bei unterschiedlichen Steuersätzen gesondert),
- den anzuwendenden Steuersatz sowie den auf das Entgelt entfallenden Steuerbetrag oder bei Steuerbefreiung einen Hinweis hierauf,
- bei bereits erstellten Rechnungen für erhaltene Anzahlungen: vereinnahmte Teilentgelte und die auf sie entfallenden Steuerbeträge sind in der Endrechnung abzusetzen,
- Hinweis auf die Aufbewahrungspflicht in Fällen des § 14b Abs. 1 S. 5 UStG.

Zusätzliche Pflichten bei der Ausstellung von Rechnungen regelt § 14a UStG in folgenden besonderen Fällen:
- bei innergemeinschaftlichen Lieferungen i. S. d. § 6a UStG, Arbeiten an beweglichen körperlichen Gegenständen und Begutachtung (§ 3a Abs. 2 Nr. 3c S. 2 UStG), Vermittlungsleistungen (§ 3a Abs. 2 Nr. 4 S. 2 UStG), innergemeinschaftliche Güterbeförderungen, damit zusammenhängenden sonstigen Leistungen und der Vermittlung dieser Leistungen (§ 3b S. 2 UStG): **Angabe der USt-IdNr. des leistenden Unternehmers und des Leistungsempfängers;**
- bei innergemeinschaftlichen Lieferungen neuer Fahrzeuge (§§ 2a, 6a UStG) müssen darüber hinaus in jedem Fall die in § 1b Abs. 2 und 3 UStG bezeichneten Merkmale enthalten sein;
- in Fällen der Steuerschuldnerschaft des Leistungsempfängers (§ 13b UStG): Hinweis hierauf; die Vorschrift über den gesonderten Steuerausweis findet hier keine Anwendung;
- bei der Besteuerung von Reiseleistungen (§ 25 UStG) und der Differenzbesteuerung (§ 25a UStG): Hinweis auf die Anwendung dieser Sonderregelungen;
- bei innergemeinschaftlichen Dreiecksgeschäften (§ 25b UStG): Hinweis hierauf und die Steuerschuldnerschaft des letzten Abnehmers sowie USt-Id-Nr. des leistenden Unternehmers und des Leistungsempfängers; die Vorschrift über den gesonderten Steuerausweis findet hier keine Anwendung;
- für Kleinbetragsrechnungen (bis 150 €) und Fahrausweise gelten bestimmte Erleichterungen (§§ 33, 34 UStDV);
- bei Ausstellung der Rechnung durch den Leistungsempfänger die Angabe »Gutschrift«.

4 Rechnungsaussteller

Eine Rechnung kann durch den leistenden Unternehmer selbst oder durch einen von ihm beauftragten Dritten, der im Namen und für Rechnung des Unternehmers abrechnet, ausgestellt werden. Die Rechnung kann nach § 14 Abs. 2 S. 3 UStG auch vom Leistungsempfänger ausgestellt werden, sofern dies vorher vereinbart wurde (sog. **Gutschrift**). Die am Leistungsaustausch Beteiligten können somit frei vereinbaren, ob der leistende Unternehmer oder der in § 14 Abs. 2 S. 2 UStG bezeichnete Leistungsempfänger abrechnet. Auch die Gutschrift kann im Namen und für Rechnung des Leistungsempfängers von einem Dritten ausgestellt werden. Eine **Gutschrift gilt als Rechnung**, wenn

- über eine Lieferung oder sonstige Leistung abgerechnet wird, auch wenn diese steuerfrei ist oder die Umsatzsteuer beim leistenden Kleinunternehmer (§ 19 UStG) nicht erhoben wird;
- Aussteller der Gutschrift ein Unternehmer ist oder eine juristische Person, die nicht Unternehmer ist;
- die Gutschrift die in § 14 Abs. 4 UStG vorgeschriebenen Angaben enthält;
- die Vereinbarung über die Abrechnung mittels Gutschrift vor der Abrechnung getroffen wurde;
- die Gutschrift dem leistenden Unternehmer zugeleitet wurde und
- der leistende Unternehmer der Gutschrift nicht widerspricht.

5 Rechnungsform

Rechnung ist **jedes Dokument**, mit dem **über eine Lieferung oder sonstige Leistung gegenüber dem Leistungsempfänger** abgerechnet wird, gleichgültig wie dieses im Geschäftsverkehr bezeichnet wird (§ 14 Abs. 1 S. 1 UStG). Die **Echtheit** der Rechnung (Identität des Rechnungsausstellers), die **Unversehrtheit ihres Inhalts** (keine Änderung der gesetzlich erforderlichen Angaben) und ihre **Lesbarkeit** müssen gewährleistet werden. Der Unternehmer entscheidet darüber, in welcher Weise dies geschieht (innerbetriebliches Kontrollverfahren). Die Rechnung kann aus mehreren Dokumenten bestehen, aus denen sich die Pflichtangaben insgesamt ergeben (§ 31 Abs. 1 S. 1 UStDV).

Rechnungen sind auf Papier oder vorbehaltlich der Zustimmung des Empfängers auf elektronischem Wege zu übermitteln. Wird die Rechnung auf elektronischem Wege übermittelt, müssen die Echtheit der Herkunft und die Unversehrtheit des Inhalts gewährleistet sein. Dies kann nach § 14 Abs. 3 UStG auf zwei Wegen erfolgen:
- Durch eine qualifizierte **elektronische Signatur** (Nr. 1);
- durch **elektronischen Datenaustausch (EDI)** nach Art. 2 der Empfehlung 94/820/EG der Kommission vom 19.10.1994 über die rechtlichen Aspekte des elektronischen Datenaustauschs, wenn die Verfahren Echtheit und Unversehrtheit gewährleisten.

KV 13: Der Vorsteuerabzug nach § 15 UStG

1 Einleitung

Das Umsatzsteuergesetz beruht auf zwei Säulen: der Ausgangsumsatzsteuer und der Vorsteuer. Der Vorsteuerabzug kommt in Betracht hinsichtlich
- der gesetzlich geschuldeten Umsatzsteuer nach § 15 Abs. 1 Nr. 1 UStG,
- der entstandenen Einfuhrumsatzsteuer (§ 15 Abs. 1 Nr. 2 UStG),
- der Steuer für den innergemeinschaftlichen Erwerb, wenn dieser im Inland bewirkt wird (§ 15 Abs. 1 Nr. 3 UStG),
- der Steuer nach § 13b UStG, bei der der Leistungsempfänger hinsichtlich bestimmter Leistungen als Steuerschuldner anzusehen ist (§ 15 Abs. 1 Nr. 4 UStG),
- die nach § 13a Abs. 1 Nr. 6 UStG vom Auslagerer geschuldete Steuer für Umsätze, die für sein Unternehmen ausgeführt worden sind (§ 15 Abs. 1 Nr. 5 UStG).

Ziel des Vorsteuerabzugs ist die **Kostenneutralität** der Umsatzsteuerbelastung innerhalb der Unternehmerkette.

2 Voraussetzungen

Die Berechtigung zum Vorsteuerabzug aus Lieferungen und sonstigen Leistungen ist unter den folgenden Voraussetzungen gegeben:
- Die Lieferung oder sonstige Leistung muss **von einem Unternehmer ausgeführt** worden sein,
- der **Leistungsempfänger muss Unternehmer sein** und die Lieferung oder sonstige Leistung muss **für sein Unternehmen** ausgeführt worden sein und
- der Unternehmer muss eine nach den Vorgaben der **§§ 14, 14a UStG ausgestellte Rechnung** besitzen.

Die Lieferung oder sonstige Leistung wird von einem Unternehmer ausgeführt, wenn dieser die Voraussetzungen der **Unternehmereigenschaft** erfüllt, d. h. eine gewerbliche oder berufliche Tätigkeit selbständig ausübt. Der Leistungsempfänger muss ebenfalls Unternehmer sein und die Leistung muss für sein Unternehmen ausgeführt werden, d. h. in die unternehmerische Sphäre eingehen. Für die Frage, ob eine Leistung für das Unternehmen vorliegt, sind grundsätzlich die **Verhältnisse im Zeitpunkt des Umsatzes** an den Unternehmer maßgebend. Ein Unternehmer, der einen Gegenstand anschafft oder herstellt, den er **teilweise unternehmerisch und teilweise nichtunternehmerisch nutzt,** hat hinsichtlich der Zuordnung des Gegenstandes grundsätzlich ein Wahlrecht.

Er kann:
- den **Gegenstand ganz dem Unternehmen zuordnen**, wenn die unternehmerische Nutzung mindestens 10 % beträgt; Rechtsfolge:
  - Vorsteuerabzug 100 %;
  - unentgeltliche Wertabgabe (§ 3 Abs. 9a UStG), soweit nicht unternehmerische Nutzung vorliegt;
- den Gegenstand ganz dem nichtunternehmerischen Bereich zuordnen; Rechtsfolge:
  - kein Vorsteuerabzug, spätere unternehmerische Nutzung führt nicht zur Vorsteuerkorrektur nach § 15a UStG;
  - keine unentgeltliche Wertabgabe i. S. v. § 3 Abs. 9a UStG;
- den **Gegenstand teilweise** dem unternehmerischen, teilweise dem nichtunternehmerischen Bereich **zuordnen**; Rechtsfolge:
  - teilweiser Vorsteuerabzug;
  - unentgeltliche Wertabgabe nur hinsichtlich des unternehmerischen Teils denkbar.

Nach § 15 Abs. 1b S. 1 UStG sind Lieferungen, die Einfuhr und der innergemeinschaftliche Erwerb sowie die sonstigen Leistungen im Zusammenhang mit einem **Grundstück** vom Vorsteuerabzug ausgeschlossen, soweit die Vorsteuer nicht auf die Verwendung des Grundstücks für Zwecke des Unternehmens entfällt. Dem Vorsteuerausschluss unterliegen auch die wesentlichen Bestandteile des Grundstücks, z. B. Gebäude. Hiervon unberührt bleiben Gegenstände, die umsatzsteuerlich keine Bestandteile des Grundstücks oder Gebäudes sind (z. B. Fotovoltaikanlagen). Der Vorsteuerausschluss nach § 15 Abs. 1b S. 1 UStG gilt entsprechend für grundstücksähnliche Rechte und für Gebäude auf fremdem Grund und Boden, da diese Grundstücke gleich zu stellen sind. Die Aufteilung der Vorsteuer ist entsprechend der Verwendungsabsicht in der Regel nach Nutzflächen vorzunehmen.

Die Zuordnung eines Gegenstandes zum Unternehmen erfordert eine **durch Beweisanzeichen gestützte Zuordnungsentscheidung** des Unternehmers bei Anschaffung oder Herstellung des Gegenstandes. Die **Geltendmachung des Vorsteuerabzuges** ist regelmäßig ein gewichtiges Indiz für, die Unterlassung des Vorsteuerabzuges ein ebenso gewichtiges Indiz gegen die Zuordnung zum Unternehmen. Ist ein **Vorsteuerabzug nicht möglich** (z. B. Anschaffung eines Computers durch einen Arzt) müssen andere Beweisanzeichen herangezogen werden (z. B. Art des Gegenstandes, Auftreten unter dem Firmennamen bei An- und Verkauf; bilanzielle und ertragsteuerliche Behandlung als gewillkürtes Betriebsvermögen).

Voraussetzung für den Vorsteuerabzug ist weiterhin, dass der Unternehmer im Besitz einer nach den Vorgaben der **§§ 14, 14a UStG ausgestellten Rechnung** ist. Der Vorsteuerabzug aus einer Rechnung ist somit nur noch dann möglich, wenn diese auch alle dort genannten Pflichtangaben enthält. Fehlt eine der erforderlichen Angaben, ist der Vorsteuerabzug zu versagen. Allerdings können unvollständige oder unrichtige Rechnungen berichtigt werden (§ 31 Abs. 5 UStDV). Eine Gutschrift gilt unter den Voraussetzungen des § 14 Abs. 2 S. 2 UStG als Rechnung. Die in Rechnung gestellte Umsatzsteuer muss für den berechneten Umsatz geschuldet werden;

ein Vorsteuerabzug ist damit nicht zulässig, soweit der die Rechnung ausstellende Unternehmer die Steuer nach § 14c UStG schuldet.

3 Ausschluss vom Vorsteuerabzug

Der allgemeine Grundsatz, dass die in § 15 Abs. 1 Nr. 1 bis 5 UStG bezeichneten Vorsteuern abgezogen werden können, gilt nicht, wenn der Unternehmer damit **bestimmte Aufwendungen** tätigt oder damit **bestimmte Umsätze** (sog. Ausschlussumsätze) ausführt.
- Nicht abzugsfähig sind Vorsteuerbeträge, die auf folgende **Aufwendungen** entfallen (§ 15 Abs. 1a UStG):
    - nicht abzugsfähige Betriebsausgaben nach § 4 Abs. 5 S. 1 Nr. 1 bis 4, Nr. 7 EStG oder Kosten der Lebensführung nach § 12 Nr. 1 EStG.
- Der Vorsteuerabzug ist ausgeschlossen, wenn der Unternehmer die Leistung für folgende Ausschlussumsätze verwendet:
    - steuerfreie Ausgangsumsätze nach § 4 Nr. 8 bis 29 UStG; somit kein Ausschluss des Vorsteuerabzugs bei steuerfreien Umsätzen i. S. v. § 4 Nr. 1 bis 7 UStG (z. B. steuerfreie Ausfuhren),
    - nicht steuerbare Umsätze im Ausland, die nach § 4 Nr. 8 bis 29 UStG steuerfrei wären.
- Kein Vorsteuerabzug kommt hinsichtlich der Umsatzsteuer auf unentgeltliche Wertabgaben in Betracht, da hierüber keine Rechnung gelegt werden kann.

4 Versagung des Vorsteuerabzugs

Zur Bekämpfung der Umsatzsteuerhinterziehung im Rahmen von Karussell- und Kettengeschäften hat der Gesetzgeber mit dem zum 1. Januar 2020 eingeführten § 25f UStG eine Regelung geschaffen, die zur Versagung von Steuerbefreiungen und des Vorsteuerabzugs führt, sofern ein Unternehmer wissentlich an einer Steuerhinterziehung beteiligt war.
- Nicht abzugsfähig sind danach folgende Vorsteuerbeträge:
    - der Vorsteuerabzug aus Eingangsrechnungen,
    - der Vorsteuerabzug aus innergemeinschaftlichen Erwerben sowie
    - der Vorsteuerabzug aus Leistungen i. S. d. § 13b UStG (Reverse-Charge)

5 Aufteilung der Vorsteuerbeträge

Verwendet der Unternehmer eine empfangene Leistung nur teilweise zur Ausführung von Ausschlussumsätzen, ist nur der darauf entfallende (ggf. durch sachgerechte Schätzung zu ermittelnde) Teil der Vorsteuer nicht abziehbar.

6 Verfahren

Die Voraussetzungen für den Vorsteuerabzug hat der Unternehmer aufzuzeichnen und durch Belege nachzuweisen. Geht die Originalrechnung verloren, kann der Unternehmer den für den Vorsteuerabzug erforderlichen Nachweis mit allen verfahrensrechtlich zulässigen Beweismitteln führen. Soweit Unterlagen für den Vorsteuerabzug nicht vorhanden oder unvollständig sind, kommt eine Anerkennung des Vorsteuerabzugs aus Billigkeitsgründen (§ 163 AO) durch Schätzung des anzuerkennenden Vorsteuerabzugs in Betracht. Nach § 18f UStG kann die Auszahlung von Vorsteuerüberhängen von einer Sicherheitsleistung abhängig gemacht werden.

KV 14: Die Vorsteuerberichtigung nach § 15a UStG

1 Einleitung

§ 15a UStG enthält eine Regelung zur Berichtigung der Vorsteuer für den Fall, dass ein Wirtschaftsgut, das umsatzsteuerlich dem Unternehmen zugeordnet ist, in den Folgejahren anders verwendet wird, als ursprünglich beabsichtigt und sich hieraus Berichtigungen der ursprünglich geltend gemachten Vorsteuern ergeben. Wird etwa eine Maschine nicht mehr ausschließlich zur Ausführung steuerpflichtiger Umsätze genutzt, sondern hälftig zur Ausführung vorsteuerabzugsschädlicher steuerfreier Umsätze, soll es nach dem Willen des Gesetzgebers nicht bei dem vollen Vorsteuerabzug bleiben.

2 Tatbestandsvoraussetzungen im Einzelnen

§ 15a UStG differenziert bei der Vorsteuerberichtigung wie folgt:
- **Wirtschaftsgüter zur nicht nur einmaligen Verwendung**
  § 15a Abs. 1 UStG regelt die Vorsteuerberichtigung in Bezug auf Wirtschaftsgüter des Anlagevermögens.
- **Wirtschaftsgüter zur einmaligen Verwendung**
  § 15a Abs. 2 UStG enthält eine Regelung zur Vorsteuerberichtigung für Wirtschaftsgüter, die nur einmalig zur Ausführung von Umsätzen (z. B. Verkauf) verwendet werden (Wirtschaftsgüter des Umlaufvermögens).
  - **Wirtschaftsgüter und Leistungen, die in ein anderes Wirtschaftsgut eingehen** Nach § 15a Abs. 3 UStG ist eine Vorsteuerberichtigung auch in den folgenden Fällen vorzunehmen: Ein Gegenstand geht nachträglich in ein anderes Wirtschaftsgut ein und verliert dabei seine körperliche und wirtschaftliche Eigenart endgültig (z. B. Einbau eines Navigationsgerätes in ein Fahrzeug).
  - An einem Wirtschaftsgut wird eine sonstige Leistung ausgeführt (z. B. Werkleistung i. S. v. § 3 Abs. 9 UStG an einem Gebäude).
  Gehen im Rahmen einer Gesamtmaßnahme in ein Wirtschaftsgut mehrere Gegenstände ein oder werden mehrere sonstige Leistungen an einem Wirtschaftsgut ausgeführt, sind diese zu einem Berichtigungsobjekt zusammenzufassen.
- **Vorsteuerberichtigung für sonstige Leistungen**
  § 15a Abs. 4 UStG ermöglicht die Vorsteuerabzugsberechtigung auch für sonstige Leistungen, die nicht nach Abs. 3 in einen Gegenstand eingehen oder an diesem ausgeführt werden (z. B. Einsatz eines gegen Lizenzgebühr erworbenen EDV-Programms nicht mehr ausschließlich für die Abrechnung steuerpflichtiger Mieten). Die Berichtigung ist – abgese-

hen von Anzahlungs- und Vorauszahlungsfällen – auf solche Leistungen zu beschränken, für die in der Steuerbilanz ein Aktivierungsgebot bestünde.

- **Änderung der vorsteuerrelevanten Verhältnisse**
  Eine Änderung der Verhältnisse liegt nur dann vor, wenn sich in den Folgejahren ein höherer oder niedrigerer Vorsteuerabzug ergibt, als er nach den Verhältnissen des Erstjahres zulässig war. Hierbei sind die Verhältnisse in den einzelnen Kalenderjahren getrennt zu beurteilen. Eine Veränderung der Verhältnisse in Folgejahren kann zunächst darauf beruhen, dass
  - sich die **Verwendung des Wirtschaftsguts** für nicht zum Vorsteuerabzug berechtigende Umsätze **tatsächlich geändert** hat (z. B. wenn ein Gebäude nicht mehr ausschließlich zu umsatzsteuerpflichtigen, sondern auch zu vorsteuerschädlichen umsatzsteuerfreien Umsätzen genutzt wird);
  - in Folgejahren eine **Rechtsänderung** eintritt, die sich auf die Beurteilung des Vorsteuerabzugs auswirkt (z. B. Wegfall einer den Vorsteuerabzug ausschließenden Steuerbefreiung);
  - sich die sachlich unzutreffende, aber bestandskräftige und nicht mehr änderbare Beurteilung des Vorsteuerabzugs im Abzugsjahr in einem Folgejahr als unzutreffend erweist;
  - sich bei **Grundstücken** eine Änderung der Verwendung i. S. v. § 15 Abs. 1b UStG ergibt.
- **Änderung der Verhältnisse bei Veräußerung/Lieferung (§ 15a Abs. 8 UStG)**
  Eine Änderung der Verhältnisse liegt auch vor, wenn das noch verwendungsfähige Wirtschaftsgut vor Ablauf des maßgeblichen Berichtigungszeitraums **veräußert oder nach § 3 Abs. 1b UStG geliefert** wird und dieser Umsatz anders zu beurteilen ist als die für den ursprünglichen Vorsteuerabzug maßgebliche Verwendung (z. B. steuerfreie Veräußerung eines bisher zur Ausführung steuerpflichtiger Umsätze genutzten Betriebsgrundstücks). Die Berichtigung ist in diesen Fällen so vorzunehmen, als wäre das Wirtschaftsgut in der Zeit von der Veräußerung oder Lieferung i. S. v. § 3 Abs. 1b UStG bis zum Ablauf des maßgeblichen Berichtigungszeitraums unter entsprechend geänderten Verhältnissen weiterhin für das Unternehmen verwendet worden (im vorgenannten Beispiel somit zu steuerfreien Umsätzen).
- **Änderung der Verhältnisse bei Wechsel der Besteuerungsform (§ 15a Abs. 7 UStG)**
  Eine Änderung der Verhältnisse ist auch bei einem Wechsel der Besteuerungsform gegeben:
  - Übergang von der Regelbesteuerung zur Besteuerung als **Kleinunternehmer** (§ 19 Abs. 1 UStG) und umgekehrt,
  - Übergang von der Regelbesteuerung zur Besteuerung nach **Durchschnittssätzen** (§§ 23a, 24 UStG) und umgekehrt.
- **Änderung innerhalb des Berichtigungszeitraums**
  Die Änderung der vorsteuerrelevanten Verhältnisse muss grundsätzlich innerhalb des Berichtigungszeitraums erfolgen. Berichtigungszeitraum ist entweder
  - der **typisierte Berichtigungszeitraum** von grundsätzlich fünf Jahren bzw. zehn Jahren bei Grundstücken einschließlich Gebäuden nach § 15a Abs. 1 UStG,

- die **betriebsgewöhnliche Nutzungsdauer** nach einkommensteuerlichen Grundsätzen, wenn diese kürzer ist als der typisierte Berichtigungszeitraum (§ 15a Abs. 5 S. 2 UStG) oder
- die **tatsächliche Nutzungsdauer** des Wirtschaftsgutes (z. B. bei Unbrauchbarkeit), wenn diese am kürzesten ist.

In Bezug auf Wirtschaftsgüter zur einmaligen Verwendung (Umlaufvermögen) gibt es allerdings keinen Berichtigungszeitraum.

- **Sinngemäße Anwendung bei nachträglichen Anschaffungs-/Herstellungskosten**
Die Vorschriften über die Berichtigung des Vorsteuerabzugs sind auf Vorsteuerbeträge, die auf nachträgliche Anschaffungs- oder Herstellungskosten entfallen, sinngemäß anzuwenden.

Der Berichtigungszeitraum **beginnt** mit der tatsächlichen erstmaligen Verwendung des Wirtschaftsguts. **Endet** der Berichtigungszeitraum vor dem 16. eines Kalendermonats, bleibt dieser Kalendermonat unberücksichtigt; endet er nach dem 15. eines Kalendermonats, ist der Kalendermonat voll zu berücksichtigen (§ 45 UStDV).

3 Berichtigungsverfahren und Vereinfachungsvorschriften

Die Berichtigung des Vorsteuerabzugs ist jeweils für das Kalenderjahr vorzunehmen, in dem sich die für den Vorsteuerabzug maßgebenden Verhältnisse im Vergleich zu den für den ursprünglichen Vorsteuerabzug maßgebenden Verhältnisse geändert haben. Bei der Berichtigung ist für jedes Kalenderjahr der Änderung grundsätzlich von einem Fünftel bzw. Zehntel der auf das Wirtschaftsgut entfallenden Vorsteuerbeträge auszugehen. Der **Vereinfachung** des Berichtigungsverfahrens dienen folgende Regelungen (§ 44 UStDV):

- Eine Berichtigung des Vorsteuerabzugs entfällt, wenn die auf die Anschaffungs- oder Herstellungskosten des Wirtschaftsguts oder die sonstige Leistung entfallende **Vorsteuer 1.000 € nicht übersteigt**.
- Haben sich in einem Kalenderjahr die für den Vorsteuerabzug maßgeblichen Verhältnisse gegenüber den für den ursprünglichen Vorsteuerabzug maßgeblichen Verhältnissen **um weniger als 10 % geändert**, entfällt die Berichtigung des Vorsteuerabzugs, wenn die Vorsteuerberichtigung **für dieses Jahr 1.000 € nicht übersteigt**.
- Die Vorsteuerberichtigung ist grundsätzlich für den Voranmeldungszeitraum vorzunehmen, für den sich eine Änderung der Verhältnisse ergibt. Abweichend davon ist die Vorsteuerberichtigung erst in der **Umsatzsteuerjahreserklärung** vorzunehmen, wenn der Vorsteuerberichtigungsbetrag **6.000 € nicht übersteigt**.
- In den Fällen des vorzeitigen Ausscheidens von Wirtschaftsgütern durch **Veräußerung oder bei unentgeltlichen Wertabgaben** hat die Berichtigung des Vorsteuerabzugs bereits im Rahmen der Umsatzsteuervoranmeldungen des betreffenden Veräußerungs-/Lieferungszeitpunktes zu erfolgen.

KV 15: Das Besteuerungsverfahren bei der Umsatzsteuer

1 Einleitung

Die Umsatzsteuer ist ebenso wie die Einkommensteuer eine **Veranlagungssteuer**. Besteuerungszeitraum ist grundsätzlich das Kalenderjahr. Steuerpflichtiger ist der Unternehmer. Er hat für jedes Kalenderjahr eine Umsatzsteuererklärung in der Form der Steueranmeldung abzugeben, in der er die zu entrichtende Umsatzsteuer oder den Überschuss, der sich aufgrund eines höheren Vorsteuerabzugs zu seinen Gunsten ergibt, selbst zu berechnen hat.

2 Umsatzsteuer-Voranmeldung (§ 18 Abs. 1 UStG)

Außer der Umsatzsteuer-Jahreserklärung hat der Unternehmer nach § 18 Abs. 1 UStG grundsätzlich auch Umsatzsteuer-Voranmeldungen abzugeben, in denen er die Umsatzsteuer für den betreffenden Voranmeldungszeitraum selbst zu berechnen hat. Dies hat auf elektronischem Wege zu erfolgen, es sei denn, das Finanzamt hat auf Antrag des Steuerpflichtigen zur Vermeidung unbilliger Härten auf eine elektronische Übermittlung verzichtet. Der Voranmeldungszeitraum bestimmt sich regelmäßig aufgrund der Steuer des Vorjahres. Er umfasst grundsätzlich das **Kalendervierteljahr**. Abweichend hiervon ist Voranmeldungszeitraum der **Kalendermonat**, wenn die Steuer für das vorangegangene Jahr **mehr als 7.500 €** betragen hat. Beträgt die Umsatzsteuer für das vorangegangene Kalenderjahr nicht mehr als 1.000 €, kann das Finanzamt den Unternehmer von der Verpflichtung zur Abgabe der Vorauszahlungen befreien. Nimmt der Unternehmer seine berufliche oder gewerbliche Tätigkeit auf, ist im laufenden und folgenden Kalenderjahr Voranmeldungszeitraum der Kalendermonat. Entsprechendes gilt bei Vorratsgesellschaften und Firmenmänteln (§ 18 Abs. 2 S. 5 UStG).

Die berechnete Steuer ist am zehnten Tag nach Ablauf des Voranmeldungszeitraums fällig und bis dahin vom Unternehmer zu entrichten. Hinsichtlich der Wirkung der vom Unternehmer abgegebenen Umsatzsteuer-Voranmeldung ist zu unterscheiden zwischen

- Voranmeldungen mit **Zahllastfolge**; sie stehen nach § 168 S. 1 AO mit dem Eingang beim Finanzamt einer Steuerfestsetzung unter Vorbehalt der Nachprüfung (§ 164 AO) gleich;
- Voranmeldungen mit **Vorsteuer-Vergütungsfolge**; sie erlangen die Wirkung einer Steuerfestsetzung unter Vorbehalt der Nachprüfung erst mit Zustimmung des Finanzamts, die auch konkludent durch Auszahlung der Vergütung erfolgen kann.

Auf Antrag des Unternehmers, der i. d. R. nach amtlich vorgeschriebenem Datensatz zu erfolgen hat, hat das Finanzamt dem Unternehmer grundsätzlich, d. h. sofern der Steueranspruch nicht gefährdet erscheint, die Fristen für die Abgabe der Umsatzsteuer-Voranmeldungen und die Entrichtung der Vorauszahlungen um einen Monat zu verlängern (sog. **Dauerfristverlängerung**, §§ 46 bis 48 UStDV). Bei den Unternehmern, die ihre Voranmeldungen monatlich abzugeben haben, ist die Fristverlängerung unter der Auflage zu gewähren, dass sie eine **Sondervorauszahlung** auf die Steuer des Kalenderjahres entrichten (§ 47 UStDV). Die Sondervorauszahlung beträgt ein Elftel der Summe der Vorauszahlungen für das vorangegangene Kalenderjahr. Die Dauerfristverlängerung gilt so lange als gewährt, bis der Unternehmer seinen Antrag zurücknimmt oder das Finanzamt die Fristverlängerung widerruft. In diesem Fall ist die festgesetzte Sondervorauszahlung bei der Feststellung der Umsatzsteuer-Vorauszahlung für den Monat anzurechnen, für den die Dauerfristverlängerung letztmalig galt.

3 Umsatzsteuer-Jahreserklärung (§ 18 Abs. 3 UStG)

Der Unternehmer hat nach § 18 Abs. 3 UStG für das Kalenderjahr eine Steuererklärung abzugeben, in der er die Steuer bzw. den sich zu seinen Gunsten ergebenden Betrag selbst zu berechnen hat (Steueranmeldung). Die Übermittlung hat auf elektronischem Weg zu erfolgen. Die Regelung gilt auch für Kleinunternehmer (§ 19 Abs. 1 UStG). Die Abgabe hat bis zum 31.05. des Folgejahres zu erfolgen (§ 149 Abs. 2 S. 1 AO i. V. m. § 16 Abs. 1 S. 2 UStG).

Wird die Umsatzsteuer für die einzelnen Voranmeldungszeiträume richtig angemeldet, muss im Allgemeinen die Summe der vorangemeldeten Steuer die Jahresumsatzsteuer ergeben. Insoweit ergeben sich jedoch **in der Praxis Differenzen**, z. B.
- aufgrund von **Vorsteuerberichtigungen** (§ 15a UStG), die in bestimmten Fällen erst in der Jahressteuererklärung vorgenommen werden,
- aufgrund des Umstandes, dass in der Voranmeldung zunächst eine **Schätzung** vorgenommen wurde (z. B. der private Anteil der Kraftfahrzeugnutzung zunächst anhand der Kosten des Vorjahres vorgenommen wurde, § 3 Abs. 1b, Abs. 9a UStG).

Die rechtliche Wirkung der Umsatzsteuer-Jahreserklärung richtet sich ebenso wie bei der Umsatzsteuer-Voranmeldung danach, ob diese zu einer Zahllast führt (dann Wirkung einer Vorbehaltsfestsetzung und Fälligkeit ein Monat nach Eingang beim Finanzamt) oder zu einer Vergütung/Erstattung (Wirkung einer Vorbehaltsfestsetzung erst nach Zustimmung des Finanzamts).

KV 16: Das Vorsteuer-Vergütungsverfahren

1 Einleitung

Der Vorsteuerabzug nach § 15 UStG steht grundsätzlich jedem Unternehmer zu, auch wenn er in der Bundesrepublik Deutschland weder Sitz noch Zweigniederlassung hat und im Inland keine steuerbaren Leistungen ausführt. Für diese im Ausland ansässigen Unternehmer erfolgt die Geltendmachung der Vorsteuer nicht im Veranlagungsverfahren (§§ 16 und 18 Abs. 1 bis 4 UStG), sondern im Vorsteuer-Vergütungsverfahren (§ 18 Abs. 9 UStG i. V. m. §§ 59 bis 62 UStDV).

2 Vergütungsberechtigte Unternehmer (§ 59 UStDV)

Die Vergütung der nach § 15 UStG abziehbaren Vorsteuerbeträge an im Ausland ansässige Unternehmer ist nach den §§ 60 bis 61a UStDV durchzuführen, wenn der Unternehmer im Vergütungszeitraum

- im Inland keine Umsätze i. S. d. § 1 Abs. 1 Nr. 1 und 5 UStG oder nur steuerfreie grenzüberschreitende Beförderungen Umsätze i. S. d. § 4 Nr. 3 UStG ausgeführt hat,
- nur Umsätze ausgeführt hat, für die der Leistungsempfänger die Steuer schuldet (§ 13b UStG) oder die der Beförderungseinzelbesteuerung (§ 16 Abs. 5 und § 18 Abs. 5 UStG) unterlegen haben oder
- im Inland nur innergemeinschaftliche Erwerbe und daran anschließende Lieferungen i. S. d. § 25b Abs. 2 UStG ausgeführt hat oder
- im Inland als Steuerschuldner nur Umsätze i. S. d. § 3a Abs. 5 UStG (Leistungen auf elektronischem Weg) erbracht hat und von dem Wahlrecht nach § 18 Abs. 4c UStG Gebrauch gemacht hat oder diese Umsätze in einem anderen Mitgliedstaat erklärt sowie die darauf entfallende Steuer entrichtet hat.

Sofern diese Voraussetzungen erfüllt sind, kann die Vergütung der Vorsteuer nur im Vorsteuer-Vergütungsverfahren durchgeführt werden.

Einem Unternehmer, der **nicht im Gemeinschaftsgebiet ansässig** ist, wird die Vorsteuer nur vergütet, wenn in dem Sitzstaat des Unternehmers keine Umsatzsteuer oder ähnliche Steuer erhoben oder im Fall der Erhebung im Inland ansässigen Unternehmern vergütet wird (Gegenseitigkeit). Bei fehlender Gegenseitigkeit ist das Vorsteuer-Vergütungs-Verfahren nur durchzuführen, wenn der nicht im Gemeinschaftsgebiet ansässige Unternehmer

- nur Umsätze ausgeführt hat, für die der Leistungsempfänger die Steuer schuldet (§ 13b UStG) oder die der Beförderungseinzelbesteuerung (§ 16 Abs. 5 und § 18 Abs. 5 UStG) unterlegen haben, oder
- im Inland nur innergemeinschaftliche Erwerbe und daran anschließende Lieferungen i. S. d. § 25b Abs. 2 UStG ausgeführt hat.

Den nicht im Gemeinschaftsgebiet ansässigen Unternehmern wird die Vorsteuer, die auf den Bezug von Kraftstoffen entfällt, nicht vergütet.

Im Drittlandsgebiet ansässige Unternehmer, die ausschließlich Leistungen auf elektronischem Weg im Gemeinschaftsgebiet an Nichtunternehmer erbringen und von dem Wahlrecht der steuerlichen Erfassung in nur einem Mitgliedstaat Gebrauch machen, können Vorsteuerbeträge nur im Rahmen des Vorsteuervergütungsverfahren geltend machen (§ 18 Abs. 9 S. 6 UStG i. V. m. § 59 Nr. 4 UStDV). Die Einschränkungen des § 18 Abs. 9 S. 4 und 5 UStG (Vergütung nur bei Gegenseitigkeit, Ausschluss des Vorsteuerabzugs für Vorsteuerbeträge auf Kraftstoffe) gelten nicht. Voraussetzung ist ferner, dass die Vorsteuerbeträge im Zusammenhang mit den vom Unternehmer auf elektronischem Weg erbrachten Leistungen stehen.

3 Vergütungszeitraum

Der Vergütungszeitraum ist nach Wahl des Unternehmers ein Zeitraum von **mindestens drei aufeinander folgenden Kalendermonaten** bis zu **höchstens einem Kalenderjahr**. Er kann allerdings weniger als drei Monate umfassen, wenn es sich um den restlichen Zeitraum des Kalenderjahres handelt. Es müssen nicht in jedem Kalendermonat Vorsteuerbeträge angefallen sein. Auch Vorsteuerbeträge aus vorangegangenen Vergütungszeiträumen können in dem Antrag aufgenommen werden.

4 Vergütungsverfahren

Der Vergütungsantrag ist **innerhalb von sechs Monaten** nach Ablauf des Kalenderjahres zu stellen, in dem der Vergütungsanspruch entstanden ist (Ausschlussfrist, ggf. Wiedereinsetzung in den vorigen Stand nach § 110 AO). Der Vergütungsantrag ist eine Steueranmeldung i. S. d. § 150 Abs. 1 AO. Nach Zustimmung durch die Finanzbehörde steht sie einer Steuerfestsetzung unter dem Vorbehalt der Nachprüfung gleich (§ 168 AO). Für die Vergütung ist grundsätzlich das Bundeszentralamt für Steuern zuständig.

Für den Antrag ist ein Vordruck nach **amtlich vorgeschriebenem Muster** zu verwenden. In dem Antragsvordruck sind die Vorsteuerbeträge einzeln aufzuführen (Einzelaufstellung). Für

Kleinbetragsrechnungen i. S. d. § 33 UStDV, Fahrausweise i. S. d. § 34 UStDV und Einfuhrumsatzsteuerbelege werden aus Vereinfachungsgründen zusammenfassende gesonderte Aufstellungen zugelassen. Der Unternehmer hat die Vergütung selbst zu berechnen und den Nachweis über die Vorsteuerbeträge durch Vorlage der Rechnungen und Einfuhrbelege im Original zu erbringen. Der Vergütungsantrag ist vom Unternehmer eigenhändig zu unterschreiben.

Dem Antrag ist eine **behördliche Bescheinigung des Ansässigkeitsstaates** des Unternehmers beizufügen, die nachweist, dass er als Unternehmer unter einer Steuernummer eingetragen ist. Bei Antragstellung darf das Ausstellungsdatum der Bescheinigung nicht länger als ein Jahr zurückliegen. Die abschließende Bearbeitung des Vergütungsantrags und die Auszahlung des Vergütungsbetrages hat bei im übrigen Gemeinschaftsgebiet ansässigen Unternehmern innerhalb von sechs Monaten nach Eingang aller erforderlichen Unterlagen zu erfolgen. Im Fall der Vergütung werden die Originalbelege durch Stempelaufdruck oder in anderer Weise entwertet.

4.1 Vorsteuer-Vergütungsverfahrens für im übrigen Gemeinschaftsgebiet ansässige Unternehmer (§ 61 UStDV)

Für im übrigen Gemeinschaftsgebiet ansässige Unternehmer gilt Folgendes:
- Der Vergütungsantrag ist zwingend nach amtlich vorgeschriebenem Datensatz zu übermitteln.
- Die Vergütung muss **mindestens 400 €** betragen. In den Fällen, in denen der Vergütungszeitraum das Kalenderjahr oder der letzte Zeitraum des Kalenderjahres ist, muss die Vergütung mindestens 50 € betragen.
- Die Unternehmer müssen zukünftig in ihrem EU-Heimatland einen Erstattungsantrag elektronisch stellen. Das Heimatland leitet diese Anträge an die jeweiligen EU-Staaten weiter. Das Heimatland fungiert somit als elektronischer Briefkasten.
- Die Vorlage von Originalbelegen ist nicht erforderlich.
- Die Vergütung ist **binnen neun Monaten** nach Ablauf des Kalenderjahres zu beantragen. Der Vergütungsbetrag ist selbst zu berechnen.

4.2 Vorsteuer-Vergütungsverfahrens für Drittstaaten (§ 61a UStDV)

Für nicht im Gemeinschaftsgebiet ansässige Unternehmer gilt Folgendes:
- Der Vergütungsantrag ist in jedem EU-Land gesondert zu stellen.
- Die Mindestbeträge erhöhen sich von 400 € auf 1.000 € und von 50 € auf 500 €.

4.3 Vorsteuer-Vergütungsverfahrens für Leistungsbezüge europäischer Einrichtungen (§ 4c UStG)

Nach § 4c Abs. 1 UStG wird europäischen Einrichtungen die von dem Unternehmer für eine Leistung gesetzlich geschuldete und von der Einrichtung gezahlte Steuer sowie die von der Einrichtung nach § 13b Abs. 5 UStG geschuldete und von ihr gezahlte Steuer auf Antrag vergütet, sofern die Leistung nicht von der Steuer befreit werden kann. Ziel ist es, die EU-Einrichtungen von den nationalen Steuern zu entlasten, die sie bei der Beschaffung von Waren und Dienstleistungen im Zusammenhang mit der Erfüllung der Aufgaben zur Pandemiebekämpfung an die leistenden Unternehmer bezahlt haben.

KV 17: Die Umsatzbesteuerung der Kleinunternehmer

1 Einleitung

Die Regelung über die Umsatzbesteuerung der Kleinunternehmer in § 19 UStG dient der **Vereinfachung**, indem sie für Kleinunternehmer eine weitgehende Gleichstellung mit Nichtunternehmern vorsieht. Der Begriff »Kleinunternehmer« leitet sich davon ab, dass ein Teil der unter diese Sonderregelung fallenden Unternehmer nur in geringem Umfang Umsätze tätig. Der Begriff ist aber zum Teil irreführend, weil auch Unternehmer, die beträchtliche Umsätze tätigen, unter diese Regelung fallen können (z. B. Ärzte, die steuerfreie Umsätze nach § 4 Nr. 14 UStG ausführen).

2 Voraussetzungen

Kleinunternehmer ist derjenige, dessen sog. **Kleinunternehmerumsatz** folgende Grenzen nicht übersteigt:
- im vorangegangen Kalenderjahr 22.000 € **und**
- im laufenden Kalenderjahr voraussichtlich 50.000 €.

Der Kleinunternehmerumsatz ist nach vereinnahmten Umsätzen wie folgt zu ermitteln:

	Summe der vom Unternehmer ausgeführten steuerbaren Umsätze zzgl. USt
./.	bestimmte in § 19 Abs. 3 UStG genannte steuerfreie Umsätze
=	Gesamtumsatz i. S. d. § 19 Abs. 3 UStG
./.	Umsätze von Anlagevermögen zzgl. USt
=	Kleinunternehmerumsatz

Hat der Unternehmer seine Tätigkeit nur in einem Teil des Kalenderjahres ausgeübt, ist der tatsächliche Gesamtumsatz in einen Jahresgesamtumsatz umzurechnen.

3 Rechtsfolgen der Kleinunternehmerbesteuerung

Liegen die dargestellten Voraussetzungen für die Kleinunternehmerbesteuerung vor, treten folgende Rechtsfolgen ein:
- Die Umsätze nach § 1 Abs. 1 Nr. 1 UStG sind zwar grundsätzlich umsatzsteuerbar und -pflichtig, die Umsatzsteuer wird jedoch **nicht erhoben**.
- **Ausnahmen**: Erhoben werden die
  - Einfuhrumsatzsteuer;
  - Steuer auf den innergemeinschaftlichen Erwerb, falls die Erwerbsschwelle überschritten oder optiert wird;
  - Steuer, die vom letzten Abnehmer in einem innergemeinschaftlichen Dreiecksgeschäft geschuldet wird (§ 25b Abs. 2 UStG);
  - Steuer nach § 14c Abs. 2 UStG bei unzulässigem Steuerausweis;
  - Steuer nach § 13b UStG in Fällen der Steuerschuldnerschaft des Leistungsempfängers.
- Der Kleinunternehmer hat **keinen Vorsteuerabzug** nach § 15 UStG.
- Der Kleinunternehmer darf in seinen Rechnungen **keine Umsatzsteuer gesondert ausweisen**, sonst schuldet er diese nach § 14c Abs. 2 UStG.
- Er darf nicht gemäß § 9 UStG auf bestimmte Steuerbefreiungen verzichten (**keine Option**).
- Vereinfachte Umsatzsteuer-Jahreserklärung.

4 Option zur Regelbesteuerung nach § 19 Abs. 2 UStG

Die Kleinunternehmerbesteuerung wirkt sich i. d. R. nur dann günstig für den Unternehmer aus, wenn er Umsätze an den Endverbraucher tätigt. Bewirkt er seine **Umsätze innerhalb der Unternehmerkette**, kann die Kleinunternehmerbesteuerung wegen des fehlenden Rechts zum Vorsteuerabzug ungünstiger sein. Daher hat der Gesetzgeber in § 19 Abs. 2 UStG die Möglichkeit vorgesehen, **zur Regelbesteuerung zu optieren**. Im Fall der Option ist die Umsatzsteuer nach den allgemeinen Vorschriften des Umsatzsteuergesetzes zu ermitteln. Die Option zur Regelbesteuerung ermöglicht dem Unternehmer insbesondere, gemäß § 9 UStG auf bestimmte Steuerbefreiungen zu verzichten (sog. **Doppeloption**).

Für die Erklärung ist **keine bestimmte Form** vorgeschrieben. Sie kann auch konkludent dadurch erfolgen, dass der Unternehmer in den Voranmeldungen oder in der Steuererklärung die Steuer nach allgemeinen Grundsätzen berechnet. In Zweifelsfällen hat das Finanzamt die vom Unternehmer gewünschte Besteuerungsform zu erfragen. Die Erklärung kann der Unternehmer **bis zur Unanfechtbarkeit der Steuerfestsetzung** abgeben. Sie gilt vom Beginn des Kalenderjahres an, für das der Unternehmer sie abgegeben hat. Der Unternehmer kann die Erklärung bis zum Eintritt der Unanfechtbarkeit mit Wirkung für die Vergangenheit **zurücknehmen**. In diesem Fall kann er die Rechnungen, in denen er Umsatzsteuer gesondert ausgewiesen hat, in entsprechender Anwendung des § 14c Abs. 1 UStG berichtigen.

Nach Eintritt der Unanfechtbarkeit ist der Unternehmer an die Option **fünf Jahre gebunden**. Sie kann nur mit Wirkung vom Beginn eines Kalenderjahres an widerrufen werden, und zwar spätestens bis zur Unanfechtbarkeit der Steuerfestsetzung des Kalenderjahres, für das der Widerruf erfolgen soll.

KV 18: Die Differenzbesteuerung nach § 25a UStG

1 Einleitung

Die Differenzbesteuerung nach § 25a UStG ist eine Sonderregelung für die Besteuerung der Lieferung von **gebrauchten beweglichen Gegenständen** einschließlich Kunstgegenständen, Sammlungsstücken und Antiquitäten durch gewerbsmäßige Händler. Die Vorschrift soll **Wettbewerbsnachteile gewerbsmäßiger Händler** gegenüber Privatverkäufern (»Privat an Privat«) vermeiden. Während gewerbsmäßige Händler die Lieferung von Gegenständen, die sie von Privatleuten ohne Vorsteuerabzugsrecht erworben haben, in vollem Umfang der Umsatzsteuer zu unterwerfen haben, unterliegt die Lieferung durch Privatleute mangels Unternehmereigenschaft nicht der Umsatzsteuer. Diesen Wettbewerbsnachteil versucht § 25a UStG dadurch auszugleichen, dass der Händler lediglich die Differenz zwischen Einkaufs- und Verkaufspreis der Umsatzsteuer zu unterwerfen hat (sog. **Margenbesteuerung**).

2 Voraussetzungen der Differenzbesteuerung

Die Differenzbesteuerung gilt in folgenden Fällen:
- Es muss sich um die **Lieferung von beweglichen körperlichen Gegenständen** handeln, bei denen es sich nicht um Edelsteine oder Edelmetalle handelt.
- Der Unternehmer muss ein **Wiederverkäufer** sein. Als Wiederverkäufer gilt, wer gewerbsmäßig mit beweglichen körperlichen Gegenständen handelt oder solche Gegenstände im eigenen Namen öffentlich versteigert.
- Der **Ort der Lieferung** der Gegenstände an den Wiederverkäufer muss im **Inland oder im übrigen Gemeinschaftsgebiet** liegen.
- Der Unternehmer muss die Gegenstände **für sein Unternehmen** erworben haben.
- Für die Lieferung des Gegenstandes an den Wiederverkäufer darf dieser **kein Vorsteuerabzugsrecht** haben, weil entweder
  - Umsatzsteuer im Gemeinschaftsgebiet nicht geschuldet wird,
  - die Umsatzsteuer nach § 19 Abs. 1 UStG nicht erhoben wird oder
  - die Differenzbesteuerung vorgenommen wurde.
- Ausnahmsweise kommt nach § 25a Abs. 2 UStG die Differenzbesteuerung auch bei Kunstgegenständen, Sammlungsstücken und Antiquitäten in Betracht, die der Unternehmer **mit Vorsteuerabzugsberechtigung** erworben hat. Der Unternehmer kann insoweit die Differenzbesteuerung auch dann anwenden, wenn er
  - Kunstgegenstände steuerpflichtig von einer Person erworben hat, die nicht Wiederverkäufer war, oder

- Kunstgegenstände, Sammlungsstücke und Antiquitäten selbst eingeführt hat. In diesem Fall verliert aber das Recht, die entrichtete Einfuhrumsatzsteuer als Vorsteuer geltend zu machen,
- dies spätestens bei Abgabe der ersten Voranmeldung eines Kalenderjahres gegenüber dem Finanzamt formlos erklärt; die Erklärung bindet ihn zwei Jahre.

• Der Wiederverkäufer kann die Differenzbesteuerung bei **Erwerb von folgenden Personen** anwenden:
  - Privatpersonen oder juristischen Personen, die nicht Unternehmer sind,
  - Unternehmern aus deren nichtunternehmerischen Bereich,
  - Unternehmern, die mit ihrer Lieferung des Gegenstandes unter eine Steuerbefreiung fallen, die zum Ausschluss des Vorsteuerabzugs führt,
  - Kleinunternehmern oder
  - einem anderen Wiederverkäufer, der auf die Lieferung ebenfalls die Differenzbesteuerung angewendet hat.

• Die Differenzbesteuerung ist nicht anwendbar, wenn
  - der Unternehmer aus mehreren Einzelgegenständen, die jeweils für sich die Voraussetzungen für die Differenzbesteuerung erfüllen, einen einheitlichen »neuen« Gegenstand herstellt, der anschließend geliefert wird,
  - der Unternehmer von einem erworbenen Gebrauchtgegenstand anschließend lediglich einzelne Teile liefert (z. B. Ausschlachten eines Pkw),
  - der Unternehmer den Gegenstand nicht erworben, sondern aus seinem Privatvermögen in das Unternehmen eingelegt hat.

3 Bemessungsgrundlage

3.1 Grundsatz: Ermittlung nach der Einzeldifferenz

Der Umsatz wird grundsätzlich nach dem Betrag bemessen, um den der Verkaufspreis den Einkaufspreis für den Gegenstand übersteigt (**Unterschiedsbetrag**); die in dem Unterschiedsbetrag enthaltene Umsatzsteuer ist herauszurechnen. Nebenkosten, die nach dem Erwerb des Gegenstands anfallen (z. B. Reparaturkosten) mindern die Bemessungsgrundlage nicht.

Lieferungen, für die die **Mindestbemessungsgrundlage** anzusetzen ist, und **Lieferungen i. S. v. § 3 Abs. 1b UStG** werden nach dem Unterschied zwischen dem tatsächlichen Einkaufspreis und dem Einkaufspreis zuzüglich Nebenkosten für den Gegenstand zum Zeitpunkt des Umsatzes (§ 10 Abs. 4 Nr. 1 UStG) – abzüglich Umsatzsteuer – bemessen. Bei den vorbezeichneten Lieferungen scheidet eine Differenzbesteuerung allerdings regelmäßig wegen § 3 Abs. 1b S. 2 UStG aus, weil diese Vorschrift die Berechtigung zum vollen oder teilweisen Vorsteuerabzug voraussetzt.

3.2 Vereinfachung: Ermittlung nach der Gesamtdifferenz

Bei Gegenständen, deren **Einkaufspreis 500 € nicht übersteigt**, kann die Bemessungsgrundlage anstatt nach der Einzeldifferenz nach der Gesamtdifferenz ermittelt werden. Die Gesamtdifferenz ist der Betrag, um den die Summe der Verkaufspreise und der Werte nach § 10 Abs. 4 Nr. 1 UStG die Summe der Einkaufspreise – jeweils bezogen auf einen Besteuerungszeitraum – übersteigt; die in dem Unterschiedsbetrag enthaltene Umsatzsteuer ist herauszurechnen. Der Ausgleich positiver und negativer Margen aufgrund der Umsatzsteuervoranmeldungen erfolgt im Rahmen der Veranlagung.

4 Steuersatz und Steuerbefreiungen

Bei der Differenzbesteuerung ist die Steuer immer mit dem **allgemeinen Steuersatz** zu berechnen. Dies gilt auch für solche Gegenstände, für die bei der Besteuerung nach den allgemeinen Vorschriften der ermäßigte Steuersatz anzuwenden wäre (z. B. Kunstgegenstände und Sammlungsstücke). Steuerbefreiungen gemäß § 4 UStG bleiben, mit Ausnahme der Steuerbefreiung für innergemeinschaftliche Lieferungen, unberührt.

5 Vorsteuerabzug, Rechnungserteilung, Aufzeichnungspflichten, Verzicht

Der Wiederverkäufer hat aus dem Erwerb der Gegenstände, die der Differenzbesteuerung unterliegen, **keinen Vorsteuerabzug**. Er darf für Differenzgeschäfte eine Rechnung mit gesondert ausgewiesener Umsatzsteuer nicht erteilen. Der Wiederverkäufer hat für jeden Gegenstand getrennt den Verkaufspreis oder den Wert nach § 10 Abs. 4 Nr. 1 UStG, den Einkaufspreis und die Bemessungsgrundlage **aufzuzeichnen**. Aus Vereinfachungsgründen kann bei einem Gesamteinkaufspreis für mehrere Gegenstände dieser aufgezeichnet werden, wenn er den Betrag von 500 € nicht übersteigt oder soweit er nach Abzug der Einkaufspreise einzelner Gegenstände den Betrag von 500 € nicht übersteigt. Die Aufzeichnungen über die Differenzbesteuerung sind getrennt von den übrigen Aufzeichnungen zu führen.

Der Wiederverkäufer kann nach § 25a Abs. 8 UStG **bei jeder einzelnen Lieferung** eines Gebrauchtgegenstandes auf die Anwendung der Differenzbesteuerung **verzichten**; im Fall der Besteuerung nach der Gesamtdifferenz i. S. v. § 25a Abs. 4 UStG ist ein Verzicht jedoch ausgeschlossen. Der Verzicht hat zur Folge, dass auf die Lieferung die allgemeinen Vorschriften des UStG anzuwenden sind.

KV 19: Gutscheine im Umsatzsteuerrecht

1 Einleitung

Zum 01.01.2019 hat sich umsatzsteuerliche Behandlung von Gutscheinen geändert. Die Grundlagen der Neuregelung sind in §3 Abs. 13 bis 15 UStG niedergelegt. Damit wurde die sog. Gutschein-Richtlinie in nationales Recht umgesetzt. Nach der Neuregelung erfolgt die Umsatzbesteuerung deutlich früher: Wurde bis zum 31.12.2018 die Ausgabe eines (Nenn-)Wertgutscheins lediglich als bloßer Zahlungsmitteltausch (Geld gegen Gutschein als besondere Form des Zahlungsmittels) behandelt, die noch keine Leistung im umsatzsteuerlichen Sinn darstellte, ist nunmehr zu unterscheiden, ob ein Einzweck- oder ein Mehrzweckgutschein vorliegt.

2 Begriff und Arten von Gutscheinen

Unter einem Gutschein ist nach §3 Abs. 13 S. 1 UStG ein Instrument zu verstehen
- bei dem die **Verpflichtung** besteht, es als vollständige oder teilweise Gegenleistung für eine Lieferung oder sonstige Leistung anzunehmen und
- bei dem der **Liefergegenstand** oder die **sonstige Leistung** oder die **Identität** des leistenden Unternehmers entweder auf dem Instrument selbst oder in damit zusammenhängenden Unterlagen einschließlich Nutzungsbedingungen **angegeben** sind.

Ein **Einzweck-Gutschein** ist nach §3 Abs. 14 S. 1 UStG definiert als Gutschein i. S. d. Absatzes 13, bei dem der Ort der Lieferung oder sonstigen Leistung, auf die sich der Gutschein bezieht, und die für diese Umsätze geschuldete Steuer zum Zeitpunkt der Ausstellung des Gutscheins **feststehen**. Kennzeichen eines Einzweck-Gutscheins ist somit, dass bereits bei Gutscheinausgabe alle Informationen vorliegen, um die umsatzsteuerliche Behandlung der dem Gutschein zugrundeliegenden Leistung mit Sicherheit zu bestimmen.

Ein Gutschein, der kein Einzweck-Gutschein ist, ist nach §3 Abs. 15 UStG ein **Mehrzweck-Gutschein**. Beim Mehrzweck-Gutschein liegen somit die für die umsatzsteuerliche Behandlung notwendigen Informationen im Zeitpunkt der Ausgabe noch nicht vor.

Nicht zu den Gutscheinen i. S. d. §3 Abs. 13 bis 15 UStG gehören Instrumente, die lediglich zu einem Preisnachlass berechtigen (sog. **Rabattgutscheine**).

3 Steuerentstehung

Beim **Einzweck-Gutschein**, bei dessen Ausstellung bereits alle erforderlichen Informationen für die Umsatzbesteuerung vorliegen, erfolgt die Besteuerung bereits im **Zeitpunkt der Ausgabe** bzw. Übertragung des Gutscheins. Die spätere tatsächliche Leistung gilt nicht als unabhängiger Umsatz, ist somit nicht umsatzsteuerbar. Beim **Mehrzweck-Gutschein** unterliegt erst die tatsächliche Lieferung bzw. die tatsächliche Ausführung der sonstigen Leistung der Umsatzsteuer, d.h. erst die **Einlösung** des Gutscheins führt zum Entstehen der Umsatzsteuer, nicht bereits dessen Ausgabe.

4 Bemessungsgrundlage

Bei der Bemessungsgrundlage gelten für Einzweck-Gutscheine keine speziellen Regelungen, sondern die allgemeine Regelung des § 10 Abs. 1 S. 1 UStG, wonach der Umsatz nach dem Entgelt bemessen wird. Dagegen wurde für Mehrzweck-Gutscheine in § 10 Abs. 1 S. 6 UStG eine **Ersatzbemessungsgrundlage** geschaffen: Liegen bei der Entgegennahme eines Mehrzweck-Gutscheins keine Angaben über die Höhe der für den Gutschein erhaltenen Gegenleistungen (= Entgelt) vor, so wird das Entgelt nach dem Gutscheinwert selbst oder nach dem in den damit zusammenhängenden Unterlagen angegebenen Geldwert bemessen, abzüglich der Umsatzsteuer, die danach auf die Leistung entfällt.

5 Übertragung von Einzweck-Gutscheinen

Überträgt ein Unternehmer einen Einzweck-Gutschein **im eigenen Namen**, wird die Übertragung des Gutscheins als Lieferung des Gegenstands oder Erbringung der sonstigen Leistung, auf die sich der Gutschein bezieht, fingiert (§ 3 Abs. 14 S. 2 UStG). Überträgt ein Unternehmer einen Einzweck-Gutschein **im Namen eines anderen Unternehmers** (Beispiel: A verkauft den Gutschein eines Restaurants in dessen Namen), wird der Unternehmer, der den Gutschein verkauft (hier: A), nicht Teil der Leistungskette, sondern erbringt lediglich eine Vermittlungsleistung. Die Übertragung des Gutscheins auf den Kunden gilt vielmehr als Leistung desjenigen, in dessen Namen der Verkäufer des Gutscheins handelt (hier: des Restaurants).

In der dritten Fallkonstellation des § 3 Abs. 14 UStG handelt der Gutscheinaussteller bei der Gutscheinausstellung wiederum im eigenen Namen, er ist aber **nicht zugleich der leistende Unternehmer**. Für diesen Fall fingiert § 3 Abs. 14 S. 4 UStG eine **Leistungskette**, wonach der leistende Unternehmer so zu behandeln ist, als habe er die im Gutschein bezeichnete Leistung an den Gutscheinaussteller erbracht. Dieser Fall entspricht somit einer Liefer- bzw. Dienstleistungskommission.

Teil G:
Zivilrecht

KV 1: Die Vertretung im bürgerlichen Recht und Handelsrecht

1 Einleitung

Die Normen über die Stellvertretung betreffen die **Zurechnung der Abgabe und des Empfangs von Willenserklärungen**. Häufig besteht aus tatsächlichen oder rechtlichen Gründen ein Bedürfnis dafür, dass jemand für einen anderen eine Willenserklärung abgibt. Die Vorschriften des BGB über Vertretung und Vollmacht sind auch für die Vertretung im Handelsrecht grundlegend. Während die Vorschriften des BGB dem Vollmachtgeber die Bestimmung des Inhalts der erteilten Vertretungsmacht grundsätzlich freistellen (z. B. Beschränkung auf das Inkasso einer Forderung), sieht das HGB im Interesse der Sicherheit und Leichtigkeit des Handelsverkehrs bestimmte **typisierte Vertretungsformen** vor. Der Dritte soll sich auf einen bestimmten Umfang der Vertretungsmacht verlassen können, ohne erst Nachforschungen hierüber anstellen zu müssen.

2 Die Vertretung im bürgerlichen Recht

2.1 Gesetzliche und rechtsgeschäftlich erteilte Vertretungsmacht

Grundsätzlich ist zwischen gesetzlicher und rechtsgeschäftlich erteilter Vertretungsmacht zu unterscheiden. Personen, die geschäftsunfähig oder beschränkt geschäftsfähig sind (z. B. Minderjährige), bedürfen zu ihrem Schutz eines gesetzlichen Vertreters (z. B. Eltern). Dem gesetzlichen Vertreter ähnlich ist die Vertretung juristischer Personen (z. B. GmbH, AG) durch ihre Organe. Demgegenüber regeln die §§ 164 bis 181 BGB die rechtsgeschäftlich erteilte Vertretungsmacht (= Vollmacht).

2.2 Vertretung nach §§ 164 bis 181 BGB

Dem Vertretenen wird nach § 164 BGB die Erklärung des Vertreters wie eine eigene Erklärung zugerechnet, d. h. er wird aus dem Rechtsgeschäft berechtigt und verpflichtet, wenn
- der Vertreter eine **eigene Willenserklärung** abgibt;
  - dies unterscheidet den Vertreter vom Boten, der nur eine fremde Willenserklärung übermittelt;
  - der Vertreter muss zumindest beschränkt geschäftsfähig sein;

- der Vertreter die Erklärung **im Namen des Vertretenen** abgibt;
  - dies muss nicht ausdrücklich erfolgen, es reicht aus, wenn sich dies aus den Umständen ergibt;
- der Vertreter innerhalb der ihm zustehenden **Vertretungsmacht** handelt;
  - schließt jemand ohne Vertretungsmacht im Namen eines anderen einen Vertrag, hängt die Wirksamkeit des Vertrags von dessen Genehmigung ab.

Während bei der aktiven Stellvertretung der Vertreter für den Vertretenen eine Willenserklärung abgibt, nimmt bei der passiven Stellvertretung der Vertreter eine Willenserklärung für den Vertretenen entgegen.

2.3 Duldungs- und Anscheinsvollmacht

Die **Rechtsprechung** hat zum Schutz gutgläubiger Dritter die Institute der Duldungs- und Anscheinsvollmacht entwickelt. In den Fällen, in denen eine Vollmacht tatsächlich nicht erteilt wurde, der Dritte aber aufgrund des Erscheinungsbildes von einer Vollmachtserteilung ausgehen darf und der vermeintliche Vollmachtgeber zu diesem Eindruck beigetragen hat, muss dieser das vom Vertreter geschlossene Geschäft gegen sich gelten lassen.

Eine **Duldungsvollmacht** liegt vor, wenn der Vertretene es duldet (= wissentlich zulässt), dass eine Person für ihn als Vertreter auftritt und ein Dritter von der Erteilung einer entsprechenden Vollmacht ausgehen durfte (Beispiel: Telefonistin T nimmt Bestellungen der Kunden selbst an, ohne hierzu bevollmächtigt zu sein. Geschäftsinhaber G weiß dies zwar, schreitet aber aus Nachlässigkeit nicht ein).

Eine **Anscheinsvollmacht** liegt vor, wenn der Vertretene das Vertreterhandeln einer Person zwar nicht kennt, bei Anwendung pflichtgemäßer Sorgfalt jedoch hätte erkennen können, und der Dritte wiederum von der Erteilung einer Vollmacht ausgehen durfte (Beispiel: Im vorgenannten Fall weiß G zwar nichts vom Verhalten der T, wenn er seine Überwachungsaufgaben ausreichend wahrgenommen hätte, hätte er es aber abstellen können).

3 Die Vertretung im Handelsrecht

Das HGB sieht drei spezifische Arten der Vertretungsmacht vor, derer sich der Inhaber des Handelsgeschäfts bedienen kann:
- Prokura,
- Handlungsvollmacht,
- Vertretungsmacht der Ladenangestellten.

3.1 Prokura (§§ 48 bis 53 HGB)

Die Prokura, die nur von Kaufleuten erteilt werden kann, ist eine umfassende Vertretungsmacht, die zu allen Arten von gerichtlichen und außergerichtlichen Geschäften und Rechtshandlungen ermächtigt, die der Betrieb eines Handelsgewerbes mit sich bringt. Die Prokura umfasst auch die Befugnis zum Abschluss außergewöhnlicher, nicht branchenüblicher Geschäfte. Eine Beschränkung des Umfangs der Prokura ist Dritten gegenüber unwirksam. Nicht umfasst von der Prokura sind lediglich
- Grundlagengeschäfte (z. B. Einstellung oder Veräußerung des Handelsgeschäfts);
- reine Inhabergeschäfte (sog. Prinzipalgeschäfte, z. B. Unterzeichnung des Jahresabschlusses oder Erteilung von Prokura);
- Veräußerung und Belastung von Grundstücken, wenn ihm diese Befugnis nicht besonders erteilt ist.

3.2 Handlungsvollmacht (§ 54 bis 58 HGB)

Handlungsvollmacht ist jede von einem Kaufmann im Rahmen seines Handelsgewerbes erteilte Vollmacht, die nicht Prokura ist. Der Inhalt der Handlungsvollmacht kann anders als bei der Prokura verschieden sein. Die Handlungsvollmacht kann
- zum Betrieb des gesamten Handelsgewerbes ermächtigen (Generalhandlungsvollmacht),
- zur Vornahme einer bestimmten zu einem Handelsgewerbe gehörigen Art von Geschäften (Arthandlungsvollmacht, z. B. bei Kassierern, Verkäufern) oder zur Vornahme einzelner zu einem Handelsgewerbe gehöriger Geschäfte ermächtigen.

Zu folgenden Handlungen ist der Handlungsbevollmächtigte nur ermächtigt, wenn ihm diese **Befugnis besonders erteilt** wurde:
- Veräußerung oder Belastung von Grundstücken;
- Eingehung von Wechselverbindlichkeiten;
- Aufnahme von Darlehen;
- Führung von Prozessen.

3.3 Vertretungsmacht von Ladenangestellten (§ 56 HGB)

Wer in einem Laden oder ein einem öffentlichen Warenlager angestellt ist, gilt nach § 56 HGB als zu Verkäufen und Empfangnahmen ermächtigt, die in einem derartigen Laden oder Warenlager gewöhnlich geschehen.

KV 2: Die gesetzliche Erbfolge

1 Begriff

Die gesetzliche Erbfolge ist in den §§ 1924 ff. BGB geregelt. Nur eine natürliche Person kann vererben. Die Erbfolge beruht entweder auf Gesetz oder auf dem Willen des Erblassers (Testament/Erbvertrag). Die vom Erblasser verfügte Erbfolge geht der gesetzlichen vor. Die gesetzliche Erbfolge tritt ein, wenn
- der Erblasser keinen Erben berufen hat,
- seine Bestimmung unwirksam ist,
- die Erbschaft ausgeschlagen wird oder
- das Gesetz einen Pflichtteil festlegt zur Wahrung eines Mindestbestandes an Erbrecht für nahe Angehörige.

Der Erbe muss im Zeitpunkt des Erbfalls leben, muss jedoch nicht geboren sein. Auch das ungeborene Kind (nasciturus) kann als Erbe eingesetzt werden. Unter den Kreis der Erben können auch juristische Personen fallen. Beim Erbfall geht das Vermögen auf die Erben als Ganzes über (Gesamtrechtsnachfolge).

Zu dem Kreis der Erben bei der gesetzlichen Erbfolge gehören Verwandte, Ehegatten, Lebenspartner i. S. d. Lebenspartnerschaftsgesetzes und der Staat.

2 Erbrecht der Verwandten

Die Verwandten werden vom Gesetz zu sog. Ordnungen zusammengefasst. Verwandte einer entfernteren Ordnung werden durch Verwandte näherer Ordnung ausgeschlossen (§ 1930 BGB).
- **1. Ordnung = Kinder und deren Abkömmlinge**
  Ein zur Zeit des Erbfalls lebender Abkömmling schließt die durch ihn mit dem Erblasser verwandten Abkömmling von der Erbfolge aus (sog. Repräsentationssystem = Eltern repräsentieren ihre Kinder). An die Stelle eines zur Zeit des Erbfalls nicht mehr lebenden Abkömmlings treten die durch ihn mit dem Erblasser verwandten Abkömmlinge (sog. Stammessystem = Erbteil bleibt im Stamm unverändert erhalten). Kinder erben zu gleichen Teilen. Seit 01.04.1998 ist das nichteheliche Kind dem ehelichen Kind gleichgestellt. Es gehört zur ersten Ordnung, wenn die Vaterschaft anerkannt oder gerichtlich festgestellt ist.
- **2. Ordnung = Eltern und ihre Abkömmlinge**
  Leben zur Zeit des Erbfalls die Eltern, erben sie allein und zu gleichen Teilen. Lebt ein Elternteil des Erblassers nicht mehr, so treten an die Stelle des Verstorbenen dessen Abkömm-

linge nach den für die erste Ordnung geltenden Vorschriften. Sofern keine Abkömmlinge vorhanden sind, erbt der überlebende Teil allein.
- **3. Ordnung = Großeltern und ihre Abkömmlinge**
Leben zur Zeit des Erbfalls die Großeltern, erben sie allein und zu gleichen Teilen. Lebt ein Großelternteil des Erblassers nicht mehr, so treten an die Stelle des Verstorbenen dessen Abkömmlinge. Sofern keine Abkömmlinge vorhanden sind, erbt der überlebende Teil bzw. dessen Abkömmlinge allein. Für die an Stelle ihrer Eltern oder Voreltern tretenden Abkömmlinge finden die für die erste Ordnung geltenden Vorschriften Anwendung.
- **4. Ordnung = Urgroßeltern und deren Abkömmlinge sowie fernere Ordnungen**
Leben zur Zeit des Erbfalls Urgroßeltern, erben sie allein, mehrere zu gleichen Teilen, ohne Unterschied, ob sie derselben Linie oder verschiedenen Linien angehören. Leben Urgroßelternteil des Erblassers nicht mehr, so entscheidet der Grad der Verwandtschaft. Die näheren schließen die entfernteren Verwandten aus.

3 Erbrecht der Ehegatten

Voraussetzung für das Ehegattenerbrecht ist, dass die Ehe zum Zeitpunkt des Erbfalls bestanden hat. Wurde die Ehe aufgelöst, kommt es für die Erbberechtigung auf die Rechtskraft eines Scheidungs-, Nichtigkeits- oder Aufhebungsurteils an.

Der Anteil des überlebenden Ehegatten bestimmt sich danach, mit welchen Verwandten er in Konkurrenz tritt und in welchem Güterstand die Ehegatten miteinander gelebt haben.
- Bei **Gütergemeinschaft** (§ 1931 Abs. 1 und 2 BGB) erhält der Ehegatte neben Erben
  - der ersten Ordnung ein Viertel
  - der zweiten Ordnung oder neben Großeltern die Hälfte.
- Beim **gesetzlichen Güterstand** wird der Ausgleich des **Zugewinns** (§§ 1931 Abs. 3 i.V.m. § 1371 BGB) dadurch bewirkt, dass sich die gesetzlichen Anteile nach § 1931 Abs. 1 BGB um jeweils ein Viertel der Erbschaft erhöhen.
- Bei **Gütertrennung** (§ 1931 Abs. 4 BGB) erhält der Ehegatte bei
  - einem Kind die Hälfte,
  - zwei Kindern ein Drittel,
  - drei Kindern ein Viertel und
  - mehr als drei Kindern ein Viertel.

Dem überlebenden Ehegatten stehen als gesetzlichem Erben neben Verwandten der zweiten Ordnung und Großeltern nach § 1932 BGB die zum ehelichen Haushalt gehörenden Gegenstände und die Hochzeitsgeschenke als Voraus zu. Erbt der Ehegatte neben Verwandten der ersten Ordnung, stehen ihm nur die Gegenstände zu, die er zur Führung eines angemessenen Haushalts benötigt.

4 Erbrecht des Lebenspartners

Das gesetzliche Erbrecht des überlebenden Lebenspartners ist in § 10 LPartG geregelt. Es ist an die Regelungen des Ehegattenerbrechts angelehnt, z.B. ist der überlebende Lebenspartner neben Erben der ersten Ordnung zu einem Viertel und neben Verwandten der zweiten Ordnung zur Hälfte als gesetzlicher Erbe berufen.

5 Erbrecht des Staates

Sofern kein Verwandter, Ehegatte oder Lebenspartner vorhanden ist, erbt der Fiskus des Bundesstaates, dem der Erblasser zum Zeitpunkt des Todes angehört hat. Hat der Erblasser mehreren Bundesstaaten angehört, so sind diese Staaten zu gleichen Anteilen zur Erbfolge berufen (§ 1936 BGB). Der Fiskus kann die ihm als gesetzlichen Erben angefallene Erbschaft nicht ausschlagen.

KV 3: Gründung einer GmbH

1 Gründungsphasen

Die Gründung einer GmbH, die »als solche« erst mit der Eintragung in das Handelsregister entsteht (§ 11 Abs. 1 GmbHG), vollzieht sich in drei Phasen:

1.1 Vorgründungsgesellschaft

Die Vorgründungsgesellschaft entsteht in dem Zeitpunkt, in dem sich mehrere Personen mit der Absicht zusammenschließen, eine GmbH zu gründen. Die Vorgründungsgesellschaft ist eine GbR, wenn ihr Zweck nur in der Errichtung der zukünftigen GmbH besteht; sie ist eine OHG, wenn sie bereits in diesem Stadium eine kaufmännische Betätigung aufnimmt. Steuerlich finden die Grundsätze über Personengesellschaften Anwendung. Die Vorgründungsgesellschaft endet mit dem Abschluss des notariellen GmbH-Vertrages. Mangels Identität mit der späteren GmbH müssen alle Rechte und Pflichten förmlich auf diese übertragen werden.

1.2 Vorgesellschaft (GmbH i.G.)

Die sog. Vor-Gesellschaft, auch Vor-GmbH genannt, entsteht mit Abschluss des notariellen Gesellschaftsvertrages. Sie ist eine Gesellschaft eigener Art, die mit einer OHG oder KG vergleichbar ist. Die Gesellschafter haften gegenüber der Gesellschaft unbeschränkt für verlorenes Stammkapital und darüber hinausgehende Verluste. Die Haftung bleibt über die Eintragung hinaus bestehen, bis der Anspruch auf Wiederherstellung des Gesellschaftsvermögens in Höhe des Stammkapitals durch Leistung an die Gesellschaft befriedigt wird. Neben den Gesellschaftern haftet nach § 11 Abs. 2 GmbH jeder, der im Namen der späteren GmbH tätig wird, insbesondere die Geschäftsführer.

Die Vorgesellschaft ist mit der späteren GmbH identisch, vorausgesetzt diese wird auch tatsächlich in das Handelsregister eingetragen. Steuerlich wird sie als Kapitalgesellschaft behandelt; kommt es nicht zur Eintragung, so erfolgt die Besteuerung der Vorgesellschaft rückwirkend wie die der Vorgründungsgesellschaft, d. h. als Personengesellschaft (R 2 Abs. 3 und 4 KStR). Die Körperschaftsteuerpflicht setzt jedoch erst dann ein, wenn von der Vorgesellschaft eine nach außen gerichtete Tätigkeit aufgenommen wird; das Gleiche gilt für die Gewerbesteuerpflicht, die spätestens mit der Eintragung in das Handelsregister beginnt.

1.3 GmbH

Erst mit Eintragung in das Handelsregister entsteht die GmbH selbst, d.h.
- sie wird juristische Person und erwirbt uneingeschränkte Rechtsfähigkeit;
- die Haftung der Gesellschafter gegenüber den Gläubigern erlischt; eine evtl. Haftung gegenüber der Gesellschaft bleibt allerdings bestehen;
- die Haftung der Geschäftsführer nach § 11 Abs. 2 GmbHG erlischt.

2 Gründungsformen

Da den Gläubigern einer GmbH nur das Gesellschaftsvermögen als Haftungsmasse zur Verfügung steht (§ 13 Abs. 2 GmbHG), muss sichergestellt werden, dass die Gesellschafter auch das Haftkapital in der im Gesellschaftsvertrag vereinbarten Höhe zur Verfügung stellen. Diese sog. **Kapitalaufbringung** kann als Bar-, Sach- oder gemischte Gründung erfolgen.

2.1 Bargründung

Bei der Bargründung ist das Stammkapital in Höhe von 25.000 € in Geld zu erbringen, entweder in bar oder auf ein Konto der Gesellschaft. Dabei sind nur die Mindestbeträge nach § 7 Abs. 2 GmbHG zu entrichten, das ist ein Viertel jeder einzelnen Stammeinlage, mindestens aber 12.500 €.

Steuerrechtlich sind Bareinlagen auf Gesellschaftsebene erfolgsneutral, da dem Geldzufluss eine Erhöhung des gezeichneten Kapitals und ggf. der Kapitalrücklagen (Einlagekonto, § 27 KStG) bei Ausgabe über dem Nennwert gegenübersteht. Auf Ebene des Gesellschafters liegt ein erfolgsneutraler Anschaffungsvorgang vor.

2.2 Sachgründung

Bei der Sachgründung werden die Stammeinlagen durch Sachwerte erbracht. Im Gesellschaftsvertrag müssen der Gegenstand sowie der Betrag der Stammeinlage, der durch den Sachwert erbracht werden soll, ausdrücklich festgelegt werden (§ 5 Abs. 4 GmbHG). Sacheinlagen können sämtliche Vermögenswerte Gegenstände und Rechte sein, nicht aber die Verpflichtung eines Gesellschafters zur eigenen Dienstleistung (entspr. Anwendung des § 27 Abs. 2 AktG). Sacheinlagen müssen bereits bei Anmeldung der Gesellschaft zur Eintragung in das Handelsregister vollständig an die Gesellschaft bewirkt sein (§ 7 Abs. 3 GmbHG). Für die Kapitalaufbringung ist die Werthaltigkeit der Sacheinlage wesentlich, d.h. die Einlage muss mindestens den Wert haben, mit dem sie auf die Stammeinlage angerechnet werden soll. Dies soll durch verschiedene Regelungen sichergestellt werden (Vorlage eines **Sachgründungsberichts**, §§ 5 Abs. 4, 8 Abs. 1 Nr. 5 und 6 GmbHG; **Prüfung der Werthaltigkeit** durch das Registergericht, § 9c GmbHG; **Differenzhaftung** des Gesellschafters in Geld, § 9 GmbHG; **Schadensersatzanspruch** der Gesellschaft gegen die Gesellschafter bei schuldhafter Schädigung durch Einlagen oder Gründungsaufwand, § 9a GmbHG; **Haftung** des Geschäftsführers bei schuldhaft falschen Angaben, § 9a Abs. 1 GmbHG).

Steuerrechtlich ist die Sacheinlage einzelner Wirtschaftsgüter auf Ebene der Gesellschaft erfolgsneutral. Die Bewertung in der Eröffnungsbilanz erfolgt zum Teilwert, nach § 6 Abs. 1 Nr. 5 EStG max. zu den Anschaffungskosten. Werden nicht einzelne Wirtschaftsgüter, sondern Betriebe, Teilbetriebe oder Mitunternehmeranteile eingelegt, so finden die §§ 20–22 UmwStG Anwendung. Die steuerliche Behandlung der Sacheinlage ist in diesem Fall von maßgeblichen Wertansatz (grundsätzlich gemeiner Wert) abhängig.

Die Besteuerung auf Ebene des einlegenden Gesellschafters ist bei der Sacheinlage von einzelnen Wirtschaftsgütern davon abhängig, ob sich das Wirtschaftsgut im Privat- oder Betriebsvermögen (PV/BV) befunden hat. Bei Einlagen aus dem PV ergeben sich keine steuerlichen Konsequenzen, es sei denn die Voraussetzungen der § 17 bzw. § 23 EStG lägen vor. Bei Einlagen aus einem BV kommt es bei dem abgebenden Unternehmen zur steuerpflichtigen Aufdeckung der stillen Reserven; es liegt ein Veräußerungsvorgang vor.

2.3 Gemischte Gründung

Bei der gemischten Gründung werden die Stammeinlagen zum Teil in Geld, zum Teil in Sachwerten erbracht. Dabei gelten für die in Geld erbrachten Einlagen die Regeln über die Bargründung, für die Sacheinlagen dagegen die Vorschriften über die Sachgründung.

3 Ablauf des Gründungsverfahrens

Eine oder mehrere Personen schließen einen notariell zu beurkundenden Gesellschaftsvertrag. Mindestinhalte des Vertrages sind die Firma der GmbH, der Sitz der Gesellschaft, der Zweck der Gesellschaft, die Höhe des Stammkapitals, Art und Höhe der zu übernehmenden Stammeinlagen sowie deren Übernehmer (Gesellschafter).

Für die Gesellschaft müssen deren gesetzliche Vertreter (Geschäftsführer) bestellt werden; dies kann im Gesellschaftsvertrag oder durch Beschluss der Gesellschafterversammlung erfolgen (§§ 6 Abs. 3, 46 Nr. 5 GmbHG). Letzteres ist praktischer, da in diesem Fall bei einem Wechsel des Geschäftsführers der Gesellschaftsvertrag nicht geändert zu werden braucht.

Das Stammkapital ist in der gesetzlichen Mindesthöhe (§ 7 Abs. 2 GmbHG) aufzubringen. Anschließend kann die Gesellschaft zur Eintragung in das Handelsregister angemeldet werden; die Anmeldung erfolgt durch den/die Geschäftsführer (§ 78 GmbHG) in Form einer notariell beglaubigten Erklärung (§ 12 HGB). Der Inhalt der Anmeldung ergibt sich aus § 8 GmbHG.

Nach Prüfung der Anmeldung durch den Registerrichter (§ 9c GmbHG) wird die GmbH in das Handelsregister eingetragen, sofern keine Beanstandungen vorliegen. Eingetragen werden Firma, Sitz, und Gegenstand der Gesellschaft sowie die Höhe des Stammkapitals, das Datum des Gesellschaftsvertrages und die Namen der Geschäftsführer zusammen mit deren Vertretungsbefugnis.

KV 4: Der Kaufmannsbegriff im Handelsrecht

1 Einleitung

Durch das Handelsrechtsreformgesetz vom 22.06.1998 wurden die Kaufmannstatbestände des HGB mit Wirkung ab 01.07.1998 grundlegend reformiert. Nach der Regelung in §1 Abs.2 HGB a.F. galten bestimmte Arten von Geschäften, die sog. Grundhandelsgewerbe, gesetzlich als Handelsgewerbe (Muss-Kaufmann). Bei allen anderen Gewerbetreibenden bedurfte es zur Erlangung der Kaufmannseigenschaft der Eintragung der Firma ins Handelsregister (Soll-Kaufmann). Für sog. Minderkaufleute gem. §4 HGB a.F., deren Unternehmen keinen in kaufmännischer Weise eingerichteten Geschäftsbetrieb erforderte, galten Sonderregelungen. Wichtigste **Gründe für den Reformbedarf** waren:
- Abgrenzungsschwierigkeiten zwischen Muss- und Soll-Kaufleuten;
- Soll-Kaufleute konnten sich der Anwendbarkeit des Handelsrechts entziehen, indem sie pflichtwidrig die Anmeldung ihrer Firma zum Handelsregister unterließen;
- der Katalog der Grundhandelsgewerbe in §1 Abs.2 HGB a.F. war im Hinblick auf den modernen Dienstleistungssektor veraltet.

2 Kaufmannsbegriff nach dem Handelsrechtsreformgesetz

Das HGB unterscheidet nunmehr zwischen
- Kaufleuten **kraft handelsgewerblicher Tätigkeit** (Ist-Kaufmann, §1 HGB),
- Kaufleuten **kraft Eintragung** (§§2, 3 und 5 HGB); die Kaufleute kraft Eintragung können weiter in Kann-Kaufleute (§§2 und 3 HGB) und Fiktiv-Kaufleute (§5 HGB) unterteilt werden,
- Kaufleuten **kraft Rechtsform** (Form-Kaufmann, §6 Abs.2 HGB) und
- dem sog. **Schein-Kaufmann**.

3 Ist-Kaufmann nach § 1 HGB

Kaufmann ist nach § 1 Abs. 1 HGB, wer ein Handelsgewerbe betreibt, d. h. die ausgeübte Tätigkeit muss ein Gewerbe darstellen und darüber hinaus Handelsgewerbe sein. **Gewerbe** ist nach h. M. jede
- äußerlich erkennbare,
- selbständige,
- planmäßige auf gewisse Dauer angelegte (= nachhaltige),
- zum Zwecke der Gewinnerzielung ausgeübte Tätigkeit,
- die kein freier Beruf ist.

Handelsgewerbe ist nach § 1 Abs. 2 HGB jeder Gewerbebetrieb, es sei denn, dass das Unternehmen nach Art und Umfang einen in kaufmännischer Weise eingerichteten Geschäftsbetrieb nicht erfordert (sog. Kleingewerbe). Kriterien für die Erforderlichkeit bzw. Nichterforderlichkeit eines Geschäftsbetriebs sind insbesondere
- bezogen auf die **Art** des Geschäftsbetriebs
    - die Vielfalt des Geschäftsgegenstandes,
    - die Schwierigkeit der Geschäftsvorgänge,
    - Bilanzierung,
    - erhebliche Teilnahme am Wechsel- und Scheckverkehr.
- bezogen auf den **Umfang** des Geschäftsbetriebs
    - Höhe des Umsatzes,
    - Umfang des Anlagevermögens,
    - Anzahl der Betriebsstätten und der Beschäftigten,
    - Summe der Löhne.

Die Kaufmannseigenschaft nach § 1 HGB **entsteht** in dem Zeitpunkt, in dem mit dem Betrieb des Handelsgewerbes begonnen wird (z. B. durch Vorbereitungsgeschäfte im Außenverhältnis oder entsprechende Mitteilung an Dritte). Die **Eintragung** im Handelsregister ist lediglich **deklaratorisch**. Die Kaufmannseigenschaft **endet** mit der Einstellung der Gewerbetätigkeit.

4 Kann-Kaufleute nach §§ 2 und 3 HGB

4.1 Kleingewerblicher Kann-Kaufmann (§ 2 HGB)

Erfordert das Gewerbe nach Art und Umfang keinen in kaufmännischer Weise eingerichteten Geschäftsbetrieb, liegt ein Kleingewerbe vor. Dieses kann nach § 2 HGB dadurch Kaufmannseigenschaft erlangen, dass der Unternehmer die Firma des Unternehmens freiwillig in das Handelsregister eintragen lässt. Die **Eintragung** wirkt **konstitutiv**. Der durch Eintragung zum

Kaufmann gewordene Kleingewerbetreibende kann diese wieder löschen lassen und dadurch seinen Kaufmannstatus aufgeben.

4.2 Land- und Forstwirte (§ 3 HGB)

Land- und Forstwirte sind kraft Gesetzes grundsätzlich keine Kaufleute (§ 3 Abs. 1 HGB). Sie können sich jedoch freiwillig in das Handelsregister eintragen lassen, wenn ihr Unternehmen oder ein Nebenbetrieb (z. B. eine Molkerei) nach Art und Umfang einen in kaufmännischer Weise eingerichteten Geschäftsbetrieb erfordert. Die **Eintragung** wirkt **konstitutiv**. Die Aufgabe des Kaufmannstatus durch Löschungsantrag setzt voraus, dass das Unternehmen keinen in kaufmännischer Weise eingerichteten Geschäftsbetrieb mehr erfordert.

5 Fiktiv-Kaufmann nach § 5 HGB

Nach § 5 HGB gelten im Handelsregister eingetragene Gewerbetreibende unwiderlegbar als Kaufleute i. S. v. § 1 HGB. Die Vorschrift greift nur dann ein, wenn der Gewerbetreibende nicht schon nach §§ 1 bis 4 HGB Kaufmann ist. Teilweise wird angenommen, § 5 HGB komme keine eigenständige Bedeutung zu, weil dem Gewerbetreibenden der Einwand, dass das unter der Firma betriebene Gewerbe kein Handelsgewerbe sei, schon durch § 2 HGB abgeschnitten sei. Nach anderer Ansicht werden von § 5 HGB die Fälle erfasst, in denen ein Gewerbebetrieb nach der Eintragung zu einem Kleingewerbe wird sowie die Fälle einer fehlenden oder nichtigen Anmeldung der Eintragung. Erforderlich ist aber in jedem Fall, dass das eingetragene Unternehmen überhaupt einen Gewerbebetrieb unterhält.

6 Handelsgesellschaften und Form-Kaufleute nach § 6 HGB

Nach § 6 HGB finden die für Kaufleute geltenden Vorschriften auch auf die Handelsgesellschaften Anwendung. Handelsgesellschaften sind OHG und KG als Handelsgesellschaften des HGB und die sog. Formkaufleute GmbH, AG, KGaA, EWIV und Genossenschaft. Die Personenhandelsgesellschaften sind nur dann Handelsgesellschaften, wenn sie ein Handelsgewerbe betreiben oder im Handelsregister eingetragen sind. Kapitalgesellschaften sind dagegen mit ihrer Entstehung Form-Kaufleute, unabhängig davon, ob sie tatsächlich ein (Handels-)Gewerbe betreiben.

7 Schein-Kaufmann

Der Schein-Kaufmann ist kein Kaufmann im eigentlichen Sinn, er wird lediglich nach Rechtsscheingrundsätzen als solcher behandelt. Rechtssicherheit und Vertrauensschutz gebieten es, dass unter Umständen auch solche Personen wie Kaufleute behandelt werden, die es in Wirklichkeit nicht sind. Wer im Geschäftsverkehr als Kaufmann auftritt, muss sich daran festhalten lassen (Beispiel: A betreibt ein kleines Delikatessengeschäft. Er ist nicht im Handelsregister eingetragen. Nach außen tritt er als »Delikatessengroßhandel A« auf).

KV 5: Die Firma des Kaufmanns

1 Begriff und Bedeutung der Firma

Die Firma eines Kaufmanns ist der Name des Kaufmanns, unter dem er seine Geschäfte betreibt und seine Unterschrift abgibt sowie klagen und verklagt werden kann (§ 17 HGB). Die Firma ist demnach der **(Handels-)Name des Kaufmanns**, den er neben seinem bürgerlichen Namen führt und der von diesem abweichen kann. Entgegen dem landläufigen Sprachgebrauch ist die Firma nicht das Unternehmen oder der Betrieb selbst; Firma und Unternehmen bilden jedoch insofern eine Einheit, als die Firma nur mit dem Unternehmen und nicht selbständig veräußert werden kann (§ 23 HGB). Nur **Kaufleute** haben eine Firma i. S. d. HGB, nicht hingegen Nichtkaufleute (z. B. Freiberufler, Kleingewerbetreibende). Auch Letzteren steht jedoch das Recht auf eine Geschäftsbezeichnung zu (z. B. »Albert A, Dachdeckergeschäft«).

2 Grundsätze der Firmenbildung

Zum Schutz des Rechtsverkehrs regelt § 18 HGB die grundsätzlichen Anforderungen an die Firma des Kaufmanns. Die Firma muss zur Kennzeichnung des Kaufmanns geeignet sein und Unterscheidungskraft besitzen. Daraus sind die folgenden **Firmengrundsätze** abzuleiten:

- **Firmenunterscheidbarkeit (§ 18 Abs. 1 HGB)**
  Die Firma ist zur Kennzeichnung geeignet (Namensfunktion), wenn die Firma als Name individualisiert werden kann. Die Firma muss wie andere Namen grundsätzlich aus Worten bestehen, Buchstaben- und Zahlenfolgen können jedoch ebenfalls zulässig sein (nicht ausreichend sind z. B. bloße Bildzeichen). Unterscheidungskraft besitzt die Firma, wenn sie geeignet ist, sich von anderen Unternehmen abzuheben (Individualisierungsfunktion).
- **Firmenausschließlichkeit (§ 30 HGB)**
  Die Firma muss sich von allen an demselben Ort bereits bestehenden und in das Handelsregister eingetragenen Firmen deutlich unterscheiden.
- **Firmenwahrheit (§ 18 Abs. 2 HGB)**
  Nach dem Grundsatz der Firmenwahrheit darf die Firma keine Angaben enthalten, die geeignet sind, den Handelsverkehr über die wesentlichen geschäftlichen Verhältnisse irrezuführen (sog. Irreführungsverbot). Nicht erfasst werden danach Angaben über private Umstände und Angaben von geringer wettbewerbsrechtlicher Relevanz oder nebensächlicher Bedeutung (Wesentlichkeitsschwelle). Im Verfahren vor dem Registergericht wird die Eignung zur Irreführung nur berücksichtigt, wenn sie ersichtlich ist (»Grobraster«). Der Grundsatz der Firmenwahrheit verlangt ferner, dass der Firma ein Rechtsformzusatz (z. B. »e. Kfm.«, »e. Kfr.«, »OHG«, »KG«) beigefügt wird (§ 19 HGB).

- **Firmeneinheit (§ 17 HGB)**
  Der Grundsatz der Firmeneinheit besagt, dass **Handelsgesellschaften** (OHG, KG, GmbH, AG) auch dann, wenn sie mehrere klar voneinander getrennte Handelsgeschäfte betreiben, immer nur eine Firma führen dürfen. **Einzelkaufleute** dürfen sich hingegen weiterer Firmen bedienen, wenn diese jeweils organisatorisch getrennten Handelsgeschäften zuzuordnen sind.
- **Firmenbeständigkeit (§§ 21, 22, 24 HGB)**
  Nach dem Grundsatz der Firmenbeständigkeit darf eine einmal angenommene Firma in bestimmten Fällen beibehalten werden, auch wenn sie unrichtig geworden ist (z. B. bei Veränderungen des Namens, des Gesellschafterbestandes oder bei Erwerb des Handelsgeschäfts), sofern dies nicht dem Irreführungsverbot widerspricht.
- **Firmenöffentlichkeit (§§ 29, 31, 33, 34, 37a HGB)**
  Der Grundsatz der Firmenöffentlichkeit bedeutet, dass die Firma nicht nur im Geschäftsverkehr geführt wird, sondern der Öffentlichkeit auch durch Eintragung im Handelsregister und durch Verwendung auf den Geschäftsbriefen kundgetan wird.

3 Wechsel des Inhabers und Firmenfortführung

Rechtsgeschäfte, die der Kaufmann unter seiner Firma abschließt, kommen mangels Rechtsfähigkeit nicht mit der Firma, sondern mit dem Kaufmann selbst zustande. Dagegen sind die Erwartungen des Geschäftsverkehrs weniger auf den jeweiligen Inhaber als auf das kaufmännische Unternehmen und dessen Firma gerichtet. Dem entsprechen die §§ 25, 27 und 28 HGB, indem sie in bestimmten Fällen des Inhaberwechsels den Übergang von Verbindlichkeiten und Forderungen auf den neuen Unternehmensträger vorsehen (Haftung bei Firmenfortführung).

3.1 Haftung des Erwerbers bei Firmenfortführung (§ 25 HGB)

Derjenige, der ein Handelsgeschäft unter Lebenden erwirbt und unter der bisherigen Firma mit oder ohne Beifügung eines das Nachfolgeverhältnis andeutenden Zusatzes fortführt, haftet grundsätzlich neben dem früheren Inhaber als Gesamtschuldner für alle im Betrieb des Geschäfts begründeten Verbindlichkeiten. Eine abweichende Vereinbarung ist einem Dritten gegenüber nur wirksam, wenn sie in das Handelsregister eingetragen und bekannt gemacht oder dem Dritten mitgeteilt worden ist. Die in dem Betrieb begründeten Forderungen gelten dem Schuldner gegenüber als auf den Erwerber übergegangen, wenn der bisherige Inhaber in die Fortführung der Firma eingewilligt hat.

3.2 Haftung des Erben bei Geschäftsfortführung (§ 27 HGB)

Der Erbe eines Handelsgeschäfts haftet für die früheren Geschäftsverbindlichkeiten des Erblassers, wenn er das Handelsgeschäft unter der alten Firma mit oder ohne Nachfolgezusatz fortführt. Die Haftungsregeln bei Erwerb eines Handelsgeschäfts unter Lebenden (§ 25 HGB) gelten insoweit entsprechend. Die unbeschränkte Haftung tritt nicht ein, wenn der Erbe das Geschäft innerhalb von drei Monaten nach Kenntniserlangung von der Erbschaft einstellt (z. B. durch endgültige Aufgabe des Geschäfts).

3.3 Gründung einer Gesellschaft unter Einbringung eines Handelsgeschäfts (§ 28 HGB)

Unabhängig von der Fortführung der Firma haftet bei Eintritt einer Person als persönlich haftender Gesellschafter oder als Kommanditist in das Geschäft eines Einzelkaufmanns (= Gründung einer OHG oder KG) die entstehende Gesellschaft für alle im Betrieb des Geschäfts des Einzelkaufmanns entstandenen Verbindlichkeiten.

4 Schutz der Firma

Zum Schutz der Firma stehen dem Registergericht, dem Firmeninhaber und dem Wettbewerber, der gegen einen unzulässigen Firmengebrauch einschreiten will, unterschiedliche Möglichkeiten zur Verfügung:

- **Registergericht (§ 37 Abs. 1 HGB)**
  Das Registergericht kann nach § 37 Abs. 1 HGB von Amts wegen gegen den unzulässigen Gebrauch einer Firma durch Erlass einer Verbotsverfügung unter Androhung eines Ordnungsgeldes und Fristsetzung vorgehen.
- **Firmeninhaber (§ 37 Abs. 2 HGB, § 12 BGB, § 15 MarkenG, §§ 1, 3 UWG)**
  Der Firmeninhaber, der dadurch in seinen Rechten verletzt wird, dass ein anderer seine Firma unbefugt gebraucht, kann von diesem die Unterlassung des Gebrauchs der Firma verlangen und seinen Unterlassungsanspruch im Wege der privaten Unterlassungsklage durchsetzen (§ 37 Abs. 2 HGB). Der Schutz der Firma wird weiterhin auch vom zivilrechtlichen Namensbegriff des § 12 BGB umfasst. Größere Bedeutung kommt jedoch dem Unterlassungsanspruch nach § 15 MarkenG zu, der geschäftliche Bezeichnungen, u.a. auch die Firma erfasst. Soweit die speziellen Vorschriften des MarkenG nicht eingreifen, kann ein Unterlassungsanspruch auch auf §§ 1, 3 UWG gestützt werden.

- **Wettbewerber (§ 37 Abs. 2 HGB, §§ 1, 3 UWG)**
  Während die Unterlassungsansprüche nach § 12 BGB und § 15 MarkenG nur dem Firmen- bzw. Markeninhaber zustehen, können Wettbewerber Unterlassungsansprüche entweder auf § 37 Abs. 2 HGB stützen, wenn sie unmittelbar in einem rechtlichen Interesse wirtschaftlicher Art verletzt sind, oder im Falle irreführenden oder sonst sittenwidrigen Firmengebrauchs auf §§ 1, 3 UWG.

KV 6: Das Handelsregister

1 Begriff und Zweck des Handelsregisters

Das Handelsregister dient als öffentlich geführtes Register dem **Schutz des Handelsverkehrs**, indem es die Zugehörigkeit oder Nichtzugehörigkeit gewerblicher Unternehmen zum Handelsstand und die wichtigsten Rechtsverhältnisse der Unternehmen des Handelsstandes offenlegt. Es dient damit dem Interesse
- der Geschäftspartner (z.B. durch Information über Vertrags- und Haftungsverhältnisse);
- der Allgemeinheit, da die Einsicht ins Handelsregister jedermann zu Informationszwecken gestattet ist (§ 9 HGB), und
- des Kaufmanns selbst, da ihm für bestimmte Fälle eine Mitteilungsmöglichkeit eröffnet wird, die auch seiner eigenen Absicherung dient (z.B. Ausschluss der Haftung bei Firmenfortführung, § 25 Abs. 2 HGB).

Das Handelsregister wird von dem **Amtsgericht** (elektronisch) geführt, in dessen Bezirk der Kaufmann seinen Sitz hat (§ 8 HGB, § 125 FGG). Funktionell zuständig ist weitgehend der Rechtspfleger, soweit nicht bestimmte Aufgaben dem Richter vorbehalten sind (§§ 3 Nr. 2d, 17 RPflG). Das Handelsregister besteht aus **zwei Abteilungen**:
- **Abteilung A** für Einzelkaufleute und die handelsrechtlichen Personengesellschaften (OHG, KG, EWIV);
- **Abteilung B** für Kapitalgesellschaften (GmbH, AG, KGaA).

Die Eintragungen in das Handelsregister werden auf elektronischem Weg vom Amtsgericht in dem von der Landesjustizverwaltung bestimmten Informations- und Kommunikationssystem bekannt gemacht (§ 10 HGB).

2 Einzutragende Tatsachen und Wirkung der Eintragung

Grundsätzlich wird eine Tatsache nur dann ins Handelsregister eingetragen, wenn ein darauf gerichteter **Antrag** vorliegt (Ausnahme: Eintragung der Eröffnung des Insolvenzverfahrens von Amts wegen). Hinsichtlich der in das Handelsregister **einzutragenden Tatsachen** ist zu unterscheiden zwischen

- **eintragungspflichtigen** Tatsachen, bei denen der Kaufmann verpflichtet ist, eine Tatsache zur Eintragung anzumelden (z. B. Eintragung der Firma nach § 29 HGB, der Erteilung und des Erlöschens von Prokura nach § 53 Abs. 1 und 3 HGB), und
- **eintragungsfähigen** Tatsachen, die in das Handelsregister eingetragen werden können, ohne dass der Kaufmann hierzu verpflichtet ist (z. B. Eintragung als Kann-Kaufmann nach §§ 2 und 3 Abs. 2 HGB, Eintragung von Haftungsausschlüssen nach §§ 25 Abs. 2, 28 Abs. 2 HGB);
- **nicht eintragungsfähigen** Tatsachen, die nicht eingetragen werden können (z. B. Erteilung von Handlungsvollmacht, Anordnung von Testamentsvollstreckung).

Hinsichtlich der **Rechtswirkungen** von Eintragungen im Handelsregister ist zu unterscheiden zwischen
- **deklaratorisch** wirkenden Eintragungen, bei denen die Eintragung nur Rechtsvorgänge bekundet, die außerhalb des Handelsregisters wirksam geworden sind (z. B. Erteilung von Prokura nach § 53 HGB, Eintragung eines Kaufmanns, der kein Kleingewerbe betreibt nach § 1 HGB), und
- **konstitutiv** wirkenden Eintragungen, bei denen die rechtliche Wirkung erst mit der Eintragung eintritt (z. B. Eintragung des Kannkaufmanns nach §§ 2 und 3 Abs. 2 HGB, Entstehung der GmbH und AG nach § 11 Abs. 1 GmbHG, § 41 Abs. 1 AktG).

3 Publizitätswirkungen des Handelsregisters

3.1 Grundsatz

Die Bedeutung des Handelsregisters erschöpft sich nicht in der Ordnung des Rechtsverkehrs, sondern ist auch auf den **Schutz gutgläubiger Dritter** gerichtet. An die Publizitätswirkung des Handelsregisters knüpft nach § 15 HGB ähnlich wie beim Grundbuch ein Gutglaubensschutz an, jedoch ohne eine Vermutung für die Richtigkeit der Eintragungen. § 15 HGB sieht eine Publizitätswirkung in **drei Stufen** vor:

3.2 Eingetragene und bekannt gemachte Tatsachen (§ 15 Abs. 2 HGB)

§ 15 Abs. 2 HGB regelt den Normalfall: Ist eine – wahre – einzutragende Tatsache eingetragen und bekannt gemacht worden, muss ein Dritter sie gegen sich gelten lassen, es sei denn, dem Dritten kommt die fünfzehntägige Schonfrist des § 15 Abs. 2 S. 2 HGB zugute. Wird z. B. das Erlöschen der Prokura eingetragen und bekannt gemacht, kann ein Dritter sich grundsätzlich nicht auf das Bestehen der Prokura berufen. Etwas anderes gilt nur bei Rechtshandlungen, die innerhalb von 15 Tagen nach der Bekanntgabe vorgenommen werden, wenn der Dritte beweist, dass er das Erlöschen weder kannte noch kennen musste.

3.3 Nicht eingetragene und bekannt gemachte Tatsachen (§ 15 Abs. 1 HGB)

§ 15 Abs. 1 HGB betrifft die Wirkung von Tatsachen, die im Handelsregister einzutragen sind, die jedoch noch nicht eingetragen oder zwar eingetragen, aber noch nicht bekannt gemacht worden sind. In diesem Fall kann derjenige, in dessen Angelegenheiten die Tatsache einzutragen war, diese einem Dritten nicht entgegenhalten, es sei denn, dass sie diesem bekannt war. Wurde z. B. das Ausscheiden des A als Gesellschafter der ABC-OHG zum Handelsregister angemeldet, jedoch noch nicht eingetragen und bekannt gemacht, haftet er weiterhin wie die übrigen Gesellschafter der OHG (§§ 128 S. 1, 15 Abs. 1 HGB). § 15 Abs. 1 HGB schützt somit das Vertrauen auf die Vollständigkeit des Handelsregisters (sog. **negative Publizität**).

3.4 Unrichtige Bekanntmachung von Tatsachen (§ 15 Abs. 3 HGB)

§ 15 Abs. 3 HGB erfasst die Fälle, in denen eine **eintragungspflichtige** Tatsache unrichtig bekannt gemacht wurde und knüpft daran einen Gutglaubensschutz Dritter an (sog. **positive Publizität**). § 15 Abs. 3 HGB erfasst folgende Fälle:
- Sowohl die Eintragung als auch die Bekanntmachung sind unrichtig;
- Eintragung ist richtig, Bekanntmachung ist unrichtig;
- Eintragung ist unterblieben, Bekanntmachung ist unrichtig;
- nach überwiegender Auffassung gilt § 15 Abs. 3 HGB auch über seinen Wortlaut hinaus für Fälle, in denen die **Eintragung** unrichtig ist, die Bekanntmachung dagegen richtig ist oder fehlt.

Der Dritte kann sich nur dann nicht auf die unrichtige Bekanntmachung berufen, wenn er deren Unrichtigkeit positiv kannte. Im Unterschied zu § 15 Abs. 1 HGB, der eine reine Rechtsscheinhaftung vorsieht, wird die Zurechenbarkeit unrichtiger Bekanntmachungen nach § 15 Abs. 3 HGB durch das Veranlassungsprinzip eingeschränkt. Die Vorschrift wirkt nur zulasten desjenigen, der den Rechtsschein durch Stellung eines Eintragungsantrags zurechenbar veranlasst hat. Eine Haftung scheidet demnach z. B. aus, wenn ein völlig Unbeteiligter als OHG-Gesellschafter bekannt gemacht wird.

KV 7: Die Insolvenzantragspflicht

1 Antragsverfahren und Adressaten der Antragspflicht

Insolvenzfähig, d.h. möglicher Schuldner im Rahmen eines Insolvenzverfahrens, sind nach § 11 InsO alle natürlichen und juristischen Personen des privaten Rechts, der nichtrechtsfähige Verein und Gesellschaften ohne Rechtspersönlichkeit (z.B. GbR, OHG, KG). Das Insolvenzverfahren wird **nur auf schriftlichen Antrag** eröffnet. Außer den Gläubigern ist auch der Schuldner antragsberechtigt (§ 13 InsO). Neben der Antragsberechtigung besteht in bestimmten Fällen eine **Insolvenzantragspflicht**, wenn ein Insolvenzgrund vorliegt. Als Insolvenzgründe kommen Zahlungsunfähigkeit, drohende Zahlungsunfähigkeit und Überschuldung in Betracht. Während der Gesetzgeber die Legaldefinition der Insolvenzgründe in die § 17 bis 19 InsO aufgenommen hat, war die Regelung der Insolvenzantragspflicht früher den **einschlägigen Einzelgesetzen** (z.B. HGB, GmbHG, AktG) vorbehalten. Dies wurde durch das zum 01.11.2008 in Kraft getretene Gesetz zur Modernisierung des GmbH-Rechts und zur Bekämpfung von Missbräuchen (MoMiG) geändert. Die Insolvenzantragspflicht ist nunmehr in § 15a InsO **rechtsformneutral** geregelt; lediglich Vereine wurden ausgenommen. Grund für die einheitliche Regelung war, dass die bisherige Regelung in den jeweiligen Gesellschaftsrechten kollisionsrechtlich die Argumentation zuließ, die deutsche Insolvenzantragspflicht gelte nicht für Auslandsgesellschaften.

In § 15a InsO wird nunmehr einheitlich die Verpflichtung der Organvertreter normiert, bei Zahlungsfähigkeit bzw. Überschuldung unverzüglich – spätestens aber **drei Wochen** nach deren Eintritt – die Eröffnung des Insolvenzverfahrens über das Vermögen der Gesellschaft zu beantragen. Die Drei-Wochen-Frist für die Insolvenzantragstellung beginnt nicht im Zeitpunkt der objektiven Überschuldung, sondern im Zeitpunkt der positiven Kenntnis oder böswilligen Unkenntnis des Vorstandes vom Eintritt der Überschuldung.

Der Vorstand eines **rechtsfähigen Vereins** hat nach § 42 Abs. 2 BGB bei Zahlungsunfähigkeit oder Überschuldung die Eröffnung des Insolvenzverfahrens zu beantragen. Die Insolvenzfähigkeit des **nichtrechtsfähigen Vereins** ist zwar in § 11 Abs. 1 S. 2 InsO ausdrücklich vorgesehen; jedoch finden gemäß § 54 S. 1 BGB auf Vereine, die nicht rechtsfähig sind, die Vorschriften über die Gesellschaft (§§ 705 ff. BGB) Anwendung. Es besteht somit keine Insolvenzantragspflicht des Vorstands.

Im Fall der **Führungslosigkeit** einer GmbH, im Fall der Führungslosigkeit einer AG oder einer Genossenschaft ist auch jedes Mitglied des Aufsichtsrats zur Stellung des Antrags verpflichtet, es sein denn, diese Person hat von der Zahlungsunfähigkeit, der Überschuldung oder der Führungslosigkeit keine Kenntnis.

Die Antragspflicht trifft bei **mehrköpfiger Vertretung** jedes einzelne Organ, unabhängig von einer getroffenen Ressortaufteilung (z. B. zwischen kaufmännischem und technischem Bereich). Ein Geschäftsführer kann sich insbesondere nicht damit entlasten, dass ihm die notwendigen Kontrollmöglichkeiten aufgrund der getroffenen Ressortaufteilung nicht zugestanden hätten. Wird ihm die Einholung der erforderlichen Informationen (bei der er sich ggf. der Unterstützung durch sachkundige Dritte bedienen muss) verweigert, steht ihm ein Recht zur fristlosen Kündigung und Amtsniederlegung zu.

2 Insolvenzgründe

Die Insolvenzantragspflicht knüpft an das objektive Vorliegen eines Insolvenzgrundes an. Allgemeiner, für alle insolvenzfähigen Personen geltender Insolvenzgrund ist die **Zahlungsunfähigkeit**. Für juristische Personen und Gesellschaften ohne Rechtspersönlichkeit, bei denen kein persönlich haftender Gesellschafter eine natürliche Person ist (z. B. OHG, KG), ist Insolvenzgrund auch die **Überschuldung**. Mit der Insolvenzordnung wurde zudem der Insolvenzgrund der **drohenden Zahlungsunfähigkeit** zum 01.01.1999 eingeführt:

- **Zahlungsunfähigkeit** liegt vor, wenn der Schuldner nicht in der Lage ist, die fälligen Zahlungspflichten zu erfüllen. Zahlungsunfähigkeit ist in der Regel anzunehmen, wenn der Schuldner seine Zahlungen eingestellt hat (§ 17 InsO).
- **Drohende Zahlungsunfähigkeit** ist gegeben, wenn der Schuldner voraussichtlich nicht in der Lage sein wird, die bestehenden Zahlungspflichten im Zeitpunkt der Fälligkeit zu erfüllen (§ 18 InsO). Auf diesen Insolvenzgrund kann sich jedoch nur der Schuldner, nicht hingegen die Gläubiger berufen.
- **Überschuldung** als Insolvenzgrund insbesondere bei juristischen Personen liegt vor, wenn das Vermögen des Schuldners die bestehenden Verbindlichkeiten nicht mehr deckt. Es erfolgt eine dreistufige Überschuldungsprüfung:
  - Zunächst sind in einer gesonderten **Überschuldungsbilanz** Aktiva und Passiva gegenüberzustellen, wobei die Aktiva mit ihren aktuellen **Liquidationswerten** anzusetzen sind.
  - Ergibt sich aus der ersten Überschuldungsbilanz eine rechnerische Überschuldung, ist in einem zweiten Schritt eine **Fortführungsprognose** abzugeben.
  - Ist nach der Fortführungsprognose die Fortführung des Unternehmens überwiegend wahrscheinlich, sind die Aktiva mit den **Fortführungswerten** anzusetzen, d. h. maßgebend ist der gesamte Unternehmenswert einschließlich stiller Reserven und Firmenwert.

3 Rechtsfolgen bei Verletzung von Insolvenzantragspflichten

Wird die Stellung des Antrags auf Eröffnung des Insolvenzverfahrens von den Verpflichteten schuldhaft verzögert, **haften** sie den Gläubigern für den daraus entstehenden Schaden; mehrere Verantwortliche haften als **Gesamtschuldner** (§ 823 Abs. 2 BGB i. V. m. § 15a Abs. 1, 3 InsO).

Das MoMiG verschärfte in § 15a Abs. 4 und 5 InsO die **Insolvenzverschleppungshaftung** in zweierlei Hinsicht: Zum einen führt nicht mehr nur der unterlassene Antrag auf Eröffnung des Insolvenzverfahrens, sondern auch eine **unrichtige Antragstellung** zur strafrechtlichen Haftung. Des Weiteren kann sich nicht nur die Geschäftsleitung, sondern auch **ein Gesellschafter oder Aufsichtsrat** wegen Insolvenzverschleppung strafbar machen.

KV 8: Das Insolvenzverfahren

4 Begriff und Zweck des Insolvenzverfahrens

Das Insolvenzverfahren dient der **gemeinschaftlichen Befriedigung der Gläubiger** eines Schuldners, indem das Vermögen des Schuldners verwertet und der Erlös verteilt oder in einem Insolvenzplan eine abweichende Regelung insbesondere zum Erhalt eines Unternehmens des Schuldners getroffen wird (§ 1 InsO). Während bei der **Einzelzwangsvollstreckung** der einzelne Gläubiger selbst tätig wird und das Prioritätsprinzip gilt, wird das Insolvenzverfahren als Gesamtvollstreckung durch die **Organe der Gläubigergemeinschaft** (Gläubigerversammlung und -ausschuss) bzw. den Insolvenzverwalter unter Aufsicht des Insolvenzgerichts durchgeführt. Es gilt nicht das Prioritätsprinzip, sondern das **Prinzip der gleichmäßigen, quotalen Befriedigung aller Gläubiger**.

Durch das **Gesetz zur weiteren Erleichterung der Sanierung von Unternehmen (ESUG)**, das 2012 in Kraft getreten ist, wurden weitreichende Änderung der InsO eingeführt mit dem Ziel, die **Rahmenbedingungen** für die Sanierung notleidender Unternehmen **zu verbessern**. In Insolvenzverfahren sollen danach Insolvenzpläne, der Umtausch von Forderungen in Eigenkapital (Debt-Equity Swap) und die Eigenverwaltung insolventer Unternehmen gefördert werden. Durch das Gesetz zur Erleichterung der Bewältigung von Konzerninsolvenzen vom 13.04.2017 wurden neue Rechtsgrundlagen für eine koordinierte Insolvenzabwicklung im Konzernkontext geschaffen, um die Abstimmung zwischen den einzelnen Insolvenzverfahren betr. konzernangehörige Unternehmen im Falle einer Konzerninsolvenz zu verbessern (z. B. gerichtliche Zuständigkeitskonzentration, einheitliche Richterzuständigkeit, Kooperationspflichten, Einführung eines sog. Koordinationsverfahrens).

5 Voraussetzungen für die Eröffnung des Insolvenzverfahrens

Die Eröffnung eines Insolvenzverfahrens ist von folgenden Voraussetzungen abhängig:
- **Insolvenzfähigkeit (§§ 11, 12 InsO)**
  Insolvenzfähig, d. h. möglicher Schuldner im Rahmen eines Insolvenzverfahrens, sind alle natürlichen und juristischen Personen des privaten Rechts, der nichtrechtsfähige Verein und Gesellschaften ohne Rechtspersönlichkeit (z. B. GbR, OHG, KG).

- **Antrag (§§ 13, 14 InsO)**
  Das Insolvenzverfahren wird nur auf schriftlichen Antrag eröffnet. Antragsberechtigt sind die Gläubiger und der Schuldner. Der Antrag eines Gläubigers ist zulässig, wenn er ein rechtliches Interesse an der Eröffnung des Insolvenzverfahrens hat und seine Forderung und den Eröffnungsgrund glaubhaft macht. Die Insolvenzantragspflicht wurde durch das zum 01.11.2008 in Kraft getretene Gesetz zur Modernisierung des GmbH-Rechts und zur Bekämpfung von Missbräuchen (MoMiG) in § 15a InsO **rechtsformneutral** geregelt; lediglich Vereine wurden ausgenommen.
- **Vorliegen eines Eröffnungsgrundes (§§ 16 ff. InsO)**
  Die Insolvenzordnung kennt drei Eröffnungsgründe: Zahlungsunfähigkeit, drohende Zahlungsunfähigkeit und Überschuldung. Drohende Zahlungsunfähigkeit ist nur bei einem Antrag durch den Schuldner Eröffnungsgrund.
  - **Zahlungsunfähigkeit** liegt vor, wenn der Schuldner nicht in der Lage ist, die fälligen Zahlungspflichten zu erfüllen. Zahlungsunfähigkeit ist in der Regel anzunehmen, wenn der Schuldner seine Zahlungen eingestellt hat (§ 17 InsO).
  - **Drohende Zahlungsunfähigkeit** ist gegeben, wenn der Schuldner voraussichtlich nicht in der Lage sein wird, die bestehenden Zahlungspflichten im Zeitpunkt der Fälligkeit zu erfüllen (§ 18 InsO).
  - **Überschuldung** als Insolvenzgrund bei juristischen Personen liegt vor, wenn das Vermögen des Schuldners die bestehenden Verbindlichkeiten nicht mehr deckt (§ 19 InsO).

6 Durchführung des Insolvenzverfahrens

6.1 Beteiligte

Neben dem Insolvenzschuldner sind an der Durchführung des Insolvenzverfahrens regelmäßig beteiligt:
- **Insolvenzverwalter**
  Der Insolvenzverwalter ist die zentrale Figur des Insolvenzverfahrens. Zum Insolvenzverwalter ist eine geeignete, insbesondere geschäftskundige und von den Gläubigern und dem Schuldner unabhängige Person zu bestellen. Die Bestellung des Insolvenzverwalters erfolgt zunächst vorläufig durch das Insolvenzgericht mit der Eröffnung des Insolvenzverfahrens und endgültig durch Bestätigung der ersten Gläubigerversammlung. Durch die Eröffnung des Insolvenzverfahrens geht die Verwaltungs- und Verfügungsbefugnis des Schuldners an dem zur Insolvenzmasse gehörenden Vermögen auf den Insolvenzverwalter über. Ihm obliegt insbesondere, das zur Insolvenzmasse gehörende Vermögen in Besitz zu nehmen, zu verwalten und dessen unverzügliche Verwertung zu betreiben, soweit eine Liquidation nicht durch einen Insolvenzplan oder Beschlüsse der Gläubigerversammlung abweichend geregelt wird.

- **Insolvenzgläubiger**
Insolvenzgläubiger sind die persönlichen Gläubiger, die einen zur Zeit der Eröffnung des Insolvenzverfahrens begründeten (nicht notwendig fälligen) Vermögensanspruch gegen den Schuldner haben. Sie können ihre Forderungen nur noch nach den Vorschriften des Insolvenzverfahrens geltend machen. Um bei der Verteilung der Insolvenzmasse berücksichtigt zu werden, müssen sie ihre Forderungen in einem Feststellungsverfahren anmelden. Diese werden vom Insolvenzverwalter in eine Tabelle eingetragen und dann in einem Prüfungstermin geprüft.
- **Weitere Gläubiger (Aus- und Absonderungsberechtigte, Massegläubiger)**
Vor der Befriedigung der Insolvenzgläubiger sind zunächst aus- und absonderungsberechtigte Gläubiger sowie nach ihnen die Massegläubiger zu befriedigen. **Aussonderungsberechtige** können aufgrund eines dinglichen oder persönlichen Rechts geltend machen, dass ein Gegenstand nicht zur Insolvenzmasse gehört (z. B. Eigentümer). **Absonderungsberechtigte** haben an einem Gegenstand der Insolvenzmasse ein besonderes Recht (z. B. Pfandrecht, Grundpfandrecht, Zurückbehaltungsrecht). **Massegläubiger** sind Gläubiger, deren Ansprüche erst nach Verfahrenseröffnung begründet worden sind und durch das Verfahren selbst veranlasst sind (z. B. die Vergütung des Insolvenzverwalters und Gerichtskosten als Kosten des Insolvenzverfahrens).
- **Gläubigerversammlung und Gläubigerausschuss**
Die **Gläubigerversammlung** wird durch das Insolvenzgericht einberufen und geleitet. An ihr können alle Insolvenzgläubiger, absonderungsberechtigten Gläubiger, der Insolvenzverwalter, die Mitglieder des Gläubigerausschusses und der Schuldner teilnehmen. Der Gläubigerversammlung als höchstem Organ des Insolvenzverfahrens obliegt insbesondere die Entscheidung darüber, ob das Unternehmen stillgelegt oder vorläufig fortgeführt werden soll und ob der Insolvenzverwalter mit der Ausarbeitung eines Insolvenzplanes beauftragt werden soll. Dieser gibt den Beteiligten die Möglichkeit, das Insolvenzverfahren in wesentlichen Punkten abweichend von den Vorschriften der InsO abzuwickeln, insbesondere zum Erhalt des Unternehmens. Durch das ESUG wurden die Regelungen des Insolvenzplanverfahrens gestrafft (Einschränkung der Möglichkeiten zur Verhinderung des Plans, §§ 251 ff. InsO) und ausgebaut (Möglichkeit des Umtausches von Forderungen in Beteiligungen, § 225a InsO). Der **Gläubigerausschuss** ist Repräsentativorgan der Gläubigerversammlung, die über dessen Einsetzung und Besetzung entscheidet. Die wichtigste Aufgabe des Gläubigerausschusses besteht darin, den Insolvenzverwalter bei seiner Geschäftsführung zu unterstützen und zu überwachen. Sie haben sich über den Gang der Geschäfte zu unterrichten, Bücher und Geschäftspapiere einsehen und den Geldverkehr und -bestand prüfen zu lassen.

6.2 Ablauf des Insolvenzverfahrens

Das Insolvenzverfahren läuft im Wesentlichen wie folgt ab:
- Das Verfahren wird durch den **Eröffnungsantrag** beim zuständigen Insolvenzgericht (Amtsgericht, in dessen Bezirk der Schuldner seinen allgemeinen Gerichtsstand hat bzw. der Schwerpunkt seiner wirtschaftlichen Tätigkeit liegt) in Gang gesetzt.
- Bis zur Entscheidung über den Insolvenzantrag kann das Insolvenzgericht zur Sicherung der Insolvenzmasse **vorläufige Sicherungsmaßnahmen** treffen (z. B. Bestellung eines vorläufigen Insolvenzverwalters, Erlass eines allgemeinen Verfügungsverbotes gegenüber dem Schuldner).
- Nach den Neuregelungen durch das ESUG soll das Insolvenzgericht vor Bestellung eines (vorläufigen oder endgültigen) Insolvenzverwalters grundsätzlich den **vorläufigen Gläubigerausschuss** befragen. Ein solcher ist nach dem Eingang des Eröffnungsantrags zwingend einzurichten, wenn zwei der drei Schwellenwerte nach § 22a InsO überschritten werden (Umsatzerlöse 12 Mio. €, Bilanzsumme 6 Mio. €, 50 Arbeitnehmer im Jahresdurchschnitt). Das Insolvenzgericht muss einer einstimmigen Empfehlung des vorläufigen Gläubigerausschusses folgen, es sei denn die vorgeschlagene Person ist für das Amt ungeeignet.
- Mit dem durch das ESUG eingeführten sog. **Schutzschirmverfahren** (§ 270b InsO), das eine weitere Form der Eigenverwaltung ist, wird dem Schuldner zwischen Eröffnungsantrag und Verfahrenseröffnung ein eigenständiges Sanierungsverfahren zur Verfügung gestellt. Danach hat der Schuldner auf Antrag und nach Zustimmung des Insolvenzgerichts bis zu drei Monate Zeit, unter Aufsicht eines vorläufigen Sachwalters frei von Vollstreckungsmaßnahmen einen Sanierungsplan zu erstellen, der anschließend als Insolvenzplan umgesetzt werden kann.
- Das Insolvenzgericht **erlässt den Eröffnungsbeschluss**, wenn die Prüfung ergeben hat, dass ein Eröffnungsgrund vorliegt und die Verfahrenskosten gedeckt sind. Im Eröffnungsbeschluss bestimmt das Gericht den Berichtstermin und den Prüfungstermin.
- Im **Berichtstermin** beschließt die Gläubigerversammlung auf der Grundlage eines Berichts des Insolvenzverwalters über den Fortgang des Insolvenzverfahrens (Stilllegung oder vorläufige Fortführung des Unternehmens des Schuldners oder Beauftragung des Insolvenzverwalters mit der Erstellung eines Insolvenzplans). Im **Prüfungstermin** werden die angemeldeten Forderungen ihrem Betrag und ihrem Rang nachgeprüft.
- Wird im Berichtstermin die Liquidation beschlossen, hat der Insolvenzverwalter das zur Insolvenzmasse gehörige Vermögen **unverzüglich zu verwerten**. Die Liquidation endet mit der **Verteilung der Masse** durch den Insolvenzverwalter. Die Schlussverteilung, die der Zustimmung des Insolvenzgerichts bedarf, erfolgt, sobald die Verwertung der Insolvenzmasse beendet ist.
- In einer abschließenden Gläubigerversammlung (**Schlusstermin**) wird insbesondere die Schlussrechnung des Insolvenzverwalters erörtert. Daneben können Einwendungen gegen das Schlussverzeichnis vorgebracht werden.
- Die **Beendigung des Insolvenzverfahrens** erfolgt entweder durch Einstellungs- oder durch Aufhebungsbeschluss des Insolvenzgerichts. Bei der **Einstellung** handelt es sich um eine

vorzeitige Beendigung des Verfahrens (z. B. mangels einer die Kosten deckende Masse oder bei Wegfall des Eröffnungsgrundes). Bei Zweckerreichung erfolgt die **Aufhebung** des Insolvenzverfahrens nach der Schlussverteilung oder nach rechtskräftiger Bestätigung des Insolvenzplans.

7 Verbraucherinsolvenzverfahren (§§ 304 bis 314 InsO)

Ein vereinfachtes, sog. Verbraucherinsolvenzverfahren findet statt, wenn der Schuldner eine **natürliche Person** ist, die keine selbständige wirtschaftliche Tätigkeit ausübt oder ausgeübt hat (**Verbraucher**) oder der Schuldner diese Voraussetzung zwar erfüllt (**Kleingewerbetreibender**), seine Vermögensverhältnisse aber überschaubar sind (weniger als 20 Gläubiger) und gegen ihn keine Forderungen aus Arbeitsverhältnissen bestehen. Wesentlicher Aspekt dieses Verfahrens ist, dass der Schuldner in den Genuss einer **Restschuldbefreiung** kommen kann, d. h. von den nicht erfüllten Verbindlichkeiten gegenüber den Insolvenzgläubigern befreit wird. Das Verfahren erfolgt in **drei Stufen**:

- Zunächst muss eine **außergerichtliche Schuldenbereinigung** mit den Gläubigern auf der Grundlage eines Schuldenbereinigungsplanes erfolglos geblieben sein.
- Erst dann kann der Schuldner die Eröffnung des gerichtlichen Verbraucherinsolvenzverfahrens beantragen, in dem zunächst versucht wird, das Verfahren aufgrund eines **gerichtlichen Schuldenbereinigungsplans** zu beenden.
- Kommt keine Einigung zustande, wird ein **vereinfachtes Insolvenzverfahren** durchgeführt (z. B. Treuhänder statt Insolvenzverwalter, nur ein Prüfungstermin, schriftliches Verfahren).

Nach Verteilung der Masse entscheidet das Gericht über den Antrag des Schuldners auf Erteilung der Restschuldbefreiung. Diese setzt zunächst voraus, dass kein Versagungsgrund vorliegt (z. B. rechtskräftige Verurteilung wegen einer Insolvenzstraftat, innerhalb der letzten zehn Jahre vor Antragstellung bereits Restschuldbefreiung erteilt). Weiterhin muss der Schuldner während einer **Wohlverhaltensperiode von sechs Jahren** seine Arbeitskraft nutzen und den pfändbaren Anteil seines Einkommens auf einen Treuhänder übertragen.

Teil H:
Berufsrecht

KV 1: Berufspflichten

1 Einleitung

Die Berufspflichten der Steuerberater sind in § 57 StBerG geregelt. Diese Norm wird durch die Berufsordnung der BStBK (BOStB) konkretisiert.

2 Die Berufspflichten nach § 57 Abs. 1 StBerG

Steuerberater müssen ihre Tätigkeit nach § 57 Abs. 1 StBerG
- unabhängig,
- eigenverantwortlich,
- gewissenhaft,
- verschwiegen und
- unter Verzicht auf berufswidrige Werbung ausüben.

2.1 Unabhängigkeit

Steuerberater sind unabhängige Organe der Steuerrechtspflege (§ 1 Abs. 1 BOStB). Um diese Unabhängigkeit zu wahren, dürfen Berufsangehörige keine Bindungen eingehen, die ihre **berufliche Entscheidungsfreiheit gefährden** könnten (§ 2 BOStB). Sie müssen sich die Freiheit bewahren, dem Verlangen eines Mandanten nach ungesetzlichem Handeln entgegentreten zu können. Die Unabhängigkeit ist z. B. gefährdet, wenn der Steuerberater **Vorteile von Dritten** annimmt oder **Risiken des Mandanten** übernimmt.

Der Steuerberater muss in **geordneten wirtschaftlichen Verhältnisse** leben; dies ist nicht der Fall, wenn er in ein Schuldnerverzeichnis aufgenommen wurde oder die Zwangsvollstreckung gegen ihn durchgeführt wird.

Darüber hinaus gefährden insbesondere **Interessenkollisionen** die unabhängige Tätigkeit. Interessenkollisionen liegen z. B. in den folgenden Fällen vor:
- gleichzeitige Vertretung von Gesellschaft und Gesellschaftern;
- Vertretung einer Gesellschaft oder eines gewerblichen Unternehmens, an der der Steuerberater selbst beteiligt ist;
- Strafverteidigung für eigene Beratungsmandate;
- parallele Steuerberatung und Wirtschaftsprüfung.

2.2 Eigenverantwortlichkeit

Die eigenverantwortliche Berufsausübung bedeutet, dass der Steuerberater sich ein **eigenes Urteil bilden** und **Entscheidungen selbständig fällen** muss (§ 3 BOStB). Dies beinhaltet auch, dass er für die Folgen seines Handelns einstehen, d. h. haften muss. Der Grundsatz der Eigenverantwortlichkeit gilt auch, soweit der Steuerberater Mitarbeiter zurate gezogen hat. Angestellte Steuerberater handeln eigenverantwortlich, wenn sie nicht in einem Umfang weisungsgebunden sind, dass ihnen die Freiheit zu pflichtgemäßem Handeln genommen ist. Dem eigenverantwortlichen Handeln steht nicht entgegen, dass die Zeichnungsbefugnis des Steuerberaters eingeschränkt oder eine Mitzeichnung vereinbart ist.

§ 58 S. 2 Nr. 5a StBerG erlaubt die Stellung als Syndikus-Steuerberater. Damit ist eine Bestellung zum Steuerberater für Angestellte in der Steuerabteilung eines Unternehmens möglich. Dies gilt nur unter der Voraussetzung, dass im Rahmen der Angestelltentätigkeit Tätigkeiten i. S. d. § 33 StBerG ausgeübt werden. Dies ist der Steuerberaterkammer durch geeignete Unterlagen (z. B. Anstellungsvertrag, Stellenbeschreibung) sowie eine Arbeitgeberbescheinigung nachzuweisen. Der Syndikus-Steuerberater darf zur Vermeidung von Interessenkollisionen in seiner Eigenschaft als Steuerberater generell nicht für den eigenen Arbeitgeber tätig werden. Syndikus-Steuerberater müssen für eine (mögliche) selbständige Tätigkeit eine eigene Vermögensschaden-Haftpflichtversicherung unterhalten.

2.3 Gewissenhaftigkeit

Der Steuerberater übt seine Tätigkeit gewissenhaft aus, wenn er die Interessen des Auftraggebers **sorgfältig** wahrnimmt und dabei die **steuerlichen und berufsrechtlichen Vorschriften beachtet**, die den Pflichten gegenüber dem Mandanten vorgehen. Merkmale einer gewissenhaften Tätigkeit sind Zuverlässigkeit, Gründlichkeit, Pünktlichkeit und eine sorgfältige Büroorganisation (z. B. Fristenkontrolle). Insbesondere ist der Steuerberater gehalten, Aufträge nur dann anzunehmen und auszuführen, wenn er über die entsprechende Sachkunde und die erforderliche Zeit verfügt. Aus der Pflicht zur gewissenhaften Berufsausübung ergibt sich auch die Pflicht zur regelmäßigen Fortbildung (§ 57 Abs. 2a StBerG, § 4 Abs. 2 BOStB).

Der Steuerberater ist verpflichtet, die für seine Berufsausübung erforderlichen sachlichen, personellen und sonstigen organisatorischen Voraussetzungen zu gewährleisten. Die Einhaltung dieser Voraussetzungen kann er sich zertifizieren lassen; die Zertifizierung hat sich auf die Organisation der Praxis zu beschränken.

2.4 Verschwiegenheit

Die Pflicht zur Verschwiegenheit erstreckt sich – zeitlich unbegrenzt – auf alles, was dem Steuerberater in Ausübung seines Berufs oder bei Gelegenheit der Berufstätigkeit anvertraut wurde oder ihm bekannt geworden ist (§ 5 Abs. 1 BOStB). Eine **Ausnahme** hiervon besteht nur, soweit der Steuerberater von der Verschwiegenheitspflicht entbunden wird oder die Offenlegung der Wahrung eigener berechtigter Interessen dient.

Steuerberater haben auch ihre Mitarbeiter, soweit sie nicht Steuerberater sind, schriftlich zur Verschwiegenheit zu verpflichten. Auch haben sie dafür Sorge zu tragen, dass Unbefugte während und nach Beendigung der Tätigkeit keinen Einblick in Unterlagen erhalten.

Mit der Verschwiegenheitspflicht korrespondiert ein **Auskunftsverweigerungsrecht** in Steuersachen (§ 102 AO, § 84 FGO), ein **Zeugnisverweigerungsrecht** und **Beschlagnahmeverbot** im Strafprozess (§§ 53, 53a, 97 StPO) und ein Zeugnisverweigerungsrecht im Zivilprozess (§ 385 ZPO).

2.5 Verbot berufswidriger Werbung

Sinn des Verbotes berufswidriger Werbung ist es, nur durch Leistung und nicht mit Mitteln der gewerblichen Wirtschaft zu werben. Eine Werbung ist nur in Form einer **sachlichen Information** über die berufliche Tätigkeit zulässig; dabei muss die Information sachlich zutreffend, objektiv nachprüfbar und nicht reklamehaft sein. Die Werbung darf nicht auf die Erteilung eines Auftrags gerichtet sein (§ 9 BOStB). Die Werbung durch Dritte zu veranlassen oder zu dulden, ist ebenso unzulässig wie die Eigenwerbung.

Zulässig ist die Werbung in Anzeigen, mit Mandanteninformationen, durch Aufnahme in allgemeine Verzeichnisse oder mit Praxisbroschüren, in denen über die berufliche Tätigkeit unter Beachtung der vorgenannten Grundsätze informiert wird; dabei sind Wertungen über die Tätigkeit unzulässig. Broschüren oder anderes Informationsmaterial darf nur eigenen Auftraggebern oder Dritten aufgrund deren Aufforderung zur Verfügung gestellt werden.

3 Weitere Berufspflichten

Steuerberater haben sich außerhalb ihrer Berufstätigkeit »standesgemäß« zu verhalten (§ 57 Abs. 2 StBerG).

Steuerberater müssen sich fortbilden (§ 57 Abs. 2a StBerG).

Gegenüber Berufskollegen hat sich ein Steuerberater kollegial zu verhalten (§ 7 Abs. 1 BOStB).

Steuerberater unterliegen dem Sachlichkeitsgebot (§ 7 Abs. 1 BOStB).

4 Verbot gewerblicher Tätigkeit

Eine gewerbliche Tätigkeit ist grundsätzlich mit der Steuerberatungstätigkeit unvereinbar. Die zuständige Steuerberaterkammer kann Ausnahmen zulassen, wenn eine Verletzung der Berufspflichten, insbesondere der Pflicht zur unabhängigen Berufsausübung, nicht zu erwarten ist (§ 57 Abs. 4 Nr. 1 StBerG). Eine solche Ausnahmegenehmigung kommt unter anderem bei der Ausübung gewerblicher Tätigkeiten im Rahmen vereinbarer Tätigkeiten – so z. B. für die Übernahme von Geschäftsführungsfunktionen in gewerblichen Unternehmen oder bei der Tätigkeit als Testamentsvollstrecker oder Insolvenzverwalter – in Betracht.

5 Folgen der Berufspflichtverletzung

Verletzt der Steuerberater seine speziellen Berufspflichten, so kann dies durch Maßnahmen der Berufsaufsicht (Steuerberaterkammer), durch berufsgerichtliche Maßnahmen oder – bei Verstoß gegen die Verschwiegenheitspflicht – auch strafrechtlich (§ 203 Abs. 1 StGB) geahndet werden. In bestimmten Fällen kommt auch ein Widerruf der Bestellung nach § 46 StBerG in Frage (z. B. bei Vermögensverfall).

Darüber hinaus kann eine Berufspflichtverletzung eine Schadensersatzverpflichtung gegenüber dem Mandanten begründen und dem Mandanten ein Kündigungsrecht geben.

KV 2: Berufsgerichtsbarkeit

1 Berufsgerichtliches Verfahren

1.1 Zweck des berufsgerichtlichen Verfahrens

Durch das berufsgerichtliche Verfahren werden **Pflichtverletzungen** bei der Ausübung des steuerberatenden Berufs (§ 89 StBerG) **geahndet**. Es handelt sich um ein **eigenständiges Gerichtsverfahren**, das keinen strafrechtlichen Charakter hat (das Gesetz spricht nicht von Strafe, sondern von der »Ahndung« von Pflichtverletzungen). Ziel des berufsgerichtlichen Verfahrens ist es, die **Ordnung und Integrität innerhalb des Berufsstandes** zu gewährleisten und die Berufsangehörigen zur gewissenhaften Erfüllung ihrer Berufspflichten anzuhalten. Daher kann ein **außerberufliches Verhalten** nur in Ausnahmefällen (z. B. wiederholte Trunkenheitsfahrten mit Unfall) eine im berufsgerichtlichen Verfahren zu ahndende Pflichtverletzung darstellen (§ 89 Abs. 2 StBerG).

1.2 Berufsgerichtliche Maßnahmen

Berufliche Pflichtverletzungen können einerseits durch berufs**rechtliche** Maßnahmen der Steuerberaterkammer geahndet werden (z. B. Rüge); zum anderen können berufs**gerichtliche** Maßnahmen (§ 90 StBerG) verhängt werden. Berufsgerichtliche Maßnahmen sind
- Warnung,
- Verweis,
- Geldbuße bis 50.000 € (kann auch neben einem Verweis verhängt werden),
- Berufsverbot von einem bis zu fünf Jahren,
- Ausschließung aus dem Beruf.

1.3 Gerichte

Zuständige Gerichte sind die **Kammern für Steuerberater- und Steuerbevollmächtigtensachen** bei den Landgerichten (§ 95 StBerG) bzw. die entsprechenden Senate bei den Oberlandesgerichten (Berufungsinstanz, § 96 StBerG) und beim Bundesgerichtshof (Revisionsinstanz, § 97 StBerG). Die Spruchkörper sind wie folgt besetzt:
- Außerhalb der Hauptverhandlung entscheiden in allen Instanzen jeweils drei Berufsrichter.
- In der Hauptverhandlung entscheiden am
  - **Landgericht:** ein Berufsrichter (Vorsitzender Richter am Landgericht) und zwei Steuerberater bzw. Steuerbevollmächtigte als Beisitzer;

- **Oberlandesgericht:** drei Berufsrichter und zwei Steuerberater bzw. Steuerbevollmächtigte als Beisitzer;
- **Bundesgerichtshof:** drei Berufsrichter, davon ein Vorsitzender Richter, und zwei Steuerberater bzw. Steuerbevollmächtigte als Beisitzer.

1.4 Verfahrensablauf

Das Verfahren beginnt mit der Einreichung einer **Anschuldigungsschrift** beim Landgericht durch die zuständige Staatsanwaltschaft (§ 114 StBerG) oder durch einen **Antrag des betroffenen Berufsangehörigen** bei der Staatsanwaltschaft (§ 116 StBerG); denn dieser kann ein Interesse an einer gerichtlichen Klärung von gegen ihn erhobenen Vorwürfen haben. Das Landgericht entscheidet in nichtöffentlicher Sitzung durch Beschluss über die Eröffnung des Hauptverfahrens (§ 118 StBerG). Gegen einen ablehnenden Beschluss steht der Staatsanwaltschaft die sofortige Beschwerde zu.

Wird das Hauptverfahren eröffnet, so findet die Hauptverhandlung in nichtöffentlicher Sitzung statt. Auf Antrag des Steuerberaters muss die Verhandlung öffentlich stattfinden; auf Antrag der Staatsanwaltschaft liegt die Entscheidung im Ermessen des Gerichts.

Das Verfahren endet durch Urteil; hierin kann das Gericht einen Freispruch oder die Einstellung des Verfahrens oder die Verurteilung zu einer berufsgerichtlichen Maßnahme aussprechen (§ 125 StBerG). Vor einem Urteil sind bereits Maßnahmen zur Sicherung der Steuerrechtspflege zulässig, wenn die Verhängung eines Berufsverbotes wahrscheinlich ist (§§ 134 ff. StBerG).

2 Verhältnis zu anderen Verfahren

Das Verhältnis des berufsgerichtlichen Verfahrens zu anderen Verfahren ist von der Art der Verfahren abhängig.
- **Rügeverfahren**
  Ein berufsgerichtliches Verfahren kann eingeleitet werden, auch wenn die Steuerberaterkammer bereits eine Rüge als Maßnahme der Berufsaufsicht in derselben Sache verhängt hat. Die Rüge wird wirkungslos, wenn ein Urteil des Berufsgerichts ergeht oder die Eröffnung des Hauptverfahrens abgelehnt wird, weil eine schuldhafte Pflichtverletzung nicht festzustellen ist (§§ 91 Abs. 2, 118 StBerG).
- **Straf-/Bußgeldverfahren**
  Das Straf- und Bußgeldverfahren wegen derselben Sache hat Vorrang vor dem berufsgerichtlichen Verfahren, das auch nach anhängigem Strafverfahren eingeleitet werden kann. Jedoch ist ein berufsgerichtliches Verfahren bis zur strafrechtlichen Entscheidung auszusetzen, da eine doppelte Erörterung durch zwei Gerichte vermieden werden soll. Bei Frei-

spruch im Strafverfahren wird das berufsgerichtliche Verfahren nur fortgesetzt, wenn der Berufsangehörige berufswidrig gehandelt hat, ohne eine Strafvorschrift zu verletzen. Bei Verurteilung im Strafverfahren sind die Feststellungen des Strafurteils für das Berufsgericht bindend.

- **Andere berufsgerichtliche Verfahren**
Untersteht der Steuerberater auch einer anderen Berufsgerichtsbarkeit und ist vor dieser ebenfalls ein berufsgerichtliches Verfahren eingeleitet worden, so geht das Verfahren für denjenigen Beruf vor, bei dessen Ausübung die Pflichtverletzung überwiegend begangen wurde. Bei einer Verurteilung durch das andere Berufsgericht kann eine zusätzliche Maßnahme durch das für Steuerberater und Steuerbevollmächtigte zuständige Berufsgericht nur verhängt werden, um den Berufsangehörigen dadurch zur Erfüllung seiner beruflichen Pflichten anzuhalten und das Ansehen des Berufsstandes zu wahren. Ein Ausschluss aus dem Beruf des Steuerberaters ist nur zulässig, wenn auch der Ausschluss aus dem anderen Beruf erfolgte.

KV 3: Die Haftung des Steuerberaters

1 Einleitung

Der Steuerberater hat den Mandatsvertrag gewissenhaft und mit der gebotenen Sorgfalt zu erfüllen. Dazu gehört insbesondere die Pflicht, den Mandanten umfassend steuerlich zu beraten, ihm den relativ sichersten Weg aufzuzeigen und ihn möglichst vor Schaden zu bewahren. Unterläuft ihm oder einem seiner Angestellten schuldhaft ein Fehler, der zu einem Schaden des Mandanten führt, hat er grundsätzlich für den Schaden einzustehen. Damit Schadensersatzansprüche der Mandanten erfüllt werden können, ist der Steuerberater zum Abschluss einer **Berufshaftpflichtversicherung** verpflichtet.

2 Anspruchsvoraussetzungen

Anspruchsgrundlage für den Schadensersatzanspruch sind §§ 280 bis 283 BGB i. V. m. dem Mandatsvertrag (dieser ist in der Regel ein Geschäftsbesorgungsvertrag nach § 675 Abs. 1 BGB). **Voraussetzungen** des Ersatzanspruchs sind:

- **Objektiver Fehler**
  Dem Steuerberater muss ein objektiver Fehler unterlaufen sein (z. B. gesetzliche Vorschriften wurden nicht angewendet, die einschlägige Rechtsprechung wurde nicht beachtet oder Buchhaltungsfehler wurden in den Jahresabschluss übernommen). Ein Fehler kann insbesondere auch darin liegen, dass der Steuerberater es unterlässt, dem Mandanten die **Einholung einer verbindlichen Auskunft** zu empfehlen. Dazu besteht nach dem Gebot des sichersten Weges eine Pflicht, wenn die Rechtslage nach Ausschöpfung der eigenen Erkenntnismöglichkeiten ungeklärt und die Angelegenheit von schwerwiegender Bedeutung für die Entscheidung des Mandanten ist; dies ist der Fall, wenn die Beratung eine einschneidende, dauerhafte und später praktisch nicht mehr rückgängig zu machende rechtliche Gestaltung betrifft.
- **Schaden des Mandanten**
  Dem Mandanten muss ein Schaden entstanden sein, der in einer Verschlechterung der Vermögenslage des Mandanten besteht. Bei Ergehen eines belastenden Steuerbescheids entsteht der Schaden gewöhnlich mit der Bekanntgabe dieses Bescheids.
- **Kausalität**
  Der Fehler des Steuerberaters muss eine adäquate Bedingung für den Schaden sein; dabei greift zugunsten des Mandanten die Vermutung, dass er der Empfehlung des Steuerberaters bei richtiger Beratung gefolgt wäre.

- **Verschulden**
  Der Steuerberater haftet für eigenes Verschulden nach § 276 BGB, für fremdes Verschulden (z. B. seiner Mitarbeiter) nach § 278 BGB (Haftung für Erfüllungsgehilfen). Verschulden bedeutet Vorsatz und Fahrlässigkeit. **Vorsatz** liegt in der Regel nur als bedingter Vorsatz vor, d. h. die bewusste Inkaufnahme eines erkennbaren zukünftigen Nachteils für den Mandanten. Dagegen ist der Maßstab für **Fahrlässigkeit** die Leistung (d. h. Kenntnisse, Aufmerksamkeit und Willensanspannung) eines durchschnittlichen und gewissenhaft arbeitenden Angehörigen der Berufsgruppe. An diesen stellt der BGH hohe Anforderungen: Kenntnis des geltenden Steuerrechts sowie der veröffentlichten Entscheidungen des BFH; dagegen kann die Kenntnis sämtlicher Erlasse und Verfügungen der Finanzverwaltung nicht verlangt werden. Für die Beurteilung der Fahrlässigkeit ist eine Prognose im Vorhinein (ex ante) anzustellen; später erlangtes Wissen oder eingetretene Umstände sind nicht zu berücksichtigen.

3 Haftungsbeschränkung

Nach § 67a StBerG ist eine **Haftungsbeschränkung** gegenüber dem Mandanten wie folgt zulässig:
- Beschränkung der Haftung auf die Mindestversicherungssumme von 250.000 € durch Einzelvereinbarung,
- Beschränkung der Haftung auf die vierfache Mindestversicherungssumme durch vorformulierte Vertragsbedingungen (AGB),
- Beschränkung der Haftung auf die bearbeitenden Mitglieder einer Sozietät.

4 Verjährung

Für die Verjährung von Schadensersatzansprüchen gegenüber steuerlichen Beratern gilt die **Regelverjährung von drei Jahren** (§ 195 BGB). Der Lauf dieser Verjährungsfrist beginnt mit dem Schluss des Jahres, in dem der Anspruch entstanden ist und der Mandant von den anspruchsbegründenden Umständen und der Person des Schuldners Kenntnis erlangt hat bzw. ohne grobe Fahrlässigkeit hätte erlangen können (**kenntnisabhängiger Beginn** gem. § 199 Abs. 1 Nr. 2 BGB). Die erforderliche Kenntnis von einem Anspruch ist gegeben, wenn der Betroffene aufgrund der ihm bekannten Tatsachen den Anspruch – ggf. im Wege einer Feststellungsklage – **gerichtlich geltend** machen kann, sofern ihm dies zumutbar ist. Grob fahrlässige Unkenntnis des Mandanten, die ebenfalls die Verjährungsfrist in Gang setzt, kommt z. B. bei Zurückweisung von Rechtsmitteln wegen Unzulässigkeit aufgrund von Fristversäumnis oder bei Ergehen von Steuerbescheiden in Betracht, wenn die Steuerforderungen deutlich von den Planungsrechnungen des Steuerberaters abweichen.

Schadensersatzansprüche gegen den Steuerberater verjähren unabhängig von ihrer Kenntnis durch den Mandanten spätestens zehn Jahre nach ihrer Entstehung bzw. nach 30 Jahren von der Pflichtverletzung an, wobei die früher endende Frist maßgeblich ist (§ 199 Abs. 3 BGB).

Die Dauer der Aufbewahrungsfrist bei der Handakte beträgt zehn Jahre (§ 66 Abs. 1 StBerG). Dadurch will der Gesetzgeber sicherstellen, dass die Handakten nicht zu einem Zeitpunkt schon vernichtet werden, in dem der Mandant noch Schadenersatzansprüche gegen den Steuerberater geltend machen kann.

5 Dritthaftung

Der Steuerberater kann sich auch Dritten (= anderen als Mandanten) gegenüber schadensersatzpflichtig machen. Grundsätzlich können Dritte, die mit dem Steuerberater keinen Beratungsvertrag abgeschlossen haben, nur einen Deliktsanspruch aus § 823 BGB haben, wenn der Steuerberater ihnen gegenüber schuldhaft seine Pflicht verletzt hat. § 823 Abs. 1 BGB erfasst jedoch nur Schäden an absoluten Rechtsgütern (Leben, Freiheit, Eigentum), nicht aber Vermögensschäden. Da dies zu unbefriedigenden Ergebnissen führen kann, hat die Rechtsprechung (BGH) folgende vertragliche Ansprüche entwickelt:

- **Stillschweigend zustande gekommener Auskunftsvertrag**
  Wer als Fachkundiger schuldhaft eine falsche Auskunft erteilt, haftet dem Empfänger der Auskunft nach Vertragsgrundsätzen, wenn die Auskunft erkennbar für den Empfänger von erheblicher Bedeutung war und er sie zur Grundlage wesentlicher Beschlüsse und Maßnahmen gemacht hat (Beispiel: Die Bank erkundigt sich beim Steuerberater, ob ein Umsatzsteuerguthaben, das als Sicherheit für einen Kredit dienen soll, tatsächlich besteht).
- **Vertrag mit Schutzwirkung zugunsten Dritter**
  Der geschädigte Dritte hat einen eigenen Schadensersatzanspruch aus dem Mandatsverhältnis, wenn dieses für ihn Schutzwirkung entfaltet. Dies ist der Fall, wenn
  – der Dritte in den Gefahrenbereich des Vertrages einbezogen ist (Leistungsnähe),
  – der Mandant mitverantwortlich für den Schutz des Dritten ist und
  – dies für den Steuerberater erkennbar ist.

Beispiel: Ein Mietvertrag entfaltet Schutzwirkung für die Kinder des Mieters, die nicht Vertragspartner des Vermieters sind; ein Sachverständigengutachten, das der Verkäufer zu Verkaufszwecken in Auftrag gibt, entfaltet Schutzwirkung zugunsten des Käufers.

Schließlich kommt eine deliktische Haftung des Steuerberaters nach § 823 Abs. 2 BGB i.V.m. einem Schutzgesetz in Betracht. Ein solches Schutzgesetz ist neben Strafgesetzen (Betrug, Untreue, Urkundenfälschung) z. B. auch § 3 Rechtsdienstleistungsgesetz, wenn ein Steuerberater eine nicht durch § 5 Rechtsdienstleistungsgesetz zugelassene Rechtsdienstleistung erbringt.

KV 4: Steuerberatungsgesellschaften

1 Einleitung

Steuerberatungsgesellschaften sind **vertragliche Personenzusammenschlüsse**, deren Zweck die geschäftsmäßige Hilfeleistung in Steuersachen ist; im Übrigen darf die Gesellschaft keine Zwecke verfolgen, die mit dem Steuerberaterberuf unvereinbar sind (§ 57 Abs. 4 StBerG). Steuerberatungsgesellschaften müssen von der Steuerberaterkammer, in deren Bezirk sie ihren Sitz haben, **anerkannt** werden (§ 49 Abs. 3 StBerG). **Zulässige Gesellschaftsformen** sind AG, GmbH, KGaA, OHG, KG und Partnerschaftsgesellschaft. Da die Rechtsformen der OHG und der KG das Betreiben eines Handelsgewerbes voraussetzen, ist diese Rechtsform als Steuerberatungsgesellschaft nur zulässig, wenn das ausgeübte Handelsgewerbe mit dem Steuerberaterberuf vereinbar ist; dies ist z. B. bei treuhänderischer Tätigkeit der Fall.

2 Voraussetzungen der Anerkennung

Für die Anerkennung als Steuerberatungsgesellschaft sind folgende Voraussetzungen zu erfüllen:
- **Geschäftsführung**
  Die Mitglieder des Vorstandes, die Geschäftsführer oder die persönlich haftenden Gesellschafter müssen Steuerberater sein. Persönlich haftender Gesellschafter kann auch eine Steuerberatungsgesellschaft sein, die die Voraussetzungen der Kapitalbindung gemäß § 50a StBerG erfüllt. Damit kann auch eine GmbH & Co. KG als Steuerberatungsgesellschaft anerkannt werden.
- **Gesellschafter**
  Um sicherzustellen, dass eine Steuerberatungsgesellschaft nicht von Berufsfremden beherrscht werden kann, schreibt § 50a StBerG eine **Kapitalbindung** vor; danach dürfen Gesellschafter einer Steuerberatungsgesellschaft ebenfalls, wie bei der Geschäftsführung, nur Angehörige der genannten Berufsgruppen sein; die Ausnahmeregelung des § 50 Abs. 3 StBerG gilt entsprechend. Darüber hinaus können auch Vereine und Stiftungen als Berufsangehörige gelten, wenn sie ausschließlich der Altersversorgung der Gesellschafter dienen. Den Berufsangehörigen muss zusammen die **Mehrheit der Stimmrechte** zustehen; nur sie sollen – nach dem Gesellschaftsvertrag – Gesellschafterrechte ausüben dürfen. Zur Vermeidung einer Umgehung ist es verboten, Anteile an einer Steuerberatungsgesellschaft für Rechnung Dritter zu halten.
- **Residenzpflicht**
  Nach § 50 Abs. 1 S. 2 StBerG muss mindestens ein Steuerberater, der Mitglied der Geschäftsleitung ist, seine berufliche Niederlassung am Sitz der Gesellschaft haben. Denn das An-

erkennungsverfahren und die Berufsaufsicht sollen bei derselben Steuerberaterkammer liegen.

- **Versicherungspflicht**
  Die Gesellschaft muss eine Berufshaftpflichtversicherung abschließen und bei Antragstellung eine entsprechende Deckungszusage vorlegen.
- **Firma**
  Die Gesellschaft ist verpflichtet, die Bezeichnung »Steuerberatungsgesellschaft« in ihrem Namen zu führen (§ 53 StBerG).
- **Antrag**
  Der Antrag auf Anerkennung als Steuerberatungsgesellschaft ist bei der zuständigen Steuerberaterkammer schriftlich zu stellen; dabei ist der Gesellschaftsvertrag bzw. die Satzung einzureichen, Namen und Anschrift der Geschäftsleiter anzugeben sowie eine Gebühr von 500 € zu entrichten.

3 Rechtsformbesonderheiten

- **Sozietät**
  Die Sozietät ist eine **Gesellschaft bürgerlichen Rechts** (§§ 705 ff. BGB), die als Gesellschaft nach außen auftritt (z. B. durch einheitliches Praxisschild oder Geschäftspapier) und deren Zweck die geschäftsmäßige Hilfeleistung in Steuersachen ist. Steuerberater dürfen sich nur mit anderen Steuerberatern und Steuerbevollmächtigten, Wirtschaftsprüfern, Rechtsanwälten oder Patentanwälten zu einer Sozietät zusammenschließen; unzulässig ist ein Zusammenschluss mit Steuerberatungsgesellschaften, Partnerschaftsgesellschaften, Gewerbetreibenden (z. B. Unternehmensberatern, Anlageberatern) oder Lohnsteuerhilfevereinen. Die Gründung einer Sozietät mit Steuerberatern ist der Steuerberaterkammer anzuzeigen (§ 56 Abs. 5 StBerG); eine förmliche Anerkennung als Steuerberatungsgesellschaft i. S. d. § 49 StBerG ist nicht möglich.
- **Partnerschaftsgesellschaft**
  Die Partnerschaftsgesellschaft ist eine **Personengesellschaft**, bei der – anders als bei den Personenhandelsgesellschaften – nur natürliche Personen Gesellschafter sein dürfen. Wie bei der Sozietät dürfen sich Steuerberater nur mit den o. g. Personengruppen zusammenschließen. Die Partnerschaftsgesellschaft darf kein Handelsgewerbe betreiben; ihre Struktur ist der der OHG vergleichbar. Im Gegensatz zur Sozietät ist die Partnerschaft selbst rechtliches Zuordnungssubjekt; sie ist rechts-, partei- und grundbuchfähig. Die Gründung einer Partnerschaft mit Steuerberatern ist der Steuerberaterkammer anzuzeigen (§ 56 Abs. 5 StBerG); eine förmliche Anerkennung ist nicht erforderlich, die Anerkennung als Steuerberatungsgesellschaft aber möglich.
  Grundsätzlich haften alle Partner als Gesamtschuldner für Schulden der Partnerschaft. Für Fehler in der Bearbeitung eines Auftrags haftet nur der bearbeitende Partner, § 8 Abs. 2 PartGG.

Steuerberater, Wirtschaftsprüfer und Rechtsanwälte können die Haftung für Verbindlichkeiten der Partnerschaft aus Schäden wegen fehlerhafter Berufsausübung auf das Gesellschaftsvermögen zu beschränken, § 8 Abs. 3, 4 PartGG. Dazu muss die Partnerschaft eine zu diesem Zweck durch Gesetz vorgegebene Berufshaftpflichtversicherung unterhalten. Die Partnerschaft muss dann die Bezeichnung »mit beschränkter Berufshaftung« oder »mbB« führen. Die persönliche Haftung für sonstige Verbindlichkeiten der Partnerschaftsgesellschaft, wie beispielsweise für Löhne oder Mieten bleibt allerdings bestehen.

- GmbH
  Die GmbH ist eine Kapitalgesellschaft. Gegenüber der Partnerschaft mbB besteht der Vorteil, dass eine persönliche Haftung der Gesellschafter für sonstige Verbindlichkeiten der Gesellschaft ausgeschlossen ist. Die Übertragung von Geschäftsanteilen muss an die Zustimmung der Gesellschaft gebunden sein (§ 50 Abs. 5 S. 3 StBerG).

- LLP
  Da das deutsche Recht keine Personengesellschaft kennt, bei der alle Gesellschafter von der Haftung sowohl für Beratungsfehler als auch für sonstige Verbindlichkeiten der Gesellschaft befreit sind, weichen Freiberufler teilweise auf die englische LLP aus. Bei dieser Rechtsform ist allerdings zu beachten, dass Verstöße gegen englisches Recht die persönliche Haftung teilweise wiederaufleben lassen. Diese Rechtsform sollte daher nur bei genauer Kenntnis des englischen Rechts gewählt werden.

- **Steuerberatungs GmbH & Co. KG**
  Mit Beschluss vom 15.07.2014 – II ZB 2/13 hat der BGH entschieden, dass eine Steuerberatungsgesellschaft in der Form einer Kommanditgesellschaft mit dem Gesellschaftszweck »geschäftsmäßige Hilfeleistung in Steuersachen einschließlich der Treuhandtätigkeit« im Handelsregister eingetragen werden kann. Damit ist eine Steuerberatungs-GmbH & Co. KG möglich, sofern diese zumindest auch Treuhandtätigkeit ausgeübt. Gegenüber der Partnerschaft mbB besteht der Vorteil, dass eine persönliche Haftung Gesellschafter für sonstige Verbindlichkeiten der Gesellschaft ausgeschlossen ist.

- **Bürogemeinschaft**
  Die Bürogemeinschaft ist ein loser Zusammenschluss, entweder in Form einer Gemeinschaft (§ 741 BGB) oder einer Gesellschaft bürgerlichen Rechts (§§ 705 ff. BGB), deren Zweck in der Kostenminimierung besteht, nie aber in der geschäftsmäßigen Hilfeleistung in Steuersachen. Im Gegensatz zur Sozietät handelt es sich um eine reine **Innengesellschaft** (kein gemeinschaftliches Auftreten nach außen). Der Zusammenschluss ist – wie bei der Sozietät – auf die dort genannten Personengruppen beschränkt.
  Die Bildung von Bürogemeinschaften ist auch mit Lohnsteuerhilfevereinen und Vereinen von Land- und Forstwirten i. S. d. § 4 Nr. 8 StBerG zulässig (§ 56 Abs. 2 StBerG).

- **Kooperationen**
  Steuerberater und Steuerbevollmächtigte dürfen eine auf einen Einzelfall oder auf Dauer angelegte berufliche Zusammenarbeit, der nicht die Annahme gemeinschaftlicher Aufträge zugrunde liegt, mit Angehörigen freier Berufe i. S. d. § 1 Abs. 2 PartGG sowie von diesen gebildeten Berufsausübungsgemeinschaften eingehen (§ 56 Abs. 5 StBerG). Sie sind verpflichtet sicherzustellen, dass bei der Kooperation ihre Berufspflichten eingehalten werden. Ist dies nicht gewährleistet, muss die Kooperation unverzüglich beendet werden.

KV 5: Lohnsteuerhilfevereine

1 Einleitung

Lohnsteuerhilfevereine sind **Selbsthilfeeinrichtungen von Arbeitnehmern**, deren Zweck in der Hilfeleistung in Steuersachen i. R. d. beschränkten Befugnisse des § 4 Nr. 11 StBerG besteht. Sie haben die Rechtsform des **rechtsfähigen Vereins** (§§ 21 ff. BGB) und bedürfen für ihre Tätigkeit der Anerkennung durch die Aufsichtsbehörden, i. d. R. die Oberfinanzdirektion, in deren Bezirk der Verein seinen Sitz hat (§§ 13, 15 StBerG).

2 Voraussetzungen der Anerkennung

Das Gesetz zählt in § 14 StBerG die Voraussetzungen für die Anerkennung eines rechtsfähigen Vereins als Lohnsteuerhilfeverein auf. Die Anerkennung kann erteilt werden, wenn nach der Satzung

- die **Aufgabe des Vereins** ausschließlich in der Hilfeleistung in Steuersachen für seine Mitglieder im Rahmen der Befugnisse des § 4 Nr. 11 StBerG besteht;
- der **Name des Vereins** keinen Bestandteil mit besonderem Werbecharakter (und die Bezeichnung »Lohnsteuerhilfeverein«, § 18 StBerG) enthält;
- die **sachgemäße Ausübung** der Hilfeleistung sichergestellt ist;
- für die Hilfeleistung neben dem Mitgliedsbeitrag **kein besonderes Entgelt** erhoben wird;
- eine **Haftpflichtversicherung** abgeschlossen ist;
- die **Anerkennungsgebühr** von 300 € entrichtet wurde (§ 16 StBerG).

3 Befugnisse nach § 4 Nr. 11 StBerG

§ 4 Nr. 11 StBerG zählt das **Tätigkeitsgebiet** von Lohnsteuerhilfevereinen abschließend auf. Danach darf ein Lohnsteuerhilfeverein für seine Mitglieder Hilfe in Steuersachen leisten, wenn diese

- Einkünfte aus nichtselbständiger Arbeit,
- sonstige Einkünfte aus wiederkehrenden Bezügen,
- Einkünfte aus Altersvorsorgeverträgen (Riesterrente),
- Einkünfte aus Unterhaltsleistungen erzielen **und**
- keine Einkünfte aus Land- und Forstwirtschaft, aus Gewerbebetrieb oder aus selbständiger Arbeit erzielen oder umsatzsteuerpflichtige Umsätze ausführen **und**
- Einnahmen aus anderen Einkunftsarten haben, die insgesamt die Höhe von 18.000 € (bzw. 36.000 € bei Zusammenveranlagung) nicht übersteigen.

Der Verein darf also **grundsätzlich nur im Rahmen der Einkommensteuer** und ihrer Zuschlagsteuern tätig werden. Dies beinhaltet jedoch auch eine Hilfeleistung bei der **Eigenheimzulage**, der **Investitionszulage**, mit Kinderbetreuungskosten und haushaltsnahen Beschäftigungsverhältnissen zusammenhängenden Arbeitgeberaufgaben sowie bei Sachverhalten des Familienleistungsausgleichs.

4 Pflichten des Lohnsteuerhilfevereins

Zu den allgemeinen Pflichten der Lohnsteuerhilfevereine (§ 26 StBerG) gehört es, ihre Hilfeleistung sachgemäß, gewissenhaft, verschwiegen und unter Beachtung der Regelungen zur Werbung (§ 8 StBerG) auszuüben. Dabei ist die Ausübung einer anderen wirtschaftlichen Tätigkeit in Verbindung mit der Hilfeleistung nicht zulässig. Der Verein hat Personen, deren er sich bei der Hilfeleistung bedient, zur Einhaltung dieser allgemeinen Pflichten anzuhalten. Darüber hinaus ist ein Lohnsteuerhilfeverein verpflichtet,

- **mindestens eine Beratungsstelle** im Bezirk der Aufsichtsbehörde seines Sitzes zu unterhalten (§ 23 Abs. 2 StBerG);
- für diese Beratungsstelle einen **Leiter** zu bestellen (§ 23 Abs. 1 StBerG); Leiter können nur Personen sein, die
  - nach § 3 Nr. 1 StBerG zur unbeschränkten Hilfeleistung in Steuersachen befugt sind,
  - eine kaufmännische oder vergleichbare Abschlussprüfung bestanden haben und nach der Prüfung mindestens drei Jahre im Umfang von mindestens 16 Wochenstunden auf dem Gebiet der von Bund- oder Ländern verwalteten Steuern tätig waren oder
  - mind. 3 Jahre nach Ausbildungsabschluss in demselben Umfang auf den nach § 4 Nr. 11 StBerG einschlägigen Gebieten des Einkommensteuerrechts tätig waren.
- **keinen Haftungsausschluss** für das Verschulden seiner Organe und Angestellten zu vereinbaren (§ 25 Abs. 1 StBerG);
- Einnahmen und Ausgaben fortlaufend **aufzuzeichnen** (§ 21 Abs. 1 StBerG);
- zum Ende eines jeden Geschäftsjahres eine **Vermögensübersicht** zu erstellen (§ 21 Abs. 3 StBerG);
- Belege **aufzubewahren** (sechs bzw. zehn Jahre, § 21 Abs. 4 StBerG);
- eine **Geschäftsprüfung** innerhalb von sechs Monaten nach Ablauf des Geschäftsjahres vornehmen zu lassen (Prüfung von Vollständigkeit und Richtigkeit der Aufzeichnungen und der Vermögensübersicht sowie der Übereinstimmung der tatsächlichen Geschäftsführung mit der Satzung);
- der zuständigen Oberfinanzdirektion Akten vorzulegen, Auskünfte zu erteilen, Veränderungen anzuzeigen und Mitgliederversammlungen mitzuteilen.

Die **Aufsicht** über die Einhaltung dieser Pflichten führt die **Aufsichtsbehörde**, in deren Bezirk der Verein seinen Sitz hat (§ 27 StBerG), i. d. R. die Oberfinanzdirektion.

Teil I:
Sonstige Themen

KV 1: Erwerbsvorgänge im Grunderwerbsteuerrecht

1 Charakter und Gegenstand der Grunderwerbsteuer

Die Grunderwerbsteuer ist eine (Rechts-)**Verkehrsteuer**. Ihr Besteuerungsgegenstand ist der Erwerb eines Grundstücks oder grundstücksgleichen Rechts, der auf einem tatbestandlichen Erwerbsvorgang beruht. Die Erwerbsvorgänge des Grunderwerbsteuergesetzes knüpfen an bürgerlich-rechtlich oder vollstreckungsrechtlich genau definierte Rechtsvorgänge an. Der Grunderwerbsteuer unterliegt gemäß § 2 GrEStG der Erwerb von
- **Grundstücken i. S. d. bürgerlichen Rechts**, zu denen grundsätzlich ihre Bestandteile (insbesondere Grund und Boden und Gebäude) gehören. Nicht zu den Grundstücken werden Maschinen und sonstige Vorrichtungen gerechnet, die zu einer Betriebsanlage gehören;
- **grundstücksgleichen Rechten**, namentlich Erbbaurechten, Gebäuden auf fremdem Grund und Boden und bestimmten dinglich gesicherten Sondernutzungsrechten nach WEG/BGB.

2 Erwerbsvorgänge im Überblick

Erwerbsvorgänge der Grunderwerbsteuer sind als **Grundtatbestand**:
- Kaufverträge und andere Rechtsgeschäfte, die den Anspruch auf Übereignung eines Grundstücks begründen (§ 1 Abs. 1 GrEStG).

Als **Ersatztatbestände** sind vorgesehen:
- die Verschaffung der Verwertungsbefugnis an einem Grundstück (§ 1 Abs. 2 GrEStG);
- die vollständige oder wesentliche Änderung des Gesellschafterbestandes einer grundbesitzenden Personengesellschaft (§ 1 Abs. 2a GrEStG);
- die vollständige oder wesentliche Änderung des Gesellschafterbestandes einer grundbesitzenden Kapitalgesellschaft (§ 1 Abs. 2b GrEStG);
- Anteilsvereinigung und Anteilsübertragung, d. h. Rechtsgeschäfte, die den Anspruch auf Übertragung von Anteilen an einer grundbesitzenden Gesellschaft begründen, wenn durch die Übertragung mindestens 90 % der Anteile vereinigt oder übertragen werden (§ 1 Abs. 3 GrEStG);
- der unmittelbare und/oder mittelbare Erwerb einer wirtschaftlichen Beteiligung von mindestens 90 % an einer grundbesitzenden Gesellschaft (§ 1 Abs. 3a GrEStG).

3 Erwerbstatbestände nach § 1 Abs. 1 GrEStG

Nach § 1 Abs. 1 GrEStG unterliegen folgende Vorgänge der Grunderwerbsteuer:
- **Kaufvertrag oder anderes auf Übereignung gerichtetes Rechtsgeschäft**
  Der in der Praxis weitaus häufigste Erwerbsvorgang ist der Abschluss eines Grundstückskaufvertrags nach § 1 Abs. 1 Nr. 1 GrEStG. Das Gesetz knüpft die Besteuerung an das kausale Verpflichtungsgeschäft (Kaufvertrag oder anderes Rechtsgeschäft), das den rechtlichen Grund für die dingliche Verfügung über das Eigentum durch Auflassung (=notariell zu beurkundende dingliche Einigung) und Eintragung im Grundbuch bildet.
- **Auflassung ohne vorangegangenes, auf Übereignung gerichtetes Rechtsgeschäft**
  Der Erwerbsvorgang nach § 1 Abs. 1 Nr. 2 GrEStG, in dem allein die Auflassung zur Tatbestandsverwirklichung führt, kommt nur in Ausnahmefällen in Betracht, weil der Grundstücksübertragung regelmäßig ein (schuldrechtliches) Verpflichtungsgeschäft zugrunde liegt. Beispiele sind der Heimfall eines Erbbaurechts, der zur Übertragung des Erbbaurechts an den Grundstückseigentümer führt oder die Auflassung eines Grundstücks durch einen Beauftragten, der das Grundstück von einem Dritten erworben hat, und dieses aufgrund seiner Herausgabepflicht (§ 667 BGB) an den Auftraggeber überträgt.
- **Übergang des Eigentums unmittelbar kraft Gesetzes**
  § 1 Abs. 1 Nr. 3 GrEStG betrifft Eigentumsübergänge, bei denen kein schuldrechtliches Geschäft i. S. d. Nr. 1 vorausgegangen ist und bei denen es auch keiner Auflassung bedarf. Erfasst werden danach insbesondere Eigentumsübergänge, die unmittelbar kraft Gesetzes erfolgen, z. B.
  - die Gesamtrechtsnachfolge aufgrund bestimmter Umwandlungsvorgänge (z. B. Verschmelzungen, Abspaltungen; nicht Formwechsel, da kein Rechtsträgerwechsel);
  - die Gesamtrechtsnachfolge infolge Erbfalls (§ 1922 Abs. 1 BGB);
  - die Anwachsung (§ 738 Abs. 1 BGB, z. B. bei Ausscheiden des einzigen Kommanditisten einer grundbesitzenden GmbH & Co. KG);
- **Meistgebot im Zwangsversteigerungsverfahren**
  Im Zwangsversteigerungsverfahren geht das Eigentum an dem versteigerten Grundstück durch den Zuschlag an den Meistbietenden als Ersteher über (§ 90 ZVG). § 1 Abs. 1 Nr. 4 GrEStG knüpft die Besteuerung jedoch nicht an den Zuschlag, sondern bereits an das Meistgebot, durch das der Anspruch auf den Zuschlag erworben wird. Die Rechtslage ähnelt insoweit der nach § 1 Abs. 1 Nr. 1 GrESt, bei der ebenfalls auf das zeitlich vorangehende (Verpflichtungs-)Geschäft abstellt wird.
- **Zwischengeschäfte nach § 1 Abs. 1 Nr. 5 bis 7 GrEStG**
  § 1 Abs. 1 GrEStG erfasst in den Nr. 5 bis 7 bestimmte Zwischengeschäfte, die nicht die Übertragung eines Grundstücks, sondern die Abtretung rechtsgeschäftlich begründeter Ansprüche auf Eigentumsübertragung an Grundstücken zum Gegenstand haben, namentlich
  - Rechtsgeschäfte, die einen Anspruch auf Abtretung eines Übereignungsanspruchs oder der Rechte aus einem Meistgebot begründen (§ 1 Abs. 1 Nr. 5 GrEStG);

- Rechtsgeschäfte, die den Anspruch auf Abtretung der Rechte aus einem Kaufangebot oder sonstigen Übereignungsangebot begründen (§ 1 Abs. 1 Nr. 6 GrEStG);
- ferner die Abtretung der Rechte nach Nr. 5 und Nr. 6, wenn kein Rechtsgeschäft vorausgegangen ist, das den Anspruch auf Abtretung der Rechte begründet (§ 1 Abs. 1 Nr. 7 GrEStG).

4 Ersatztatbestände (§ 1 Abs. 2, 2a, 2b und 3 GrEStG)

4.1 Verschaffung der Verwertungsbefugnis (§ 1 Abs. 2 GrEStG)

Nach § 1 Abs. 2 GrEStG unterliegen der Grunderwerbsteuer auch Rechtsvorgänge, die es einem anderen **ohne Einräumung eines Anspruchs auf Übereignung** rechtlich oder wirtschaftlich ermöglichen, ein Grundstück auf eigene Rechnung zu verwerten. Die Bestimmung soll als Ersatztatbestand Rechtsvorgänge erfassen, die von den in § 1 Abs. 1 GrESt beschriebenen Tatbestanden nicht erfasst werden, diesen aber so nahekommen, dass sie es einer Person ermöglichen, sich den Wert des Grundstücks anzueignen, ohne zivilrechtlicher Eigentümer des Grundstücks zu werden. Zwar kommt es hier vergleichbar dem wirtschaftlichen Eigentum (§ 39 AO) auf einen wirtschaftlichen Erfolg an; auch diesem liegen jedoch wie in § 1 Abs. 1 GrEStG bestimmte Rechtsvorgänge zugrunde. Als solche kommen in Betracht:

- die Einräumung der Befugnis, ein fremdes Grundstück auf eigene Rechnung zu veräußern;
- Immobilienleasingverträge (Leasinggeber errichtet auf von ihm zu erwerbenden Grundstück Gebäude nach Wünschen des Leasingnehmers; Leasingnehmer wird »wirtschaftlicher Eigentümer«);
- Treuhandverhältnisse;
- Einräumung von Befugnissen an einem Gebäude auf fremdem Grund und Boden (nicht: Grundstück) gegenüber einem Dritten, wenn diese hinsichtlich Nutzung und Veräußerung über die Befugnisse eines Mieters/Pächters hinausgehen.

4.2 Vollständige oder wesentliche Änderung des Gesellschafterbestandes einer Personengesellschaft (§ 1 Abs. 2a GrEStG)

Auch Gesamthandsgemeinschaften, insbesondere Personengesellschaften, können grunderwerbsteuerlich selbständige Rechtsträger sein. Da selbst bei vollständiger Auswechslung der Gesellschafter die Identität der Personengesellschaft erhalten bleibt, ein Rechtsträgerwechsel hinsichtlich des Grundstücks somit nicht stattfindet, hat der Gesetzgeber als Ersatztatbestand § 1 Abs. 2a GrEStG geschaffen, der unter bestimmten Voraussetzungen den Übergang eines Grundstücks auf eine neue Personengesellschaft fingiert.

Der Wechsel im Gesellschafterbestand einer grundbesitzenden Personengesellschaft führt zum Entstehen von Grunderwerbsteuer, wenn
- (unmittelbar oder mittelbar) **mindestens 90%** der Anteile am Gesellschaftsvermögen der grundbesitzenden Personengesellschaft übergehen,
- der Übergang auf **neue Gesellschafter** und
- innerhalb von **zehn Jahren** erfolgt.

4.3 Vollständige oder wesentliche Änderung des Gesellschafterbestandes einer Kapitalgesellschaft (§ 1 Abs. 2b GrEStG)

- Grunderwerbsteuer wird auch dann ausgelöst, wenn sich innerhalb von zehn Jahren der Gesellschafterbestand einer grundbesitzenden Kapitalgesellschaft unmittelbar oder mittelbar dergestalt ändert, dass mindestens 90% der Anteile auf neue Gesellschafter übergehen.

4.4 Anteilsvereinigung und Anteilsübertragung (§ 1 Abs. 3 GrEStG)

Dem Tatbestand des § 1 Abs. 3 GrEStG liegt der Gedanke zugrunde, dass bei wirtschaftlicher Betrachtungsweise die Konzentration von Anteilen an einer grundbesitzenden Gesellschaft in der Hand des Anteilsinhabers diesem die gleiche Herrschaftsmacht hinsichtlich des Grundstücks vermittelt, wie es bei unmittelbarem Eigentum an dem Grundstück der Fall wäre. Der Ersatztatbestand des § 1 Abs. 3 GrEStG fingiert daher unter bestimmten Voraussetzungen den Übergang des Grundstückseigentums, wenn sich die Zuordnung des Grundstücks infolge von Anteilsübertragungen bzw. Anteilsvereinigungen in Bezug auf die grundbesitzende Gesellschaft ändert. § 1 Abs. 3 GrEStG hat folgende Voraussetzungen:
- Anteile an einer grundbesitzenden Gesellschaft müssen **vereinigt** oder (nach der Vereinigung) **weiterübertragen** werden.
- Die Anteilsvereinigung bzw. -übertragung muss sich auf **mindestens 90%** der Anteile an der grundbesitzenden Gesellschaft beziehen.
- Die Anteile müssen sich entweder in der **Hand des Erwerbers oder in der Hand von herrschenden und/oder abhängigen Unternehmen/Personen** vereinigen. Letztere Alternative erfasst insbesondere Anteilsvereinigungen innerhalb eines (grunderwerbsteuerlichen) Organkreises, dessen Voraussetzungen denen der umsatzsteuerlichen Organschaft entsprechen.

4.5 Wirtschaftliche Anteilsvereinigung (§ 1 Abs. 3a GrEStG)

Nach § 1 Abs. 3a GrEStG gilt als Rechtsvorgang im Sinne des § 1 Abs. 3 Nr. 1 bis 4 GrEStG auch ein solcher, aufgrund dessen ein Rechtsträger insgesamt eine wirtschaftliche Beteiligung in Höhe von mindestens 90% an einer Gesellschaft innehat, zu deren Vermögen inländischer Grundbesitz gehört. Damit sollen z. B. die zur Grunderwerbsteuervermeidung genutzten Modelle mit einer Blocker-KG (»RETT-Blocker«) und einer minimalen wirtschaftlichen Beteiligung eines fremden Dritten an der Immobiliengesellschaft unterbunden werden.

KV 2: Steuervergünstigungen im Grunderwerbsteuerrecht

1 Einleitung

Das Grunderwerbsteuergesetz sieht unterschiedliche Arten von Vergünstigungen vor. Die §§ 3 und 4 GrEStG enthalten einen Katalog **echter Steuerbefreiungen**, die grundsätzlich für alle Erwerbsvorgänge des Grunderwerbsteuergesetzes gelten. Die §§ 5, 6 und 7 GrEStG betreffen Vorgänge zwischen **Gesamthandsgemeinschaften** und den an ihnen Beteiligten. Sie beruhen auf der wirtschaftlichen Erwägung, dass Grunderwerbsteuer insoweit nicht erhoben werden soll, als sich nur die Rechtsnatur (Allein-/Miteigentum wird zu Gesamthandseigentum und umgekehrt), nicht aber der Umfang der Berechtigung am Grundstück ändert. Für **Umstrukturierungen im Konzern** sieht § 6a GrEStG eine Steuervergünstigung vor, damit betriebswirtschaftlich sinnvolle Umstrukturierungen nicht am »Umstrukturierungshindernis Grunderwerbsteuer« scheitern.

2 Allgemeine Ausnahmen von der Besteuerung (§ 3 GrEStG)

Nach § 3 GrEStG sind folgende Erwerbe von der Besteuerung ausgenommen:
- **Bagatellfälle**
  Erwerbe, bei denen der für die Berechnung der Grunderwerbsteuer maßgebende Wert der Gegenleistung die Freigrenze von 2.500 € nicht übersteigt (§ 3 Nr. 1 GrEStG).
- **Grundstückserwerbe von Todes wegen und Grundstücksschenkungen**
  Nach § 3 Nr. 2 GrEStG sind Grundstückserwerbe von Todes wegen und Grundstücksschenkungen unter Lebenden im Sinne des ErbStG von der Grunderwerbsteuer befreit. Dadurch soll eine Doppelbesteuerung mit Erbschaft- bzw. Schenkungsteuer und Grunderwerbsteuer vermieden werden.
- **Grundstückserwerbe zur Teilung eines Nachlasses**
  Der Erwerb eines zum Nachlass gehörenden Grundstücks durch einen Miterben oder dessen Ehegatten zur Teilung des Nachlasses ist nach § 3 Nr. 3 S. 1 GrESt steuerfrei. Gleiches gilt für den überlebenden Ehegatten, wenn dieser mit den Erben des verstorbenen Ehegatten gütergemeinschaftliches Vermögen zu teilen hat.

- **Grundstückserwerbe durch den (früheren) Ehegatten des Veräußerers oder den (früheren) Lebenspartner**
  Der Erwerb eines Grundstücks durch den Ehegatten des Veräußerers ist – unabhängig vom Güterstand – steuerbefreit (§ 3 Nr. 4 GrEStG), vorausgesetzt, dass die Ehe im Zeitpunkt des Erwerbs noch besteht. Ferner ist auch der Grundstückserwerb durch den früheren Ehegatten im Rahmen der Vermögensauseinandersetzung nach der Scheidung steuerbefreit (§ 3 Nr. 5 GrEStG). Entsprechendes gilt bei Lebenspartnerschaften (§ 3 Nr. 4 und 5a GrEStG).
- **Grundstückserwerbe durch Verwandte**
  § 3 Nr. 6 GrEStG befreit den Grundstückserwerb durch Personen, die mit dem Veräußerer in gerader Linie verwandt sind (z. B. Kinder, Enkel, Eltern, Großeltern) und durch Stiefkinder sowie durch die Ehegatten dieser Personen.
- **Teilung des Gesamtguts der fortgesetzten Gütergemeinschaft**
  Vereinbaren Ehegatten durch Ehevertrag, dass die Gütergemeinschaft nach dem Tode eines Ehegatten zwischen dem Überlebenden und den gemeinsamen Abkömmlingen fortgesetzt wird, und wird im Rahmen der späteren Aufhebung der Gütergemeinschaft ein zum Gesamtgut gehörendes Grundstück durch deren Teilnehmer, Ehegatten oder Lebenspartner erworben, ist der Erwerb nach § 3 Nr. 7 GrEStG steuerfrei.
- **Rückerwerb durch den Treugeber bei Auflösung von Treuhandverhältnissen**
  Steuerfrei ist ferner der Rückerwerb eines Grundstücks durch den Treugeber bei Auflösung des Treuhandverhältnisses, wenn die für den Erwerb des Treuhänders angefallene Grunderwerbsteuer entrichtet wurde (§ 3 Nr. 8 GrEStG).

3 Besondere Ausnahmen von der Besteuerung (§ 4 GrEStG)

Nach § 4 GrEStG gelten folgende besondere Ausnahmen von der Besteuerung:
- **Grundstückserwerbe durch juristische Personen des öffentlichen Rechts**
  Der Grundstückserwerb durch juristische Personen des öffentlichen Rechts ist steuerfrei, wenn ihm ein nach § 4 Nr. 1 GrEStG begünstigter Erwerbsvorgang zugrunde liegt (entweder Grundstückserwerb aus Anlass des Übergangs öffentlicher Aufgaben oder aus Anlass von Grenzänderungen) und das Grundstück nicht überwiegend einem Betrieb gewerblicher Art der juristischen Person des öffentlichen Rechts dient (z. B. einem Wasser- oder Elektrizitätsbetrieb).
- **Grundstückserwerbe ausländischer Staaten bzw. kultureller Einrichtungen**
  Der Grundstückserwerb durch ausländische Staaten und ausländische kulturelle Einrichtungen ist unter dem Vorbehalt der Gegenseitigkeit steuerbefreit, wenn das Grundstück z. B. als Botschaft oder zu kulturellen Zwecken dient (§ 4 Nr. 2 und 3 GrEStG).

- **Rechtsträgerwechsel im Rahmen der Herstellung der deutschen Einheit**
  § 4 Nr. 4 bis 7 GrEStG enthalten mehrere Befreiungen, die aus Anlass der Herstellung der deutschen Einheit eingefügt wurden (z. B. für Grundstückserwerbe aufgrund Spaltung von der Treuhandanstalt/BvS verwalteter Unternehmen).

4 Übergang auf eine und von einer Gesamthand

4.1 Überblick

Die §§ 5 und 6 GrEStG begünstigen Grundstücksübertragungen zwischen den an einer Gesamthand Beteiligten (Gesamthändern, z. B. Gesellschaftern einer Personengesellschaft, Miterben) und der Gesamthandsgemeinschaft (z. B. GbR, OHG, KG, Erbengemeinschaft) sowie zwischen verschiedenen Gesamthandsgemeinschaften.

Im Einzelnen werden folgende Grundstücksübergänge erfasst:
- Übergang von mehreren Miteigentümern oder von einem Alleineigentümer auf eine Gesamthand (§ 5 Abs. 1 und 2 GrEStG);
- Übergang von einer Gesamthand in das Miteigentum mehrerer Gesamthänder oder in das Alleineigentum eines Gesamthänders (§ 6 Abs. 1 und 2 GrEStG);
- Übergang von einer Gesamthand auf eine andere Gesamthand (§ 6 Abs. 3 GrEStG).

4.2 Übergang auf eine Gesamthand (§ 5 GrEStG)

Geht ein Grundstück von **mehreren Miteigentümern** auf eine Gesamthand über, wird die Steuer nach § 5 Abs. 1 GrEStG nicht erhoben, soweit der Anteil des einzelnen Gesamthänders seinem Bruchteil am Grundstück entspricht (Beispiel: A und B sind Miteigentümer eines Grundstücks. Sie übertragen dieses an eine OHG, an der A, B und C jeweils zu einem Drittel beteiligt sind. Die Steuer wird in Höhe des Anteils von A und B an der OHG, d. h. zu zwei Dritteln nicht erhoben). Geht das Grundstück von einem **Alleineigentümer** auf eine Gesamthand über, wird die Steuer nach § 5 Abs. 2 GrEStG in Höhe des Anteils nicht erhoben, zu dem der Veräußerer am Vermögen der Gesamthand beteiligt ist. Vermindert sich innerhalb von zehn Jahren nach dem Übergang des Grundstücks der Anteil des Veräußerers an der Gesamthand, entfallen insoweit die Vergünstigungen nach § 5 GrEStG (rückwirkendes Ereignis, § 175 Abs. 1 S. 1 Nr. 2 AO). Um ungewünschte Gestaltungen auszuschließen, gilt die Regelung nicht für eine in einem Drittstaat gegründete Kapitalgesellschaft mit Geschäftssitz im Inland, die nach inländischem (Zivil-)Recht als Personengesellschaft behandelt wird (§ 5 Abs. 1 S. 3 GrEStG). Diese wird wie eine Körperschaft behandelt und ist mangels gesamthänderischer Mitberechtigung von der Vergünstigung nach § 5 GrEStG ausgeschlossen.

4.3 Übergang von einer Gesamthand (§ 6 GrEStG)

Geht ein Grundstück von einer Gesamthand in das **Miteigentum mehrerer Gesamthänder** über, wird die Steuer nach § 6 Abs. 1 GrEStG nicht erhoben, soweit der erworbene Grundstücksbruchteil dem Anteil am Vermögen der Gesamthand entspricht (Beispiel: Eine OHG, an der A, B und C jeweils zu einem Drittel beteiligt sind, überträgt ein ihr gehörendes Grundstück an A und B zu Miteigentum. Die Steuer wird zu zwei Dritteln nicht erhoben). Entsprechendes gilt bei Übergang eines Grundstücks **von einer Gesamthand auf eine andere**. Die Steuervergünstigung entfällt aber insoweit, wie sich der Anteil des Gesamthänders am Vermögen der erwerbenden Gesellschaft innerhalb von zehn Jahren nach dem Übergang des Grundstücks vermindert. Wird das Grundstück einem Gesamthänder zu **Alleineigentum** übertragen, wird die Steuer nach § 6 Abs. 2 GrEStG in Höhe des Anteils nicht erhoben, zu dem der Gesamthänder am Gesamthandsvermögen beteiligt ist.

Nach § 6 Abs. 4 GrEStG werden die Steuervergünstigungen nach Abs. 1 bis 3 in bestimmten Fällen nicht gewährt, z. B. insoweit als ein Gesamthänder – im Fall der Erbfolge sein Rechtsvorgänger – innerhalb von zehn Jahren vor dem Erwerbsvorgang seinen Anteil an der Gesamthand durch Rechtsgeschäft unter Lebenden erworben hat.

5 Umstrukturierungen im Konzern (§ 6a GrEStG)

Die Grunderwerbsteuer bei unter § 1 Abs. 3 GrEStG fallenden Umwandlungen einschließlich des Gesellschafterwechsels bei Personen- und Kapitalgesellschaften (§ 1 Abs. 2a und Abs. 2b GrEStG), bei Einbringungen und anderen Erwerbsvorgängen auf gesellschaftsvertraglicher Grundlage (z. B. Anwachsung, Liquidation, Kapitalerhöhung) sowie in Fällen des § 1 Abs. 2 GrEStG (Einräumung der Verwertungsbefugnis) und beim Eigentumsübergang kraft Gesetzes (§ 1 Abs. 1 Nr. 3 GrEStG) wird bei Erwerbsvorgängen unter folgenden Voraussetzungen nicht mehr erhoben:

- **Konzerninterne Umwandlung**
  Eine solche liegt vor, wenn an der Umwandlung ausschließlich ein herrschendes Unternehmen und ein oder mehrere von diesem herrschenden Unternehmen abhängige Gesellschaften, oder mehrere von einem herrschenden Unternehmen abhängige Gesellschaften beteiligt sind. Abhängig in diesem Sinne ist eine Gesellschaft, an deren Kapital oder Gesellschaftsvermögen das herrschende Unternehmen in einem Zeitraum von fünf Jahren vor und nach dem Rechtsvorgang ununterbrochen unmittelbar oder mittelbar oder teils unmittelbar, teils mittelbar zu mindestens 95 % beteiligt ist.
- **Inländische Rechtsträger**
  Die Vergünstigung findet grundsätzlich nur auf inländische Rechtsträger Anwendung. Ausländische Umwandlungsfälle werden grundsätzlich nicht erfasst. Eine Ausnahme gilt insoweit jedoch für Umwandlungen aufgrund des Rechts eines Mitgliedsstaats der EU bzw. des EWR, die ebenfalls begünstigt sind.

KV 3: Verschmelzung auf eine Personengesellschaft oder natürliche Person

1 Einleitung

Die Verschmelzung einer Kapitalgesellschaft auf eine Personengesellschaft oder natürliche Person, sowie der Formwechsel einer Kapitalgesellschaft in eine Personengesellschaft vollzieht sich steuerlich nach den §§ 3–9 UmwStG. Für die Auf- oder Abspaltung auf eine Personengesellschaft wird auf die §§ 3–9 UmwStG verwiesen (§ 16 UmwStG).

Diese Umwandlungen stellen eine Vermögensübertragung von einer Kapitalgesellschaft auf eine Personengesellschaft bzw. auf eine natürliche Person dar und führen damit zu einem Wechsel von der Körperschaft- zur Einkommensteuerpflicht. Für die ertragsteuerliche Behandlung sind drei Ebenen zu unterscheiden: Die Behandlung auf Ebene
- der übertragenden Kapitalgesellschaft,
- des übernehmenden Rechtsträgers und
- der Anteilseigner der übertragenden Körperschaft.

2 Ertragsteuerliche Behandlung bei der übertragenden Körperschaft

Das UmwStG behandelt die Verschmelzung einer Kapitalgesellschaft auf eine Personengesellschaft oder natürliche Person wie eine Vollausschüttung mit anschließender Veräußerung. In der steuerlichen Schlussbilanz der übertragenden Körperschaft sind die Wirtschaftsgüter grundsätzlich mit dem gemeinen Wert anzusetzen. Auch ein Firmenwert und nichtbilanzierte immaterielle Wirtschaftsgüter sind mit dem gemeinen Wert anzusetzen. Das führt zu einem Übertragungsgewinn durch Realisierung der stillen Reserven. Die Maßgeblichkeit der HB für die StB gilt insoweit nicht. Der grundsätzliche Ansatz mit dem gemeinen Wert ist notwendig, da grenzüberschreitende Umwandlungen möglich sind und dadurch verhindert werden soll, dass stille Reserven unversteuert der deutschen Besteuerung entzogen werden können.

Auf Antrag können jedoch die Buchwerte oder Zwischenwerte angesetzt werden, soweit
- die Wirtschaftsgüter Betriebsvermögen der übernehmenden Personengesellschaft oder natürlichen Person werden und die spätere Besteuerung der stillen Reserven sichergestellt ist **und**

- das deutsche Besteuerungsrecht nicht eingeschränkt ist **und**
- eine Gegenleistung nicht gewährt wird oder in Gesellschaftsrechten besteht.

3 Ertragsteuerliche Behandlung bei dem übernehmenden Rechtsträger

Der übernehmende Rechtsträger hat die übergegangenen Wirtschaftsgüter mit dem in der steuerlichen Schlussbilanz der übertragenden Körperschaft ausgewiesenen Wert zu übernehmen, § 4 Abs. 1 UmwStG. Durch diese Wertverknüpfung wird die Besteuerung der bei der Körperschaft gebildeten stillen Reserven bei den Gesellschaftern der übernehmenden Gesellschaft bzw. bei der übernehmenden natürlichen Person sichergestellt.

Der übernehmende Rechtsträger tritt in die Rechtsstellung der Körperschaft ein (§ 4 Abs. 2 UmwStG), d. h. die Übertragung stellt keinen Anschaffungsvorgang dar. Diese Rechtsnachfolge gilt insbesondere für die AfA, für steuerliche Rücklagen und für die Dauer der Zugehörigkeit von Wirtschaftsgutern zum Betriebsvermögen. Dahingegen gehen Verlustvorträge und auch verrechenbare Verluste sowie vom Übertragenden nicht ausgeglichene negative Einkünfte nicht über.

4 Ertragsteuerliche Behandlung bei den Anteilseignern der übertragenden Körperschaft

Der Übernahmegewinn ist gesellschafterbezogen zu ermitteln. Das Übernahmeergebnis der Gesellschafter der übertragenden Körperschaft ist in die Besteuerung der offenen Rücklagen (§ 7 UmwStG) und den verbleibenden Übernahmegewinn (§ 4 Abs. 4–7 UmwStG) aufzuteilen.

4.1 Besteuerung der offenen Rücklagen (§ 7 UmwStG)

§ 7 UmwStG bestimmt, dass die Anteilseigner der übertragenden Körperschaft in Höhe der anteiligen offenen Reserven eine Gewinnausschüttung erzielen. Natürliche Personen erzielen damit Einkünfte aus § 20 Abs. 1 Nr. 1 EStG. Die Besteuerung ist abhängig nach den für die Anteilseigner maßgeblichen Vorschriften (25 % Abgeltungsteuer, Teileinkünfteverfahren, Dividendenfreistellung).

Kapitalgesellschaften als Anteilseigner können die 95%ige Dividendenfreistellung gemäß §8b Abs. 1, 5 KStG in Anspruch nehmen.

Die Regelung des §7 UmwStG führt bei beschränkt Steuerpflichtigen dazu, dass es nach DBA bei einem deutschen Besteuerungsrecht für Gewinnausschüttungen bleibt. Die Kapitalertragsteuer auf Gewinnausschüttung wird dann nach §50 Abs. 2 EStG zur Definitivbelastung.

4.2 Besteuerung des (verbleibenden) Übernahmegewinns (§4 Abs. 4–7 UmwStG)

Das Gesetz geht für die Ermittlung des (verbleibenden) Übernahmegewinns davon aus, dass die Anteile an der übertragenden Körperschaft im Betriebsvermögen der übernehmenden Personengesellschaft sind (§4 Abs. 4 UmwStG). Der bilanzielle Übernahmegewinn ermittelt sich dann als Unterschiedsbetrag zwischen dem Wert, mit dem die Wirtschaftsgüter zu übernehmen sind, abzüglich der Kosten für den Vermögensübergang und dem (Bilanz-)Wert der Anteile an der übertragenden Körperschaft.

Soweit die Anteile in dem Betriebsvermögen eines Gesellschafters sind oder es sich um Anteile i. S. d. §17 EStG handelt, gelten die Anteile als zum Buchwert in die übernehmende Personengesellschaft eingelegt. Der bilanzielle Übernahmegewinn ermittelt sich dann in gleicher Weise.

Dieser bilanzielle Gewinn ist sodann außerhalb der Bilanz um die nach §7 UmwStG separat besteuerten offenen Rücklagen zu kürzen (§4 Abs. 5 S. 2 UmwStG). Entspricht der Wertansatz der Anteile dem Nennkapital zuzüglich der Kapitalrücklage (Gründungsfall), so ergibt sich regelmäßig kein Übernahmegewinn mehr.

Ein Übernahmeverlust kann aber entstehen, wenn die Anteile an der übertragenden Körperschaft zu einem über dem Nennwert liegenden Preis erworben worden sind. Nach §4 Abs. 6 UmwStG bleibt ein Übernahmeverlust, soweit er auf Körperschaften entfällt, außer Ansatz. Bei Einkommensteuerpflichtigen ist der Übernahmeverlust zu 60%, höchstens bis zur Höhe der Bezüge i. S. d. §7 UmwStG abziehbar. Dies gilt allerdings nicht in den Fällen des §17 Abs. 2 S. 5 EStG und nicht, soweit Anteile an der umgewandelten Kapitalgesellschaft innerhalb der letzten fünf Jahre erworben wurden. Für Anteile im Privatvermögen unter 1% ist kein Übernahmegewinn zu ermitteln.

5 Gewerbesteuer

Entsteht bei der Kapitalgesellschaft ein Übertragungsgewinn, unterliegt dieser – als letzter laufender Geschäftsvorfall – der Gewerbesteuer. Ein gewerbesteuerlicher Verlustvortrag geht dagegen nicht auf die übernehmende Personengesellschaft über (§ 18 Abs. 1 S. 2 UmwStG). Ein Übernahmegewinn der übernehmenden Personengesellschaft ist dagegen gewerbesteuerfrei (§ 18 Abs. 2 UmwStG).

Wird der Betrieb der übernehmenden Personengesellschaft innerhalb von fünf Jahren nach der Umwandlung veräußert, unterliegt ein Auflösungs- oder Veräußerungsgewinn der Gewerbesteuer (§ 18 Abs. 4 S. 1 UmwStG). Diese Regelung soll Missbrauch verhindern. Denn während Gewinne nach § 16 EStG nicht der Gewerbesteuer unterworfen werden, ist ein Gewinn bei Auflösung oder Veräußerung einer Kapitalgesellschaft stets gewerbesteuerpflichtig. § 18 Abs. 4 UmwStG will verhindern, dass diese Gewerbesteuerpflicht durch vorherige Umwandlung in eine Personengesellschaft umgangen wird.

KV 4: Einbringung in eine Kapitalgesellschaft

1 Einleitung

Die Einbringung von Betriebsvermögen in eine Kapitalgesellschaft ist aus ertragsteuerlicher Sicht als **veräußerungs- bzw. tauschähnlicher Vorgang** anzusehen, bei dem die übernehmende Kapitalgesellschaft als Gegenleistung für das eingebrachte Betriebsvermögen neue Gesellschaftsanteile gewährt. Grundsätzlich würde dieser Vorgang zur Aufdeckung stiller Reserven führen. Das UmwStG ermöglicht jedoch eine Einbringung ohne Aufdeckung stiller Reserven.

2 Sacheinlage (§ 20 UmwStG)

2.1 Gegenstand der Einbringung

Eine Einbringung nach § 20 UmwStG setzt voraus, dass Betriebe, Teilbetriebe oder Mitunternehmeranteile gegen Gewährung neuer Anteile an der übernehmenden Kapitalgesellschaft übertragen werden (Sacheinlage). Dabei müssen alle wesentlichen Betriebsgrundlagen übertragen werden. Das gilt auch für Sonderbetriebsvermögen. Die Wesentlichkeit wird ausschließlich nach funktionalen Kriterien bestimmt.

Grundsätzlich wird die Einbringung mit Lastenwechsel wirksam. Auf Antrag ist eine achtmonatige Rückwirkungsfiktion möglich (§ 20 Abs. 5, 6 UmwStG). Diese Fiktion gilt allerdings nicht für Entnahmen und Einlagen, Umsatzsteuer und schuldrechtliche Verträge zwischen GmbH und Gesellschafter.

2.2 Auswirkungen bei der übernehmenden Kapitalgesellschaft

Grundsätzlich muss die übernehmende Kapitalgesellschaft das bei der Einbringung eines Betriebs, Teilbetriebs oder Mitunternehmeranteils eingebrachte Vermögen mit dem gemeinen Wert ansetzen (§ 20 Abs. 2 UmwStG). Das übernommene Betriebsvermögen kann mit dem Buchwert oder einem Zwischenwert angesetzt werden, soweit
- sichergestellt ist, dass es später bei der übernehmenden Körperschaft der Besteuerung mit Körperschaftsteuer unterliegt,
- die Passivposten (ohne Eigenkapital) des eingebrachten Betriebsvermögens die Aktivposten nicht übersteigen,

- das deutsche Besteuerungsrecht bei einer Veräußerung des eingebrachten Betriebsvermögens bei einer Veräußerung durch die übernehmende Gesellschaft nicht ausgeschlossen ist (§ 20 Abs. 2 UmwStG).

Dieses Wahlrecht kann unabhängig von der Behandlung in der Handelsbilanz ausgeübt werden.

Die Auswirkungen bei der übernehmenden Kapitalgesellschaft sind davon abhängig, mit welchen Werten die übernehmende Kapitalgesellschaft die Sacheinlage ansetzt.
- Setzt die Kapitalgesellschaft das eingebrachte Betriebsvermögen mit dem **Buchwert** an, tritt sie in die Rechtsstellung des Einbringenden ein, insbesondere hinsichtlich der Absetzungen für Abnutzung, der steuermindernden Rücklagen und der Dauer der Zugehörigkeit eines Wirtschaftsguts zum Betriebsvermögen (§§ 23 Abs. 1, 12 Abs. 3 S. 1, 4 Abs. 2 S. 3 UmwStG). Ein Verlustvortrag geht nicht auf die GmbH über.
- Erfolgt ein Ansatz zu **Zwischenwerten** gilt dies mit der Maßgabe, dass die AfA von den (aufgestockten) Zwischenwerten vorzunehmen ist (§ 23 Abs. 3 UmwStG).
- Setzt die Kapitalgesellschaft das eingebrachte Betriebsvermögen mit dem **gemeinen Wert** an, gelten die eingebrachten Wirtschaftsgüter als im Zeitpunkt der Einbringung von der Kapitalgesellschaft angeschafft, wenn die Einbringung im Wege der **Einzelrechtsnachfolge** erfolgt. Erfolgt die Einbringung im Wege der **Gesamtrechtsnachfolge**, gelten die Vorschriften für den Zwischenwertansatz entsprechend.

2.3 Besteuerung des Einbringungsgewinns

Die Einbringung ist aus Sicht der Anteileigner ein Tausch: Sie geben einen Betrieb, Teilbetrieb oder Mitunternehmeranteil und erhalten dafür Anteile an der aufnehmenden Kapitalgesellschaft. § 20 Abs. 3 UmwStG bestimmt, dass der Wert, mit dem die übernehmende Kapitalgesellschaft das eingebrachte Vermögen ansetzt, für den Einbringenden zugleich Veräußerungspreis des eingebrachten Betriebs ist und Anschaffungskosten der erworbenen neuen Anteile an der übernehmenden Kapitalgesellschaft.

Bei den Anteilseignern ist zu unterscheiden zwischen der Besteuerung der Einbringung und der Besteuerung eines späteren Verkaufs der neuen Anteile durch den Einbringenden.
- **Besteuerung der Einbringung:** Ein Einbringungsgewinn entsteht, wenn die übernehmende Kapitalgesellschaft die übernommenen Wirtschaftsgüter über dem Buchwert, also zum gemeinen Wert oder zu einem Zwischenwert, ansetzt. Dieser Gewinn ist nach § 34 Abs. 1, 3 EStG (Fünftelungsregel bzw. 56 % des durchschnittlichen Steuersatzes) begünstigt. Der Freibetrag nach § 16 Abs. 4 EStG kann nur angesetzt werden, wenn der Einbringende eine natürliche Person ist und das Vermögen zum gemeinen Wert angesetzt wird.
- **Besteuerung des Verkaufs der neuen Anteile (Einbringungsgewinn I):** Soweit nach einer Sacheinlage unter dem gemeinen Wert die erhaltenen Anteile innerhalb eines Zeitraums von sieben Jahren nach dem Einbringungszeitpunkt veräußert werden, ist der Gewinn aus

der Einbringung rückwirkend im Wirtschaftsjahr der Einbringung als Gewinn des Einbringenden nach §16 Abs. 1 EStG zu versteuern. Dieser Gewinn ist die Differenz zwischen dem gemeinen Wert und dem Einbringungswert. Der Gewinn ist zu vermindern um jeweils 1/7 für jedes seit dem Einbringungszeitpunkt abgelaufene Zeitjahr (§22 Abs. 1 UmwStG). §§16 Abs. 4 und 34 EStG sind nicht anwendbar. Verfahrensrechtlich erfolgt die Änderung nach §175 Abs. 1 S. 1 Nr. 2 AO.

Durch diese Regelung wird verhindert, dass Steuerpflichtige, die ein Unternehmen verkaufen möchten, dieses zunächst zu Buchwerten in eine Kapitalgesellschaft einbringen und dann die Anteile an der Kapitalgesellschaft unter Anwendung des Teileinkünfteverfahrens verkaufen.

Von großer Bedeutung ist, dass der Einbringende gemäß §23 Abs. 3 S. 1 Nr. 1 UmwStG innerhalb der Siebenjahresfrist jährlich den Nachweis zu erbringen hat, wem die erhaltenen Anteile zuzurechnen sind. Wenn der Nachweis nicht erbracht wird, gelten die Anteile als veräußert und der entsprechende Einbringungsgewinn ist zu besteuern.

Erfolgt die Sacheinlage zum **gemeinen Wert** gelten bei einer späteren Veräußerung der Anteile die allgemeinen Vorschriften. In Betracht kommt eine Besteuerung nach §§17, 22, 23 EStG.

3 Anteilstausch (§21 UmwStG)

§21 UmwStG regelt die Einbringung von Anteilen an Kapitalgesellschaften in Kapitalgesellschaften (früher §20 Abs. 1 S. 2 und 23 Abs. 4 UmwStG). Der Ansatz erfolgt grundsätzlich zum gemeinen Wert. Ein Buch- oder Zwischenwertansatz ist möglich, wenn die übernehmende Gesellschaft nach der Einbringung unmittelbar die Mehrheit der Stimmrechte an der erworbenen Gesellschaft hält, sog. qualifizierter Anteilstausch (§21 Abs. 1 S. 2 UmwStG).

Veräußert die übernehmende Gesellschaft die Anteile, die zu einem Wert unterhalb des gemeinen Werts eingebracht worden sind innerhalb von sieben Jahren, und war der Einbringende eine nicht von §8b Abs. 2 KStG begünstigte Person, so erfolgt eine rückwirkende Besteuerung, §22 Abs. 2 UmwStG. Dieser Einbringungsgewinn II ist die Differenz zwischen dem gemeinen Wert und dem Einbringungswert. Dieser Gewinn ist zu vermindern um jeweils 1/7 für jedes seit dem Einbringungszeitpunkt abgelaufene Zeitjahr (§22 Abs. 2 UmwStG). Durch diese Regelung wird eine sog. Ketteneinbringung unattraktiv gemacht, bei der ein Unternehmen zunächst in eine erste Kapitalgesellschaft zu Buchwerten eingebracht wird, diese Kapitalgesellschaft sodann zu Buchwerten in eine zweite Kapitalgesellschaft eingebracht wird und diese dann die Anteile an der ersten Kapitalgesellschaft zu 95% steuerfrei nach §8b KStG verkauft.

KV 5: Steuerhoheit

1 Einleitung

Die Steuerhoheit, also die Kompetenz in Steuerfragen, lässt sich unterteilen in die Gesetzgebungshoheit, die Ertragshoheit und die Verwaltungshoheit.

2 Gesetzgebungshoheit

Nach Art. 105 Abs. 1 GG hat der **Bund** die **ausschließliche Gesetzgebungshoheit** über Zölle und Finanzmonopole. Beide Bereiche haben nur noch geringe Bedeutung: Zölle fallen in die vorrangige Kompetenz der EU und sind jetzt im Zollkodex der EU geregelt. National bestehen nur noch Verfahrensregeln in der AO, § 1 Abs. 1 S. 1 AO. Das Branntweinmonopol als das letzte existierende Finanzmonopol ist Ende 2017 abgeschafft worden.

Nach Art. 105 Abs. 2 GG hat der Bund die von ihm weitgehend ausgeschöpfte **konkurrierende Gesetzgebungshoheit** auf folgenden Gebieten:
- Steuern vom Einkommen und Vermögen (z. B. ESt, KSt, SolZG, GewStG, BewG, GrStG, ErbStG),
- Verkehrsteuern (z. B. USt, VersStG, KraftStG, RennwLottG, GrEStG),
- Verbrauchsteuern (z. B. EnergieStG, StromStG, KaffeeStG, TabStG, BierStG, SchaumwZwStG).

Bundesgesetze über Steuern, deren Aufkommen den Ländern oder den Gemeinden (Gemeindeverbänden) ganz oder zum Teil zufließt, bedürfen der Zustimmung des Bundesrates, Art. 105 Abs. 3 GG.

Die Länder **können** Steuergesetze erlassen, wenn der Bund von seiner konkurrierenden Gesetzgebungshoheit keinen Gebraucht macht. Darüber hinaus haben die Länder die **ausschließliche Gesetzgebungskompetenz** über die örtlichen Verbrauchs- und Aufwandsteuern, soweit sie nicht bundesgesetzlich geregelten Steuern gleichartig sind (z. B. Fischerei-, Gemeindegetränke-, Hunde-, Vergnügung- und Zweitwohnungsteuer). Die Länder haben ferner die Befugnis zur Bestimmung des Steuersatzes bei der Grunderwerbsteuer, Art. 105 Abs. 2a GG.

Gemeinden haben keine Steuergesetzeshoheit. Sie dürfen aber die Hebesätze für die Grundsteuer und die Gewerbesteuer festsetzen, Art. 106 Abs. 6 S. 2 GG.

Immer wichtiger wird die aus der Harmonisierungskompetenz folgende Gesetzgebungshoheit der **EU**. Neben dem Zollkodex und der Mehrwertsteuersystemrichtlinie sind beispielsweise die Mutter-Tochter-Richtlinie und die Zinsrichtlinie zu nennen.

3 Steuerertragshoheit

Nach Art. 106 GG ist die Steuerertragshoheit, also das Recht, das Steueraufkommen zu vereinnahmen, wie folgt geregelt:

- **Bund, Art. 106 Abs. 1 GG, u. a.**
  - Zölle (läuft leer, da der Zoll der EU zusteht)
  - Verbrauchsteuern, soweit sie nicht Ländern oder Gemeinden zustehen (u. a. Energie-, Strom-, Kaffee-, Tabak- und Schaumweinsteuer)
  - Kfz-Steuer
  - Versicherungsteuer
  - Solidaritätszuschlag
- **Länder, Art. 106 Abs. 2 GG, u. a.**
  - Erbschaft- und Schenkungsteuer
  - Verkehrsteuern, sofern sie nicht dem Bund zustehen (u. a. Grunderwerb-, Feuerschutz-, Rennwett- und Lotteriesteuer)
  - Biersteuer
  - Spielbankabgabe
- **Gemeinden, Art. 106 Abs. 6 GG, u. a.**
  - Grundsteuer
  - Gewerbesteuer
  - Örtliche Verbrauch- und Aufwandsteuer (z. B. Hunde-, Vergnügungs- und Zweitwohnungssteuer)
- **Gemeinschaftssteuern, Art. 106 Abs. 3–5a GG**
  - Einkommensteuer, Körperschaftsteuer und Umsatzsteuer werden als so genannte Gemeinschaftssteuern auf Bund und Länder verteilt. Die Gemeinden erhalten einen Anteil an der Einkommen- und der Umsatzsteuer.

Die Regeln des GG zur Steuerertragshoheit werden durch den Finanzausgleich ergänzt.

Die **EU** hat über den Zoll hinaus keine eigene Steuerertragshoheit.

4 Steuerverwaltungshoheit

Die Steuerverwaltungshoheit, also die Kompetenz über den Vollzug der Steuergesetze, ist in Art. 108 GG geregelt.

Von den **Bundesfinanzbehörden**, also dem Bundesministerium der Finanzen (BMF), dem Bundeszentralamt für Steuern (BZSt) und der Zollverwaltung werden u. a. verwaltet:
- Zölle,
- bundesgesetzlich geregelte Verbrauchsteuern, einschließlich der EUSt (u. a. Energie-, Strom-, Tabak-, Alkohol- und Schaumweinsteuer),
- KfZ-Steuer (über Organleihe auf die Länder übertragen, § 18a Finanzverwaltungsgesetz, FVG),
- Abgaben im Rahmen der EU.

Die übrigen Steuern werden von den **Landesfinanzbehörden**, also den Landesfinanzministerien, den Landesämtern für Finanzen, den Oberfinanzdirektionen und den Finanzämtern verwaltet, Art. 108 Abs. 2 GG (u. a. ESt, KSt, Soli, USt, ErbSt, GrESt).

Nach Art. 108 Abs. 4 GG ist den **Gemeinden** die Verwaltung der Gewerbe- und der Grundsteuer übertragen worden. Die Messbescheide werden jedoch von den Finanzämtern der Länder festgesetzt. Darüber hinaus ist den Gemeinden die Verwaltung der örtlichen Verbrauch- und Aufwandsteuern übertragen worden.

Die **EU** hat neben der EU-Generaldirektion Steuern und Zollunion keine eigenen Steuerbehörden.

KV 6: Die Bewertung von Grundstücken des Grundvermögens für die ErbSt

1 Einleitung

Mit dem Gesetz zur Erbschaftsteuerreform vom 24.12.2008 wurde eine völlige Neufassung der wesentlichen Bewertungsvorschriften für Immobilien eingeführt. Künftig wird versucht, einen Verkehrswert für die Grundstücke zu ermitteln. Für Bewertungsstichtage ab dem 01.01.2023 wurden hierfür erhebliche Anpassungen bei den Vorschriften für bebaute Grundstücke vorgenommen.

Die gesonderte Feststellung des Grundbesitzwertes erfolgt in einem **Grundlagenbescheid** und ist vom Lagefinanzamt vorzunehmen. Grundbesitzwerte werden unter Berücksichtigung der tatsächlichen Verhältnisse und Wertverhältnisse zum Bewertungsstichtag festgestellt (§ 157 Abs. 1 BewG).

Der Grundbesitzwert ist abweichend vom gemeinen Wert nach § 9 BewG ein **typisierender Wert**, d.h. er wird nach einem bestimmten Berechnungsschema ohne Berücksichtigung besonderer Umstände festgestellt. Aus diesem Grund hat der Gesetzgeber eine sogenannte **Öffnungsklausel** zugelassen, die bei Nachweis durch den Steuerpflichtigen ersatzweise eine Bewertung mit einem niedrigeren gemeinen Wert zulässt (§ 198 BewG). Der Bewertungsgegenstand beim Grundvermögen wird als **wirtschaftliche Einheit** bezeichnet. Für die Abgrenzung der wirtschaftlichen Einheit gelten die Regelungen der § 2 und § 70 BewG. Gemäß § 139 BewG sind die Grundstückswerte auf volle 500 € abzurunden.

2 Unbebaute Grundstücke (§ 178 BewG)

Unbebaute Grundstücke sind Grundstücke, auf denen sich keine benutzbaren Gebäude befinden. Die Benutzbarkeit beginnt im Zeitpunkt der **Bezugsfertigkeit**. Gebäude sind als bezugsfertig anzusehen, wenn den zukünftigen Bewohnern oder sonstigen Benutzern zugemutet werden kann, sie zu benutzen. Die Abnahme durch die Bauaufsichtsbehörde ist unerheblich.

Sofern sich auf dem Grundstück Gebäude befinden, die auf Dauer keiner Nutzung zugeführt werden können, gilt das Grundstück als unbebaut. Dies gilt auch, wenn infolge von Zerstörung oder Verfall der Gebäude auf Dauer kein benutzbarer Raum mehr vorhanden ist. Der Wert unbebauter Grundstücke ermittelt sich wie folgt:

Grundstückswert = (Grundstücksfläche in qm) × (BRW zum Besteuerungszeitpunkt)

Die Bodenrichtwerte (BRW) sind von den Gutachterausschüssen der Gemeinden zu ermitteln und den Finanzämtern mitzuteilen. Wird von den Gutachterausschüssen kein BRW ermittelt, ist der Bodenwert aus den Werten vergleichbarer Flächen abzuleiten.

3 Bebaute Grundstücke (§ 180 BewG)

Bebaute Grundstücke sind Grundstücke, auf denen sich benutzbare Gebäude befinden. Wird ein Gebäude in Bauabschnitten errichtet, ist der fertig gestellte Teil als benutzbares Gebäude anzusehen. Als Grundstück gilt auch ein Gebäude, das auf fremdem Grund und Boden errichtet oder in sonstigen Fällen einem anderen als dem Eigentümer des Grund und Bodens zuzurechnen ist, selbst wenn es wesentlicher Bestandteil des Grund und Bodens geworden ist.

Der Wert der bebauten Grundstücke ist
- bei Wohnungseigentum, Teileigentum und Ein- und Zweifamilienhäusern nach dem **Vergleichswertverfahren**,
- bei Mietwohngrundstücken, Geschäftsgrundstücken und gemischt genutzten Grundstücken, wenn eine übliche Miete ermittelbar ist, nach dem **Ertragswertverfahren** und
- bei Grundstücken, für die kein Vergleichswert vorliegt oder eine übliche Miete feststellbar ist, und sonstigen bebauten Grundstücken nach dem Sachwertverfahren zu ermitteln.

3.1 Bewertung im Vergleichswertverfahren (§ 183 BewG)

Ansatz von **Vergleichspreisen**, die i.d.R. von den Gutachterausschüssen mitgeteilt werden. Hierbei handelt es sich um Kaufpreise von Vergleichsgrundstücken, die hinsichtlich der ihren Wert beeinflussenden Merkmale mit dem zu bewertenden Grundstück hinreichend (ca. 80%) übereinstimmen.

Alternativ Ansatz von **Vergleichsfaktoren** durch Gutachterausschuss für geeignete Bezugseinheiten, insbesondere Flächeneinheiten des Gebäudes. Für den Bodenwert ist eine gesonderte Berechnung mit seinem Verkehrswert (§ 179 BewG) vorzunehmen.

3.2 Bewertung im Ertragswertverfahren (§§ 184 bis 188 BewG)

Bei Anwendung des Ertragswertverfahrens ist der Wert des Gebäudes (Gebäudeertragswert) getrennt vom Bodenwert zu ermitteln. Der **Bodenwert** und der **Gebäudeertragswert** ergeben den Ertragswert des Grundstücks. Wertuntergrenze ist allerdings der Bodenwert. Bauliche Anlagen und sonstige Anlagen sind mit dem ermittelten Ertragswert abgegolten.

Der **Bodenwert** ist der Wert des unbebauten Grundstücks nach § 179 BewG. Der **Gebäudeertragswert** ergibt sich folgendermaßen:

Gebäudeertragswert = Gebäudereinertrag × Vervielfältiger (abhängig vom Liegenschaftszinssatz und der RND des Gebäudes)

Gebäudereinertrag = Reinertrag des Grundstücks ./. Bodenwertverzinsung (Bodenwert x Zinssatz [Liegenschaftszinssatz])

Reinertrag = Rohertrag (tatsächliche Jahresmiete oder übliche Miete) ./. Bewirtschaftungskosten (abzuleiten aus Anlage 23 zum BewG)

3.3 Bewertung im Sachwertverfahren (§§ 189 bis 191 BewG)

Bei Anwendung des Sachwertverfahrens ist der Wert des Gebäudes (**Gebäudesachwert**) getrennt vom **Bodenwert** zu ermitteln. Der Bodenwert ist der Wert des unbebauten Grundstücks nach § 179 BewG. Der Bodenwert und der Gebäudesachwert ergeben den vorläufigen Sachwert des Grundstücks. Dieser ist zur Anpassung an den gemeinen Wert mit einer Wertzahl (§ 191 BewG) zu multiplizieren.

Gebäudesachwert = durchschnittliche Herstellungskosten des Gebäudes x Regionalfaktor x Alterswertminderungsfaktor

Durchschnittliche Herstellungskosten des Gebäudes = Regelherstellungskosten pro Flächeneinheit (Anlage 24 zum BewG) x Flächeneinheiten x Baupreisindex

Bauliche Anlagen und sonstige Anlagen sind mit dem ermittelten Sachwert abgegolten. Dies gilt nicht bei besonders werthaltigen baulichen Außenanlagen und sonstigen Anlagen.

4 Bewertung in Erbbaurechtsfällen (§§ 192 bis 194 BewG)

Bei Grundstücken, die mit einem Erbbaurecht belastet sind, bestehen zwei wirtschaftliche Einheiten: das **belastete Grundstück** für den Eigentümer des Grund und Bodens und das **Erbbaurecht** für den Erbbauberechtigten.

Der **Wert des Erbbaurechts** ermittelt sich durch die Anwendung von Erbbaurechtskoeffizienten, die von den Gutachterausschüssen festgestellt werden. Sie werden auf den Wert des unbelasteten Grundstücks angewendet. Der Wert des unbelasteten Grundstücks ist der Wert des Grundstücks, der nach den §§ 179, 182–196 BewG festzustellen wäre, wenn die Belastung mit dem Erbbaurecht nicht bestünde.

Bewertung des Erbbaurechts:

	Wert des unbelasteten Grundstücks (§ 179 und § 182–196 BewG)
./.	Bodenwert des unbelasteten Grundstücks (§ 179 BewG)
+	Über die Restlaufzeit des Erbbaurechts kapitalisierte Differenz aus dem angemessenen Verzinsungsbetrag des Bodenwerts des unbelasteten Grundstücks und dem vertraglich vereinbarten jährlichen Erbbauzinse (§ 193 Abs. 3 S. 1 Nr. 2 und Abs. 4 BewG – Soweit keine Zinssätze für die Ermittlung der Erbbaurechtsfaktoren vorliegen, sind die für die Kapitalisierung die in § 193 Abs. 4 BewG festgelegten Zinssätze (2,5 % bis 6 % je nach Gebäudeart) anzuwenden. Der Vervielfältiger ergibt sich aus Anlage 21)
./.	Nicht zu entschädigender Wertanteil des Gebäudes bei Ablauf des Nutzungsrechts (§ 193 Abs. 3 S. 2 und Abs. 5 BewG – dieser Betrag ist ebenfalls abzuzinsen)
x	Erbaurechtsfaktor (§ 193 Abs. 2 BewG)
=	Wert des Erbbaurechts (§ 193 Abs. 2–5 BewG)

Bewertung des belasteten Grundstücks:

	Über die Restlaufzeit des Erbbaurechts abgezinster Bodenwert des unbelasteten Grundstücks (§ 194 Abs. 3 S. 1 Nr. 1 und Abs. 4 BewG – Der Abzinsungsfaktor ergibt sich aus Anlage 26, soweit keine Zinssätze für die Ermittlung der Erbbaugrundstücksfaktoren vorliegen, sind die für die Abzinsung die in § 193 Abs. 4 BewG festgelegten Zinssätze (2,5 % bis 6 % je nach Gebäudeart) anzuwenden. Bei einem immerwährenden Erbbaurecht ist der Abzinsungsfaktor 0.)
+	Über die Restlaufzeit des Erbbaurechts kapitalisierter vertraglich vereinbarter jährlicher Erbbauzins (§ 194 Abs. 3 S. 1 Nr. 2 und Abs. 5 BewG – Der Kapitalisierungsfaktor ergibt sich aus Anlage 21). Soweit keine Zinssätze für die Ermittlung der Erbbaugrundstücksfaktoren vorliegen, sind für die Kapitalisierung die in § 193 Abs. 4 BewG festgelegten Zinssätze (2,5 % bis 6 % je nach Gebäudeart) anzuwenden.
+	Nicht zu entschädigender Wertanteil des Gebäudes bei Ablauf des Erbbaurechts (§ 194 Abs. 3 S. 2 und § 193 Abs. 5 BewG – dieser Betrag ist ebenfalls abzuzinsen)
x	Erbbaugrundstücksfaktor (§ 194 Abs. 2 BewG)
=	Wert des Erbbaugrundstücks (§ 194 Abs. 2–5 BewG)

5 Gebäude auf fremdem Grund und Boden (§ 195 BewG)

Ein Gebäude auf fremdem Grund und Boden liegt vor, wenn ein anderer als der Eigentümer des Grund und Bodens darauf ein Gebäude errichtet hat und ihm das Gebäude zuzurechnen ist (als Scheinbestandteil i. S. v. § 95 BGB oder aufgrund wirtschaftlichen Eigentums). Die Werte für die wirtschaftliche Einheit des Gebäudes auf fremden Grund und Boden sind nach § 195 Abs. 2 bis 4 BewG und die Werte für die wirtschaftliche Einheit des belasteten Grundstücks nach § 195 Abs. 5 bis 7 BewG gesondert zu ermitteln. Die dabei ermittelten Grundbesitzwerte dürfen nicht weniger als 0 € betragen.

Bewertung des Gebäudes:

	Wert des unbelasteten Grundstücks (§ 179 und § 182–196 BewG)
./.	Bodenwert des unbelasteten Grundstücks (§ 179 BewG)
+	Über die Restlaufzeit des Nutzungsrechts kapitalisierte Differenz aus dem angemessenen Verzinsungsbetrag des Bodenwerts des unbelasteten Grundstücks und dem vertraglich vereinbarten jährlichen Nutzungsentgelt (§ 195 Abs. 2 S. 1 Nr. 2 und Abs. 3 BewG – Anwendung der vom Gutachterausschuss festgestellten Liegenschaftszinssätze. Stehen diese nicht zur Verfügung, sind für die Kapitalisierung die in § 193 Abs. 4 BewG festgelegten Zinssätze (2,5 % bis 6 % je nach Gebäudeart) anzuwenden. Der Vervielfältiger ergibt sich aus Anlage 21.)
./.	Nicht zu entschädigender Wertanteil des Gebäudes bei Ablauf des Nutzungsrechts (§ 195 Abs. 2 S. 2 und Abs. 4 BewG – dieser Betrag ist ebenfalls abzuzinsen)
=	Wert des Gebäudes auf fremden Grund und Boden (§ 195 Abs. 2–4 BewG)

Bewertung des belasteten Grundstücks:

Über die Restlaufzeit des Nutzungsrechts abgezinster Bodenwert des unbelasteten Grundstücks (§ 195 Abs. 5 S. 1 Nr. 1 und Abs. 6 BewG – Der Wert des unbelasteten Grundstücks ermittelt sich nach § 179 BewG. Der Abzinsungsfaktor ergibt sich aus Anlage 26. Soweit von den Gutachterausschüssen keine Liegenschaftszinssätze zur Verfügung stehen, sind für die Kapitalisierung die in § 193 Abs. 4 BewG festgelegten Zinssätze (2,5 % bis 6 % je nach Gebäudeart) anzuwenden. Bei einem immerwährenden Nutzungsrecht ist der Abzinsungsfaktor 0.)

+	Über die Restlaufzeit des Nutzungsrechts kapitalisiertes vertraglich vereinbartes jährliches Nutzungsentgelt (§ 195 Abs. 5 S. 1 Nr. 2 und Abs. 7 BewG – der Abzinsungsfaktor ergibt sich aus Anlage 21. Soweit von den Gutachterausschüssen keine Liegenschaftszinssätze zur Verfügung stehen, sind für die Kapitalisierung die in § 193 Abs. 4 BewG festgelegten Zinssätze (2,5% bis 6% je nach Gebäudeart) anzuwenden. Bei einem immerwährenden Nutzungsrecht entspricht der Vervielfältiger dem Kehrwert dieser Zinssätze.)
+	Nicht zu entschädigender Wertanteil des Gebäudes (§ 195 Abs. 5 S. 2 und Abs. 4 BewG)
=	Wert des belasteten Grundstücks (§ 195 Abs. 2 und Abs. 4–7 BewG)

6 Grundstücke im Zustand der Bebauung (§ 196 BewG)

Ein Grundstück im Zustand der Bebauung liegt vor, wenn mit den **Bauarbeiten begonnen** wurde (Abgrabungen oder Einbringung von Baustoffen) und **Gebäude oder Gebäudeteile noch nicht bezugsfertig** sind. In diesem Fall erfolgt eine Bewertung mit den bereits am Bewertungsstichtag entstandenen Herstellungskosten und dem Wert des bislang unbebauten oder bereits bebauten Grundstücks.

Stichwortverzeichnis

Symbols
3-Objektgrenze 207
§ 15a EStG 144

A
Abflussprinzip 177
Abgeltungsteuer 225
Abzugsmethode 221
Altersvorsorge 217
Anrechnungsmethode 221
Anschaffungskosten 240
Aufrechnung 75
Auskunft und Zusage 72
Außenprüfung 69
Außergerichtliches Rechtsbehelfsverfahren 93
Außergewöhnliche Belastung 195

B
Bauabzugsteuer 201
Bemessungsgrundlage 352
Benennung von Gläubiger und Zahlungsempfänger 56
Berichtigung einer Erklärung 54
Berufsgerichtsbarkeit 418
Berufspflicht 414
Besteuerungsverfahren 369
Betrieb gewerblicher Art 276
Betriebsaufspaltung 141
Betriebsunterbrechung 150
Betriebsvermögen 230
Betriebsverpachtung 150
Bewertung
– nach Handels- und Steuerrecht 240
– von Grundstücken 449
Billigkeitsmaßnahme 78
Binnenmarkt 338

D
Differenzbesteuerung 378
Dividende 294
Doppelbesteuerung 221

E
Ehegattenarbeitsverhältnis 133
Eigener Anteil 262
Einkünfte aus Kapitalvermögen 225
Einzweck-Gutschein 381
Entfernungspauschale 162
Erbauseinandersetzung 204
Erbfolge
– gesetzliche 387
Erhaltungsaufwand 136

F
Fahrtkosten 162
Firma 398
Firmenwert 248
Freistellung 221

G
Gemeiner Wert 240
Gemeinnützigkeit 44
Geschäftsveräußerung 327
Geschäftswert 248
Gesetzgebungshoheit 446
Gesetzliche Erbfolge 387
Gewerblicher Grundstückshandel 207
Gewinnausschüttung 294
Grunderwerbsteuerrecht
– Erwerbsvorgang 430
– Steuervergünstigung 435
Gründung einer GmbH 390
Gutscheine 381

H
Haftung 47
– Steuerberater 421
Handelsregister 402
Häusliches Arbeitszimmer 157
Herstellungskosten 240
Hinzurechnungen und Kürzungen 305

I
Insolvenz
- Antragspflicht 405
- Verfahren 408

K
Kaufmannsbegriff 394
Kind 192
Klageart 107
Kleinunternehmer 375
Kleinunternehmerbesteuerung 349, 376
Konzernbilanz 271
Korrektur
- Nicht-Steuerbescheid 66
- Steuerbescheid 62

L
Latente Steuern 259
- Abgrenzung 259
- unterschiedliche Wertansätze 259
- Verlustvorträge 260
Lebensversicherung 217
Lohnsteuerhilfeverein 427
Lohnsteuerpauschalierung 198

M
Maßgeblichkeit 265
Mehrzweck-Gutschein 381
Mietereinbau 256
Mieterumbau 256

N
Nichtabgabe einer Steuererklärung 51
Nichtabziehbare Ausgabe 118
Nichtzulassungsbeschwerde 110

O
Option 348
Organschaft
- gewerbesteuerliche 301
- körperschaftsteuerliche 300
Ort der sonstigen Leistung 330

P
Privates Veräußerungsgeschäft 188
Privatvermögen 230

R
Rechnungsabgrenzungsposten 237
Rechnungsausstellung 359
Reihengeschäft 335
Riesterrente 217
Rücklage für Ersatzbeschaffung 130
Rückstellung 234

S
Schuldzinsenabzug 123
Selbstanzeige 104
Sonderausgabe 166
Sonstige Einkünfte 184
Spendenabzug 169
Sponsoring 147
Steuerberatungsgesellschaft 424
Steuerertragshoheit 446
Steuerfahndung 101
Steuergeheimnis 41
Steuerhoheit 446
Steuerschuldnerschaft 355
Steuerverwaltungshoheit 446

T
Tausch 346
Tauschähnlicher Umsatz 346
Teilwert 240
Teilwertabschreibung 251
Teilwertvermutung 252

U
Übertragung stiller Reserven 126
Unentgeltliche Wertabgabe 343
Unternehmerbegriff Umsatzsteuer 320

V
Veräußerungsgewinn
- nach § 8b Abs. 2 KStG 295
- nach § 16 EStG 153
- nach § 17 EStG 180
Verdeckte Gewinnausschüttung 283
Verjährung 81
Verlustabzug bei Körperschaften 286
Verluste im Einkommensteuerrecht 172
Verlustvortrag
- fortführungsgebundener 297
- nach § 10a GewStG 309

Versorgungsleistung 212
Vertretung 384
Vorbehalt der Nachprüfung 59
Vorläufiger Rechtsschutz 97
Vorläufige Steuerfestsetzung 59
Vorsteuerabzug 362
Vorsteuerberichtigung 366
Vorsteuervergütungsverfahren 371

Z
Zerlegung 312
Zinsen 86
Zinsschranke 290
Zuflussprinzip 176
Zwangsmittel 90

Ihre Online-Inhalte zum Buch: Exklusiv für Buchkäuferinnen und Buchkäufer!

▶ https://mybookplus.de

▶ Buchcode: CBQ-68312

Meleagros, König von Makedonien 431
Melinno aus Lesbos 427
Meliteniotes 418
Melos 278
Melqart 337, 643
Memoirenliteratur 211
Memphis 48f., 52, 55, 247, 619f., 646
Men 643, *658*
Menaichmos 442, 447f.
Menalkidas 15
Menander (Dramatiker) 135f., 138, 206, 326, *466-471*, 687
Menander (König von Indien) 95, 268f.
Menander von Ephesos 213
Menedemos von Eretria 155, 273, 366, 461f.
Menekles von Alabanda 673
Menekrates 245, 414
Menelaos von Aigai 192
menippeische Satire 404
Menippos von Gadara 398, *403f.*
Menodotos von Perinth 212
Menon 545
Meris, Meridarchie 332, 761, 803
Mese s. Komödie
Mesopotamien 57, 62, 83, 441, *471-476*, 538f., 714, 717, 761, 801 f.
Messene 12, *476-478*, 609
Messenien 12-19, 153, 188, 264, *476-478*, 735
Metallgefäße s. Toreutik
Meter 643, 650, 656, 659, 661, 665
Methodiker s. Medizin
Metiochos-Parthenope-Roman 703 f.
Metrodor von Lampsakos 361, *365f.*

Metrodor von Skepsis 216, 798
Metrodor von Stratonikeia 36f.
Micipsa 534
Milet 18, 72, 284-286, 385, 422, *478f.*, 708, 712, 770, 816
milesische Philosophen 513, 520
Militärkolonien, -siedlungen 267, 493-496, 596, 722, 762, 768f., 802f.
Militärschriftsteller 479, 499f.; s. auch Poliorketik
Militärwesen 296 (Juden), 336, 343, 378, *479-504*, 757, 762, 765f., 768
Mimiamben s. Mimos
Mimnermos 147f., 325
Mimos *140-142*, 808
Mithradates (Kommagene) I. 381
Mithradates (Parther) M. I. 95, 269, 474, 538; M. II. 474, 538, 539
Mithradates (Pontos) M. I. Ktistes 536, 610; M. II. 596, 610, 720; M. III.-IV. 610; M. V. 330, 536, 596, 597, 610; M. VI. der Große 82, 89, 100, 104f., 216, 271f., 274, 276, 278, 282, 286, 330f., 336, 345, 388, 479, 484-486, 493f., 501, 505, 510, 536, 595, 611, 625, 678, 684, 710, 734, 815f.
Mithradatische Kriege 191; I. 23, 37, 41f., 104, 271, 276, 388, 424, 484, 494, 595, 611, 678; II. 331, 611; III. 331, 612
Mithradates von Kios 609
Mithradates von Pergamon 106, 346

Ontologie 457
Ophellas 411, 723
Opis 50, 481
Oppianos 418
Optik s. Naturwissenschaften
opuntisches Lokris s. Lokris
Opus 420
Orakel 646, 657, *662*; s. auch Delphi und Didyma
Orchomenos (Arkadien) 11f., 15, 18, 80, 82, 737; (Böotien) 101f., 611
Oreioi 385
Orientalische Kulte 643, 656
Orodes I. 540; O. II. 83
Orontiden 82
Oropherzes 330
Oropos 15, 101f., 104, 166
Orphik *663f.*
Orthographie 746ff.; s. auch Philologie
Osiris 643, 645f., 651, 692
Osroene 540
Ostraka 743
Ovid 151, 177, 185, 199, 321, 323, met., fast. 687
ozolisches Lokris s. Lokris

Pädagoge s. Paidagogos
Päderastie 205
Paidagogos 372
Paidonomos 372
Paionien 433
Pairisades V. 105f., 734
[Pa]koros 83
[Palä]stina 290ff., 495; s. auch [K]oilesyrien
[Pam]phatos 213, 215
[Pamp]hila 123
[Pamph]ilos 167, 360
[Pamphy]lien 48, 56, 346, 509, *535f.*, 595,
[...] 426
[...]on Rhodos 30, 36,

38, 41, 575, 775, 779f., 791ff.
Panaitios d. J. 531, 588
Pandschab 48
panhellenisch 19, 28, 77, 135, 188, 223, 234, 652, 654, 662
Pankrates aus Arkadien 418
Pantaleon von Baktrien 95
Pantomimos *142*
Paphlagonien 52, 100, 201, 346, *536f.*, 611
Paphos 405
Papyrus 107, 111, 743, 760, P.-Herstellung 110, 122; s. auch Buchwesen
Parabase 134
Parade s. Pompe
Paradoxographie 215, 694; s. auch Buntschriftstellerei
Paraibates 155f., 407, 409
Paraklausithyron 140
Parauaia 186f.
Parmenides 414
Parmenion 47, 50, 270
Parner 537, 713
Paros 278f.
Parrhesie 125
Parthenios von Nikaia *150f.*, 196f., 206, 687, 698
Parther(reich) 6, 62, 82-84, 94f., 216, 242, 256, 269, 288, 295, 302, 336, 370, 393, 473f., 485f., 492, 505, 508, *537-541*, 612, 713f., 717, 719, 743, 805
Parthyene 94, 287f., 537, 713
Pasikles von Theben 458, 461
Patrai 10, 16, 801
Patrokles 211, 214, 712
Pausias 372
Pedias s. Kilikien
Peisandros von Kamiros 428
Peisistratos 112f.
Peithon 52
Pelagonia 436

Mithras 648, 657, *658f.*, 661, 691
Mithridates s. Mithradates
Mitregent 53, 236, 241, 330, 610f., 621, 623-626, 712f., 716, 718, 720, 754, 758, 761, 766, 823-825; s. auch „Vizekönig"
Mnasalkes von Sikyon 162, 165, *166f.*, 172
Mnesarch 42
Moagetes von Kibyra 144, 816
Moiro von Byzantion 130, 162, 193
Molon 288, 473, 714
Molosser 186, 189, 239
Monarchie 4-6; s. auch Königtum
Monographie, histor. 212
Monologe 138
Monopol 56, 110, 636, 760, 773
Monotheismus 304
Mosaik 298, 438f., 614
Moschion 131
Moschos von Elis 155
Moschos von Syrakus 197
Münzprägung 62-64, 94f., 237f., 240, 242, 247, 249-251, 279, 290, 333, 337, 343, 378, 391, 412, 473, 474, *504-513*, 534, 537, 541, 610, 614, 721, 724f., 733, 736, 764, 766, 804
Mummius, L. 16, 227, 274, 382f.
Munychia 87
Musaios 191, 199
Museion (Akademie) 22
Museion (Alexandreia) 55, 113-115, 198, 324, 445, 447, 576, 621
Musenhof 7, 56, 83, 91, 105, 113-115, 258, 414, 432, 437, 467, 543, 722, 755, 760, 768
Musik 562
Muttergottheit 595, 659f.; s. auch Kybele, Ma, Magna Mater, Meter
Mykonos 278
Mylasa 333-336
Myndos 333-336
Myro s. Moiro
Myrtis von Anthedon 427
Mysien 542
Mysterien 46, 280, 296, 305, 510, 642f., 646, 651, 658f., *660-662*, 663f., 691f., 788
Mythentravestie 138f.
Mythologie 215, 797
Mytilene 360

Nabatäer 62f., 393, 717, 719
Nabis 12f., 20, 79, 154, 384, 387, 434, 482, 497, 542, 678, 682, 738f.
Nachrichtenübermittlung 487
Naevius 686
Nahegötter 641
Nana 473
Naturwissenschaften 91, *513-533* (Astronomie 513-520, Mathematische Geographie 520ff., Mechanik 525ff., Optik 528ff., Harmonik 530f.)
Naukrates 449
Naupaktos 16, 19f., 46, 378, 420f., 434, 738
Nausiphanes von Teos 360, 728
Naxos 278
Nea s. Komödie
Neanthes von Kyzikos 212
Neapel 366
Nearchos von Kreta 48, 211, 500

Nechepso 591, 649
Neleus von Skepsis 113
Nemeen 11, 77-79
Neoptolemos II. (Epirus) 187
Neoptolemos von Parion 193, 367
Neos Dionysos 336, 626, 651
Neoteriker 197, 199, 323, 687
Nesiarchen 279
Nesiotenbund 271, *278f.*, 432, 501, 621, 678
Nestor von Laranda 191
Neue Komödie s. Komödie
Nigidius Figulus 590
Nikainetos 192
Nikander von Kolophon 413ff., 456, Georgika 413, Melissurgika 418
Nikanor 572
Nikator (Beiname) 238, 711, 717f.
Nike von Samothrake 602f.; Taf. 12
Nikeratos von Herakleia 191
Nikias von Milet 162, 165
Nikokreon 405
Nikolaos von Damaskos 215f., 698, 798
Nikomedeia 97, 510
Nikomedes (Bithynien) N. I. 97, 275, 343; N. II. 98-100, 534, 543; N. III. 100, 330, 536; N. IV. 100, 683
Nikopolis 46, 801
Nikostratos von Argos 245
Nikoteles von Kyrene 449
Ninive 700
Ninos-Roman *699f.*
Nisyros 278f.
Nomarch 758; s. auch Gau
Nonnos 191ff.
nordwestgriechischer [...] 127
Nossis 163

Notariat 634
Notion 286
Novelle s. Roman
Numenios von Herakleia *416ff.*, Über Fischfang 418
Numidien *533-535*
Nymphis von Herakleia 212
Nymphodoros von Syrakus 215
Nysa (Karien) 333
Nysa, Königin von Kappadokien 330

Obere Satrapien 93, 287, 711-714, 716, 761
Obodas I.-II. 63f.
Octavian s. Augustus
Odrysen 813
Odysseus 60
Oiantheia 420
Oidipus 148
Oikeiosislehre 43, 811
Oikonomos 488, 758f., 762
Oiniadai 19f., 45f.
Okellos 582
Olba 370, 656, 684
Olbia 478, 733f., 74[...]
Oligarchie 78, 8[...], 118, 125f., 1[...], 337, 388, [...], 723
Olus 386[...]
Olympi[...]
Olym[...]
Oly[...]

Pelasgiotis 812
Peleus 200
Pella 91, 115, 430, 432, 436
Pellene 10
Peltasten 479f., 484
Penteren 501
Peraia (rhod.) 334f., 678; (sam.) 280
Perdikkas 17, 45, 51, 56, 201, 242, 329, 360, 420, 620
Pergament(herstellung) 110f., 765
Pergamon, Perg. Reich 12f., 66, 70, 73, 88, 91f., 99, 112, 213, 251, 272, 275, 279, 285f., 327, 344, 386, 391, 422, 434, 439, 449, 455, 494, 496, 505, 509f., 535, *541-545*, 572f., 576f., 601, 603f., 610, 640, 653, 660, 662f., 681-683, 708, 713-717, 765f., 772, 815, Bibliothek 115, Stadt 544
Perge 535
peri hypsous 676
Periegeten, Periegese 214, 338, 575
Peripatos 7, 22, 42, 91, 111, 136, 209f., 213, 521, 525, *545-563*, 668, 774, 794; s. auch Philosophie
Peristephanos von Kyrene 417
Peristyl 71f.
Perrhäbien 18f., 436, 812
Persaios von Kition 432, 790, *791f.*
Persepolis 48-51
Perses 161
Perseus (Makedonien) 46, 99, 103f., 189, 263, 266, 278, 281, 342, *435f.*, 488f., 492, 508, 678, 682, 716, 815
Persis 48, 287f., 538, 658
Personenrecht 631

Pessinus 343-346, 595f., 656, 659f.
Petosiris 649
Petron 698, 704
Pezhetairen 254, 480, 765
Phaennos 167
Phaidimos von Bisanthe 193
Phaidon von Elis 155
Phainias 551, 561f.
Phaistos 383, 385
Phalanx 479-488, 490, 493, 495, 762, 765
Phalasarna 384f.
Phaneas von Chalkedon 695
Phanias 171
Phanokles 148, *149f.*
Pharai 10
Pharao 48
Pharisäer 293, 304
Pharnakeia 610
Pharnakes I. 99, 345, 542, 610; Ph. II. 106, 485, 612
Pharsalos 19, 812
Pheidias (Astronom) 445, 517
Phigaleia 12, 18f., 69, 81, 477
Philadelpheia 802
Philadelphos (Beiname) 331, 346, 537, 543, 610, 627, 631f., 719
Philemon von Syrakus 138, 326, 470, 687
Philetairos von Pergamon 144, 509, 541
Philetas von Kos s. Philitas
Philhellen (Beiname) 64, 538
Philhellenismus 680, 757
Philikos von Korkyra 130, 428
Philinos von Akragas 212
Philipp (Makedonien) Ph. II. 6, 16, 47, 56, 78, 80, 86, 134, 153, 186, 201, 212, 221, 234, 246, 254f., 258, 262, 270-272, 274, 276, 280f., 343, 382, 420, 430, 476, 480, 500, 504f., 526,

593, 733, 735, 752, 756, 763, 767, 812f., 816, 821; Ph. III. Arrhidaios 49, 52, 202, 280, 341, 431, 507; Ph. IV. 431; Ph. V. 12f., 19, 46, 79, 81, 85, 88, 98, 103, 179, 189, 242, 263, 265, 270, 273, 275f., 280f., 285, 334f., 342, 384-386, 422, *433-435*, 477f., 484, 491f., 494, 496, 498, 501f., 506, 508, 542, 594, 623, 678, 680f., 710, 715, 738, 764, 771, 812, 815

Philipp (Seleukiden) Ph. I. 370, 719; Ph. II. 62, 370, 719

Philipp von Megalopolis 85

Philipp von Opus 24ff.

Philipp von Thessalonike 183

Philippides 139, 326

Philippoi 767f., 813

Philippopolis 767, 813, 815

Philiskos von Aigina 131

Philistos 213, 326

Philitas von Kos 148f. 163, *193f.*, *196f.*, 206, 323, 458, 565f., 686

Philodamos von Skarpheia 426

Philodem von Gadara 116, 165, 366f., 531, 582, 588

Philoi 254-258, 266, 292, 484, 490f., 722, 755

Philokles von Sidon 802

Philokrates-Frieden 86

Philolaos von Kroton 514

Philologie *563-582*

Philometor (Beiname) 330, 543, 624f., 718

Philon d. Ä. (jüd. Epiker) 192, 310

Philon von Alexandreia 296, 297, 303f., 309, 311, 315-317, 582, 587

Philon von Athen (Megariker) 460, 728

Philon von Byzanz 499, 526f., 589, 677, 744

Philon von Larisa (Akademiker) 23f., *36ff.*, *41f.*, 589, 677

Philonides 449, 587

Philopappos, C. Iulius Antiochos 381

Philopator (Beiname) 100, 330f., 538, 610, 622-624, 626, 716, 718f.

Philopatris (Beiname) 331

Philopoimen 12-14, 81, 103, 386, 482, 738f.

Philorhomaios (Beiname) 331, 381

Philosophengesandtschaft 35, 791, Ph.-Könige 28, Ph.-Vertreibung 624

Philosophie 7, 26, 91, 314-316, 326, 338, 441, 562, *582-593*, 667f., 685-687, 783f.

Philostephanos 123f.

Philoxenos von Alexandreia 580, 808

Phlegon von Tralles 21

Phleius 11

Phlyakenposse 139f.

Phoinike (Epirus) 12, 46, 85, 98, 103, 189, 264f., 477, 594, 620, 627, 681, 711, 714f., 738

Phoinikien 48, 83, 300, 500, *801-806*

Phoinix von Kolophon 429

Phoitiai 19, 45

Phokaia 285f.

Phokarch 380, 595

Phokion 87

Phokis, Phoker 17-20, 223, 342, 377-380, 421, 433, 480, *593-595*, 812

Phraates (Parther) Ph. II. 538; Ph. III. 83, 539
Phrurarch 488
Phrygia Epiktetos 99, 542, 595f.
Phrygien 48, 56, 100, 297, 343, 345, 422, 495, 542f., *595-597*, 610, 643, 658, 661, 683, 720
Phthiotis 18, 812
phygades s. Verbannte
Phylarchos von Athen 212, 228
Physik 35, 350ff., 775ff., 786
Physkon s. Ptolemaios VIII.
Pindar 325, 567
Piräus s. Athen
Piraten s. Seeräuber
Pisidien 346, 370, 596
Pixodaros 333
Plarasa(-Aphrodisias) 121, 335
Plastik 92, 338, 544, *597-608*, 613, 679
Plataiai 101f., 119
Platon 197, 364, 546ff., 562f., Ideenlehre 781, 786, Werke: Euthydemos 366, Gorgias 37, 564, 665, Kratylos 460, 564, Kritias 695, Lysis 366, Menon 32, 41, Phaidros 37, 564, 665, Politik 560, Protagoras 564, Staat 553, Symposion 703, Timaios 25, 30f., 695; s. auch Akademie
Platon (Komiker) 326
Platzanlagen 67
Plautus 138f., 429, 687
Pleista(i)nos 155
Pleistarchos 57, 334, 369
Pleuratos II. 265
Pleuron 15
Plokamos 321

Plutarch 232, 246, 366, 470
Pluton 643, 646
pneumatische Ärzteschule 455
Poetik 561
Pol(e)ides 526
Polemon 22, *28ff.*, 39f., 43, 778
Polemon von Ilion 214, 575f.
Polemon von Pontos I.-II. 106, 370, 612f.
Poliorketik 479, 486, 499; s. auch Belagerungsgerät
Polis s. Stadt
Politeuma 297f., 499, *608f.*, 762
Politie s. Bürgerrecht
Polybios 14-16, 81, 182, 211, 215f., 224, *226-230*, 232f., 236, 561, 588, 681, 684, 744, 794, 797
Polyeuktos Taf. 4
Polykrates, Tyrann von Samos 113, 703
Polyperchon 17, 52, 57, 78, 80, 153, 202, 277, 340f., 382, 420, 431, 476, 593, *609*
Polyphem 808
Polyrrhenia 383, 385, 388
Polystratos 585
Polytheismus 304, 656
Polyxenos 463
Pompe, Festzug, Parade, Prozession 158, 238, 246, 484, 488, 492, 496f., 641, 644, 652, 657, 661, 755, 803, 805
Pompeiopolis 370
Pompeius 100, 106, 211, 216, 276, 278, 302, 345f., 370, 388, 536-539, 612, 626, 710, 719, 804f., Ära des P. 824
Pompeius Trogus 232

Pomponius Atticus, T. 112
Pontos 100, 106, 115, 242, 256, 329, 344f., 478, 510, 536, 543, *609-613*, 657f., 684, 712, 815
Popillius Laenas 683, 716
Popularphilosopie 7, 590
Porträt 92, *613-619*
Poseidipp von Kassandreia 139
Poseidipp von Pella 163, 173f., *175f.*, 182, 261
Poseidon 26
Poseidonios 38, 43, 211, 215, 230, 450, 517ff., 523f., 589, 618, 649, 677, 775, 779, *794ff.*, 797f., Taf. 24b
Post 106, 758
Poteidaia 86
pragmata 754, ho epi ton pragmaton 490, 497, 755, 761
pragmatische Geschichtsschreibung 216, 228f.
Praisos 388
Praxiphanes 561
Preislied s. Hymnos
Priansos 385f.
Priene 69, 72-75, 248, 280, 283-285, 330, 394, 478, 511, 816
Priesterfürst, -könig 246, 288, 299, 331f., 370, 612
Priester(innen), Oberpriester 145, 204, 213, 238, 250f., 256, 292f., 299, 300-303, 331, 344f., 406, 462, 473, 596, 640, 643f., 650, 652, 655, 659f., 663, 696, 728, 733, 743, 773, 801, 825; s. auch Hohepriester
Prinzenerziehung 47, 59, 114, 117, 235, 460, 534, 565f., 571, 576, 626, 675, 791

Privatrecht 630f.
Privileg 84, 108, 118-120, 145, 266, 274, 285, 297f., 336, 478, 490, 498, 635, 757, 804, 822
Prodikie 145
Prodikos 558, 654, 784, 791
Prohedrie 145
Proklos 30, 324, 444
Promnamonen 46
Properz 206, 687
Prophetie 308f.
Proskynese 50, 258
Prostagma 630, 755
Protagoras 408, 665, 695
Protarchos 586
Proxenie, Proxenos 47, 145, 274, 279, 619, 801, 821
Prozession s. Pompe
Prozeßrecht 634f.
Prusias (Bithynien) P. I.98f., 278, 343f., 345, 542, 596; P. II. 99, 251, 422, 542f.
Psaon von Platää, 212
Pseudepigrapha 309, 591
Pseudo-Kallisthenes s. Alexanderroman
Psyche 372
Ptolemäer(reich) 6, 13, 48, 55, 61, 130, 213, 239, 249f., 256, 276, 279, 280, 285, 290, 334, 384, 388, 423f., 483, 487, 493, 494, 495, 500, 505, 509, 534, 535, 576, 608, 612, 614, *619-629*, 680, 683, 710, 711, 718, 751, 756-758, 768, 814
Ptolemaios I. 52, 55, 57, 88, 113f., 187, 210, 221, 225, 247f., 250, 273, 275, 290, 297, 341, 382, 409, 411f., 443, 459, 461f., 478, 486, 502, 509, 565ff., 609, *620f.*, 629, 646, 711, 724, 802, 806, 808, 814; Pt. II. 23,

63, 88, 97, 113, 116, 130, 140, 149, 156, 212, 247, 250, 260, 268, 275f., 278, 281, 306, 366, 369, 424, 427, 432, 488, 492, 502, 509, 567, *621f.*, 629, 636, 651, 712f., 806, 824; Pt. III. 10f., 59, 94, 98, 117, 119, 238, 250, 278, 281, 285, 287, 290, 320, 412, 473, 509, 569, 620, *622*, 654, 713, 737, 803; Pt. IV. 117, 130, 242, 250, 270, 277, 279, 314, 412, 493, 502, *622f.*, 652, 714; Pt. V. 56, 250, 620, *623f.*, 715; Pt. VI. 15, 281, 316, 387, *624*, 716f.; Pt. VII. 117, 620, *624*; Pt. VIII. 114, 117, 211, 406, 412, 498, 534, 576f., *624f.*, 683, 718, 760; Pt. IX.-X. *625*, 718f.; Pt. XI., 406, *625*; Pt. XII. 250, *626*, 651, 760; Pt. XIII.-XV. 130, *626*

Ptolemaios Apion 412, 625
Ptolemaios von Epirus 189
Ptolemaios Eupator 117, 180, 624
Ptolemaios Keraunos 10, 17, 263, 342, 431f., *629*, 712, 814
Ptolemaios von Kyrene 731
Ptolemaios von Megalopolis 212
Ptolemaios Philadelphos, Sohn der Kleopatra VII. 627
Ptolemaios der Sohn 285, 479
Ptolemaios (Sohn des Mennaios, Araberfürst) 62f.
Ptolemaïs 759, 769
Ptolemaïs von Kyrene 531
pueri minuti 374
Purpur 201, 241-243, 255, 257, 282, 498, 535, 722, 801
Putti 372f.
Pydna 53, 86, 387, 435, 682-684
Pylaimenes 100, 536, 611
Pyrrhon von Elis 33, 39, 409, 584, 728ff.
Pyrrhos (Epirus) P. I. 17, 45, 58, 78, 88, 153, *187f.*, 211f., 226, 240, 242, 263, 431f., 476, 483, 506, 621, 629, 680, 724f., 727, 736, 812, 814; P. II. 189
Pythagoras von Samos 26, 441, 444, 563, 583, 697
Pythagoreer 206, 338, 513, 520, 530, 556
Pytheas von Massalia 523
Pytheos (Architekt) 69
Pythodoris (Pontos) 332, 612
Pythodoros 34
Python 132

Quinctius Flamininus s. Flamininus
Quintilian 324, 470
Qumran 293

Rabath-Amon 802
Rabirius Postumus 626
Raphia 62, 238, 489-494, 497, 623, 714, 803
Rationalismus 401
Recht 239, 298, 473, *629-639*, 755, 759, 762, 798; s. auch Bürgerrecht, dikaiosyne
Rechtsgewährungsverträge u.ä. 84, 821f.
Rechtsschutz (asphaleia) 145, 821f.
Reichsbürgerrecht s. Bürgerrecht
Reichskult 761
Reiterei 479-481, 484f.

Religion 1, 249f., 303ff. (jüd.), 339 (karth.), 353, 499, 534, *639-665*, 691, 693
Residenz s. Hauptstadt
Rhakotis 115
Rheneia 278
Rhetorik 37, 91, 163, 184, 326, 350, 574, 586ff., *665-678*, 694
Rhianos von Kreta 163, 184, 192f., 569f., 575
Rhinton von Syrakus 139
Rhodogune 538, 717
Rhodos, Rhodier 12f., 17, 19, 53, 57, 59, 66, 78, 86, 88f., 91, 98, 109, 248, 266, 270, 272, 276-279, 334-336, 343, 384, 386-388, 391, 393, 424, 434, 478, 500-502, 511, 576, 580, 603, 610, 620, 646, 652-654 (Koloß), *678f.*, 680-684, 710, 715, 726, 738, 772; Rhodische Schule der Rhetorik 676; s. auch Lindos und Peraia
Rhomaia 274
Rhoxane s. Roxane
Ring s. Siegelring
Rom 6, 12-14, 19, 20, 35, 39, 42, 45f., 79, 81f., 85, 88, 92, 99f., 103f., 112, 115f., 133, 150, 186, 188, 215f., 226, 228, 233, 242, 252, 264-266, 271f., 276, 278, 280, 286, 335f., 344f., 382, 387f., 391f., 406, 412, 421, 424, 427, 434f., 477f., 483f., 508, 535f., 539, 542f., 561, 590f., 610-612, 618, 622-625, 643, 653, 660, 676, 678, *679-688*, 715, 718f., 726f., 738, 813, 815
Rom-Hymnos 427
Rom-Kult s. Rhomaia, Thea Rhome

Roman 112, 206, 224, *688-707* (Begriff 688ff., Entstehung und Beeinflussung 690ff., Texte 694ff., Ausblick 704)
Rotes Meer, Satrapie am R. M. 61f., 472f., 475
Roxane (Rhoxane) 48f., 53, 93, 205, 341, 373, 431
Rufus von Ephesos 455

Sabazios 305, 643, 658, 661, *663f.*
Sachenrecht 632f.
Sadduzäer 292f.
Salamis (Kypros) 57, 405f., 500, 502, 507, 620
Samaritaner 290
Samios 181
Samos 120, *279f.*, 284-286, 360, 434
Samosata 381
Samothrake 66, 248, *280f.*, 435, 661; Nike von S. s. Nike
Samsikeramos 62, 719
Sandrokottos s. Candragupta
Sanhedrin 299; s. auch Syn(h)edrion
Sappho 161, 175, 196, 261, 325, 562, 669
Sarapis 621, 643, 646f.
Sardes 253, 421f., 509, 542, 596, 683, 713f., 720
Sarisse 480, 483
Sarmaten 105, 242, 393, 734
Satrap(ie) 48f., 51f., 56, 82, 93, 95, 97, 251, 255, 267, 275, 284, 287, 290, 329, 333, 340, 369, 421, 471f., 478, 506, 508, 537, 539f., 595f., 609, 619f., 701, 711, 753, 761f., 765, 801-803, 824

Satyriskos 372

Satyros 213, 418
Satyrspiel *132f.*
Saumakos 734
Scheidung 203ff.
Schiedsrichter, -spruch 40, 188, 277, 280, 387f., 822
Schiffsbau s. Flotte
Schmuck 396
Schreibwerkzeug 111
Schriftgelehrte 300
Schule 7, 91, 116, 118, 204, 371f., 691, *707-710*, 742, 745, 773
Scipionenkreis 588, 792
Seelenwanderung 663f.
Seeräuber 18f., 63, 84, 89, 264f., 272, 280f., 370, 384, 386, 388, 497, 535, 641, 659, 680, 690, *710*, 734, 738, 821
Seidenstraße 539
Seiron von Soloi 427
Selbstverwaltung s. Autonomie
Selene 260
Seleukeia (Pierien) 5, 622f., 713, *803-805*
Seleukeia (Tigris) 253, 294, 472f., 538f., 711f.
Seleukeia-Tralleis 333
Seleukiden(reich) 6, 56, 62f., 66, 82f., 93, 144, 239, 250f., 256f., 280, 285-288, 291f., 334, 344, 369f., 385, 387, 392, 422, 435, 483, 485, 487-489, 493, 495, 497, 506, 508, 535, 537f., 542f., 596, 620-622, 625, 627, 629, 633, 640, 662, 682f., *711-721*, 756f., 761, 763, 767f., 771
Seleukis 803
Seleukos I. 53, 57f., 93, 97, 238, 248, 258, 267, 274, 287, 297, 329, 369f., 422, 427, 472, 485, 508f., 541, 596, 610, 620, 629, 647, *711f.*, 715, 814, 824; S. II. 94, 285, 334, 344, 422, 475, 537, 596, 610, *713f.*, 720, 805; S. III. 473, 596, *714*, 761; S. IV. 256, 291, *716*, 803, 815; S. V.-VI. *718*
Seleukos von Seleukeia 516, 523
Sellasia 12, 45, 81, 102, 264, 433, 482, 492, 737
Semonides 325
Seneca 107, 548, 582
Sensualismus 408f., 775, 779, 785
Septuaginta 305-307, 316, 744
Serapeion 55, 115
Serapis s. Sarapis
Seriphos 278
Sertorius 612
Sesonchosis-Roman 700
Seuthes III. 814
Sextus Empiricus 582, 731
Sibyllinen 310f.
Sichelwagen 485, 493
Side 75, 509, 535
Sidon 804f.
Siegelring 242
Siegerrecht 753; s. auch Speergewinn
Sieghaftigkeit 237, 246, 755, 765
Sikyon 10, 24, 341, 383
Silenos von Kale Akte 212
Silko 744
Simias von Rhodos 150, 162, 165, 429
Simon (Hasmonäer) 291, 297, 804
Simonides von Magnesia 161, 191, 325, 562
Sinope 536, 610f., 646
Siphnos 278
Siron 366f.

Siwa 48, 50, 247f., 662
Sizilien 188, 246, 339, 382, 482, 650, 680, *721-726*, 746, 766
Skarpheia 420
Skepsis 7, 32ff., 38, 41, *728-733*; s. auch Philosophie
Skeptron s. Szepter
Skerdilaïdas 86, 264
Skiluros 734
Sklaven 112, 142, 189, 216, 253, 266, 271, 296f., 455, 481f., 486, 491f., 501, 535, 543, 594, 631, 635f., 643, 650, 655, 658, 660, 688, 690, 696, 726, 773f., 780, 822; S.-Aufstände 89; S.-Bewaffnung 16; s. auch Unfreie
Skymnos von Chios 417
Skyros 88, *274f.*
Skythen 105f., 391f., 494, 538, 611, *733-735*
Smyrna 18, 122, 144, 148, 252, 283-286, 422, 771
Söldner 20, 45, 47, 52, 296, 343-387, 411, 480-482, 485, 489, 493f., 496-498, 542, 593, 722, 724f., 727, 735-738, 740, 745, 752, 757, 762, 765f., 774, 820
Sogdiane 48, 93, 287
Sokrates 22, 31, 400, 457, 556; Sokratik 327, 457, 562, 777
Sokrates von Rhodos 215
Soldatenbauern 763
Soldatenkulte 643
Soloi (Kilikien) 78, 370, (Kypros) 405
Solon 147
Somatophylakes 254-256, 481, 620, 814
Sopatros von Paphos 140
Sophagasenos 268

Sophene 83, 331
Sophistik 442, 563f., 665
Sophokles 178, 325, 572
Sophron 140, 579, 808
Sosibios 322
Sosikrates von Phanagoria 193
Sosiphanes von Syrakus 130
Sositheos von Alexandreia Troas 130, 132f., 177f.
Sosthenes 431
Sosylos von Lakedaimon 212
Sotades von Maroneia 139f., 427
Soter (Götter- und Herrscherbeiname) 191, 236, 238, 245, 248-251, 269, 302, 336, 344f., 542, 620, 625, 654, 712, 714, 717, 719
Soterien 17, 98, 270
Sparta 4, 9, 11-15, 18-20, 79, 86, 118, 154, 157, 188f., 242, 384, 404, 433f., 476f., 482f., 488, 561, 621f., 681f., 684, 707, *735-741*, 766, 770, Sp.-Verherrlichung 162
Spartokiden 105
Spasinu Charax s. Charax
Speer, Machtsymbol 49, 242; Speergewinn 49, 53, 237, 753f., 756, 764, 799
Speusipp 22, 24-28, 442
Sphairos (Stoiker) 156
sphragis 287
spondai 820
Sport 639, 709
Sprache 1f., 122, 138, 211, 216, 290, 298f., 308, 310, 338, 375f., 405, 423, 469, 471, 473, 475, 510, 534, 540, 595, 627, 643, 680, 691, *741-751*; s. auch Dialekte, Koine
Staat 299, *751-766*

Staatenbund 121, 234, 279, 376ff. (Koinon), 476, 751, 821

Staatshaushalt 757f.

Stadt 5, 7, 56, 118, 144f., 248, 488, 495f., 543, 630, 639, 684, 696, 751, 757, 759, 762-765, 766-774, 800, 820, 825, St. und Herrscher 117, 145, 249, 769-772

Stadtplanung 55, 74, 90f.

Städtebund 376, 424, 770

Städtegründungen 50, 62, 93, 97, 247, 251, 262f., 267, 284, 290, 334, 341, 370, 422f., 431, 472, 495f., 596, 612, 655, 712f., 763, 768, 802f., 813f.

Stammesbund 45, 47, 376

Staseas 590

Statuen s. Plastik

„sterbender Gallier" 601; Taf. 8

Stesichoros 325

Stesikleides von Athen 214

Stesimbrotos 791

Steuern, Abgaben usw. 84, 89, 108, 145, 158, 290f., 299, 344, 489, 495, 543, 633-636, 723, 725, 757f., 760, 762f., 776, 769, 772f., 801f., 804

Stiftungen 23, 91, 97, 116, 130, 237f., 272, 276, 280, 335, 543, 655, 664, 708, 709, 765, 773

Stilpon 155f., 210, 224, *459-462*, 730, 780

Stoa 7, 32ff., 37, 42, 91, 236, 304, 316, 374, 400f., 432, 474, 573f., 641, 644, 649, 651, 654, 664, 669, 690, *774-797* (Allgemeines 774f., Grundzüge d. Systems 775-780, Hauptvertreter 780-797); s. auch Philosophie

Stobaios 123

Strabon 215, 217, 221, 524, *797f.*

Strafrecht 635f.

Strateg(i)e 20, 46, 64, 82, 89, 121, 144, 154, 201, 256, 276, 332, 334, 338, 341, 380, 382, 405f., 423, 431, 433, 475, 488f., 493, 540, 595, 620, 622, 637, 709, 723, 756, 758f., 761f., 764f., 769, *798f.*, 800-803, 813, St. von Asien 56, St. von Europa 48, 51-53, strategos autokrator 202, 593, 715, 721-725, 799

Straton I. Soter 269

Straton von Lampsakos 525, 548, 551f., 560, 584

Stratonike, Tochter des Antiochos II. 329

Stratonike, Tochter des Ariarathes IV. 330, 542f., 663

Stratonike, Tochter des Demetrios Poliorketes 58, 650, 712

Stratonikeia am Kaikos 422

Stratonikeia in Karien 333-336, 678

Stratos 45, 46

Sulla 23, 83, 89f., 100, 104, 271, 274, 474, 539, 611, 625, 824

Suren(as) 486, 539

Susa 48, 50, 201, 253, 294

Susiane 48, 287f.

Syene 296

sylan 84

symbomos 246

Symmachie 379, 770f., 821

Sympolitie 120-122, 275f., 336, 377, 421f., 800, 821

Synagoge 295-299, 305

syngeneis s. „Verwandte"

Syn(h)edrion, Syn(h)edroi 46,

105, 125, 154, 240, 257f., 279, 292, 298, 299, 300, 380, 389, 489, 540, 722, 725, 755, 761, 766, *800*, 821; s. auch Koinon
Synkretismus 242, 250, 296, 305, 307, 643, 650, 654, 663, 665
Synnaos 246
Synoikismos 45f., 83, 121, 275, 277, 284, 333, 377, 610, 768, *800f.*
synthronos 246
Syrakus 6, 65, 91, 445, 482, 500, 722-726
Syrien 48, 53, 57f., 83, 370, 392, 471, 509, 539, 621, 625, 627, 648, 683 (röm. Provinz), 711, 713, 714, 718, 719, 746, *801-806*; s. auch Seleukiden
Syrische Götter 643
Syrische Kriege 492; I. 344, 412, 621, 713, 803; II. 369, 432, 621, 713, 803; III. (Laodike-Kr.) 98, 280, 285, 287, 334, 369, 412, 478, 610, 622, 713, 720, 803; IV. 623, 714, 803; V. 285, 623, 715, 803; VI. 624, 716; Syrischer Erbfolgekrieg 621, 712
Syros 278
Szepter 241 f.

Tabai 333-336
Tanagra 102
Tarent 186, 188, 394, 680, 724, 726, 736
Tarkondimotos 370
Tarsos-Antiocheia 369, 817
Taulatnier 262f.
Tauropolos 499
Tegea 11, 18, 80-82, 737
Teithronion 19
Tektosagen 346

Telekles 34
Teleologie 777
Telephos von Pergamon 116, 196
Telephos-Fragment 199
Teles von Megara 398, *404f.*
Telmessos 144, 423f.
Temnos 509
Tempel Architektur 65-69, jüd. 300f., 314; Taf. 1-6
Tempelprostitution 656
Tenos 18, 278, 279
Teos 85, 133, 275, 283-285, 335, 386, 708, 768, 771, 800
Terenz 138f., 429, 467, 687
Terrakottafiguren 394f.
Territorialstaat 4, 6, 620, 721, 751 ff., 814
Testamente zugunsten Roms 100, 109, 286, 412, 423, 543, 624-626, 683, 754
Tetrapolis 803, 805
Tetrarch(ie) 345f., 488, 812
Tetreren 501
Teukros von Kyzikos 216
Teuta 264, 266, 680
Textkritik s. Philologie
Thasos *281 f.*
Theaitet 24, 442f.
Thea Rhome 252, 282, 286, 478, 653
Theater (Bau, Instit.) 65, 73f., 90, 158, 292, 474, 768; Th.-Ornat Dionysios' I. 241, 243; s. auch Drama
Thebai Phthiotides 19
Thebais 493, 759, 762
Theben 47, 80, 86f., 101-104, 153, 341, 593, 735, 812
Theodektes 131
Theodoreer s. Kyrenaiker
Theodoridas von Syrakus 163, 166f., *172*, 181
Theodoros (Epiker) 191
Theodoros (Philosoph) 409f.

Theodoros von Gadara 676
Theodoros Prodromos 418
Theodosios von Tripolis 450
Theodotos (Epiker) 191 f., 310
Theognis 147, 160, 175
Theokles 426
Theokrit 60, 128 f., 141, 146, 162, 171, 197, 205, 207, 237 f., 260, 275, 373, 429, 565, 687, *806-810*
Theologie 26, 35, 353 ff., 783, 787
Theolytos von Methymna 193
Theomnestos von Naukratis 39
Theon von Alexandreia 444
Theon von Smyrna 528, 798
Theophanes von Mytilene 211, 216, 278, 798
Theophilos 115
Theophrast 30, 113, 136, 210 f., 223, 277, 289, 403, 466, 521, 545 ff., 556, 560, 561 (Poetik), 562 (Lehrmeinungen), 589, 668 f. (Stillehre), 674, *810-812*
Theopomp von Chios 124, 208, 212, *221-223*, 230, 326, 667, 695, 817
Theos (Beiname) 95, 250 f., 381, 713, 719
Thermopylen 17, 274
Thermos 17, 19, 379
Thespiai 101 f.
Thespis 177
Thessalien, Thessaler 6, 16, 18, 20, 47, 56, 58, 86, 188, 377, 379, 430, 433 f., 752, 763, 765, *812 f.*; Dialekt 127
Thessaliotis 18-20, 812
Thessalonike 341, 431, 436, 767 f.
Thetis 200, 374
Thibron 411

Thisbe 101, 104
Thrakien, Thraker 17, 51, 53, 342, 430, 434-436, 493-496, 613, 622, 629, 682, 684, 712-716, 752, 763, 765, 769, *813-816*
Thrasymachos von Korinth 458, 461, 665 ff.
Thronion 19, 420
Thukydides 326, 703
Thynis 97
Thyreatis 78
Thyrrheion 45 f.
Tiberius 676
Tibull 151, 687
Tieion 97, 99
Tigranes (Armenien) T. I. 64, 82, 297, 331, 370, 539, 804; T. II. 82, 474, 539, 611, 719; T. III. 84
Tigranokerta 83, 370
Timagenes 216, 798
timai s. Ehrungen
Timaios von Tauromenion *225 f.*, 228, 230
Timarchos, Usurpator um 260 v. Chr. 285, 478, 816; Usurpator um 160 v. Chr. 473, 717
Timaris 418
Timochares 212
Timocharis 517
Timokreon von Rhodos 160
Timoleon 382, 722
Timon von Phleius 33, 114, 155 f., 462, 728 ff.
Tiro 123
Tlos 817
Tobiaden 290, 802
Todesstrafe 636
Toparchie 758, 761, 802
Toreutik 394
Totenkult 245, 371, *664*; s. auch Grab
Tracheia s. Kilikien

Tragodia 604; Taf. 14
Tragödie 91, *130-132*, 325, 570; tragische Geschichtsschreibung 209, 692
Tralleis 334
Tribut 82, 94, 102, 145, 265f., 343f., 594, 725, 734, 758, 765, 771-773, 805, 813, 815
Trieren 501
Trikka 812
Triparadeisos 52, 93, 201, 340, 431, 472
Triphylien 18, 81, 154
Tritaia 10
Trogus s. Pompeius Trogus
Troizen 10
Troja 45, 49, 188, 214, 680, 697; s. auch Ilion
Troß 486
tryphé 239
Tryphon (Beiname) 250, 717; s. auch Diodotos Tr.
Tyche 136f., 209, 469, 554, 644, *664f.*, 703, T. von Antiocheia 598, 664f., 805, Taf. 3
Tylis 98, 342f., 814
Tymnes 162
Tymphaia 186, 187
Tyrann(en), Tyrannis 10, 11, 12, 24, 78-81, 87f., 125, 144, 153, 212, 236, 241, 255, 258, 272, 276, 277, 284, 337, 432, 478, 482, 500, 599, 682, 722, 738, 740, 764, 804, *816f.*, T.-Topik 235, 721
Tyrannion d. Ä. 580
Tyrannion d. J. 797
Tyros 48, 53, 57, 405, 481, 500, 801-805
Tyrtaios 147
Tzetzes 418

Übersetzung (vom oder ins Griech.) 1, 139, 217, 224, 299, 305-308, 311, 315, 321, 418, 448, 494, 527, 529, 695, 698, 743
Unfreie (im Kriegsdienst) 486; s. auch Sklaven
Universalgeschichte 212, 214, 216f., 220, 230, 232
Unteritalien 139, 724, *726f.*, 746
Urkunden(wesen) 634f., 638, 825
Utilitarismus 355
Utopie 214, 694-696, *817f.*

Valerius Cato 199
Valerius Flaccus 61
Varro 23, 116, 403, 524, 580
Velleius Paterculus 324
Verbannte 13, 14, 50, 85, 103, 118, 270, 277, 280, 477, 739, V.-Edikt 17
Vereinswesen 498; s. auch Kultverein
Verfassung s. Demokratie, Koinon, Staat
Verfassungsänderung 14, 79f., 87, 89f., 118, 126, 154, 158, 270, 284, 378, 478, 722, 737f., 740
Vergewaltigung 203
Vergil 61 (Aeneis), 166 (Bukolik), 199 (Appendix Vergiliana), 323, 413, 418f., 686f. (Aeneis, Bukolik), 807
Verlag(swesen) 112
Verschmelzungspolitik 50
Vertrag 5, 84, 119-122, 125, 145, 379, 384, 490-493, 497, 619, 681, 710, 770f., *817-823*; Vertragsrecht 632
Vertriebene s. Verbannte
Verwaltung 56, 84, 89, 108, 254, 258, 272, 299, *333,*

337, 379f., 471, 540, 611, 620-624, 628, 636, 685, *751-765*, *798f.*, 804, Militär-V. 483, 487f.
„Verwandte" 254-256, 445, 498, 541
„Vezir" 64, 387; s. auch Dioiketes, pragmata
Viermännerkommentar 572
„Vizekönig" 421, 472; s. auch Mitregent
Völkerrecht 84, 119-122, 384, 490-492, 497, 619, 681, 769ff., 818-822
Vormundschaft 203

Weisheit Salomos 315
Weisheitsliteratur 314-316
Weltwunder 124
Wilamowitz 141, 146
Wirtschaft 56, 87, 89f., 107f., 154, 271f., 276, 333, 337, 382, 391, 421f., 424, 471, 473, 479, 506f., 534, 576, 594, 622f., 628, 639, 655, 678, 696, 725, 735, *756-760*, *762*, *764f.*, 767f., 772-774, 802; s. auch Staatshaushalt
Wohltäter s. Euergetes
Wolke aus dem Westen 19, 680

Xanthos 424, 771, 816f., 825
Xenarchos von Seleukeia 797
Xenokrates von Chalkedon 22, 24ff., 360, 403, 583, 781
Xenophanes 148, 443, 731
Xenophilos von Rhodos 213
Xenophon 326f., 407, 480, 697 (Kyr.), 703ff.
Xenophon von Ephesos 704
Xerxes von Armenien 82

Zabdibelos 62
Zakynthos 85

Zarathustra 656
Zariadris 82
Zeitgeschichte 221, 312
Zeitrechnung 214, 231, 542, 577f., 711, 753, 758, 761, 764f., 769, *823-825*; s. auch Ära, Olympiadenrechnung
Zela 485
Zeloten 293, 303
Zenodor (Mathematiker) 449
Zenodot von Ephesos 114f., 196, 320, 325, *566ff.*, 570, 576
Zenon (Historiker) 212
Zenon (Stoiker) 29, 33ff., 40, 176, 366, 400, 403, 409, 432, 459, 461f., 583, 669, *780ff.*, 788; Taf. 20b
Zenon von Kaunos (Archiv) 108, 633, 802
Zenon von Sidon 589
Zenon von Tarsos 586
Zenon von Tyros 588
Zervan, Zervanismus 647, 657f.
Zeus 26, 56, 238f., 245-250, 252, 260, 277, 292, 295, 300, 305, 345, 370, 374, 414, 426, 478, 489, 499, 507f., 620, 640-643, 646, 650, 653f., 657, 663, 696, 716, 783; Zeus Diktaios 426
Zeushymnos 783f.
Zeuxis 422, 490, 496, 596
Ziaelas 97, 276
Zion 293
Zipoites 97f., 343f.
Zivilprozeß 634f.
Zoilos von Amphipolis 212
Zoll 343, 535, 758, 760, 762, 773, 820
Zopyrion 733, 813
Zoroastres s. Zarathustra
Zurvanismus s. Zervan
Zypern s. Kypros

ABBILDUNGEN

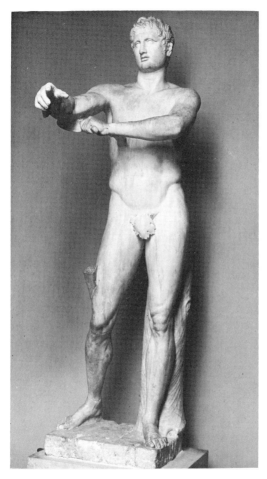

Taf. 1 Schaber. Römische Kopie nach der Bronzestatue des Lysipp. Spätes 4. Jh. v. Chr. Vatikan. Höhe 2,05 m.

Taf. 2 Aphrodite von Capua. Marmorkopie nach einem Bronzeoriginal des Lysipp. Spätes 4. Jh. v. Chr. Neapel, Mus. Naz. Arch. Höhe 2,10 m.

Taf. 3 Tyche von Antiochia. Kopie nach einem Bronzeoriginal des Eutychides. Um 290 v. Chr. Budapest, Mus. d. Bildenden Künste. Höhe 0,89 m.

Taf. 4 Demosthenes. Römische Kopie nach einem Original des Polyeuktos. Um 280 v. Chr. Kopenhagen, Ny Carlsberg Glyptotek. Höhe 1,92 m.

Taf. 5 Themis von Rhamnus. Marmororiginal des Chairestratos. Um 280 v. Chr. Athen, Nationalmuseum. Höhe 2,22 m.

Taf. 6 Philosoph. Marmororiginal. Um 250 v. Chr. Delphi, Museum. Höhe 2,07 m.

Taf. 7 Sog. Mädchen von Antium. Marmor. Um 240 v. Chr. Rom, Thermenmus. Höhe 1,70 m.

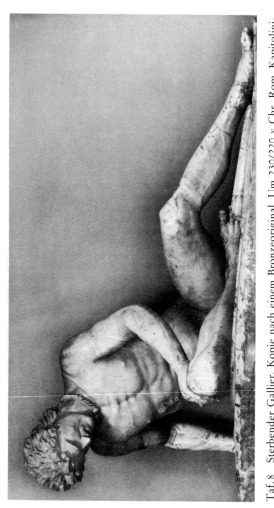

Taf. 8 Sterbender Gallier. Kopie nach einem Bronzeoriginal. Um 230/220 v. Chr. Rom, Kapitolinisches Museum. Höhe (mit Plinthe) 0,93 m.

Taf. 9 Gallier vom Kleinen Attalischen Weihgeschenk. Kopie. Um 150 v.Chr. Neapel, Mus. Naz. Arch. Höhe 0,57 m.

Taf. 10 Kauernde Aphrodite. Kopie nach einem Bronzeoriginal des Doidalses von Bithynien. Um 240/230 v. Chr. Rom, Thermenmus. Höhe 1,02 m.

Taf. 11 Sog. Barberinischer Faun. Spätes 3. Jh. v. Chr. München, Glyptothek. Höhe 2,15 m.

Taf. 12 Nike von Samothrake. Marmor. Um 190 v. Chr. Paris, Louvre. Höhe 2,45 m.

Taf. 13 Laokoon. Datierung umstritten. Vatikan. Höhe 1,84 m.

Taf. 14 Sog. Tragodia. Marmororiginal aus Pergamon. Um 170 v. Chr. Berlin, Staatl. Museen (Ost). Höhe 1,72 m.

Taf. 15 Kleopatra, von Delos. Marmor. Um 138/137 v. Chr. Delos, Mus. Höhe 1,52 m.

Taf. 16 Aphrodite von Melos. Marmor. Frühe 2. Hälfte des 2. Jh. v. Chr. Paris, Louvre. Höhe 2,04 m.

Taf. 17 Aphrodite und Pan, aus Delos. Um 100 v. Chr. Athen, Nationalmus. Höhe 1,32 m.

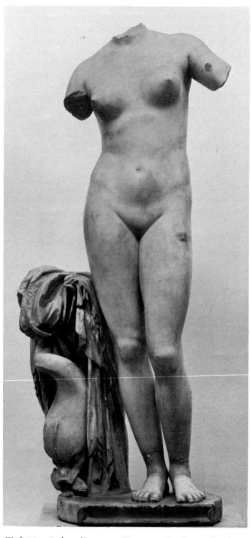

Taf. 18 Aphrodite von Kyrene. Kopie nach einem Original des frühen 1. Jh. v. Chr. Rom, Mus. Naz. Romano. Höhe 1,70 m.

Taf. 19a Aristoteles. Um 325 v. Chr. Wien, Kunsthist. Mus. Nase ergänzt.

Taf. 19b Epikur. Frühes 3. Jh. v. Chr. New York, Metropolitan Mus.

Taf. 20a Demosthenes. Um 280 v. Chr. Vatikan. Vgl. Taf. 4.

Taf. 20b   Zenon. Um 270 v. Chr. Neapel, Mus. Naz. Arch.

Taf. 21 a Philosoph. Delphi. Um 250 v. Chr. Kopf der Statue Taf. 6.

Taf. 21 b   Chrysipp. Um 205 v. Chr. London, British Mus. Nase, Oberlippe und Bart z. T. ergänzt.

Taf. 22a   Pseudo-Seneca. 1. Viertel 2. Jh. v. Chr. Neapel, Mus. Naz. Arch. Bronze.

Taf. 22 b Alexander, aus Pergamon. Um 180/170 v. Chr. Istanbul, Arch. Mus.

Taf. 23a Euthydemos I. von Baktrien. Um 200 v. Chr. Rom, Villa Albani. Nase ergänzt.

Taf. 23 b   Karneades. Um 150 v. Chr. Gipsabguß der verschollenen Büste in der Akademie der Schönen Künste Ravenna.

Taf. 24 a   Portraitkopf aus Delos. Um 100 v. Chr.
Athen, Nationalmus. Bronzeoriginal.

Taf. 24b Poseidonios. Um 80 v. Chr. Neapel, Mus. Naz. Arch. Nasenspitze und Ohr ergänzt.

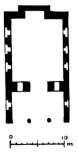

Abb. 1: Prostylos in antis. Andron A in Labraunda.

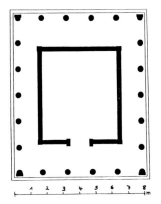

Abb. 2: Peripteros. Tempel von Kurno (Südpeloponnes).

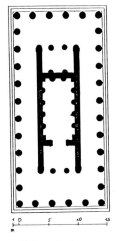

Abb. 3: Peripteros. Athena-Tempel von Ilion.

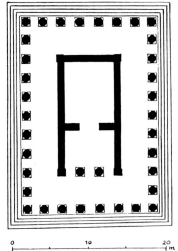

Abb. 4: Pseudo-Dipteros. Hekateion von Lagina.

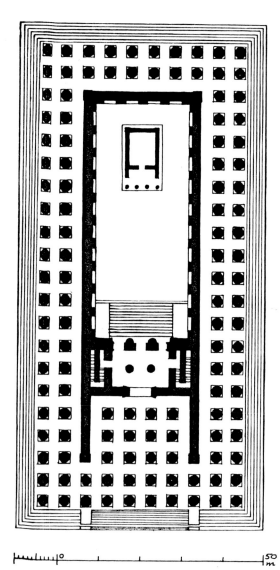

Abb. 5: Dipteros und Prostylos (Naiskos im Hof). Didymaion bei Milet.